UMA TEORIA DO PODER GLOBAL

Dados Internacionais de Catalogação na Publicação (CIP)
(Câmara Brasileira do Livro, SP, Brasil)

Fiori, José Luís
  Uma teoria do poder global / José Luís Fiori. – Petrópolis, RJ : Vozes, 2024.

  ISBN 978-85-326-6715-1

  1. Ciência política 2. Globalização 3. Poder 4. Riqueza I. Título.

24-196324   CDD-320

Índices para catálogo sistemático:

1. Poder : Ciência política 320

Eliane de Freitas Leite – Bibliotecária – CRB 8/8415

José Luís Fiori

UMA TEORIA DO PODER GLOBAL

Petrópolis

© 2024, Editora Vozes Ltda.
Rua Frei Luís, 100
25689-900 Petrópolis, RJ
www.vozes.com.br
Brasil

Todos os direitos reservados. Nenhuma parte desta obra poderá ser reproduzida ou transmitida por qualquer forma e/ou quaisquer meios (eletrônico ou mecânico, incluindo fotocópia e gravação) ou arquivada em qualquer sistema ou banco de dados sem permissão escrita da editora.

CONSELHO EDITORIAL

Diretor
Volney J. Berkenbrock

Editores
Aline dos Santos Carneiro
Edrian Josué Pasini
Marilac Loraine Oleniki
Welder Lancieri Marchini

Conselheiros
Elói Dionísio Piva
Francisco Morás
Gilberto Gonçalves Garcia
Ludovico Garmus
Teobaldo Heidemann

Secretário executivo
Leonardo A.R.T. dos Santos

PRODUÇÃO EDITORIAL

Aline L.R. de Barros
Marcelo Telles
Mirela de Oliveira
Otaviano M. Cunha
Rafael de Oliveira
Samuel Rezende
Vanessa Luz
Verônica M. Guedes

Conselho de projetos editoriais
Luísa Ramos M. Lorenzi
Natália França
Priscilla A.F. Alves

Editoração: Israel Vilas Bôas
Diagramação: Editora Vozes
Revisão gráfica: Lorena Delduca Herédias
Capa: Lara Gomes
Obra: Luís XIV recebendo o embaixador persa na Galerie des Glaces em Versalhes. Artista: Coypel, Antoine (1661-1722).

ISBN 978-85-326-6715-1

Este livro foi composto e impresso pela Editora Vozes Ltda.

PARA MEUS IRMÃOS
Roque Geraldo (*in memoriam*)
Otília Beatriz
Ernani Maria
Paulo Tomás
Pedro Inácio (*in memoriam*)
Jorge Otávio

Visto, contudo, que meu intento é escrever uma coisa útil para quem a entende, parece-me mais conveniente seguir a verdade efetiva da coisa do que a imaginação da coisa.

Nicolau Maquiavel (1983)

Sumário

Apresentação..11
Introdução...13
Prefácio...21

1 – Tempo e método................................**45**

1.1 Conjuntura, ciclos e durações, 45

    1.1.1 A conjuntura como aporia, 45

1.2 Na busca do método, 52

    1.2.1 A guerra como situação-limite, 52

    1.2.2 O mercado como tipo ideal fictício, 57

    1.2.3 A história como simultaneidade de "tempos", 63

    1.2.4 Política como interesse e vontade de classe, 67

1.3 Algumas anotações finais, 92

2 – Estado e desenvolvimento......................**102**

2.1 A grande crise e a "revolução conservadora", 102

2.2 O desafio do desenvolvimento capitalista, 118

2.3 Notas para um novo programa de pesquisa, 132

    2.3.2 A controvérsia do Estado e do desenvolvimento, 133

    2.3.3 Doze notas para um novo "programa de pesquisa", 139

2.4 De volta à questão da riqueza das nações, 148

    2.4.1 As profecias não cumpridas, 152

    2.4.2 Um debate teórico inconcluso: os anos de 1950, 163

    2.4.3 Os anos de 1960, 167

    2.4.4 Os anos de 1970 e 1980, 174

    2.4.5 Os anos de 1990, 178

    2.4.6 Uma nova pergunta, 181

2.5 Estados, moedas e desenvolvimento, 183

    2.5.1 A visão clássica, 183

    2.5.2 Uma leitura histórica, 189

    2.5.3 O projeto teórico, 192

    2.5.4 A lição liberal, 199

    2.5.5 De volta à história recente, 205

    2.5.6 Sem moedas nem "coragem e força", 214

3 – Hegemonia e império **221**

3.1 Globalização, hegemonia e império, 221

    3.1.1 A economia política internacional, 227

    3.1.2 Hegemonias, Estados e classes sociais, 235

    3.1.3 A "crise da hegemonia americana", 244

    3.1.4 Retomada americana: a restauração da ordem, 250

    3.1.5 Retomada americana: a "bolha" hegemônica, 255

    3.1.6 Retomada americana: o *imperial system*", 258

    3.1.7 Império, territórios econômicos e soberanias, 266

3.2 Depois da "crise da hegemonia", 277

    3.2.1 O ambiente intelectual do debate, 277

    3.2.2 O argumento de M.C. Tavares, 282

    3.2.3 Da "retomada" ao *Poder e dinheiro*, 285

    3.2.4 Do *Poder e dinheiro a Estados e moedas*, 293

    3.2.5 A título provisório, 304

3.3 Poder e dinheiro: uma hipótese e várias lições asiáticas, 306

    3.3.1 Crise asiática: a importância das interpretações clássicas, 306

    3.3.2 A crise: recorrências e especificidades, 308

    3.3.3 A crise: uma trajetória despercebida, 311

    3.3.4 A inserção internacional da geopolítica regional, 314

    3.3.5 A presença japonesa no "núcleo orgânico" capitalista, 317

    3.3.6 Hegemonia ou novo tipo de "sistema imperial"?, 321

    3.3.7 Interrogações teóricas, 324

    3.3.8 Lições e possibilidades, 330

3.4 Sistema mundial: império e pauperização, 334

    3.4.1 A tradição estruturalista, 337

    3.4.2 O encontro do estruturalismo com o marxismo, 339

    3.4.3 O ângulo cego da teoria, 342

    3.4.4 Para retomar o caminho, 348

    3.4.5 O novo sistema mundial, 357

    3.4.6 Impérios e Estados nacionais, 362

    3.4.7 Império, pauperização e revolução social, 368

    3.4.8 A título provisório, 371

4 – Poder global e riqueza **375**

4.1 Formação, expansão e limites do poder global, 375

4.1.1 O paradoxo do hiperpoder, 375

4.1.2 O "jogo das trocas" e o "jogo das guerras", 385

4.1.3 As guerras e a acumulação do poder, 390

4.1.4 As guerras, o poder e a acumulação de riquezas, 395

4.1.5 Os Estados e as economias nacionais, 401

4.1.6 A expansão do poder dos Estados nacionais, 406

4.1.7 A globalização das economias nacionais, 412

4.1.8 Colônias, "quase Estados" e periferia, 417

4.1.9 Hegemonia, império e "governança global", 423

4.1.10 Tendências e limites do poder global, 428

4.2 O poder global dos Estados Unidos: formação, expansão e limites, 435

4.2.1 A formação do Minotauro americano, 435

4.2.2 A "Guerra da Independência" e a formação do primeiro Estado "extraeuropeu", 436

4.2.3 A "Guerra Civil", a revolução econômica e a hegemonia hemisférica, 444

4.2.4 A conquista do poder global dos Estados Unidos, 449

4.2.5 A Primeira Guerra Mundial e a luta americana pela hegemonia europeia, 451

4.2.6 A Segunda Guerra Mundial e a hegemonia mundial dos Estados Unidos, 455

4.2.7 A Guerra do Vietnã e a escalada em direção ao império mundial, 461

4.2.8 A "Guerra do Golfo e o projeto do império mundial, 466

4.2.9 A "Guerra do Iraque" e a experiência do limite, 473

4.3 Prefácio à teoria do poder global, 481

4.4 Conjunturas e história, 502

4.5 O sistema interestatal capitalista no início do século XXI, 533

4.5.1 Teoria e conjuntura, 533

4.5.2 A teoria dos "ciclos hegemônicos" e a tese da "crise terminal", 534

4.5.3 A teoria do "universo em expansão" e a tese da "explosão expansiva", 542

4.5.4 A conjuntura internacional, 552

4.5.5 Mudança estrutural e tendência, 578

5 – Guerra e paz **581**

5.1 A Guerra do Golfo: "uma guerra ética", 581

5.2 A Guerra da Ucrânia: uma "guerra hegemônica", 589

    5.2.1 O debate acerca dos "critérios" e das "narrativas", 590

    5.2.2 A primeira guerra europeia do século XXI, 591

    5.2.3 Interesses e estratégias, 594

    5.2.4 A "ordem mundial" do pós-Guerra Fria, 597

    5.2.5 A "desordem mundial" do pós-Guerra da Ucrânia, 600

    5.2.6 Sistema interestatal e "guerra perpétua", 604

5.3 O ceticismo ético e o desafio da paz, 607

    5.3.1 O método, 610

    5.3.2 O "mito" e sua difusão, 613

    5.3.3 O "mito" e suas duas versões, 616

    5.3.4 A "exegese lógica" do mito, 617

    5.3.5 O "mito" e o "arquétipo", 621

    5.3.6 O ceticismo e a utopia da paz, 623

Posfácio. 625

Referências 645

Apresentação

Este livro reúne 21 textos que escrevi e publiquei em diferentes momentos e lugares, os quais considero mais relevantes para acompanhar a trajetória de minha pesquisa que se desenrolou ao longo de quatro décadas de trabalho intelectual[1]. Pesquisa essa que seguiu por vários caminhos e resultou na publicação ou organização de vários livros – os livros que foram reunidos aqui são (Fiori, 1995a, 1995b, 1997a, 1999, 2001b, 2001c, 2004, 2014, 2018, 2020, 2021, 2023; Freire; Fiori, E.; Fiori, J.L. 1973; Tavares; Fiori, 1993, 1997b; Fiori; Lourenço; Noronha, 1998; Fiori; Medeiros, 2001a; Fiori; Medeiros; Serrano, 2008) –, mas que se manteve fiel durante todo esse tempo a uma mesma obsessão, bem como a um mesmo denominador comum: o estudo do "poder", de suas inúmeras manifestações e paradoxos políticos e econômicos, nacionais e internacionais.

Como resultado desta seleção, nasceu o livro *Uma teoria do poder global*, que principia com a discussão da "crise do desenvolvimentismo" brasileiro e latino-americano dos anos de 1970, segue com a análise e a interpretação da "crise da hegemonia americana" e das transformações internacionais dos anos de 1980 e 1990 do século passado, e chega até a formulação de meu novo "programa de pesquisa" acerca do "poder global", a saber, o "sistema interestatal" e a geopolítica do desenvolvimento capitalista, a partir da publicação do livro *O poder americano*, em 2004.

Cada um desses textos contém as informações acerca do lugar e da data de sua publicação, mas, neste volume, estão organizados em cinco grandes blocos que não respeitam necessariamente sua ordem cronológica:

i) O primeiro bloco inclui um texto escrito há quarenta anos a respeito dos "tempos históricos" e o método de análise do tempo conjuntural e das longas durações, o qual construí e utilizei nas minhas análises histórico-conjunturais das décadas seguintes.

---

1. Agradeço de forma muito especial a Ana Silvia Gesteira, pelo seu inestimável trabalho de reedição de todos estes textos e pela organização deste livro.

ii) No segundo bloco há quatro textos e uma entrevista que tratam, a partir de uma perspectiva comparada, da crise econômica e cultural dos anos de 1960 e 1970, bem como do desafio do desenvolvimento capitalista.

iii) O terceiro bloco traz quatro textos nos quais o tema inicial do desenvolvimento econômico cede lugar ao estudo da "crise da hegemonia americana" dos anos de 1970 e de sua superação, nas décadas seguintes, quando os Estados Unidos abandonam sua estratégia desenvolvimentista do pós-guerra e adotam uma nova política econômica internacional, de caráter neoliberal, como parte do projeto geopolítico de construção de um novo tipo de império militar e financeiro global.

iv) O quarto bloco inclui seis ensaios que assinalam o momento da mudança de minha trajetória com a formulação das premissas e hipóteses de um novo "programa de pesquisa" acerca "poder global".

v) O quinto e último bloco, o qual contém três ensaios que resumem o desdobramento mais recente dessa pesquisa, centra-se no estudo da guerra, da paz e da "ética internacional".

Por fim, *Uma teoria do poder global* inclui uma introdução escrita pela professora Maria Claudia Vater acerca da dimensão epistemológica de minha pesquisa, além de um posfácio que contém a transcrição editada de uma conferência que fiz no Congresso Nacional, no dia 19 de janeiro de 2000, acerca das "transformações mundiais contemporâneas, as transformações do socialismo no século XX e os desafios brasileiros do século XXI", a convite da Bancada Parlamentar do Partido dos Trabalhadores.

José Luís Fiori
Rio de Janeiro, novembro de 2023.

Introdução
O programa de pesquisa do "poder global"

Maria Claudia Vater

Uma primeira leitura do livro *Uma teoria do poder global*[2] pode nos fazer crer que seja mais uma teoria no campo tradicional da economia política ou da economia política internacional. É possível que possam classificar essa obra no campo realista das escolas de pensamento em relações internacionais. Mas, decerto, ninguém a confundiria com uma teoria pós-moderna.

Embora a pesquisa de José Luís Fiori na área da economia política internacional tenha dado seus primeiros passos por meio da ênfase ao tema do desenvolvimento econômico nacional e depois internacional, suas publicações não se limitaram, desde a década de 1980, a uma análise econômica estático-comparativa *tout court*. Desde o início[3], suas obras apresentam algumas características de permanências pelo menos em quatro pontos: 1) a análise da dinâmica política do tempo conjuntural submerso nas estruturas da longa duração; 2) a "teoria do poder global" é assumida como um processo, um programa de pesquisa em contínua construção; 3) o conceito de poder é elemento estruturante do núcleo do programa de pesquisa e atravessa toda a sua obra; e 4) identifica-se com uma forma de produção do conhecimento científico na condição de processo investigativo incessante de falsificação ou corroboração histórica de suas hipóteses.

Em *Por uma economia política do tempo conjuntural* (no item 1.1), artigo seminal escrito em 1984, José Luís Fiori averigua uma "observação instigante", como diria Gregório Klimovsky (2011, p. 149): na ciência política como tal, o próprio conceito de conjuntura não havia sido dispos-

---

2. Definimos a teoria do poder global como o conjunto de hipóteses teóricas desenvolvidas por José Luís Fiori, a partir de 2007, na obra *O poder global e a nova geopolítica das nações* (2007), e, sete anos depois, em *História, estratégia e desenvolvimento: para uma geopolítica do capitalismo* (2014).

3. Tomando-se como referência sua tese de doutorado, *Conjuntura e ciclo na dinâmica de um Estado periférico* (Fiori, 1984).

to organizadamente com o mesmo nível de cientificidade que a economia (cf. item 1.1.1). A partir desta constatação, duas questões serviram de fio condutor até a construção, em 2007, do que o autor denominou de "programa de pesquisa do Poder Global": primeiro, é possível um cientista social fazer análise política do tempo conjuntural sem ser um "profissional da política", "iniciado" ou um "áulico do poder e dos sistemas de informação"? (Cf., nesta obra, o item 1.1.1). Segundo, é possível traduzir "os símbolos" das falas e das práticas para compreender a dinâmica e a direção da conjuntura política?

E aqui a palavra "símbolos" dá uma pista de seus movimentos seguintes na busca de ferramentas que parecem ter auxiliado na sistematização de hipóteses em torno dessas perguntas estruturantes do que viria a se constituir, anos mais tarde, na dimensão essencial do seu método de pesquisa.

Para compreender "as linhas de tendência" e "as consequências que delimitariam o futuro provável de uma conjuntura", tornou-se necessário adotar uma métrica de tempo para além do próprio tempo conjuntural, isto é, um método de análise para compreender a dinâmica política do tempo conjuntural, contido e condicionado nas estruturas de longa duração, a partir "da prática política das distintas forças sociais que conformam o objeto de observação da análise conjuntural" (nesta obra, item 1.2.4).

Ao reconhecer o pioneirismo da teoria econômica em produzir análise conjuntural (cf., nesta obra, o item 1.3) por intermédio dos estudos de ciclos econômicos, José Luís Fiori também identifica os limites desse tipo de análise para pensar as relações de poder constitutivas de toda e qualquer conjuntura. A partir daí, o autor perscruta outros caminhos com os textos de Karl Marx, Friederich Engels, Antonio Gramsci e Nicos Poulantzas, mas também se depara com a insuficiência dessas análises (cf. item 1.2.4) em superar a dicotomia política–economia, imprescindível para avançar no seu objeto de investigação: como se dá a dinâmica da análise conjuntural política a partir da complexidade? (cf. item 1.2.4).

Como sociólogo e cientista político, sua leitura, no início dos anos de 1980, dos trabalhos de Pierre Vilar e Fernand Braudel (cf. item 1.2.4), ambos da Escola dos Annales, permitiu traçar, por analogia ao campo da história, seu próprio processo de construção metodológica com a introdução da *longue durée* na análise de "observações instigantes" no campo da ciência política. Se, pela "dialética da duração" (Braudel, 1972, p. 37), o autor identificou a "falta de consistência na construção teórica da temporalidade política", foi por meio dela que ele aos poucos teceu sua forma de análise conjuntural do que Braudel chamou de "acontecimentos silenciosos" ou a "história das formas inconscientes do social" (Braudel, 1972, p. 37, 39).

Para José Luís Fiori, a conjuntura política é uma construção feita pelo próprio analista a partir da leitura de acontecimentos disruptivos, silenciosos ou não, no plano da "história consciente" (Braudel, 1972, p. 39), como símbolos das estratégias que atuam e contra-atuam em planos mais profundos, movidos por fluxos de energia contínuos e expansivos de poder. Eles movem as infinitas estruturas, mas de modo muito mais lento, por vezes de maneira imperceptível às lentes tradicionais, quando comparados com a velocidade dos fatos históricos e das mudanças das próprias conjunturas.

Decifrar esses símbolos produzidos por atores sociais tais como Estados, classes e instituições que se apresentam na conjuntura, é como aprender uma linguagem dos "acontecimentos silenciosos" e da "história das formas inconsciente do social", para deduzir, nas palavras do próprio autor, as "linhas de tendências conjunturais"

> [...] Só eles, controlando códigos intransferíveis, seriam capazes de ler, por detrás dos símbolos contidos em discursos e atitudes, a intencionalidade, as linhas de tendência e as consequências que delimitariam o futuro provável de uma conjuntura (item 1.1.1, nesta obra).

Se, aos poucos, seu objeto de estudo se alterou ao longo de sua produção acadêmica, a forma como o autor compreende a lógica "dos códigos" por detrás dos símbolos na conjuntura política parece ter sido uma permanência. Aproxima-se do método de investigação indiciário utilizado, de início, na história da arte por Giovanni Morelli, que influenciou Sigmund Freud na psicanálise, e, mais tarde, Carlo Ginzburg na construção do paradigma indiciário na micro-história, e Michel Foucault na arqueologia do saber.

No entanto, ao contrário dos autores citados, José Luís Fiori mergulha na história não como um ponto de partida, tampouco como um ponto de chegada de verificação de hipóteses, mas sim como ponto passagem que funciona como elemento de falsificação ou corroboração transitórias de suas hipóteses. Sua forma de pensar e conjecturar se faz em permanente diálogo com a história. Em suas análises, a tensão entre os pares antitéticos permanência–mudança, dominação–libertação e conquista–resistência estão entre os fluxos de poder geradores de energia ou as forças predominantemente presentes que movem as estruturas.

Ao se tomar como referência algumas de suas publicações, é possível perceber a transformação de seus objetos de pesquisa até a publicação desta obra. Na segunda metade da década de 1980, mais especificamente em sua tese de doutorado *Conjuntura e ciclo na dinâmica de um Estado periférico* de 1984, o objeto de pesquisa de Fiori foi a crise do Estado desenvolvimentista brasileiro a partir de uma leitura do movimento do tempo político conjuntural.

Na segunda metade da década de 1980, começam seus estudos acerca da crise internacional e das políticas de ajustes econômicos da periferia capitalista. E durante toda a década de 1990, move-se na direção da reflexão crítica da conjuntura caracterizada pelas políticas de ajustes neoliberais que ficaram conhecidas pelo nome de "Consenso de Washington", diagnosticando a existência de "relações assimétricas de poder e dominação que estavam na origem" da globalização econômica e financeira do final dos anos de 1980 e início dos anos de 1990[4] em direção à construção de um projeto imperial.

Se, na década de 1980, Fiori esteve inserido no programa de pesquisa de "desenvolvimento comparado" em economia política internacional, na década seguinte seu objeto de estudo desloca-se por completo para a compreensão dos espaços políticos hegemônicos e do projeto de construção de um império global. Embora esta questão já apareça no ensaio "Globalização, hegemonia e império", publicado no livro *Poder e dinheiro*, em 1997, suas hipóteses acerca de um projeto imperial americano culminam, em 2004, com os dois artigos "Formação, expansão e limites do poder global" e "O poder global dos Estados Unidos: formação, expansão e limites", ambos incluídos no livro *O poder americano*, que Fiori organizou em 2004.

Em 2001, já se delineava em sua obra a perspectiva do sistema internacional como uma unidade de análise quando utiliza, no texto "Sistema mundial: império e pauperização"[5], os conceitos de "economia de mundo capitalista", de Fernand Braudel, e de "sistema mundial moderno", de Immanuel Wallerstein (cf. item 3.4.4), para se referir ao período que começa no "longo século XVI" e se estende até nossos dias.

Seu novo objeto de pesquisa foi descrito de forma mais precisa na segunda parte do prefácio do livro *O poder global e a nova geopolítica das*

---

4. Essas ideias aparecem de forma precursora em Fiori (1994, p. 26-27); e depois, de forma mais sistemática, em Fiori (1997, p. 90).

5. Este texto foi publicado originalmente em Fiori e Medeiros (2001, p. 39-76).

nações, como o sistema de "Estados-economias nacionais" surgido no longo século XVI (Fiori, 2007, p. 25), criado pelos europeus e com enorme força expansiva e grande capacidade de geração de poder e riqueza própria (Fiori, 2008, p. 27-28). A expressão "sistema interestatal capitalista" (SIC) para designar aquele sistema de "Estados-economias nacionais" nascido na Europa só veio a ser publicada pela primeira vez no texto "O sistema interestatal capitalista no início do século XXI", no livro *O mito do colapso do poder americano*, de 2008, embora a descrição do conceito já estivesse desenvolvida no prefácio de *Poder global*, de 2007 (cf. tb. Fiori; Medeiros; Serrano, 2008, p. 11, nota 2). Esse novo objeto exigiu que o referencial teórico do autor incorporasse a visão sistêmica das relações de poder.

Ainda nesse mesmo livro, o autor faz uma importante demarcação do seu novo objeto: é que este sistema nasce do longo século XVI (Fiori, 2008, p. 27) na Europa do oeste. Antes, entretanto, Fiori considera que houve uma primeira explosão expansiva provocada pelas pressões competitivas das lutas por poder territorial dentro da própria Europa, desde o "longo século XIII"[6], por concentração e centralização do poder territorial e por formação do mercado. E a segunda, do longo século XVI, quando a Europa "se forma" a partir de sua fronteira com o Império Otomano (Fiori; Medeiros; Serrano, 2008, p. 23). Uma terceira explosão ocorreu ao longo do século XIX para o continente americano e consolidou os Estados Unidos, a Alemanha e o Japão como novos atores no núcleo do sistema, além de ter incorporado a África, em sua periferia, e partes da Ásia (Fiori; Medeiros; Serrano, 2008, p. 23-24). E no início do século XXI estaria ocorrendo a quarta explosão desde a constituição do SIC, "globalizando" este sistema para todo o mundo eurasiano (Fiori, 2014, p. 28).

Para compreender a dinâmica deste sistema, o autor debruçou-se sobre as "relações iniciais entre o poder, o dinheiro e a riqueza" (Fiori, 2007, p. 14) e inverteu a relação excedente/tributo estabelecida por Petty (Fiori, 2007, p. 20), estrutural ao núcleo do programa de "desenvolvimento comparado" e a toda economia política clássica. Ao apresentar esta inversão tributo/excedente, José Luís Fiori formula a hipótese de que "a acumulação não vem do mundo das trocas" (Fiori, 2007, p. 15-16), propondo uma heurística negativa ao programa de economia política clássica que passa, entre outros, por William Petty, Adam Smith, David Ricardo e Karl Marx.

---

6. Expressão braudeliana usada por Peter Spufford (2002).

Estabelece uma nova hipótese teórica, de que a origem histórica do capital começa pela conquista e acumulação de poder, e não pelo "jogo das trocas" e pelo mercado mundial (Fiori, 2007, p. 25).

Na medida em que explicita que a capacidade de tributar pressupõe um poder estabelecido capaz de impor, pela força tanto do valor do tributo como da unidade de conta na qual este deverá ser pago (Fiori, 2007, p. 21), o autor põe em xeque outros programas de pesquisa que supõem a questão do excedente e da acumulação de capital pela via do mercado ou pelo "jogo das trocas" como origem do capitalismo, como é o caso das tradições de economia política internacional que importam pressupostos da matriz clássica, neoclássica e marxista.

Neste sentido, não seria intempestivo afirmar que é neste prefácio de 2007 que José Luís Fiori interpela um elemento do "núcleo duro" do programa de pesquisa[7] de "desenvolvimento comparado" que já não é mais capaz de explicar e responder aos problemas colocados pelo seu novo objeto de pesquisa: a dinâmica do sistema interestatal capitalista. Fiori propõe então um novo caminho teórico, com a formulação do programa de pesquisa científica denominado "Teoria do Poder Global" (cf., nesta obra, o item 2.3.3).

Como já dissemos, a teoria do poder global é uma obra em construção e, também nesse sentido, um programa de pesquisa constituído por um "conjunto de novos problemas" (Lakatos, 1979) que compreende o conhecimento científico como um processo investigativo contínuo de falsificação ou corroboração de hipóteses ao longo do rio da história. Parafraseando Heráclito, autor de referência fundamental para Fiori, a cada nova passagem pela história, já não se trata mais da mesma história.

A partir daí, Fiori assume duas hipóteses metafísicas centrais do novo programa de pesquisa: (i) "o poder é fluxo" e (ii) "toda relação de poder exerce uma pressão competitiva sobre ela própria". Estabelece-se, assim, o "núcleo-duro" do programa de pesquisa do "poder global", da qual decorrem, do nosso ponto de vista, todas as hipóteses auxiliares e o "cinturão protetor" do programa (Lakatos, 1979).

Afirmar que o poder é fluxo implica diretamente a ideia de movimento, isto é, que o poder só existe se for exercitado e, portanto, em sua visão, o poder é, em virtude de sua própria constituição, uma relação social expansiva, assimétrica, hierárquica e conflitiva. E ao definir que toda relação de

---

7. Cf. heurística negativa ao núcleo do programa em Lakatos (1979).

poder exerce uma "pressão competitiva" sobre ela própria, Fiori assume também como característica constitutiva do poder a sua natureza expansiva. Segundo ele, há uma relação de identidade entre "poder e mais poder".

De acordo com esta teoria, entretanto, haveria um limite lógico dessa expansão, na medida em que todo poder fosse conquistado ou caso deixasse de existir assimetria. Nessas duas condições, de acordo com o autor, o próprio poder deixaria de existir e não seria possível logicamente supor uma unidade de poder isolada, fora de uma visão sistêmica, cuja estrutura mínima é triangular, dada pelo próprio movimento expansivo do poder. Mas, se o poder é, simultaneamente, expansivo e limitado em seu interior, ele é, então, também uma relação dialética.

Com isto, Fiori descreve os papéis das guerras dentro da lógica de conquista e expansão de poder desse sistema, das crises e do papel desestabilizador do Estado que lidera o sistema, do manejo da dívida pública e do crédito na acumulação de poder dos Estados. Nesse sentido, não seria equivocado dizer que Fiori inaugura um novo programa de pesquisa no campo da economia política internacional.

Nesse outro modo de olhar, agora sustentado por um conjunto articulado de novas hipóteses teóricas, vamos "freirianamente" nos alfabetizando numa nova linguagem da análise política das dinâmicas conjunturais do "sistema interestatal capitalista". Com um modo de pensar dialético, José Luís Fiori integra, ao longo de toda sua obra, novos conceitos e ressignifica fatos históricos reconhecidos numa conjuntura de relações de poder, na qual a economia, a sociologia, a ciência política, a geografia, a geopolítica, a psicologia profunda e outras disciplinas deixam de ser um fim em si mesmas e passam a compor, simultaneamente, o conjunto de instrumentos transdisciplinares de aproximação e de estranhamento da narrativa histórica.

Sua fascinação é, por meio da utilização do pensamento complexo, conduzir o leitor pelas tramas das relações de poder das longas durações para que este aprenda a encontrar seus próprios símbolos e construir suas próprias conjunturas.

Enfim, "o que antes era fechamento, pouco a pouco se vai abrindo; a consciência passa a escutar os apelos que a convocam sempre mais além de seus limites: faz-se crítica" (Fiori, E. M., 1987, p. 7).

Rio de Janeiro, 18 de fevereiro de 2024

Referências

BRAUDEL, F. *História e ciências sociais*. Lisboa: Presença, 1972.

FIORI, E. M. Aprender a dizer sua palavra. Prefácio. *In*: FREIRE, P. *Pedagogia do oprimido*. 17. ed. Rio de Janeiro: Paz e Terra, 1987.

FIORI, J. L. (org.). *O poder americano*. Petrópolis: Vozes, 2004.

FIORI, J. L. *Conjuntura e ciclo na dinâmica de um Estado periférico. Uma reflexão em dois movimentos, sobre a crise do estado brasileiro*. Tese (Doutorado) – Universidade de São Paulo. São Paulo, 1984.

FIORI, J. L. *História, estratégia e desenvolvimento: para uma geopolítica do capitalismo*. São Paulo: Boitempo, 2014.

FIORI, J. L. *Moedeiros falsos*. Petrópolis: Vozes, 1994.

FIORI, J. L. *O poder global e a nova geopolítica das nações*. São Paulo: Boitempo, 2007.

FIORI, J. L. *Poder e dinheiro*. Petrópolis: Vozes, 1997.

FIORI, J. L.; MEDEIROS, C. *Polarização mundial e crescimento*. Petrópolis: Vozes, 2001.

FIORI, J. L.; MEDEIROS, C.; SERRANO, F. *O mito do colapso do poder americano*. Rio de Janeiro: Record, 2008.

KLIMOVSKY, G. *Las desventuras del conocimiento científico. Una introducción a la epistemología*. 7. ed. Buenos Aires: AZ, 2011.

LAKATOS, I. O falseamento e a metodologia dos programas de pesquisa científica. *In*: LAKATOS, I.; MUSGRAVE, A. *A crítica e o desenvolvimento do conhecimento: quarto volume das atas do Colóquio Internacional sobre Filosofia da Ciência, realizado em Londres em 1965*. São Paulo: Cultrix; São Paulo: Edusp, 1979.

LÉVI-STRAUSS, C. *Anthropologie structural*. Paris: Plon, 1958.

Prefácio
No princípio era o poder

José Luís Fiori

> A conclusão que se deve reter é que o aparelho do poder, força que transpassa e envolve todas as estruturas, é muito mais do que o Estado. Pode mesmo acontecer-lhe apagar-se, desfazer-se; mas tem sempre de se reconstituir e reconstituir-se infalivelmente, como se fosse uma necessidade biológica da sociedade.
>
> (Braudel, 1979, p. 494)

Esta obra reúne vários artigos e ensaios que fazem parte de uma longa pesquisa histórica e de uma reflexão teórica que começou na década de 1980, com o debate acerca do desenvolvimento e o "capitalismo tardio" e a crítica das teorias da dependência, para depois tomar o caminho da "economia política internacional", da crítica de suas teorias dos "ciclos" e das "crises hegemônicas". Ao todo, foram quatro décadas de investigação da conjuntura internacional, lida e interpretada à luz das "grandes durações históricas" e de uma perspectiva teórica que aos poucos foi construída ao longo desse tempo a respeito da dinâmica expansiva do "poder global".

1. A conjuntura

A conjuntura internacional dos últimos quarenta anos foi marcada por rupturas e inflexões extremamente rápidas, surpreendentes e profundas, a começar pela chamada "crise americana" dos anos de 1970, do século passado, que se manifestou e se desenvolveu num momento de máximo esplendor da hegemonia norte-americana que ocorreu depois da Segunda Guerra Mundial. Foi nesse período que se deu a reconstrução da Europa e no qual ocorreram vários "milagres econômicos" em redor do mundo, a "convite" dos Estados Unidos, incluindo o "milagre brasileiro", porquanto o Brasil entrou em crise na década de 1980 como consequência indireta da própria crise americana da década anterior.

Mesmo assim, num curto espaço de tempo, entre 1970 e 1973, foi como se tudo tivesse vindo abaixo: os Estados Unidos foram derrotados na Guerra do Vietnã; foram obrigados a se desfazer do "sistema monetário de Bretton Woods" assentado sobre o "padrão ouro-dólar", que eles mesmos haviam criado e tutelado desde 1944; e foram surpreendidos pela Guerra do Yom Kippur, em 1973, a qual fora responsável pela explosão do preço do barril de petróleo que havia sido sustentado pelos americanos e que fora uma peça-chave do "sucesso econômico" dos anos de 1950 e 1960.

Naquele momento, muitos analistas e estudiosos da economia política internacional anunciaram o fim da supremacia mundial norte-americana, mas a história tomou um rumo completamente diferente depois que, ainda na década de 1970, os Estados Unidos redefiniram sua estratégia geopolítica e econômica. Primeiro, se reaproximaram da China e, em seguida, lançaram uma grande ofensiva estratégica contra a União Soviética (a chamada "Segunda Guerra Fria"), assumindo, ao mesmo tempo, a liderança de uma nova política econômica internacional, de abertura e de desregulação dos mercados financeiros, uma verdadeira "revolução neoliberal" que mudou a face do capitalismo e contribuiu de modo decisivo para a vitória americana na Guerra Fria. Uma vitória que permitiu que os Estados Unidos exercessem um poder sem precedentes na história moderna: um poder militar exibido na Guerra do Golfo de 1991 e 1992, ao qual se somou um poder financeiro que se expandira de forma geométrica até a crise econômica de 2008.

Nesse mesmo período de uma década e meia, a União Soviética foi destruída, a Alemanha foi reunificada e a Otan expandiu sua presença até as novas fronteiras da Rússia. Foi o momento em que o "Ocidente" comemorou a vitória da "liberal-democracia" e da "economia de mercado", bem como a derrota do "nacionalismo", do "fascismo" e do "comunismo". Muitos acreditaram que houvesse chegado a hora da "paz perpétua" com o surgimento de um único poder político global capaz de tutelar uma ordem mundial orientada pelos antigos valores da "civilização europeia".

Pouco tempo depois, entretanto, essa conjuntura mundial mudou com radicalidade. Os Estados, com suas fronteiras e interesses nacionais, e as grandes potências, com suas guerras e políticas protecionistas, voltaram ao epicentro do sistema mundial, de modo que os grandes sonhos utópicos dos anos de 1990 foram relegados a um segundo plano da agenda internacional, sobretudo depois do início das "guerras sem fim" travadas pelos Estados Unidos, bem como por seus aliados da Otan, que se concentraram durante mais de vinte anos nos territórios islâmicos do "Grande Médio Oriente". Bem como no campo econômico, depois da grande crise financeira de 2008 que se iniciou pelo mercado imobiliário americano e se alastrou por quase todo o mundo, de modo que atingiu o território europeu com extrema capacidade destrutiva. A partir daí, o fantasma do "nacionalismo de direita" e do "fascismo" voltou a assombrar o mundo e, o que é mais surpreendente, penetrou na sociedade e no sistema político norte-americano, o que, por sua vez, culminou com a vitória da extrema direita nas eleições presidenciais de 2017.

Nas duas primeiras décadas do século XX, o mundo também assistiu à ascensão econômica da China, à reconstrução do poder militar da Rússia e ao declínio da União Europeia dentro do sistema internacional. Não há dúvida, entretanto, de que o mais surpreendente foi a nova inflexão norte--americana, comandada pela administração republicana de Donald Trump, que, a partir de 2017, passara a atacar ou desmoralizar as instituições responsáveis pela gestão da ordem "liberal cosmopolita" instaurada pelos próprios Estados Unidos depois da Segunda Guerra Mundial.

Depois disso, o mundo foi atropelado pela pandemia da covid-19, que paralisou a economia mundial e acelerou o processo de desconstrução das cadeias econômicas globais iniciado com a crise financeira de 2008. Este processo de "desglobalização" alcançou, mais tarde, um ponto de "não retorno" com a deflagração da Guerra na Ucrânia em 2022, uma guerra que começou de forma local e assimétrica e depois se transformou numa das mais intensas desde a Segunda Guerra Mundial, uma verdadeira "guerra hegemônica" que envolveu a Rússia, os Estados Unidos e todos os países da Otan. Guerra similar que voltou a eclodir na Palestina, em torno da Faixa de Gaza, em outubro de 2023 e que deverá se multiplicar com a militarização de outras disputas e conflitos regionais, os quais, por sua vez, também deverão se transformar em novas guerras devido à ausência de critérios e de instrumentos de arbitragem mutuamente aceitos pelas partes envolvidas em cada um desses conflitos.

Uma sucessão de inflexões e rupturas cada vez mais rápidas que sinalizam uma situação de "desordem mundial" cada vez mais extensa e profunda, sem nenhum tipo explicação simples ou linear, em que se destacam, sem dúvida, o declínio de cerca de trezentos anos de hegemonia cultural europeia, bem como o encolhimento de cerca de cem anos de supremacia militar global dos Estados Unidos.

2. A história

Para avançar no estudo e na interpretação da conjuntura histórica posterior à crise dos anos de 1970, decidimos alargar o horizonte da nossa pesquisa ao recuar até o momento da formação do próprio "sistema interestatal" que se consolidou na Europa nos séculos XVII e XVIII. E mais tarde, para colocar em perspectiva o sistema europeu, estudamos os sistemas de "poder internacional" anteriores que se formaram no continente eurasiano, primeiro na Mesopotâmia e no Egito[8], e depois na China e na Índia.

Foi por esse caminho que chegamos até a primeira grande "ordem internacional", a qual se formou de fato no continente eurasiano com o término do Império Romano e do Império Persa, nos séculos V e VI d.C. A ordem criada pela "expansão muçulmana", entre os séculos VII e XI d.C., quando o islamismo se transforma numa força cultural unificadora capaz de conectar o mundo arábico com civilizações asiáticas, bem como com todos os demais povos mediterrâneos do antigo Império Romano do Ocidente[9].

A pregação religiosa, o comércio e a diplomacia ocuparam papel decisivo no processo expansivo do Islã, mas foram as guerras de conquista, sobretudo, que abriram as portas para o avanço e consolidação do seu sistema de poder que esteve submetido, primeiro, à tributação do Califado Assânida, de Damasco, e depois, do Califado Abássida, de Bagdá, muito antes que ocorressem as invasões turcas e a formação do Império Seljúcida, no século XI, e do Império Otomano, no século XIV.

---

8. O primeiro tratado de paz internacional de que se tem registro, assinado entre os exércitos egípcios e hititas, foi o chamado Tratado de Cades, o qual fora assinado em 1274 a.C., depois da batalha que leva o mesmo nome, batalha essa que fora travada às grandes margens do rio Cades, localizado atualmente no Líbano.

9. A ascensão do Islã na Península Arábica e a subsequente conquista árabe rápida de toda a região no século VII constituíram decerto um dos acontecimentos mais decisivos na história mundial. A religião islâmica e a língua árabe, à qual esta religião está indissoluvelmente ligada, serviram de força cultural unificadora e poderosa desde a costa do Atlântico até o Himalaia (Findlay; O'Rourke 2007, p. 15).

É importante sublinhar que foi nesse espaço integrado pelas guerras de conquista, e que depois fora pacificado de modo deveras transitório pelos poderes mongóis e turcos, que se estabeleceram e consolidaram as primeiras grandes rotas do comércio de longa distância capazes de unir a China à Europa, entre os séculos XI e XIV, e passar pela Ásia Central, pela Ásia Menor, pelo Norte da África e pelo Mediterrâneo; sobretudo depois que a dinastia Iuane, fundada pelos mongóis, pacificou a China e estimulou o comércio na direção do Ocidente, reabrindo e protegendo a "rota da seda" e suas conexões até as cidades e as grandes feiras europeias.

Quando se olha para a formação desses primeiros "sistemas internacionais eurasianos" e para seu "esgotamento" e desintegração, nos séculos XIV e XV, percebe-se que a formação e expansão posterior do "sistema interestatal europeu" não foi um "raio em céu azul", tampouco nasceu no vazio (Abu-Lughod, 1989, p. 46). Seu primeiro impulso veio de suas próprias guerras intestinas, mas sua expansão para fora da Europa aproveitou as vantagens criadas pela desintegração do sistema anterior e retomou seus mesmos espaços, rotas e circuitos comerciais, só que, agora, sob a liderança dos Estados territoriais e dos capitais privados que vinham sendo acumulados dentro da "península europeia" entre os séculos XI e XV.

Neste sentido, é muito importante entender estas lutas e transformações políticas e econômicas dentro da "península europeia" durante o longo período da hegemonia islâmica, e de supremacia turca, para poder explicar a expansão vitoriosa dos europeus no período posterior durante os séculos XVI e XVII. Com relação a esses "processos endógenos" ou intereuropeus, é importante destacar duas coisas fundamentais: primeiro, o fato de que o território europeu era pequeno e limitado por fronteiras militarizadas e intransponíveis, ao leste e ao sul, onde se estabeleceram os mongóis e os muçulmanos; segundo, o fato de que a Europa se transformara num mosaico de pequenas unidades territoriais "soberanas" depois da decomposição do império de Carlos Magno. Tal configuração geopolítica forçou a competição e a guerra quase permanente entre esses pequenos feudos, ou poderes territoriais, antes mesmo que eles começassem sua expansão marítima ao contornar o "cerco otomano".

Nessa luta contínua pela própria sobrevivência, como disse Norbert Elias, "quem não subia, caía, e a expansão significava o domínio sobre os mais próximos e sua redução ao estado de dependência" (Elias, 1993, p. 94).

Todas as unidades envolvidas tinham o mesmo objetivo estratégico: acumular a maior quantidade possível de terras, de súditos, de escravos e de tributos, de modo que monopolizassem, ao mesmo tempo, o acesso às novas oportunidades de acumulação de riqueza. Ou seja, todas as pequenas unidades desse sistema de poder europeu ambicionavam e lutavam pela mesma coisa: a conquista de um território cada vez amplo, unificado e centralizado (Fiori, 2021, p. 27). Uma conquista que foi lograda, quase que invariavelmente, por meio de guerras que se transformaram numa peça inseparável do novo sistema de poder, o qual fora forjado aos poucos dentro da Europa antes mesmo de sua "explosão" para fora do continente europeu.

Ao chegar neste ponto, nossa pesquisa deslocou seu foco para a expansão bélica e mercantil europeia, com a formação de seus primeiros impérios marítimos e coloniais em redor do mundo. Seis ou sete grandes potências que conquistaram, dominaram e definiram as regras do sistema internacional nos últimos 500 anos. Os destaques são a Grã-Bretanha e seu império global na segunda metade do século XIX, e os Estados Unidos e seu império militar quase universal nos séculos XX e XXI. Um panorama mundial e uma configuração de forças internacionais que assumiram sua forma contemporânea mediante duas grandes Guerras Mundiais do século XX, pelo menos até a crise dos anos de 1970 e 1980, quando começam a se acelerar as transformações que foram o objeto direto da nossa pesquisa histórica das últimas décadas.

3. O método

O ensaio de Marx a respeito de *O 18 de brumário de Luís Bonaparte* exerceu uma influência inicial muito importante em nosso método de pesquisa histórico-conjuntural, sobretudo em virtude de sua ideia de estudar e interpretar a conjuntura política francesa de meados do século XIX à luz de uma teoria de longo prazo do modo de produção capitalista e da formação das sociedades de classe, ainda que tivéssemos a firme convicção de que o conceito de "interesse de classe" não dava conta, isoladamente, da multiplicidade de conexões materiais e analíticas estabelecidas pelo próprio Marx entre a história estrutural e o tempo conjuntural da luta entre os partidos e grupos políticos que ocupavam o cenário parisiense entre 1848 e 1851. Para enriquecer este conceito e tentar superar suas limitações, procuramos sugestões complementares alternativas na teoria da hegemonia e dos blocos históricos de Gramsci (1978); na teoria das "autonomias relativas" de

Nicos Poulantzas (1971); na teoria da ação racional e da dominação, de Max Weber (1977); na teoria da guerra de Von Clausewitz (1979); na teoria dos "tempos históricos" de Fernand Braudel (1972); e, por fim, no "método indiciário" do historiador Carlo Ginzburg (1989).

Foi a prática e o exercício continuado da análise de conjuntura que nos permitiram, no entanto, desenvolver e aperfeiçoar aos poucos os instrumentos e categorias que utilizamos na nossa leitura e interpretação da conjuntura política e econômica, tanto nacional quanto internacional, desde a publicação do nosso primeiro trabalho metodológico, em 1984. Desse modo, seguimos de perto a recomendação de Fernand Braudel de que "não há nada mais importante do que a viva e íntima oposição, infinitamente repetida, entre o instante e o tempo lento" (Braudel, 1972, p. 10). Também sofremos forte influência da teoria e do método psicanalítico que também influenciou o "paradigma indiciário" do historiador italiano Carlo Ginzburg, o qual sugeriu um método na crítica da pintura, no diagnóstico das doenças e na investigação do inconsciente por meio da identificação de pistas, sinais e sintomas "que permitam captar uma realidade mais profunda e que não é experimentada diretamente". Uma pesquisa "indireta, indiciária e conjetural" que requer um profundo conhecimento dos pintores, dos pacientes, das "escolas", dos "quadros nosográficos" e da teoria psicanalítica, para poder ler e descobrir, em cada sinal e sintoma, a pista que pode nos conduzir à identificação do autor, da doença ou da neurose.

A diferença é que, no caso da história e de suas conjunturas, o analista também precisa utilizar informações e conhecimentos extraídos da geografia, da demografia, da sociologia e dos sistemas de valores culturais e civilizatórios. Deve trabalhar, a um só tempo, nas três temporalidades de que trata Braudel: o "tempo breve", dos acontecimentos políticos imediatos, jornalísticos, "a mais caprichosa, a mais enganadora das durações"; o "tempo cíclico", tipicamente econômico; e a "longa duração", o tempo próprio das estruturas e das grandes permanências históricas. Deve-se manter, a todo instante, alerta e atento porque os mesmos acontecimentos que desvelam as "permanências históricas" são os que podem estar assinalando, a cada momento, uma "mudança de rumo", ou uma grande ruptura histórica que possa já estar em processo de gestação sem que o pesquisador disponha de nenhuma lei que antecipe os caminhos do futuro capazes de lhe facilitar o diagnóstico do presente.

Por isso mesmo, para mover-se nesse campo extremamente complexo e instável, o pesquisador necessita de alguma visão teórica acerca da dinâmica do sistema político e econômico internacional. Só assim é possível identificar as "crises", as "rupturas" e as "inflexões" que se escondem por detrás dos acontecimentos, de modo que seja capaz de hierarquizar e conectar os fatos e conflitos, locais, regionais e globais, dentro de um mesmo esquema interpretativo. Esta teoria, entretanto, precisa ser testada e submetida a um constante exercício de "falsificação" de suas hipóteses, o que só pode ser feito por intermédio da própria análise conjuntural, isto é, de sucessivas análises de conjuntura, razão pela qual será sempre um "método" e uma "teoria em processo de construção".

4. A teoria

À guisa de recapitulação, nosso programa de pesquisa partiu, grosso modo, de um conceito abstrato e universal de "poder" para só então examinar suas relações históricas concretas com as guerras, bem como com o processo de formação e expansão do "sistema interestatal europeu". Em seguida, investigou a forma como se deu o encontro do processo de centralização e expansão do poder territorial dentro do continente europeu com o processo da criação do excedente econômico e da acumulação da riqueza capitalista, em particular, depois da formação de seus primeiros Estados e economias nacionais.

Vejamos, pois, alguns tópicos ou passos dessa pesquisa e construção teórica que segue em desenvolvimento.

Poder

Sob a luz estritamente lógica, abstrata, e universal, o poder é uma relação assimétrica e hierárquica de disputa por ele próprio e pelo controle monopólico de sua expansão. Isso é, decerto, uma definição tautológica, que se justifica, entretanto, em virtude de se tratar de um fenômeno, ou de um conflito, que apresenta a mesma estrutura e a mesma dinâmica fundamental em qualquer plano, em qualquer tempo, ou em "qualquer mundo que possamos imaginar"[10].

---

10. "Na realidade, uma tautologia não pode ser uma hipótese, pois não se encontra em estado de problema; sua verdade é conhecida de antemão [...]. Uma tautologia é verdadeira em qualquer mundo possível que possamos imaginar e não implica nenhum compromisso acerca de como é a realidade na qual estamos imersos" (Klimovsky, 2011, p. 167).

Ainda nesse plano lógico e universal, pode-se deduzir que a relação de poder não pode ser binária, porquanto se o fosse, seria uma disputa de "soma zero", e, no caso de vitória de um dos dois lados, despareceria a relação constitutiva do poder. Neste sentido, pode-se afirmar que a "relação binária" de poder supõe a existência de um terceiro elemento, vértice, ou "jogador", cuja necessidade lógica se impõe para que o próprio poder possa existir.

Além disso, o poder é "expansivo", ou está em permanente expansão, e a energia que o move "para frente" não vem de fora, vem de sua própria disputa interna. É neste sentido que se pode afirmar que o poder é movimento, é, antes, fluxo permanente, muito mais do que um estoque de equipamentos, de qualquer natureza que seja. Na verdade, o poder só existe enquanto é exercido e acumulado: $(P = +P = P' = + P = P''...)$.

Por fim, a relação triangular do poder sugere que o poder é – de certa forma – "prisioneiro" de si mesmo, porquanto só pode existir dentro de um "sistema de poderes" no qual cada "relação de poder" supõe a existência de outra "relação de poder", e, assim, *ad infinitum*. E desta forma, quando se olha para o conjunto, a partir de dentro do próprio sistema, seja "para trás", seja "para frente", o que se divisa são sempre novas relações de poder, todas elas em movimento, o que nos indica que o conjunto desse sistema de poderes também se expande *ad infinitum*.

Poder e guerra

A partir da nossa perspectiva, portanto, o poder é essencialmente hierárquico e conflitivo, e sua disputa envolve uma competição permanente por quantias maiores de si mesmo, bem como pela conquista e controle monopólico das condições mais favoráveis para a sua expansão. Por isso, na história das relações entre tribos, povos, impérios e Estados nacionais, a luta pela imposição da vontade de uns sobre a de outros incluiu a possibilidade e a "necessidade-limite" do recurso à guerra. Neste sentido, pode-se afirmar que a guerra é indissociável do poder, ou, de forma ainda mais dura, que não há como eliminar as guerras enquanto existir o poder.

Mesmo cientes que as guerras sempre existiram, os números comprovam que elas adquiriram frequência, regularidade e intensidade muito maiores a partir da formação do "sistema interestatal europeu", quando se transformaram na força motora de suas primeiras unidades de poder territorial a partir dos séculos XII e XIII, e, em particular, depois dos séculos XVI e XVII.

O historiador Charles Tilly estima que,

> de 1480 a 1800, a cada dois ou três anos iniciou-se em algum lugar um novo conflito internacional expressivo; de 1800 a 1944, a cada um ou dois anos; e a partir da Segunda Guerra Mundial, mais ou menos a cada quatorze meses. E a era nuclear não diminuiu a tendência dos séculos anteriores, e as guerras se fizeram mais frequentes e mortíferas (Tilly, 1996, p. 123).

Foi a partir dessas estimativas que o autor extraiu sua hipótese de que "foi a guerra que teceu a rede europeia de Estados nacionais, e a preparação para a guerra foi o que obrigou a criação das estruturas internas dos Estados dentro dessa rede" (Tilly, 1996, p. 33). Segundo Tilly, essas guerras foram a principal atividade dos Estados nacionais europeus, consumindo cerca de 80 a 90% de seus orçamentos nos últimos cinco séculos.

Poder, tributo e "excedente"

Como o poder é "movimento", bem como sinônimo de "acumulação de mais poder", seu exercício demanda recursos materiais, ou ainda, em termos econômicos, se diria que o "poder territorial" necessita "financiar" sua reprodução "simples" e "ampliada". Esses recursos foram adquiridos, nos primeiros tempos, por meio da conquista e do saque de novos territórios e populações e, depois, por meio do estabelecimento e da imposição de "serviços", "taxas", "dízimos" ou "tributos" – primeiro, de forma excepcional, durante as guerras, para só então serem aplicados de forma cada vez mais regular e universal.

Por isso, o poder dos "príncipes" ou "soberanos" era calculado indiretamente pela quantidade de territórios conquistados e pelo tamanho de suas populações submetidas ou escravizadas, mas também começou, com o passar dos séculos, a ser avaliado por sua capacidade de impor o pagamento de tributos, de rendas e de serviços pelas populações estabelecidas dentro de seus "domínios". Daí provinham os recursos indispensáveis à contratação de exércitos mercenários e à mobilização bélica dos seus vassalos, servos e camponeses muito antes da formação dos primeiros exércitos regulares e profissionais.

Se não fossem pelas guerras, poderia se imaginar, em termos tão somente teóricos, que os produtores diretos pudessem sobreviver no nível da sua "reprodução simples". Mas, com as guerras e a imposição dos tributos, esses produtores diretos foram obrigados a aumentar sua produção e separar um "excedente" destinado ao pagamento de suas "dívidas fiscais" com os soberanos. Assim, pode-se deduzir que as guerras estiveram associadas diretamente com as primeiras formas de "excedente econômico".

Para William Petty, os tributos existiam porque existia um excedente de produção disponível e tributável[11]. Mas nos parece mais adequado dizer que – a partir de um enfoque tão somente lógico – a verdadeira origem do "excedente" foi o poder dos "soberanos" e sua capacidade de definir e cobrar tributos, independentemente de quais fossem – naquele momento – a produtividade do trabalho e o tamanho da produção que estava disponível às mãos dos produtores diretos[12]. Essa "precedência lógica do poder" ante a produção e a distribuição da riqueza é óbvia no período que decorre ao longo dos séculos XI e XVII. Mas, a partir de nossa perspectiva, ela se mantém mesmo depois do estabelecimento da produção capitalista e da consolidação do processo de concentração e centralização privada do capital. E esta é, indubitavelmente, uma das premissas fundamentais da nossa visão teórica do "poder global".

Poder, moeda e dívida pública

Com a multiplicação das guerras e das conquistas, aumentou-se o custo de manutenção dos novos territórios, bem como a dificuldade de remuneração das tropas e da aquisição de armamento. Essas novas condições estimularam a "monetização" dos tributos pagos pelas populações derrotadas aos vencedores das guerras. E assim surgiram as primeiras moedas emitidas pelos "poderes soberanos" estabelecidos em distintas latitudes do território

---

11. "Para William Petty, os tributos foram criados porque existia um 'excedente de produção' disponível, quando, na verdade, os tributos foram criados porque existia um soberano com poder de proclamá-los e impô-los a uma determinada população, independentemente da produção e da produtividade do trabalho no momento da proclamação do imposto. Ou seja, do ponto de vista lógico, foi só depois da proclamação dos tributos que a população foi obrigada a separar uma parte de sua produção para entregá-la ao soberano, e foi assim que se criou o 'primeiro excedente'" (Fiori, 2007, p. 20).

12. "A precedência lógica do poder ante a produção e a distribuição da riqueza é óbvia no período que decorre ao longo dos séculos XI e XVII. Mas ela se mantém, mesmo depois da formação do modo de produção capitalista e da consolidação do processo de concentração e centralização privada do capital. Crescem a autonomia dos mercados e o papel da competição intercapitalista, mas aumenta cada vez mais o papel do poder político na expansão vitoriosa e internacionalizante dos capitais nacionais, na administração das grandes crises financeiras, na ponta da inovação tecnológica, e na contínua e silenciosa função do crédito e do gasto público indispensáveis à expansão agregada das economias nacionais" (Fiori, 2007, p. 16).

europeu, as quais permitiram a substituição dos tributos e serviços pagos em espécie, o que, por sua vez, facilitou não somente as trocas a distância como também a quantificação dos primeiros "contratos econômicos" privados. No entanto, as próprias guerras criaram a necessidade de câmbio entre a moeda dos conquistadores e a dos derrotados, assim como o "financiamento" das guerras, a despeito da capacidade fiscal dos soberanos, obrigou a criação dos primeiros títulos da "dívida pública". Estes acabaram por se transformar no "território" privilegiado dos "financistas do rei" e dos "comerciantes-banqueiros", os quais conquistaram o favor dos "príncipes" e, por junto, seu direito monopólico ao exercício da "senhoriagem monetária" na relação entre as várias moedas e dívidas dos poderes territoriais europeus. A monetização dos tributos permitiu uma transferência líquida mais ágil de uma parte do excedente produzido pelos produtores diretos para seus governantes e, indiretamente, para as mãos dos financistas e dos comerciantes, o que permitiu, por sua vez, uma primeira separação, no longo prazo, dos dois circuitos: o da acumulação do poder e o da acumulação da riqueza privada.

Desta perspectiva, a história real do capital e do capitalismo europeu não começou pelo "jogo das trocas", nem mesmo pelo "mercado mundial"; começou pela "conquista" e "acumulação do poder", assim como pelo estímulo produzido pelas guerras em relação à produção e multiplicação do excedente econômico, das trocas de bens e dos ganhos financeiros. Os grandes lucros e ganhos financeiros que foram, pouco a pouco, acumulados pelos "financistas dos reis" originaram progressivamente as primeiras "casas bancárias" que foram sendo criadas à sombra dos poderes vitoriosos.

E foi assim que se forjou – desde a primeira hora do novo sistema político e econômico europeu – uma relação "atômica" entre a "compulsão expansiva do poder" e a "acumulação infinita do capital". Uma relação que se manteve e se aprofundou, no decorrer dos séculos, mesmo com o aumento da complexidade e da autonomia relativa dos "circuitos privados" da riqueza em relação aos "circuitos públicos" do poder. Uma autonomia relativa que foi sempre, de fato, a contraface de uma dependência mútua que volta a se manifestar de forma mais nítida a cada nova guerra ou grande crise econômica sistêmica. Uma verdadeira aliança, fundamental para a conquista conjunta de novas posições monopólicas, no mundo do poder e da riqueza.

Os "mercados" e os "Estados-economias nacionais"

Numa conferência que deu em 1977 na Universidade John Hopkins, nos Estados Unidos, Fernand Braudel se questiona acerca da origem das "economias nacionais" e responde a si mesmo ao dizer que:

> [...] a economia nacional é um espaço político que foi transformado pelo Estado, devido às necessidades e inovações da vida material, num espaço econômico coerente, unificado, cujas atividades passaram a se desenvolver em conjunto numa mesma direção [...] Uma façanha que a Inglaterra realizou precocemente, a revolução que criou o mercado nacional inglês (Braudel, 1987, p. 82).

É muito importante acrescentar que foram exatamente esses Estados que acabaram por se transformar na marca diferencial da "superioridade" europeia em relação ao resto do continente eurasiano. Em particular, depois que eles criaram suas "economias nacionais" – como ensina Braudel – e as transformaram num instrumento de poder com enorme capacidade de acumulação de riqueza. Até o século XV, o continente europeu era uma periferia econômica – quase um apêndice – do "mundo islâmico" e de sua gigantesca rede de conexões tributárias, militares e comerciais que se estendia – como já vimos – do Mediterrâneo até o Sudeste Asiático. E não está errado afirmar que foi exatamente o aparecimento desses "Estados- -economias nacionais" que mudou o rumo dos acontecimentos, porquanto assinalaram o início da ascensão europeia e sua expansão conquistadora em direção à África, à Ásia e à América. Braudel destaca a importância do "jogo das trocas" nesse processo de reorganização do poder dentro da Europa e de toda a geoeconomia eurasiana, mas acreditamos que o historiador Charles Tilly tem razão quando diz que foram as guerras, de fato, que construíram, em última instância, as fronteiras internas e externas desse novo "sistema de poder" que emergiu aos poucos desde dentro da "península europeia" antes de projetar seu poder e supremacia sobre o resto do mundo nos séculos XIX e XX.

> Durante este longo período secular de acumulação originária do poder e da riqueza, estabeleceram-se relações incipientes entre o mundo das trocas e o mundo das guerras, mas só depois que os poderes e os mercados se "internalizaram" mutuamente é que se pode falar do nascimento de uma nova força revolucionária com um poder de expansão global, uma verdadeira máquina de acumu-

lação de poder e riqueza que só foi inventada pelos europeus: os "Estados-economias nacionais". Não existiu nenhum cálculo racional ou planejamento estratégico de longo prazo nesse movimento expansivo dos poderes locais [...]. O que havia, eram "unidades de poder" que competiam pelo mesmo território, e foi essa luta que orientou o movimento expansivo dos ganhadores que depois seguiram lutando com novos vizinhos e competidores, num processo continuado de "destruição integradora" (Fiori, 2004, p. 22).

É importante assinalar que, entretanto, desde o primeiro momento da formação dessas novas unidades de poder territorial, foram seu conjunto e luta interna contínua que as obrigaram a desenvolver suas "economias nacionais", como até mesmo já havia acontecido com seus "sistemas tributários" e suas primeiras "casas financeiras". Foi esse mesmo ambiente de competição e disputa que criou as condições originárias do próprio "modo de produção capitalista", o qual foi um verdadeiro monopólio da Europa, pelo menos até o século XIX: a mercantilização progressiva de todos os bens de consumo e de produção, a monetização universal das trocas, o assalariamento do trabalho e a reprodução e valorização contínua do capital. Pode-se dizer algo semelhante em relação ao processo posterior de industrialização, ou mecanização do processo produtivo, que operou de forma decisiva em favor da supremacia mundial da Europa, ao potenciar, de forma muito particular, a capacidade bélica dos europeus que acabou por se distanciar do resto do mundo de forma cada vez mais acelerada a partir do século XVIII.

O "sistema interestatal capitalista"

Assim, é importante relembrar que nenhum desses "Estados-economias nacionais" operou sozinho; tampouco podem ser entendidos de maneira isolada. Ora, a força inovadora da Europa veio desse sistema de poder, e não de suas unidades individuais tomadas em separado. Sobretudo porque foram a competição e as lutas internas desse "sistema interestatal" que geraram sua energia propulsora, exatamente como dissemos ao discutir as premissas abstratas e universais de todos os sistemas de poder.

No caso europeu, como constatou Norbert Elias, "um número relativamente grande de unidades de poder se desviou do seu estado de equilíbrio e se aproximou de um Estado diferente, no qual um número cada vez menor de unidades de poder competiam entre si" (Elias, 1993, p. 94). E neste sistema, "quem não subia, caía, de modo que sua expansão significava o domínio sobre os mais próximos, e sua redução ao estado de dependência" (Elias, 1993, p. 94). Esta é uma regra válida para todos os territórios e Estados europeus que estavam obrigados a se expandir e a conquistar, a fim de preservar seu próprio território e poder, aumentando-os continuamente dentro dos limites de suas possibilidades materiais.

Mesmo assim, ao contrário do que previu Norbert Elias, isto é, ao contrário do que ocorreu na China, por exemplo, este processo de concentração e centralização competitiva do poder, no caso da Europa, reduziu o número das unidades envolvidas nessa competição, mas não deu origem à criação de um único império, com a consequente submissão de todos a um só Estado vencedor. Isso reforça a tese de que o poder diferencial do sistema interestatal europeu veio da competição contínua entre suas unidades territoriais, contíguas, relativamente pequenas e armadas com os mesmos instrumentos de poder.

Hierarquia e "ordem internacional"

As lutas internas da Europa não deram origem a um só império, mas seu processo de concentração e centralização do poder produziu uma ordenação hierárquica de seus feudos, prelazias e reinos, que se multiplicaram depois da desintegração do projeto imperial de Carlos Magno, no século IX, e depois do fracasso do projeto de construção de uma "monarquia universal" do Papa Inocêncio III, no século XIII.

Desde o início dessa história, e, em particular, no decorrer dos séculos XV e XVI, houve um grupo de territórios e Estados que monopolizaram as posições superiores desta hierarquia internacional. Um pequeno "clube" de cinco ou seis Estados que mantinham entre si relações políticas e econômicas complementares, mas que, ao mesmo tempo, estavam em estado de guerra quase permanente. E mesmo dentro desse grupo das grandes potências, sempre existiu uma hierarquia na qual se destacaram, em distintos momentos, Portugal, o Império Habsburgo, a França, a Holanda, a Inglaterra, a Rússia etc.

A melhor representação gráfica do movimento hierárquico e expansivo desse sistema é na forma de um "cone deitado", cujo comportamento se assemelha à cauda de um grande cometa. O pequeno grupo situado no topo de hierarquia se comportaria como se fosse o próprio cometa, porquanto avança e aumenta suas dimensões, alargando, ao mesmo tempo, o espaço ocupado por sua cauda, que seria – nesta analogia – o conjunto do "sistema interestatal". Isto é, como se o sistema de poder territorial criado pelos europeus, e, em particular, seu "sistema interestatal", se comportassem como um verdadeiro "universo em expansão" contínuo e infinito.

A dinâmica conjunta desse sistema supõe que seus "líderes" nunca interrompam seu movimento expansivo e estejam sempre à frente dos processos de inovação organizacional e tecnológica, econômica e militar, em relação a todos os demais membros do sistema. Isso explica melhor por que as grandes potências são de fato, e ao mesmo tempo, "ordenadoras" e "desordenadoras" do sistema interestatal. Ora, elas só conseguem ordenar e impedir o caos sistêmico por se expandirem, inovarem e manterem suas posições relativas; e a um só tempo, elas só são capazes de manter suas posições relativas na medida em que inovarem e mudarem as regras e regimes do próprio sistema, impedindo, desse modo, o acesso de seus concorrentes às inovações que elas controlam. Por isso, também, a disputa pela "ponta tecnológica" transformou-se aos poucos, ao longo dos séculos, na principal causa das grandes "guerras hegemônicas" pela liderança do sistema. O paradoxo, entretanto, reside no fato de que se alguma dessas potências líderes parasse de se expandir, ou se dedicasse apenas à "estabilização do *status quo*", o mais provável é que o sistema se desordenasse e entrasse em processo de entropia e desintegração caótica.

Concomitantemente, observa-se também que, no desenrolar da história, toda vez que essa "pulsão expansiva" das grandes potências aproxima o sistema de uma situação "unipolar", com a monopolização do poder numa única potência, ele entra em crise, fragmenta-se e desemboca em algum tipo de "grande guerra" na qual a própria definição das regras que deverão comandar a nova "ordenação hierárquica" do sistema que deverá ser imposto logo depois do conflito e da consagração dos Estados vitoriosos é objeto de disputa. Algo assim aconteceu com o Império Britânico, na entrada do século XX, e parece ter acontecido novamente, no início do século XXI, com o império militar global dos Estados Unidos.

Imperialismo e internacionalização do capital

Pelo que vimos até aqui, pode-se deduzir e afirmar que o "imperialismo" foi uma característica permanente e universal de todos os grandes poderes vitoriosos no decorrer da história. Pode até ter sido em alguns momentos mais intenso do que em outros, contudo, em última instância, foi uma força e uma tendência que nasceu da própria "pulsão expansiva" de todo e qualquer poder territorial, tanto dos grandes impérios do passado como das grandes potências do "sistema interestatal europeu".

Não há dúvida de que a expansão imperialista dos Estados europeus adquiriu uma natureza distinta e mais poderosa, sempre e quando movida pela "aliança" ou combinação da "compulsão expansiva" dos Estados com suas economias nacionais e capitalistas de que já tratamos. A partir daí, o poder possibilitou a acumulação do capital, e o capital se transformou numa arma a serviço do poder, de modo que os dois juntos se transformaram numa verdadeira "arma explosiva" posta a serviço da supremacia europeia sobre o resto do mundo; ou pelo menos até o momento em que o "resto do mundo" aprendeu e reproduziu o modelo europeu, universalizando o sistema interestatal capitalista em quase todas as suas características originárias.

Neste ponto vale relembrar a lição de Fernand Braudel ao ensinar que "o capitalismo só triunfa quando se identifica com o Estado, quando é o Estado", porquanto seu objetivo são os lucros extraordinários que se conquistam por intermédio de posições monopólicas, e estas posições monopólicas se conquistam por intermédio do poder. Para Braudel (1986, p. 403), o "capitalismo é o antimercado" porque o mercado é o lugar das trocas e dos "ganhos normais", ao passo que o capitalismo é – por excelência – uma obra dos "grandes predadores" e de seus "ganhos anormais". A acumulação do poder cria situações monopólicas, e a acumulação do capital "financia" a luta por novas fatias de poder.

Deve-se atentar, neste ponto, para mais um paradoxo aparente que se manifesta na própria "internacionalização" das economias nacionais e de suas grandes corporações privadas, as quais, na medida em que se internacionalizam, fortalecem seus próprios Estados e economias nacionais. Na verdade, a expansão competitiva dos "Estados-economias nacionais" europeus criou impérios coloniais e internacionalizou a economia capitalista, mas nem os impérios, nem o capital internacional eliminaram os Estados e as economias nacionais. Pelo contrário, pode-se afirmar que o movimento de internacionalização das grandes potências e de seus capitais nacionais contribuiu para o desenvolvimento do capitalismo em escala global, mas, ao mesmo tempo, acabou por fortalecer cada vez mais seus próprios Estados e economias de origem, reproduzindo e ampliando as assimetrias e desigualdades do sistema interestatal.

A dinâmica assimétrica do desenvolvimento capitalista

Os centros econômicos mais dinâmicos do sistema de "Estados-economias nacionais" capitalistas geram uma espécie de "rastro econômico" que se alarga a partir de sua própria economia nacional e que pode beneficiar mais ou menos o desenvolvimento de outras economias nacionais, a depender das circunstâncias (Fiori, 2007, p. 33-34). O sistema, entretanto, pode ter múltiplos centros econômicos, e inúmeras periferias e dependências, que podem variar no decorrer do tempo sem determinar necessariamente a trajetória seguida pelo desenvolvimento econômico de cada país em particular. Até porque existem vários tipos possíveis de liderança econômica que podem produzir o mesmo "efeito rastro" em suas "zonas de influência", de modo que originam vários "centros" e "periferias", bem como vários tipos de "dependência", com dinamismos e trajetórias muito diferentes entre si. Não há dúvida de que a busca constante por "ganhos monopólicos" empreendida pelos Estados e pelos seus capitais privados estreita os caminhos de seus concorrentes e reproduz suas desigualdades, e, ainda que com grande dificuldade, essas desigualdades podem ser modificadas a depender da estratégia de poder internacional de cada Estado nacional. Ou seja:

> [...] em todos os níveis e espaços do sistema, reproduzem-se as mesmas regras e tendências do seu núcleo europeu originário, ainda que seja de forma atenuada pelo tempo e pelas condições materiais, geopolíticas e estratégicas de cada Estado. Mas em qualquer caso, não há como uma economia nacional se expandir simplesmente através do "jogo das trocas", nem há como uma economia capitalista se desenvolver de forma ampliada e acelerada, sem que esteja associada a um Estado com um projeto de acumulação do poder e de transformação ou modificação da ordem internacional estabelecida (Fiori, 2014, p. 28).

Portanto, quando se analisa o desenvolvimento capitalista das economias nacionais de sucesso, constata-se a existência de um denominador comum entre todas elas: pertenceram a Estados que enfrentaram grandes desafios coletivos ou tiveram de disputar o poder com inimigos externos extremamente competitivos. Em todos os casos, esses desafios ou ameaças operaram como "bússolas estratégicas" que orientaram seus investimentos públicos e privados na direção da inovação e do controle monopólico da ponta tecnológica. Em muitos casos, esses desafios contribuíram para uma grande mobilização nacional em torno de objetivos que foram aceitos por vários atores que optaram por submeter seus interesses particulares às diretrizes de uma estratégia conjunta e de longo prazo comandada por um "bloco de poder" hegemônico, o qual se mantém a despeito das mudanças de governo.

Max Weber sintetiza esta perspectiva de forma brilhante e concisa quando diz que, "em última instância, os processos de desenvolvimento econômico são lutas de dominação" e, portanto, são processos que envolvem uma luta permanente de poder, e pelo poder (Weber, 1982, p. 18).

As "explosões expansivas"

Cada unidade do "sistema interestatal capitalista" pode, da perspectiva de seu próprio poder, aumentar e diminuir, individualmente, a riqueza e o prestígio internacional, e algo similar pode acontecer com a supremacia mundial das grandes potências. No entanto, o sistema interestatal – ao menos como um todo – nunca parou de crescer e expandir seus espaços e fronteiras geográficas, econômicas, geopolíticas, culturais ou civilizatórias, há cerca de mil anos.

Assim, é possível identificar, nessa história milenar, a existência de grandes "explosões expansivas" no sistema que ultrapassam em demasia os "ciclos hegemônicos" de que trataram algumas teorias internacionais. Primeiro, observa-se um aumento da "pressão competitiva" dentro do sistema; depois, uma grande "onda expansiva", com o alargamento das fronteiras internas e externas do próprio sistema, além da multiplicação de suas unidades de poder internas. O aumento prévio da "pressão competitiva" é provocado, em geral, pelo "imperialismo" de suas grandes potências, bem como pelo aumento do número e intensidade dos conflitos entre as demais unidades do sistema. Essa pressão competitiva, por sua vez, encontra um "escape" ou "saída" na forma de uma "fuga para frente" de todo o sistema capaz de ampliar suas fronteiras e redefinir suas hierarquias internas de poder e riqueza.

A primeira vez que isto ocorreu foi no "longo século XIII", entre 1150 e 1350. O aumento da "pressão competitiva" na Europa foi provocado pelas invasões mongóis, pelo expansionismo das Cruzadas e pela intensificação das guerras "internas" na Península Ibérica, no norte da França e na Itália. E a "explosão expansiva" subsequente transformou-se numa espécie de origem desse "universo" que começa então a se expandir de modo ininterrupto.

A segunda vez aconteceu entre 1450 e 1650. O aumento da "pressão competitiva" foi provocado pelo expansionismo do Império Otomano e do Império Habsburgo, bem como pelas guerras da Espanha com a França, com os Países Baixos e com a Inglaterra. Foi nesse período que nasceram os primeiros Estados europeus, e suas economias nacionais, com uma capacidade bélica muito superior à das unidades soberanas do período anterior.

A terceira vez foi entre 1790 e 1914. O aumento da "pressão competitiva" foi provocado tanto pelo expansionismo francês quanto pelo expansionismo inglês, dentro e fora da Europa, em virtude do nascimento dos Estados americanos e do surgimento, depois de 1860, de três potências políticas e econômicas – Estados Unidos, Alemanha e Japão – que cresceram muito rapidamente e revolucionaram não só a economia capitalista como também o "núcleo central" das grandes potências.

> Por fim, desde a década de 1970, está em curso uma quarta "explosão expansiva" do sistema mundial. Nossa hipótese é que – desta vez – o aumento da pressão dentro do sistema mundial está sendo provocado pela estratégia expansionista e imperial dos Estados Unidos, depois dos anos de 1970, pela multiplicação dos Estados soberanos do sistema, que já são cerca de 200, e, finalmente, pelo crescimento vertiginoso do poder e da riqueza dos Estados asiáticos, e da China, em particular (Fiori; Medeiros; Serrano, 2008, p. 22-23).

Neste momento da história, a inclusão da civilização chinesa dentro do "sistema interestatal", o retorno da Rússia à condição de superpotência energética, o vertiginoso crescimento da Índia e a desintegração acelerada da ordem internacional imposta pelos vitoriosos no final da Segunda Guerra Mundial permitem prever que essa nova "fuga para frente" – a qual está em pleno curso – será longa e pode redesenhar radicalmente as bases de sustentação do próprio sistema de poder territorial criado pelos europeus.

A "governança mundial"

Sempre existiram projetos e utopias cosmopolitas que propuseram algum tipo de "governança global" para o conjunto do sistema interestatal, mas, na prática, todas as formas conhecidas de "governo supranacional" experimentadas até hoje foram uma expressão e imposição do poder e dos valores das potências vitoriosas em cada momento da história. Desde os séculos XVII e XVIII, esses valores e regras de governança do sistema mundial foram definidos e impostos por um grupo muito pequeno de países europeus – Edward Carr os chamava de "círculo dos criadores da moralidade internacional" (Carr, 2001, p. 80) –, basicamente compostos por França, Inglaterra e Estados Unidos, em ordem cronológica.

No século XIX, um número cada vez maior de Estados europeus seguiu o caminho da Revolução Francesa, isto é, optaram pela separação do Estado em relação à fé e às instituições religiosas. Mesmo assim, quase todas as grandes potências europeias mantiveram sua convicção a respeito da superioridade dos valores e da "civilização cristã europeia" em relação aos demais povos, culturas e civilizações mundiais. Uma convicção que reaparece, mesmo que de forma enviesada, na crença iluminista na superioridade da "razão" e da "ciência" moderna dos europeus. Uma convicção que explica, aliás, o grande paradoxo que existe no pensamento de Immanuel Kant, uma vez que supunha que a "paz perpétua" entre os povos só poderia ser alcançada por intermédio guerra, e de uma guerra que lograsse impor os valores europeus de maneira universal.

Muitos consideraram que havia chegado a hora da "paz perpétua" proposta por Kant, sobretudo depois do fim da Guerra Fria e da arrasadora vitória dos Estados Unidos e de seus aliados na Guerra do Golfo de 1991 e 1992, a qual também teria representado uma vitória dos valores preconizados pelas três grandes potências ocidentais "criadoras da moralidade internacional". Com este objetivo, foram realizadas várias conferências na década de 1990, como a Convenção dos direitos humanos promovida pela Unesco em 1993, e também a chamada Declaração rumo à ética global, formulada pelo Parlamento da Religiões do Mundo, realizada em 1993 e assinada por mais de duzentos líderes de mais de quarenta tradições e comunidades espirituais diferentes. Tudo indicava ser um momento de grande convergência ética e ideológica entre os povos, dado que ocorrera logo depois de uma vitória militar arrasadora dos Estados Unidos. Contudo, pouco tempo depois o mundo entrou num novo período de "guerras sem fim", o qual fora declarado pela "comunidade internacional" contra o "terrorismo global", mas que, na prática, configurava-se como mais uma guerra das "potências ocidentais" contra seu velho inimigo milenar, o "mundo islâmico".

E depois de vinte anos de "guerra ao terrorismo" ainda aconteceu algo mais surpreendente da "perspectiva kantiana": os Estados Unidos se voltaram contra o sistema de regras, instituições e valores que eles próprios haviam construído e tutelado depois da Segunda Guerra Mundial e que haviam reafirmado depois de sua vitória na Guerra Fria. Um fenômeno surpreendente que só consegue ser explicado quando se abandonam as teorias clássicas do poder e das relações internacionais, e se compreende a natureza infinitamente dinâmica e expansiva das "grandes potências" e do próprio "sistema interestatal", como é possível observar a partir do nosso prisma teórico do "poder global".

A "paz"

Uma vez definidas as premissas e hipóteses fundamentais em que se fundamenta nossa visão do "poder global", é inevitável concluir que dentro do "universo em expansão" que se formou na Europa a partir do "longo século XIII", e que só se globalizou plenamente no final do século XX, nunca houve e tampouco haverá "paz perpétua" pela simples razão de que esse "universo" se hierarquiza e se ordena por meio da sua própria expansão e, portanto, por meio de sucessivas crises e guerras periódicas.

A utopia da "paz perpétua" e o projeto de lográ-la mediante uma federação ou algum tipo de poder global que conseguisse impor seus valores, critérios e seu próprio arbítrio a todos os povos e países da Europa e do mundo foram propostos pela primeira vez pelo diplomata francês Abbé de Saint Pierre, em 1712, e foram retomados posteriormente pelo filósofo alemão Immanuel Kant, em 1794. A mesma ideia e o mesmo projeto reaparecem em vários filósofos e teóricos internacionais do século XX, como é o caso de Edward Carr, Raymond Aron e de todos os defensores da "teoria da estabilidade hegemônica" formulada pela economia política norte-americana da segunda metade do século XX. No entanto, a experiência internacional não parece corroborar o otimismo eurocêntrico desses pensadores, porquanto a maioria das grandes guerras travadas nos últimos cinco séculos de hegemonia mundial europeia foi iniciada pelos próprios Estados europeus – em particular, pelos países que lideram esse sistema internacional.

No entanto, existe uma razão mais profunda e permanente que explica o insucesso de todas essas utopias e projetos, como percebeu o holandês Hugo Grócio (2005, p. 40), pai do Direito internacional, logo nos prelúdios do sistema interestatal no início do século XVII: o simples fato de que, dentro de um sistema com múltiplos Estados, sempre existirão múltiplas "inocências", ou múltiplos valores, critérios e argumentos diante de cada conflito e de cada disputa entre estes próprios Estados. Ou seja, quando se olha o mesmo problema, dentro desse sistema internacional, a partir de um ângulo distinto, toda "paz" que for conquistada por meio de uma guerra será sempre "injusta" da perspectiva dos derrotados, e todas as guerras serão sempre "justas" da perspectiva de quem as vence.

Deve-se concluir, portanto, que a ideia e o projeto de uma "paz perpétua" é uma verdadeira impossibilidade lógica dentro deste sistema interestatal, um verdadeiro "círculo quadrado", porquanto não existe e tampouco existirá algum critério de arbitragem internacional que seja "neutro" ou "objetivo", uma vez que todos os critérios possíveis estarão sempre comprometidos com os valores e objetivos de alguma das partes envolvidas nos conflitos entre os Estados nacionais, em particular quando se trata de conflitos que envolvam as grandes potências do sistema.

Neste sentido, à guisa de conclusão, só seria possível conceber uma paz verdadeiramente universal e duradoura se todos os povos, impérios e Estados nacionais aceitassem um acordo como o que fora proposto pelos persas aos bizantinos em algum momento do século VI: que os dois impérios renunciassem às suas respectivas reivindicações de dominar o mundo e de seu desejo de impor uns aos outros seus valores, culturas ou religiões[13].

Esta é a verdadeira razão pela qual a "paz" se transformou na única e autêntica utopia universal de toda a espécie humana, de todos os povos, de todas as culturas, de todas as religiões e de todas as civilizações que restou no século XXI.

Buenos Aires, outubro de 2023

---

13. Conta a história que "o emissário que Khurso – o imperador persa – enviou até os bizantinos apresentou seu apelo de intervenção junto com uma fórmula sem precedentes de uma paz duradoura entre os dois impérios. A paz poderia ser mantida se os dois impérios simplesmente renunciassem às suas respectivas reivindicações de dominar o mundo, ou seja, do seu universalismo" (Cline; Graham, 2012, p. 392).

1
Tempo e método

1.1 Conjuntura, ciclos e durações[14]

1.1.1 A conjuntura como aporia

Longe da economia, a palavra "conjuntura" vive prisioneira do senso comum. Desvinculada do tempo sazonal da produção agrícola e do tempo cíclico da produção industrial, ela se transformou, na linguagem usual, em sinônimo de "momento atual", de qualquer espaço de tempo curto, ou, de modo um tanto quanto genérico, de um "encontro de circunstâncias que se considera como o ponto de partida de uma evolução" (Ferreira, 1999). Assim, em particular, o termo se transformou com o decorrer das análises jornalísticas e com as discussões políticas do dia a dia.

Algo similar pode ser dito acerca da análise conjuntural. Apenas a economia, entre todas as ciências sociais, logrou realizá-la de forma mais rigorosa, a despeito das divergências que dividem o pensamento econômico. As demais ciências sociais tentaram seguir este exemplo, sem alcançar, entretanto, o mesmo nível de cientificidade no estudo do "momento atual". A ciência política, em particular, ainda não conseguiu estruturar nem mesmo o seu conceito de conjuntura, de modo que permitiu, com isso, que a análise política continue a ser considerada um exercício cujos procedimentos são segredo de profissionais da política, de "iniciados" e de áulicos do poder e dos sistemas de informação. Só eles, por controlarem códigos intransferí-

---

14. Publicado pela primeira vez em 1984, com o título "Por uma economia política do tempo conjuntural", e como *Texto para Discussão*, n. 44, do Instituto de Economia Industrial, da Universidade Federal do Rio de Janeiro. Posteriormente, foi incorporado como primeiro capítulo da nossa tese de doutoramento, *Conjuntura e ciclo na dinâmica de um Estado periférico*, apresentada e defendida, em 1985, no Departamento de Ciência Política da Universidade de São Paulo. Tese que foi publicada dez anos depois, pela Editora da Universidade do Estado do Rio de Janeiro (Eduerj), em 1995, com o título de *O voo da coruja: uma Leitura não liberal da crise do Estado desenvolvimentista*. E voltou a ser publicada, pela Editora Record do Rio de Janeiro, com o título *O voo da coruja – para reler o desenvolvimentismo brasileiro*, no ano de 2003.

veis, seriam capazes de ler, por detrás dos símbolos contidos em discursos e atitudes, a intencionalidade, as linhas de tendência e as consequências que delimitariam o futuro provável de uma conjuntura.

É certo que as raízes dessa dificuldade são profundas. A análise conjuntural exacerbada leva ao limite as dificuldades que compartilha com a ciência política como um todo, assim como a difícil, porém necessária, convivência com as paixões e ideologias conflitantes, bem como com a linguagem e com o senso comum que movem a luta política cotidiana. Mais do que nunca, é no estudo do tempo presente que os valores envolvem e prejudicam a isenção necessária a qualquer esforço científico, o que, por sua vez, dificulta a visibilidade dos verdadeiros atores, motivos e circunstâncias que podem explicar o presente, aumentando, assim, a previsibilidade do futuro.

Mas é em virtude disso que, em política, pouco se avançou na sistematização e no cumprimento eficaz do objetivo central de qualquer análise conjuntural, a saber, a diminuição da imprevisibilidade a fim de aumentar o controle sobre o comportamento humano. Qualquer alteração desse estado das artes passa, obrigatoriamente, pela transformação do senso comum e pela construção de um conceito rigoroso acerca da natureza da conjuntura política. Fazê-lo implica, contudo, encarar, ao menos em termos preliminares, os problemas propostos pela inventividade humana e pela dificuldade de controlá-la. Só a partir dali podemos avançar no campo teórico para possibilitar a antecipação de comportamentos e consequências a partir de costumes, decisões e necessidades estruturais, bem como avançar rumo à estabilização das situações de conflito político, objetivo primeiro de toda e qualquer potestade. A raiz última da instabilidade política encontra-se no aspecto inesperado que permeia o comportamento social; assim, o desafio constante para todos os governos, organizações e atores políticos em geral, é a sua diminuição por meio de rigorosa institucionalização das relações políticas, único caminho capaz de aumentar a regularidade das ações sociais.

Mais além dos "usos", "costumes" e "situações de interesse", como nos sistematizou Weber (1977), nascem os sistemas nacionais autoritários ou democráticos no intento de reduzir a um mínimo a margem de liberdade por onde irrompe, sem cessar, o imprevisível. Quando se diluem os costumes, quando se fragmentam os interesses e não se homogeneízam mecanismos de socialização capazes de criar um "sentimento de dever" em relação a uma ordem política válida, porquanto legítima, resta apenas, para os governantes, o uso da coação como forma de enquadrar a rebeldia dos atos individuais. Sem pactos sólidos nem convenções democráticas consensualmente aceitos, abre-se o espaço para o avanço do autoritarismo, o qual, por meio de exaustiva regulamentação do cotidiano, busca, no uso da força, o fundamento para uma ordem política estável. Isto também se dá com os governantes, assim como com todos os demais atores políticos que, pelo fato de se moverem no espaço-tempo conjuntural, querem controlar o desenvolvimento da ação dos demais com o intuito de imporem seus próprios interesses particulares.

A própria ordem legítima e orgânica, entretanto, não é capaz de dissolver a dificuldade fundamental: o caráter esfíngico da imaginação criadora e da fantasia, fontes últimas de toda e qualquer inovação. Nelas se escondem a impenetrabilidade do tempo conjuntural, a resistência mais tenaz ao seu enquadramento racional. Construir o futuro é um ato de fantasia e é por isso que analisar o presente conjuntural é uma proposta tão desafiadoramente complexa: trata-se de analisar a fantasia de um modo racional sem aceitar dissolvê-la por meio do autoritarismo.

Atores e analistas movem-se num tempo presente que é condensação do passado vivido e conhecido, e de um futuro que, sendo desconhecido, desejam prever. Na conjuntura, ambos experienciam o tempo como fluxo, e a estrutura como construção. Um passado separado e distinto de um futuro que vinculam às suas decisões, conquanto não sejam capazes de antecipar todas as suas consequências. A conjuntura é, por isso, para os atores, luta permanente por controlar a incerteza. Do ponto de vista destes, tanto quanto dos analistas, o problema central é o mesmo: a invenção e a fantasia na condição de obstáculos ao projeto de controle racional do imprevisível.

À sombra desse projeto, queremos enquadrar o mundo do imaginário; assim, nascem as teorias fundadas na hipótese das "expectativas racionais". Outrora sugeridas por Weber e traduzida por Muth (1961) muito mais tarde para o campo da economia, atraem hoje a atenção de todas as ciências sociais. Supondo que todas as informações possam ser articuladas com base em dados estatísticos e que as expectativas possam ser expressas sob a ótica de distribuições probabilísticas, estas teorias concluem que as expectativas subjetivas devem se identificar com as distribuições estatísticas objetivas. Donde, por um caminho banalmente circular, dissolvem a incerteza e, com ela, o futuro como espaço-tempo desconhecido. Glorificam a experiência passada em modelos e desconhecem a precedência das decisões em relação a suas consequências, aludindo ao fato de não possuirmos um conhecimento cabal de todos os seus possíveis efeitos. No momento da decisão, o que temos em mão são apenas expectativas.

Contra aquela hipótese não se afirma o caráter irracional ou ilógico do tempo histórico. Pelo contrário, afirma-se a existência de uma sucessão temporal que, por ser lógica, é irreversível e irrevogável. Apesar de haver um desdobramento racional entre dois momentos sucessivos, A e B, o momento B não pode ser deduzido a partir do momento A segundo os cânones de racionalidade lógico formal, como na hipótese das expectativas racionais. O momento A, poderia se dizer, está "gestando" o momento B, mas entre os dois medeiam, no processo de construção histórica, a invenção e a imaginação criadora. É por conta disso que também existe no microtempo da conjuntura, assim como na microfísica de Heisenberg, um alto grau de permanente indeterminação no qual se aninham as raízes últimas de toda a fantasmagoria político-ideológica.

Assim, segundo uma perspectiva histórica contrária às expectativas racionais, cada momento implica uma percepção única do passado e expectativa do futuro, de modo que as decisões tomadas no presente são logicamente independentes de suas consequências. Os atores históricos, assim como os analistas políticos, jamais conhecem todas as alternativas futuras possíveis, nem controlam, tampouco, toda a informação disponível a respeito da situação presente. E, o que é mais importante e definitivo: movem-se sobre um tempo histórico que é irreversível e irrevogável.

Com estes supostos, devemos trabalhar quando queremos, desfazendo-nos do senso comum para construir um conceito adequado do tempo conjuntural. É no interior deste tempo, o qual flui como presente, que atores e analistas procuram controlar a incerteza futura e traçar, em suas expectativas, trajetos possíveis para a ação dos demais e para o desdobramento global da situação vivida, tanto em contextos consensuais quanto em ordens autoritárias.

Num caso – o consensual – as relações sociais dominantes serão de luta, mas uma luta pacífica ou regulada. No outro, a luta tenderá a extravasar a mera competição, de modo que adquirirá uma forma aberta, muitas vezes descontrolada e tendente a um enfrentamento de soma-zero. No primeiro caso, os atores tenderão a ser mais orgânicos, constantes e "racionais" em sua ação; no outro, os atores reais do conflito político tenderão a uma fragmentação múltipla e variável ao longo do tempo, de modo que surgem como unidade de análise, no mais das vezes, grupos e cliques com baixíssima organicidade. Em ambos os casos, entretanto, vão se sobrepor às ações tipicamente "racionais com vistas a fins", a outras "racionais com vistas a valores" ou tão somente a "afetivas" ou "tradicionais", de modo que é impossível traçar previsões que se movam numa trajetória dada pela simples adequação ótima de meios a fins. No limite, não se trata apenas de atores que desejam "impor sua própria vontade contra a resistência dos demais" (Weber, 1977, p. 31) numa luta competitiva, mas de uma multiplicidade inorgânica de atores que desejam a imposição de seus interesses à revelia de toda e qualquer regra, baseados apenas em sua vontade e imaginação.

Desse modo, prevê-se que quanto menor o grau de aceitação ou permanência das leis vigentes maior será o grau de incerteza a ser controlado. E quanto maior a falta de organicidade dos atores, maior a quantidade de grupos, organizações e cliques desejosos de controlar a situação por meio da imposição das previsões que lhes são próprias e particulares. Portanto, quanto menos eficiente e fragmentado está um sistema legal de interesses, menor será a possibilidade de uma estabilização que resulte da aceitação de um conjunto de previsões que hegemonizem as expectativas coletivas. Nestes casos, as expectativas mútuas tenderão a ser de constante ameaça, e a visão que os atores construirão a respeito da situação será a de uma crise permanente, porquanto não haverá consenso nem hegemonia, e o simples uso da força se demonstrará, no longo prazo, extremamente frágil e impotente.

Também é previsível, pois, que, quanto maior for a instabilidade das normas e instituições, maior será a dificuldade de organizar uma análise eficaz do tempo conjuntural, uma vez que, em situações como essas, os partícipes na ação mutuamente referida não atribuirão o mesmo sentido a suas ações, de modo que inexistirá um mínimo de reciprocidade. Nestes casos,

> [...] então, unem os partícipes a sua conduta um sentido diverso: a relação social é assim, para ambos os lados, objetivamente unilateral. Assim mesmo, não deixa de estar referida na medida em que o ator pressupõe uma determinada atitude de seu contrário frente a ele (errônea quiçá, no todo ou em parte) e a partir dessa expectativa orienta sua conduta, a qual basta para que possa haver consequências, como as há no mais das vezes, relativas ao desenvolvimento da ação e forma da relação (Weber, 1977, p. 22).

As expectativas assumem, aqui, um papel de primeira importância, ampliando o espectro de dificuldades. São expectativas que não se convergem de modo necessário, porquanto são construídas por inumeráveis atores com baixo grau de organicidade e permanência em seus objetivos, programas e estratégias. Mas são, por outro lado, essas expectativas que, ao moverem os atores, definem o horizonte futuro de um tempo conjuntural que ainda não transcorreu por completo. Sim, pois é neste espaço de um futuro ainda não vivido que germina o "mundo do imaginário", o qual cumpre a expectativa de trazer ao "presente inacabado" dos atores uma imagem ativa do futuro, bem como orienta a sua ação e dissolve sua ansiedade causada pela incerteza do desconhecido. São as expectativas, pois, que fazem do futuro um elemento ativo do presente, introduzindo no espaço-tempo conjuntural uma dimensão que, apesar de não vivida, é demasiado importante para a compreensão daquilo que ora se vive. Em síntese, sem a análise e a compreensão das expectativas que os atores políticos traçam a si próprios não há possibilidade de previsão, tampouco existe análise político-conjuntural possível.

Ora, a construção desta "imagem esperada do futuro" não é absolutamente aleatória. Obedece a certa lógica na mesma medida em que obedece a certos cânones e determinações. São construídas com base em informações analisadas e reelaboradas segundo códigos ideológico-doutrinários no contexto de uma perspectiva estratégica e a partir de uma imagem e avaliação do passado. Tudo isso movido por interesses que, por mais fluidos e circunstanciais que sejam, são passíveis de um conhecimento objetivo: ademais, constroem-se, no decorrer normal das coisas, em torno ou a partir de determinados desafios que, mesmo na inexistência de um consenso alcançado por meio de lei, logram organizar e homogeneizar, ainda que muito pouco, o eixo problemático das expectativas e da conjuntura.

A presença ativa de expectativas, como o esforço para organizar a incerteza, define a diferença epistemológica fundamental entre o conhecimento de uma "conjuntura atual" de uma "conjuntura passada". Numa, o conhecimento acompanha o movimento de sua construção; perante a outra, o analista esforça-se para fazer uma reconstrução adequada. Numa, ao partir dos motivos, decisões e determinações estruturais conhecidas, procura prever consequências; perante a outra, ciente das consequências, procura explicá-las, reconstruindo a trajetória de suas razões desconhecidas.

A dificuldade maior na reconstrução de conjunturas passadas decorre da indefinição de seus limites. Na ausência de uma teoria que dê conta do movimento dinâmico da conjuntura, tende-se a privilegiar as determinações estruturais, aparentemente consagradas, em face do que efetivamente aconteceu. Dissolvem-se as incertezas vividas pelos atores naquele momento e consagra-se a inevitabilidade do que em verdade ocorrera, caindo-se, no mais das vezes, na falácia da "consequência". Os limites temporais, ao que parece, são claros, assim como também o são os atores e suas expectativas, hoje transformadas em acontecimentos que dificultam o conhecimento do que elas foram e do papel que de fato cumpriram.

A maior dificuldade para o conhecimento de "conjunturas atuais" está sobretudo em seu tempo não vivido, materializado em expectativas cuja dinâmica, muitas vezes, escapa à nossa observação. Qualquer teoria que queira, contudo, dar conta do problema posto pelos limites temporais de uma conjuntura terá de equacionar o problema das expectativas. Por isso, enfrentar o nó górdio da conjuntura atual – a incerteza futura – implica, por conseguinte, esclarecer o tempo das conjunturas passadas.

É indiscutível, nesse sentido, que a análise conjuntural padece da falta de monumentos. Mas também é certo afirmar que a análise histórica muitas vezes sofre da falta de "incerteza".

Definir os limites factuais do tempo conjuntural passa, pois, pela redução teórica do mundo imaginário das expectativas; contudo, passa antes por sua demarcação espacial. A exigência analítica de reduzir o número de fatores e atores a serem considerados corresponde à realidade efetiva de que apenas alguns dentre eles têm peso real na condução dos acontecimentos. Delimitá-los é uma tarefa teórica imprescindível sem a qual a análise político-conjuntural não se diferenciaria do trabalho executado por qualquer sistema nacional ou policial de informações. Tarefa que se faz ainda mais difícil e necessária quando sabemos que o contexto político significativo de qualquer conjuntura inclui hoje, e cada vez mais, um espaço transnacionalizado, de modo que faz com que atores, informações e valores externos às políticas nacionais tenham um enorme peso na evolução de qualquer conjuntura política "nacionalmente considerada". O poder ainda é disputado no domínio nacional, mas os atores e suas expectativas se constroem dentro de horizontes culturais, ideológicos e informativos internacionalizados. Amplia-se, pois, de forma quase infinita o número de fatores e circunstâncias a serem eventualmente considerados.

Só um exigente esforço de construção teórica poderá delimitar o espaço e o tempo da conjuntura política, bem como explicar a natureza de sua dinâmica endógena, a partir do peso relativo nela assumido, em virtude das decisões dos atores e da ação de forças inconscientes e independentes de suas vontades. Apenas por meio daquele esforço teórico poderemos deslindar as complexas relações estabelecidas, em cada conjuntura, entre os sentidos e motivações dados pelos atores a suas ações e necessidades, ou tendências estruturais, separando de modo analítico, e com máximo de nitidez possível, as interseções estabelecidas, tanto estruturais quanto conjunturais, entre as relações econômicas e as relações políticas.

A partir destes elementos teóricos, reaparecerá o problema da temporalidade, agora revisto e conceitualmente alicerçado, o que, por seu turno, nos permitirá pensar o recorte específico da conjuntura política à luz das duas relações sociais de luta possíveis, a saber, a do confronto aberto, o qual tende à bipolaridade e à eliminação de um dos partícipes, cujo modelo clássico é a guerra, e a do confronto regulado, o qual tende a uma competição plural, autorregulada, e não obrigatoriamente excludente, cujo modelo clássico, ainda que fictício, é o do mercado. Entre esses dois limites extremos situam-se, por certo, as relações de poder próprias ao conflito político, o qual nem sempre regulado, mas que tampouco tende necessariamente à bipolaridade do tipo soma zero.

1.2 Na busca do método

1.2.1 A guerra como situação-limite

Foi Clausewitz quem, com sua afinada percepção, viu na guerra uma "simples continuação da política por outros meios" (Clausewitz, 1979, p. 91). Por isso, ao teorizá-la, não apenas sistematizou conceitualmente uma situação específica de conflito aberto, como também ofereceu elementos para pensar situações genéricas de luta entre forças dotadas de capacidade de iniciativa e resposta, organizadas em função da maximização da eficácia no logro de seu objetivo central: a imposição da própria vontade. Como Glucksmann bem o viu, Clausewitz, com sua obra, desvela-nos uma "guerra presente em todas as guerras e mais verdadeira do que cada uma delas. A possibilidade de elevar o conceito da guerra acima da multiplicidade caótica das guerras observadas está dada pelo lugar decisivo que ocupa em todas as batalhas" (Glucksmann, 1970, p. 50).

Sua teoria generaliza uma forma extremada de relacionamento social: o duelo realizado em um espaço específico, a saber, o campo de batalha, em um tempo peculiar, o estratégico. Nesse espaço, os atores se inter-relacionam na perspectiva de uma grande e decisiva batalha final em que uns imporão sua vontade aos outros mediante seu desarmamento, por intermédio do uso da violência. Embutido neste objetivo final, objeto comum de conflito, há uma tendência inevitável à bipolarização do confronto entre dois atores organizados com comandos centralizados encarregados de planejar um conjunto heterogêneo de ações articuladas por um plano estratégico que visam à máxima acumulação de forças para o enfrentamento decisivo. Como esse enfrentamento se dará segundo regras de "tudo ou nada", ambos os lados são constrangidos, em virtude do contexto bélico, a um comportamento similar de adequação crescentemente racional de meios aos fins. Ambos veem, na imposição de sua vontade, o conteúdo político da vitória final, conseguida depois do desarmamento ou eliminação do adversário.

A guerra, contudo, "não é nunca um ato isolado" (Clausewitz, 1979, p. 79), tampouco "consiste num só golpe sem duração", porquanto implica, pelo contrário, inumeráveis decisões e atividades não simultâneas. Apesar das incertezas reinantes, todos os partícipes têm o mesmo objetivo e expectativas convergentes, de modo que cada um formula, com base nelas e num fluxo contínuo de informações, os cálculos que orientam as decisões, as quais, apesar disto, obedecem também a um resíduo imprevisível de criatividade própria do "gênio militar". Aqui, a prova de força detém a palavra final, que, mediante vitórias e derrotas, sanciona as expectativas, os cálculos e os planos delineados pelos comandos unificados. A esses comandos incumbe definir os centros nevrálgicos do adversário e estabelecer, com base nisso, um plano articulado de iniciativas que objetivem a destruição do oponente.

A duração que se estende até o enfrentamento final constitui-se no tempo estratégico, cujo desdobramento materializa, por intermédio de múltiplas ações e enfrentamentos parciais, sucessivos tempos táticos. A questão teórica central, para nossos objetivos, está posta exatamente pelo complexo inter-relacionamento existente entre esses distintos "tempos", dado que não se trata tão somente de um mero desdobramento cronológico. Sua riqueza, aliás, advém de sua natureza lógica, e é em virtude dela que é possível construí-lo de maneira teórica.

Segundo Clausewitz, "a guerra é um ato de violência e não há nenhum limite para a manifestação desta violência. Cada um dos adversários executa a lei do outro, donde resulta uma ação recíproca, que, enquanto conceito, deve ir aos extremos. Tal é a primeira ação recíproca e o primeiro extremo que se nos depararam" (Clausewitz, 1979, p. 75). Este é o teorema número um da teoria: a tendência necessária de "ascensão aos extremos" (Glucksmann, 1970, p. 38). Em síntese, qualquer hostilidade, mesmo que embrionária e limitada, no nível das intenções, gera uma dinâmica precautória que, movida pelas expectativas integrantes dos grupos, conduz ao conflito em virtude de uma lógica de radicalização progressiva, a um duelo à morte. Há uma lei de ferro que move e explica todas as decisões – a certeza de acerto final violento e definitivo. Nesta perspectiva, todos os enfrentamentos táticos parciais se articulam por intermédio de uma lógica irrefreável, numa corrente que as conduz ao veredito final na hora da verdade estratégica.

A genialidade dos comandos se mede por sua capacidade de adequar este tempo lógico ao tempo cronológico do espaço real. Tempo e espaços envolvidos de forma cada vez mais inclusiva na dinâmica da guerra total. Entretanto, como Clausewitz reconhece,

> a guerra nem sempre deve ser considerada como um caso absoluto... e qualquer ato de guerra deixa assim de estar submetido às leis estritas que impelem as forças aos extremos... Deste modo, o objetivo político como móbil inicial da guerra fornece a dimensão do fim a atingir pela ação militar (Clausewitz, 1979, p. 79).

Volta-se à dimensão política da guerra, impondo-lhe objetivos que limitam, dificultam ou, muitas vezes, postergam a meta final do duelo. Reaparece seu caráter instrumental e protela-se a eficácia da lei de "ascensão aos extremos", mantendo-se latente sua validez como tendência irreprimível. Redefine-se o papel do estrategista, já agora obrigado a adequar seu tempo lógico ao "tempo político".

Na limitação da eficácia da lei tendencial de radicalização pesa, entretanto, além da decisão política, o efeito equilibrador do segundo teorema da teoria: o da "dissimetria das ações ofensivas e defensivas" (Glucksmann, 1970, p. 41). Sendo o "ataque e a defesa duas coisas de natureza diferente e de força desigual, a polaridade não se lhes aplica" (Clausewitz, 1979, p. 83). Na ofensiva jamais existe equilíbrio. Este só é viável quando um dos parceiros adota uma postura defensiva capaz de anular nas expectativas do outro a certeza quanto à eficácia de seu ataque. Tal empate, que sem dúvida resulta de uma opção política pela paz, é o único, em termos materiais, capaz de sustentar uma trégua prolongada.

Não nos aprofundaremos nessa questão; no entanto, há um ponto que nos parece importante: a partir desta nova realidade, não desaparece a eficácia da primeira lei. Ao contrário, fica apenas sustado, porquanto ativa um outro tipo de guerra de observação, muito próximo, em sua essência, de toda e qualquer ação política. Cabe, aqui, dar lugar à observação de Clausewitz:

> [...] se se pensa que a guerra resulta de um desígnio político, é natural que este motivo inicial de que ela é o resultado continue a ser a consideração primeira e suprema que ditará sua condução. Todavia nem por isto objetivo político é um legislador despótico; terá de adaptar-se à natureza dos meios de que dispõe, o que leva, frequentemente, à sua completa transformação, mas sem que deixe de permanecer na primeira linha das nossas considerações (Clausewitz, 1979, p. 87).

A guerra, quando protelada, politiza-se, e, da mesma forma, a política, quando acirrada, torna-se bélica. Em virtude da eficácia do primeiro teorema, os recursos materiais de força – os armamentos e outros – desenvolvem-se até o ponto em que a batalha final acaba sendo permanentemente preterida por conta da ameaça da destruição total e conjunta. Com isso, a guerra se transforma em um estado de latência constante, permeada pela política.

Daqui nasce a ideia de que o tempo político aparenta ser – como muitos o entendem – mera duração de espera ou protelação da batalha final. Suas distintas conjunturas se sobreporiam, nesta perspectiva, aos momentos táticos, definindo sua natureza, desse modo, como progressiva preparação do conflito definitivo.

Acercamo-nos, por esse equívoco, ao ponto essencial: a contribuição possível da teoria da guerra à clarificação do conceito do tempo político. Assim, impõe-se a especificação de algumas particularidades que fazem da guerra uma situação-limite capaz de impedir aproximações e analogias ligeiras entre seus tempos e os da luta política.

No mais, há de se ter presente, como já vimos, que, a despeito de qual protelação,

> [...] a ascensão aos extremos, forma absoluta da guerra, constitui-se no ponto de referência, com relação ao qual se mede toda limitação da guerra. De um só golpe se assegura a objetividade de um cálculo se impõe bilateralmente; a racionalidade da polarização determina a matéria do cálculo, idêntica para os dois adversários (Glucksmann, 1970, p. 44).

Nesse sentido, os "momentos táticos" que recortam o tempo estratégico conformam verdadeiras "conjunturas belicosas". E a análise conjuntural, nesta perspectiva, se transforma em um cálculo tático. Entretanto, esses momentos, apesar de se articularem em torno de enfrentamentos parciais, dependem, em seu recorte cronológico, das intenções e dos planos dos comandos unificados. Até porque, como reconhece o próprio Clausewitz, "podem produzir-se casos em que vários recontros possam ser considerados como um só" (Clausewitz, 1979), de modo que existe aí uma complexa "transição gradual". Apenas o plano estratégico, propriedade sigilosa dos comandos, é capaz de estabelecer o espaço e o tempo de cada conjuntura tática. Ao contrário da política, aqui o tempo é construído de modo consciente por dois comandos apenas, os quais são unificados pela racionalidade da polarização que impõe uma matéria de cálculo idêntica a ambos os adversários. No conteúdo objetivo e unificado deste cálculo comum está o segredo viabilizador da teoria da guerra.

Trata-se de uma teoria que lida inicialmente com uma relação explícita de conflito aberto pelo poder, uma dinâmica de força que, em sua máxima expressão, culmina em uma situação de soma zero devido ao emprego da violência física. Em segundo lugar, uma teoria que supõe uma situação de bipolaridade em que os atores têm objetivos comuns e excludentes. Em terceiro, uma teoria que trabalha com dois tempos que se articulam em virtude de uma meta e de um momento final estabelecido arbitrariamente por comandos que planejam a ação coletiva. Tempos cujo significado último está dado por sua convergência na guerra, e não em uma crise; na destruição, e não no reequilíbrio. Por isso, no contexto desta teoria, as incertezas futuras são reduzidas a um mínimo, e permitem, desse modo, a homogeneização e o cálculo das expectativas unificadas tanto pela espera quanto pela busca do enfrentamento final. As ações são rigorosamente "racionais com vistas a fins", na linguagem weberiana.

Quando, por uma situação de "equilíbrio catastrófico", protela-se a batalha final, politizam-se, como vimos, os tempos intermediários, sem que desapareça, entretanto, a eficácia da lei da "ascensão aos extremos". Segue vigente a "razão militar" – muitas vezes em choque com a "razão política" –, a qual mantém nas mãos dos estrategos o poder de construção e delimitação dos tempos.

Entretanto, quando a batalha final é postergada indefinidamente, dissolve-se a rigidez dos suportes da teoria por conta da intromissão de fatores "exógenos" capazes de alterar politicamente os objetivos, as regras e os tempos, multiplicando o número dos adversários e das racionalidades em conflito.

O tempo já não pode mais ser comandado de maneira arbitrária. Liberta-se do controle racionalmente planificado dos estrategos. A guerra que nascera no prolongamento instrumental da política reencontra-se com sua origem. A análise conjuntural – que na teoria da situação-limite coincide com um cálculo tático altamente rigoroso – readquire, na ausência de um tempo comandado, sua opacidade. E isto porque não apenas multiplicaram-se as racionalidades em conflito, como também reaparece no primeiro plano, comandando as ações coletivas, a "irracionalidade" própria das paixões e da fantasia.

1.2.2 O mercado como tipo ideal fictício

> Numerosas regularidades muito visíveis, no desenvolvimento da ação social, especialmente da ação econômica, não descansam em uma orientação dada por normas válidas, ou no costume, se não que apenas nisto: em que o modo de atuar dos partícipes, corresponde, em seu termo médio, por natureza e da melhor maneira possível, a seus interesses normais subjetivamente apreciados, orientando-se sua ação precisamente por essa opinião e conhecimentos subjetivos; assim, por exemplo, com as regularidades na formação de preços no mercado. Os interesses no mercado orientam sua ação – que é meio – por determinados interesses econômicos próprios, típicos e subjetivos – que representam o fim – e por determinadas expectativas típicas que a previsível conduta dos demais permite esperar, as quais aparecem como condições da realização do perseguido. Na medida em que procedem com maior rigor em sua atuação racional com vistas a fins, são mais análogas suas reações na situação dada. Surgindo, desta forma, homogeneidades, regularidades e continuidades na atitude e na ação, mais estáveis, muitas vezes, que as que se dão quando a conduta está orientada por deveres e normas tidas de fato obrigatórias num círculo de homens. Esse fenômeno: o que uma orientação pela situação de interesses, tanto próprios como alheios, produza efeitos análogos aos que se pensa obter coativamente – muitas vezes sem resultado por uma ordenação normativa, atraiu muita atenção, sobretudo no domínio da economia; e mais, foi precisamente uma das fontes do nascimento da ciência econômica. Entretanto, tem validez, de modo análoga, para todos os domínios da ação [...]. Um elemento essencial da racionalização da conduta é a substituição da submissão íntima ao costume, feito carne, por dizê-lo assim, pela adaptação planejada a uma situação objetiva de interesses.
>
> (Weber, 1977, p. 24)

Se a Guerra define a situação-limite de uma luta "violenta" e polarizada, na qual as expectativas e ações se fazem cada vez mais racionais com o objetivo da destruição mútua, a economia de mercado constitui-se no tipo ideal de uma luta "pacífica" em que a competição entre uma multiplicidade de atores obrigaria a ações cuja racionalidade conduziria ao equilíbrio, à eficácia e à felicidade de todos.

A existência de uma multiplicidade de atores, como indivíduos e empresas, na busca de um objetivo consensual – a valorização do valor ou a maximização do lucro por meio da concorrência de preços em um mercado livre – daria lugar, sem dúvida, a um modelo de atividade humana racional em que se veriam dissolvidas todas as diversidades, assincronias e "heterodoxias" da subjetividade individual, porquanto seriam homogeneizadas por uma situação de interesse comum. Assim como na guerra, se reduziriam as incertezas, na medida em que as expectativas seriam convergentes, ainda que competitivas. E isto porque a concorrência num livre mercado perfeito anularia o mundo das paixões, abrindo portas a comportamentos previsíveis, porque racionais. A meta seria a maximização das vantagens individuais, mas estas se submeteriam a um mecanismo regulador e equalizador em que o virtuosismo cederia lugar à eficácia, e toda ineficácia seria castigada na mesma moeda com que se premiariam os vencedores; mecanismo de autorregulação sistêmica encarregado de definir os preços, feliz ponto de convergência e interação das múltiplas forças em concorrência, fiel indicador das transações ocorridas no mercado de bens e serviços. Com base neles, indivíduos e empresas estabeleceriam suas projeções reajustando permanentemente suas ações de modo que as infinitas expectativas individuais se homogeneizariam.

Por fim, segundo esta concepção, o sistema econômico se reproduziria num movimento pendular, voltando sempre a um ponto ótimo de equilíbrio, demarcando o início e o fim de uma duração reversível que seria perfeitamente reprodutível por uma modelística capaz de ser formalizada e materializada. No limite, esta representação do mundo econômico eliminaria a subjetividade e a historicidade, de modo que o problema do tempo, reduzido à duração existente entre dois pontos de equilíbrio, seria dissolvido. Nesta perspectiva, o tempo conjuntural seria qualquer período cronológico em que os preços e todos os seus valores derivados pudessem nos entregar um retrato do "estado dos negócios" mais ou menos próximo da situação de equilíbrio desejada.

No movimento dos preços, se encontraria a chave do diagnóstico da atividade econômica em seu conjunto: produção, intercâmbio, emprego, rendimento etc. Por intermédio deles, seria possível realizar uma leitura "anamnéstica" da conjuntura capaz de deduzir, no suposto da tendência ao equilíbrio, o sentido do movimento estrutural do sistema.

A realidade econômica, entretanto, não parece ser tão simples como a visão weberiana sugere de maneira implícita. A própria teoria não é consensual com relação a estes aspectos de seu objeto. Muito antes, contudo, que a crítica teórica destruísse a platitude cênica do sonho walrasiano, a história real da economia capitalista encarregou-se de demonstrar o caráter fictício daquele tipo ideal em que uma situação de interesses comuns, ainda que competitivos, logra uniformizar uma infinidade de comportamentos individuais numa temporalidade que, por sua recorrência, se faz logicamente reversível e reduz a um mínimo residual o problema das expectativas diante da incerteza futura.

Não cabe aqui revisar a história dos fatos e das teorias econômicas. Basta que tenhamos presente o inquestionável movimento real do capital que, ao concentrar-se e centralizar-se mediante movimentos cíclicos e crises periódicas, transmuda cada vez mais a estrutura produtiva em oligopólios que alteram as regras da competição, ampliam a intervenção estatal na economia e fazem dos preços um valor administrado para, finalmente, desfazer a ficção de um mercado autorregulado. Essa nova realidade, com suas crises e guerras, refez, no pensamento econômico, a imagem do capitalismo. Nesse novo mundo – agora de forma visível – os agentes econômicos já não são equiparáveis. Pelo contrário, têm pesos e forças diferentes, porquanto alguns são capazes de, por meio de sua ação direta ou pela intervenção do Estado, determinar arbitrariamente o movimento dos preços e de condicionar os demais fluxos da atividade econômica.

A economia, separada do Estado por uma história real repleta de matizes obscurecidos pela cirurgia teórico-doutrinária executada pelo pensamento liberal, reencontra no mundo concreto sua dimensão eminentemente política. As relações econômicas deixam transparecer agora, da forma mais nítida possível, o fato de serem também correlações de força. Os preços já não resultam do jogo de cabra-cega entre a oferta e a procura, e por isso não são mais um sintoma que retrata de forma fiel e autônoma a atividade econômica como um todo. Caem, portanto, as suposições básicas que inspiram a reflexão weberiana. Tempo e poder reaparecem como dimensões fundamentais da atividade econômica. A duração econômica, por conseguinte, já não é a da temporalidade pendular, fechada e recorrente, movendo-se entre dois pontos de equilíbrio quaisquer. O problema das crises e do movimento expansivo do capital assume, portanto, seu lugar de importância. Repõe-se, de forma absolutamente distinta, a questão do tempo conjuntural e da racionalidade das expectativas e das ações dos agentes econômicos.

Na verdade, a preocupação com a conjuntura econômica é filha direta desta nova feição que o capitalismo assumiu a partir da segunda metade do século passado. Mobilizado pela reiteração periódica das crises que se sucediam de maneira visivelmente regular no capitalismo industrial, o pensamento econômico formula sua teoria dos ciclos com o objetivo de prever o surgimento de crises a fim de controlá-las. Na esteira desse esforço aparecem, já neste século, os primeiros centros especializados no estudo da conjuntura econômica.

Nasce uma nova imagem do tempo econômico pautada por ciclos que, sendo recorrentes em sua forma, não são reversíveis e, portanto, constituem etapas de um movimento que não tende ao equilíbrio. Tempo descontínuo, construído por atores desiguais, incertezas e expectativas nem sempre racionais.

As conjunturas já não são se constituem a partir de qualquer momento cronológico arbitrariamente definido. São momentos de um movimento maior, a saber, o movimento dos ciclos. Cada um deles contém, simultaneamente, múltiplos tempos, os quais dependem de sua localização em diferentes etapas do desdobramento de diferentes ciclos. Não é possível delimitá-los, pois, sem uma adequada construção teórica acerca dos ciclos e sem um profundo conhecimento concreto dos processos estruturais localizados e datados na história concreta.

O analista se move, agora, diante de um movimento reprodutivo em expansão, numa progressão de ciclos e de crises tendenciais. As conjunturas são movimento, transformação e iniciativa ocorridos numa duração na qual se sucedem, de modo necessário, a expansão, o auge e a crise. A análise conjuntural implica, nesta perspectiva, uma identificação estrutural acertada da força relativa dos distintos atores – incluído aí o próprio Estado – sem o qual os preços e todos os seus valores agregados perdem transparência. Mas, mais do que isto, envolve-se com o problema da historicidade das estruturas e recoloca o problema do papel da incerteza futura na construção das expectativas e na ação – nem sempre racional – dos agentes econômicos.

Nessa linha, Keynes, com suas ideias a respeito da incerteza, das convenções e das expectativas, redirecionou o foco das preocupações econômicas quando trouxe ao primeiro plano o problema das decisões. Segundo ele, qualquer momento de um processo econômico, aberto e desequilibrado, pode assistir a inflexões capazes de conduzir a crises e rupturas na medida em que nele ocorre um número infinito de decisões de investimento tomadas pela comunidade de negócios.

Decisões essas tomadas à luz de uma norma permanentemente mutável, construída pela tensão entre a análise retrospectiva e a avaliação prospectiva, ambas realizadas pelos atores-investidores. Se os negócios vão bem e as perspectivas futuras são boas, opta-se pelo crescimento e pelo investimento – opção sacramentada pela comunidade financeira. Se os negócios vão bem, mas as perspectivas são más, a comunidade dos negócios opta por sustar seus investimentos, provocando uma série de consequências inevitáveis, a começar pelo sistema financeiro que consagra de imediato a decisão de não investimento, comunicando-a à totalidade do sistema econômico por intermédio da valorização dos ativos financeiros, o que, por conseguinte, gera a desvalorização dos ativos produtivos. Daí a corrida à liquidez, com o abandono, quebra e sucateamento de parte da base produtiva, o que, levando a economia ao fundo do poço, implica a revalorização do investimento produtivo e a retomada da produção e do crescimento.

Não há, em Keynes, uma concepção propriamente cíclica, a menos que se considere por ciclo a recorrência das crises. Nele – para nosso objetivo – o fundamental é a ideia de uma incerteza permanente, causa de expectativas múltiplas e inconstantes, diminuídas, porém não eliminadas, pelas convenções e pelos acordos. Expectativas essas que são dotadas de uma enorme capacidade de rápida materialização, de modo que é possível gerar, a partir delas, efeitos numa cadeia de ações e reações incontroláveis.

A partir de um olhar keynesiano, uma análise conjuntural deve centrar sua atenção nessas expectativas, buscando administrá-las de forma a impedir ou postergar as crises. Trata-se agora, de forma deliberada, de reunir informações que reduzam o grau de incerteza e que propiciem certa orientação para a ação do Estado, único agente capaz de, em substituição aos inoperantes mecanismos de mercado, administrar com sabedoria o movimento expansivo da economia capitalista.

E é à sombra desta intervenção estatal que a ciência econômica desenvolverá de forma cada vez mais sistemática, a partir dos anos de 1930, seu método de análise conjuntural, aperfeiçoando cada vez mais seus indicadores, medidas e dados, os quais passam a ser quantificados de forma permanente e confiável.

Assim mesmo, ante o conceito de tempo conjuntural, o pensamento econômico permanece dividido. O único consenso, entretanto, é que, uma vez separado do movimento sazonal da produção agrícola, ele permanecerá indeterminado enquanto não estiver referido ou a um par sucessivo de pontos de equilíbrio, ou ao movimento expansivo dos ciclos e das crises. Só a partir daí se esclarecem as demais dimensões do conceito: a questão dos atores e da racionalidade de suas ações; a questão da interseção lógica com o tempo estrutural; a questão das incertezas futuras etc.

É completamente distinto, entretanto, o conceito de conjuntura construído a partir de uma visão da economia como equilíbrio autorreproduzido pelos mecanismos de um mercado perfeitamente competitivo, daquele outro, o qual nasce de uma concepção da atividade econômica como movimento expansivo, concentrador e cíclico.

Num caso, trabalha-se com um conflito regulado entre múltiplos atores que gozam de certa igualdade de condições e de objetivos comuns, ainda que competitivos. Atores que orientam de maneira racional sua ação no mercado. Com base em sua situação de interesses, em vista daqueles objetivos comuns, logram, com isto, expectativas típicas e previsíveis. Surgem, portanto, a partir daí, regularidades e constâncias na ação coletiva que dissolvem o problema posto pela multiplicidade dos atores. Como consequência, temos uma temporalidade recorrente e reversiva, ainda que não planejada. Temporalidade pautada por sucessivos pontos de equilíbrio que, dentro de qualquer recorte cronológico que disponha de dados significativos a respeito do movimento dos preços, constitui uma conjuntura.

Na outra visão, menos fictícia porquanto mais próxima do mundo real da economia capitalista, explicita-se, de maneira mais nítida, a força diferencial dos atores nas relações econômicas. Seus objetivos podem ser aproximadamente comuns, mas não existe igualdade de condições, tampouco, portanto, competição perfeita. A intervenção do Estado cumpre papel fundamental na reprodução do sistema econômico, uma vez que desacredita o mercado como mecanismo autorregulador. Os atores são múltiplos, como múltiplas são suas expectativas, as quais, por não serem típicas e nem sempre previsíveis, passam a cumprir papel fundamental no desdobramento da conjuntura. Consequentemente, temos uma temporalidade "aberta" materializada na dinâmica expansiva do capital e marcada por conjunturas de crescimento ou recessão que, passando pelas crises, repõem com certa periodicidade o sentido tendencial do sistema. Nesse contexto, dilata-se a importância das "incertezas futuras", só redutíveis, ao menos teoricamente, a partir da teoria dos ciclos. O conceito de conjuntura adquire, aqui, uma consistência lógica e teórica da qual não gozava na outra visão. Sua delimitação, bem como a natureza de sua dinâmica endógena, só é compreensível quando enquadrada no percurso ou na duração dos ciclos.

Nessa visão, o tempo conjuntural não é um tempo planejado, tampouco obedece a leis mecânicas: é um tempo construído, cabendo a ele importante papel para os projetos e para as expectativas humanas.

O pensamento econômico abdica do plácido otimismo da burguesia vitoriosa do século passado, implícito na visão de um mercado autorregulado, e recoloca o papel do poder e da política nas relações econômicas. A presença das grandes corporações e do Estado, tanto quanto do papel decisivo cumprido pela incerteza inerente à ação de todos os agentes, dissolve a ilusão de racionalidade puramente econômica. Reaparece, no primeiro plano e com fundamental importância no desdobramento do tempo conjuntural, a razão política. O conceito e a análise da conjuntura ganham em vivacidade o que perdem em cristalinidade. Sua compreensão envolve agora necessariamente, a despeito do equacionamento da razão política, a incorporação do tempo estrutural.

1.2.3 A história como simultaneidade de "tempos"

Coube à história o esforço recente mais interessante de discussão conceitual do problema dos "tempos" postos pela teoria econômica. Ao tentar pensar a teoria da história à luz dos avanços logrados pela ciência econômica, F. Braudel propôs a substituição da historiografia episódica por uma nova linha de pesquisa que considere, na reconstrução do material, sua dupla temporalidade, a um só tempo estrutural e conjuntural. O pensador buscou com isso absorver os avanços logrados por aquela no seu bem-sucedido esforço de domesticação do tempo mediante a incorporação de seus conceitos de estrutura, ciclo e tendência, a partir dos quais prescinde o tempo histórico em "longa" e "curta" duração. A estrutura comandaria o ritmo da longa duração, enquanto o tempo curto coincidiria com as oscilações cíclicas por meio das quais se realizariam, de forma lenta e entrecortada, as grandes e seculares (quando não milenares) tendências de história. Incorporam, assim, o esquema e a conceitualização econômica, sugerindo às demais ciências sociais que revisem seus métodos e adequem o passo à marcha da mais avançada ciência dentre todas, a economia.

Para Braudel, o historiador dispõe hoje "Com toda a certeza de um tempo novo [conjuntural, dos ciclos], elevado à altura de uma explicação, em que a história se pode inscrever, recortando-se segundo pontos de referência inéditos" (Braudel, 1972, p. 18), de modo que pode romper com o tempo *événementielle*, a "mais caprichosa e enganadora das durações" (Braudel, 1972, p. 11), porquanto "o inquiridor do tempo presente só alcança as finas tramas das estruturas sob a condição de reconstruí-lo, de antecipar hipóteses e explicações, de rejeitar o real tal como é percebido, de truncá-lo, de superá-lo; operações que permitem, todas elas, escapar aos dados para dominá-lo melhor" (Braudel, 1972, p. 34).

Parte-se do acontecimento episódico para se chegar às camadas lentas da história em que "todos os níveis, todos os milhares de níveis, todas os milhares de fragmentações do tempo histórico ficam compreensíveis" (Braudel, 1972, p. 27). Essa obscuridade inconsciente das estruturas, entretanto, só se desvela na sua "brusca ou lenta deterioração, sob o efeito de pressões contraditórias" (Braudel, 1972, p. 30) por meio de seus "pontos de ruptura" e de seus momentos de ultrapassagem.

O perigo está em não lograrmos escapar a uma traiçoeira circularidade, pois, como bem reconhece o próprio Braudel, "todos nós vivemos sempre e simultaneamente ambas as dimensões e ambos os tempos" (Braudel, 1979, p. 68). Separá-los analiticamente, sem incorrer numa remissão mútua e circular, é o único caminho pelo qual podemos escapar a um mundo estritamente episódico sem cair num outro, difusamente estrutural, episódico, logrando articulá-los de forma contínua e dinâmica.

O conjuntural, entretanto, na linha dessa proposta, não coincide nem com uma nem com a outra das dimensões mencionadas. Aproxima-se mais da duração dos ciclos, apesar de que, neste sentido, o conceito perca algo de sua especificidade devido à multiplicidade de ciclos possíveis. Mas, do ponto de vista metodológico, vale, para a análise conjuntural, a proposta de que o observador deve ir além daquilo "que se move rapidamente", daquilo que sobressai com ou sem razão: "o tempo pobre, a medida dos indivíduos, da vida quotidiana, das nossas ilusões, das nossas rápidas tomadas de consciência: o tempo por excelência do cronista e do jornalista" (Braudel, 1972, p. 14). Para conhecer a conjuntura, há de se a construir, há de se rejeitar e superar o real, há de se antecipar hipóteses que passam pelo conhecimento das várias dimensões e tempos confluentes em cada momento. Há de se conhecer o passado e avançar hipóteses adequadas acerca do silencioso mundo das estruturas.

Aqui, entretanto, situam-se as principais dificuldades, as quais foram, de alguma maneira, sintetizadas na definição que P. Villar oferece acerca do conceito de conjuntura, isto é, um "conjunto das condições articuladas entre si que caracterizam um momento no movimento global da matéria histórica" (Villar, 1980, p. 81). Esta definição dá um passo à frente, porquanto ganha em generalidade o que perde em rigor. A ideia central é que, no âmbito estrutural da sociedade, "cujas relações e cujo princípio de funcionamento são estáveis, dão-se movimentos incessantes que são resultado deste funcionamento e de todo o caráter destas relações, a intensidade dos conflitos, as relações de força" (Villar, 1980, p. 82). Esses movimentos conjugam várias dimensões e regularidades "psicológicas, políticas e sociais, assim como econômicas e meteorológicas" (Villar, 1980, p. 81).

Até hoje, entretanto, como já vimos, apenas as regularidades econômicas foram estudadas de modo mediano, servindo de inspiração para as demais ciências. Permanece, contudo, o problema posto pelas outras dimensões cujas regularidades são escassamente conhecidas, de modo que permanece a extrema dificuldade de operar de maneira analítica com um conceito que defina a conjuntura como confluência de tantas dimensões desconhecidas. Por isso, aliás, pode-se observar a opacidade das relações entre conjuntura e estrutura, não obstante, como bem o diz Villar, não devamos considerá-las como "noções estranhas entre si, senão dois aspectos de fenômenos comuns" (Villar, 1980, p. 95). Sim, porquanto só a partir desta profundidade quase imóvel da estrutura podemos compreender todos os demais fragmentos da história e, portanto, o tempo conjuntural em virtude do fato de que "os ciclos, interciclos e crises estruturais encobrem aqui as regularidades e permanências de sistemas ou, como também foi dito, de civilizações econômicas, isto é, de velhos hábitos de pensar ou agir, de marcas resistentes e tenazes, por vezes contra toda lógica" (Braudel, 1972, p. 24).

Nem Braudel nem Villar avançam elementos para pensar conceitualmente o papel dos atores e de suas incertezas, das ações e de suas regularidades, das expectativas e de sua previsibilidade, do desdobramento do tempo histórico "presente", contemporâneo ao observador. Sua contribuição situa-se num plano mais amplo, epistemológico, referida a todos os recortes teoricamente passíveis do tempo vivido.

Sua proposta metodológica é antes reintroduzir a duração histórica como dimensão fundamental de todos os fenômenos sociais; romper com o tempo breve, factual, ao introduzir como novidade, aportada pela teoria econômica, "uma nova espécie de narração histórica" – pode-se dizer o "recitativo" da conjuntura, do ciclo e até do interciclo.

Mais além do factual e do conjuntural, localizam-se outras contribuições da economia: a ideia de uma tendência secular que sinaliza o movimento de relações duradouras quase fixas entre as massas sociais, a saber, as estruturas. A grande incógnita está aí, porquanto no tempo dessas estruturas, a longa duração permanece ainda, para todas as ciências sociais, incluída a economia, personagem embaraçoso, complexo, frequentemente inédito.

Para passar dessa duração maior para o movimento cíclico das conjunturas, há de se organizar dimensões, forças e movimentos particulares; só assim se pode reconstruir um momento em que o conjunto aparece como totalidade hierarquizada.

Para esta proposta, o conceito de conjuntura é incorporado, sem, contudo, se dissolver, numa visão puramente econômica. Mas, na etapa atual, em que há um confesso desconhecimento das demais dimensões convergentes em um tempo conjuntural comum, como se conseguirá definir os limites precisos dos espaço-tempo da conjuntura sem submeter todas as demais histórias à história econômica? Se, para a história econômica, este é um passo complicado, como não o será para esta história totalizante a passagem das estruturas para a transparência episódica dos fatos que materializam um tempo conjuntural, que seria confluência de múltiplos e variados ritmos e dimensões? Nesse sentido, o que representariam as crises frente aos distintos ciclos das várias dimensões da história? Se os inumeráveis "rios do tempo" ocorrem de forma integrada, conquanto estabeleçam curvas e confluências não coincidentes, será possível a cada navegante descobrir a lógica de sua vertente sem conhecer a dos demais?

Sem resolver nem dissolver o problema da temporalidade propriamente política, o essencial do desafio posto por Braudel está na ideia de que "cada atualidade reúne momentos de origem e de ritmo diferentes: o tempo de hoje data simultaneamente de ontem, de anteontem, de antanho" (Braudel, 1972, p. 18). E, nesse sentido, "[a]s durações que distinguimos são solidárias umas com as outras: não é apenas a duração que é criação de nosso espírito, mas os fragmentos desta duração também o são" (Braudel, 1972, p. 59).

Os tempos, na condição de criação do espírito, sobrepõem-se, e o recorte conjuntural só adquire sentido quando teoricamente articulado pelas hipóteses e explicações antecipadas às finas tramas da duração estrutural. Hipóteses e explicações que, quando articuladas com solidez, constroem modelos capazes de se distender para acompanhar a duração variável da realidade que registraram. Somente por intermédio destes modelos, permanentemente reajustados, podemos aproximar o conhecimento da dinâmica real de intersecção entre a multiplicidade de tempos da massa histórica. Segundo Braudel:

> [...] investigação deve fazer-se, indo continuamente da realidade social aos modelos, e destes, àquela; e este contínuo vaivém nunca deve ser interrompido, realizando-se por uma espécie de pequenos retoques, de viagens pacientemente repreendidas. Deste modo, o modelo sucessivamente ensaiado de explicação da estrutura, instrumento de controle, de comparação, verificação da solidez e da própria vida de uma estrutura dada (Braudel, 1972, p. 53).

1.2.4 Política como interesse e vontade de classe

> O gênio de Marx, o segredo do seu prolongado poder, provêm de ter sido ele o primeiro a fabricar verdadeiros modelos sociais a partir da longa duração histórica. Mas estes modelos foram imobilizados em sua singeleza, concedendo-lhes um valor de lei, de explicação prévia, automática, aplicável a todos os lugares, a todas as sociedades; enquanto se fossem devolvidos às águas mutáveis do tempo, o seu sustentáculo, manifestar-se-ia, por que é sólido e está bem tecido.
>
> (Braudel, 1972, p. 66)

Nada repõe de forma mais móvel as águas do tempo, subjacentes ao modelo que aparece muitas vezes petrificado, do que os próprios textos histórico-políticos de Marx e Engels, sobretudo em *As lutas de classes na França*, em *O 18 brumário* e em *Revolução e contrarrevolução na Alemanha*.

Seus trabalhos históricos mais significativos definem uma ruptura revolucionária no estudo da política, consagrando um novo objeto do conhecimento e, com ele, uma nova duração histórica. Ambos propõem, em seus textos, a necessidade de uma leitura estrutural do tempo contemporâneo ao observador, a substituição de uma leitura meramente factual e jornalística por uma análise política e histórico-estrutural do tempo conjuntural.

Como Engels diria, em seu polêmico texto metodológico, reintroduzindo, em 1895, o texto de Marx *As lutas de classes na França*:

> o trabalho que aqui reeditamos foi o primeiro ensaio de Marx para explicar um fragmento de história contemporânea mediante sua concepção materialista, partindo da situação econômica existente. No *Manifesto comunista* havia sido aplicado para fazer um amplo esquema de toda a história moderna [...], tratava-se aqui, pelo contrário, de demonstrar a conexão causal interna ao longo de um desenvolvimento de vários anos, reduzindo os acontecimentos políticos a efeitos de causas que, em última instância, eram econômicas (Engels, 1961a, p. 93).

Sabe-se que foi a partir das obras *Ideologia alemã* e *Miséria da filosofia* que Marx e Engels formularam, no Manifesto de 1848, o esquema de interpretação da história moderna cuja ossatura ficou exposta de modo condensado no esfingético prefácio de 1858. O "tempo longo" de Braudel aparece ali como a "base real" cuja anatomia nos conduz à relação de produção, a base material econômica da sociedade. O "tempo curto", por outro lado, é aquele em que as trepidações superestruturais, jurídicas e políticas aparecem comandadas por uma consciência social parcialmente falseada. Um e outro entrelaçam-se, mediados por lutas políticas cuja dinâmica se explica, predominantemente, pela situação de classe. Os interesses das classes fundamentais estabelecem a ponte real e teórica entre dimensões que se constroem e reconstroem segundo três conhecidas leis básicas: a da coincidência e incompatibilidade entre a evolução das forças produtivas e a organização das relações de propriedade; a do amadurecimento necessário das potencialidades materiais de uma formação social para que possa surgir uma nova sociedade; e a de que a humanidade só propõe, na realidade, objetivos cujas condições materiais de realização já estão dadas. Assim, são nos pontos de saturação desenhados pelo encontro eficaz das três leis que nascem as revoluções sociais.

Essas hipóteses conformam o esqueleto básico do modelo social construído, a partir da longa duração, por Marx e Engels. Sua vitalidade decorre de seu grau de determinação, o qual é amarrado por um conceito central: o de interesse de classe. É ele que, impondo-se no longo prazo, constrói uma história em que coincidem as tendências estruturais com os projetos conscientes dos grupos sociais e políticos. Seu tempo lógico é o tempo da luta de classes, a qual traduz o "movimento econômico" e possibilita que os interesses objetivos, materiais, determinem, em última instância, as "formas" da luta política, entendida como adequada "correspondência" entre a consciência social e a base real da sociedade.

* * *

No *18 Brumário* e na *Revolução e contrarrevolução na Alemanha*, Marx e Engels examinam, à luz dessas hipóteses, os enfrentamentos políticos, quase sempre violentos, que sacudiram a Europa entre 1848 e 1850 e que deram origem às chamadas "revoluções democráticas". Ocorridas em inúmeros países, duas se destacaram por seu caráter paradigmático, cujos epicentros podem ser localizados em Paris e em Frankfurt.

Marx escreve logo depois do golpe de Luís Napoleão em dezembro de 1851 e trabalha de modo analítico os três anos que antecederam ao desfecho da Revolução de fevereiro de 1848. Acompanha a cronologia factual de modo que constrói uma temporalidade distinta, definida pela lógica dos vários enfrentamentos parciais ocorridos no Parlamento ou entre este e o Executivo, cuja articulação interna desvela e explica o golpe final. Relê os avatares da luta política imediata a partir dos interesses fundamentais implícitos nos objetivos dos diferentes grupos que fragmentam a cena política e impulsionam um movimento de democratização profundamente contraditório.

Explicitando os interesses de classe ocultos em todos os enfrentamentos e em todas as ideologias, mas respeitando, contudo, os diferenciados níveis em que atuam as organizações políticas e parlamentares – "fragmentos e interstícios dos últimos" – Marx consegue clarificar a ambiguidade da própria burguesia francesa. Prensada entre seus interesses materiais e suas dificuldades políticas, fazia com uma mão o que desfazia com a outra;

batalha pelo fortalecimento do Partido da Ordem no Parlamento ao mesmo tempo em que apoiava um Executivo cada vez mais forte até o limite do fechamento do Legislativo e a instauração do Segundo Império. No final dessa trajetória, a "massa extraparlamentar" da burguesia, ao questionar a representatividade de sua liderança política, transforma uma figura ridícula – o Bonaparte – e seus votos dados pelos camponeses conservadores em legítimos representantes e aliados. Dando continuidade, com isso, à trajetória de um Poder Executivo que "[…] com seu tremendo corpo de parasitas envolve como uma teia o corpo da sociedade francesa e sufoca todos os seus poros" (Marx; Engels, 1961a, p. 140) surgido com a monarquia absoluta e

> reforçado por todas as revoluções fazendo com que todo interesse comum fosse diariamente cortado da sociedade, contraposto a ela como um interesse superior, geral, retirado da atividade dos próprios membros da sociedade e transformado em objeto da atividade do governo (Marx; Engels, 1961a, p. 141).

Em *Revolução e contrarrevolução na Alemanha*, Engels conjuga uma série de artigos nos quais analisa, a partir da Assembleia Nacional de Frankfurt, a série de insurreições ocorridas nos distintos Estados alemães entre março de 1848 e junho de 1849. Para ele, as reuniões na Igreja de Saint-Paul são apenas o cenário onde se desvelam, de maneira concentrada, todas as impotências do burguês alemão, o qual é finalmente submetido ao reacionário autoritarismo prussiano. Também aqui, observa-se o problema analítico do sistema em decifrar a trama fundamental que articula a luta entre os fragmentados interesses de classe, suas representações políticas e racionalizações ideológicas. Apesar de análogo, o movimento alemão desenvolve-se de forma distinta na medida em que envolve grupos, interesses e circunstâncias diferentes daqueles encontrados na insurreição de Paris.

Ao considerar o atraso alemão ante o desenvolvimento econômico inglês e o desenvolvimento social francês, Engels reavalia a importância da nobreza feudal na constituição da burguesia e das demais classes componentes da sociedade alemã e conclui que "a composição das diferentes classes do povo que formam a base de todo o organismo político era mais complicada na Alemanha que em qualquer outro país"

> [...]. O atraso, a tão resistente nobreza feudal, a situação geográfica desfavorável e as guerras continuadas estariam na raiz da razão pela qual "o liberalismo político, o regime da burguesia, seja sob a forma de governo ou republicano, é impossível na Ale-

manha" […], dado que a burguesia estava impedida de alcançar a mesma supremacia política ignorada na Inglaterra e na França, condenando a Alemanha a uma "revolução de cima para baixo".

Marx e Engels estudam um período de tempo que se delimita por acontecimentos de notória visibilidade, objetivamente revolucionários. Mas não decorre daí uma submissão de instrumento analítico com aparente obviedade factual. Pelo contrário, e isto transparece no objetivo de sua análise e nas previsões estabelecidas a partir dela. Ambos querem decifrar as razões do que consideram um fracasso: o insucesso das burguesias francesa e alemã na imposição de sua supremacia mediante imposição de um regime político – liberal e parlamentar – de acordo com seus interesses. E ambos preveem, ainda que de modo equivocado, que estes fracassos implicarão um período regressivo tanto sob o aspecto econômico como sob o aspecto social.

As duas coisas transparecem de forma muito nítida no conceito de "bonapartismo" extraído daquela conjuntura, definido, segundo Engels, sob a ótica de fenômeno político resultante de uma situação de empate entre as forças da burguesia e do proletariado. Não foi isso o que Marx viu, tampouco parece ter sido o que realmente ocorreu na França de 1851. A hipótese de equilíbrio ou empate suporia uma "progressão ofensiva", em linguagem militar, algo historicamente impensável naquele momento. O equilíbrio, se existiu, ocorreu num primeiro momento. Depois das "jornadas de junho" ele se desfaz, destrói-se o setor popular e é deslanchada outra dinâmica no seio da burguesia. É esta que Marx analisa de maneira brilhante ao explicitar as razões pelas quais tanto a tragédia quanto a farsa podem ser igualmente úteis aos interesses materiais e políticos da burguesia, bem como como isto se dá.

Não houve tal equilíbrio apregoado por Engels, tampouco aconteceram regressões econômicas e sociais na França e na Alemanha depois da derrota das insurreições de 1848. Na raiz desses equívocos encontram-se, entretanto, algumas dimensões fundamentais do "modelo social de longa duração" construído por Marx. Sustentando-se apenas nos lineamentos mais gerais contidos no "prefácio" de 1858 ao livro *Contribuição à crítica da economia política*, ficariam ininteligíveis as análises históricas dos episódios de Paris e de Frankfurt. Perpassa sua interpretação uma hipótese muito precisa a respeito do sentido que orienta a história em sua longa duração. Ao partir da ideia de que, "em um caráter amplo, os modos de produção asiático, antigo, feudal e burguês moderno podem ser qualificados como épocas progressivas da formação econômica da sociedade" (Marx, 2016, p. 6), Marx e Engels desenvolvem – sem, contudo, sistematizar – um conjunto de hipóteses acerca da transição econômica, mas, sobretudo, acerca da transição política ocorrida entre o mundo feudal e a sociedade burguesa. Tomando como paradigmas as histórias inglesa e francesa, e, como contraponto essencial, a história alemã, formulam um modelo de transição ao capitalismo industrial. Transição simultânea, ou sobreposta, ao longo processo de transformações políticas que, por sancionarem juridicamente as mudanças econômicas, levaram as burguesias ao controle de Estados por ela liberalizados por meio da Revolução Democrático-Burguesa.

A partir daí construiu-se, depois de Marx, um modelo de transição que vê na burguesia a força motriz que, em virtude de ter vencido a nobreza e destruído o sistema feudal, acaba com o campesinato, mercantiliza a agricultura, industrializa a produção, destrói o Estado absolutista e consolida repúblicas liberais e parlamentares cuja égide é enfrentada pelo proletariado, a classe destinada a destruí-la num confronto por etapas que tende à polarização e a um enfrentamento final.

Marx jamais formulou esse modelo, assim como aparece, congelado, imóvel e "aplicável em todo lugar", como Braudel denuncia (Braudel, 1972, p. 37). Mas é indiscutível a presença, muitas vezes implícita, dessas hipóteses nas análises históricas feitas por ele e por Engels. Graças a isso, talvez, não tenham assimilado suas próprias conclusões às observações mais brilhantes que fizeram a respeito das especificidades francesas e alemãs. Assim, na França, o papel do apoio foi entregue pelo campesinato conservador a um Bonaparte legitimado pela burguesia industrial e financeira, fazendo uso centralizado de um poder Executivo que prolongava uma longa tradição da história política francesa. Na Alemanha, com o papel do atraso do contexto internacional, a aliança é feita pela burguesia com a nobreza agrária para efetivar uma revolução "progressiva" das relações de produção, realizada desde o topo. Observações que, quando devidamente absorvidas e analisadas, teriam de permitir melhor previsão acerca da natureza dos regimes instalados no prolongamento das insurreições de 1848.

A enorme dificuldade encontrada nos esforços empreendidos por Engels a fim de sistematizar o método de aplicação das diretrizes do prefácio em seus trabalhos histórico-políticos fora graças a isso. Encontra-se no já citado prefácio de Engels, escrito em 1895 ao livro *As lutas de classes na França de 1848 a 1850* de Marx, sua mais condensada síntese acerca do assunto, quando diz que, "na apreciação de acontecimentos e séries de acontecimentos a partir da história atual, nunca teremos condições de retroceder até a *última* causa econômica" (Marx, 2012, p. 38). Nem sequer hoje, quando a imprensa especializada subministra materiais tão abundantes, seria possível, mesmo na Inglaterra, acompanhar dia a dia a marcha da indústria e do comércio mundial, bem como as mudanças operadas nos métodos de produção a ponto de poder, em qualquer momento, fazer o balanço geral destes fatores infinitamente complexos e em constante transformação; dentre eles, os mais importantes agem quase sempre, além disso, de maneira encoberta antes de, de súbito, manifestarem-se com violência na superfície. Uma clara visão econômica de conjunto a partir de um dado período não pode nunca ser obtida no próprio momento, mas só posteriormente, depois de se haver reunido e selecionado o material. E para isso é imprescindível recorrer à estatística, e esta sempre se atrasa. Para a história contemporânea em curso era necessário, pois, com muita frequência, considerar esse fator mais decisivo como constante, tratar a situação econômica existente no começo do período estudado como dada e invariável para todo o período, ou só levar em conta as modificações nessa situação quando estas, por resultarem de acontecimentos evidentes por si mesmos, também estejam claras. Em consequência, o método materialista terá, amiúde, de se limitar a reduzir os conflitos políticos de interesses entre as classes sociais e as frações de classes existentes, as quais são determinadas pelo desenvolvimento econômico, e demonstrar que os diversos partidos políticos são a expressão política mais ou menos adequada das referidas classes e frações de classes. Fica, portanto, evidente que este inevitável desapreço pelas modificações que se operam ao mesmo tempo na situação econômica, isto é, pela própria base de todos os acontecimentos que se examinam, só pode ser uma fonte de erro.

Mas o que significa reduzir os conflitos políticos à luz de interesses entre as classes e as frações de classes existentes determinadas pelo desenvolvimento econômico, quando não podemos ter uma clara visão econômica de conjunto de um dado período? Se não se conhece, em última instância, a determinação imposta pelo movimento econômico, qual é o significado encontrável no estudo dos interesses, representados pelas organizações partidárias? Como, em última instância, pensar interesses cuja base objetiva, econômica, só se afirma no longo prazo, só aí se impondo "as formas políticas da luta de classes e seus resultados, constituições que, depois de ganhar uma batalha, são escritas pelas classes vitoriosas"?

Na visão metodológica de Engels, no longo prazo, o movimento econômico imporia sua verdade à "forma" da luta política, o que significaria que os interesses fundamentais seriam assumidos por seus portadores segundo as exigências da articulação econômica e da necessária transformação das relações de produção. O longo prazo apareceria, assim, como uma tendência e como um momento em que se realizaria a polarização e a radicalização máxima revestidas da forma de antagonismo entre a burguesia e o proletariado. Só ali estariam amadurecidas as condições da batalha final encarregada de trazer ao mundo uma nova forma de organização socioeconômica e política. Neste sentido, está implícito no método um modelo macro-histórico que supõe uma história política do capitalismo movendo-se entre duas grandezas: as revoluções burguesas e a revolução socialista. São elas que delimitam e dão sentido ao tempo longo. Toda e qualquer fragmentação desse tempo – incluído aí o tempo conjuntural – entrega-nos estágios na realização da tendência central, etapas progressivas por intermédio das quais se materializam os passos em direção à batalha final.

Do ponto de vista da análise conjuntural, isso implica a permanente antecipação do fim com a reificação do que é apenas, na melhor das hipóteses, uma tendência, ainda mais como decorrência da redução dos conflitos aos interesses. A tendência será substituir a anatomia científica dos objetivos imediatos das lutas concretas pela pura e simples imputação de interesses supostos, os quais seriam deduzidos do modelo macro-histórico. No limite, adscrevem-se uma essência classista e atores políticos que "resistem" ao modelo e à tendência polarizante. Com isso, acaba-se por desconhecer a especificidade de curto prazo e a eficácia própria daqueles grupos que nascem da fragmentação dos interesses "estruturais".

Por outro lado, ainda na visão de Engels, há de assumir, com um suposto necessário, o princípio da "representação adequada" entre as organizações políticas e seus suportes sociais deduzidos. No longo prazo, o tempo do enfrentamento radical das organizações deverá comandar duas classes, as quais se enfrentam de forma excludente, de modo que estaremos sob as regras da situação-limite da guerra. Mas, no curto prazo – qualquer momento que não seja o da batalha final –, o problema analítico estará colocado pela multiplicidade das organizações, pela heterogeneidade das consciências sociais (falsas?) e pela fragmentação objetiva da base social real representada pelas organizações políticas.

Ao objetivar o contorno dessas dificuldades, Engels propõe uma hipótese de longo prazo que apenas as reforça quando nos diz que

> [...] a história realiza-se de tal modo que o resultado final se desprende sempre dos conflitos entre um grande número de vontades individuais, sendo cada uma delas, por seu turno, produzida tal como é por uma grande quantidade de existências particulares: existem, portanto, inúmeras forças que se contrapesam mutuamente, um grupo infinito de paralelogramos de forças donde sai uma resultante – o acontecimento histórico – que pode ela mesma ser considerada, por seu turno, como o produto de uma força atuando como um todo, de uma maneira inconsciente e cega (Marx; Engels, 1971, p. 199).

Proposta de sabor newtoniano que nos aproxima da ficção do mercado, uma vez que a força inconsciente e cega, a mão invisível, é econômica e está preestabelecida. Se assim fosse, a análise político-conjuntural se transformaria num quebra-cabeça inútil, e o tempo conjuntural, num tempo fictício, um tempo de espera, a espera do reencontro entre a forma e o conteúdo de uma história que perpassa os paralelogramos, dissolvendo as vontades individuais.

Mas quais são o sentido e o conteúdo histórico concretos dessa força cega, a força do movimento econômico como necessidade? Como entendê-la senão na condição de tendência que criativamente se desdobra no tempo histórico mediante relações sociais e políticas?

Volta-se aqui à perigosa cirurgia, pela qual Engels separa a "forma política" do "conteúdo econômico", a qual conduz a um modelo arquitetônico esquizofrênico da infra e da superestrutura. Por detrás daquela visão, inscreve-se necessariamente uma versão simplificada e linear do tempo histórico. Tempo que, do ponto de vista político, evolui por meio de etapas recorrentes, porquanto impulsionado pela tendência à polarização crescente das relações de classe e à radicalização de sua luta política.

Como, no mundo capitalista real, a polarização protela-se de modo indefinido; como as duas classes fundamentais resistem a cumprir seus papéis, adequando seus projetos e ações aos interesses de longo prazo; como as burguesias já não fazem revoluções; como os partidos são cada vez menos classistas; como as revoluções proletárias acontecem fora do lugar; e como a crise final parece enormemente atrasada, o método proposto por Engels perde sensibilidade para a compreensão das conjunturas políticas. Seu modelo rompe com a consciência social empírica, mas acaba substituindo-a pela consciência utópica do observador.

Em 1892, no seu prefácio à edição inglesa da obra *Do socialismo utópico ao socialismo científico*, Engels já constatava de maneira pessimista que "parece ser uma lei do desenvolvimento histórico o fato de que a burguesia não possa deter em nenhum país da Europa o poder político [...] da mesma maneira exclusiva com que pôde fazê-lo a aristocracia feudal" (Engels, 1984, p. 22). Logo adiante, Lênin comandaria uma revolução socialista contra *O capital*, nas palavras de Gramsci. A história factual impunha uma revisão do modelo implícito no recorte conjuntural dos textos políticos de Marx, mas, sobretudo, presente na concepção metodológica de Engels. A verdade de sua proposta precisava ser revista à luz de *O capital* e da história transcorrida. O capital havia enriquecido e tornado mais completa a definição dos tempos curtos e longos. A história concreta havia demonstrado que uma análise fundada apenas nas tendências estruturais de longo alcance geraria escassa capacidade de previsão. Era hora de voltar às "águas mutáveis do tempo" (Braudel, 1972, p. 66), recuperar o problema da vontade e da luta de classes, e aprofundar a contribuição fundamental, que está implícita na análise das revoluções democráticas da metade do século passado: a concepção do conflito político como uma relação de forças entre classes e frações de classes, cuja homogeneidade de objetivos contrapostos se assenta nas formas de produção e apropriação da riqueza. Concepção que trabalha com uma "temporalidade" que, por não ser "planejada", passa pela consciência social e adquire sua racionalidade a partir da articulação dinâmica de conjuntura e estrutura realizada pela mediação dos interesses de classe.

Mas essa racionalidade, como vimos, tende a manifestar-se apenas na hora da verdade, na hora do enfrentamento aberto entre a burguesia e o proletariado. Longe da "notória visibilidade" portada pelos acontecimentos de 1848 fica difícil estabelecer os limites do tempo curto ou conjuntural, bem como definir seus atores e compreender a natureza de suas expectativas e a eficácia de suas ações à luz apenas dos interesses das classes fundamentais.

* * *

Desafiados pela história real do capitalismo no início do século XX, pela realidade política de países com capitalismo tardios, Lênin e Gramsci, bem como outros, repensaram a teoria das revoluções burguesa e socialista, consagrando, na teoria e na prática, a possibilidade de saltar etapas e "tarefas" na linha do que Trotsky viu como "revolução permanente", num contexto de "desenvolvimento desigual e combinado". O desenvolvimento capitalista já não era visto, assim, como uma progressão necessária.

Com via única, seu balizamento político já não passava, obrigatoriamente, por revoluções de natureza claramente diferenciada, e seu percurso intermediário tampouco seria idêntico em todas as experiências nacionais. Com isso, a conjuntura política deixava de ser apenas uma "forma", à espera de sua verdade estrutural; passava a ser um momento que é inventado de modo parcial pela vontade política.

A crítica veemente da visão mecânica e economicista do marxismo repôs, como questão teórica e estratégica, o problema da ação política. Sua racionalidade continua a ser dada pela tessitura dos interesses e pelo confronto das classes, mas sua necessidade só se realiza historicamente, como diz Gramsci, "quando existe uma premissa eficiente e ativa, cuja consciência que dela tenham os homens se tornou operativa, estabelecendo fins concretos à consciência coletiva, constituindo um complexo de convicções e de crenças tão poderosamente atuantes como as crenças populares" (Gramsci, 1978, p. 92). O movimento histórico, na condição de necessidade, envolve a ação consciente, e essa implicação não é automática. Eis aí o nó górdio da questão. Nem a consciência de classe nem a revolução estão fatal e mecanicamente determinadas por condições econômicas cujo desdobramento histórico não é único nem linear para todos os países capitalistas.

Essas ideias são arquitetadas aos poucos por meio das concepções leninistas do "imperialismo", da "via prussiana" e de sua até então impensável "ditadura democrática dos proletários e camponeses". Com seu conceito de "aristocracia operária", Lênin acaba reconhecendo a existência de diferenciações objetivas estruturalmente enraizadas dentro da própria classe operária. Por isso, segundo ele, os interesses já não se convertem em consciência operativa sem a mediação pedagógica de uma férrea organização da vanguarda da classe. Os interesses objetivos já não são os mesmos, tampouco as vias e etapas do desenvolvimento; donde o reconhecimento de "uma tendência como existente realmente não significa que ela deva ser reconhecida como realidade determinante da ação" (Lukács, 1965, p. 38). Para que se faça efetiva a necessidade histórica, impõe-se, por isso, uma organização que transforme as premissas materiais em uma consciência operativa que seja eficaz ao longo da história.

O partido, nessa visão leninista, assume então papel de primeira importância. A ele cabe, quando conhecida a tendência específica de um tempo estrutural, estabelecer etapas e fases, bem como identificar, em cada momento, seu elo principal, a fim de estabelecer a partir daí as tarefas a serem cumpridas pelo proletariado. Teoria, análise histórica e decisão tática implicam um todo orgânico que encontra, na *práxis* partidária, seu momento fundamental. Em Lênin, a análise político-conjuntural se aproxima de um cálculo tático feito à luz dos objetivos partidários. Ela busca definir o que são correlações de força e quando identificá-las e quantificá-las: a partir desta perspectiva, todos os demais atores políticos aparecem iluminados, não apenas pelos interesses que representam, mas sobretudo pelo que significam – com apoio ou obstáculo – ante as decisões partidárias. Trata-se de uma avalização por meio da qual se deve "detectar, a cada instante, o elo preciso da cadeia sobre o qual se deve botar todas as forças para agarrar a cadeia e passar ao elo seguinte". A avaliação é feita por um comando centralizado, de natureza quase militar, e envolve uma multiplicidade de atores organizados por um plano estratégico, o qual supõe, no limite, a popularidade. O tempo conjuntural, nesse sentido, como na situação da guerra, é um tempo construído pelas decisões táticas do comando partidário.

É isso que Gramsci sistematiza, ao afirmar que

> [...] é absurdo pensar numa previsão puramente objetiva. Quem faz uma previsão, na realidade, tem um programa a fazer triunfar, e a previsão é precisamente um elemento de tal triunfo [...] e só na medida em que o aspecto objetivo da previsão esteja ligado a um programa, esse aspecto adquire objetividade [...] porque sendo a realidade o resultado de uma aplicação da vontade humana à sociedade das coisas, prescindir de qualquer elemento voluntário, ou calcular, apenas, a intervenção da vontade dos outros como elemento objetivo do jogo geral, mutila a própria realidade (Gramsci, 1978, p. 185).

Segundo ele, só um analista "apaixonado" pode chegar a conclusões que não "abundem de ociosidade, de minúcias sutis, de elegâncias conjecturais" (Gramsci, 1978, p. 186). Sua paixão e seus programas lhe permitem destacar o essencial no movimento contínuo das forças e das relações sociais. Assim, a análise concreta da relação de forças (análise político-conjuntural) não pode e não deve ser um fim em si mesmo – a menos que se esteja escrevendo um capítulo de história passada – que adquire significado somente na medida em que é útil para justificar uma atividade prática, uma iniciativa da vontade. Ela mostra quais são os pontos de menor resistência onde a força da vontade pode ser aplicada de maneira mais frutífera. Desse modo, a identificação desses pontos de menor resistência não se faz de forma arbitrária. Ao contrário, deve obedecer, também, segundo Gramsci, a cânones teóricos e metodológicos rigorosos. Assim, cada conjuntura trata a respeito do conjunto de correlações de força a serem identificadas e quantificadas: as reações internacionais; as sociais; as políticas; e, por fim, as potencialmente militares.

As relações entre as forças sociais, segundo Gramsci, têm uma base material objetiva, de modo que podem ser identificadas mediante uma morfologia das forças de produção, das empresas e dos grupos a elas vinculados. As relações políticas, por sua vez, devem ser avaliadas com base no grau de homogeneidade, de autoconsciência e de organização dos vários agrupamentos sindicais e partidários. Gramsci supõe, como elemento implícito dessa avaliação política, a existência de uma tendência necessária na forma de organização e ação dos atores políticos, as quais evoluem de um nível econômico-corporativo a um outro, hegemônico-político. As relações de força internacional passam pelas relações políticas globais e interferem no plano de hegemonia e do Estado, criando em nível nacional, desse modo, situações ideológicas e políticas específicas.

Por fim, a relação de forças militares tem a maior importância no pensamento político de Gramsci, porquanto, segundo ele, as relações de força evoluem ao passarem do nível social, objetivamente dado, para o nível militar, de modo que a luta política propende para uma forma de luta político-militar, ou militar *stricto sensu*, tal como aparece na prática leninista.

Uma adequada análise conjuntural, entretanto, não passa apenas por uma avaliação da correlação de forças em seus diferentes níveis. Tal avaliação, segundo Gramsci, só adquire sentido quando consegue enquadrar o "momento" no ritmo maior do tempo estrutural, o tempo dos "blocos históricos" e das "crises orgânicas".

Gramsci revê as relações entre estrutura e superestrutura, criticando sua visão estática para uma dimensão de longo prazo, ou, em última instância, transmitindo sua verdade à outra. Para ele, ao contrário, entre as duas existe um vínculo orgânico, dinâmico, eficaz e consciente, estabelecido a cada momento, e não apenas em limites tendenciais. Ao partir do prefácio de Marx, Gramsci reitera que é por intermédio das "formas ideológicas em que os homens adquirem consciência desse conflito e lutam para resolvê--lo" (Gramsci, 1999, p. 468), afirmando a necessidade histórica apenas ali e quando se faz eficiente e ativa por meio da consciência e vontade coletivas. "a política é, em cada caso concreto, o reflexo das tendências de desenvolvimento da estrutura, tendências que não se afirma que devam necessariamente se realizar" (Gramsci, 1999, p. 239).

Com isso, Gramsci abre portas a uma temporalidade estritamente política, o que, por sua vez, permitiu a construção do conceito de "blocos históricos" que recortam períodos longos, durante os quais prevalecem relações orgânicas entre as estruturas e as instituições e iniciativas políticas. Relações construídas e sustentadas pela afirmação histórica de uma hegemonia de classe ou fração de classe. Todos os movimentos históricos ou atos políticos que não se enquadrem, por sua permanência, na organicidade do bloco histórico, são considerados episódicos, ainda que não irrelevantes.

A partir da dinâmica interna desses blocos, configuram-se as crises políticas, períodos temporais menores, e as crises orgânicas – crise geral de "representação" –, que, por envolver as classes fundamentais, propiciam o nascimento de novas hegemonias. Essas crises podem ou não coincidir com uma crise econômica, bem como gozam de uma lógica própria. Gramsci avança, assim, um conjunto de hipóteses que permitem superar o mundo factual, reorganizando-o segundo uma temporalidade construída mediante teoria: o tempo das estabilidades e das crises políticas, algumas delas, até mesmo, orgânicas.

Permanecem, entretanto, algumas dificuldades fundamentais para a utilização eficaz de seu sistema conceitual na análise político-conjuntural. Em primeiro lugar, a organicidade dos atores e instituições políticas aparece definida mediante seu grau de permanência. Em segundo lugar, reconhecem-se crises de hegemonia que têm duração secular. Em terceiro lugar, consideram-se acontecimentos episódicos que não gozam de organicidade. Com isso fica difícil, por exemplo, decifrar a natureza de um movimento político que ocorrera durante uma crise orgânica secular, ou ainda entender o caráter revolucionário de alguma instituição ou iniciativa política que era, ao que parece, episódica.

Gramsci introduz a ideia de crises diferenciadas, elemento fundamental para pensar um recorte eficaz do tempo político. Mas, ao mesmo tempo, envolve-se em um raciocínio de tipo circular que diminui a fecundidade de seu sistema conceitual: a organicidade das instituições se define por sua permanência, sendo, pois, orgânico tudo o que seja permanente. Como diferenciar, nessa perspectiva, o que seja episódico daquilo que seja uma conjuntura de crise, ou, tão somente, um momento no qual emerge uma inovação criativa e eficaz? Como distinguir o orgânico do episódico, sem recorrer, mais uma vez, à determinação, em última instância, da economia? Como avaliar uma correlação de forças sem supor, além disto, uma tendência irreversível ao enfrentamento militar? Como conciliar a "determinação econômica em última instância" e a "tendência a um confronto do tipo soma zero" com a ideia gramsciana de que a política é o reflexo de tendências que não têm por que realizar-se necessariamente?

* * *

Foi Poulantzas quem, em nosso entender, formulou a crítica mais sistemática e contundente dessas perplexidades que perpassam o pensamento político marxista. Para fazê-lo, foi obrigado a rever, em suas raízes, os conceitos de interesse, de classe, de luta política, de ideologia e de Estado, sacudindo, desse modo, os próprios alicerces do modelo histórico marxista ao recolocar o problema dos tempos históricos a fim de culminar na formulação de um conceito de tempo conjuntural propriamente político.

Não cabe aqui discutir sua crítica ao historicismo, tampouco as dificuldades de seu estruturalismo. Isso já foi feito de maneira exaustiva em vários trabalhos. Para nosso objetivo, interessa rever algumas de suas ideias a partir de sua crítica à visão clássica de luta política como um confronto que tende à soma zero. Com ele mesmo diz, "a linha de demarcação da relação conflitual específica entre dominação e subordinação, caracterizando efetivamente as relações de poder, nem por isso significa, de qualquer modo, e a qualquer nível, uma dicotomia de dois grupos-sujeito permutando poder soma-zero" (1971, p. 130). E isso porque

[...] nós sabemos que se trata sempre, numa formação social complexa, não de duas mas de várias classes sociais, relacionadas com a sobreposição de vários modos de produção. Neste sentido, não podemos estabelecer, a nível algum, uma dicotomia de relações de poder soma zero. A perda de poder de uma classe, ou fração de classe, pode ou não indicar um aumento de poder, não de outro único "grupo" existente, do grupo subordinado, mas de uma classe ou fração de classe entre as numerosas classes ou frações em luta em todos os níveis (Poulantzas, 1971, p. 129).

Segundo Poulantzas, pois, a concepção do poder soma-zero supõe, de maneira deveras equivocada, não apenas o poder como uma quantidade dada, mas também a homogeneidade e a polaridade dos grupos políticos, porquanto desconhece tanto a heterogeneidade das formas de poder como a diversidade de níveis, instâncias e estruturas.

Essa diversidade de estruturas autônomas, próprias ao modo de produção capitalista, ao permitir a combinação concreta de vários modos de produção numa mesma formação social, produz uma estrutura classista não polarizada, bem como uma luta de classes que se desenvolve em distintos "sistemas de práticas" raramente sobrepostos. Cada estrutura econômica, política e ideológica é acompanhada, na visão de Poulantzas, de um sistema de práticas com objetos distintos, o que implica, necessariamente, interesses diferenciados a cada um desses níveis, apesar de preservado o respeito pela "determinação em última instância" da estrutura, das relações e das práticas econômicas. Assim, Poulantzas rejeita em definitivo o "velho equívoco que consiste em ver as classes sociais e a luta de classes emergir aos níveis do político e do ideológico, para acionar as leis inconscientes da economia" (Poulantzas, 1971, p. 94). A luta político-ideológica não é mais vista como o lugar onde as tendências de longo prazo, como, por exemplo, as da economia, se fazem história. Pelo contrário, existem interesses e lutas diferentes nos níveis econômico, político e ideológico. Além disso, como consequência da descontinuidade estrutural, tampouco há lugar para que se axiomatize, na condição de necessária, a lógica ascensional que elevaria os interesses econômicos ao nível de uma consciência de classe "para si", passando por um partido-ideologia nítido e alcançando um poder de Estado instrumentalizável.

As classes são múltiplas e vivem em estado de permanente fragmentação. Por outro lado,

> a ideologia dominante não reflete apenas as condições de vida de classe dominante, sujeito "puro e simples", mas também a relação política concreta, numa formação social, entre as classes dominantes e as classes dominadas. Ela encontra-se, frequentemente, impregnada de elementos decorrentes de "modo de vida" de outras classes ou frações que não a classe ou fração dominante (Poulantzas, 1971, p. 26).

Por fim, as classes ou frações de classe não se manifestam historicamente apenas por intermédio de sua organização política autônoma. Pelo contrário, quase nunca alcançam essa forma de "presentificação" histórica. A começar porque "certas classes distintas, concebíveis na análise dos modos de produção puros que compõem uma formação social, apresentam-se frequentemente como frações – autônomas ou não – de outras classes, ou ainda como categorias sociais especificas" (Poulantzas, 1971, p. 81). Com isso, o critério para a identificação concreta dos interesses fundamentais deixa de ser puramente econômico. Para "decifrar a existência de uma classe, ou de uma fração, enquanto força social numa formação determinada" (Poulantzas, 1971, p. 83), Poulantzas propõe-nos "que essa presença existe sempre que a relação com as relações de produção, o lugar no processo de produção, se reflete sobre outros níveis por efeitos pertinentes" (Poulantzas, 1971, p. 83). Considera-se por "efeitos pertinentes" o "fato de que o reflexo do lugar no processo de produção sobre os níveis constitui um elemento novo, que não pode ser inserido no quadro típico que estes elementos apresentariam sem este elemento" (Poulantzas, 1971, p. 83).

O que passa com as classes e as ideologias ocorre também, segundo Poulantzas, com o Estado, fator de coesão entre os distintos níveis de uma formação social e, com tal, unidade condenada por suas múltiplas contradições. Nas suas próprias palavras, "tomar o Estado com a condensação de uma relação de força entre classes e frações de classe tal como se exprimem, de modo específico, no seio do Estado, significa que o Estado é constituído e atravessado em toda parte pelas contradições de classe" (Poulantzas, 1977, p. 23-24). Desta maneira, "a política do Estado se estabelece, assim, por esse processo de contradições intraestatais, na medida em que estas constituem contradições de classe e, notadamente, das frações do bloco no poder" (Poulantzas, 1977, p. 23-24).

Nesse sentido, dado o caráter "combinado" das formações sociais concretas, "o Estado de uma formação semelhante resulta de uma combinação de vários tipos de Estado, procedentes dos diversos modos de produção que entram em combinação nesta formação" (Poulantzas, 1977, p. 159). Portanto, descarta-se a concepção de Estado como instrumento de uma classe na medida em que ele reflete as múltiplas contradições e é seu fator de unificação e sobrevivência, de modo que é capaz de reunir distintas fases em uma mesma estrutura.

Da mesma forma que a estrutura política surge como nível específico de uma formação social e do lugar de suas transformações, o Estado aparece como condensação de contradições e registro privilegiado das mutações estruturais. Em função disso, é a partir dos tipos e formas de Estado que Poulantzas constrói sua periodização das formações sociais. Não cabe repetir o que já é sabido; cabe apenas relembrar que para ele as formações sociais passam, sempre, por duas grandes fases – a da transição e a da reprodução ampliada – e por vários estágios, identificáveis pela predominância das formas possíveis de modo de produção "puro" – capitalismo privado, social, monopolista e monopolista de Estado. A um modo de produção corresponde um tipo de Estado, e a cada um dos estágios correspondem formas de Estado distintas. Essas formas se diferenciam por "articulações específicas das estruturas econômicas e políticas no quadro da mesma invariante e, portanto, por formas específicas de intervenção e não intervenção do econômico no político e do político no econômico" (Poulantzas, 1971, p. 166), bem como se recortam segundo a predominância de variados regimes sustentados por distintos blocos de poder.

Assim, "essa divisão de uma formação em estágios não pode operar de acordo com um modelo cronológico evolucionista: não se trata de estágios sucedendo-se cronologicamente, ou de formas de Estado existindo segundo um traçado unilinear de sucessão" (Poulantzas, 1971, p. 170). Ao contrário, em virtude da coexistência, numa formação capitalista, de vários modos de produção e das várias formas de MPC, bem como em virtude da articulação complexa de instâncias com temporalidades próprias, a dominância numa formação capitalista de uma forma do MPC sobre outra, no caso das estruturas, permite as mais complexas "defasagens", de modo que podem ser encontrados Estados liberais em estágios monopolistas e vice-versa. Por outro lado, as transformações possíveis do bloco no poder remetem ao problema das crises econômicas e políticas. Neste ponto, Poulantzas mantém seu esquema autonomizando-as: "uma crise econômica não se traduz nem automaticamente, nem necessariamente, nem de modo unívoco, em crise política e crise do Estado" (Poulantzas, 1977, p. 9).

Podem vir juntas ou separadas, e entre elas não há ordem de sucessão obrigatória. Poulantzas guardará o conceito de "crise orgânica" ou estrutural para "uma situação particular de condensação das contradições" que perpassa simultaneamente todas as estruturas e práticas. Contudo, nem todas as crises são crises de Estado, muito menos se identificam com situações revolucionárias ou de fascistização. As crises políticas têm uma identidade própria, "consistindo em modificações substanciais das relações de força da luta de classes", no seio do bloco no poder, onde se questionam as hegemonias e se rompem os sistemas de representação, mas também no âmbito das classes dominadas.

Poulantzas ataca aqui o último reduto de um economicismo que, na eterna esfera da crise final, revolucionária, impede qualquer análise político--conjuntural. E é em função disso que ele consegue, a partir de seu esquema, rever de maneira deveras coerente o conceito e o método de análise de conjuntura. Assim:

> [...] a conjuntura, objeto da prática política e lugar privilegiado onde se reflete a individualidade histórica sempre singular de uma formação, é a situação concreta da luta política de classe. Se a superestrutura política do Estado é um lugar privilegiado que concentra as contradições dos níveis da estrutura e permite a decifração correta da sua articulação, a conjuntura permite decifrar a individualidade histórica do conjunto de uma formação, em sua relação da individualidade concreta das estruturas e da configuração concreta da luta de classes. Neste sentido, a superestrutura política do Estado, que é o objetivo da prática política, é também refletida na conjuntura (Poulantzas, 1971, p. 102).

Condensa-se, aqui, a complexidade do sistema conceitual de Poulantzas. Para começar, existem estruturas autônomas às quais correspondem práticas igualmente autônomas, cujo conjunto conforma as lutas de classes. As estruturas determinam os "limites de variação da luta de classes", mas sua eficácia está "limitada pela intervenção, sobre a estrutura da prática política". Por sua vez, a prática política não tem seus limites produzidos tão somente pela estrutura econômica. Ao contrário, os limites são produto do "conjunto dos níveis da estrutura, em sua unidade" e, portanto, também, das estruturas políticas e ideológicas.

No entanto, se a prática política tem por objeto específico "o poder político institucionalizado do Estado", seu objeto é o "momento atual", a conjuntura "que reflete a individualidade histórica, sempre original porque singular de uma formação". E isto porque, se a conjuntura é homogeneizada pelas práticas, é a prática política de classe que condensa em si, no momento atual, os conflitos e impasses das demais práticas de classe, sejam elas econômicas ou ideológicas. Nesse sentido, se a conjuntura se define pelo impacto conjunto e atual das estruturas nas práticas e constitui o objeto precípuo da prática política, é a prática política das distintas forças sociais que conforma o objeto de observação da análise conjuntural. A conjuntura deixa de ser o momento de enfrentamento entre forças sociais cujo critério de identificação não é fornecido exclusivamente pela estrutura econômica, tampouco pelas organizações políticas existentes.

Os atores ou elementos de uma conjuntura são forças sociais, "classes distintas e frações autônomas que se refletem ao nível de prática política pro efeitos pertinentes, mas também categorias específicas, que chegam num momento concreto a ter efeito pertinentes sem, no entanto, serem classes nem frações de classe" (Poulantzas, 1971, p. 100). Só estas classes, frações ou categorias autônomas constituem forças sociais, independentemente de sua organização política. O nó górdio de sua identidade e de toda a problemática poulantziana, a partir da ótica da conjuntura, está exatamente numa ideia de "efeitos pertinentes".

Esses efeitos são o lugar e a forma para a identificação das forças que outorgam unidade e homogeneidade ao espaço-tempo conjuntural. Para localizá-lo, impõe-se reconhecer os interesses que se colocam nesses efeitos. Mas a questão se complica na medida em que Poulantzas considera que os interesses de classes estão situados no campo das práticas, e não no das estruturas. "De fato, os interesses, embora não sendo por isso uma noção psicológica, não podem ser localizados senão no campo próprio das práticas e das classes. Nas estruturas, por exemplo, o salário ou o lucro não exprimem o interesse do capitalista ou do operário" (Poulantzas, 1971, p. 117).

Ele rejeita, aqui, a concepção que vê nos interesses objetivos de classe uma realidade "em si" que é dada nas relações de produção e conscientizada nas relações político-ideológicas. Porém, se eles não têm uma realidade material última, de natureza econômica, e se eles tampouco se encontram definidos em qualquer outro nível estrutural, como reconhecê-los? Segundo Poulantzas, no campo das práticas, "não diretamente como limiar da sua existência como classes distintas, mas como horizonte da sua ação como força social" (Poulantzas, 1971, p. 120). Há interesses de classe, econômicos, políticos e ideológicos, os quais se constituem como "limites-efeitos de estrutura e limites-efeitos em segundo grau, impostos pela intervenção das práticas das diversas classes" (Poulantzas, 1971, p. 113).

Torna-se difícil, assim, identificar quais sejam os "efeitos pertinentes" que consagram uma força social ao nível das lutas políticas, a partir de "seu lugar no processo de produção", independente de sua organização. Se a estrutura define os limites e os efeitos como interesses de classe, então estes interesses se inscrevem nas estruturas. Mais do que isto, devem inscrever-se de forma contraditória. Caso contrário, os interesses e contradições se construiriam no mundo das práticas, bem como da prática política em particular. Neste caso, os "efeitos pertinentes" seriam criados no interior da própria prática em que se "refletem". Deste modo, não seriam "efeito", ou, pelo menos, não haveria como conhecer sua "causa". Diluem-se, assim, as mediações entre o mundo das estruturas e das práticas, sem que se possa descobrir o código de remissão de umas às outras, o que, por sua vez, dificulta a possibilidade de uma análise conjuntural fundada no estudo da representação dos interesses de classe, de frações ou de categorias. Ora, se são os interesses que dão identidade aos atores e seus conflitos, dinamizando a luta política, e se as posições no processo produtivo não têm tradução necessária na luta política e na representação que os atores fazem acerca de si mesmos, como identificar o efeito de uma posição produtiva, ou, de maneira mais simples, como saber qual interesse corresponde à determinada posição estrutural?

À guisa de recapitulação: se em toda formação social complexa encontramos sempre mais do que duas classes sociais num enfrentamento que não é de natureza soma-zero; se as estruturas, práticas e interesses econômicos e políticos gozam de identidade autônoma; se as ideologias não são "chapas de matrícula que as classes-sujeito trariam nas costas", tampouco nítidas concepções de mundo capazes de gerar classes organizadas e autoconscientes; se as classes, as frações e as categorias sociais podem, como forças sociais, ter eficácia política sem terem organizações autônomas; se distintas formas de Estado e de regime podem corresponder a distintas fases e estágios de desenvolvimento das formações capitalistas sem que existam correspondências e sucessões necessárias; se não há correspondência, tampouco, entre crises econômicas e políticas, e existem crises políticas de várias naturezas, quase nunca revolucionárias; se os conflitos de interesses não se situam no plano das estruturas, mas sim no sistema de práticas tais que reorganizam permanentemente suas identidades, diferenças e contradições; se, por fim, existem permanentes "defasagens" entre estruturas e entre sistemas de práticas, consolidando-se a "sobredeterminação" como a forma normal de determinação, então, repetindo Poulantzas, "como decifrar a existência de uma classe, ou de uma fração, enquanto força social numa formação social determinada critério que não pode em caso algum ser exclusivamente econômico?"(Poulantzas, 1971, p. 77). Esta é a questão primeira e central de uma análise conjuntural de inspiração marxista.

Poulantzas responderá à sua própria pergunta, como já vimos, "que esta presença existe sempre que a relação com as relações de produção, o lugar no processo de produção, se reflete sobre os outros níveis por efeitos pertinentes" (Poulantzas, 1971, p. 77). E tais efeitos serão identificáveis sempre que "o reflexo do lugar no processo de produção sobre os outros níveis constitua um elemento novo, que não pode ser inserido no quadro típico que estes níveis apresentariam sem este elemento" (Poulantzas, 1971, p. 77). Mas como fazer esta identificação se, a partir das suposições resumidos anteriormente, não há "quadros típicos" possíveis de serem padronizados? Volta-se sempre, portanto, ao mesmo problema. Ou há uma adequação típica ou, então, não há como identificar e conceituar os "efeitos pertinentes". Ou os lugares no processo de produção são claros e distintos, produzindo, em princípio, impactos típicos ao domínio político, ou interesses e atores redefinem-se permanentemente na própria prática, efeito constante e combinado de múltiplas estruturas, o que nos parece ser correto. Contudo, persiste o problema metodológico da identificação destes atores, de seus interesses e da sua lógica, de modo que não há como medir "defasagens" sem gozar de parâmetros.

Assim, a trilha seguida por Poulantzas conduz, inevitavelmente, ao mundo das "funções" e projetos. Funções e projetos que, posteriormente, permitiriam definir tautologicamente tanto os interesses em presença quanto a natureza do Estado e dos regimes políticos.

Dessa forma, Poulantzas constrói um rigoroso sistema conceitual que logra implodir a concepção mecânica das relações entre a supra e a infraestrutura, liberando os atores políticos para atuarem numa temporalidade específica, mas, no final de seu sistema, encontra-os indeterminados, o que, por sua vez, encalha a sua periodização dos tempos políticos numa tipologia histórica e, portanto, deixa incompleto o seu conceito de tempo conjuntural.

* * *

De alguma forma, todos os autores mencionados se mantêm fiéis às ambiguidades contidas na pedra angular dos materiais históricos, isto é, o prefácio à *Contribuição crítica da economia política*. Por conseguinte, não conseguem resolver de maneira adequada o problema da articulação, na luta política, entre "a alteração material – que se pode comprovar de maneira cientificamente rigorosa – das condições econômicas de produção" (Marx, 2016, p. 28) e as "e as formas jurídicas, políticas, religiosas, artísticas ou filosóficas, em resumo, as formas ideológicas pelas quais os homens tomam consciência deste conflito, levando-o às suas últimas consequências" (Marx, 2016, p. 29). E só o fazem quando axiomatizam, na hipótese das expectativas racionais, a ideia de que "a humanidade só se propõe os objetivos que pode alcançar", fazendo convergir a exigência de mudanças materiais com a consciência coletiva da necessidade das mudanças? Nesse caso, as incertezas futuras e a imaginação criativa passam a ter papel secundário no desenvolvimento das ações políticas.

Tampouco conseguem desfazer-se, ao menos integralmente, da tradução evolucionista dada pela afirmação de que, "em um caráter amplo, os modos de produção asiático, antigo, feudal e burguês moderno podem ser qualificados como épocas progressivas da formação econômica da sociedade" (Marx, 2016, p. 6). Esta, somada à ideia de que "de todas as classes que ora enfrentam a burguesia, só o proletariado é uma classe verdadeiramente revolucionária", é produto direto do desenvolvimento da grande indústria que socava o terreno em que a burguesia assentou seu regime de produção e apropriação, o qual conduz à inevitável concepção da luta política de classes como um processo que tende, inevitavelmente, aos extremos de um enfrentamento excludente, de natureza revolucionária, ou, em outra linguagem, de tipo soma-zero. Enfrentamento que abria as portas a uma nova época de progresso.

A partir daquelas premissas, construiu-se um modelo social extremamente bem tecido a respeito da dinâmica estrutural da história de longo prazo. Uma temporalidade rigorosamente determinada, com atores políticos que, por moverem-se segundo interesses enraizados nas condições econômicas de produção, acabam coincidindo, em seus objetivos e projetos, com as duas classes fundamentais do sistema capitalista. Os trabalhos aqui comentados de Marx e Engels analisam, entretanto, a história de curto prazo, o tempo de duas conjunturas políticas contemporâneas aos autores. Não escreviam, ainda, um capítulo da história passada; poderia se dizer que queriam entender o presente para melhor prever o futuro imediato das forças revolucionárias. O brilho de suas análises, contudo, não consegue, nem sequer se propõe, a equacionar o problema dos limites espaçotemporais da conjuntura, tampouco o das relações entre a vontade dos atores e a necessidade das estruturas. Foi Engels quem, mais tarde, tentou sistematizar a metodologia utilizada naqueles estudos, adequando-a às hipóteses e explicações contidas no modelo macrossocial do materialismo histórico. Os demais autores mencionados, de uma ou de outra maneira, buscaram fazer o mesmo. Ou, ainda mais, poderia se dizer que quiseram rever o método de análise à luz de um modelo refeito pelo peso que a histórica real proporciona. Apenas Poulantzas, já com uma perspectiva acadêmica, tentou refazer todo o esquema e construir, a partir de um sistema conceitual original, um novo conceito de tempo histórico e da luta política. Tentaremos demonstrar nas páginas seguintes, ainda que de maneira breve, que se mantêm indecifradas algumas incógnitas da maior relevância.

Assim, com a suposição engeliana de que, no "longo prazo", o movimento econômico radicaliza em demasia a luta de classes, colocava-se, aos poucos, sua verdade às "formas" da luta política. Caso fosse verdadeira, ficaria extremamente prejudicado o estudo dessas "formas". O momento atual da política se confundiria com meras "aparências", com um tempo de espera de permanente antecipação da verdade final. Esta, escondida em sucessivos "paralelogramos de força", é sempre, no fundo, igual e só se desvela no longo prazo. Nessa linha, é supérfluo afirmar que a análise conjuntural perde sua razão de ser.

A visão leninista resolve esta dificuldade ao desfazer-se do mecanicismo evolucionista e afirmar o poder da vontade organizada das classes. Dela podemos depreender a existência de dois tempos: o histórico-estrutural e o estratégico. O primeiro é objetivo e passível de um conhecimento científico. Já o segundo, um tempo construído pelo projeto revolucionário, um tempo planejado, fragmentado segundo os objetivos de curto e longo prazo do partido. A partir de seu horizonte estratégico, analisam-se as ações e confrontos ocorridos, e o cerne da análise política se concentra na localização dos obstáculos e dos estímulos para o avanço da causa revolucionária. O que Lênin propõe é uma análise comprometida com a dimensão política, isto é, um cálculo tático que supõe que um ponto no espaço político seja fixo, claro e indiscutível: o partido do proletariado, o qual representa adequadamente aquela classe, de modo que ela, portanto, deve encontrar-se progressivamente com seu partido, sua consciência e seu projeto. Está implícito no raciocínio leninista a hipótese de uma polarização de uma luta política que, em algum momento, à diferença da teoria da guerra, existe apenas um comando unificado o qual supõe, além dos objetivos dos demais atores em conflito, que estes também se articulem para uma batalha final, da qual, talvez, não tenham nem mesmo conhecimento.

A sistematização gramsciana recolhe a ideia do "compromisso", condição da objetividade e eficácia do conhecimento político, mas refaz indiretamente o conceito de conjuntura à luz de sua teoria acerca da temporalidade própria do campo político. Assim, ela introduz os conceitos de tempos e crises orgânicas próprias aos blocos históricos, os quais são sustentados por hegemonias claras para, a partir daí, derivar a ideia de tempos e crises políticas não orgânicas. A diferenciação entre os dois não é simples, como vimos, e, quando Gramsci tenta equacioná-la, choca-se com as dificuldades próprias daquilo que Poulantzas e outros criticarão mais tarde com tamanha veemência: o historicismo. Sem repetir o que já vimos, o problema está em que, por não estarem bem esclarecidas as relações entre economia e política, a natureza das crises só pode ser identificada num momento posterior.

Desse modo, Gramsci consegue definir com extrema clareza o objeto central das análises político-conjunturais: as correlações de força, estabelecidas nos âmbitos internacional e nacional, bem como nos níveis social, político e militar, sem escapar, contudo, da suposição de que a luta política de classes, em virtude de não ser do tipo soma zero, virá necessariamente a sê-lo, acompanhando o acirramento das contradições e das crises econômicas.

Poulantzas é, sem dúvida nenhuma, quem vai mais longe por tentar desfazer-se das ambiguidades originárias. Ao autonomizar as estruturas e definir objetivos e lutas distintas para cada uma das práticas que lhes são correspondentes, Poulantzas desmonta o modelo arquitetural da infra e supraestrutura. Constrói uma temporalidade de formações sociais que se fragmenta em estágios e fases, bem como define o tempo conjuntural como o momento em que se manifesta de forma politicamente condensada o conjunto da formação em seu estágio de desenvolvimento alcançado. Dentro dela, contudo, os atores, desembaraçados das "chapas de matrícula que as classes sujeitas trariam às costas", só são identificáveis pela presença de "efeitos pertinentes" cuja definição é circular, remetendo-nos, em última instância, à determinação das estruturas produtivas.

Nenhum dos autores mencionados absorve, seja em suas análises concretas, seja em seus sistemas conceituais, os avanços representados pelo capital e pela teoria econômica em geral. Assim, em particular, temos o chamado movimento da economia, cuja periodicidade cíclica certamente teria muito a contribuir para uma reflexão a respeito do tempo político, como bem o viram Braudel e Villar.

Por conseguinte, não causa estranhamento o fato de que, na trilha dessas dificuldades "clássicas", as análises político-conjunturais de inspiração marxista apresentem, em geral, problemas e insuficiências recorrentes. Oscilam entre duas alternativas básicas: ora dinamizam a política, ao parametrizar a economia; ora dinamizam e recortam o movimento econômico, ao manter constante a duração política, a fim de concluir que na maioria das conjunturas analíticas as transições se definem pela ruptura dos códigos "normais" de remissão da economia à política e vice-versa; ambas as alternativas acabam se transmudando em apenas mais um refúgio de nossa dificuldade para entender a história política e seus tempos. A partir daí, decorrem logicamente as infinidades e estéreis discussões acerca das chamadas "autonomias relativas".

1.3 Algumas anotações finais

Esta longa revisão não foi um mero exercício iconoclasta; ela se inscreve no esforço de pensar a temporalidade política ao pesquisar um fragmento seu cuja definição, até hoje, mantém-se submetida ao senso comum: o tempo conjuntural. Certos de que só uma adequada conceitualização nos permitiria avançar na construção de um método para seu estudo, revimos algumas teorias que, reduzindo ao mínimo o problema da imprevisibilidade do comportamento humano, conseguem delimitar e fragmentar o tempo histórico de seus respectivos objetivos. Comentamos, assim, as teorias das classes como fundamento das relações políticas, de modo que se concluiu que em todas as reduções teóricas mantém-se como dificuldade um resíduo irredutível de liberdade que perpassa todo o comportamento humano, e, portanto, constitui o nó górdio da dificuldade de conceitualizar e analisar o tempo conjuntural.

Nessas anotações finais, não queremos avançar nada de substancialmente novo. Apenas sugerir algumas linhas que possam talvez orientar uma pesquisa mais específica acerca de alguns desdobramentos histórico-concretos do tempo político. Anotações ainda desconexas que desejam propor e anunciar esforços futuros.

* * *

Cremos, com Poulantzas, que o tempo conjuntural é um tempo essencialmente político na medida em que é nele que as contradições estruturais assumem sua máxima condensação e atualidade, de modo que é nele que os conflitos são feitos e encontram, na luta e na inventividade humana, suas transitórias soluções. A conjuntura não constitui, assim, uma realidade distinta da estrutura, porquanto ela é apenas a "incerteza" contida no movimento de estruturas que, em seu "momento atual", estão grávidas de uma futuridade não deduzível. Nesse sentido, o conceito de conjuntura só é rigorosamente aplicável a situações presentes nas quais nasce a convergência do conhecimento a respeito do passado com as expectativas a respeito do devir; na consciência coletiva, os projetos antecipam e promovem as alternativas futuras. Ou seja, ele pode ser aplicado à situações passadas para que consigamos desmontar o caráter inquestionável de uma história já vivida, a fim de reencontrar em cada uma de suas curvas, na tensão entre a inércia das estruturas e a angústia da futuridade, o espaço próprio da imprevisibilidade.

Na natureza opositiva que assume as contradições estruturais, bem como na natureza ideológica e prospectiva que assume a consciência social, encontram-se os dois componentes que fazem da política a própria essência do tempo conjuntural. Nele não ficam canceladas as outras dimensões do real. Pelo contrário, no espaço-tempo da conjuntura, todas elas resolvem sua "futuridade" possível por intermédio da luta política entre forças e projetos contrapostos.

Ultrapassado o "momento atual", todas as suas incógnitas, angústias e indeterminações aparecem, aos olhos do observador, correlativamente ingênuas ou falsas. Ilusões desfeitas pela ação de leis rigorosamente estruturais, cegas e independentes de vontade. No limite, as ideações e os conflitos ressurgem como aparência ou inútil formalidade ideológica, quando, na verdade, toda conjuntura passada também teve, nos conflitos, expectativas e projetos coletivos, uma dimensão fundamental sem a qual o desdobramento tido pela história ficaria ininteligível.

É por isso que o "mundo do imaginário" goza de papel tão relevante na definição e na análise do tempo conjuntural. As ideologias, entretanto, sem ser uma pura forma, não exaurem o espaço conjuntural. Elas apenas atualizam as contradições e antecipam as soluções na forma de expectativas e projetos grupais. Por intermédio delas, os atores políticos racionalizam interesses, bem como se defendem da incerteza, ao atualizarem e anteciparem um futuro que não conseguem deduzir de suas experiências passadas.

À guisa de sintetização, as expectativas dos distintos atores contribuem para a definição de horizonte futuro que cada conjuntura dá de si mesma e no traçado que cada ator dará a sua ação. Dessa forma, não é possível definir o tempo conjuntural e seu método de análise sem compreender a forma e o conteúdo com que as forças políticas encaram e resolvem suas incertezas presentes no plano de suas expectativas futuras.

* * *

No estágio atual de desenvolvimento das ciências sociais, parece-nos inviável qualquer intento de clarificar os ritmos conjunturais e seus graus interiores de liberdade a partir de alguma teoria geral da história e da sociedade. Consideramos, por isso, uma bela, porém utópica, proposta; a saber, o projeto implícito no conceito que Villar nos dá da conjuntura, como "conjunto de condições psicológicas, políticas, sociais, econômicas, meteorológicas etc. articuladas entre si que caracterizam um momento no movimento global da matéria histórica" (Villar, 1980, p. 81).

Cremos, assim, que Braudel indica o caminho correto para a pesquisa do tempo conjuntural: a ruptura com o episódico, a busca das raízes estruturais e a absorção da ideia dos ciclos e dos interciclos econômicos na reelaboração da problemática na história das sociedades. Mas é ele quem indica, também, a dificuldade desta pesquisa: a falta de consistência na construção teórica da temporalidade política. E isso devido à complexa especificidade das relações de conflito que nela se desdobram. Não sendo do tipo soma zero, distinguem-se do confronto bélico pela inexistência de uma necessária "ascensão aos extremos" e de comandos centralizados que planifiquem o ritmo das estratégias. Tampouco as relações de poder obedecem a alguma mão invisível que as conduza às cegas em direção a um conflito catastrófico, e, menos ainda, a um equilíbrio de tipo newtoniano. Os atores e enfrentamentos envolvidos nas relações de poder são múltiplos, heterogêneos e sincrônicos. Seus projetos nem sempre colidem e suas expectativas raramente são racionais com respeito aos fins.

Por outro lado, por não haver estrategos nem razões hipostasiáveis que comandem o tempo a fim de racionalizar a ação, tampouco se conhece o suficiente acerca da natureza dos ciclos (se os há) e das crises políticas, porquanto se está diante de uma das razões do congelamento sofrido pelo modelo de análise das relações políticas fundado no interesse e na vontade das classes sociais. Dessa forma, não seria errado concluir que as análises políticas que incorporam a duração histórica estão, na organização da temporalidade de seu objeto, muito aquém da teoria econômica. E isso porque seu objeto se encontra muito além da tentadora capacidade de esquematização sistematizada pela teoria da guerra. Se as dificuldades das análises econômica e militar se concentram na dimensão política de seu objeto, a análise política assume como sua tarefa precípua pesquisar a própria essência daquela dificuldade, a qual está condensada em toda sua complexidade no momento conjuntural.

Até hoje, como vimos, apenas a ciência econômica conseguiu trabalhar de forma rigorosa o tempo conjuntural, porquanto, decerto, foi a única que logrou construir uma teoria dos ciclos. Nesse sentido, acreditamos, com Braudel, que o passo a ser dado pelas demais ciências sociais, bem como pela ciência política em particular, consiste na absorção daquela dimensão do tempo econômico. Mas, mais do que isso, cremos que a pesquisa da conjuntura política supõe a identificação de ciclos que recortem um movimento próprio da luta e das instituições políticas.

Avançando nessa direção, o caminho passa, segundo nosso entendimento, pela generalização de elementos histórico-descritivos referidos a sociedades concretas. A partir daí, quiçá possamos nos aprofundar na delimitação de tempos e ciclos válidos de início para aquela sociedade estudada, definindo tendências, cortes do tempo passado e previsões a partir do tempo presente que nos farão avançar na discussão mais ampla do tempo conjuntural.

* * *

Na perspectiva aludida, nosso interesse reside em definir o espaço e o momento das conjunturas políticas em um tipo específico de sociedade capitalista. Nessa sociedade, a industrialização, se ocorreu, revelou-se tardia, incompleta e internacionalizada; o Estado viu-se compelido a desempenhar funções inovadoras, as quais, até o momento presente, não se elucidaram de modo satisfatório; a nação padece da falta de identidade; a sociedade civil ou não existe ou apresenta-se extremamente desorganizada; e as instituições políticas mostram-se profundamente instáveis.

Sociedades nas quais a ação de todos os atores, sociais e políticos, sofre o efeito de sua peculiar situação estrutural, internacionalizada dentro de um mundo economicamente unificado, porém ideológica e estrategicamente bipolarizado. Situação cujas consequências mais destacadas, para a definição dos atores e do espaço conjuntural, são:

a) a localização de todos os conflitos políticos internos num contexto geopolítico mundializado e bipolarizado, o que dissolve, parcialmente, as endogenias nacionais, as quais colocam seus Estados-nações periféricos num jogo cruzado de determinações que escapam completamente ao seu controle;

b) a aceleração, absolutamente revolucionária, do processo de produção e difusão de ideias e informações, feitos em escala mundial, e que alimentam os horizontes ideológicos e estratégicos dos atores políticos nacionais. A velocidade da comunicação altera o ritmo, assim, do mundo ideológico com relação à velocidade de reestruturação e cristalização das relações de apropriação da riqueza, produzindo, como consequência, um descolamento permanente entre as ideologias e seu fundamento de classe. Com isso, as ideias ficam permanentemente fora de seu lugar, de modo que se desenham todos os projetos coletivos segundo modelos e padrões que não são elaborados no espaço-tempo puramente nacional;

c) por fim, a radical reordenação do mundo dos interesses e paixões. Recortam-se uns e brotam as outras, de maneira "heterodoxa", com relação aos esquemas tradicionais de análise, tornando-se irreal a reconstrução de situações históricas e a análise de situações conjunturais com base apenas no estudo de projetos que correspondam, supostamente, a interesses cujo fundamento material esteja na estrutura produtiva nacional.

Nessas sociedades, parece quase impossível delimitar as fronteiras da arena política, o que se faz ainda mais quando elas são inorgânicas num grau deveras elevado, com sistemas legais instáveis e de baixa legitimidade; com atores sociais e políticos fragmentados, desestruturados e, ao que parece, inconstantes; bem como se conduzem predominantemente segundo a aparência emocional ou tradicional, muito pouco condizente, em suas fantasias, com a hipótese das "expectativas racionais".

As organizações partidárias, quando existem, se reproduzem de forma fluida e regionalizada, segundo uma dinâmica que pouco tem que ver com suas estruturas internas e seus programas doutrinários. Suas bases sociais se fragmentam e reunificam sem homogeneizar, numa ação orgânica, uma vontade política que afunde suas raízes nos interesses das classes fundamentais. Como decorrência disso, os atores políticos dificilmente representam interesses nítidos porquanto aparecem em cada conjuntura na forma de grupos e cliques que se "fazem ao sabor de objetivos que, no mais das vezes, encontram no próprio Estado sua base material". E isso porque esses grupos, dentro do aparelho do Estado, fragmentam-no numa luta sem quartel em torno de suas decisões e políticas.

Nessas sociedades, as pequenas "confrarias" estatais ou privadas, militares ou civis, legais ou ilegais, podem adquirir uma preeminência que não corresponde a sua força "real" na condução de determinadas conjunturas políticas. E isso na medida em que, por comandarem os meios de comunicação social, podem transformar um mundo de suspeitas e sussurros na realidade política de toda uma nação. Na medida em que o sistema de informação e comunicação substitui o sistema partidário clássico, faz-se ainda mais decisiva a influência das ideias e valores que, gerados a nível global, articulam-se por sobre as fronteiras nacionais ao criar e prover grupos que orientam suas expectativas e ações segundo horizontes transnacionais.

Nessas sociedades heterogêneas, fragmentadas e gelatinosas, os usos, os costumes e as instituições legitimadas no espaço das conjunturas políticas jamais se recortam segundo interesses, incluindo atores cuja base seja nacional apenas no âmbito político. Pelo contrário, as conjunturas incluem uma rede de canais intercomunicados que, superando as fronteiras nacionais, acionam um complexo sistema de filtragens pelo qual se constroem interesses, bem como certos grupos nascem e morrem, e se tomam as principais decisões políticas.

Por outro lado, devido ao baixo grau de institucionalização dos grupos e cliques, crescem sua sensibilidade às iniciativas dos demais, seu temor ao inesperado, sua incerteza futura, de modo que se cria uma expectativa constante de ameaça que, por conseguinte, dá às conjunturas políticas uma face de "crise permanente".

Por tudo isso, naquelas sociedades periféricas parece cancelada em definitivo a lei da correspondência entre as ideologias, os interesses, as organizações, o movimento material que sustenta – de "forma inconsciente e cega"? – suas histórias nacionais. Nelas, é como se estivéssemos ante sociedades sem identidade nem temporalidade próprias.

Aqui, contudo, situa-se o grande paradoxo. De certa perspectiva, todas as dimensões sucintamente resenhadas inviabilizam qualquer esforço de pensar recorrências que organizem o espaço e o tempo político dessas sociedades. Faltam-lhes todos os quesitos de estabilidade examinados em minúcias por Weber. E, no entanto, parece-nos, ao contrário do que elas apresentam, uma sólida, ainda que "heterodoxa", estrutura política, porquanto é estável em seus mecanismos de dominação. E ainda desenham, em seu desenvolvimento político, movimentos cíclicos fortemente recorrentes por meio dos quais se materializam inequívocas tendências de longo prazo.

* * *

Como explicar esse fenômeno que escapa às previsões de qualquer teoria a respeito da estabilidade das instituições e expectativas políticas?

Há hoje o mais completo consenso quanto ao fato de que, na história real do capitalismo, o Estado assumiu, sobretudo a partir dos anos de 1930, relevância crescente em seu papel de organizador e estabilizador dos sistemas econômicos. As duas grandes guerras e a crise dos anos de 1930 explicitaram os aspectos mais dramáticos da nova etapa imperialista de uma economia capitalista que, altamente concentrada, já não obedecia de maneira equilibrada a mecanismos puros de mercado. As crises cíclicas, tanto quanto a violenta competição internacional, exigiram uma intervenção crescente do Estado no intento de administrar ou postergar as crises e proteger os vários interesses nacionais na luta por novos mercados. Os anos posteriores à Segunda Guerra Mundial assistiram ao apogeu desse intervencionismo bem-sucedido, ressuscitando as ilusões de um "superimperialismo" e de um Estado de bem-estar social.

Nesse sentido, ao menos desde os anos de 1930 o Estado assume papel absolutamente central em todas as economias capitalistas, de modo que não é mais possível pensar o movimento econômico e cada uma de suas conjunturas sem incluir, de uma perspectiva tanto prática como teórica, a participação endógena da ação estatal. Economia e política perdem em definitivo qualquer aparência de "externalidade". A partir de todos os prismas, as duas dimensões se movem agora de forma cada vez mais integrada.

Em outras palavras, se o movimento da economia não é mais compreensível sem o conhecimento das iniciativas estatais, o movimento da luta política passa a girar, prioritariamente, em torno de decisões cada vez mais minuciosas e complexas de política econômica. A economia e a política não se encontram mais apenas no longo prazo. O curto prazo da política é, crescentemente, o curto prazo de uma política econômica que, por querer administrar as crises num mercado que se tornou oligopólio, responsabiliza-se pela distribuição da riqueza entre os distintos grupos que lutam, na arena política, pelo produto social. As políticas estatais transformaram-se no lócus privilegiado no qual se disputa e se decide a alocação de todos os valores socialmente apetecidos, passando sua posse pelo poder e pela maquinaria institucional do Estado. A competição econômica se fez, nesse sentido, uma competição por recursos políticos, ao passo que as lutas corporativas e partidárias pela riqueza econômica se deslocaram para dentro do Estado, girando em torno das decisões de política econômica.

Nos países da periferia capitalista que lograram se industrializar, o Estado, a despeito de suas funções comuns aos outros países, assumiu outras formas que lhe conferiram um estatuto absolutamente inusitado. Aí ele não apenas organiza e defende economias nacionais que se tornaram oligopólios como também assume o próprio processo de desenvolvimento, o qual passa pela indução necessária de uma industrialização acelerada. Além disso, dadas as características periféricas dessas industrializações ocorridas sob a égide dos países centrais e de estruturas produtivas altamente internacionalizadas, cabe-lhe uma outra função: gerir a inserção desses países no sistema econômico mundial e articular os interesses internos e externos às suas fronteiras geográficas.

Resumidamente, nestes casos, cabe à ação estatal a múltipla tarefa de promover o crescimento, administrar o ciclo econômico, disciplinar a distribuição social da riqueza e comandar a inserção mundial dos interesses nacionais, o que outorga ao Estado uma posição decisiva na reprodução econômica, social e política daquelas sociedades. Estressado por estas funções, muitas vezes divergentes, agiganta-se sua estrutura ao debruçar-se acerca da tessitura social e ao encapsular os interesses embrionários existentes. Sua intervenção e política econômica, em particular os objetivos de curto e longo prazo da sociedade como um todo, decidem seus planos estratégicos e táticos de implementação. Mais do que nos países centrais, aqui a política econômica estabelece os horizontes coletivos, organizando, em torno ao seu processo de decisão, todos os momentos conjunturais, assim como a multiplicidade infinita de atores com interesses e expectativas tão heterogêneos.

Donde, em cada conjuntura, existe um ator cujo poder excede o de todos os demais, comandando, de certa forma, a própria temporalidade social, seus limites maiores e fragmentações interiores. É o Estado quem define o problema central de cada momento ao balizar as expectativas de atores que só adquirem sua organicidade ou racionalidade quando pensados no movimento interior deste Leviatã gigantesco e frágil a um só tempo. Dentro dele, germinam interesses e grupos heterogêneos, tanto quanto as arenas onde se desdobram seus conflitos políticos. Seu poder de fragmentação da base material dos interesses coletivos é tal que, de certa forma, ele se traslada para dentro do próprio Estado, outorgando uma lógica perfeitamente orgânica ao comportamento dos grupos já comentados. Na verdade, a sociedade não propriamente inorgânica inexiste, porquanto cancelada e substituída por outra realidade, a de um mundo societário que desenvolve suas raízes no interior da imensa e heterogênea ramificação assumida pelo aparelho estatal.

Ora, no cumprimento desse papel estrutural, o Estado se expande, centraliza funções e desconcentra ramificações. Nesse ponto, segundo nosso entendimento, esconde-se a chave da temporalidade política específica das sociedades periféricas. Centralização de funções, fragmentação social, acumulação econômica e desconcentração do poder são quatro dimensões que se articulam, nesses países, segundo uma dinâmica que Pareto viu como sucessão de longos períodos de concentração seguidos por outros tantos de descongestionamento quase que feudal do poder. Esse movimento de longo prazo se combina de forma concorde, ainda que um tanto paradoxal, com a instabilidade e incerteza que marcam as expectativas e ações dos atores políticos no espaço-tempo conjuntural.

A partir de uma ótica marcada pelo inadequado conceito de sociedade civil, tudo dentro dessas sociedades parece caótico e imprevisível. Nelas não existem, nem jamais existirão, movimentos sindicais, organizações partidárias ou sistemas de representação ao estilo dos modelos europeu ou norte-americano. Já a partir de uma ótica distinta, entretanto, que privilegie a vida societária no interior do Estado, articulada ao traçado da política econômica, ciclos econômicos e ciclos políticos se interpenetram seguindo a tendência de que a crítica ideológica e as crises políticas reencontram seu lugar e suas recorrências.

Inicia-se aqui uma outra pesquisa acerca das leis desse movimento que empurra o tempo econômico e político dessas sociedades. Só à luz dessa dinâmica, segundo seu ritmo adquirido nas sociedades da periferia capitalista, adquirirão sentido o conceito e a eficácia do método de análise do tempo conjuntural.

2
Estado e desenvolvimento

2.1 A grande crise e a "revolução conservadora"[15]

A descrição mais sintética e consensual da crise contemporânea ressalta o processo de desconstrução das matrizes histórico-científicas e político-ideológicas que organizaram o espectro das opções éticas e comandaram a universalização da história a partir do século XVIII. Mas esta percepção da crise tem forte conotação eurocêntrica, porquanto não leva em conta, amiúde, suas formas de manifestação ocorridas na periferia do capitalismo. Esta diversidade torna-se demasiado nítida quando se repassa a trajetória histórica da crise que se inicia nos anos de 1960 a partir da ótica da economia política das relações internacionais. Sobretudo quando se tem presente que foi a partir dali que se iniciou o debate político, ideológico e teórico, o qual envolveu economistas e físicos, historiadores e teólogos, estrategistas e biólogos, e arquitetos e astrofísicos acerca da chamada pós-modernidade, conceito que encobria e tentou homogeneizar a consciência de uma situação de dissolução progressiva dos parâmetros referenciais básicos de organização epistemológica e normativa do conhecimento e da sociedade. Desestruturação ético-epistemológica que, no plano do conhecimento, fundou um questionamento radical dos fundamentos de toda a racionalidade moderna e, no plano sociopolítico, desmontou as referências ideológicas que organizaram todos os projetos e lutas coletivas nos dois últimos séculos. Por outro lado, esta desestruturação foi parceira inseparável de uma desmontagem da ordem econômica internacional que abriu espaços para uma indisciplina generalizada e ameaçadora em vários espaços de dominação política tanto nacional como internacional. O interessante é analisar como, neste período

---

15. Este trabalho foi apresentado como uma comunicação ao seminário "As dimensões da Crise Contemporânea" realizado pelo Centro João XXIII em outubro de 1991, em Paulo de Frontin, Rio de Janeiro. Foi publicado na Revista Síntese Nova Fase, v. 20, n. 62, jul./set., 1993, sob o título "Sobre a 'crise contemporânea': uma nota perplexa".

histórico, estes processos acabaram confluindo para uma mesma resultante ideológica: o questionamento radical da existência de qualquer sentido histórico libertador fundado racionalmente numa necessidade que pudesse ser desvendada pela filosofia ou pela economia política e agenciada pela ação consciente de reformadores iluministas ou revolucionários socialistas.

Se tivermos de definir um momento, 1968 é uma boa referência do ponto de partida desta crise de consciência moderna, ou da consciência da crise da modernidade. Uma data alegórica, mas que não é aleatória por completo. Há consenso de que, em torno da Revolução de Maio, em Paris, concentraram-se manifestações críticas de diferentes tipos em vários pontos do mundo. Em nosso entender, elas já anunciavam o que posteriormente foi caracterizado como uma profunda transformação econômica e política de natureza mundial. E foi em virtude disso que uma "revolução" francesa e esquerdista acabou se transformando na explicitação de forças e argumentos que se espraiaram pelo mundo, corroendo de forma paradoxal as próprias ideologias e estratégias progressistas, no mesmo momento em que, noutra latitude, o famoso manifesto da Trilateral anunciava uma emergente desconfiança conservadora com relação às virtudes do pluralismo democrático.

Já foram feitos mapeamentos pormenorizados desses acontecimentos. O que queremos é chamar a atenção para uma interessante assimetria, a qual se estende por toda a década de 1970, que surgiu destas trepidações ideológicas e institucionais que se concentram no período que decorre de 1968 a 1973. Neste quinquênio ocorreram vitórias expressivas dos movimentos de contestação estudantil e cultural nos países centrais, e nos países periféricos eclodiram movimentos de libertação política e econômica. Entre 1968 e 1973 renasceu o sindicalismo de conflito e aumentou-se a participação dos salários na renda produzida por quase todos os países europeus, e até mesmo nos Estados Unidos. Mas, também neste período, os Estados Unidos foram derrotados pelo Vietnã numa guerra que mobilizou a opinião pública progressista mundial – quiçá pela última vez – e deslocou suas esperanças utópicas e libertárias para o Terceiro Mundo. Posição reforçada pela ousada decisão dos países árabes de embargar o petróleo durante a guerra do Yom Kippur, o que, por sua vez, elevou logo depois os preços da matéria-prima que sustentaram o sucesso econômico ininterrupto desde os anos de 1950. Também no lado socialista, a Primavera de Praga e a invasão da Tchecoslováquia anunciavam uma indisciplina periférica cada vez mais incontrolável.

Neste período também há uma coincidência extremamente sugestiva, mesmo para os que confessam irritada aversão ao materialismo histórico. Como é sabido, no final de 1967 o presidente Johnson tomou a decisão tardia de conter a deterioração da situação financeira norte-americana ao buscar impedir a migração dos capitais privados para a Europa. Já era tarde, e sua tentativa de obstaculizar apenas ajudou a acelerar o processo de internacionalização do sistema bancário norte-americano, o que, por conseguinte, contribuiu de maneira decisiva para o desequilíbrio da balança de pagamentos do país e para a posterior decretação unilateral do fim de conversibilidade da moeda norte-americana em 1973. Decisão responsável pelo fim do padrão-dólar no qual se sustentara o sistema monetário e financeiro mundial desde 1945. São estes os acontecimentos que estão na origem da crise econômica, que, depois de acelerada pelo primeiro choque do petróleo, se estendeu até a década de 1980, atingindo de maneira distinta todas as economias capitalistas. Assim, por exemplo, enquanto durante aqueles anos nos países centrais houve estagflação, em muitos países periféricos, como no caso brasileiro, houve um crescimento econômico acelerado pelos petrodólares.

A perda do poder norte-americano de ordenação monetária e de organização militar do mundo capitalista foi vista por muitos como o início da crise da hegemonia sobre a qual se constituiu a ordem mundial de depois da Segunda Guerra. Esta desorganização econômica e político-militar estendeu-se até a década de 1980. Seu ápice foi atingido com a desastrosa tentativa de resgate dos reféns americanos no Irã, feita em 1978 pelo governo Carter, e prosseguiu até o segundo choque dos preços do petróleo, em 1979. Em nosso entender, a reversão deste quadro só começa com a implantação da nova política monetária norte-americana, iniciada no ano de 1978, e, do ponto de vista político-militar, com a derrota da Argentina nas Malvinas, em 1982, imposta pelos ingleses, porém apoiada terminantemente pelos norte-americanos.

Com efeito, essa foi a década das crises nos países centrais por conta da crise de investimento, de preços e de crescimento econômico. Terminou o período áureo de crescimento sustentado e das políticas de bem-estar social que acompanharam a hegemonia do pensamento liberal-pluralista no plano político. Em resposta a esta crise, todos os demais países capitalistas tiveram de ajustar suas economias, provocando pesadas reversões em todo o mundo, as quais foram acompanhadas de recessão, inflação, desemprego etc. Estes ajustes, porém, geraram também uma nova divisão internacional do trabalho, bem como a reestruturação industrial do planeta. Em alguns casos, particularmente no Japão, iniciou-se um processo de mudanças tecnológicas e organizacionais que mais tarde ficou conhecido como a Terceira Revolução Industrial. Ao mesmo tempo, o fracasso contínuo das políticas econômicas keynesianas cedeu lugar à crítica teórica e ideológica destas teorias. Muitos consideraram, talvez prematuramente, que chegara ao fim a teoria e a política econômica dominante desde a crise dos anos de 1930, a qual defendia uma intervenção racional e eficiente do Estado.

Ainda na década de 1970, a crítica conservadora do pluralismo democrático, do intervencionismo estatal e, sobretudo, do papel do Estado como promotor de bem-estar social, assumiu proporções quase universais. Ela ingressou no terreno da luta ideológica, modificando, num primeiro momento, a estratégia dos partidos conservadores. Logo depois ela se transformou no discurso de quase todos os partidos importantes dos países capitalistas centrais: democrata-cristãos, liberais e até mesmo sociais-democratas. Portanto, naquele momento, perdiam força as ideias centrais que organizaram, durante longo tempo, o espaço ideológico – sobretudo o europeu – da hegemonia norte-americana, apesar de elas não estarem sendo confrontadas ou ameaçadas por algum eventual revigoramento das ideias socialistas. Pelo contrário, a crise era produzida pela ineficácia dos próprios governos capitalistas. Terminava uma longa época de euforia na qual se acreditara na possibilidade real de compatibilizar o crescimento econômico capitalista com o aumento da igualdade social e com a preservação das liberdades democráticas. A partir dos anos de 1970, o número dos que defendiam o planejamento, a regulação estatal, o distributivismo das políticas sociais, o universalismo da proteção pública etc., diminuiu progressivamente. Também aumentou muito a desconfiança na eficácia dos sindicatos e dos partidos em preservar a estabilidade política e o funcionamento autocontrolado dos sistemas democráticos. Impunha-se, cada vez mais, a convicção conservadora de que o pluralismo democrático produzia situações de descontrole inevitáveis devido ao excesso de demanda de uma sociedade cada vez mais complexa e diferenciada. Uma vez mais, ganhava espaço a tese de que deveriam ser impostas limitações à participação do cidadão e a redução do espaço de intervenção do Estado. Voltava-se a desconfiar das virtudes autorregulatórias da democracia. Chegava ao fim, desse modo, o vigor da utopia liberal-social que movera corações e mentes durante duas longas décadas.

Em troca, foi neste momento, no qual se difundia nos meios conservadores o consenso em torno da crise do Estado, da crise dos partidos políticos, dos sindicatos, dos sistemas políticos etc., que o sindicalismo de conflito e a multiplicação dos movimentos sociais em redor da paz, do feminismo, das minorias etc., avançaram. O resultado foram significativas conquistas salariais, as quais já mencionamos, mas também outras conquistas legais de cunho distributivista e protecionista que radicalizaram ainda mais as novas teses críticas difundidas pelo pensamento conservador.

Surpreendentemente, o pensamento político progressista também entrou em crise naquela década. Ao lado dos conservadores, a esquerda em geral, e particularmente a europeia, iniciava ali um demolidor ataque ao Estado promotor de bem-estar social, aos sindicatos e aos partidos políticos, ainda que as razões fossem bem distintas. O Estado de bem-estar social foi atacado por sua atividade de cooptação e natureza não igualitária, ao passo que os sindicatos eram acusados de baixa combatividade, de integração com o sistema e de visão corporativista. Já os partidos políticos, mormente os de esquerda, eram criticados por serem eleitoreiros e por terem perdido suas bandeiras ideológicas e seu vigor revolucionário. Deve-se recordar este momento no qual, a partir da segunda metade dos anos de 1960, muitos partidos sociais-democratas ou socialistas começaram a participar de coalizões ou de alianças governamentais com os partidos de centro. Por igual, este foi o momento em que, no início dos anos de 1970, vários partidos socialistas se reorganizam e redefiniram sua nova ideologia e estratégia. Dessa forma, na década de 1980, essas mesmas agremiações assumiram a responsabilidade de encaminhar as políticas econômicas e sociais desenhadas a partir do ideário neoconservador que estava em plena ascensão.

Em síntese, na década de 1970, a esquerda dos países centrais também abandonou a crença na possibilidade de um avanço socialista pelo caminho da democracia partidária e na ampliação da presença regulatória, planejada e protetora do Estado.

Em outra região do globo, a morte e a posterior mitificação da figura de Che Guevara em 1967, acompanhada pelo avanço dos vietnamitas em sua guerra de libertação, ajudaram a deslocar de maneira transitória a utopia esquerdista para o potencial revolucionário do Terceiro Mundo e a desconhecer a ressurgência sindical que estava ocorrendo na Europa. Este deslocamento abriu portas ao processo de desagregação da utopia socialista, a qual começara no plano teórico pela violenta crítica estruturalista às ideias marxistas de sujeito e de história e fora feita quase em uníssono com o anarquismo subjacente à Revolução de Maio de 1968. De qualquer forma, foi decerto no Terceiro Mundo que aconteceram os fatos decisivos que aceleraram a crise do pensamento político de esquerda. O efeito estimulante da vitória vietnamita durou pouco. O genocídio da população do país, promovido pelo governo cambojano de libertação nacional, bem como a invasão do Vietnã depois de sua vitória sobre os Estados Unidos, pelo seu ex-aliado chinês, transformaram a vitória militar em um quase completo fracasso político-ideológico, de tal forma que, em poucos anos, os teóricos da esquerda, ou a força dos fatos, se encarregaram de destruir a confiança na eficácia das estratégias reformistas sociais-democratas e das estratégias revolucionárias, tanto nos países centrais como nos países que ainda tinham orgulho de serem chamados de Terceiro Mundo. Os socialistas se encarregaram da crise de seu sistema, tanto na teoria como na prática, por desconstruírem progressivamente os conceitos vigentes de sujeito e de história. Depois da invasão da Tchecoslováquia e do crescente volume de denúncias e revelações do caráter totalitário dos regimes socialistas do Leste Europeu, a esquerda passou a questionar cada vez mais as concepções estratégicas de revolução e de reforma dos partidos políticos, dos sindicatos, do Estado etc., sacudindo a crença na possibilidade de um socialismo real. Na verdade, os acontecimentos posteriores de 1989 já estavam anunciados no início deste longo período de desestruturação do pensamento e da prática socialista. A diferença em relação à crise da utopia social liberal foi que, neste caso, a crise atingiu as raízes do pensamento e da estratégia que dividiu, com o liberalismo, o espaço da luta político-ideológica durante pelo menos um século e meio. Não havia mais apenas uma crítica e uma desconstrução de determinada versão do socialismo, mas sim uma crise que começava a atingir os alicerces mais profundos do sistema. Nesta crise, o socialismo ficou totalmente desamparado, e a ofensiva conservadora conseguiu tornar--se vitoriosa na década seguinte.

As citadas crises econômicas, políticas e ideológicas tiveram temas convergentes e ocorreram no mesmo período histórico, mas, depois do quinquênio entre 1968 e 1973, seus prolongamentos foram diferentes. No final da década de 1970, particularmente no período entre 1978 até 1983, o mundo assiste a uma profunda reversão de tendências. O processo desestruturante dos países centrais começa a ser superado com a recomposição ideológica e com o avanço das forças políticas conservadoras, a qual se consolidou aos poucos entre os anos de 1978 e 1983. Neste novo quinquênio, a reversão começa no plano político e ideológico e estende-se ao plano econômico. Não deixa de ser significativo que esta grande reversão do pensamento conservador se inaugure, no plano ideológico, com a escolha, em 1978, do Papa João Paulo II, o grande responsável pela interrupção de um longo processo de diáspora e de desestruturação que marcou a trajetória da Igreja Católica depois do Concílio Vaticano II e que teve seu momento mais dilacerante durante o papado de Paulo VI – exatamente o período que estivemos comentando. A reordenação e a retomada da disciplina no Ocidente começaram, portanto, nas suas raízes mais profundas e pela sua instituição mais antiga. Iniciava aí a derrota do que foi, ao mesmo tempo, a manifestação mais autêntica e original da Igreja Católica na periferia: a teologia da libertação.

Essa inflexão conservadora adquiriu força política e econômica própria com a vitória de Margaret Thatcher e de Ronald Reagan, que assumem, em 1979 e 1980, o comando político do eixo imperial da modernidade capitalista industrial. Movimento que se completa com a derrota do projeto social do primeiro governo Mitterrand, na França; com o afastamento dos comunistas italianos do governo de unidade nacional experimentado na Itália na segunda metade dos anos de 1970, e com a opção pioneira dos socialistas espanhóis por uma política econômica rigorosamente alinhada com o vitorioso ideário neoliberal.

Mesmo que a ordem dos fatores esteja invertida, o resultado do quinquênio de 1978 a 1983 foi análogo ao do quinquênio de 1968 a 1973. Mais uma vez a política econômica norte-americana deu a direção e o ritmo às novas transformações políticas, apesar de a principal artífice ideológica da nova era ter sido, sem sombra de dúvida, a primeira-ministra inglesa. O processo então iniciado, o qual poderíamos chamar de "retomada da hegemonia norte-americana", principia mais uma vez pelo lado da moeda e só chega aos canhões em sua fase final. Elevando suas taxas de juros internas com vistas à revalorização do dólar para reverter a situação de decadência financeira norte-americana, o governo dos Estados Unidos e o FED iniciaram o que ficou conhecido como a diplomacia do dólar forte. Ela foi responsável, de imediato, por uma desvalorização desigual das demais moedas, seguida de uma crise financeira global da economia. Os ajustes econômicos obrigatórios das diversas economias nacionais a esta nova realidade foram os grandes responsáveis – junto com o segundo choque do preço do petróleo – pelo movimento recessivo generalizado que atravessou a economia mundial durante os primeiros anos da década de 1980. O resultado, em todo lugar, foi a deterioração da situação das finanças públicas e o desemprego generalizado.

Essa recuperação da economia norte-americana a partir de 1983, movida por amplos déficits fiscais e comerciais, acabou, porém, por alavancar a economia dos países centrais. A partir de 1984 e 1985, eles retomam seu crescimento em ritmos distintos, só que agora nitidamente capitaneados pela tríade formada por Japão, Alemanha e Estados Unidos. A segunda metade da década é marcada por um crescimento e uma euforia financeira contínua que ajudou a consolidação indiscutível da vitória conservadora até o final dos anos de 1980. Os Estados Unidos são reconduzidos ao comando de um império que, com a derrota do Iraque e a dissolução do bloco soviético, alcança um caráter inquestionável sem precedente na história humana.

Quando o cenário mundial se reordena e a estagnação é superada, o quadro econômico estrutural está radicalmente modificado. É clara a existência, já em pleno funcionamento, de um novo padrão tecnológico e organizacional da produção. O sistema financeiro internacional se altera com demasiada radicalidade, e a divisão internacional do trabalho entre corporações, países, regiões etc., é redesenhada. A crise deixou mutações qualitativas na produção e nos mercados, mas o sentido básico do sistema continua o mesmo. Apesar da profunda crise vivida pela teoria econômica, a economia política não perde sua validade e ainda consegue dar conta, apesar das dificuldades, do movimento em expansão do capital e da universalização dos mercados. No final da crise, mais do que nunca, a história econômica transformou-se em história universal. Contudo, esta transição teve momentos e espaços mais relevantes do que outros, de modo que deixou ao longo de seu caminho inúmeros derrotados.

Esse tempo de reconstrução e reestruturação também foi um período de reenquadramento do trabalho e das periferias capitalistas, além de um tempo de reafirmação do poder dos governos, bem como de vitória e hegemonia das novas ideias conservadoras. Mesmo assim, depois de uma década, o Estado de bem-estar não foi destruído nos países centrais. Pelo contrário,

109

os partidos políticos recuperaram seu papel no contexto de democracias que disciplinaram novamente pela férrea batuta conservadora. Nesse sentido, o tempo encarregou-se de separar os problemas e descontinuidades reais do diagnóstico meramente ideológico da crise das instituições políticas, o qual fora feito tanto pela esquerda como pela direita nas décadas de 1960 e 1970. Nos anos de 1980, alguns ainda falavam de uma crise econômica e política nos países centrais, mas ali ela já havia terminado. Porém, o mundo se modificara, e a crise se deslocou para outros lugares situados na periferia.

A década de 1980 apresenta uma assimetria inversa a que ocorrera nos anos de 1970. Nesta década houve, no centro, uma verdadeira crise sindical, atribuída por muitos exclusivamente às mudanças da base produtiva, quando na verdade ela foi, sobretudo, o resultado de uma política intencional dos governos conservadores a fim de disciplinar novamente o trabalho. O ajuste econômico, feito previamente, bem como a reestruturação produtiva, implicaram custos altíssimos para os trabalhadores, os quais são mensuráveis no aumento do desemprego estrutural e na redução da participação salarial nas rendas nacionais. Dá-se uma clara reversão nas conquistas dos anos de 1970, e, como queria a década conservadora, os sindicatos são desestruturados pela força, seja da recessão, seja da lei. Thatcher tem um papel de liderança indiscutível na defesa das novas ideias a respeito dos direitos sindicais e de sua imposição legal.

Ela também encabeçou o reenquadramento periférico. Iniciado no âmbito militar pela derrota imposta aos argentinos nas Ilhas Malvinas, teve seu desenvolvimento na imposição da cobrança inegociável das dívidas externas, um verdadeiro enquadramento econômico. Durante toda a década, as dívidas se transformaram em verdadeiro garrote financeiro. Na verdade, a partir da moratória mexicana de setembro de 1982, os países periféricos tiveram de se submeter invariavelmente à disciplina imposta pelo FMI para manter o acesso aos recursos do sistema financeiro privado e público internacional. Uma disciplina que impunha normas de política econômica e reformas institucionais rigorosamente seguidas por todos os países endividados. Começa aí o calvário da periferia capitalista, mormente da América Latina, para onde se translada uma crise econômica crônica. Ocorre então uma prolongada estagnação que se estende por toda a década de 1980 e chega até hoje.

Parecendo obra de um destino trágico, o crescimento econômico dos países centrais desta vez não alavancou o crescimento dos países atrasados. Pelo contrário, generalizou a exigência de um ajustamento econômico recessivo, o qual impôs aos poucos custos extremamente altos a uma população que já apresentava condições de vida prévias muito piores que a dos países centrais. Por também parecer obra do destino trágico, é sob a pressão desta crise econômica que a América Latina, bem como diversos outros países de diferentes partes do mundo, alcançam o que já parecia um sonho impossível: a democracia. Mas esta democracia já renasce pressionada por demandas que se agigantam a cada momento devido ao aumento das dificuldades e à limitação dos recursos e do espaço efetivo de poder dos governos nacionais, que são cada vez mais condicionados pela globalização financeira da economia mundial e pelo volume de suas dívidas externas.

No entanto, talvez a transformação mais importante da década tenha sido realizada no plano ideológico (para efeitos desta breve reflexão). Acreditamos que foi neste plano que aconteceu, nos anos de 1980, uma verdadeira derrota, e não apenas uma crise de dimensões seculares. Aqui, a vitória completa e quase universal dos liberais-conservadores teve como consequência, ou foi coetânea de uma crise da utopia ou do projeto socialista, que teve efeitos muito profundos e prolongados.

Por intermédio da vitória eleitoral, ou por intermédio de constrangimentos impostos pela nova ordem econômica, todos os países centrais, e, progressivamente, quase todos os partidos políticos relevantes (incluindo os socialistas), acabaram aderindo, durante esta década, à inevitabilidade de um novo projeto e de uma nova estratégia pautada no ideário do neoliberalismo econômico. Mais uma vez, a ação de um destino zombador parece acabar impondo a gregos e troianos uma nova utopia e uma nova estratégia escrita com a linguagem e operável com os instrumentos da própria economia. Para isso, passa-se por cima da crise da teoria econômica e da economia real, e, sobretudo, praticamente ignoram-se a crise e a crítica à política econômica. Nesse sentido, o que aparece de início como crise econômica acaba transformando-se, no final, em uma apologia sem precedentes da própria economia e da realidade na condição de teoria ou de ideologia. De tal forma que hoje, no início dos anos de 1990, fala-se a sua linguagem em quase todo o mundo. Tanto cidadãos como governos defendem as mesmas soluções e sonham com as mesmas coisas. Movidas por um imenso e deslumbrante paradoxo, as regras materiais são impostas pela nova ordem econômica mundial; transformam-se em constrangimento político incontrolável para os diversos governos nacionais. Isso se aplica tanto a regras de ação prática quanto à verdade teórica e à linguagem dos sonhos. Nesse sentido, assistimos no final dos anos de 1980 a uma afirmação retumbante, crua e nua, da verdade do materialismo econômico, a qual fora promovida pela ação consciente e vitoriosa de uma política conservadora. A razão do consumidor, a eficiência utilitária, o mercado e o mínimo de Estado possível transformaram a década conservadora em utopia e regra universal de povos e de governos. A razão econômica utilitária transformou-se, assim, em fundamento e linguagem da história, mais do que nunca universal e universalizada, em virtude da ação dos mercados e da vontade racional do império. Por isso, neste momento, a racionalidade da história aparece, como nunca havia sido o caso, no plano da história reflexiva narrada pela ideologia vitoriosa como ação da ideia econômica.

Da Inglaterra à Malásia, no Zaire, no Sudão ou na Alemanha, a linguagem das classes dominantes é uma só e traduz para o plano local o novo grande consenso político e econômico, consagrado sobretudo depois que o Leste Europeu, passando por cima das cinzas do socialismo real, também começa a acreditar na possibilidade de um desenvolvimento universal impulsionado hipoteticamente pela força criativa do indivíduo utilitário e pela ação equalizadora do mercado.

Portanto, quando ainda se trata de crise política ou econômica, há de se distinguir o que se passa hoje nos países capitalistas centrais do que está ocorre, paralelamente, nas suas periferias, ou mesmo do que ocorreu nos países centrais nos anos de 1960 e 1970. Atualmente, os países do Norte capitalista vivem um momento de euforia, ordem e vitória, ainda que isso possa vir a ser passageiro. Para eles, parece que a história readquiriu sentido e marcha na direção correta. No Centro, os trabalhadores e suas organizações encontram-se hoje mais desarticulados do que nunca e sem uma estratégia comum, ao passo que na periferia capitalista e no decomposto mundo socialista reinam o silêncio e a disciplina, de modo que a única estratégia de suas elites tem sido lutar pelo beneplácito econômico dos países centrais ou por seus capitais privados. Isto ocorre apesar de, como claramente indicam os dados, a década de 1980 ter testemunhado uma extraordinária concentração de riqueza paralela e simétrica à acumulação de poder nos planos nacional e internacional.

Como já dissemos, depois da queda do muro de Berlim e da derrota de Bagdá, o poder policial-militar do mundo concentra-se praticamente nas mãos de um só país. Depois da restauração da economia mundial ocorrida nos anos de 1980, o poder de investimento mundial é detido por menos de duzentos grandes conglomerados econômicos e cerca de vinte bancos internacionalizados. Este é o verdadeiro retrato do mundo econômico e político dos vitoriosos. Para eles não há, neste momento, nenhuma crise de proporções históricas. O que não quer dizer que não se mantenham entre os vitoriosos contradições ou fatores potenciais de crises econômicas, políticas, ideológicas ou militares a médio ou a longo prazo. Não se pode, portanto, desconhecer a indiscutível decadência de alguns setores da economia norte-americana nos quais a produtividade e a competitividade encontram-se em queda livre, provocada pelos avanços tecnológicos asiáticos e mesmo europeus. Tampouco podem-se desconhecer as dificuldades de compatibilização comercial e financeira dos três centros – Japão, Alemanha e Estados Unidos – a médio prazo, em torno dos quais se articulam atualmente os interesses vitoriosos e sobre os quais pressiona uma vultuosa massa de riqueza financeira. Por outro lado, são visíveis as dificuldades que se avolumam no Leste Europeu, em franco processo de desintegração e periferização econômica, processo que causa um impacto imediato na cidadela europeia. Desde o início destas mudanças, a pressão migratória gerou reações defensivas por parte dos governos, bem como comportamentos francamente agressivos, verdadeiros vetores de fascismo, por parte das populações, que veem nisto uma ameaça aos empregos e às condições de vida conquistadas ou defendidas com extrema dificuldade nas últimas décadas.

A mais grave de todas as crises, potenciais ou preanunciadas, no entanto, talvez seja ética. Esta crise ética transparece no poder militar-imperial que não encontra limite neste momento e parece não se fundamentar em ideias, em valores, ou mesmo em interesses nacionais nítidos. No plano mais difuso e complexo do comportamento da sociedade, deixa-se para trás a ética do trabalho, fundada, em suas origens, no ascetismo protestante (como M. Weber ressaltou), e passa-se a conviver com uma sociedade de massas orientada pela ética do consumo inevitavelmente hedonista e imediatista. Nesse ponto, talvez se concentre, em nosso entender, a principal dificuldade e a principal dissonância entre o momento atual da sociedade norte-americana, em particular, bem como parte da sociedade europeia, e o mundo capitalista asiático, por exemplo. Mormente o Japão e a Coreia saltaram a vala do atraso relativo e assumiram o comando de certos setores-chave da Terceira Revolução Industrial. Nestes países, ainda predominam uma ética nacional comunitária e de trabalho, ética já quase substituída por inteiro no Ocidente pelo utilitarismo e pela maximização imediata de vantagens, calculadas em termos cada vez mais rigorosamente individuais. Aliás, o núcleo central das ideias neoconservadoras hegemônicas atualmente prescreve esta relação.

Esses problemas, fatores ou mesmo contradições, entretanto, são intrínsecos ao capitalismo; fazem parte de sua dinâmica cíclica, a qual supõe crises periódicas. Mas eles não parecem tornar mais próxima uma crise final, tampouco autorizar a afirmação de fim ou superação das relações e princípios racionais ou sociais que embasaram o prodigioso progresso desse sistema nos dois últimos séculos. É bem provável que tenhamos chegado ao fim do fôlego da Segunda Revolução Industrial e estejamos entrando numa era na qual a Terceira Revolução anuncia condições de produção e intervenção tecnológicas no mundo dificilmente compatíveis com a nova ética hegemônica do individualismo utilitário. Mas, em nosso entender, isto não esgota a força da razão nem a ideia de progresso, tão caras à modernidade.

Além disso, não se pode ignorar o ressurgimento de problemas sociais agudos no início dos anos de 1990. Eles são o produto dos ajustes econômicos da década de 1980, com sua consequente concentração da riqueza e aumento do desemprego.

O que aflige nesse cenário é o silêncio dos derrotados. Depois da longa transição, a crise mudou de lado. O poder dos vitoriosos reconstruiu um espaço dotado de apenas um único centro fundado no poder, na riqueza e na razão econômica. Mas, além disso, o poder dos vitoriosos fragmentou os derrotados, destruindo o núcleo central de suas capacidades e da vontade de resistência: a linguagem que, durante mais de um século, uniu e homogeneizou todos os oprimidos e explorados do mundo em torno de uma utopia e de uma ética comum. De certa forma, todas as crises que vêm dos anos de 1960 desembocaram nessa grande derrota, que se configurou com toda a sua força e complexidade a partir de 1988 e que durará não se sabe até quando. Uma derrota do trabalho e da periferia, mas não do capital ou do mercado, e muito menos dos Estados centrais.

Já apontamos para uma trajetória de desconstrução da teoria, do projeto e da utopia socialistas que organizou as reivindicações trabalhistas em todo o mundo por quase dois séculos, e que no século XX emprestaram sua linguagem à luta dos povos colonizados por sua soberania política e econômica. Desta perspectiva, poderia se dizer que a década de 1980 apenas prolongou e aprofundou a crise do pensamento socialista, ao contrário do que aconteceu com o pensamento liberal-conservador. A década começou com o esgotamento da experiência eurocomunista italiana e com a derrota político-econômica do projeto social-estatizante do governo Mitterrand. Seguiu-se a invasão do Afeganistão pelas tropas soviéticas e o emblemático abandono do marxismo por parte dos socialistas espanhóis, dando-lhes condições de acesso, em 1982, ao governo e ao comando de uma política econômica, conforme comentamos, desenhada segundo o novo figurino político e econômico neoliberal. Durante toda a década de 1980, a desconstrução socialista deveu-se muito mais aos fatos do que à teoria.

No campo da teoria, o trabalho crítico-destrutivo já vinha dos anos anteriores. A adesão de alguns marxistas, em 1980, que ficou conhecida como individualismo metodológico ou marxismo analítico, já não tem mais relevância política. Sua única importância histórica talvez seja o papel de prova testemunhal da hegemonia exercida pelo pensamento liberal no final do século, até mesmo dentro de um marxismo já sem fôlego próprio.

Os fatos propriamente ditos e seu impacto desestruturante se deram em três campos ou espaços fundamentais. O da desorganização ideológico-estratégica dos partidos progressistas nos países capitalistas centrais; o da desmontagem do socialismo real, cujos pivôs foram o movimento Solidariedade na Polônia e o projeto da Perestroika na URSS; e o do fracasso econômico quase completo das experiências de desenvolvimento periférico patrocinadas por governos de libertação nacional de linha socialista, ou mesmo por governos burocrático-autoritários (com a exceção dos tigres asiáticos), numa direção capitalista. Como se sabe, quase todos países periféricos atravessaram a década de 1980 em crise permanente. Os partidos de esquerda europeia foram derrotados diversas vezes, quando não chegaram mesmo a desaparecer, por falta de identidade ou de alternativa diante do projeto conservador. No mundo socialista, depois da derrubada do Muro de Berlim, fica explícita a situação caótica, a ineficiência econômica e o grande entusiasmo pela ideia de mercado. Ninguém mais tem coragem de falar em planejamento ou coordenação estatal.

Uma década depois de Mitterrand desautorizar o caminho do reformismo estatizante, o desastre econômico do Leste completou, na prática, a crítica mais radical e a desestruturação mais completa das distintas variantes do projeto socialista vitoriosas no século XX. Faltava apenas a vitória dos conservadores na Suécia, em 1991, a qual pregava um projeto de desconstrução do protecionismo estatal excessivo, para completar o quadro de crise e de questionamento da variante social-democrata dos países nórdicos.

Inicia-se, assim, a década de 1990. Em todos os cantos do debate ideológico-político socialista, só se escuta a repetição monótona do ideário neoliberal, temperada por certa preocupação social e por uma estratégia de implementação mais assentada no pacto do que no enfrentamento social. Elites políticas e governos socialistas e sociais-democratas de todo o mundo rendem-se aos ajustes e reformas econômicas impostos pela nova ordem econômica globalizada. Nesse sentido, completa-se o paradoxo que já enunciamos: a racionalidade econômica se desvela como fundamento da história universal e impõe aos socialistas de quase todo o mundo, por obra conservadora, a rendição, na forma e na adesão de seus governos a um neoliberalismo, imposta pela força material da economia. Ao aproximar-se o fim do século, os oprimidos do mundo, no centro ou na periferia, perderam sua causa, e sua linguagem tornou-se aos poucos a linguagem do mercado e da maximização das utilidades individuais. Portanto, o grau de fragmentação, de desentendimento e de subjetivismos confusos na qual se transformou a babel socialista (ou ex-socialista) não deve espantar. Se antes já havia sido destruída a ideia de sujeito histórico e havia sido questionada a estratégia de revolução e de reforma por intermédio do Estado e dos partidos, agora dissolve-se a confiança na possibilidade real de algo que possa ser chamado de socialismo, algo, portanto, distinto do mundo capitalista.

Esse foi o verdadeiro resultado da crise. Se, durante as décadas de 1960 e 1970, desconstruíram-se os fundamentos econômicos e políticos de determinada ordem e de determinado espaço ético, no final dos anos de 1980 esta ordem estava reconstruída. Mas a fundamentação científica, histórica e política da ética socialista ficou desmantelada no caminho.

Esta intervenção não tem a ambição de enfrentar a discussão do que ficou conhecido em vários momentos destes vinte anos como crise da história, das ciências exatas ou, mais genericamente, da razão, seja ela grafada em letra maiúscula ou minúscula. E nosso fôlego tampouco é suficiente para debater a importância adquirida pela ecologia e pelas religiões no espaço aberto pela crise da razão, ou, mormente, pela crise das éticas modernas. Nossa intenção

116

foi apenas chamar a atenção para certas assimetrias e contradições presentes ao espaço-tempo econômico e político mundial em que essa consciência de crise exacerbou-se, junto com o fim de uma era de sucesso econômico e político contínuo nos países centrais e de uma bipolaridade geopolítica que foi capaz de, durante muitos anos, balizar as discussões ideológicas e as opções políticas em quase todo o planeta.

Mesmo assim, parece importante ter presente a ideia de que a crise das ciências exatas se assemelha mais a uma projeção de um desencanto com a utilização ética da ciência àquilo que não passa de um momento de mutações rápidas vividas pelo conhecimento físico-matemático, perfeitamente capaz de reorganizar racionalmente as suas próprias concepções de caos e de catástrofe. Também parece importante não esquecer que a chamada crise da história, ou da filosofia da história, tem que ver com a descrença no progresso oriunda da utilização ética da tecnologia e pela ruptura econômico-política global ocorrida nos últimos vinte anos. Mas ela tem ainda muito mais que ver com o fracasso responsável pela descrença numa racionalidade histórica, a qual apontaria na direção socialista e fundaria o projeto revolucionário. Nesse sentido, a crise da história está relacionada com a desconstrução socialista ocorrida nessa era de transição.

A velocidade com que o ecologismo e a religiosidade avançaram nesse período não parece carente de sentido. A ecologia rapidamente deixou de ser uma causa dos movimentos sociais e partidos contestatários para transformar-se, nos anos de 1980, em bandeira genérica dos próprios governos conservadores.

No caso da religiosidade, parece que estamos assistindo a uma onda de misticismo individual nas classes médias e de fanatismo coletivo nos setores populares. Isso é perfeitamente compreensível num mundo de oprimidos que foram despojados de sua razão e de sua antiga ética. Mas também aqui se destaca, de forma assustadora, a assimetria entre a busca humana e individual do sagrado, travada fora dos espaços institucionais, e, por outro lado, o esforço conservador e institucionalizado de algumas seitas ou religiões que buscam evangelizar novamente o mundo ocidental e ocidentalizar o Oriente. Também neste caso o que mais chama a atenção é a maneira como o discurso da crise foi apropriado pelos que já não estão em crise, e como a prática da fragmentação abriu aos poucos o caminho para a passagem das Grandes Caravanas.

2.2 O desafio do desenvolvimento capitalista[16]

O ponto de partida das suas reflexões parece ter sido a rediscussão da via prussiana de desenvolvimento capitalista. Você poderia defini-la?

Isto é de certa maneira verdadeiro. Faz muitos anos, quando comecei a trabalhar com a economia política do desenvolvimento latino-americano, partindo do debate teórico e histórico acerca do conceito de capitalismos tardios e, portanto, inevitavelmente, acerca do que foi chamado de via prussiana. O problema que se colocou de imediato foi o da sua correta definição, dado que este conceito foi utilizado por vários autores, e em diferentes momentos históricos, com conotações distintas. Suas raízes remontam às primeiras observações de Marx, na metade do século passado, e de Engels, um pouco mais tarde, quanto às revoluções de 1848. As análises históricas, até mesmo as conjunturais, que Engels publicou em artigos de jornal, já contêm várias intuições fundamentais acerca do que eles percebiam como um caminho diferente de desenvolvimento capitalista no espaço da Prússia e do que viria a ser a Alemanha. O fracasso das revoluções democratizantes alemãs era uma sinalização de que a trajetória daquele país parecia não repetir a ideia fundamental das revoluções burguesas democratizadoras do Estado, coletâneas da ascensão das burguesias comerciais e industriais e da consolidação dos Estados nacionais. Mesmo que não tenham formulado esse conceito de via prussiana, se lidos com cautela, eles talvez tenham sugerido todas as intuições fundamentais que a literatura posterior desenvolveu. A sua caracterização passava sobretudo pelo que seriam os traços peculiares da estrutura de classes alemã, pelo atraso do desenvolvimento das forças produtivas propriamente capitalistas, por uma certa hipertrofia da consciência proletária e, finalmente, pela transferência, por parte da burguesia alemã, da responsabilidade do governo, o que Engels chamou de uma segunda variante de bonapartismo. Em verdade, mais tarde o próprio Engels diminuiu o grau de especificidade histórica da Alemanha ao afirmar que parecia que em nenhum lugar a burguesia assumia diretamente o controle do Estado e que sempre o fazia por meio de prepostos. Nesse sentido, seriam prepostos Bonaparte, a aristocracia inglesa e os Junkers, bem como a burocracia militar alemã. Na linha central da evolução desse conceito

---

16. Este é o texto de uma entrevista teórica a respeito do tema do desenvolvimento que foi concedida a Fernando Haddad, cuja versão integral foi publicada com o título "O capitalismo e suas vias de desenvolvimento", na edição de número 33 da revista *Teoria & Debate*, em 30 de novembro de 1996.

está o trabalho do Lênin, mas o seu tratamento a respeito da via prussiana muda de enfoque. Lênin tinha uma preocupação básica com a estrutura da propriedade da terra, a forma pela qual esta evoluía e qual era seu impacto no desenvolvimento das forças econômicas e sociais propriamente capitalistas. Naquele momento, ele fazia a oposição entre o modelo americano das pequenas propriedades e a via prussiana dos Junkers, das grandes propriedades, na qual não se parcela a terra.

Em que momento do debate contemporâneo essas questões ganham importância?

Depois da Segunda Guerra Mundial, na confluência dos processos de descolonização da Ásia, do Oriente Médio e logo depois da África, com a desmontagem dos grandes impérios e com a nova forma de exercício da hegemonia mundial norte-americana, em que os laços de articulação das economias e dos Estados são reconstruídos de uma maneira não colonial. Essa grande mudança histórica veio acompanhada por uma evolução do ponto de vista teórico, e, em particular, no campo da economia: a chamada revolução keynesiana.

Em primeiro lugar, ela rompia com a visão neoclássica de equilíbrio e reintroduzia a ideia marxista, e depois também schumpeteriana, do capitalismo como um sistema instável, cíclico, com crises sem pleno emprego etc., e começava, portanto, a legitimar a possibilidade e a necessidade de políticas públicas anticíclicas. Pode-se dizer que foi dessa linha de rebeldia ocorrida dentro do próprio campo do pensamento neoclássico – que, na verdade, se inicia com os suecos antes de Keynes – que se abriram as condições de possibilidade teórica, mais tarde transformada em vontade política, de estudar e propor estratégias de indução do desenvolvimento econômico. Assim como podia haver políticas anticíclicas, poderia também haver políticas com objetivos não apenas de curto prazo. Isto de certa maneira viabilizou ou legitimou a preocupação e a vontade política que se generaliza, no mundo inteiro, depois da Segunda Guerra Mundial, com o desenvolvimento visto desde então como um processo que pode ser induzido ou acelerado politicamente, e, portanto, diferente, na teoria econômica, da ideia do simples crescimento. É algo que implicaria transformações de tipo institucional e estrutural, bem como uma aceleração do processo de crescimento, da acumulação capitalista, além da média internacional histórica anterior. Isso graças ao que se acreditava ser possível: a indução da aceleração e da sustentação do investimento. Nascem as chamadas teorias do desenvolvimento e nasce o desenvolvimentismo, como a ideologia que justificava, compreendia e, ao mesmo tempo, legitimava a descoberta e a consciência de que o mundo era terrivelmente desigual. De certa maneira, esta questão era respondida com a ideia e a proposta de que ele é desigual, mas isto é superável, porquanto não é inevitável que todos os países do mundo cresçam na mesma velocidade em que cresceram as economias capitalistas que se desenvolveram anteriormente, na base de no máximo 2% ao ano. Ou seja, de que era possível a recuperação do atraso e, portanto, a superação das desigualdades por meio da diminuição das intoleráveis distâncias econômicas e sociais.

É neste contexto que aparecem, nos anos de 1950, as teorias do desenvolvimento econômico em suas várias formulações, neoclássicas, keynesianas e, aqui na América Latina, a teoria estruturalista da Comissão Econômica para a América Latina (Cepal). Mas, mesmo tendo sido decisiva a contribuição latino-americana, não se pode negar que o impulso original da preocupação com o desenvolvimento, como projeto global para o mundo atrasado, ganhou força, basicamente, a partir dos países centrais. Diferentemente de todo pensamento neoclássico, hegemônico de 1880 até 1930, e de certa forma também do pensamento econômico clássico, passa-se a aceitar que a intervenção de um fator extramercado tinha condições de sustentar um crescimento mais veloz do que o gerado espontaneamente pelo funcionamento do mercado. Essa é a heterodoxia máxima para quem a formulou! Foi uma espécie de movimento autocrítico e pragmático do próprio liberalismo que esteve na origem do desenvolvimentismo, nada tendo que ver, portanto, com o marxismo ou com o esquerdismo, como alguns parecem acreditar hoje em dia.

Para seus primeiros formuladores, era uma extraordinária heterodoxia dizer que não só o Estado devia intervir no curto prazo para controlar o ciclo dos negócios, mas que ele também podia coordenar intervenções de longo prazo que visassem não apenas a manter o pleno emprego, mas crescer, desenvolver-se. Não é por coincidência que é mais ou menos dessa época o estudo que passou a ser referência do ponto de vista da história econômica comparada: *O atraso econômico em perspectiva histórica*, de Alexander Gerschenkron. Seus estudos absorvem de Veblen a noção do desenvolvimento tardio e recolocam a ideia do atraso como vantagem, como uma força que pode ser virtuosa do ponto de vista da aceleração do crescimento. Ele estuda sobretudo os casos da Alemanha e da Rússia, de certa forma também da Itália – e a Itália e a Alemanha são países tardios até mesmo na sua constituição como Estados nacionais. Como historiador, ele tenta explicar por que um país que começa tão atrasado do ponto de vista da estrutura agrária, por intermédio da via prussiana, em 1890 já era a segunda maior economia do mundo, depois dos Estados Unidos, ultrapassando até a Inglaterra. Era isso o que se estava querendo depois da Segunda Guerra: propor como projeto e como ideologia a hipótese de que é possível a recuperação e, mais ainda, de que pode ser um bom negócio ser atrasado.

E por que seria vantajoso ser atrasado?

A primeira razão é porque se arrancaria de um estágio tecnológico mais avançado e não seria necessário reproduzir o caminho dos pioneiros. Assim, a Alemanha e os Estados Unidos, que eram atrasados, lograram ultrapassar a Inglaterra sem fazer o seu caminho, saltando etapas.

De certa maneira, Gerschenkron está olhando para algumas coisas que Marx e Engels tinham percebido e dizendo: "não são desvirtudes, são virtudes do ponto de vista da industrialização!" Ele diz que, além do ponto de vista tecnológico, da nova base energética, da organização da produção, há um outro quadro institucional, que se manifesta em particular nos papéis do sistema bancário e do Estado. Com um crescimento que já parte de grandes investimentos, ele descobrirá que se financia a demanda para esta produção mediante uma espécie de substitutos institucionais. Ele começa a ver que algumas funções foram cumpridas na Inglaterra por certas instituições e, nesses países, começam a ser cumpridas por outras. Ele destaca três elementos que na Inglaterra não tiveram tanta importância, mas na Alemanha viriam a ter: um Estado intervencionista e protecionista; um sistema financeiro articulado; e uma ideologia. Ou seja, o atraso só é virtude à medida que suas elites como um todo o percebam e, pela sua não aceitação, tomem a decisão do impulso. Em todos os casos, a força básica veio de uma aliança entre Estado e burguesia, com algum grau de legitimação popular por intermédio das ideologias fortes. Gerschenkron fala do sansimonismo na França, do nacionalismo na Alemanha, e, já nessa época, ele dizia que na Rússia o socialismo estava cumprindo esse papel! Ele dizia que aí também se tratava de um *catch-up* de um país atrasado, ou seja, uma tentativa de alcançar e ultrapassar os países capitalistas pioneiros.

Você compartilha da ideia de considerar o sistema soviético como uma versão *sui generis* de *catch-up*?

Esta é uma visão *ex post* e excessivamente constrangida pela decepção e pelo fracasso do que foi originariamente o projeto soviético. Uma visão economicista que às vezes parece esquecer que em termos estritos de *catch-up*, o desenvolvimento soviético entre 1950 e 1975 foi um absoluto sucesso sob a ótica de investimentos, de construção da indústria pesada e de uma melhor distribuição e igualdade. Nesse sentido, é interessante reler as impressões narradas por Galbraith acerca de sua visita à União Soviética nos anos de 1960 narrada em seu livro *Uma viagem pelo tempo econômico*. Ele diz mais ou menos o seguinte: "Vamos deixar de bobagem! Quando estive na União Soviética aquilo era um sucesso. Não me venham com essa conversa de que ali já era possível prever a derrocada posterior a partir das limitações endógenas do modelo de economia centralmente planejada. Eu, pelo menos, não percebi nada!"

Mas o que distingue o caso soviético do nacionalismo em geral, com patrocínio do Estado e poupança interna forte?

Em primeiro lugar, ele aparece como um fenômeno político, social e econômico desafiante já em 1917. Eles propõem uma economia crescentemente estatizada, com controle centralizado completo dos investimentos e o desaparecimento de uma burguesia propriamente dita. Isso já era uma diferença monumental. Foi uma revolução que não foi feita em nome do desenvolvimentismo. E nesse sentido, o efeito de sua derrocada tem muito pouco que ver com razões econômicas e muito mais com o fato de que a revolução soviética foi a tentativa concreta mais ousada da história de levar à realidade uma utopia igualitária num país atrasado e de dimensões colossais. Um experimento absolutamente único e, por isso, seu fracasso impactou de forma tão brutal o pensamento socialista. Não por causa do fracasso econômico puro e simples, tampouco só por seu fracasso político anterior, mas porque estes dois fracassos fizeram desabar a única experiência conhecida de construir a base material de uma sociedade igualitária a partir de uma mudança radical das relações de propriedade. Um sonho acalentado desde sempre pela humanidade. Isso é o brutal da história!

Ainda que do ponto de vista de tecnologia de ponta eles sempre tenham obtido muito sucesso – na parte militar, na questão nuclear – essa experiência fracassou do ponto de vista industrial e tecnológico, pelo menos na passagem para uma indústria de consumo de massas. Porém, muito antes disso, de certa maneira eles comprovaram aquilo que Barrington Moore vai dizer depois: "dá para fazer, mas vai ser sempre autoritário!" E com uma agravante: uma coisa é o autoritarismo burguês, dos governos japoneses ao fascismo alemão; outra coisa é o totalitarismo nos níveis a que se chegou na URSS, e sobretudo quando legitimado em nome dos supostos interesses universais e libertários da classe proletária. Fracassou, portanto, primeiro pelo totalitarismo e pela eliminação da liberdade e, só depois, pelo lado econômico. Nesse sentido, é muito limitada a releitura dos que a reduzem a uma discussão pura e simples a respeito da impotência de uma estratégia particular de industrialização.

Por que a via prussiana não se repetiu no contexto latino-americano?

É muito mais fácil aproximar as experiências asiáticas de desenvolvimento acelerado das últimas décadas ao modelo prussiano do que o ocorrido na América Latina. Um século depois, com outras características, a Ásia conseguiu também, de certa maneira, fazer uma experiência extraordinariamente bem-sucedida de *catch-up*. São países que, em poucas décadas, chegam ao topo da economia mundial, com estratégias mais próximas às da via prussiana.

O desenvolvimentismo dos anos de 1950, da perspectiva de sua tentativa de teorização e formulação, é originário da potência central e faz parte do projeto imperial de hegemonia americana nesse período.

Entendendo-o como a aceitação da intervenção do Estado como agente indutor, ordenador e alocador de recursos; definidor de alguns preços fundamentais da economia, bem como protetor, poderia se dizer que a economia europeia, entre as décadas de 1950 e 1980, foi também desenvolvimentista. Entretanto, se passarmos para uma definição mais detalhada do que foram as estratégias de crescimento acelerado da economia capitalista como um todo, pelo menos na sua parte central e em alguns segmentos periféricos, veremos que isso foi possível em grande medida pelo desrespeito pragmático da potência imperial às regras que eles estabeleceram em Bretton Woods. Havia regras monetárias e comerciais cuja arbitragem ficou informalmente com os Estados Unidos. O governo americano a exerceu de uma maneira extremamente benevolente, porque pragmática e movida pela Guerra Fria, pela competição econômica e tecnológica com a União Soviética. Isso fez com que os norte-americanos, de certa maneira, fossem os primeiros a driblar certas regras e fazer uma política monetária frouxa durante esse período. No início, na forma direta de ajuda, como foi o Plano Marshall e, um pouco mais tarde, sua ajuda para a Ásia. Depois, fazendo vistas grossas ao protecionismo de alguns países. Isto é uma dimensão essencial de um comportamento hegemônico, isto é, uma potência que aparentemente coloca os interesses do conjunto acima dos seus interesses de nação. Coisa que os Estados Unidos deixam de fazer a partir da década de 1970.

Nesse espaço foi possível, durante vinte ou trinta anos, funcionar um sistema de livre empresa com fortes e pragmáticas limitações ao livre-comércio, com moedas estáveis e autonomia das políticas nacionais de crescimento. Esta experiência absolutamente original fez muitos acreditarem que sempre fora assim e que agora, depois da crise dos anos de 1970, tivesse deixado de sê-lo. Mas isso é uma inverdade histórica. Sempre foi o contrário! O período de 1950 a 1970 é que foi rigorosamente excepcional na história do capitalismo. Por isso é possível aventar a hipótese de que o desenvolvimentismo desta época, entendido nesse sentido mais genérico que inclui a reconstrução italiana, alemã, os planos de desenvolvimento da França, os nossos, os do Japão etc., já começa por ter uma característica absolutamente diferente do que chamamos de via prussiana no século passado. Esta via de desenvolvimento se viabiliza em pleno período do padrão-ouro e de hegemonia inglesa, mas só teve sucesso porque se enfrentou e rompeu com as regras liberais em nome de um projeto nacional. List, o economista-comerciante alemão, já dizia: "se aceitarmos, na Alemanha, as ideias de Smith e Ricardo é melhor que aceitemos de imediato também as leis emanadas de Westminster". Não há como negar que, naquele contexto, a via prussiana acabou tendo sucesso econômico porque se propôs um projeto a serviço da construção do Estado nacional alemão e de sua projeção como potência imperial capaz de competir com a Inglaterra. Nesse sentido, havia sempre no horizonte do projeto prussiano a ideia ou possibilidade de uma guerra. Comparado com esta via prussiana, o desenvolvimentismo latino-americano do pós-Segunda Guerra, levado adiante sob a hegemonia norte-americana, foi de fato um projeto fraco, uma espécie de desenvolvimentismo consentido.

Qual é o papel que a Cepal desempenha nesse contexto?

Surpreendente, foi o fato de que a Cepal, sob a batuta de Prebisch, tivesse se transformado num centro de pensamento autônomo e original, talvez a principal criação teórica da América Latina. Suas novidades foram muitas. Primeiramente, dizer que o comércio mundial livre, ao contrário do que diz a teoria ricardiana, não aloca os recursos de maneira equânime e favorável ao crescimento de todos. Em segundo lugar, dizer que não há um sistema de Estados nacionais equivalentes. Em terceiro, ela introduz algo que não cabe dentro do raciocínio ideológico clássico ricardiano, que é a noção de centro e periferia. Isto é, existem países que têm hegemonia, controle do desenvolvimento tecnológico e que chegam à periferia. Portanto, diferentemente do que Ricardo pensou, a especialização levou a uma divisão de funções no mercado internacional que, espontaneamente, fará com que esses países periféricos não consigam recuperar o seu atraso.

É isso que deflagra o processo de substituição de importações?

O que o deflagrou foi a reação rigorosamente pragmática e defensiva de nossos países frente à crise de 1930 que se prolonga nas limitações externas impostas pela Guerra Mundial. Só depois é que se teoriza esta experiência e se transforma seus ensinamentos em um projeto consciente de uma estratégia particular de industrialização. Este projeto nasce e se viabiliza, na América Latina, legitimado por uma vontade política que permitiu o exercício do protecionismo e do intervencionismo estatal dos nossos países, porque vivemos entre 1950 e 1980 uma era de desenvolvimento consentido pela potência central. Apesar disso, entretanto, esta mesma estratégia assumiu formas diferentes em cada país. No espaço de autonomia das políticas nacionais, no qual o Estado tinha margem de liberdade para tratar da renda interna, da distribuição, de incentivos à demanda e ao crescimento, mantendo as regras internacionais graças à soltura da política monetária norte-americana, os europeus fizeram o Estado de bem-estar social. Nesse espaço, fizemos a nossa industrialização. Até os anos de 1960 estava todo mundo mais ou menos nessa.

Além do aspecto do consentimento, que por si só já implica certa noção de dependência, do ponto de vista estritamente econômico o que a caracteriza?

O conceito de dependência já é ruim pelo próprio fato de que desde o início é uma palavra que já tem um sentido vulgar facilmente assimilável, e, por isso, muito criticável. Esse conceito que, no fundo, tem uma filiação às vezes bem direta, às vezes um pouco mais longínqua com o marxismo, tem pelo menos três versões. A versão cepalina de Celso Furtado que aparece em seu livro acerca da teoria do desenvolvimento, de 1967 (Teoria e Política do Desenvolvimento Econômico); a versão do Gunder Frank que, de certa maneira, se casa mais com a teoria do Wallerstein a respeito da economia no mundo; e a versão de Fernando Henrique Cardoso e Enzo Faletto, que também tem várias etapas de desenvolvimento. Uma coisa foi dita em 1960, outras são agregadas em 1970.

Um segundo elemento é a tentativa de especificar algo que genericamente é válido para todos os tempos da história, ou seja, que as relações internacionais são desiguais, assimétricas, hierárquicas. A questão é como se particularizam, em cada momento histórico, essas assimetrias e como se define o eixo central das relações entre os hierarquicamente diferentes. Essa foi a preocupação central dos autores liberais e marxistas que discutiram, nos primeiros vinte anos deste século, a teoria do imperialismo. Mas eles estavam muito mais preocupados em explicar as formas e razões econômicas e políticas da velocíssima expansão colonial que transformaram praticamente o mundo inteiro numa colônia dos europeus. Há vários matizes na discussão do imperialismo, mas é sempre a busca das causas dessa expansão, se ela é movida ou não pelas necessidades da acumulação capitalista ou pela vontade de poder dos Estados nacionais. A discussão da dependência tem uma relação de afiliação com a teoria do imperialismo. Ela não arrancou dos clássicos que eram em geral otimistas com relação aos efeitos modernizantes que o imperialismo acabaria tendo sobre as colônias. A nossa teoria da dependência arranca de uma visão pessimista acerca da possibilidade de desenvolvimento na periferia capitalista. Suas origens estão na discussão a respeito da luta anticolonial do 28º Congresso da Internacional Comunista, cujos preâmbulos teóricos foram desenvolvidos mais tarde por Dobb, Baran, Sweezy e Magdoff, chegando até à teoria latino-americana da dependência, com a decisiva contribuição da Cepal à análise das relações centro e periferia. Tratava-se agora de desenvolver a discussão dos teóricos do imperialismo desde a ótica dos países periféricos.

O que ficou de importante da teoria da dependência?

Pode parecer paradoxal, mas diria que o lado mais fraco da teoria da dependência foi o teórico. Na verdade, como teoria foi uma obra inconsistente e, do ponto de vista político, inconsequente. Em particular na versão de Fernando Henrique Cardoso, que alguns consideram ser uma prolongação teórica do seminário de leitura de *O capital* que ele fez com alguns amigos aqui em São Paulo. Não sei bem o que terá sido a contribuição deste seminário que, como qualquer leitura de *O capital*, pode dar em muitas coisas diferentes. Se houve esta contribuição, ela acabou se misturando de forma eclética com a visão cepalina e produzindo uma verdadeira geleia teórica repleta de boas intuições. O que esta teoria teve de importante e que segue perfeitamente válido foi a sua correta recolocação, do ponto de vista metodológico, da dimensão e da dinâmica sociológica e política de um capitalismo que se desenvolveu numa posição hierárquica periférica, situado, além disto, no espaço imediato da hegemonia norte-americana. Nesta dimensão, a principal contribuição da teoria da dependência, sobretudo na versão de Cardoso e de Faletto, foi sua rediscussão da teoria clássica da revolução burguesa: das classes, do poder e do Estado no contexto de um capitalismo que eles caracterizaram como dependente e associado. Para eles, a especificidade latino-americana não estava apenas na existência de uma burguesia anêmica, atrofiada, pouco revolucionária e pouco schumpeteriana, mas de uma burguesia cujos interesses de grupos, de classes e de coalizões de poder derivavam de uma peculiar forma de inserção num processo de desenvolvimento movido pela acelerada internacionalização do seu mercado interno.

No fundo, esta leitura representou uma tentativa importante de incorporar o raciocínio sociológico e político à análise econômica do desenvolvimento e das industrializações tardias e periféricas. Ao contrário da Ásia, estávamos nos industrializando – o México em particular, a Argentina até certo ponto – com uma estratégia que se chamou de tripé: associação entre o capital privado, o internacional e o Estado, mas na qual o investimento direto externo e a instalação das grandes corporações num mercado interno protegido eram uma marca absolutamente decisiva e própria. De tal maneira que, completado aquele ciclo da industrialização, aproximadamente 40% do nosso produto industrial já era produzido pelas grandes corporações multinacionais que lideravam a produção de quase todos os setores mais dinâmicos da economia brasileira.

Note a distância entre esta via associada de qualquer coisa que se queira chamar de via prussiana! Aqui nunca existiu um projeto de nação-potência nem de *catch-up* propriamente dito! E quando foi proposto, com Vargas em 1938 e Geisel em 1974, foi imediatamente contestado e derrotado por nossas elites econômicas e políticas. No essencial, o empresariado latino-americano nunca apostou nessa ideia. De uma perspectiva estratégica, sua visão nada que ver tinha com a ideia de nação-potência. Havia, pelo contrário, desde o início, um projeto de aproveitar ao máximo o espaço criado pela associação com a nação hegemônica regional, que era ao mesmo tempo a nação mundial, os Estados Unidos. O projeto de Vargas, no fundo, era a industrialização. Todos percebiam a importância do capital privado internacional e a impotência dos capitais nacionais, e todos, portanto, acabaram reconhecendo, de uma forma ou de outra, a necessidade do Estado. O que houve foi apenas uma questão de compreensão do momento. Vargas, no início dos anos de 1950, esperava um Plano Marshall para a América Latina. Ele estava perfeitamente dentro do espírito da época, não tinha nada de antiamericano. Os Estados Unidos estavam fazendo o plano Marshall e um plano de ajuda direta para a Ásia; por que não para a América Latina?

Em 1953, Eisenhower foi eleito. Seu irmão fez então uma viagem de esclarecimento e repetiu por todo o continente que não se esperasse por um novo Plano Marshall. A estratégia de desenvolvimento, na nova perspectiva republicana, deveria passar pelo investimento privado das grandes corporações americanas e europeias, e não pela ajuda oficial. Estava dado o pontapé inicial, e Juscelino soube compreender o espírito da época e remanejou a estratégia. Não houve plano Marshall, então houve Volkswagen, Ford etc.

Haveria outro caminho? Poderíamos pensar numa alavancagem com base na poupança interna, sem contar com as grandes corporações?

Diria o professor Fernando Henrique Cardoso, na atual fase de realismo concessivo, que o caminho já estava desde então traçado e era inevitável aceitá-lo, já que estávamos num espaço de supremacia norte-americana e não tínhamos nenhuma condição de enfrentá-los. Já em 1939 tínhamos optado por um lugar ao seu lado, como uma espécie de sócio preferencial na América Latina, o que FHC vai chamar, nos anos de 1970, de desenvolvimento dependente e associado. De certa maneira, ele absorve o que Maria da Conceição Tavares e José Serra tinham escrito: que o desenvolvimento era possível, ao contrário do que Furtado pensava. Ele mostrou que as forças produtivas podiam se desenvolver por esse caminho; sobretudo com a ideia que ficou extremamente fortalecida com a introdução dos militares no jogo, a de sustentação do desenvolvimento baseado num tripé (a associação entre os capitais estatal e privados nacional e internacional) como base de um planejamento estratégico.

Durante o período da ditadura militar, fortaleceu-se enormemente a presença estatal no setor produtivo, muito mais que em qualquer outro. Foi isso, aliás, que animou nossos empresários a se oporem, a partir do fim dos anos de 1970, ao regime militar. O mesmo entusiasmo livre-cambista que, já agora nos anos de 1990, vem estrangulando-os paulatinamente.

Esta é uma opção, antes de tudo, ideológica?

Nenhuma burguesia do mundo jamais teve nenhum compromisso monogâmico com o liberalismo ideológico. Todas foram em algum momento protecionistas e, volta e meia, deixam de ser e voltam a sê-lo novamente. A nossa foi protecionista nos anos de 1950 e 1960, o que lhe permitiu uma acumulação descomunal de riquezas. Naquela época, os ideólogos liberais, como o Hayek e o Friedman, eram absolutamente marginais no mundo inteiro. Vivia-se a era do intervencionismo, do planejamento, de desenvolvimento consentido e o mesmo ocorreu por aqui. Hoje, o clima mundial é o oposto.

Esse viés antiestatista se encontra da mesma maneira na Ásia?

De jeito nenhum. A Coreia, por exemplo, seguiu e segue até hoje uma estratégia de articulação entre o Estado e a economia completamente diferente da nossa. Do ponto de vista puramente econômico, a Coreia seguiu um caminho muito parecido com o nosso até 1980, passando por momentos e etapas formalmente muito parecidos. Mas ali não só foi menor a presença das empresas estrangeiras e das estatais, como foi muito maior a integração orgânica e estratégica do Estado com o empresariado. Não havia ambiguidades nem resistência e, se houve, foram esmagadas. Além disso, o Estado controlou o sistema de crédito por intermédio dos seus bancos estatais e de uma política de financiamento completamente diferente, o que é uma marca decisiva. Na Coreia reaparecem, aliás, como no Japão, algumas características essenciais da via prussiana. Por exemplo, o desafio militar e a proposta consciente de um *catch-up* em que o empresariado e os militares coreanos assumiram em conjunto uma estratégia quase bélica e mercantilista de conquista de mercados internacionais. O Estado e o capital externo tinham menor presença produtiva, porém existia um tipo de articulação entre o Estado e o capital privado, via sistema de planos públicos extremamente coordenados, ao estilo alemão, o que lhes permitiu enfrentar o desafio dos anos de 1970. Por exemplo, eles se endividaram e, na virada dos anos de 1980, conseguiram renegociar a dívida. Aí pesa muito a postura do Japão, que levou a cabo um tipo de negociação diferente da que os Estados Unidos fizeram com a sua periferia. E lá vão eles... com resultados do ponto de vista do crescimento, de equidade, de capacidade tecnológica absolutamente diferentes!

O que explica essa diferença não são apenas os choques que sofremos no início dos anos de 1980, mas a forma com que eles foram enfrentados. Certamente, o pior choque foi o nosso afastamento do sistema financeiro internacional, porque já estávamos internacionalizados financeiramente. Isso nos arrebentou, pois tínhamos um padrão de financiamento que, a partir dos anos de 1970, envolvia pesadamente o sistema financeiro privado internacional. Mas a forma com que enfrentamos este desafio esteve decididamente constrangida pela natureza, pela ideologia, pelos interesses e pela estratégia ambígua de nossa coalizão desenvolvimentista permanentemente esquizofrenizada pelo seu liberal-conservadorismo.

Nesse quadro, quais as chances de uma terceira onda de desenvolvimento? Há possibilidade de uma retomada baseada nas premissas liberais?

Enquanto o Brasil mantiver a estratégia neoliberal adotada nesta década dos 1990, estará permanentemente enfrentando os limites externos e internos que ela coloca ao próprio crescimento. Além do que, há de se ter presente que vivemos num período de estagnação da economia mundial. E, por isso, deveremos assistir a uma sucessão espasmódica de ciclos curtos de crescimento puxados, sobretudo, pelo consumo. Para ter um crescimento maior e mais prolongado, neste momento, o governo teria de abrir mão de uma parte das suas reservas. Mas isso é muito difícil porque neste campo não há como estabelecer os limites: quando começa a sangria ela pode não parar mais e vai-se pela janela em poucos dias a estabilização lograda por meio do Real. Portanto, enquanto estivermos encurralados, por um lado, pela armadilha macroeconômica armada pela estratégia do Real e, por outro, pela ideologia liberal do governo, é muito difícil que se logre a retomada de um crescimento sustentável. Nesse quadro, só há dois dinamizadores possíveis do crescimento: a demanda e o investimento externos.

As exportações estão prejudicadas por um longo tempo, pelo menos, pelo que eles chamam de custo Brasil, que não tem nada que ver com salário nem contribuição social, e sim com a infraestrutura. A nossa dificuldade de exportação tem que ver também com a destruição de uma boa parte do setor produtivo a ela voltado e com uma realocação dos investimentos privados em segmentos não exportadores. E, ademais, há dificuldade para exportar porque a economia mundial está em estagnação, salvo na Ásia. Não há uma demanda externa generalizada. Além disso, não há uma estratégia explícita e articulada de atuação pesada no plano internacional. Ao contrário, há uma confiança absolutamente cega, imbecil, no mercado.

Por último, é muito difícil que uma economia das dimensões da economia brasileira possa ser dinamizada, no seu conjunto, só por exportação. Seu crescimento tem de arrancar de um aumento do mercado interno. Não se pode cair nessa armadilha de estrangulá-lo e ir pelo caminho da exportação.

Há vários estudos recentes, sérios e detalhados, a respeito do fenômeno da globalização financeira e da dinâmica dos investimentos diretos externos. De 60% a 70% do investimento direto vai para os próprios países da tríade, e uma boa parte do resto vai para a Ásia, não porque lá exista uma boa política macroeconômica de acordo com os fundamentos neoliberais, mas porque ela virou uma máquina de crescimento e o investimento produtivo vai para onde se pode ganhar mais do que no sistema financeiro. A América Latina apresenta um cenário oposto e, portanto, segue sendo uma aposta marginal.

O que a esquerda pode dizer num contexto em que as perspectivas são tão complexas e parece que as decisões são irreversíveis?

Antes de tudo, ela deve se manter fiel às ideias centrais que atravessam todas as correntes de pensamento que a política de esquerda produziu nesse século e meio. Esse governo não tem projeto a não ser a manutenção do *status quo* do ponto de vista dos interesses fundamentais das classes conservadoras e do nosso *status* internacional de associado norte-americano leal, de alinhamento automático em tudo. A esquerda, do ponto de vista político, não do intelectual, está longe nesse momento de ter a possibilidade de um projeto hegemônico alternativo. Cabe a ela buscar os caminhos orgânicos e teóricos para definir trincheiras de resistência, de preservação de algumas posições fundamentais, de seu espaço na política, de alianças, da capacidade de organização e atuação nos sindicatos. Será uma construção lenta. Não adianta ficar repetindo *slogans*. Dizer que o neoliberalismo é o culpado de tudo é absolutamente inócuo.

É fundamental o trabalho intelectual de recomposição de uma massa de pensamento crítico, de extensão do número de formadores de opinião que começam a pensar diferente. Hoje, aos intelectuais de esquerda compete uma função fundamental de crítica, de desvelamento da lógica, das contradições e dos limites da estratégia liberal e do processo real que estamos vivendo. Devem lutar, sem medo de parecerem antigos, contra o pensamento único, começando por rejeitar as suas premissas. Enquanto os intelectuais de esquerda ou progressistas seguirem submetidos exclusivamente aos supostos "requerimentos universais de uma economia globalizada", estarão condenados a seguir repetindo os adversários, ou participando de uma disputa inócua acerca do melhor lugar das vírgulas. Já partem derrotados por falta de coragem para pensar com autonomia, perseguidos pelo receio acadêmico de não serem respeitados pelo *mainstream*, e, quando assim se comportam e pensam que estão sendo respeitados como interlocutores sérios, não percebem que estão apenas fazendo o papel de bobos da corte.

2.3 Notas para um novo programa de pesquisa[17]

> O capitalismo só triunfa quando se identifica com o Estado, quando é o Estado.
>
> (Braudel, 1987, p. 55)

2.3.1 Introdução

O debate acerca do Estado e do desenvolvimento econômico teve grande importância política e intelectual na América Latina, sobretudo depois da Segunda Guerra Mundial[18]. Mas ele foi mais pragmático do que teórico, e mais respondeu a problemas e desafios imediatos do que a uma estratégia de pesquisa sistemática e de longo prazo. Mesmo a pesquisa acadêmica desta época foi *policy oriented*, voltada para o estudo comparativo dos "padrões de intervenção do Estado, ou para a discussão normativa do planejamento e das políticas públicas, em particular, da política econômica. Neste período, é possível identificar duas grandes "agendas hegemônicas" que se consolidaram entre os anos de 1940 e 1950 e 1980 e 1990, respectivamente, e que orientaram a discussão, a pesquisa e as políticas concretas nas duas décadas sucessivas.

---

17. Este texto é uma versão parcial de um trabalho que foi escrito para a Cepal e foi publicado pela primeira vez no seu LC/BRS/R.286, de novembro de 2013, com o título "Estado e desenvolvimento: notas para um novo programa de pesquisa".

18. O mapeamento deste debate já foi feito por vários autores, e se pode encontrar, entre outros, em: Fiori (1990; 1999); Hirschman (1981). Com relação às ideias da Cepal, ver: Bielschowsky (2000). Com relação às teorias da dependência, ver: Palma (1981).

Logo depois da Segunda Guerra Mundial, o mundo enfrentou o desafio da reconstrução dos países envolvidos no conflito, bem como o da descolonização afro-asiática. E a América Latina se propôs a uma agenda centrada no problema do "atraso" e no desafio do desenvolvimento e da "modernização" de suas sociedades e economias nacionais. Ademais, a reflexão política a respeito da natureza e do papel do Estado seguiu esta mesma trilha, independente da orientação teórica dos seus pensadores da época: fosse ela estruturalista, marxista, weberiana etc. Foi a época da hegemonia das ideias desenvolvimentistas. Algumas décadas mais tarde, na sequência da crise internacional dos anos de 1970 e, em particular, depois da crise da "dívida externa" dos anos de 1980 (Fiori, 2001), impôs-se na América Latina uma nova "agenda" que priorizou o "ajuste" das economias latino-americanas à nova ordem financeira global. Neste período, predominou a crítica ao intervencionismo estatal e a defesa intransigente das privatizações e da "despolitização dos mercados". Foi a época da hegemonia neoliberal em quase todo o mundo, bem como da desmontagem das políticas e do Estado desenvolvimentista na América Latina. Mas, no início do século XXI, o fracasso das políticas neoliberais, a crise econômica de 2008 e as grandes mudanças geopolíticas mundiais, que estão em pleno curso, criaram um novo desafio e produziram uma nova inflexão política e ideológica na América Latina, trazendo de volta ao debate político alguns temas da antiga agenda desenvolvimentista.

Este texto contém três partes. A primeira faz um balanço sintético e crítico deste "debate líbero-desenvolvimentista" do século XX e do início do século XXI; a segunda propõe as premissas e hipóteses de um novo "programa de pesquisa" acerca do Estado e do desenvolvimento capitalista; e a terceira apresenta três especulações quanto ao futuro do sistema mundial e da América Latina[19].

2.3.2 A controvérsia do Estado e do desenvolvimento

O "debate desenvolvimentista" latino-americano não teria nenhuma especificidade se tivesse se reduzido a uma discussão macroeconômica entre "ortodoxos" neoclássicos ou liberais e "heterodoxos" keynesianos ou estruturalistas. Na verdade, ele não teria existido se não fosse em virtude do Estado e da discussão acerca da eficácia ou ineficácia da intervenção

---

19. São ideias extraídas de Fiori (2008).

estatal para acelerar o crescimento econômico de modo que sobrepujasse as "leis do mercado". Até porque, tanto na América Latina como na Ásia, os governos desenvolvimentistas sempre utilizaram políticas macroeconômicas ortodoxas segundo a ocasião e as circunstâncias, bem como políticas contrárias a essas em muitos governos europeus ou norte-americanos de caráter conservador ou ultraliberal que utilizam frequentemente políticas de corte keynesiano. Na verdade, o pivô de toda a discussão e o grande pomo da discórdia foi sempre o Estado e a definição do seu papel no processo do desenvolvimento econômico. Apesar disto, depois de mais de meio século de discussão, o balanço teórico é decepcionante. Dos dois lados do debate "líbero-desenvolvimentista", utilizou-se – quase sempre – um conceito de Estado igualmente impreciso, atemporal e desatado da dimensão histórica, como se o Estado fosse uma espécie de "ente" lógico e funcional criado intelectualmente para resolver os problemas do crescimento ou da regulação econômica, como se pode constatar mediante uma rápida releitura das duas grandes "agendas" e das principais matrizes teóricas que participaram da "controvérsia latino-americana".

A "agenda desenvolvimentista" deita raízes nos anos de 1930, consolida-se nos anos de 1950, passa por uma autocrítica e uma transformação conceitual nos anos de 1960 para somente então perder seu vigor intelectual na década de 1980. Nesse percurso é possível identificar quatro grandes "matrizes teóricas" que analisaram a "questão do Estado" e que contribuíram para a construção e legitimação da ideologia nacional-desenvolvimentista, que teve um papel central nos grandes conflitos políticos e ideológicos latino-americanos da segunda metade do século XX.

i) A matriz weberiana e as suas várias versões da "teoria da modernização", que foram contemporâneas da "economia do desenvolvimento" anglo-saxônica, e apareceram quase sempre associadas com a teoria das "etapas do desenvolvimento econômico" de Rostow (1952, 1960). Dedicaram-se à pesquisa dos processos de formação histórica dos Estados nacionais europeus comparados com o "desenvolvimento político" das sociedades "atrasadas". Sua proposta e sua estratégia de modernização supunham e apontavam, ao mesmo tempo, de forma circular, para uma idealização dos Estados e dos sistemas políticos europeu e norte-americano, os quais eram definidos como padrão ideal de modernidade e como objetivo e ponto de chegada do desenvolvimento e da transição das "sociedades tradicionais" (Eisenstadt, 1973; LaPalombara, 1966).

ii) A matriz estruturalista e as suas várias versões da teoria do "centro--periferia" e do "intercâmbio desigual", cuja referência fundamental foram os textos clássicos da Cepal dos anos de 1950 e 1960, com algumas contribuições posteriores importantes, sobretudo no Brasil (Tavares, 1974; Melo, 1982; Belluzzo; Coutinho, 1982). Só a Cepal desenvolveu instrumentos analíticos e operacionais específicos para o planejamento econômico dos Estados latino-americanos. Mas, devido à sua própria condição como organismo internacional, ela sempre tratou os Estados da América Latina como se fossem iguais e homogêneos, sem tomar em conta, na sua teoria e nas suas propostas concretas, a existência de conflitos de interesse distintos dentro de cada país, e entre os próprios países, dentro e fora da região. Por isso, as teses industrializantes da Cepal lembram muitas vezes as ideias protecionistas de List e Hamilton; contudo, a Cepal ao mesmo tempo se diferencia dos dois economistas por não dar importância teórica e prática aos conceitos de nação, poder e guerra que ocupavam um lugar central na visão do Estado e do desenvolvimento econômico, sobretudo no caso do "sistema nacional de economia política" de Friedrich List (Bielschowsky, 1988, 2000).

iii) A matriz marxista e as suas várias versões da teoria da "revolução democrático-burguesa", sustentadas nos textos clássicos de Marx, acerca das etapas do desenvolvimento capitalista, bem como nos textos de Lênin e da Terceira Internacional, a respeito da estratégia da luta anticolonialista na Ásia e no Egito. Sua tradução para a realidade latino-americana foi feita de forma mecânica e pouco sofisticada do ponto de vista teórico, porquanto não considerou as especificidades e heterogeneidades regionais. Por isso, apesar de tratar de classes, luta de classes e imperialismo, propunha o mesmo modelo e a mesma estratégia para todos os países do continente a despeito da sua estrutura interna e da sua posição dentro da hierarquia de poder regional e internacional. Nos anos de 1960, a teoria marxista da dependência criticou esta estratégia reformista da "esquerda tradicional" e a própria possibilidade de uma "revolução democrático-burguesa" na América Latina, mas não aprofundou sua nova visão crítica do Estado latino-americano (Baran, 1957; Davis, 1967; Mori, 1978).

iv) Por fim, é necessário incluir a matriz geopolítica da teoria da "segurança nacional", formulada pela Escola Superior de Guerra do Brasil (Golbery, 1955; Mattos, 1975; Castro, 1979, 1982), a qual fora fundada no início da década de 1949. Suas ideias também remontam aos anos de 1930 e à defesa da industrialização nacional pelo lado dos militares que participaram da Revolução de 1930 e do Estado Novo. Na década de 1950, entretanto, este primeiro desenvolvimentismo pragmático dos militares brasileiros se transformou num projeto de defesa e expansão do poder nacional, condicionado por sua visão da "segurança nacional" dentro de um mundo dividido pela Guerra Fria. Esta matriz teve um desenvolvimento teórico menor que o das outras três, mas acabou tendo uma importância histórica muito maior devido ao lugar central ocupado pelos militares na construção e no controle do Estado desenvolvimentista brasileiro durante a maior parte dos seus cerca de cinquenta anos de existência. O seu projeto geopolítico e econômico era expansionista e tinha uma visão competitiva do sistema mundial, mas nunca foi muito além de algumas ideias elementares a respeito do próprio poder e da defesa, porquanto girava em torno de uma obsessão com um inimigo externo e interno que nunca ameaçou nem desafiou o país de maneira efetiva, o qual fora importado ou imposto pela geopolítica anglo-saxônica da Guerra Fria. Assim mesmo, esta foi a única teoria e estratégia dentro do universo desenvolvimentista que associou explicitamente a necessidade da industrialização e do crescimento econômico acelerado com o problema da defesa nacional, mas sua visão simplista e maniqueísta do mundo explicam o seu caráter antipopular e autoritário, bem como a facilidade com que foi derrotada e desconstruído nos anos de 1980 e 1990.

Se existiu algum denominador comum entre todas estas teorias e estratégias desenvolvimentistas, foi sua crença inabalável na existência de um Estado racional, homogêneo e funcional, capaz de formular políticas de crescimento econômico apesar das divisões, dos conflitos e das contradições que pudessem atravessar e paralisar o próprio Estado. Além disto, todos consideravam que o desenvolvimento era um objetivo consensual por si mesmo, capaz de constituir e unificar a nação, bem como de mobilizar a sua população a despeito de suas divisões internas de classe, de etnia e de regiões. Talvez por isso, apesar da sua hegemonia ideológica, depois da Segunda Guerra Mundial as políticas desenvolvimentistas só tenham sido aplicadas na América Latina de forma pontual, irregular e inconsistente, e só se possa afirmar efetivamente, neste período, da existência em todo continente de dois "Estados desenvolvimentistas", um, com certeza, no Brasil, e o outro, com muitas reservas, no México.

Do outro lado da controvérsia latino-americana, a origem da "agenda neoliberal" remonta à década de 1940, mas ela permaneceu em estado latente ou defensivo durante a "era desenvolvimentista" e só conquistou o poder e a hegemonia ideológica nas últimas décadas do século XX. Nos anos de 1980, as teses neoliberais apareceram e se difundiram na América Latina como resposta à "crise da dívida externa" e da inflação galopante dos anos de 1980, de modo que trouxeram junto uma proposta de reformas institucionais voltadas para a privatização e para a desregulação dos mercados, bem como para a austeridade fiscal e monetária (Dornbusch, 1991). É possível identificar pelo menos duas grandes teorias que participaram da crítica intelectual e da legitimação ideológica da desmontagem das políticas e das instituições desenvolvimentistas: a teoria dos "buscadores de renda" e a "teoria neoinstitucionalista" (Krueger, 1974; North, 1981), as quais exerceram grande influência dentro dos organismos internacionais de Washington e, em particular, dentro do Banco Mundial.

i. Para a teoria dos "buscadores de renda" o Estado é apenas mais um mercado de trocas entre burocratas – movidos por interesses egoístas – e empresários em busca de privilégios e de rendas monopólicas garantidas por intermédio do controle e ou da influência dentro da máquina estatal. Desta perspectiva, qualquer aumento do setor público ampliaria automaticamente as oportunidades de obtenção de rendas extraordinárias à custa do cidadão e do consumidor comum, os quais acabariam tendo de pagar preços mais elevados do que os que seriam definidos "normalmente" pelos mercados competitivos e desregulados.

ii. A teoria neoinstitucionalista também defende a "retirada do Estado", mas, ao contrário da teoria anterior, sustenta a sua importância para a construção e preservação do ambiente institucional, que é associado à garantia do direito de propriedade privada e de liberdade individual das pessoas, considerados pelos neoinstitucionalistas como condições indispensáveis de todo e qualquer processo de desenvolvimento econômico. No final do século XX, a agenda neoliberal reforçou um viés da discussão que já vinha crescendo desde o período desenvolvimentista: o deslocamento do debate para o campo da macroeconomia. Como volta a acontecer com o chamado "neodesenvolvimentismo" que se propõe a inovar e construir uma terceira via "entre o populismo e a ortodoxia", como se se tratasse de uma gangorra que ora pende para o fortalecimento do mercado, ora para o fortalecimento do Estado. Na prática, o "neodesenvolvimentismo" acaba se reduzindo a um programa de medidas macroeconômicas ecléticas que se propõem a fortalecer, simultaneamente, o Estado e o mercado; a centralização e a descentralização; a concorrência e os grandes "campeões nacionais"; o público e o privado; a política industrial e a abertura; e uma política fiscal e monetária que seja ao mesmo tempo ativa e austera. E, finalmente, com relação ao papel do Estado, o "neodesenvolvimentismo" propõe que ele seja recuperado e fortalecido, mas não esclarece em nome de quem, para quem e para quê, de modo que deixa de lado a questão central do poder e dos interesses contraditórios das classes e das nações, como já acontecera com o "velho desenvolvimentismo" do século XX.

Apesar de suas grandes divergências ideológicas e políticas, desenvolvimentistas e liberais sempre compartilharam uma mesma visão do Estado como criador ou destruidor da boa ordem econômica, mas sempre visto como se fosse um *deus ex machina* que atua desde fora da atividade econômica propriamente dita. Ambos criticam os processos de monopolização e idealizam os mercados competitivos, e veem com maus olhos toda forma de associação ou envolvimento entre o Estado e os capitais privados. Ambos consideram que o poder, as lutas pelo poder e o processo de acumulação de poder à escala nacional e internacional não têm que ver diretamente com o processo simultâneo de desenvolvimento econômico e acumulação do capital. Além disto, todos consideram os Estados latino-americanos como se fossem iguais e não fizessem parte de um sistema regional e internacional único, desigual, hierarquizado, competitivo e em permanente processo de transformação. E mesmo quando os desenvolvimentistas tratam de Estados centrais e periféricos, bem como de Estados dependentes, o faziam sob a ótica de um sistema econômico mundial que tinha um formato bipolar relativamente estático em que as lutas de poder entre os Estados e as nações ocupavam um lugar secundário (Frank, 1969; Cardoso, 1970). Por fim, esta convergência entre desenvolvimentistas e liberais latino-americanos permite extrair duas conclusões críticas de todos este debate: i) a primeira é que o desenvolvimentismo latino-americano sempre teve um parentesco muito maior com o keynesianismo e com "economia do desenvolvimento" anglo-saxônica do que com o nacionalismo econômico e o anti-imperialismo, os quais foram até hoje a mola mestra e propulsora de todos os desenvolvimentos tardios, em particular, dos desenvolvimentos asiáticos; ii) e a segunda é a certeza de que os desenvolvimentistas e os liberais latino-americanos compartilham a mesma concepção econômica do Estado que é comum ao paradigma da economia política clássica, marxista e neoclássica. Esta coincidência de paradigmas explica a facilidade com que muitos passam teoricamente de um lado para o outro da "gangorra" "líbero--desenvolvimentista", sem precisar sair do mesmo lugar.

2.3.3 Doze notas para um novo "programa de pesquisa"

É muito pouco provável que o velho paradigma "líbero-desenvolvimentista" consiga se renovar. Seu "núcleo duro" perdeu vitalidade e não consegue gerar novas perguntas, tampouco consegue dar conta dos novos problemas latino-americanos, e muito menos do desenvolvimento asiático e do desafio chinês. Nesses momentos é preciso ter a coragem intelectual de romper com as velhas ideias para propor novos caminhos teóricos e metodológicos. Com este objetivo expomos, em seguida, algumas premissas e hipóteses de um novo "programa de pesquisa" que parte dos conceitos de "poder global", "Estados-economias nacionais" e "sistema interestatal capitalista" para repensar a relação entre os Estados nacionais e o desenvolvimento desigual das economias capitalistas que se formaram na Europa, bem como fora dela, a partir da expansão mundial global do "poder europeu" (Fiori, 2004, 2007; Fiori; Medeiros; Serrano, 2008).

No final século XX, declarou-se com insistência o fim das fronteiras e da soberania dos Estados nacionais, que estariam sendo atropeladas pelo avanço incontrolável da globalização econômica. Ao mesmo tempo, declarou-se o poder imperial e unipolar dos Estados Unidos depois do fim da Guerra Fria. Mas foi exatamente neste período que se deu a universalização do sistema interestatal que foi "inventado" pelos europeus e que contabilizava, depois do final da Segunda Guerra Mundial, cerca sessenta Estados independentes, e hoje inclui cerca de duzentos Estados nacionais, a maioria deles com assento nas Nações Unidas. É obvio que se trata de Estados muito diferentes entre si da perspectiva de suas dimensões e de sua população, mas sobretudo da perspectiva do seu poder e sua riqueza e da sua capacidade de defender a sua própria soberania. A maior parte destes novos Estados haviam sido colônias europeias e, depois de sua independência, permaneceram sob a camisa de força da Guerra Fria, de modo que só adquiriram maior autonomia depois de 1991, apesar de que permanecem na condição de países muito pobres e impotentes, em muitos casos. É importante perceber que esta multiplicação do número dos Estados nacionais que agora são membros do sistema político mundial ocorreu de maneira concomitante com os processos de acumulação do poder global dos Estados Unidos e de globalização produtiva e financeira, as quais se aceleraram depois das décadas 1950 e 1980, respectivamente. Esta coincidência poderia representar um paradoxo se não fosse um produto contraditório e necessário do próprio "sistema interestatal capitalista" que nasceu na Europa, e tão somente na Europa, e que se universalizou a partir da expansão do poder imperial europeu.

A origem histórica desse sistema remonta às "guerras de conquista" e à "revolução comercial" que se somaram na Europa dos séculos XII e XIII para criar a energia que moveu dois processos que foram decisivos nos séculos seguintes: o da centralização do poder e o da monetização dos tributos e das trocas. Como se sabe, depois do fim do Império de Carlos Magno, houve na Europa uma fragmentação do poder territorial e um desaparecimento quase completo da moeda e da economia de mercado. Mas nos dois séculos seguintes – entre 1150 e 1350 – houve uma revolução que mudou a história da Europa, e, por conseguinte, do mundo: naquele período se forjou no continente europeu uma associação expansiva entre a "necessidade da conquista" e a "necessidade de excedentes" econômicos cada vez maiores. Esta mesma associação se repetiu por toda a Europa em várias de suas unidades territoriais de poder, que foram obrigadas a criar tributos e sistemas de tributação, além das moedas soberanas, para financiar suas guerras de defesa e de conquista, bem como a administração dos novos territórios conquistados por intermédio dessas guerras.

As guerras, os tributos, as moedas e o comércio sempre existiram. A grande novidade europeia foi a maneira pela qual se combinaram, somaram e multiplicaram em conjunto, dentro de pequenos territórios altamente competitivos, e em estado de permanente guerra ou preparação para a guerra. Essas guerras permanentes se transformaram num grande multiplicador dos tributos e dívidas – e, por derivação, num multiplicador do excedente –, do comércio, e do mercado de moedas e de títulos da dívida, o que, por sua vez, criou um circuito acumulativo absolutamente original entre os processos de acumulação do poder e da riqueza. Além disso, estas guerras soldaram uma aliança indissolúvel entre príncipes e banqueiros e deram origem às primeiras formas de acumulação do "dinheiro pelo dinheiro" mediante a senhoriagem das moedas

140

soberanas e da negociação das dívidas públicas pelos "financistas", primeiro nas "feiras" e depois nas bolsas de valor. No longo prazo, esta centralização do poder e esta monetização dos tributos e das trocas permitiu a formação, nos séculos XVI e XVII, dos primeiros "Estados-economias nacionais" europeus que se transformaram em verdadeiras máquinas de acumulação de poder e de riqueza durante os séculos seguintes com seus sistemas de bancos e de crédito, com seus exércitos e burocracias, e com seu sentimento coletivo de identidade e de "interesse nacional".

Esses "Estados-economias nacionais" não nasceram de forma isolada: já nasceram dentro de um sistema que se move de contínuo pela competição e pela acumulação de poder e de riqueza em conjunto e dentro de cada uma de suas unidades territoriais. Foi dentro dessas unidades territoriais expansivas e deste sistema competitivo de poder que se forjou o "regime capitalista". Desde o início, o movimento de internacionalização dos seus mercados e dos seus capitais se deu junto com a expansão e consolidação dos grandes impérios marítimos e territoriais dos primeiros Estados europeus. E, desde então, foram sempre estes Estados expansivos e ganhadores que lideraram a acumulação do capital em escala mundial. Estes primeiros Estados nasceram e se expandiram para fora de si mesmos, de forma quase simultânea. Enquanto lutavam para impor seu poder e sua soberania interna, já se expandiam e conquistavam novos territórios a fim de construírem seus impérios coloniais. Por isto é que se pode dizer que o "imperialismo" foi uma força e uma dimensão coconstitutiva e permanente de todos os Estados e do próprio sistema interestatal europeu. Esta luta contínua, dentro e fora da Europa, promoveu uma rápida hierarquização do sistema com a constituição de um pequeno "núcleo central" de "Estados e Impérios" que se impuseram aos demais, dentro e fora da Europa. Assim nasceram as chamadas "grandes potências", e seguiram mantendo entre si relações a um só tempo complementares e competitivas. A composição interna deste núcleo foi sempre muito estável devido ao próprio processo contínuo de concentração do poder, mas também devido às "barreiras à entrada" de novos "sócios", que foram sendo criadas e recriadas pelas potências ganhadoras ao longo dos séculos. De qualquer forma, o ponto importante é que o sistema mundial em que vivemos até hoje não foi o produto de uma somatória simples e progressiva de territórios, países e regiões, tampouco foi o produto da simples expansão dos mercados ou do capital; foi uma criação do poder expansivo de alguns Estados e economias nacionais europeus que conquistaram e colonizaram o mundo durante os cinco séculos em que lutaram entre si pela monopolização das hegemonias regionais e do "poder global".

Sempre existiram projetos e utopias cosmopolitas que propunham algum tipo de "governança global" para o conjunto do sistema interestatal capitalista. Mas todas as formas conhecidas e experimentadas de "governo supranacional" foram até hoje uma expressão do poder e da ética das potências que compõem o núcleo central do sistema, e em particular da potência que lidera este núcleo central. Muitos autores usam o termo "hegemonia" para referir-se à função estabilizadora do líder do sistema. Mas esses autores não percebem – em geral – que a existência dessa liderança ou hegemonia não interrompe o expansionismo dos demais Estados, muito menos o expansionismo do próprio líder ou *hegemon*. Dentro deste sistema mundial, o aparecimento e ascensão de uma nova "potência emergente" será sempre um fator de desestabilização do seu núcleo central. Mas o maior desestabilizador de qualquer situação hegemônica será sempre o seu próprio líder ou *hegemon*, porquanto ele não pode parar de conquistar a fim de manter sua posição relativa na luta pelo poder global. Por isto, é logicamente impossível que algum país "hegemônico" possa estabilizar o sistema mundial. Nesse "universo em expansão" que nasceu na Europa durante o "longo século XIII" nunca houve nem haverá "paz perpétua", tampouco sistemas políticos internacionais estáveis. Ora, trata-se de um "universo" que se estabiliza e se ordena por intermédio de sua própria expansão e, portanto, também das crises e das guerras, as quais são provocadas pela contradição entre sua tendência permanente à internacionalização e ao poder global e sua tendência oposta em direção ao fortalecimento contínuo dos poderes, das moedas e dos capitais nacionais.

A expansão competitiva dos "Estados-economias nacionais" europeus criou impérios coloniais e internacionalizou a economia capitalista, mas nem os impérios nem o capital internacional eliminaram os Estados e as economias nacionais porque o capital sempre aponta contraditoriamente na direção da sua internacionalização e, ao mesmo tempo, na direção do fortalecimento da sua economia nacional de origem, como percebeu corretamente Nikolai Bukharin[20]. O que Bukharin não disse ou não percebeu é que

---

20. "A internacionalização dos interesses capitalistas exprime apenas um lado da internacionalização da vida econômica, torna-se também indispensável conhecer o outro lado que ela contém: isto é, o processo de nacionalização dos interesses capitalistas [...]. O desenvolvimento do capitalismo mundial traz como resultado, de um lado, a internacionalização da vida econômica e o nivelamento

esta contradição entre os movimentos simultâneos de internacionalização e nacionalização do capital se deve ao fato de que os capitais só podem se internacionalizar na medida em que mantêm sua relação originária com a moeda nacional em que se realizam como riqueza, a sua própria ou a de um Estado nacional mais poderoso. Por isso sua internacionalização contínua não é uma tendência apenas do "capital em geral", é uma obra simultânea do capital e dos Estados emissores das moedas e das dívidas de referência internacionais, os quais souberam conquistar e preservar, mais do que todos os outros, situações e condições monopólicas.

As "moedas internacionais" sempre foram cunhadas pelos Estados vitoriosos que conseguiram projetar seu poder para fora de suas fronteiras até o limite do próprio sistema. Desde o "longo século XVI" e a consolidação do "sistema interestatal capitalista", só existiram duas moedas internacionais: a libra e o dólar. Assim, só se pode tratar da existência de três sistemas monetários globais: o "padrão libra-ouro", que ruiu na década de 1930; o "padrão dólar-ouro", que terminou em 1971; e o "padrão dólar flexível", que nasceu na década de 1970 e que segue vigente neste início do século XXI. Em todos os casos, e desde a origem do sistema interestatal capitalista: i) nenhuma moeda nacional foi jamais apenas um "bem público", e menos ainda as moedas nacionais que se transformaram em referência internacional. Todas elas envolvem relações sociais e de poder entre seus emissores e os seus detentores, entre os seus credores e os seus devedores, entre os poupadores e os investidores, e assim por diante. E por trás de toda moeda e de todo sistema monetário, esconde-se e reflete-se sempre uma correlação de poder, seja ela nacional ou internacional; ii) por sua vez, as moedas de referência regional ou internacional não são apenas uma escolha dos mercados. São o produto de uma luta pela conquista e pela dominação de novos territórios econômicos supranacionais e, ao mesmo tempo, e depois das conquistas, seguem sendo um instrumento de poder dos seus Estados emissores e dos seus capitais financeiros; iii) por isso o uso dentro do sistema interestatal capitalista de uma moeda nacional que seja, ao mesmo tempo, uma moeda de referência supranacional, é uma contradição coconstitutiva e inseparável do próprio sistema. E, neste sentido, a moeda poderá até mudar nas próximas décadas (o que é muito pouco provável),

---

econômico; e, de outro, em medida infinitamente maior, o agravamento extremo da tendência à nacionalização dos interesses capitalistas [...]" (Bukharin, 1984, p. 54, 97).

mas a regra permanecerá a mesma, com o iuane, o iene, o euro, ou o real; iv) por fim, é parte do poder do emissor da "moeda internacional" transferir os custos de seus ajustes internos para o resto da economia mundial, em particular para sua periferia monetário-financeira.

A "dívida pública" dos Estados vitoriosos sempre teve maior credibilidade do que a dívida dos derrotados ou dos subordinados. Por conta disso os títulos da dívida pública das grandes potências também têm maior "credibilidade" do que os títulos dos Estados situados nos degraus inferiores da hierarquia do poder e da riqueza internacional. Marx[21] percebeu a importância decisiva da "dívida pública" para a acumulação privada do capital, e vários historiadores[22] têm chamado a atenção para a importância do endividamento dos Estados que foram os "grandes predadores" do sistema mundial. Para financiar suas guerras e a projeção internacional do seu poder, e para sustentar seus sistemas nacionais e internacionais de bancos e de crédito, a "dívida pública" da Inglaterra, por exemplo, passou de 17 milhões de libras esterlinas, em 1690, para 700 milhões de libras, em 1800. E contribuiu decisivamente para o financiamento da expansão do poder britânico, dentro e fora da Europa, a despeito do desequilíbrio fiscal de curto prazo das contas públicas inglesas, o que jamais afetou a "credibilidade" de sua dívida em redor do mundo. O mesmo fenômeno aconteceu com os Estados Unidos, onde a capacidade de tributação e de endividamento do Estado também cresceram de mãos dadas com a expansão do poder americano, dentro e fora da América. Ainda na entrada do século XXI, são os títulos da dívida pública americana que lastreiam seu crédito internacional e sustentam o atual sistema monetário internacional. Quando se olha desta perspectiva, entende-se melhor a natureza da crise financeira de 2008, por exemplo, e percebe-se que ela não

---

21. "Como pelo toque de uma vara de condão, ela [a dívida pública] dota o dinheiro de capacidade criadora, transformando-o assim em capital, sem ser necessário que o seu dono se exponha aos aborrecimentos e riscos inseparáveis das aplicações industriais e mesmo usurárias. Os credores do Estado nada dão na realidade, pois a soma emprestada converte-se em títulos da dívida pública facilmente transferíveis, que continuam a funcionar em suas mãos como se fossem dinheiro. A dívida pública criou uma classe de capitalistas ociosos, enriqueceu, de improviso, os agentes financeiros que servem de intermediários entre o governo e a nação. As parcelas de sua emissão adquiridas pelos arrematres de impostos, comerciantes e fabricantes particulares lhes proporcionam o serviço de um capital caído em céu" (Marx, 1947, p. 642).

22. "Qualquer teoria sobre o significado econômico da dívida pública está obrigada a esclarecer por que tanto no século XVIII quanto no século XIX, a Grã-Bretanha foi capaz de superar concorrentes superiores econômica e demograficamente, por que conseguiu evitar crises políticas internas associadas a uma dívida muito alta, e sobretudo por que emergiu como a 'primeira nação industrial' apesar de sustentar uma dívida pública de tamanho e duração impar" (Ferguson, 2007, p. 138).

foi produzida por nenhum tipo de "déficit de atenção" do Estado americano. Pelo contrário, também neste caso o que ocorreu foi que o Estado e o capital financeiro norte-americano se fortaleceram juntos durante as décadas de 1980 e 1990, e agora estão se defendendo juntos, a cada novo passo e a cada nova arbitragem que imponha o seu enfraquecimento dentro e fora dos Estados Unidos. Mas, apesar da crise, uma coisa é certa: os títulos da dívida pública norte-americana seguirão a ocupar um lugar central dentro do sistema interestatal capitalista enquanto o poder americano seguir na condição um poder expansivo, com ou sem a parceria da China. Também neste caso os ganhadores não podem parar nem podem deixar de aumentar o seu poder, por maior que ela já seja. Ora, bem: esta "mágica" estará ao alcance de todos os Estados e economias capitalistas? Sim e não, a um só tempo, porquanto, nesse jogo, se todos ganhassem ninguém ganharia, e os que já ganharam estreitam o caminho dos demais, de modo que reproduzem dialeticamente as condições da desigualdade.

A conquista e preservação de "situações monopólicas" é talvez o lugar ou conexão no qual fica mais visível a relação entre a acumulação do poder e a acumulação do capital. É disso que Braudel tratou quando afirmou que o capitalismo só triunfa quando se identifica com o Estado, quando é o Estado, porquanto seu objetivo são os lucros extraordinários que se conquistam por intermédio de posições monopólicas, e estas posições monopólicas se conquistam por intermédio do poder, elas são poder, como fica claro – desde a primeira hora do sistema, no "longo século XIII – na forma em que Veneza e Gênova disputaram e conquistaram suas posições hegemônicas, dentro da economia-mundo mediterrânea" (p. 403).

Para Braudel (1987, p. 403), "o 'capitalismo é o antimercado', exatamente porque o mercado é o lugar das trocas e dos 'ganhos normais', ao passo que o capitalismo é o lugar dos 'grandes predadores' e dos 'ganhos anormais'". A acumulação do poder cria situações monopólicas e a acumulação do capital "financia" a luta por novas fatias de poder. Neste processo conjunto, os Estados estimularam e financiaram desde o início o desenvolvimento e o controle monopólico de "tecnologias de ponta", responsáveis pelo aumento do excedente econômico e pela capacidade de defesa e ataque destes Estados. Assim, com o passar dos séculos, o mundo do capital adquiriu uma autonomia relativa crescente com relação ao mundo do poder, mas manteve-se sua relação de dependência essencial, sem a qual não existiria o próprio sistema "interestatal capitalista". É nesse sentido que Braudel também conclui que, se o capitalismo é o antimercado, ele não pode sobreviver sem o mercado. Ademais, ao contrário do que pensam os institucionalistas, o desenvolvimento econômico e a acumulação do capital não passam apenas pelo respeito das regras e das instituições. Pelo contrário, quase sempre passam pelo desrespeito das regras e pela negação frequente dos regimes e das instituições construídas em nome do mercado e da competição perfeita. Regimes e instituições que servem muitas vezes para bloquear o acesso às inovações e aos monopólios dos concorrentes mais débeis que são obrigados a se submeterem às regras. Quem liderou a expansão vitoriosa do capitalismo foram sempre os "grandes predadores" e as economias nacionais que souberam navegar, com sucesso, na contramão das "leis do mercado".

Até o fim do século XVIII, o "sistema interestatal capitalista" se restringia aos Estados europeus e aos territórios incluídos dentro de seu espaço de dominação colonial. Esse sistema só se expandiu e mudou sua organização interna depois da independência dos Estados Unidos e dos demais Estados latino-americanos. No momento da independência, os Estados latino-americanos não dispunham de centros de poder eficientes, nem contavam com "economias nacionais" integradas e coerentes. E foi só no Cone Sul do continente que se formou um subsistema estatal e econômico regional com características competitivas e expansivas, sobretudo na região da Bacia do Prata, pelo menos até o século XX. Este mesmo cenário se repetiu depois de 1945 com a maioria dos novos Estados criados na África, na Ásia Central e no Oriente Médio: não detinham estruturas centralizadas e eficientes de poder, tampouco dispunham de economias expansivas. Só no sul e no sudeste da Ásia é que se pode afirmar a existência de um sistema de Estados e de economias nacionais integradas e competitivas que lembram o modelo original europeu. Apesar da sua enorme heterogeneidade, é possível formular algumas generalizações a respeito do desenvolvimento econômico e político desses países. Existem países ricos que não são nem nunca serão potências expansivas; tampouco farão parte do jogo competitivo das grandes potências. Existem Estados militarizados, localizados na periferia do sistema mundial, que nunca chegarão a ser potências econômicas. Mas não há possibilidade de que algum desses Estados nacionais se transforme em uma nova potência sem dispor de uma economia dinâmica e de um projeto político-econômico expansivo. E é pouco provável que algum capital individual ou bloco de capitais nacionais, públicos ou privados, consiga se internacionalizar com sucesso a não ser se junto a Estados que tenham projetos de poder extraterritorial.

Ao olhar para o movimento conjunto do sistema pode-se constatar que a expansão dos "Estados-economias nacionais" líderes gera uma espécie de "rastro econômico" que se alarga a partir da sua própria economia nacional, a começar pelas economias do "núcleo central", cujo crescimento define as fronteiras externas do "rastro do sistema". Cada um destes "Estados-economias nacionais" expansivos produz seu próprio rastro e, dentro dele, as demais economias nacionais se hierarquizam em três grandes grupos, segundo suas estratégias político-econômicas internas. Num primeiro grupo, estão as economias nacionais que se desenvolvem sob o efeito imediato do líder. Vários autores já usaram conceitos como "desenvolvimento a convite" ou "associado" para referir-se ao crescimento econômico de países que têm acesso privilegiado aos mercados e aos capitais da potência dominante. Isso aconteceu com os antigos domínios ingleses do Canadá, da Austrália e da Nova Zelândia depois de 1931, e também com a Alemanha, com o Japão e com a Coreia depois da Segunda Guerra Mundial, no momento em que foram transformados em protetorados militares dos Estados Unidos com acesso privilegiado aos mercados norte-americanos. Num segundo grupo, situam-se os países que adotam estratégias de *catch-up* para alcançar as "economias líderes". Por razões ofensivas ou defensivas, aproveitam os períodos de bonança internacional para mudar sua posição hierárquica e aumentar sua participação na riqueza mundial por intermédio de políticas agressivas de crescimento econômico. Nesses casos, o fortalecimento econômico está atado ao fortalecimento militar e ao aumento do poder internacional do país. São projetos que podem ser bloqueados, como já aconteceu muitas vezes, mas também podem ter sucesso e dar nascimento a um novo Estado e a uma nova economia líder. Foi assim com os Estados Unidos na segunda metade do XIX e no começo do século XX, e está em vias de acontecer com a China na segunda década do século XXI. Por fim, num terceiro grupo muito mais amplo, localizam-se quase todas as demais economias nacionais do sistema mundial que atuam como periferia econômica do sistema. São economias nacionais que podem ter fortes ciclos de crescimento e alcançar altos níveis de renda *per capita*, e podem se industrializar sem deixarem de ser periféricos da perspectiva de sua posição dentro do "rastro do cometa", ou seja, dentro da hierarquia regional e global de poder.

Se existisse um denominador comum entre todos os países de forte desenvolvimento econômico, decerto seria a existência de um grande desafio ou inimigo externo competitivo que seria o responsável pela existência de uma orientação estratégica defensiva e permanente, a qual envolveria quase sempre uma dimensão política e militar, bem como uma competição acirrada pelo controle das "tecnologias sensíveis". Esse foi o caso de todos os Estados e economias nacionais que fazem parte do núcleo central das grandes potências do sistema. Em casos semelhantes, a guerra real ou virtual teve um papel decisivo na trajetória dos seus desenvolvimentos econômicos. Mas é preciso cuidar, porquanto não se apenas trata da importância das armas ou da indústria de armamentos, trata-se de um fenômeno mais complexo que envolveu sempre uma grande mobilização nacional, uma grande capacidade central de comando estratégico, além de uma economia dinâmica e inovadora. As armas e as guerras, por si mesmas, podem não ter nenhum efeito dinamizador sobre as economias nacionais, como no caso – por exemplo – da Coreia do Norte, do Paquistão e de tantos outros países que detêm grandes exércitos, estoques de armamentos e baixíssima capacidade de mobilização nacional e crescimento econômico. Nesse sentido, tudo indica que Max Weber tinha razão quando afirmara que "em última instância os processos de desenvolvimento econômico são lutas de dominação", ou seja, que não existe desenvolvimento econômico capitalista que não envolva uma luta de poder e pelo poder (Weber, 1982, p. 18).

2.4 De volta à questão da riqueza das nações[23]

> Em última análise, também os processos de desenvolvimento são lutas de dominação.
>
> (Max Weber, 1982)

Multiplicam-se as evidências no final do presente século de que, depois de 25 anos relegada ao esquecimento, volta a ocupar lugar de destaque na agenda político-econômica mundial a velha questão do "desenvolvimento" dos países atrasados ou, noutra clave, da distribuição desigual da riqueza entre as nações. Tanto na imprensa mundial como no debate político em vários países centrais ou periféricos, volta-se a questionar a obsessão anti-inflacio-

---

23. Este texto foi publicado originalmente com o mesmo título no livro *Estados e moedas no desenvolvimento das nações*, organizado por J. L. Fiori (Petrópolis: Vozes, 1999).

nária dos bancos centrais, de modo que muitas lideranças mundiais já assumem explicitamente a defesa de políticas econômicas que priorizem o aumento da produção e do emprego. Por trás destas novas posições políticas – que entram em choque direto com as ideias hegemônicas deste último quarto do século XX – o que se presencia não é apenas a retomada de um debate teórico, mas o reconhecimento da gravidade da crise que se alastrou a partir do Leste Asiático e da impotência das políticas ortodoxas para enfrentar os efeitos da convulsão financeira que vem projetando sobre o próximo milênio um horizonte de incertezas com relação aos países centrais, bem como de pessimismo com relação às perspectivas econômicas da periferia capitalista.

Ao olhar para o mundo desde 1999, a maioria dos analistas preveem uma desaceleração do crescimento europeu e norte-americanos, uma recessão prolongada no Leste Asiático e uma regressão econômica gigantesca na Rússia. Ao mesmo tempo, antecipam, na outra ponta, um novo período de estagnação na América Latina, e já ninguém tem dúvidas de que o Brasil completará no ano 2000 mais uma década perdida sob a ótica de crescimento e emprego. O pior, entretanto, é que mesmo depois de superada essa conjuntura crítica, as incertezas se mantêm porquanto não se divisa no horizonte a possibilidade de um controle mais eficaz do livre movimento de capitais, tampouco de uma coordenação cambial entre as três grandes potências econômicas mundiais. Uma decisão deste tipo poderia ser vantajosa para todos, mas representaria, inevitavelmente, uma redução do poder exclusivo das grandes potências de manter sua autonomia política com relação à definição de seus próprios objetivos nacionais. Por isso, o mais provável é que esse cenário internacional que propicia a sujeição da periferia do capitalismo a uma verdadeira tirania financeira se mantenha.

Todas essas projeções seriam menos sombrias se fossem apenas conjunturais. O problema é que suas tendências coincidem e aprofundam trajetórias de longuíssimo prazo que se consolidaram de maneira contínua nestes últimos 25 anos que sucederam ao fim do sistema de Bretton Woods. Nesse último quarto de século, com a conhecida exceção do Leste Asiático (que só entra em crise na segunda metade dos anos de 1990), da Índia e da China, as economias nacionais do resto do mundo acompanharam em grandes linhas as trajetórias das economias centrais, mesmo quando partiram de patamares e *timings* diferentes. E essas trajetórias – a despeito de flutuações cíclicas e especificidades individuais – foram de declínio constante das taxas de investimento, crescimento e emprego, como se pode ver nas tabelas adiante, que condensam informações da OCDE acerca das variações percentuais anuais das principais economias do mundo:

Tabela I – Média anual das variações percentuais no PNB

	1960-1973	1972-1979	1979-1990	1990-1996
Estados Unidos	4.0	2.6	2.4	2.1
Japão	9.2	3.5	3.9	1.6
Alemanha	4.3	2.4	2.1	1.7
G7	4.8	2.8	2.55	1.6

Fonte: Brenner (1998).

Tabela II - Média anual das variações percentuais da produtividade (de toda a economia)

	1960-1973	1972-1979	1979-1990	1990-1996
Estados Unidos (por hora)	2.6	1.0	1.0	0.7
Japão	8.2	3.0	3.0	1.0
Alemanha	4.0	2.7	1.5	1.85

Fonte: Brenner (1998).

Tabela III – Média anual das variações percentuais do estoque de capital (privado)

	1960-1973	1972-1979	1979-1990	1990-1996
Estados Unidos (líquido)	4.0	3.4	3.2	2.1
Japão (bruto)	12.2	7.35	7.9	4.7(90-95)
Alemanha (bruto)	6.4	3.6	3.0	2.7(90-94)

Fonte: Brenner (1998).

Tabela IV – Média anual das variações percentuais da taxa de desemprego

	1960-1973	1972-1979	1979-1990	1990-1996
Estados Unidos	4.8	6.7	7.0	6.3
Japão	1.3	1.9	2.5	2.6
Alemanha	0.8	3.4	6.8	7.6
G7	3.1	4.9	6.8	6.9

Fonte: Brenner (1998).

Ora, trata-se, portanto, de um quadro ainda mais desfavorável quando olhado pelo seu lado "social". O Relatório anual 1997 da UNCTAD, depois de constatar "que o acirramento da competição internacional não aumentou o crescimento nem o desenvolvimento dos países", mostra como, nos últimos 25 anos, as desigualdades entre países ricos e os países "em desenvolvimento", bem como dentro de cada um destes blocos, acentuou-se com o decorrer do tempo. Em 1965, a renda média *per capita* dos 20% dos habitantes mais ricos do planeta era 30 vezes maior que a dos 20% mais pobres (U$ 74 contra U$ 2.281), ao passo que em 1980 essa diferença já havia pulado para 60 vezes (U$ 283 contra U$ 17.056). A renda *per capita* dos latino-americanos, por exemplo, que em 1979 correspondia a 36% da renda *per capita* dos países ricos, baixou para 25% em 1995. Até o fim da década de 1970, três países na América Latina mantiveram o crescimento da sua renda *per capita*: Brasil, Colômbia e México. Mas, a partir de 1980, o crescimento destes países despencou, e eles perderam as posições que haviam conquistado sob a ótica de participação na renda mundial. No caso do Brasil, por exemplo, as taxas médias de crescimento anual do seu PIB *per capita* passaram de 6,0% na década de 1970 para 0,96% na década de 1980, e algo em torno 0,60% entre 1990 e 1998, segundo dados do Instituto de Pesquisa Econômica Aplicada do Ministério de Planejamento do governo brasileiro.

Esta evolução perversa adquiriu novas dimensões a partir de 1985 com a aceleração exponencial do processo de "financeirização", o qual fora acompanhado por crises sucessivas e cada vez mais frequentes cujos efeitos foram cada vez mais devastadores nas economias da periferia capitalista mundial. Desse modo, vários analistas e economistas do próprio mundo anglo-saxão consideram, de forma cada vez mais séria, a hipótese de que o capitalismo global esteja perdendo sua aura de infalibilidade e que, portanto, a simples competição intercapitalista em mercados desregulados e globalizados não assegure o desenvolvimento, muito menos a convergência, entre as economias nacionais do centro e da periferia do sistema capitalista mundial.

Esse desencanto com a "utopia global" deixa um indiscutível vácuo ideológico entre as elites econômicas e políticas mundiais e desarruma, de maneira radical, o campo das ideias na América Latina, no qual ela ocupou, na última década e de forma incontrastável, o lugar que fora do "desenvolvimentismo" depois da Segunda Guerra Mundial.

Daí a urgência em retomar o fio da discussão interrompida, em voltar ao problema originário da economia política clássica – o da riqueza das nações – e retomar o debate histórico a respeito da viabilidade e dos caminhos do desenvolvimento econômico nacional. Já é hora de fazer um balanço crítico da discussão que se desenrolou no século XX entre as várias teorias do desenvolvimento que, nos últimos vinte anos, foram atropeladas pela restauração neoclássica e por suas políticas neoliberais. Nesse momento, esta é uma reconstrução útil e talvez imprescindível para todos os que se proponham a avançar no campo teórico ou a inovar no plano prático das estratégias políticas e econômicas de desenvolvimento.

2.4.1 As profecias não cumpridas

Não é necessário ser materialista para reconhecer a importância decisiva que teve o avanço das forças produtivas promovido pelo capitalismo industrial no surgimento da consciência do desenvolvimento e de todas as utopias ligadas à ideia de progresso material e homogeneização social. Não é fortuito, portanto, que tenha sido só naquele contexto peculiar ao mundo europeu que a ideia de uma ciência voltada exclusivamente para a investigação da natureza e causas da riqueza das nações tenha nascido. Uma "economia política" que, ao explicar o movimento de longo prazo da acumulação do capital, se transformou na primeira versão daquilo que mais tarde se chamou – talvez de maneira tautológica – de "economia do desenvolvimento". E o que é interessante notar é que, também como no caso dos teóricos do desenvolvimento do século XX, Smith, Ricardo, Malthus, Stuart Mill e Marx, foram todos, a um só tempo, teóricos e "publicistas" que escreveram teorias que visavam a propor caminhos e soluções, bem como a influenciar as políticas do seu tempo (Dobb, 1972, p. 22). E foi sobretudo quando tentaram sustentar suas teses políticas nas suas análises econômicas que os teóricos da economia política clássica, em nome de um projeto científico, acabaram dando origem às grandes utopias modernas, de modo que a mais antiga delas – a utopia liberal – foi a que permaneceu viva por mais tempo porquanto culminou com a ideia da globalização.

Não é esse o lugar, tampouco é de nosso interesse recapitular aqui as discussões clássicas quanto aos mecanismos e leis da acumulação capitalista. Mas não é possível retomar o tema do desenvolvimento sem comparar, ainda que de maneira prévia, as profecias clássicas acerca da universalização e da homogeneização da riqueza capitalista com o rumo da história real dos dois últimos séculos de expansão e de globalização do capital e do poder territorial. Isso nos permite precisar os pontos frágeis da teoria clássica que foram os responsáveis por sucessivas frustrações históricas: sua visão ambígua a respeito do papel do poder político na acumulação e distribuição da riqueza capitalista; sua visão homogênea do espaço econômico capitalista mundial; e, finalmente, sua visão otimista e civilizatória com relação aos povos "sem história".

De David Hume a Karl Marx, todos os autores clássicos entre o fim do século XVIII e meados do século XIX atacaram sistematicamente as políticas e os sistemas mercantilistas e acreditaram, de uma forma ou outra, na necessidade ou na inevitabilidade do desaparecimento dos Estados territoriais. Não é difícil, por outro lado, localizar tanto na obra de Adam Smith como na de Karl Marx a previsão comum de que a expansão dos mercados ou o desenvolvimento das forças produtivas do capitalismo industrial promoveriam, no longo prazo, e, ademais, por si só, a inevitável universalização da riqueza capitalista, apesar de que tenha sido só Ricardo – ou pelo menos sua leitura neoclássica que não viu o destino de Portugal e seus bons vinhos – quem levou esta ideia às últimas consequências ao profetizar que o livre-comércio promoveria também uma convergência e homogeneização da riqueza das nações. E, além disso, tampouco é difícil localizar na obra desses autores, bem como no pensamento de todos os intelectuais e dirigentes europeus do século XIX, a crença inabalável no papel civilizatório e equalizador da expansão e dominação colonial europeia sobre os povos "primitivos" ou "incivilizados".

E, no entanto, desde o início do século XIX e, em particular, depois de 1850, o que a humanidade assistiu foi a um impressionante e deveras acelerado processo de concentração do poder político e da riqueza capitalista nas mãos de um diminuto número de Estados, a maioria dos quais, europeus. Uma espécie de pequeno "clube de nações" que se consolida entre 1830 e 1870 e que acumularia, a partir daí e até o início da Primeira Guerra Mundial, taxas cada vez maiores do poder e riqueza mundiais. No mesmo período, exatamente quando a economia capitalista se transformava num fenômeno global e unificado, a Europa assumia o controle político colonial de cerca de um quarto do território mundial e construíam-se as redes comerciais e a base material do que foi chamado mais tarde de periferia econômica do sistema capitalista mundial. Em pouco mais de meio século, expandiram-se a produção e o comércio, e criou-se uma rede cada vez mais extensa e integrada de transportes que incorporaram um número cada vez maior de regiões e países à dinâmica propulsora da economia inglesa. Esse é o mesmo período em que se organiza e funciona de maneira relativamente estável – com a adesão inicial e espontânea da maioria dos países europeus – o "padrão-ouro", primeiro sistema monetário internacional. No mesmo período, ainda que tenha aumentado a desigualdade na distribuição da riqueza mundial, alguns poucos territórios privilegiados conseguiram superar o seu atraso com relação à Inglaterra, de modo que foram incorporados de maneira progressiva ao núcleo do sistema capitalista global e à sua competição interna de tipo imperialista. Foi a hora dos primeiros "milagres econômicos" e da industrialização acelerada dos "capitalismos tardios" alemão, norte-americano e japonês, e do enriquecimento de algumas "colônias de povoamento" ou *dominions* ingleses, como foi o caso do Canadá, da Nova Zelândia e da Austrália, mas também da Argentina e do Uruguai. Territórios esses que não lograram industrializar-se durante a "era dos impérios", mas conseguiram aumentar sua participação relativa na riqueza mundial, porquanto foram capazes de dar a suas populações brancas níveis "europeus" de bem-estar econômico e social.

Nesse mesmo meio século, o resto do mundo incorporado à economia europeia, como colônias ou semicolônias, não conseguiu escapar à camisa de força de um modelo econômico baseado na especialização e exportação de alimentos e matérias-primas, de modo que viveu um período de baixo crescimento econômico intercalado por crises cambiais crônicas. Em síntese, entre 1830 e 1914, a riqueza mundial cresceu, mas de forma extremamente desigual e ao mesmo tempo em que se expandia o poder político do núcleo europeu do sistema interestatal no qual foram incorporados os Estados Unidos e o Japão. E, no essencial, entre 1870 e 1914, cerca de 80% do comércio europeu seguiu dando-se entre os próprios países mais ricos, enquanto a maior parte dos investimentos ingleses se dirigiu para os próprios países industrializados ou para os seus *dominions*.

Ora, trata-se de fatos e de tendências que contradisseram fortemente as previsões dos economistas políticos clássicos, sejam eles liberais ou marxistas. E o mais provável é que na origem deste primeiro grande erro de previsão da economia política clássica esteja a ambiguidade com que sempre se tratou as relações entre o poder político territorial dos Estados e seu sistema interestatal, incluindo aí os sistemas monetários nacionais e internacionais, bem como a dinâmica desigual de acumulação e distribuição da riqueza. Este foi um tema clássico dos mercantilistas que foi abjurado por liberais e marxistas. Sua expectativa generalizada era de crescimento e difusão da riqueza capitalista, mesmo nos territórios coloniais. Mas, de fato, essa previsão econômica sempre supôs de forma implícita ou explícita – sobretudo nos seus ataques aos mercantilistas – a existência de uma condição histórica ou teórica: o necessário desaparecimento do poder e da

154

competição entre os Estados territoriais que deveriam ser substituídos pelos mercados ou – na fórmula utópica kantiana – por uma grande e única confederação mundial.

Essa é uma ambiguidade que já está presente na crítica de Hume ao sistema mercantilista e na sua explicação pioneira das causas do progresso econômico e do equilíbrio monetário automático produzido pelas relações livre-cambistas entre as nações. Como está também presente no pensamento de Adam Smith, a saber, na sua visão de como atuam as vantagens comparativas absolutas dentro e fora dos países, ampliando os mercados e a produtividade, especializando funções e orientando a alocação dos recursos materiais e monetários segundo critérios que desconhecem de maneira analítica o fenômeno das fronteiras, pois atenderiam, ao menos em teoria, ao interesse nacional de todos os Estados territoriais envolvidos nas transações comerciais. Isso se deu de tal maneira que o próprio intercâmbio acabaria promovendo também, no longo prazo, a convergência entre a riqueza dos territórios e das regiões que fossem de início mais atrasadas ou menos ricas. Os Estados e as soberanias não desaparecem explicitamente de seus raciocínios, mas são negados ou superados por alguma variante do "universalismo benevolente" de que nos fala David Hume:

> Arriscar-me-ei a reconhecer, assim, que, não apenas como homem, mas como súdito britânico, rezo pelo florescimento do comércio da Alemanha, da Espanha, da Itália e até mesmo da própria França. Estou pelo menos certo de que a Grã-Bretanha e todas essas nações floresceriam mais, caso seus soberanos e ministros adotassem tais sentimentos ampliados e benevolentes uns para com os outros (Hume *apud* Rotwein, p. 80-82).

Trata-se da mesma suposição em que se sustenta o argumento de Adam Smith acerca do papel das vantagens absolutas e do comércio internacional, ou ainda o modelo mais sofisticado de David Ricardo quanto ao papel das vantagens comparativas e do livre-comércio internacional na redução dos custos salariais e no aumento da lucratividade e produtividade do capital. Também nesses casos, a crítica política que todos fazem ao protecionismo estatal reaparece de forma sub-reptícia como uma premissa teórica indemonstrável e a-histórica de suas teses a respeito do papel do comércio no desenvolvimento e na distribuição convergente da riqueza das nações. Smith define com precisão as três funções básicas do Estado liberal, mas ao mesmo tempo este Estado não ocupa nenhum papel no seu cálculo econômico das vantagens e do bem-estar dos indivíduos. Nesse sentido, a equação smithiana da origem da riqueza fica politicamente indeterminada: em qualquer tempo ou lugar, a expansão dos mercados deve levar à mesma divisão do trabalho e ao aumento da produtividade e da riqueza.

Da mesma forma, a versão clássica de Ricardo, a qual se transformou na base da teoria ortodoxa do comércio internacional, ainda que se baseie na relação entre dois Estados soberanos, considera-os apenas como unidades de cálculo, diferenciadas em termos estatísticos com base nas suas dotações iniciais de tipo tecnológico. Por isso, para o Ricardo tal como é interpretado pelos neoclássicos, a convergência automática entre a riqueza das nações é uma espécie de convicção axiomática fundada na certeza de que "As nações são beneficiadas pela expansão do comércio, pela divisão do trabalho nas manufaturas e pela descoberta de máquinas – todas elas aumentam a quantidade de mercadorias e contribuem muito para a facilidade e felicidade da humanidade" (Ricardo, 1951, p. 25-26). Ora, a pretensão é de que o argumento seja válido para todos os territórios nacionais independentemente de sua situação inicial no contexto do comércio internacional. Só mais tarde, mas ainda dentro do campo liberal da economia política clássica, coube a Torrens e a Stuart Mill questionar a possibilidade de um desenvolvimento tecnológico homogêneo na Inglaterra e nas suas colônias ou territórios dependentes. Ambos sustentaram, contra Smith e Ricardo, que a simples expansão dos mercados e a liberação das importações inglesas não asseguraria o ritmo indispensável de crescimento das economias exportadoras de alimentos e matérias-primas. Razão pela qual Torrens defendia as virtudes econômicas do colonialismo, e Stuart Mil a necessidade de que o crescimento "periférico" fosse acelerado – no caso dos "países novos", e explicitamente, da Austrália, do Canadá e dos Estados Unidos – por intermédio da expansão do crédito criado pela exportação de capitais ingleses (Ho, 1996, p. 413).

A linha central e mais conhecida do argumento de Marx coincide, em sua essência, com a visão de Smith e de Ricardo, seja no seu ataque ao mercantilismo, seja na sua visão otimista do desenvolvimento capitalista em escala global e independente das fronteiras políticas nacionais. Ninguém no seu tempo afirmou de forma mais categórica do que Marx, no *Manifesto comunista*, que,

> [...] através da exploração do mercado mundial, a burguesia configurou de maneira cosmopolita a produção e o consumo de todos os países. Para grande pesar dos reacionários, ela subtraiu

à indústria o solo nacional em que tinha os pés [...]. No lugar das velhas necessidades, satisfeitas pelos produtos nacionais, surgem novas necessidades que requerem para sua satisfação os produtos dos mais distantes países e climas. No lugar da velha autossuficiência e do velho isolamento locais e nacionais, surge um intercâmbio em todas as direções, uma interdependência múltipla das nações (Marx, 1998, p. 11).

Uma antecipação extraordinária da tendência globalizante do capitalismo que reaparece, a partir de outra ótica, no prefácio de Marx à primeira edição de *O capital* em que formula sua conhecida tese acerca das perspectivas futuras do desenvolvimento capitalista nos territórios econômicos mais atrasados: "O país mais desenvolvido industrialmente apenas mostra a imagem do próprio futuro ao menos desenvolvido." Trata-se de uma visão linear que lhe permite dissolver o problema das relações conflitivas ou mesmo contraditórias entre as tendências unificadoras de homogeneização internacional das novas tecnologias e as tendências centrípetas e diferenciadoras induzidas pelas hierarquias e pela competição entre os Estados nacionais. Num outro momento, no terceiro volume de *O capital*, Marx aproxima-se uma vez mais de Smith e de Ricardo na sua crítica ao sistema mercantil e na sua visão positiva do comércio internacional, que seria capaz de anular a tendência declinante das taxas de lucros capitalista. E por fim, foi quando discutiu a dominação inglesa na Índia que Marx formulou uma de suas teses mais conhecidas acerca do papel progressivo do colonialismo capitalista num de seus artigos escritos para o *Herald Tribune*: "A Inglaterra tem de cumprir, na Índia, uma missão dupla que é tanto destrutiva quanto regeneradora: a aniquilação da antiga sociedade asiática, e a construção das bases materiais da sociedade ocidental na Ásia" (Owen; Sutcliffe, 1972, p. 46).

Vários autores, entre eles H. B. Davis (1967), K. Mori (1978) e P. Scaron (1980), subscreveram em distintos momentos a tese de que Marx modificou substancialmente sua visão quanto às perspectivas do desenvolvimento capitalista colonial a partir da década de 1860 com base, sobretudo, na análise dos casos irlandês e polonês. A partir daí, Marx teria revisto sua visão a respeito da "dupla missão" do colonialismo na Índia ao perceber que a destruição das velhas sociedades poderia não ser condição suficiente para a construção das bases materiais do processo regenerativo. Nessa direção, escreveu em 1879 que

[...] as ferrovias, decerto, proporcionaram um impulso imenso ao desenvolvimento do comércio exterior, mas, em países que exportam sobretudo matéria-prima, o comércio aumentou a miséria das massas. [...] Todas estas mudanças foram muito úteis, de fato, para o grande proprietário de terras, o usurário, o comerciante, as ferrovias, os banqueiros e assim por diante, mas muito lúgubres para o verdadeiro produtor! (Marx, 1879, p. 298-299).

Numa direção análoga, ao tratar do comércio de algodão, Marx escreveu:

Cria-se, assim, uma nova divisão internacional do trabalho, adequada às principais sedes da indústria mecanizada, divisão que transforma uma parte do globo terrestre em campo de produção preferencialmente agrícola voltado a suprir as necessidades de outro campo, preferencialmente industrial (Marx, 2013, p. 523).

Mas a não ser nessas referências raras e localizadas, Paul Baran acerta quando afirma que a linha central do argumento de Marx aponta para o reconhecimento de que "a direção geral do movimento histórico, porém, aparenta ter sido a mesma em toda parte" (Baran, 1957, p. 40). Uma visão que reaparecerá radicalizada e muitas vezes distorcida entre os autores da Segunda Internacional que, no final do século XIX, condenavam os métodos do colonialismo, mas não o colonialismo em si. Foi o caso de Eduard Bernstein, que, ante o problema colonial, afirmava categoricamente que "Julgamos e combatemos alguns métodos pelos quais os selvagens são subjugados; contudo, não questionamos a própria subjugação dos selvagens, nem nos opomos a ela, tampouco a que se imponham perante eles os direitos da civilização" (Bernstein, 1978).

Como já vimos, no meio século seguinte à publicação, em 1848, do *Manifesto comunista*, de Marx, e dos *Princípios de economia política*, de Stuart Mill, o capitalismo viveu uma profunda transformação econômica, tecnológica, organizacional e financeira, e seu núcleo político europeu iniciou sua corrida colonialista que em poucas décadas submeteu quase todo o mundo africano e asiático, bem como transformou a maior parte da América Latina em periferia econômica dependente da Inglaterra. No mesmo período, a economia política clássica cedeu lugar ao enfoque neoclássico das teorias do equilíbrio geral de Walras, Jevons e Menger, as quais se centravam no estudo do comportamento microeconômico dos indivíduos e das firmas. Foi neste novo contexto que o estudo do desenvolvimento passou a um segundo plano, porquanto fora assumido como um processo gradual e contínuo, natural e harmonioso, independentemente do momento e do lugar em que ocorria.

Só mais tarde é que esses temas retornaram ao debate político pela mão heterodoxa das teorias do imperialismo que tentaram explicar, nas primeiras décadas do século XX, as causas das transformações econômicas e políticas ocorridas na segunda metade do século anterior. Entre seus principais autores, Hilferding e Buckarin foram os que incorporaram ao corpo teórico do seu argumento, de maneira mais original, a importância adquirida dentro da expansão capitalista das novas relações entre os Estados – a saber, o protecionismo e a dinâmica expansiva do capital financeiro. Assim, mantiveram-se fiéis à linha central e mais ortodoxa da teoria do imperialismo que, com a exceção de Rosa de Luxemburgo, compartilhou o lado otimista da visão de Marx a respeito da função progressista, pioneira e civilizatória do imperialismo nas regiões atrasadas ou colonizadas do mundo. Na verdade, a preocupação central da teoria foi sempre com a identificação das raízes econômicas da crise responsável pela intensificação – a partir de 1870 – da competição que empurrou os capitais e os Estados europeus à corrida imperialista dentro do núcleo político interestatal do sistema e à guerra de 1914. Depois de 1920, e em particular depois que o VI Congresso da Terceira Internacional Comunista em 1928 redefiniu uma visão crítica e pessimista com relação ao papel pioneiro do imperialismo nas regiões atrasadas do mundo, a teoria do imperialismo passou a ser peça decisiva da luta político-ideológica mundial e perdeu sua vitalidade teórica, só recuperada parcialmente com o debate que recomeçou com Paul Baran nos anos de 1940 e 1950, e chegou ao seu fim – de maneira igualmente inconclusiva – com a retomada, pelo marxista inglês Bill Warren (1980), da defesa da função pioneira do imperialismo com relação às economias atrasadas do mundo. Mas estes já eram outros tempos, tanto a ordem política e econômica internacional como o próprio conceito de imperialismo já tinham então uma conotação completamente diferente.

Na véspera da Primeira Guerra Mundial, entretanto, o balanço dos fatos políticos e dos números econômicos parecia dar razão a um outro economista político da primeira metade do século XIX – um herege no seu tempo – o alemão Georg Friederich List. Foi ele que, em 1841, na contramão de Smith, de Marx e do clima ideológico de sua época, trouxe de volta o debate mercantilista a respeito da relação entre o poder político e a riqueza dos Estados, bem como a respeito da importância desta relação interna a cada um dos Estados nacionais na competição dentro do sistema interestatal responsável pela gestão política do capitalismo. Em seu *Sistema nacional de economia política*, Friedrich List inverteu por completo a discussão smithiana acerca das causas da riqueza, e desloca o olhar do problema da divisão do trabalho e da expansão dos mercados para o problema de como são construídas ou destruídas as forças produtivas de cada nação. Na contramão de seu tempo, List defendeu o livre-câmbio como uma política vantajosa apenas para as potências econômicas mais avançadas. Nesse sentido, defendeu também o protecionismo como caminho indispensável da industrialização e da acumulação de riqueza e poder dos países europeus que pretendessem concorrer com a Inglaterra.

Não é necessário relembrar que, para List, ao contrário dos demais economistas clássicos, a política, a nação e a guerra são elementos essenciais de todo e qualquer cálculo econômico na medida em que, para ele, a produção e a distribuição da riqueza mundial é um jogo de soma negativo, no qual há e haverá sempre lugar para muito poucos Estados nacionais poderosos. Um jogo em que só ganhariam os povos com "vocação de potência" e os Estados capazes de alavancar suas economias em virtude de seus objetivos e interesses estratégicos de longo prazo. Ao lado desta sua visão acerca dos caminhos da Europa, List professava um profundo pessimismo ou fatalismo com relação ao "destino" dos povos tropicais e das nações pobres, que, segundo ele, deveriam seguir prisioneiras de suas especializações e obrigadas ao livre-cambismo inglês sem poder ambicionar uma convergência tecnológica com os Estados industrializados europeus. Um olhar retrospectivo, ainda que se possa discordar de seus juízos éticos acerca do destino das nações, revela que não há como não reconhecer que a história econômica e política real do século XIX andou na direção contrária à das profecias universalistas e, portanto, deu a mais completa razão a Georg Friederich List.

Logo depois da Primeira Guerra Mundial, o projeto de autodeterminação e desenvolvimento nacional sustentado pela liderança liberal dos Estados Unidos, junto com o projeto de libertação nacional e planejamento econômico proposto pelos países socialistas, renovou o otimismo das velhas profecias do século XIX ao trazer para o primeiro plano das preocupações mundiais a independência e o futuro econômico das colônias europeias. Nasciam ali as raízes daquilo que Immanuell Wallerstein chamou de "geocultura do desenvolvimento", o qual só alcançou sua plena maturidade depois da Segunda Guerra Mundial. Para Wallerstein, seu primeiro impulso foi dado, de forma simultânea e paradoxal, pelas duas propostas competitivas da política externa norte-americana e soviética, definidas por Wilson e Lênin em torno de 1917, que defendiam igualmente a autodeterminação e o desenvolvimento econômico dos povos. Nas palavras do próprio Wallerstein:

> [...] A ideologia wilsoniano-leninista da autodeterminação das nações, da igualdade abstrata e do paradigma desenvolvimentista, incorporada em ambas as variantes da ideologia, foi aceita de maneira esmagadora e praticamente infalível como o programa operacional dos movimentos políticos das zonas periféricas e semiperiféricas do sistema mundial (Wallerstein, 1995b, p. 115).

Na prática, entretanto, o princípio da autodeterminação só foi respeitado mais tarde no caso dos Estados que nasceram da derrota e da destruição dos impérios otomano e austro-húngaro. Portanto, não é mera coincidência que se trate do lugar de origem da maioria daqueles que se transformaram em pioneiros da "economia do desenvolvimento" no mundo acadêmico anglo-saxão. Fora da Europa, o princípio da autodeterminação foi estendido de maneira extremamente lenta e condicionado à aceitação dos valores liberais e métodos ocidentais de governo democrático pelos povos coloniais. Isso significou, na verdade, a postergação das reivindicações nacionalistas pela independência das colônias até depois do fim da Segunda Guerra, de tal forma que só depois de 1945 – paralelamente ao processo da descolonização asiática e africana – é que, de fato, a "geocultura do desenvolvimento" se transformou num fenômeno universal. Naquele momento, e em particular depois da Revolução Chinesa de 1949, as novas condições mundiais pesaram de maneira decisiva para a formação e consolidação dessa hegemonia desenvolvimentista. Somaram-se, nessa direção, o fracasso econômico liberal dos anos de 1920 e 1930, a urgente necessidade de reconstrução do pós-guerra, o novo cenário de competição geopolítica e ideológica da Guerra Fria e a disputa dos territórios que foram progressivamente se tornando independentes dos impérios europeus. De tal maneira que, a partir dali e até a década de 1970, "a possibilidade de desenvolvimento econômico de todos os países passou a ser uma crença universal, compartilhada igualmente por conservadores, liberais e marxistas. As fórmulas propostas por cada um para alcançar tal desenvolvimento foram debatidas acirradamente, mas a possibilidade em si não foi" (Wallerstein, 1995b, p. 163).

As próprias Nações Unidas e várias outras instituições multilaterais criadas depois da guerra colaboraram decisivamente na formulação e difusão das novas ideias que acompanharam os programas de ajuda internacional e os financiamentos do Banco Mundial. Criar infraestruturas, modernizar instituições e incentivar as industrializações nacionais passaram a ser as palavras de ordem do mundo político e os temas que mais frequentavam as preocupações acadêmicas do Terceiro Mundo.

Entre 1945 e 1973, a época dourada do crescimento capitalista e socialista mundiais fez pensar que chegara a hora de realização não só do projeto de autodeterminação dos povos, mas também das profecias econômicas dos clássicos, mesmo que tivessem sido atingidas por obra das políticas propostas pelo heterodoxo Friederich List, as quais foram implementadas pelos Estados desenvolvimentistas que se multiplicaram e se legitimaram ao longo de todo o mundo depois da Segunda Guerra Mundial. E de fato, sobretudo na década de 1970, assistiu-se a uma diminuição global da distância entre a riqueza dos "países industrializados" e a dos "países em desenvolvimento" (Warren, 1980; Arrighi, 1995), embora se saiba que as estatísticas que apontam nesta direção estejam fortemente influenciadas pela crise generalizada dos países mais ricos e ao crescimento excepcional do Leste Asiático e do Brasil e do México, na América Latina. O sonho, contudo, durou pouco, e na década de 1980 a queda foi muito mais rápida do que a ascensão.

Em poucos anos foram varridos sucessivamente todos os "milagres" econômicos periféricos: primeiro caíram por terra, já nos anos de 1960, os poucos casos de sucesso africano; depois, nas décadas de 1970 e 1980 ruíram um depois o outro os desenvolvimentismos latino-americanos; em seguida, foi a vez dos "socialismos reais" e, agora, já no final da década de 1990, são os "milagres econômicos" asiáticos que começam a andar para trás. De tal maneira que também o século XX vai chegando ao seu final e deixando a forte impressão de que muito se andou para, na melhor das hipóteses, permanecer no mesmo lugar do ponto de vista da distribuição do poder e da riqueza mundiais. Sobretudo quando já sabemos que a "restauração liberal" dos últimos 25 anos foi, pelo menos, corresponsável por um novo "surto" (mais violento e veloz do que o que ocorreu na segunda metade do século XIX) de concentração e centralização da riqueza nas mãos de um número muito reduzido de capitais privados. Capitais cujos centros de decisão estão situados no território daquelas mesmas potências políticas que já monopolizavam o poder e a riqueza na segunda metade do século passado. Eric Hobsbawm estima que em 1800 a diferença de riqueza entre os países mais e menos pobres era de 1 para 1,8 e em 1913, na véspera da Primeira Guerra Mundial, era de 1 para 4.

Mais recentemente, a economista norte-americana Nancy Birdsall estimou, em artigo publicado na revista *Foreign policy*, "que a relação entre a renda média do país mais rico e o mais pobre do mundo, que era de 9 a 1, no começo do século, chega a estar em torno de 60 a 1 no final do século XX". Resultados econômicos e sociais que voltam a contradizer as profecias liberais e marxistas. Mas, já agora, a retomada da discussão acerca do desenvolvimento envolve um balanço teórico e político mais complexo a respeito da farta a extensa literatura que foi produzida no século XX, e sobretudo depois da crise dos anos de 1930. Essa releitura crítica deve ser orientada, como nos clássicos, para a explicação da difusão desigual da riqueza mundial, mas também, como nos clássicos, a fim de orientar, convencer e influenciar as políticas estatais que lideraram, nesses cinquenta anos, o desenvolvimento dos países atrasados de todo o mundo.

2.4.2 Um debate teórico inconcluso: os anos de 1950

Já faz bom tempo que Albert Hirschman publicou o seu balanço da teoria do desenvolvimento produzida depois da Segunda Guerra Mundial. No exato momento em que estava ocorrendo seu *sorpasso* pela restauração do pensamento econômico neoclássico, irmão siamês da restauração política neoliberal:

> [...] a economia do desenvolvimento iniciou-se como a ponta de lança de um esforço que deveria promover a emancipação total do atraso. Atualmente, tornou-se bastante claro que isso não pode ser realizado apenas pela economia. Por essa razão, o declínio da economia do desenvolvimento não pode ser completamente revertido: nossa subdisciplina alcançou seu considerável brilho e entusiasmo através da ideia implícita de que poderia, praticamente por si só, derrotar o dragão do atraso ou, pelo menos, que sua contribuição para essa tarefa era central. Agora sabemos que não é assim. [...] (Hirschman, 1981, p. 23).

Hirschman referia-se ao que chamou de *development economics*, na qual incluía o pensamento dos autores anglo-saxões ao lado dos estruturalistas latino-americanos da Cepal.

Hoje se pode perceber com maior nitidez que a fragilidade daquela teoria do desenvolvimento não se restringiu ao seu economicismo. O próprio *survey* de Hirschman demonstra que, no campo estrito do debate econômico, a discussão ficou inconclusa com relação às duas dimensões básicas que ele utiliza para classificar as várias vertentes que ocupam seu espaço conceitual. Se todos os teóricos do desenvolvimento compartilharam a necessidade de uma teoria específica para as economias dos países atrasados, nunca estiveram de acordo quanto à teoria de Ricardo a respeito das vantagens comparativas no comércio internacional, tampouco a respeito da identificação e hierarquização dos "fatores internos" que poderiam ser os grandes obstáculos ou estímulos ao desenvolvimento das economias atrasadas. E se todos compartilharam igualmente a defesa do intervencionismo estatal, jamais estiveram de acordo quanto à natureza hierárquica e competitiva da ordem política e econômica internacional.

Ninguém desconhece a importância decisiva que tiveram a teoria do desenvolvimento econômico de Schumpeter e a "revolução teórica" keynesiana na origem e na legitimação da "economia do desenvolvimento" ao encaminhar conceitualmente a rebelião antineoclássica que acompanhou a desilusão liberal dos anos de 1930. Os modelos de crescimento de Harrod e de Domar são seus descendentes diretos, e é inegável sua influência sobre os trabalhos pioneiros – ainda na década de 1940 – de Rosenstein-Rodan e Arthur Lewis, ou até mesmo de Raul Prebisch. Mas não há dúvida também de que o campo da chamada "teoria do desenvolvimento" excedeu a revolução keynesiana, de modo que o plano estrito da economia incorporou progressivamente indagações e conhecimentos históricos, sociológicos e políticos que, é verdade, acabaram pesando mais no desenho das políticas e estratégias políticas do que nas construções analíticas da própria teoria.

Neste sentido, não há como desconhecer que na época áurea do otimismo desenvolvimentista – durante a década de 1950 – foi a "economia do desenvolvimento" que ocupou, de fato, o lugar central na discussão teórica, dentro e fora da América Latina, acerca da natureza e das causas do atraso econômico, bem como acerca das virtudes e potencialidades da industrialização como caminho preferencial de superação do subdesenvolvimento. Mas, uma vez mais, ao olhar de maneira retrospectiva não é difícil perceber que a principal fragilidade da discussão teórica e das estratégias político--econômicas daquela época decorreram da mesma ambiguidade dos clássicos no tratamento da relação entre o Estado, as economias nacionais e os sistemas econômico e político internacionais. E isto não obstante todos os projetos desenvolvimentistas – na contramão da aversão clássica pelo sistema mercantilista – partissem da defesa explícita de um Estado forte, intervencionista e protecionista, e de que, além disso, a escola estruturalista inovasse no domínio teórico ao partir de uma visão crítica da estrutura global e hierárquica do sistema capitalista internacional. O problema é que o "Estado" dos desenvolvimentistas foi sempre uma abstração que ora aparecia como construção ideológica idealizada, ora era transformada pela teoria "numa dedução lógica ou num mero ente epistemológico requerido pela estratégia de industrialização, sem que se tomasse em conta a natureza das coalizões de poder em que se sustentava..." (Fiori, 1999, p. 26). Essas ideias acabaram sustentando, sobretudo no caso latino-americano, estratégias desenvolvimentistas de natureza extremamente conservadoras, autoritárias e antissociais.

Esta ambiguidade ou imprecisão, entretanto, é mais visível na *development economics* dos autores anglo-saxões que, além disso, mantiveram sua fidelidade com a teoria ricardiana das vantagens comparativas das virtudes homogeneizadoras do comércio internacional. É o que se encontra no trabalho pioneiro de economistas como Rosenstein-Rodan (1943) e Nurkse (1963), os quais escrevem sob influência direta do modelo Harrod-Domar, preocupados, portanto, com a questão da possibilidade e da viabilização de um "crescimento balanceado" ou equilibrado. Para Rosenstein, as regiões atrasadas se caracterizavam pelos baixos ingressos e substancial desemprego, ou subemprego, e sua industrialização espontânea se via bloqueada pelas dimensões reduzidas dos mercados internos e pela incompetência de seu empresariado. Como consequência, da perspectiva político-propositivo, para Rodan o papel do Estado deveria ficar restrito ao treinamento de mão de obra e à coordenação dos investimentos de longo prazo. Nurkse agregava às causas do atraso o problema da escassez de poupança e considerava indispensável o papel do Estado como indutor do investimento doméstico e externo.

Os trabalhos posteriores de Walt Rostow (1952) e Arthur Lewis (1954) situam-se ainda numa linha paralela à dos pioneiros. Lewis, que já havia apresentado uma primeira versão de suas ideias em 1951 num documento das Nações Unidas, viu na disponibilidade ilimitada de mão de obra a níveis salariais de subsistência uma especificidade destas economias atrasadas que poderia ser transformada em fator virtuoso na medida em que estes mesmos níveis salariais fossem estendidos à totalidade do sistema produtivo, o que permitiria, segundo ele, manter constantes elevadas taxas de lucratividade e investimento. Eis, portanto, a origem de sua defesa de que o papel central do Estado deveria ser o do controle e restrição do poder sindical e de proteção ativa do setor capitalista domésticos ante a competição externa.

Foi Walt Rostow, entretanto, quem desenvolveu o livro *Process of economic growth*, publicado em 1952 e transformado no início dos anos de 1960, na mais acabada síntese do projeto norte-americano de modernização do Terceiro Mundo. Rostow (1960), no seu célebre "manifesto não comunista", retoma e vulgariza a visão neoclássica do desenvolvimento como um processo natural, progressivo e linear de transição por etapas das sociedades atrasadas ou tradicionais em direção a uma modernidade eurocêntrica. Uma fórmula universalmente válida e capaz de orientar a ação de todos os planejadores estatais competentes.

Ante a essa versão evolucionista da *development economics*, destacaram-se e diferenciaram-se, na sua época, os trabalhos de Gunnar Myrdal (1957) e Albert Hirschman (1958), críticos veementes da hipótese de um "crescimento equilibrado" em regiões atrasadas e defensores de posições teóricas e políticas muito próximas dos estruturalistas latino-americanos. Myrdal formulou nessa época a conhecida tese da "causação acumulativa" produzida pela concentração do progresso tecnológico e dos capitais de investimento, bem como da própria rapidez da expansão dos mercados, responsáveis, em conjunto, pelos baixos níveis de ingressos e poupança e pela escassa capacidade fiscal dos Estados mais atrasados. Uma visão menos otimista que a dos demais economistas do desenvolvimento e que o levou à defesa não apenas da necessidade de coordenação e planejamento estatais, mas também da proteção dos mercados e da "indústria infante".

Hirschman explicava a inevitabilidade e fazia a defesa de um "crescimento desequilibrado" ao mesmo tempo que demonstrava a inutilidade de todos os estudos orientados para a identificação de fatores que pudessem explicar o atraso econômico das nações subdesenvolvidas de maneira isolada. Para Hirschman, o problema fundamental desses países era de ordem essencialmente política: faltava-lhes um "agente articulador" suficientemente forte e capaz de conduzir ou induzir um programa de investimentos orientado pelos "gargalos de mercado" e hierarquizados segundo sua eficácia dentro das cadeias produtivas.

Na mesma época, e em pleno otimismo desenvolvimentista, o estruturalismo latino-americano partiu de um ponto radicalmente oposto ao da *development economics*: começou pela crítica à teoria ricardiana do comércio internacional e produziu uma verdadeira revolução teórica na discussão do problema do subdesenvolvimento. Os latino-americanos Raul Prebisch (1962), Celso Furtado (1954), Osvaldo Sunkel (1957) e Hans Singer (1950), fora da América Latina, entre outros, recolocaram os termos da discussão e desconsideraram o tratamento isolado das economias nacionais ao propor um novo programa de pesquisa que partia do sistema econômico mundial e explicava o atraso econômico por meio da difusão desigual do progresso tecnológico que fora induzida pelo funcionamento hierárquico e assimétrico das relações entre economias nacionais que se integraram de maneira distinta aos centros cíclicos da economia mundial. Esses autores defendiam uma visão estrutural e histórica do capitalismo na condição de sistema econômico em expansão a partir da revolução industrial europeia e que foi incorporando sucessivas periferias especializadas e articuladas com base nos mercados e investimentos das economias centrais.

Não é necessário recapitular aqui os principais tópicos dessa teoria estrutural em que se apoiou o desenho de um projeto e de uma estratégia de industrialização e desenvolvimento muito mais nítida e consistente do que a que se poderia deduzir dos autores anglo-saxões. Entretanto, nos anos de 1960, essa estratégia de "substituição de importações" perdeu seu fôlego inicial e não contou com uma coalizão de poder e um Estado capazes de sustentar as reformas indispensáveis ao seu aprofundamento.

2.4.3 Os anos de 1960

As Nações Unidas e o governo norte-americano declararam a década de 1960 como a "década do desenvolvimento". No entanto, na América Latina, já no final dos anos de 1950, multiplicavam-se os sinais de esgotamento e as críticas à estratégia de industrialização que culminaram no trabalho clássico de M. C. Tavares (1972), *Auge e declínio da substituição de importações no Brasil*, cuja primeira publicação foi em 1963. Diante da crise econômica que se generalizou por todo o continente, o próprio pensamento estruturalista inspirou um programa de reformas estruturais que visavam a melhorar a distribuição de renda e dinamizar os mercados internos. Um programa que só foi experimentado no Chile, na segunda metade dos anos de 1960, mas que desencadeou, a partir do Brasil, uma reação conservadora e autoritária que atingiu quase toda a América Latina.

Iniciavam-se ali uma reversão das expectativas otimistas da década de 1950 e uma diáspora político-econômica, a qual teve seus limites extremos no desenvolvimentismo conservador dos militares brasileiros e no monetarismo ultraliberal dos militares chilenos. Iniciava-se também, no campo intelectual, um período de franco pessimismo com relação às perspectivas e a viabilidade dos projetos de industrialização e modernização, quando não do próprio desenvolvimento capitalista nas regiões atrasadas e periféricas do sistema econômico mundial. "Fase pessimista" que se prolongou até a primeira metade da década de 1970, e foi logo depois ultrapassada pela discussão da crise econômica internacional e da crise das dívidas externas e, mais à frente, pela nova hegemonia liberal-conservadora do pensamento econômico neoclássico. Pertencem a essa época de desencanto as várias teorias da dependência formuladas dentro e fora da tradição estruturalista.

Também no mesmo período, ainda que noutra clave, teve grande repercussão e importância acadêmica a publicação de alguns estudos histórico-comparativos acerca das trajetórias e padrões de industrialização e modernização política, como os de Alexander Gerschenkron, Barrington Moore, Charles Tilly, Theda Skocpol e alguns outros mais que deram conta da multiplicidade de caminhos percorridos pela industrialização, modernização e formação dos Estados europeus. Ainda que de maneira indireta, estes novos estudos introduziram no debate teórico, ao lado do pessimismo reinante, uma dúvida radical com relação a todas as previsões e otimismos evolucionistas e lineares quanto à expansão do capitalismo e à transformação institucional das "sociedades tradicionais".

Essa nova pesquisa histórico-comparativa não teve a repercussão imediata e política que tiveram, nos anos de 1960, as teorias da dependência, mas contribuiu para a recomposição do programa de investigação acerca do tema do desenvolvimento do capitalismo nas regiões atrasadas. Alguns desses estudos históricos, de forte conotação institucionalista, já haviam sido publicados nos anos de 1950, mas só tiveram audiência mais atenta, sobretudo na América Latina, a partir da crise dos impasses gerada pelo esgotamento da "fase fácil da substituição de importações". Nesse campo, duas foram as obras mais marcantes e decisivas: *Atraso econômico em perspectiva histórica*, de Alexander Gerschenkron, publicado em 1962, e *As origens sociais da ditadura e da democracia*, de Barrington Moore, publicado em 1966. Ambas identificam pelo menos três vias distintas na experiência de industrialização e de modernização política do século XIX, e mesmo quando suas pesquisas não trataram exatamente dos mesmos casos nacionais, tampouco seus modelos foram coincidentes, ambos utilizaram a mesma ideia do "atraso" como fator essencial na construção de seus paradigmas históricos.

Sua contribuição mais importante e conjunta, para o debate teórico, sobretudo latino-americano, veio da identificação – na Alemanha, na Rússia, na Romênia, no Japão, ou ainda na Itália – de uma espécie de segundo paradigma ou "via tardia de industrialização e modernização conservadora". Algo muito semelhante ao que Engels e Lênin já haviam identificado na própria Alemanha como "via pelo alto" ou "via prussiana", reunindo burguesias frágeis e internacionalizadas com burocracias estatais fortes e militarizadas num contexto agrário de lenta mercantilização e repressão da mão de obra, bem como num contexto urbano de industrialização acelerada a partir de objetivos militares e de potência estatal. Um modelo que passou a frequentar de modo assíduo, ainda que muitas vezes incorreto, as reflexões históricas e proposições políticas dos que já estavam convencidos da impossibilidade de repetir no século XX, e num contexto internacional completamente diferente, as revoluções "democrático-burguesas" e as industrializações "sequenciadas" dos países que foram pioneiros na construção do sistema econômico capitalista e do sistema político interestatal.

Hoje, contudo, ninguém mais tem dúvidas de que o modelo de Gerschenkron exagerou a racionalidade econômica e a coerência da visão de longo prazo da burocracia russa, e que tanto ele quanto Barrington Moore deram pouca atenção ao papel cumprido pela forma em que estes países se inseriram e participaram da dinâmica competitiva, mas também complementar, da "economia mundo europeia", e, em particular, da forma como se articularam dentro do sistema comercial e monetário liderado pela Inglaterra na sua condição de potência hegemônica durante o século XIX. Por outro lado, suas

169

pesquisas cobriram sobretudo o período histórico que vai de 1860 a 1914, isto é, período completamente distinto daquele que se inicia depois a Segunda Guerra Mundial, quando se inclui o debate que acabou representando parte importante de seus trabalhos historiográficos. Dessa forma, o conceito de "atraso" que havia adquirido importância desde os trabalhos pioneiros de Veblen tornou-se prisioneiro de uma situação histórica única e de um contexto político e econômico muito particular: a história e o contexto de uma Europa que, atropelada pela revolução industrial inglesa, perde sua relativa homogeneidade anterior, obedecendo, a partir daí, a uma temporalidade interna diferenciada segundo ritmos nacionais de progresso tecnológico completamente distintos. Um contexto histórico, portanto, em que fica mais simples delimitar o conceito de "atraso" a Estados que estavam em relativo equilíbrio de forças em torno dos séculos XVII e XVIII e que passam, no século XIX, a competir e tentar alcançar o mesmo nível de progresso e riqueza da Inglaterra, a fim de restaurar a homogeneidade na Europa.

Não há dúvida, contudo, de que foram as teorias da dependência que interpretaram de maneira mais fiel o clima político e intelectual latino-americano dos anos de 1960. Mas há também completo consenso entre os historiadores das ideias de que não houve uma, mas várias teorias da dependência, e que cada uma delas apontava para projetos políticos e estratégias econômicas completamente distintas. Apesar disso, todas têm em comum uma dívida inconteste com a teoria do imperialismo, em particular com a sua releitura feita por Paul Baran a partir da década de 1940, bem como com a visão da periferia capitalista no contexto de uma economia global e hierarquizada da escola estruturalista. Além disso, compartilharam, em particular os marxistas, a crítica à teoria e à estratégia da "revolução democrático-burguesa" nos países periféricos, questionando o caráter progressista e nacional de suas burguesias industriais e o caráter democrático das alianças populistas patrocinadas, a partir de 1930, por quase todos os partidos comunistas latino-americanos. Uma discussão que havia sido iniciada, na América Latina, nos anos de 1920, com o debate entre os peruanos J. C. Mariátegui (1928) e V. R. Haya de la Torre (1928), cujas posições polarizadas reaparecem com demasiada clareza na divisão interna dos "dependentistas". A partir do trabalho clássico de Gabriel Palma (1982), quase todos reconhecem a existência de pelo menos três grandes grupos ou vertentes dentro da "escola da dependência".

O primeiro, o qual foi mais conhecido fora da América Latina, é o que tem maior dívida com Paul Baran (1957). Afinal, foi ele quem desviou a atenção da teoria clássica do imperialismo para a análise específica do mundo subdesenvolvido, distinguindo-o da condição colonial e abraçando a ideia de que ele não era uma obra das estruturas pré-capitalistas, mas produto de um certo tipo de desenvolvimento capitalista condicionado por um sistema internacional hierarquizado em que os países avançados exploravam os menos desenvolvidos ao transferirem parte do seu excedente na aliança com as "burguesias compradoras", as quais gastavam outra parte no consumo de luxo. A conclusão a que chega essa análise é que o capitalismo, em sua fase monopolista, perdera sua capacidade dinâmica e expansiva e passara a bloquear o desenvolvimento industrial dos países atrasados. Argumentos nesta direção foram elaborados logo depois da Segunda Guerra, tendo sido popularizados, entretanto, apenas por intermédio da tese do "desenvolvimento do subdesenvolvimento" elaborada pelos trabalhos de André Gunder Frank (1967); primeiro acerca do Brasil, depois, acerca da América Latina, e desenvolvida de forma mais ou menos fiel por Theotonio dos Santos (1970) e Rui Mauro Marini (1972), entre outros latino-americanos.

Essas ideias foram retrabalhadas fora do continente e de maneira mais detalhada pelas teorias do "intercâmbio desigual", de Arghiri Emmanuel (1972), e da "acumulação à escala mundial", de Samir Amin (1974), desenvolvidas, mais tarde, em outro nível de profundidade histórica e qualidade teórica pela teoria do *world-system* de Immanuel Wallerstein (1974). Na visão de Frank, as relações de exploração entre as "metrópoles" e seus "satélites" que articulam a totalidade do sistema econômico mundial bloqueavam em definitivo a possibilidade do desenvolvimento das forças produtivas capitalistas nas regiões mais atrasadas do sistema. Como consequência, concluía, junto com Theotonio dos Santos e Rui Mauro Marini, que o caminho do desenvolvimento latino-americano deveria passar inevitavelmente por uma revolução contra a burguesia nativa e contra o imperialismo que fosse capaz de encaminhar uma estratégia de desenvolvimento socialista apoiada no aumento da participação popular e na conquista da independência econômica externa.

Ao avançar na mesma direção, Immanuel Wallerstein desenvolve um modelo de análise bem mais complexo e sofisticado acerca da formação do capitalismo como sistema econômico mundial, articulado, desde o século XVI, na forma de uma única e inalterada hierarquia econômica e política. Um espaço econômico único e global que não deu origem a um império, mas a um conjunto de territórios políticos capazes de mudar individualmente suas posições relativas, a despeito de serem incapazes de se desenvolverem de maneira coletiva e harmônica devido a uma condição essencial à sobrevivência do sistema: a permanente reprodução da própria hierarquia entre centro, semiperiferias e periferia do sistema, desiguais da perspectiva do seu poder estatal e de sua riqueza.

Nas palavras do próprio Wallerstein:

> [...] Se a economia mundial é a entidade econômica básica que compreende uma única divisão do trabalho, então é natural que diferentes áreas desempenhem diferentes tarefas econômicas [...] contudo, o fato de Estados específicos mudarem sua posição na economia mundial, da semiperiferia para o núcleo, digamos, ou vice-versa, não altera por si só a natureza do sistema [...] o fator chave a ser observado é que, dentro de uma economia mundial capitalista, todos os Estados não podem se desenvolver simultaneamente por definição, uma vez que o sistema funciona em virtude de possuir regiões centrais e periféricas desiguais (Wallerstein, 1979, p. 53, 61).

As duas outras vertentes da escola não viram na dependência um fator externo que explicasse em definitivo o atraso, tampouco que fosse capaz de condenar os países ao eterno subdesenvolvimento. Essa seria apenas uma situação condicionante universal cuja eficácia específica variaria segundo o comportamento das estruturas, processos e interesses internos a cada país. O primeiro grupo, mais diretamente ligado ao pensamento estruturalista da Cepal, propõe e desenvolve sua reformulação por volta de meados dos anos de 1960, liderados por Aníbal Pinto, Celso Furtado e Osvaldo Sunkel. Não propuseram uma discussão mais geral acerca da viabilidade do capitalismo atrasado, mas um estudo dos obstáculos estruturais responsáveis pela estagnação econômica dos anos de 1960 e pelo que viam como frustração definitiva do projeto de desenvolvimento nacional da América Latina. Este é o tema comum ao artigo "Chile: um caso de desenvolvimento frustrado", de Pinto (1962), ao "Subdesenvolvimento e estagnação", de Furtado (1966), e ao "Mudança social e frustração no Chile", de Sunkel (1971). A análise do caso chileno não leva Aníbal Pinto a concluir a inevitabilidade da estagnação econômica, mas à certeza de que se trata de um estilo perverso de desenvolvimento econômico. As análises de Furtado e Sunkel, pelo contrário, têm um tom mais pessimista e sublinham com fortes destaques a tendência à estagnação latino-americana. Sua visão crítica do processo de substituição de importações dos anos de 1950 teve papel decisivo no programa de reformas estruturais que foi abortado, na maior parte do continente, por meio de uma série de golpes militares conservadores.

O fracasso do projeto reformista chileno e o progressivo esvaziamento, nos anos de 1970, da guerrilha socialista latino-americana, deram destaque político crescente à terceira vertente da escola da dependência, situada num "justo meio" entre a tradição leninista da teoria imperialista e as teses cepalinas acerca do comércio internacional cristalizada em torno da obra *Dependência e desenvolvimento na América Latina*, publicada em 1970 por Fernando Henrique Cardoso e Enzo Faletto. Em primeiro lugar, porque defendia, contra o pessimismo dominante – em linha com o ensaio "Mais além da estagnação", publicado numa outra clave por M. C. Tavares e José Serra, em 1970 –, que um desenvolvimento dependente e associado às metrópoles não tendia necessariamente à estagnação, e que era perfeitamente viável do ponto de vista capitalista independentemente do fato de que envolvesse pesadas contradições sociais e um controle da economia nacional. Nesse sentido, a viabilidade do desenvolvimento das forças de produção capitalistas deveria ser analisada caso a caso e em função das estratégias de ajustamento às mudanças internacionais adotadas pelas elites empresariais e políticas de cada país, bem como em função da forma de articulação interna entre seus segmentos mais e menos dinâmicos a partir da perspectiva econômica. Trata-se, portanto, da mesma tese desenvolvida no clássico *Desenvolvimento capitalista na Rússia*, o qual foi publicado por Lênin em 1899. Mas o que deu uma sobrevida a essa variante da teoria da dependência foi, sem dúvida, o fato de ter servido, muito mais tarde, como base de sustentação de um projeto político reformista que visou à reinserção liberal do Brasil na economia internacional dos anos de 1990.

Do ponto de vista estritamente teórico, entretanto, as várias versões da dependência não chegaram a nenhuma conclusão comum ou sequer foram capazes de demonstrar a correção de suas teses contraditórias. Os que viram um bloqueio definitivo ao desenvolvimento do capitalismo periférico na dependência externa jamais conseguiram precisar seus mecanismos de funcionamento e de reprodução. Já os que viram em alguns tipos de dependência uma oportunidade seletiva e específica de desenvolvimento, jamais souberam dizer onde, como e por que poderiam ocorrer ou não associações "virtuosas" com as economias centrais, razão pela qual as teorias da dependência mantiveram uma alta inconsistência teórica e uma completa inconclusividade política e estratégica. Esse quadro persistiu até o momento em que, nos anos de 1990, e, em particular, no caso brasileiro, a tese do "desenvolvimento dependente e associado" transformou-se em projeto de reforma liberal do modelo desenvolvimentista e permitiu a formação de uma coalizão de poder que reuniu alguns de seus principais defensores com as velhas elites econômicas e políticas desenvolvimentistas desligadas do regime militar e agora comprometidas com a ideia de abertura, de desregulação econômica, de desmontagem da estrutura e de estratégia em que se sustentaram os anos de 1930 de industrialização brasileira. Era uma hipótese que cabia perfeitamente dentro do projeto e da estratégia associada, mas foi descartada por uma leitura equivocada e de esquerda da obra de Cardoso e Faletto. Da perspectiva analítica, seu diagnóstico foi explícito: "[...] a acumulação capitalista em economias dependentes não completa seu ciclo; a acumulação, expansão e autorrealização do capital local exigem um complemento dinâmico externo e de tal complemento dependem: é preciso se inserir no circuito do capitalismo internacional" (Cardoso, 1973, p. 163). E de uma visão propositiva, seu projeto político-econômico também era muito claro:

> [...] nestas circunstâncias – de crise política do sistema quando não se pode impor uma política econômica de investimentos públicos e privados para manter o desenvolvimento – as alternativas que se apresentariam, excluindo-se a abertura do mercado interno para fora, isto é, para os capitais estrangeiros, seriam todas inconsistentes, salvo se admitisse a hipótese de uma mudança radical para o socialismo (Cardoso; Faletto, 1970, p. 120).

2.4.4 Os anos de 1970 e 1980

Na segunda metade dos anos de 1970, a tese acerca da viabilidade do desenvolvimento capitalista a partir de condições iniciais de dependência encontrou um outro desdobramento, teórico e político, diferente do que lhe deu Cardoso por intermédio de seus novos estudos cada vez mais centrados na análise e crítica dos aspectos políticos autoritários do desenvolvimentismo brasileiro (Cardoso, 1975; Weffort, 1984, 1992; Jaguaribe, 1985; Stepan, 1988; Reis, 1988; Sola, 1993 etc.). Deu-se no campo mais estritamente econômico por intermédio de uma releitura do pensamento estruturalista e de suas estratégias econômicas feita à luz de uma análise mais acurada das teorias de Marx, Keynes, Schumpeter, Kalecki, entre outros, e que desembocou na chamada "teoria do capitalismo tardio", a qual foi desenvolvida por um grupo de economistas brasileiros a partir de duas teses de doutoramento absolutamente seminais, *Acumulação de capital e industrialização no Brasil*, defendida em 1974 por M. C. Tavares, e *Capitalismo tardio*, defendida em 1975 por J. M. Cardoso de Mello.

O novo objeto central de preocupação e de pesquisa voltou a ser predominantemente "endógeno": a questão da "internalização dos mecanismos de acumulação de capital" ganha destaque perante as relações de dependência externa que foram a tônica dos trabalhos críticos da década anterior. A viabilidade do capitalismo brasileiro já não estava mais em discussão, mas tinha de ser repensada como a história de um certo tipo de "capitalismo tardio" definida a partir de uma dupla determinação: o seu passado imediato como economia exportadora e escravista e o seu momento de inserção internacional num capitalismo já industrializado e monopolista em escala mundial. Como consequência, afirmavam que o capitalismo brasileiro nasceu desacompanhado das suas forças produtivas clássicas, consolidando-se sem contar com um "departamento" produtor de bens de produção, portanto, foi bloqueado por obstáculos, financeiros e tecnológicos, que o mantiveram "restringido" até a década de 1950 quando fora desbloqueado pela ação conjunta do Estado e da grande empresa oligopolista internacional. Para essa nova vertente estruturalista, a crise dos anos de 1960 havia sido apenas a primeira crise cíclica industrial da economia brasileira, e o caráter restrito do progresso tecnológico brasileiro tinha de ser entendido como resultado da assimetria da competição intercapitalista entre empresas pequenas e grandes, nacionais e internacionais, privadas e públicas.

Essa nova formulação teórica levou também a uma nova agenda crítica do desenvolvimento brasileiro que sublinhava sobretudo os seus problemas decorrentes da não centralização do capital; da inexistência de um sistema de financiamento endógeno e industrializante; da não calibragem estratégica da política industrial; da ausência de uma política comercial externa mais agressiva, da altíssima concentração da renda e da propriedade territorial agrária e urbana e dos "pés de barro" em que se sustentava o seu projeto de "potência emergente" (Lessa, 1978; Belluzzo; Coutinho, 1982, 1983). Estas ideias ajudaram de maneira decisiva na crítica à política econômica do regime miliar e contribuíram para a formulação de um projeto de reforma do desenvolvimentismo conservador brasileiro – profundamente antipopular – que orientou alguns dos primeiros passos do governo de transição democrática no Brasil, entre 1985 e 1988. Mas neste caso, ao contrário da tentativa frustrada de reforma dos anos de 1960, o aprofundamento da crítica teórica do próprio Estado desenvolvimentista brasileiro (Fiori, 1984a, 1984b) levava à conclusão de que as reformas e o enfrentamento conjunto da crise da dívida externa e do novo contexto econômico internacional demandariam uma mudança radical das bases de sustentação política do projeto de desenvolvimento do país. Seria essencial a construção de uma nova coalizão de poder capaz de redesenhar o projeto nacional com base noutro conjunto de valores, hierarquizados a partir das necessidades da população e de uma inserção soberana na nova onda globalizante da economia capitalista.

Essas ideias e projetos foram derrotados politicamente em 1990 e deram lugar, no plano teórico, à hegemonia da crítica neoliberal do "desenvolvimentismo" e, no plano prático, à substituição do projeto de construção de uma "potência emergente" pelo de transformação do país num "mercado emergente".

Na entrada dos anos de 1980, o Brasil fora submetido a um choque múltiplo e simultâneo provocado pela alta da taxa de juros internacional e dos preços do petróleo e pela queda do preço das *commodities*, seguida pelo afastamento do país do sistema financeiro internacional. Mas, para a nova crítica liberal do desenvolvimentismo, a crise brasileira e latino-americana fora causada pelo "populismo macroeconômico" dos regimes militares e pela ação predatória de agentes econômicos *rent seekings*. Eram ideias que já vinham sendo difundidas, durante toda a década de 1980, pela equipe econômica do Banco Mundial, mas, entre nós, elas se transformaram na argamassa ideológica que ajudou a "recolar" a velha coalizão de poder autoritária e antissocial, conectando-a com as ideias e com o poder articulados internacionalmente em torno do Consenso de Washington. Expressão cunhada em 1989 pelo economista anglo-americano John Williamson para dar conta do conjunto de políticas e reformas propostas pelos organismos multilaterais na renegociação das dívidas externas dos países "em desenvolvimento", os quais passaram a ser chamados, a partir dos anos de 1990 – dentro de espírito do novo consenso –, de "mercados emergentes".

Em seu conjunto, as propostas do Consenso atualizam para o conjunto do Terceiro Mundo – e em particular para a América Latina – as novas convicções liberais hegemônicas nas academias e na política econômica mundial, a partir da crise dos anos de 1970, sobretudo depois da tentativa do governo francês de François Mitterand de implementar uma resposta de tipo keynesiana à recessão mundial de 1980 a 1984, alternativa vetada pela ação conjunta dos governos conservadores americano, inglês e alemão. No caso da América Latina, desde 1973 com o regime militar chileno e depois, a partir de 1976, com a política econômica da nova ditadura argentina, esse receituário monetarista e neoliberal já vinha sendo experimentado, ainda que sob a forma do que Samuelson chamou de "fascismo de mercado". A partir dali, o debate teórico latino-americano se voltou, em certa medida em resposta à realidade vivida por essas economias, cada vez mais para a discussão macroeconômica da inflação e de várias estratégias alternativas de estabilização monetária associada a uma crítica cada vez mais liberal dos aspectos autoritários do modelo desenvolvimentista-conservador que se manteve, pelo menos no Brasil e no México, até a eclosão da crise da dívida externa na entrada dos anos de 1980.

A partir da segunda metade da década e, no caso brasileiro, depois da crise do Plano Cruzado de estabilização monetária, em 1987, e da promulgação da nova Constituição de 1988, a preocupação com o desenvolvimento foi definitivamente engavetada e substituída pela velha convicção neoclássica de que o crescimento das regiões atrasadas exigia adesão ao livre-comércio e estabilização e homogeneização dos preços pela via dos mercados desregulados, globalizados e competitivos. Um pouco mais à frente, em 1990, iniciava-se também no Brasil o desmonte institucional dos instrumentos de regulação e intervenção do seu Estado desenvolvimentista, isto é, de uma parte expressiva de suas cadeias industriais e de boa parte das infraestruturas construídas entre 1950 e 1980. Da perspectiva político-econômica, chegava à sua última estação a "era desenvolvimentista", ao passo que os economistas e demais intelectuais do velho mundo subdesenvolvido voltavam a acreditar nas profecias da economia política clássica do século XIX e na visão natural, linear e acumulativa do crescimento econômico da escola neoclássica. Esse movimento ocorreu a despeito de que, com todas as críticas que já foram feitas, tenha sido só na "era desenvolvimentista" que os países do Terceiro Mundo conseguiram crescer a uma taxa média superior à dos países do "núcleo orgânico do capitalismo".

No caso da América Latina, por exemplo, o PIB global quintuplicou durante aquele período, e a renda média anual cresceu a uma taxa média anual de 5,5% enquanto a renda *per capita* crescia a uma taxa média de 2,75% ao ano. No caso brasileiro, em particular, o PIB cresceu a uma taxa média anual de 7,1%, enquanto o PIB industrial crescia a 9% ao ano, e a participação do produto industrial no PIB global passava de 26% em 1949 para 40% em 1980. Nesses mesmos trinta anos, a participação dos produtos manufaturados passou para 60% da pauta de exportações do país, e o setor produtor de bens de produção chegou a produzir 30% do PIB industrial na entrada dos anos de 1980. E, apesar de todos os pesares, a expectativa de vida da população saltou de 50 para 65 anos, ao mesmo tempo em que a população rural caiu de 60% para 30%; o analfabetismo passou de 50% para 25% da população adulta e a escolaridade subiu de 10% para 50% da população em idade escolar. Esses fatos e números favoráveis, entretanto, não negam a tendência de longo prazo, observada nos séculos XIX e XX (com a exceção já mencionada da década de 1970) de polarização da riqueza em escala global. Ou seja, a despeito de períodos de maior crescimento nos países mais pobres, não houve a tão esperada convergência de riqueza na escala global.

Talvez por isso Bill Warren e Giovanni Arrighi, dois autores com a mesma origem marxista, puderam escrever respectivamente dois ensaios chamados "A ilusão do subdesenvolvimento" (1982) e "A ilusão do desenvolvimento" (1997). Trata-se de uma leitura divergente dos mesmos fatos que poderia ser conciliada pela ideia da "causação acumulativa" de Gunnar Myrdal, a qual parece ter sido amplamente confirmada pelo século XX.

2.4.5 Os anos de 1990

Na década de 1990, no mesmo momento em que o Brasil começava a implementar, ainda que de maneira tardia, a nova estratégia neoliberal sob a batuta dos teóricos do "desenvolvimento dependente e associado", mas com o apoio das mesmas forças políticas e econômicas que haviam sustentado o desenvolvimentismo conservador do regime militar, iniciava-se também uma revisão autocrítica do Consenso de Washington dentro dos organismos multilaterais comprometidos com sua execução. São exemplo típicos desta autocrítica, além do *East Asian Miracle*, publicado em 1993 pelo Bird, e do *The Washington consensus revisited*, publicado em 1996 pelo próprio John

Williamson, dois outros ensaios publicados em momentos distantes da década de 1990: "Latin American thought: future policy directions and relevance", de Colin Bradford, diretor de Pesquisa da OCDE, em 1991; e "Post-Washington consensus", mais recentemente, em 1997, por Joseph Stiglitz, vice-presidente e economista chefe do Banco Mundial. Essa revisão crítica feita pelo próprio *establishment* multilateral de Washington foi induzida aos poucos já na primeira metade dos anos de 1990 pela catástrofe da transição econômica russa, pelo sucesso heterodoxo do Leste Asiático (até 1997) e da China, e pela visível "inapetência" para o crescimento do novo modelo liberal latino-americano. Na versão mais antiga, branda e complementar da crítica de Bradford, as reformas da política macroeconômica defendidas pelo Consenso de Washington eram necessárias, porém insuficientes. Para ele, a liberalização comercial não se constitui por si só em fator suficiente de dinamização das exportações, e as privatizações, desregulações e estímulos ao investimento direto estrangeiro podem remover dificuldades, mas não asseguram o crescimento do setor privado. Em síntese, para Bradford, o Consenso de Washington seria um ingrediente necessário, mas não suficiente para obter o desenvolvimento econômico sustentado prometido pelos novos neoclássicos.

A crítica mais recente e dura formulada por Stiglitz vai bem mais além, quando afirma que as ideias e os supostos teóricos do Consenso de Washington não conseguem dar conta nem do sucesso, tampouco da crise recente do milagre econômico do Leste Asiático, que, segundo esse autor, não se deveu ao excesso, e sim à escassez de intervenção dos Estados locais. Joseph Stiglitz vai mais longe e afirma, sem receio, que a excessiva ênfase do Consenso no problema da inflação levou à implementação de políticas que não são as melhores do ponto de vista dos requerimentos de crescimento de longo prazo das economias afetadas. De fato, Stiglitz considera que o Consenso de Washington não oferece as respostas adequadas à questão do desenvolvimento precisamente porque se submete à sua obsessão anti-inflacionária fundada em convicções não comprovadas pela história acerca da própria natureza do processo inflacionário. Por fim, Stiglitz questiona a própria eficácia dos programas de privatização e defende o papel ativo do Estado na regulação da economia, na implementação de políticas industriais e de políticas de bem-estar social para a população.

De maneira mais ou menos explícita, essas novas propostas recorrem às teses da chamada "*new-institutional economics*" liderada por dois vencedores do Prêmio Nobel, em 1991 e 1993, Ronald Coase e Douglas North, seguidores, até certo ponto, do "velho institucionalismo" de Walton Hamilton, Wesley Mitchell e Thorstein Veblen. Mas enquanto os "velhos institucionalistas" eram críticos do pensamento neoclássico e davam importância, em suas análises histórico-institucionais, aos conflitos entre grupos de interesse, os novos institucionalistas são neoclássicos ainda que rejeitem a tese da "racionalidade instrumental". No seu lugar, introduzem como conceito estratégico a ideia de "custos de transação", os novos responsáveis pela existência de mercados imperfeitos. De uma perspectiva propositiva, esses "novos institucionalistas" também agregam novas ideias ao que já foi a política dos velhos teóricos da modernização: postulam a necessária difusão de um pacote institucional capaz de reproduzir "custos" segundo o modelo anglo-saxão. Como nos tempos de Walter Rostow, o segredo do desenvolvimento volta a estar na capacidade, maior ou menor, de os povos atrasados reproduzirem as crenças e instituições que tiveram sucesso nos países mais avançados.

Não é muito diferente a conclusão prática – sob a ótica de política de desenvolvimento – que se pode extrair do novo institucionalismo de filiação não neoclássica. Neste caso, o crescimento econômico bem-sucedido dependerá da "capacitação tecnológica", ou ainda da "capacidade de aprendizado" demonstrada, ou adquirida, pelas das empresas e pelos "sistemas nacionais de inovação". Mas, mesmo quando a inovação tecnológica depende – em clave keynesiana – de decisões empresariais construídas sob condições de instabilidade de expectativas, esses autores raramente incluem no seu argumento e nas suas estratégias os problemas cruciais em países atrasados ligados aos sistemas de financiamento e às relações monetárias e políticas internacionais, restringindo-se a uma visão estática e conservadora do papel das instituições. Elas só aparecem, quase invariavelmente, como um conjunto de convenções destinadas a estabilizar as expectativas e reduzir as incertezas dos decisores econômicos.

Assim, se para a *new institutional economics* o segredo do desenvolvimento passa pela reprodução de instituições capazes de zerar ou reduzir os custos de transação, para os institucionalistas não neoclássicos, o segredo estaria na capacidade política de estabilizar as convenções indispensáveis ao bom funcionamento do impulso microeconômico responsável, em última instância, pelo crescimento econômico sustentado. Conclusões que não levam a sério uma advertência decisiva do próprio Douglas North de que "as instituições não foram criadas para ser eficientes, mas para servir os interesses dos grupos com suficiente poder de barganha para impor as regras" e que, além disso, "nós sabemos muito pouco sobre as relações entre os mercados econômicos e políticos" (North, 1995, p. 20). Ele mesmo, aliás, depois disso, também conclui de maneira quase simplória e tautológica que a riqueza ou pobreza das nações decorre da existência ou ausência em cada país dos "requerimentos institucionais necessários para capturar as implicações produtivistas da moderna tecnologia" (North, 1995, p. 21).

Essas críticas recentes ao Consenso de Washington, como o "novo institucionalismo", inovam pouco no campo teórico e não conseguem escapar à camisa de força das políticas da restauração liberal-conservadora. Por isso, ao terminar esta releitura das ideias, ainda que feita na forma de um simples roteiro, pode-se perceber com maior nitidez o tamanho e a complexidade do vácuo teórico e ideológico deixado pela crise da "utopia global". Com ela esgotam-se as profecias da economia clássica e a expectativa ingênua de desenvolvimento dos neoclássicos. Tudo isso quando se desencanta a última utopia dos modernos, e as teorias econômicas do desenvolvimento chegaram ao limite do empobrecimento, imprecisão e inconclusividade. E, no entanto, mesmo que a maior parte da América Latina permaneça por um longo tempo em estado de letargia econômica, é pouco provável que suas principais economias já tenham chegado, de forma definitiva, a um "estado estacionário" precoce. O mais provável é que retomem, em algum momento, o caminho do desenvolvimento. Mas primeiro será necessário superar a hegemonia teórica liberal que bloqueou o pensamento político-econômico latino-americano, bem como recolocar as perguntas capazes de reanimá-lo e impulsioná-lo uma vez mais na direção de novas ideias e de novas pesquisas, de novos conceitos e de novos projetos.

2.4.6 Uma nova pergunta

Nesse último quarto de século, a história econômica do capitalismo parece haver retomado a sua trajetória liberal do século XIX, repondo em funcionamento o "moinho satânico" dos mercados autorregulados, transformados agora em parceiros de uma hegemonia imperial mais implacável e unipolar do que no caso da supremacia inglesa. Essa conjunção de forças, por sua vez, gerou uma finança privada, global e desregulada, que na ausência de um padrão monetário internacional tem sido a grande responsável pela instabilidade e pelo pouco dinamismo do sistema, bem como por uma gigantesca concentração e centralização empresarial e territorial da riqueza. Nesse contexto, e devido à fragilidade de suas moedas e do seu balanço de pagamentos, os países periféricos não têm conseguido acompanhar o sistema de taxas de câmbio flutuantes (praticada pelos países centrais), e quando optam pela alternativa de atrelar suas moedas às da potência dominante mundial ou regional, condenam-se a ciclos curtos de modesto crescimento (na média do ciclo), altas taxas de desemprego e ingovernabilidade, a qual se sustenta somente durante os períodos de disponibilidade de capitais e créditos internacionais abundantes e baratos.

Nesse sentido, a experiência desses 25 anos deu maior nitidez às relações entre o poder dos Estados e das moedas, colocando-as no epicentro de uma ordem hierárquica internacional em que parecem muito mais difíceis o desenvolvimento e a mobilidade ascendente das economias nacionais. Esta relação entre Estados, moedas e desenvolvimento já existia desde o padrão-ouro, e é provável que nunca tenha tido um funcionamento mais regular e "virtuoso" do que no padrão-dólar, em que foi possível conciliar, sob a pressão geopolítica da Guerra Fria, a ordem liberal internacional com a autonomia das políticas econômicas nacionais, tanto nas experiências keynesianas como nas desenvolvimentistas. A transparência da conjuntura atual ilumina melhor o que ocorreu naqueles dois períodos anteriores e permite reconhecer a importância que sempre tiveram os sistemas de poder interestatal e os padrões monetários internacionais nos desenvolvimentos econômicos nacionais. Três alicerces de uma arquitetura econômica e política mundial construída na segunda metade do século XIX, mas que se projetou sobre o século XX, criando os espaços, bloqueios e oportunidades de expansão cíclicas das economias periféricas.

Foi naquele momento, e sobretudo a partir de 1860 – com o fim da Guerra da Secessão nos Estados Unidos, a unificação da Alemanha depois da Guerra Franco-Prussiana, a Restauração Meiji depois da ameaça externa do comodoro Perry, e a abolição da servidão russa, depois da derrota na Guerra da Crimeia – que se constituiu um bloco de Estados que, ao lado da França de Bonaparte III e sob a hegemonia da Inglaterra, deram origem ao que se pode chamar de "núcleo duro e hierarquizado" do "sistema global".

Naquele momento, definiram-se algumas fronteiras territoriais decisivas; consolidou-se – por adesão "espontânea" – o primeiro sistema monetário internacional; iniciou-se a corrida colonialista; e, junto com a "segunda revolução industrial", os novos conglomerados e o capital financeiro, nasceram os "capitalismos tardios", os quais, na virada do século, já ultrapassavam o poder industrial da Inglaterra. Capitalismos "turbinados" por Estados nacionais que foram capazes de sustentar estratégias de desenvolvimento e que souberam utilizar e romper, a um só tempo, a camisa de força criada pelo padrão-ouro liderado pela Inglaterra, a potência hegemônica da época. Estados e capitais que cumpriram, ao mesmo tempo, o papel de forças transformadoras da "civilização liberal" e que acabaram se transformando, no século XX, em atores centrais dos conflitos e ordens políticas e financeiras que viabilizaram ou obstaculizaram alguns casos de desenvolvimento econômico nacional rápido e bem-sucedido, que ficaram conhecidos no jargão ideológico como "milagres econômicos".

2.5 Estados, moedas e desenvolvimento[24]

> Futuramente, é possível que os nativos desses países se tornem mais fortes, ou os da Europa mais fracos, e os habitantes de todas as diversas regiões do mundo possam chegar àquela igualdade de coragem e força, que, inspirando temor mútuo, constitui o único fator capaz intimidar a injustiça das nações independentes e transformá-la em certa espécie de respeito pelos direitos recíprocos.
>
> (Adam Smith, 1984)

2.5.1 A visão clássica

Ao defender a tese de que uma mudança na correlação de forças entre os Estados era uma condição indispensável a uma maior equidade entre as nações, Adam Smith propôs à economia política clássica uma questão e um caminho que ele mesmo posteriormente abortou. Quando Smith publicou, em 1776, sua *Investigação sobre a natureza e as causas da riqueza das nações,* já fazia mais de dois séculos que os mercantilistas estavam convencidos de que o dinheiro e a riqueza eram dimensões inseparáveis do poder dos Estados. Entretanto, o viés político-ideológico imposto pela luta do liberalismo econômico contra o "sistema mercantil" impediu aos

---

24. Este texto foi publicado originalmente no livro *Estados e moedas no desenvolvimento das nações* (Petrópolis: Vozes, 1999).

economistas políticos ingleses reconhecerem o que havia de verdade na política mercantilista, de modo que enviesaram, de forma definitiva, todo o pensamento econômico clássico.

O próprio Smith, depois de propor, com absoluta precisão – a propósito dos países atrasados – o que era, de fato, o enigma central de todo o desenvolvimento capitalista, foi incapaz de analisá-lo e esclarecê-lo de forma objetiva e consequente. Pelo contrário, acabou concluindo – submetido ao seu *desideratum* ideológico – que "nada parecia ter mais probabilidades de criar tal igualdade de força do que o intercâmbio mútuo de conhecimentos e de todos os tipos de aprimoramentos que traz consigo um amplo comércio entre si" (Smith, 1983, p. 101). Resposta perfeitamente circular, uma vez que, para Smith, fora o próprio "intercâmbio mútuo" que provocara os "infortúnios horríveis" nos territórios coloniais, exatamente porque a correlação de "coragem e força" entre os povos conquistadores e conquistados era muito desigual. É, portanto, um contrassenso supor que este mesmo intercâmbio pudesse desfazer a correlação originária e desigual de forças entre as nações. Smith foge de sua própria contradição, dissolve o problema no campo teórico ao identificar seu conceito de nação com o de mercado, e ao definir seu conceito de riqueza a partir da satisfação dos consumidores. Como resultado, reinventa uma nação sem Estado nem território, feita apenas de mercadores e consumidores. A mesma falácia que se prolonga na teoria do comércio internacional de Ricardo, incompatível com seu próprio modelo, baseado na relação entre dois países que permaneceram desiguais ao longo dos séculos.

Essa mesma ambiguidade teórica permeia a discussão de Smith e de Ricardo[25] acerca o valor da moeda. Ambos reconhecem a importância universal (e nefasta) do poder político dos Estados soberanos na determinação do valor do dinheiro, mas preocupam-se apenas com o controle do "Estado inglês", sobretudo por meio do seu Parlamento e da criação do sistema de

---

25. Em *A riqueza das nações*, Adam Smith denuncia que, "em todos os países do mundo, a avareza e a injustiça dos nobres e dos Estados soberanos os levou a, abusando da confiança dos seus súditos, diminuírem gradualmente a quantidade de metal que originariamente existia nas suas moedas [...] conseguindo deste modo pagar as suas dívidas e compromissos com quantias de prata inferiores às que de outro modo seriam forçados a utilizar [...]" (Smith, 1984, p. 23). Ricardo usa da mesma veemência, nos seus *Princípios*, ao sustentar que "nenhuma reclamação tem sido tão comum quanto em relação aos aumentos dos preços de todas as mercadorias, mas poucos sabem quão grande parte da inconveniência que sofrem é para ser atribuída inteiramente ao uso impróprio que os diretores do Banco têm feito dos poderes extraordinários que a legislatura confiou a eles" (Ricardo, 1982, p. 132).

referência baseado no padrão-ouro. Não discutem o problema, diretamente relacionado, da interferência do Estado e do poder econômico inglês na determinação do valor das moedas dos outros povos, inferiores em "coragem e força", apesar de Ricardo reconhecer que "o valor do dinheiro jamais é o mesmo em dois países quaisquer" (Ricardo, 1982, p. 108).

Como o liberalismo inglês, ao contrário dos fisiocratas, jamais assumiu a "tirania esclarecida" como condição do bom funcionamento dos mercados autorregulados, acabou transformando o "poder político" numa espécie de "complexo reprimido" ou "trauma originário" de todo o seu pensamento econômico. Essa ideia foi radicalizada pelo *mainstream* neoclássico que elevou à categoria de axioma número um dos seus modelos o que fora apenas uma proposta político-ideológica do liberalismo ascendente: a eliminação ou neutralização do poder político na determinação do valor do dinheiro e no funcionamento dos mercados capitalistas.

A própria "crítica da economia política" de Marx se manteve fiel ao antimercantilismo de sua época. Sua teoria do capital foi ainda mais radical no processo analítico de "despolitização" do sistema econômico e da dinâmica capitalista. Nem sua teoria da acumulação, nem seus esquemas de reprodução ampliada "endogenizam" o papel do poder político na ruptura da "reprodução simples". Marx reconheceu a enorme importância das "dívidas públicas", mas restringiu-a aos processos e momentos de "acumulação primitiva", sem considerar o papel dos Estados nacionais na competição, na concentração e na centralização do capital, que viria a ser precisamente o tema central da teoria marxista do imperialismo.

Neste campo, foi Hilferding quem revolucionou o pensamento clássico ao dar novo enfoque, de maneira absolutamente original, às relações entre os Estados, as moedas e o desenvolvimento do capitalismo "organizado" num novo patamar do processo de concentração e de centralização do capital, hegemonizado pelo "capital financeiro". Para Hilferding, como para Bukharin, o imperialismo foi a política do capital financeiro em geral que visava a "governar o mundo na forma de um império universal". Entretanto, eles tinham consciência de que tal objetivo entrava em choque com os Estados nacionais associados aos seus capitais financeiros individuais, os quais se propunham, em conjunto, a defender seus territórios econômicos que eram delimitados politicamente pelas fronteiras do protecionismo. Essa contradição reaparece a todo momento no debate clássico entre Kautsky e

Lênin a respeito da viabilidade ou inviabilidade de uma coordenação pacífica entre as grandes potências, seus conglomerados financeiros e seus "territórios econômicos".

Na contramão do liberalismo e do marxismo, ainda no século XIX, a "verdade produtivista" do mercantilismo foi redescoberta pelo "protecionismo" industrializante de Alexander Hamilton e pelo "nacionalismo econômico" de Friedrich List e de Max Weber, todos movidos pelo mesmo objetivo político: o fortalecimento de seus Estados e capitalismos tardios ante o capitalismo originário e imperial da Inglaterra de Smith, de Ricardo e de Marx. No seu *Report on manufactures*, publicado em 1791, Hamilton definiu o que viria a ser – nos séculos seguintes – o ponto central da disputa com o livre-cambismo, ao sustentar que

> [...] A superioridade anteriormente desfrutada por nações que se dedicaram a um ramo da indústria e o aperfeiçoaram constitui um obstáculo mais formidável do que qualquer um dos anteriormente mencionados à introdução desse mesmo ramo em um país onde ele não existia antes (Hamilton, 1996, p. 80).

Meio século depois, Friedrich List sintetizou essa crítica e denunciou o que considerava a fragilidade central da economia política inglesa:

> [...] ela não reconhece nenhuma distinção entre as nações que atingiram um estágio superior de desenvolvimento econômico e as que ainda estavam em estágio inferior de evolução [...] [e por isso] em parte alguma os defensores deste sistema se preocupam em explicar os meios pelos quais as nações hoje prósperas chegaram a atingir esse poder e esta prosperidade que nelas observamos [...] fazendo-nos crer que a economia política não deve levar em consideração as políticas e o poder político [...] a influência recíproca que a riqueza material e o poder político exercem um sobre o outro [...] (List, 1986, p. 101, 119-120, 129).

Quase meio século mais tarde, Max Weber voltaria ao mesmo argumento de List[26], mas foi em sua *História econômica geral* que ele substi-

---

26. Numa aula inaugural na Universidade de Friburgo, publicada em formato de texto um mês depois em alemão e traduzida no Brasil com o título de "O Estado-nação e a política econômica", Max Weber defendia categoricamente que, "em última instância, os processos de desenvolvimento econômico também são lutas pelo poder, e os interesses da nação pelo poder, quando questionados, são decisivos, derradeiros e devem ter a política econômica da nação a seu serviço. A ciência da política econômica é política [...] os interesses políticos e econômicos de nossa nação pelo poder, bem como aqueles de seu detentor, o Estado-nação alemão, devem ter o voto final e decisivo nas questões relativas à política econômica alemã, incluídas aquelas que indagam se e até que ponto o Estado deve interferir na vida econômica [...]" (Weber, 2014, p. 22-23).

tuiu o campo normativo do nacionalismo econômico pela análise histórica, concluindo que a competição entre os Estados pelo poder e pela riqueza foi decisiva para o desenvolvimento do próprio capitalismo[27]. Uma tese que encontraria prolongação analítica natural na teoria posterior de Ferdinand Braudel quanto ao papel da relação – permanente e profícua – entre os donos do poder e do dinheiro na geração dos "grandes lucros extraordinários" que movem o capitalismo histórico.

Já no século XX, e no coração do mundo liberal, Lord Keynes foi responsável pela descoberta da "verdade monetária" do mercantilismo, exposta no capítulo XXIII da sua *Teoria geral*:

> [...] numa época em que essas autoridades não tinham controle direto sobre a taxa de juros interna nem sobre os outros estímulos para o investimento nacional [...] as entradas de metais preciosos resultantes de uma balança comercial favorável eram os únicos meios indiretos de reduzir a taxa de juros interna e aumentar assim o estímulo para inversões [...] (Keynes, 1996, p. 311).

E entre 1943 e 1944, nas negociações de Bretton Woods, Keynes pôde explicitar melhor sua tese acerca da "verdade mercantilista" ao definir o que seriam, para ele, as relações ideais entre um novo sistema monetário internacional e as moedas, as taxas juros e o nível de emprego de cada uma das economias nacionais[28]. Seu objetivo era impedir o retorno à competição monetária do entreguerras, mas também o retorno ao padrão-ouro no qual os governos eram obrigados a subir automaticamente suas taxas de juros, contrair o crédito e criar desemprego toda vez que enfrentavam situações adversas no seu balanço de pagamentos[29].

---

27. Na sua *História geral da economia*, Weber afirma que "esta luta competitiva criou as mais amplas oportunidades para o moderno capitalismo ocidental. Os Estados, separadamente, tiveram de competir pelo capital circulante, que lhes ditou as condições mediante as quais poderia auxiliá-los a ter poder [...] portanto, foi o Estado nacional bem-delimitado que proporcionou ao capitalismo a sua oportunidade de desenvolvimento [...]" (Weber, 1968, p. 291).

28. Até hoje ecoam de forma premonitória suas palavras no discurso à Câmara dos Lordes de maio de 1943: "Necessitamos de um instrumento de moeda internacional que possua aceitabilidade geral entre as nações [...] necessitamos de um método ordenado e acordado para determinar os valores relativos de troca das unidades monetárias nacionais, de modo que se previnam ações unilaterais e depreciações cambiais competitivas [...] de maneira mais geral, necessitamos de um meio de tranquilizar um mundo perturbado, pelo qual qualquer país cujos próprios assuntos sejam conduzidos com a devida prudência fique aliviado de ansiedades por causas que não são de sua própria autoria. [...]" (Keynes, 1943 *apud* Harrod, 1951, p. 526-527).

29. Como ele mesmo confessou em discurso de 1944 à mesma Câmara dos Lordes: "[...] Renunciamos aos instrumentos de taxa bancária e contração de crédito que atuam por meio do aumento do desemprego como forma de forçar nossa economia doméstica a alinhar-se com fatores externos" (Keynes, 1944 *apud* Harris, 1947, p. 374).

Em sua *Teoria geral*, assim como na sua diplomacia econômica, Keynes ensinava a mesma lição: na ausência de um sistema interno e organizado de crédito ou de empréstimos e investimentos externos seguia válida a política mercantilista com a única forma de manter a autonomia nacional da gestão da política monetária, independentemente das flutuações dos fluxos externos de capitais. E o único caminho, talvez, para os países atrasados realizarem o sonho de Adam Smith, equiparando-se em força, coragem e riqueza com as nações avançadas. Cada uma destas teses foi proposta em momentos muito diferentes da formação e expansão do capitalismo comercial e industrial, mas deixaram pelo menos três pistas fundamentais a respeito do problema das relações entre os Estados, as moedas e a riqueza desigual das nações.

A da escola liberal e cosmopolita, que propõe, permanentemente, autonomizar o desenvolvimento capitalista das fronteiras e do poder dos Estados, mas que reconhece, em Smith, a importância da equiparação dos poderes entre os Estados para esse desenvolvimento nas colônias, bem como a importância do poder político na determinação do valor da moeda, a qual é decisiva para a estabilização dos negócios.

A da escola marxista, que se debruça acerca das leis de movimento do capital e de sua "compulsão" internacionalizante. Entretanto, é apenas quando teoriza o imperialismo que reestabelece a importância da associação entre o poder político e o capital financeiro na competição imperialista entre os Estados nacionais e seus territórios econômicos supranacionais.

Por fim, a da escola mercantilista, que se prolonga no nacionalismo econômico do século XIX e reconhece a relação direta e inseparável entre o poder político, o manejo das moedas e a expansão e distribuição desigual da riqueza entre Estados territoriais, orientados, em última instância, pela ideia da inevitabilidade da guerra econômica ou militar e, portanto, da importância do controle nacional do dinheiro e das armas.

O debate entre essas três vertentes do pensamento clássico, entretanto, deixou sem resposta o enigma histórico proposto por Adam Smith. Se a equalização de poder é condição indispensável à equalização da riqueza entre as nações, e se a competição interestatal, como sintetiza Weber, é um elemento essencial da acumulação capitalista, como é possível alterar uma correlação de poder desfavorável entre as nações a partir de uma situação em que os Estados já aparecem hierarquizados historicamente, do ponto de vista de sua "coragem, força e riqueza", e competem dentro de uma mesma economia capitalista global?

2.5.2 Uma leitura histórica

Foi Karl Polanyi quem retomou este problema, numa perspectiva histórica, em seu trabalho clássico *A grande transformação*, publicado em 1944. Uma interpretação absolutamente original acerca da natureza e das raízes da crise que destruiu a "civilização liberal" do século XIX entre as duas grandes guerras mundiais do século XX. Mas ao discutir o "século liberal" e sua crise dos anos de 1930, Polanyi, de fato, transcendeu seu próprio tema e lançou as bases e a agenda de uma nova economia política internacional que se propunha ao estudo simultâneo e histórico das relações entre os Estados, as moedas, os mercados e a luta pela riqueza capitalista. Sua tese a respeito da crise dos anos de 1930 é muito conhecida. Polanyi não se restringe ao campo econômico; recua no tempo histórico para encontrar as raízes últimas da crise na mercantilização do trabalho, da terra e do dinheiro, bem como no conflito entre as tendências expansivas dos mercados autorregulados e as medidas políticas defensivas, de resistência e contenção, tomadas pelas sociedades para não serem aniquiladas pelas forças entrópicas geradas pelo funcionamento dos próprios mercados. Contradição que se aprofunda a partir da segunda metade do século XIX e acaba atingindo e destruindo, nas primeiras décadas do século XX, as quatro grandes instituições em que se apoiou o sucesso liberal: seu sistema de "equilíbrio de poder" europeu, seu "sistema monetário internacional" baseado no padrão-ouro, seus "Estados e crenças liberais", e finalmente, seus próprios "mercados autorregulados".

A força do argumento histórico de Polanyi está na sua tese acerca da simultaneidade dos dois processos: o da expansão e da complementaridade das quatro ordens institucionais, que permitiu à Europa viver um século de paz e prosperidade; e o da autodestruição destas mesmas instituições, que culmina com a ruptura do padrão-ouro e que leva à crise dos anos de 1930 e ao início de uma nova era na qual os mercados vieram a ser transitoriamente contidos e passaram a ser disciplinados pela pressão social e pela vontade política dos Estados.

Essa tese histórica, entretanto, inaugura ao mesmo tempo uma nova "economia política internacional", que contém algumas hipóteses e contribuições que mantêm sua validez teórica e metodológica quando aplicadas a diferentes situações históricas e definem um novo ponto de partida para a discussão mais geral acerca das relações entre os Estados e a riqueza capitalista.

Em primeiro lugar, porque seu argumento histórico coloca exatamente, como ponto de partida da discussão teórica, o enigma deixado pelos clássicos quanto à relação entre a geopolítica, a gestão da moeda internacional e o desenvolvimento contraditório das economias de mercado. Em segundo lugar, porque reintroduz a ideia de contradição, no seu velho sentido dialético, ao sugerir a existência simultânea e endógena ao sistema capitalista, de um "duplo movimento" provocado pela ação de dois princípios de organização da sociedade: "um, o princípio do liberalismo econômico que objetiva estabelecer um mercado autorregulado e o outro, o princípio da proteção social, cuja finalidade é preservar o homem e a natureza, além da organização produtiva" (Polanyi, 1980, p. 139).

Em terceiro lugar, porque Polanyi reconhece que este "duplo movimento", ou contradição, adquiriu uma nova natureza a partir da década de 1870, quando se generaliza a adesão dos países ao padrão-ouro no mesmo momento em que "o episódio do livre comércio estava no final", com barreiras protecionistas começando a ser levantadas e com o início da competição colonial entre os Estados nacionais europeus. Como diz Polanyi, a partir daquele momento decisivo, "o mundo continuou a acreditar no internacionalismo e na interdependência, mas agiu cada vez mais sob os impulsos do nacionalismo e da autossuficiência, [por isso] na verdade o novo nacionalismo foi o corolário do novo internacionalismo" (Polanyi, 1980, p. 198). É nessa nova conjuntura, também, que começa a bifurcar-se o "princípio de autoproteção" das sociedades europeias: por um lado, avançou a luta política das classes pela autoproteção social, e, por outro, separadamente, a luta dos Estados pela apropriação da riqueza mundial, movidos pelo que poderíamos chamar, ao lado de Polanyi, de "princípio da nacionalidade ou da territorialidade".

E, por fim, em quarto lugar, a nova economia política internacional de Polanyi reconhece a existência e a importância da hierarquia de poder existente entre os Estados para o funcionamento do mundo liberal e do sistema capitalista que,

> [...] na verdade, contava com um número limitado de países, dividido em países que emprestavam e países que pediam emprestado, países exportadores e países praticamente autossuficientes, países com exportação variada e países que dependiam de uma única mercadoria para suas importações e empréstimos estrangeiros (Polanyi, 1980, p. 206).

Realidade que era desconhecida pelos "mecanismos automáticos" do padrão-ouro que supunha "que os países envolvidos fossem participantes mais ou menos igualitários num sistema de divisão internacional do trabalho, o que não era o caso, enfaticamente" (Polanyi, 1980, p. 206). Mas que era perfeitamente identificada na ação da *haute finance*, que se fortaleceu na segunda metade do século XIX e que, embora fosse independente de qualquer governo, sabia distinguir com perfeição dois casos: o das grandes potências, em que reconhecia a precedência do poder sobre o lucro e no qual, em última instância, era "a guerra que estabelecia as leis dos negócios" e o caso dos países mais fracos e periféricos, no qual atuava como emprestador e gestor, em última instância, da sua política econômica.

Esses elementos e passos são essenciais na explicação de Polanyi a respeito do "fracasso histórico da utopia do mercado" que culmina com a Primeira Guerra e com a crise econômica dos anos de 1930. Entretanto, ao darem conta de um período de apogeu liberal, parecem de utilidade imediata, para pensar a nova era liberal que se inaugura a partir de 1970 e que relembra, em alguns de seus aspectos mais essenciais, o final do século XIX, sobretudo quando olhamos para o lado dos países que, na periferia do sistema aderiram novamente à crença religiosa nos mercados autorregulados, submetendo-se, muitas vezes, a um subsistema cambial regional que é uma espécie de caricatura do padrão-ouro. Nesses países, seus governantes voltaram a preocupar-se obsessivamente "com a segurança da moeda, protestando tanto contra os déficits orçamentários ameaçadores como contra as políticas do dinheiro barato", opondo-se, assim, tanto à "inflação do Tesouro" quanto à "inflação do crédito, e denunciando sistematicamente os encargos sociais e os altos salários, os sindicatos e os partidos trabalhistas" (Polanyi, 1980, p. 224), exatamente da mesma forma como fizeram as elites internacionalizantes do capitalismo liberal do século XIX. Trata-se de um exercício de comparação e replicação de hipóteses repleto de riscos, mas a própria flexibilidade do modelo de Polanyi estimula uma releitura de suas teses teóricas na perspectiva de interesse deste trabalho[30].

---

30. Como diz o próprio Polanyi, refletindo a respeito da originalidade dos acontecimentos históricos: "Num certo sentido, esta é uma tarefa impossível, pois a história não é modelada por qualquer fator único. Entretanto, a despeito de toda a sua riqueza e variedade, o fluxo da história tem suas situações e alternativas periódicas, que respondem pela ampla similaridade na tessitura dos acontecimentos de uma época. Não precisamos nos preocupar com as fímbrias dos torvelinhos imprevisíveis, se podemos dar conta, até certo ponto, das regularidades que governam as correntes e contracorrentes sob condições típicas" (Polanyi, 1980, p. 217).

2.5.3 O projeto teórico

Em clave arquitetônica, a civilização liberal de Polanyi teria a forma de uma catedral com duas naves, os mercados e os Estados, e duas cúpulas, situadas em igual altura e entrelaçadas entre si, uma com a forma do poder internacional e a outra com a do padrão-ouro. Mas, a partir de 1870, a consolidação internacional do sistema monetário baseado no padrão-ouro transformou-o na síntese de toda a obra liberal. Por isso, ao ruir definitivamente na década de 1930, levou consigo uma época e uma utopia. O essencial, entretanto, é que para Polanyi a crise do padrão-ouro não se gera de maneira endógena, em virtude de um mau funcionamento dos seus mecanismos automáticos. Ao contrário, foi produzida pelas modificações que ocorreram dentro das demais ordens institucionais em que se sustentava e que acabaram incompatibilizando-as com as regras e mecanismos do padrão monetário.

Nesse sentido, o fato de ter sido o padrão-ouro uma síntese da arquitetura liberal acabou transformando-o no "ponto de condensação" de todas as demais contradições que se acumulavam dentro do sistema na forma de "desemprego", de "tensão de classes", de "pressão sobre o câmbio" e de "rivalidades imperialistas" acerca do qual nos fala Polanyi[31].

> O mercado se expandia continuamente, mas esse movimento era enfrentado por um contramovimento que cerceava essa expansão em direções definidas. Embora tal contramovimento fosse vital para a proteção da sociedade, ele era, em última análise, incompatível com a autorregulação do mercado e, portanto, com o próprio sistema de mercado (Polanyi, 1980, p. 137).

Nesse sentido, pode-se dizer que a crise se condensava no padrão-ouro, mas era determinada em última instância pelo funcionamento dos mercados autorregulados e seus impactos destrutivos na totalidade do sistema.

Para Polanyi, foi a generalização das relações mercantis que levou à politização das relações sociais e econômicas, pressionando tanto o alargamento democrático dos sistemas políticos como o aumento do intervencionismo estatal num lento processo de mutação do Estado liberal e crescente descrédito na eficácia dos próprios mercados autorregulados. O mesmo argumento pode

---

31. A moeda internacional transformara-se no pivô das políticas nacionais, e a "essencialidade do padrão-ouro para o funcionamento do sistema econômico internacional da época era o dogma primeiro e único comum aos homens de todas as nações, de todas as classes, de todas as religiões e filosofias sociais [...] mas a quebra do padrão-ouro nada mais fez do que estabelecer a data de um acontecimento demasiado grande para ser causado por ele" (Polanyi, 1980, p. 43-45).

ser formulado a partir de uma perspectiva mais ampla e genérica. Na verdade, a reprodução estável das várias instituições em que se sustentava a "civilização liberal" supunha a imutabilidade do poder interno e externo dos Estados nacionais. E o questionamento social desse poder não levou apenas à uma reversão da autodefesa das sociedades e dos governos, levou também a várias formas de expansão do próprio poder do Estado sobre a sociedade e contra o poder dos demais Estados, num processo contínuo de superação e desestabilização das contradições originárias. O sistema supunha homogeneidade e estabilidade, mas de fato não era nem homogêneo nem estável.

Em primeiro lugar, a estabilidade do poder interno dos Estados supunha uma capacidade de contenção permanente dos gastos sociais e dos salários, bem como da manutenção do equilíbrio orçamentário contra qualquer tentação de políticas ativas de emprego ou de desenvolvimento. Em condições de paridade cambial fixa e livre circulação de capitais, que caracterizava o padrão-ouro, como diz Barry Eichengreen, na mesma linha de Polanyi:

> Havia apenas consciência limitada de que a política do banco central poderia ser direcionada a objetivos como o desemprego. E tal consciência teve pouco impacto na política, dada a extensão limitada do direito ao voto, a fragilidade dos sindicatos e a ausência de partidos trabalhistas no parlamento (Eichengreen, 1996, p. 191).

Qualquer descumprimento desse compromisso implícito, ou qualquer tentativa de os governos implementarem políticas macroeconômicas independentes em condições de mercados abertos e desregulados, sobretudo no caso dos países com Estados e moedas fracas, seriam imediatamente castigados pela fuga de capitais. Por conseguinte, também o funcionamento regular do sistema supunha a capacidade de os governos nacionais isolarem o comando de suas políticas monetárias com relação às pressões internas do mercado e do mundo do trabalho. Razão pela qual, conclui Eichengreen – prolongando o argumento de Polanyi –, neste tipo de regime cambial, ou qualquer outro equivalente, não há como fugir à seguinte disjunção: ou se contém a participação democrática, ou se rompe com as regras e a paridade do sistema, aumentando o controle do movimento de capitais[32]. De fato, a estabilidade assegurada pela administração ingle-

---

32. Por isso Andrew Walter sustenta, no seu *World money and world power*, que, "Apesar das dificuldades de comparação, deve-se enfatizar que a 'estabilidade' frequentemente associada ao padrão-ouro clássico era de um tipo muito limitado, [...] essa estabilidade, do modo como existia,

sa da moeda internacional não foi permanente e, quando ocorreu, esteve confinada ao núcleo central das nações europeias – ao qual se juntaram mais tarde os Estados Unidos e o Japão – cujas elites políticas e econômicas tinham no padrão-ouro uma verdadeira religião. Foi aí também que ocorreram os mais frequentes, sistemáticos e bem-sucedidos desrespeitos às regras infringidas pelos Estados e demais "capitalismos tardios" que souberam aproveitar e desrespeitar as vantagens do padrão-ouro e do "déficit de atenção" da hegemonia inglesa.

Sublinhe-se, entretanto, que o sistema-ouro não era apenas incompatível com a expansão das pressões democráticas, também era irreconciliável com qualquer projeto nacional de expansão da capacidade militar que implicasse aumento dos gastos públicos, o que significava um veto implícito à mudança da hierarquia geopolítica. Esta foi, aliás, uma das razões do relativo despreparo militar inglês no início das duas grandes guerras quando comparado com o poder militar alemão construído na contramão do sistema.

Por isso, pode-se dizer que há uma segunda grande inconsistência do sistema, porquanto supunha que existisse igualdade entre os seus participantes. De fato, o sistema não só não era homogêneo, como sua heterogeneidade era reforçada e ampliada em virtude de seu próprio funcionamento[33]. O sistema-ouro não era neutro nem mesmo em relação aos países do "núcleo central" que competiam entre si nos campos econômico e colonial, favorecendo, em última instância, o poder financeiro da City, a peça essencial da supremacia ou hegemonia britânica. Essa característica foi uma outra fonte geradora de instabilidade do padrão-ouro, de modo que não tem relação direta com a desigualdade entre as classes, e sim com a distribuição desigual da riqueza entre as nações[34].

---

provavelmente beneficiava principalmente os grandes países industrializados da Europa, em vez de países periféricos. [...]" (Walter, 1993, p. 95).

33. Como diz Robert Gilpin "[...] No mundo moderno, as normas e convenções que regem o sistema monetário têm efeitos distributivos importantes sobre o poder dos Estados e sobre o bem-estar dos grupos dentro desses Estados [...], cada regime monetário impõe custos e benefícios diferenciais sobre grupos e Estados [...], cada regime monetário internacional repousa sobre uma ordem política específica" (Gilpin, 1987, p. 118-119).

34. Polanyi faz uma radiografia correta, ainda que estática, desta nova realidade e enfoca o papel que as redes transnacionais e as conexões da *haute finance* cumpriram na estabilização europeia: "uma instituição *sui generis*, peculiar ao último terço do século XIX e ao primeiro terço do século XX e que funcionou neste período como o elo principal entre a organização política e econômica do mundo [...]. Às vezes a *Pax Britannica* mantinha esse equilíbrio através dos canhões dos seus navios, entretanto, mais frequentemente ela prevalecia puxando os cordéis da rede monetária internacional [...] [uma vez que] orçamentos e armamentos, comércio exterior e matérias-primas,

Nesse ponto encontra-se o elo mais frágil da teoria de Polanyi: a passagem do conflito social e de classes para o plano da desestabilização e da ruptura da ordem política internacional associada ao funcionamento do padrão-ouro. O que Polanyi não viu foi o "duplo movimento" interno específico da esfera geopolítica que atuou de forma igualmente desestabilizadora e que mudou de natureza, bem como de qualidade, a partir da consolidação e da hegemonia do capital financeiro na competição capitalista internacional. Por isso ele atribui o fim da "paz dos cem anos" ao acordo, em 1904, da Inglaterra com a França, e, um pouco mais tarde, com a Rússia, responsável pela bipolarização geopolítica da Europa, mas não se questiona, como faz com o fim do padrão-ouro, acerca das causas dessa decisão, as quais vêm de antes e derivam, em parte, da natureza instável de qualquer "equilíbrio de poder" internacional. Tal "equilíbrio" ficou ainda mais difícil de ser alcançado com o fortalecimento do capital financeiro alemão e norte-americano.

Muito antes do Congresso de Viena, a Paz de Vestfália havia estabelecido o "direito de autodefesa" como princípio, ou como fundamento, de uma ordem política internacional baseada nos princípios da soberania, da independência e da igualdade entre os Estados. Entretanto, o realismo no campo internacional sempre defendeu a tese de que um sistema interestatal baseado no direito à autodefesa tendia a ser anárquico, e todo "equilíbrio de poder" que fosse alcançado jamais seria estável, "visto que o sistema de autodefesa gera uma espiral de competição, com o intuito de tornar cada agente individual mais seguro, acaba por produzir uma insegurança geral" (Guzzini, 1998, p. 35). O clássico "dilema da segurança"[35] de que trataram,

---

independência nacional e soberania eram, agora, funções da moeda e do crédito" (Polanyi, 1980, p. 29, 32, 35).

35. Na mesma época em que foi publicada A grande transformação, Edward Carr (1946) e Hans Morgenthau (1948) propuseram uma explicação teórica distinta do funcionamento e da ruptura do sistema de equilíbrio de poder europeu do século XIX. Para eles, num sistema internacional anárquico formado por Estados com o mesmo direito à autodefesa, o "equilíbrio de poder" será sempre um ideal político e uma lei universal que não podem realizar-se plenamente. Mais tarde, a escola realista qualificou seu próprio axioma da anarquia interestatal. Henry Kissinger (1957) falou da existência de duas ordens internacionais, uma "legítima" e a outra "revolucionária", dependendo se suas principais potências compartilham ou não um código de conduta comum; e Raymond Aron (1962), da existência de subsistemas internacionais "homogêneos" e "heterogêneos", dependendo do grau em que os Estados envolvidos compartam ou não as mesmas concepções políticas internacionais. Mas essas qualificações não resolveram o problema de que as grandes guerras tenham se dado exatamente dentro dos sistemas "legítimos" ou "homogêneos", o que reforça, em vez de contradizer, a tese original de que, apesar da existência de mecanismos normativos ou de regimes institucionais, permanece vigente a lei que rege a competição política interestatal, provocada pelo dilema da segurança.

de forma implícita ou explícita, os realistas de todos os tempos: o direito à autodefesa provoca uma espiral competitiva, ou uma "ascensão aos extremos" – na linguagem de Von Clausewitz –, que mantém a guerra como uma situação-limite ou virtual, mas permanente. Uma armadilha ou lei que só poderia ser desativada, em teoria, se fosse possível tomar e sustentar a decisão universal, e simultânea, de abdicação do princípio da autodefesa.

Desse modo, é legítimo tratar também da existência de um "duplo movimento", próprio do Sistema de Vestfália, responsável pela expansão contraditória e conflitiva da ordem política internacional responsável pela gestão política do sistema capitalista. Também aqui atuam, por um lado, o princípio e a utopia liberal de um mundo sem fronteiras e sem poderes políticos competitivos. O sonho cosmopolita de Kant, presente em todos os pensadores liberais, reaparece em certos períodos associado aos grandes surtos de internacionalização ou globalização do capital. Mas este princípio é permanentemente negado e superado pelo princípio da territorialidade, o qual alimenta a *realpolitik* defendida por Maquiavel e por todos os pensadores mercantilistas ou nacionalistas. O princípio liberal objetiva sustentar a construção de uma ordem transnacional baseada na existência de regimes e instituições legitimadas de maneira coletiva[36]. Já o princípio da territorialidade vê o fortalecimento do poder dos Estados como única forma de manutenção da paz, porquanto se baseia num equilíbrio instável de poder.

Um segundo aspecto do mesmo problema, que escapou não só à observação de Polanyi mas também à dos realistas, é a mudança que sofreram as relações internacionais e o próprio funcionamento do "direito à autode-

---

36. A versão mais recente dessa tese, no campo da teoria das relações internacionais, foi apresentada por Robert Keohane e Joseph Nye (1972), num trabalho em que propõem um novo paradigma político mundial baseado numa "complexa interdependência" entre atores transacionais cada vez mais autônomos com relação ao poder dos Estados territoriais. Uma nova ordem política e econômica mundial estabilizada por "regimes institucionais" legítimos capazes de interconectar e sustentar as relações entre as sociedades mesmo na ausência da potência hegemônica que tenha contribuído para sua construção e aceitação mundial. Um conjunto de: "redes de regras, normas e procedimentos que regulam o comportamento e controlam efeitos [...] que, uma vez estabelecidos, serão difíceis de erradicar ou de reorganizar drasticamente" (Keohane; Nye, 1977, p. 19, 55). Keohane e Nye reconhecem a existência de situações "nas quais não há normas e procedimentos acordados ou quando as exceções às regras são mais importantes do que os casos de adesão" (Keohane; Nye, 1977, p. 20). Nestes casos seguiria vigente a lei imposta pelo "dilema da segurança", em que os Estados ainda seriam os atores mais importantes e a força seguiria tendo papel decisivo na hierarquização da agenda e nas soluções impostas à comunidade internacional. Mas esta solução conceitual mantém as dificuldades que já estavam presentes nos conceitos de Raymond Aron e de Henry Kissinger quanto à existência de ordens "homogêneas" e "heterogêneas", "legítimas" e "revolucionárias".

fesa" com o aparecimento e a posterior supremacia do capital financeiro desde o final do século XIX. Neste ponto, foram Hilferding e os demais teóricos marxistas do imperialismo que perceberam a radicalidade dessa transformação. Esses autores, ao analisarem as mudanças econômicas do capitalismo na virada do século XX a partir do "domicílio oculto da produção", e não apenas das relações mercantis, sustentaram que, no movimento da acumulação, os processos de concentração e centralização do capital haviam alcançado uma nova etapa e gerado um novo poder de expansão e conflito internacional:

> [...] o capital financeiro para manter e ampliar sua superioridade precisa de um Estado politicamente poderoso [...], um Estado forte que faça valer seus interesses no exterior [...] e que possa intervir em toda parte do mundo para converter o mundo inteiro em área de investimento (Hilferding, 1985, p. 303, 314).

Muito além da visão de Polanyi que sublinha apenas o papel político internacional das redes de poder formadas pela *haute finance*, Hilferding afirma que o novo capital financeiro aprofunda a "compulsão" expansiva da burguesia e aumenta seu caráter agressivo ao envolver o poder dos Estados numa competição por novos "territórios econômicos" que transcendem as fronteiras nacionais, sem jamais se transformar "num império universal [apesar de ser este] o ideal sonhado do capital financeiro", segundo Bukharin[37].

Nem Polanyi nem os realistas percebem que esta nova forma de associação entre o capital e o poder político transformou a competição intercapitalista também numa competição política entre Estados e, simultaneamente, transformou o sistema interestatal numa espécie de mercado ou espaço preferencial da competição capitalista entre os grandes conglomerados econômicos. Como consequência, para essas grandes potências, alarga-se o conceito de soberania e inclui também, por sua vez, o direito de autodefesa de seus novos territórios econômicos. Nikolai Bukharin radicalizou um pouco mais tarde o mesmo argumento, ao afirmar que

> [...] cada uma das "economias nacionais" desenvolvidas no sentido capitalista da palavra, transformou-se em uma espécie de truste nacional de Estado [...] porque esses grupos vão buscar

---

37. Como dizia Lênin, em seu *Imperialismo, fase superior do capitalismo*, "o imperialismo é o capitalismo na fase de desenvolvimento em que ganhou corpo a dominação dos monopólios e do capital financeiro, adquiriu marcada importância a exportação de capitais, começou a partilha do mundo pelos *trusts* internacionais e terminou a partilha de toda a terra entre os países capitalistas mais importantes" (Lênin, 1979, p. 642).

seu último argumento na força e na potência da organização do Estado [...] porque sua capacidade de combate no mercado mundial depende da força e da coesão da nação, de seus recursos financeiros e militares (Bukharin, 1984, p. 99).

O debate inconclusivo entre Lênin e Kautsky quanto à inevitabilidade ou evitabilidade da guerra imperialista aponta exatamente para a ação contraditória dos dois princípios que movem a política internacional: o novo contexto em que a competição intercapitalista foi redefinida pelo estreitamento da relação entre os Estados e seus capitais financeiros, e o conceito de soberania que se estendeu ao espaço dos territórios econômicos recortados pela luta entre esses vários "*trusts* nacionais de Estados". Na verdade, ambos os princípios, ou tendências, convivem e apontam o tempo todo, e de maneira contraditória, para uma dupla direção ou situação-limite. Num extremo, a realização ideal do primeiro princípio, ou "movimento" – na linguagem de Polanyi – aponta para a criação financeira de um império universal – o que se poderia chamar de "lei de Bukharin". Ao passo que o segundo princípio, ou movimento, aponta para a guerra econômica ou militar que estimula o refortalecimento constante e crescente dos Estados que se propõem a competir no jogo financeiro e geopolítico – o que se poderia chamar, também, de "lei de Weber", para quem a substituição dos Estados nacionais por um império mundial representaria, simultaneamente, o perecimento do capitalismo. Um só império seria sinônimo de um só território econômico, com uma só moeda. Isso suporia a eliminação simultânea das soberanias políticas e das moedas nacionais dissolvidas no comando único, político e monetário, do império, o qual passaria a ser responsável pela política monetária e orçamentária de todas as suas províncias. Nesse caso, se eliminaria também o próprio *habitat* do capital financeiro que se alimenta da competição interestatal. O cenário mais provável para esse império pós-capitalista seria uma tendência do Estado à estagnação ou a uma grande reversão histórica, na mesma direção, durante séculos, em que o império chinês trilhou.

Essa é uma contradição que está na origem e na essência do sistema interestatal de gestão do capitalismo e que se mantém ainda que mudem sua forma e sua intensidade. Para o liberalismo, trata-se de uma espécie de defeito de fabricação incorrigível, mas, na história real, não só esteve na origem de todas as guerras, mas também, como nos ensinou Braudel, foi a fonte de grandes e sistemáticos lucros que permitiram ao capitalismo prosperar e se expandir indefinidamente, nos últimos quinhentos ou seiscentos anos. Como efeito deste "duplo movimento" internacional, o poder dentro do sistema capitalista ora assume sua forma mais abstrata, o dinheiro, ora retoma a face mais dura e visível das armas, sem que seja jamais possível alcançar uma estabilidade econômica ou um equilíbrio político de longo prazo. Nesse contexto, o projeto smithiano de uma "equivalência geral de coragem, força e riqueza" entre todas as nações é tão utópico quanto a ideia de um só império financeiro e político universal. A própria desigualdade de força e de riqueza é o que move o sistema, em última instância, em favor dos "territórios econômicos" que lograram associar o poder das armas ao poder do capital financeiro, mantendo, assim, seu controle interno do crédito e dos investimentos.

Por fim, dessa perspectiva, o "duplo movimento" de Polanyi adquire três novas dimensões: a da permanência ao longo da história capitalista; a da sua múltipla determinação, a partir dos mercados e das relações de produção capitalistas, mas também da geopolítica e da geoeconomia internacionais; e a da progressividade, e não apenas da autoproteção, porquanto a luta social e a de classes não foi apenas uma forma de sobreviver, foi uma forma de apropriar-se de uma riqueza que lhes era negada pelo mercado. Da mesma maneira que o protecionismo e a competição imperialista não foram apenas uma forma de preservar uma mesma posição relativa dentro da hierarquia mundial, foi uma forma de lutar pela sua modificação e pela redistribuição do poder e da riqueza mundiais. Nesse sentido, o ensinamento teórico da história real do século XIX respondeu à questão proposta por Smith, dando razão, em última instância, à leitura de Keynes da verdade mercantilista, bem como à convicção de Max Weber de que "em última análise, os processos de desenvolvimento econômico são lutas de dominação" (Weber, 1982, p. 18).

2.5.4 A lição liberal

Entre 1860 e 1870, formou-se o núcleo do sistema interestatal que constituiu os impérios coloniais e depois assumiu a responsabilidade, em última instância, pela gestão política e militar do capitalismo mundial, mantendo-se quase intocado, imutável, até o final do século XX. A partir de 1870, consolidou-se também o padrão-ouro, vigente na Inglaterra desde 1821, mas que se transformou num sistema monetário internacional com a adesão dos países que passaram a compor, até o final do século XIX, o núcleo orgânico do sistema econômico capitalista mundial: a Alemanha, em 1871; a França, em 1873; os Estados Unidos, em 1879; e o Japão, em 1895. Esse sistema se estendeu à periferia colonial ou dependente com a adesão da Índia, em 1893; da Argentina, em 1899; do Brasil, em 1906; e da Coreia, em 1910. Iniciava-se ali uma nova conjuntura política e econômica mundial, que balizou um processo de redistribuição mundial da riqueza viabilizado pelo sucesso econômico de alguns "capitalismos tardios" e de algumas economias periféricas. Quais as principais lições históricas desse período quanto à relação entre a geopolítica, a geoeconomia monetária e o desenvolvimento econômico das nações que possam ser projetadas para além deste momento de apogeu da "civilização liberal", do qual nos relata Polanyi?

Em primeiro lugar, a ordem econômica e política liberal não foi, evidentemente, homogênea, tampouco se manteve estática. Sustentou-se numa dupla hierarquização do poder econômico e político internacionais, dentro do "núcleo orgânico" e da sua periferia colonial ou dependente. No decorrer do período, essas hierarquias foram alteradas pela redistribuição da riqueza e do poder em favor de alguns Estados que lograram rápidos processos de desenvolvimento econômico, de modo que escaparam do processo de periferização a que foi submetida, até mesmo, parte significativa da Europa. Tal reorganização criou um conjunto de Estados de segunda linha que passaram a disputar diretamente a supremacia inglesa. Ao mesmo tempo, o equilíbrio de poder desenhado pelo Congresso de Viena e administrado pela Santa Aliança foi aos poucos substituído por uma hegemonia mais explícita da Inglaterra e de suas "altas finanças".

No núcleo orgânico dessa ordem mundial, a complementaridade foi companheira inseparável da competição tanto no campo econômico como no político, ao passo que dentro dos espaços inferiores do *imperium* europeu houve apenas casos de complementaridade econômica ou de submissão e extração pura e simples da riqueza disponível. Foi nesse espaço-tempo que se deu a experiência, bem-sucedida, de alguns Estados e capitalismos tardios que se propuseram ao *catch-up* tecnológico e militar em relação à Inglaterra e contaram, a um só tempo, com o "déficit de atenção" inglês (o qual lhes permitiu usufruir do seu mercado desprotegido) e com o apoio do Banco da Inglaterra e de seus capitais. A Inglaterra, secundada por esse núcleo orgânico, determinou os ritmos cíclicos da economia e as ondas de expansão territorial ou de influência econômica ou financeira. Suas consequências, entretanto, variaram enormemente, porquanto dependeram não apenas das condições naturais e demográficas, mas também das relações políticas que se estabeleceram com os três estamentos básicos da periferia: as colônias, os *dominions* e os países dependentes.

A partir de então, estabeleceu-se e funcionou durante a maior parte do tempo uma hierarquia "virtuosa" no centro do sistema, constituída de apoio mútuo em situações de crise. No seu centro encontrava-se o Banco da Inglaterra; numa segunda fila, os bancos da França e da Alemanha; e numa terceira, os da Holanda, da Áustria, da Bélgica etc.[38] Essas relações de coordenação se transformaram em rivalidade e enfrentamento, sobretudo quando Berlim, Nova York e mesmo Paris chegaram a ameaçar a supremacia monetária e financeira de Londres, ao somarem ao efeito mais direto e desestabilizador do "dilema da segurança" um elemento perturbador no coração do sistema. O conflito potencial concentrou-se nessa região e passou por suas rivalidades imperialistas, de modo que atuou como "força de ruptura" apenas entre as potências de primeira e segunda linha militar e econômica.

A própria bipolarização geopolítica da Europa, lembrada por Polanyi, que ocorreu a partir de 1905, apareceu na esteira do aumento da concorrência do desafio ao capital financeiro inglês. Por isso, apesar dos inúmeros enfrentamentos coloniais, as guerras disruptivas que acabaram destruindo a ordem mundial liberal aconteceram no cenário europeu em que estava situado a ordem "legítima" e "homogênea" relatada por Henry Kissinger e por Raymond Aron, e todos os conflitos ocorridos nos espaços que eles chamam de "revolucionários" ou "heterogêneos" foram isolados e tiveram baixa capacidade de difusão para o resto do sistema. Isso parece indicar que, por mais extensos que fossem os novos "territórios econômicos" criados pela aliança dos Estados com o capital financeiro, seguia sendo decisivo o lugar onde se situava o centro do poder político do território, no qual de fato se articulavam e repercutiam, mais diretamente, as estratégias financeiras e militares.

---

38. Keynes, ao analisar, em 1913, no seu *Indian currency and finance* as relações hierárquicas entre o Banco da Inglaterra com outros bancos centrais, já identificava o mecanismo básico que operava as finanças em favor dos interesses ingleses: "Observamos acima que a política de taxa bancária do Banco da Inglaterra é bem-sucedida porque, por meios indiretos, faz com que o mercado monetário reduza seus empréstimos de curto prazo a países estrangeiros e, assim, reverta o saldo da dívida imediata a nosso favor. Essa política indireta é menos viável em países onde o mercado monetário já pega empréstimos regularmente, em vez de um emprestar dinheiro regularmente, no mercado internacional" (p. 25).

Em segundo lugar, parece não haver dúvida quanto ao fato de que a nova supremacia do capital financeiro foi o que alterou a natureza e a tendência do "duplo movimento" do qual nos relata Polanyi. A reaproximação e associação entre os Estados e seus capitais financeiros representaram um salto qualitativo no processo de politização das relações econômicas nacionais e internacionais dos países situados no núcleo orgânico do sistema.

De um lado, o "primeiro princípio" de Polanyi seguiu apontando na direção do liberalismo econômico e na defesa do livre-comércio e da estabilidade do padrão-ouro, bem como manteve a ideia do equilíbrio orçamentário como princípio organizador e limitador da ação estatal. Este movimento expansivo e internacionalizante foi liderado pela Inglaterra, pelo seu mercado de capitais e por sua moeda de referência internacional, contando com o apoio das elites cosmopolitas dos demais países europeus. O avanço deste movimento, permitido pela prolongada situação de paz, transformou, de fato, a libra num instrumento decisivo para o exercício do poder inglês. Do outro lado, o segundo princípio, o princípio nacional ou de territorialidade, foi o que adquiriu maior complexidade com o aprofundamento das relações entre os Estados e o capital financeiro.

Tem razão Polanyi ao asserir que o novo nacionalismo que se expande a partir do final do século XIX "foi o corolário do novo internacionalismo", sendo ambos, entretanto, corolários da nova relação entre os Estados e seus espaços econômicos e financeiros. E se as elites, orientadas pelo princípio do nacionalismo e do militarismo, foram aparecendo e se destacando ao longo de todos os Estados europeus – e no final do século, também no Japão e nos Estados Unidos – não há dúvida de que seu poder e influência cresceram mais rapidamente nos países de "segunda linha" que se propuseram a desafiar o poder financeiro e a posição hegemônica da Inglaterra, como também não há dúvida de que sua influência foi decisiva na reorientação do protecionismo na direção de uma estratégia de industrialização de guerra. Como metáfora, pode-se dizer que o "princípio do liberalismo" e da internacionalização foi "encarnado" pela potência hegemônica, a Inglaterra, e pela sua rede de alianças com as elites globalizantes do mundo capitalista.

Já o "princípio da nacionalidade" foi encarnado pelos Estados tardios que disputaram diretamente a supremacia econômica e a liderança financeira inglesa: em particular, a Alemanha e os Estados Unidos; e mais tarde, em menor escala, também o Japão e a Rússia. Países esses que abandonaram e voltaram ao padrão-ouro sempre que foi necessário atender a seus interesses nacionais, sem enfrentar os mesmos efeitos catastróficos que essas "retiradas" provocaram nos países periféricos e com dependência cambial de suas exportações, geralmente especializadas.

Ainda que pareça surpreendente, é interessante constatar que foi na Rússia onde se assistiu à mais clara ascensão aos extremos do "duplo movimento" de que trata Polanyi, abrindo as portas ao que talvez se possa considerar como o único e verdadeiro milagre econômico nacional do século XX. Ali, o aumento dos conflitos e reivindicações sociais culminou na Revolução Soviética e se somou a um projeto nacional e militar que permitiu à Rússia percorrer o ciclo completo, passando, num curto espaço, da foice e do martelo à condição de superpotência vitoriosa no campo industrial, tecnológico e militar. Isso não foi suficiente, entretanto, para resolver o problema de sua inclusão no capital financeiro internacional.

Em terceiro lugar, foi nesse período que se iniciou (em torno de 1860 e 1870) e se consolidou o que Prebisch chamou, de forma conceitualmente mais rigorosa, de periferia do sistema econômico capitalista, articulada a partir do seu "centro cíclico principal", a Inglaterra. Dentro deste espaço econômico, que cumpriu o papel simultâneo de supridor de matérias-primas e alimentos do centro, e de "variável de ajuste" dos países centrais, nas crises periódicas do sistema, é possível constatar que houve, de 1870 até 1914, casos de países que alcançaram altas taxas de crescimento econômico sem se transformarem em potências nem serem incorporados ao núcleo central do sistema. Seu sucesso dependeu do grau de integração e complementaridade do seu setor exportador com a economia inglesa e do seu efeito dinamizador interno com relação aos demais setores de sua própria economia nacional. Sem dispor de um sistema de crédito próprio, foram economias que viveram na dependência do comportamento dos preços de suas exportações e do seu acesso ao crédito e aos capitais de investimento dos países centrais.

Nesses casos, como lembra Polanyi, a *haute finance* agia de maneira diferente dos países centrais:

> [...] os empréstimos e a renovação dos empréstimos se articulavam com o crédito e este dependia do bom comportamento [...] que se refletia no orçamento e no valor externo da moeda. Ali, o pagamento dos empréstimos externos e o retorno às moedas estáveis eram reconhecidos como as pedras de toque da racionalidade política [...] e até mesmo o abandono dos direitos nacionais e perda das liberdades constitucionais eram considerados um preço justo a pagar pelo cumprimento da exigência de orçamentos estáveis e moedas sólidas (Polanyi, 1980, p. 32, 43, 147).

No entanto, é necessário distinguir, nesse universo dos "mais fracos", o que foi sua condição genérica de periferia econômica e de sua forma específica de relacionamento político com os países centrais. Nesse sentido, pesou de maneira decisiva no seu desempenho econômico a natureza específica de cada país: ser uma periferia colonial, ocupar a condição de *dominion* inglês ou ser tão somente um Estado autônomo, primário-exportador e cativo do "princípio liberal", que, no caso, significavam economias abertas, desreguladas, atreladas ao padrão-ouro e dependentes do capital financeiro internacional.

Os principais casos de sucesso econômico dentro desse universo foram os *dominions* ingleses, porquanto eram territórios coloniais, mas que, não obstante, tinham direito ao autogoverno e mantinham uma política monetária administrada de maneira indireta pelo Banco da Inglaterra por intermédio do sistema do *currency board*. Sistema que lhes garantia o *last resort* inglês e assegurava os capitais de investimento europeus contra eventuais crises cambiais ou qualquer possibilidade de mudança de política econômica do centro cíclico. Essa forma de subordinação e integração colonial permitiu, nos momentos do auge do crescimento da Argentina, do México e do Brasil, que a participação do capital estrangeiro chegasse a cerca de 50% ou 60% da formação interna de capital, e que esses investimentos se concentrassem na construção dos sistemas de infraestrutura e na implantação de atividades produtivas necessárias e complementares com a da economia inglesa. Como resultado, esses *dominions* formais, junto com o caso informal da Argentina – na condição privilegiada de celeiros do império – chegaram a estar, na entrada do século XX, sob a ótica de renda *per capita*, entre as sociedades mais ricas do mundo.

Tal não foi registrado, por certo, no resto da periferia, porquanto fora atingida periodicamente por crises cambiais graves quando as taxas de crescimento econômico foram muito baixas, como baixa também foi a capacidade de dinamização e integração social interna de seus sistemas exportadores. Sem contar com um sistema de crédito próprio, muito menos com capital financeiro, só lhes restava exportar e se endividar, levando-os, no momento das crises cambiais, a abandonar a saída do padrão-ouro, declarar a inconvertibilidade de suas moedas e a recorrer, no limite, à moratória. Este foi o caso típico dos principais países da América Latina, com exceção da já referida Argentina. Entre sua independência, em torno dos anos de 1820, e sua inserção periférica no ciclo da economia inglesa, viveram um processo conflitivo de consolidação de seus Estados territoriais.

São inúmeras as interpretações acerca das razões pelas quais esses países não lograram industrializar-se como ocorreu com o caso dos capitalismos tardios que conseguiram resistir à periferização impulsionada pela Inglaterra, mas é consenso que, depois de 1870, a opção das elites políticas e econômicas da região já havia sido feita e se submetia à supremacia geopolítica dos Estados Unidos e à hegemonia econômica, liberal e internacionalizante da Inglaterra. De qualquer maneira, como balanço final do período, é possível concluir que, no conjunto do espaço colonial e periférico do *imperium* inglês ou europeu, no momento da crise dos anos de 1930, poucos tinham sido os países que tinham alcançado aquela igualdade de coragem e força que, inspirando temor mútuo, constitui o único fator capaz de transformá-la em uma espécie de respeito pelos direitos recíprocos.

Em quarto e último lugar, é interessante observar a forma como se manifestou nesses territórios, ainda que de forma tardia e mais tênue, o "duplo movimento" do qual Polanyi trata. Não nos *dominions*, onde seus sinais são praticamente inexistentes. Ou mesmo nas colônias, onde assumiu a forma óbvia e condensada da luta pela independência que só alcançará sucesso pleno já na metade do século XX. Tal "duplo movimento" se deu na periferia autônoma e dependente. Aí, apesar de sua posição periférica e dependente, a defesa intransigente do livre-comércio e da ortodoxia monetária também entrou em choque com a rigidez do padrão-ouro e acabou instigando um aumento do conflito social (que chegou a se transformar numa revolução camponesa, no México) e numa expansão dos direitos políticos – mais visível nos casos argentino, uruguaio e chileno. Esse movimento termina por convergir com a crise dos anos de 1930, contribuindo para o aumento do intervencionismo, bem como para o aumento do protecionismo estatal e do aparecimento "restringido" do princípio da nacionalidade, o qual desembocaria depois, em alguns casos, nas experiências mais ou menos bem-sucedidas do nacional-desenvolvimentismo.

2.5.5 *De volta à história recente*

A leitura histórica do período de auge e crise da "utopia do mercado autorregulado", que culmina com a primeira guerra e o fim do padrão-ouro, sublinha traços paradigmáticos da relação entre a geopolítica e a geoeconomia capitalista, cuja importância e validez transcendem aquele momento da história. Não cabe no objetivo deste ensaio reler, por exemplo, à luz desse paradigma, o período que decorreu depois da Segunda Guerra Mundial. Em particular, a forma como o novo sistema monetário internacional dólar-ouro, negociado em Bretton Woods, conciliou a paridade fixa entre as moedas com a autonomia das políticas monetárias nacionais, sob a hegemonia capitalista "benevolente" do Estados Unidos, pressionado pelo desafio ideológico e militar da União Soviética (e sua zona de influência socialista). Uma conjuntura geopolítica que deu ao "padrão-dólar" a flexibilidade que o padrão-ouro não teve, permitindo uma época sem precedentes de desenvolvimento e redistribuição da riqueza entre as classes nos países centrais, e entre um número significativo de nações que lograram crescer a taxas médias anuais superiores às das economias desenvolvidas.

Foi nesse período, aliás, que se cunhou a expressão "milagres econômicos", para se referir a estes casos de sucesso no campo do desenvolvimento. Tampouco caberia neste espaço analisar a forma como o "duplo movimento" identificado por Polanyi gestou a crise política e econômica internacional dos anos de 1970. Sobretudo porque, na década de 1960 – na contramão do liberalismo clássico – as sociedades do núcleo central do sistema capitalista haviam alcançado um grau de democratização política e um nível de proteção social sem precedentes, mas, não obstante, viviam um momento de radicalização dos seus conflitos sociais.

O mesmo fenômeno aconteceu no campo da competição estatal entre os Estados Unidos e seus aliados, em paralelo a uma "insubordinação" política crescente do mundo periférico, começando pelo Vietnã e pela Opep e culminando com as revoluções da Nicarágua e do Irã. Nesta segunda grande crise do século XX, entretanto, a ruptura do sistema monetário internacional dólar-ouro, e, mais adiante, do equilíbrio de forças consagrado pela Guerra Fria, desencadeou um movimento oposto ao de 1930, ou seja, o retorno à defesa dos mercados desregulados e dos Estados mínimos.

Nosso interesse é analisar precisamente essa conjuntura histórica aberta pela crise dos anos de 1970, e o lugar de alguns países periféricos na transição conservadora que trouxe de volta – ainda que noutras condições – o princípio do liberalismo econômico. A tentativa de explicar o que se passou na década de 1970 deu origem a uma nova "economia política internacional" que retomou, de certa forma, o projeto de Polanyi a partir de algumas teses propostas pelo economista Charles Kindleberger (1973)[39] e depois

---

39. Em *The world in depression, 1929-1939*, Charles Kindleberger, formulou pela primeira vez sua teoria acerca da importância do comportamento dos países líderes na estabilização da "anarquia internacional" por intermédio do fornecimento de alguns "bens públicos" indispensáveis para o

desenvolvidas pelas teorias realista e gramsciana acerca das hegemonias internacionais. Quase trinta anos depois, a crítica das suas inconsistências teóricas e históricas[40], bem como seu fracasso frente ao teste da história recente[41], sugerem a necessidade de um retorno ao esquema original de Karl Polanyi, o qual seria mais impreciso, mas também mais flexível.

O renascimento liberal deu-se de maneira progressiva, a começar pela crise simultânea do sistema geopolítico e do sistema monetário em que se sustentara o sucesso do *embedded liberalism* que vigorou nas décadas de

---

funcionamento estável de uma ordem econômica mundial e liberal. São três suas teses fundamentais: a primeira, de que, "para que a economia mundial seja estabilizada, deve haver um estabilizador e um só país estabilizador" (Kindleberger, 1973, p. 304) que deve garantir uma moeda internacional estável, a liberdade dos mercados, a coordenação das políticas econômicas nacionais, tomar iniciativas anticíclicas etc.; a segunda, de que a estabilidade do sistema tende a ser ameaçada, no longo prazo, pela ação de países *free-riders* cujo comportamento acaba minando a posição de poder do *hegemon*; e a terceira, de que, na ausência de uma potência liberal dominante, é muito difícil seguir mantendo a cooperação econômica alcançada previamente. Por isso, o declínio do poder hegemônico tende a ser seguido pela deterioração dos "bens públicos" que ele fornecia à comunidade internacional.

40. Durante a década de 1980, as teses de Kindleberger foram submetidas a uma crítica minuciosa das inconsistências teóricas e das históricas (McKeown, 1983; Rogowski, 1983; Stein, 1984; Russet, 1985; Snidal, 1985; Strange, 1987; Walter, 1993). Em relação à primeira tese, vários autores puseram em dúvida que a Inglaterra tenha promovido ativamente a construção de um sistema de livre-comércio ou a adesão dos demais países ao padrão-ouro; e demonstraram historicamente que, na maioria dos casos, o comportamento dos países hegemônicos se orientou pelos seus próprios interesses nacionais, transformando-se, às vezes, em obstáculo mais do que em condição da estabilidade internacional. Contra a segunda tese de Kindelberger, Susan Strange, em particular, mostrou que as crises sistêmicas ao longo da história têm sido causadas por fatores internos à sociedade e à economia hegemônica muito mais do que pelo comportamento dos países que usufruem e contestam o sistema. Por fim, com relação à terceira tese todos estão de acordo que a "crise do sistema de Bretton Wood" não só não abalou como aumentou o poder dos Estados Unidos sobre o sistema monetário e financeiro internacional. Cf. nota 17.

41. A história destes últimos 25 anos, contudo, encarregou-se de contradizer, simultaneamente, a teoria e a estratégia propostas por esta "teoria da estabilidade hegemônica", formulada de início por Charles Kindleberger. Desde o fim do padrão-dólar e da Guerra Fria, o balanço é muito claro. O mundo nunca esteve entregue de forma mais incontestável ao arbítrio de uma só potência hegemônica que estivesse tão radicalmente orientada pelo seu *commitment liberal*, bem como pelo seu objetivo de construir e sustentar uma ordem internacional baseada em um conjunto de regimes e instituições regionais e globais consagradas pela aceitação coletiva, tanto no campo do desarmamento como no do comércio e dos investimentos. Como propunha Kindleberger, os Estados Unidos, hoje, arbitram isoladamente o sistema monetário internacional, promovem ativamente a abertura e desregulação das economias nacionais e o livre-comércio, têm incentivado a convergência das políticas macroeconômicas, têm atuado – pelo menos em parte – como *last resort lender* em todas as crises financeiras e detêm um poder incontrastável no plano industrial, no plano tecnológico, no plano militar, no plano financeiro e no plano cultural. E, no entanto, não se conhece período da história moderna em que o capitalismo tenha passado por maior instabilidade sistêmica, graças à "revolução financeira" que acompanhou a consolidação e o funcionamento do novo sistema cambial. Tampouco se conhece período em que as relações políticas entre os Estados estivessem tão carentes de parâmetros ou referências – sobretudo depois da Guerra do Golfo –, que não sejam o arbítrio da superpotência ou do seu "diretório político-militar" anglo-saxão.

ouro do pós-Segunda Grande Guerra, prolongando-se no problema da "ingovernabilidade" diagnosticada pelos conservadores das sociedades desenvolvidas atingida pela escalada dos movimentos sociais e das reivindicações sindicais. Em dois momentos ou conjunturas, entretanto, aceleraram-se e radicalizaram os acontecimentos e as decisões responsáveis pelo renascimento da velha ideologia e o desenho da nova ordem internacional. Primeiro, na virada dos anos de 1980, com a vitória política das forças conservadoras na Inglaterra, nos Estados Unidos e na Alemanha. E depois no início dos anos de 1990, com a dissolução do mundo socialista e com o fim da Guerra Fria.

Com a vitória política conservadora, que retornou ao governo e ao poder das principais potências mundiais na forma de crença e de política econômica, o chamado "princípio liberal" defendeu, como antes, a abertura e desregulação dos mercados, e, uma vez mais, com ênfase particular nos mercados do trabalho e do dinheiro. A importância hierárquica dos novos governos conservadores e de seus mercados financeiros desencadeou um efeito dominó que em poucos anos generalizou as mesmas políticas liberais em quase todos os países capitalistas. Como no século XIX, este *liberal commitment* foi assumido pelos governos e pelas elites internacionalizantes de todos os países componentes do velho núcleo do poder político e econômico do sistema capitalista. E também, como no século XIX, o capital financeiro voltou a ocupar o proscênio, em blocos de poder formados com seus Estados nacionais e em competição por novos territórios econômicos os quais eram delimitados não pelas barreiras comerciais, mas pela credibilidade das suas moedas e dos sistemas de pagamento.

Criam-se verdadeiros "territórios monetários" que se espraiam e competem ao longo de um universo integrado pelas desregulações nacionais do movimento de capitais e pela não compartimentação dos próprios mercados financeiros do câmbio, dos títulos públicos e privados, das ações, dos imóveis e das *commodities*. Nasceu, então, uma nova onda de internacionalização e concentração financeira mais volátil e excludente do que a que ocorreu no século XIX, porquanto foi impulsionada, em última instância, pela flutuação cambial que não existia no padrão-ouro. Por isso mesmo, ela também impôs, e de maneira mais categórica, a mesma convergência "ortodoxa" das políticas econômicas nacionais, em particular no caso dos Estados com moedas fracas.

O "moinho satânico" voltou a operar a todo vapor, como no século XIX, mas agora de maneira mais perversa no mundo do trabalho e de maneira mais extensa e imperial no mundo das finanças globalizadas, porquanto impunha limites estreitos às políticas econômicas e às taxas de crescimento da economia mundial, a começar pelas dos próprios países mais industrializados. Fenômenos que se reproduziram de forma mais dura nos países periféricos, como ocorrera no século XIX, mas agora sob a batuta direta dos "mercados financeiros" e de seus principais *players*,

> [...] as privações dos desempregados, sem emprego devido à inflação, a demissão de funcionários públicos, afastados sem uma pensão, até mesmo o abandono dos direitos nacionais e a perda das liberdades constitucionais [voltam a ser] considerados um preço justo a pagar pelo cumprimento da exigência de orçamentos estáveis e moedas sólidas [...] (Polanyi, 1980, p. 147).

Esses processos e tendências são reforçados pela política ativa da potência hegemônica e de suas redes de apoio globais em favor dos novos "regimes internacionais" de comércio e de investimento, bem como da convergência das políticas econômicas dos países situados dentro do seu espaço imperial. Deve-se destacar o fato de que, neste período, ao contrário do que ocorrera com a Inglaterra, os Estados Unidos renovaram seu potencial industrial, tecnológico e comercial, ao mesmo tempo em que reafirmavam e expandiam o poder global do seu capital financeiro. Tendências que se confirmam e acentuam, nos anos de 1990, quando a economia norte-americana se transforma na estranha locomotiva de uma economia mundial quase estagnada.

No campo geopolítico, também foi no início dos anos de 1980 e 1990 que se deram os passos mais importantes para a conformação de uma nova ordem altamente hierarquizada, a qual não se baseava mais no "equilíbrio de poder", mas na capacidade de arbítrio militar e monetário da única superpotência mundial que sobreviveu à Guerra Fria e que vem gerindo o mundo, de forma unipolar, desde 1991. A partir da Guerra do Golfo, os Estados Unidos dispuseram de total autonomia para redefinir sua hegemonia dentro do núcleo central do sistema interestatal e redesenhar as hierarquias e responsabilidades dentro de seus vários espaços periféricos.

Samuel Huntington considera que a política internacional contemporânea assumiu a forma híbrida de um *uni-multipolar system* (Huntington, 1999, p. 36), mas os fatos parecem confirmar a tese de que, da perspectiva do poder militar, os Estados Unidos têm arbitrado de maneira isolada as decisões mais importantes no campo da segurança em todos os tabuleiros regionais da geopolítica mundial. Com sua tecnologia e capacidade operacional, distancia-se geometricamente de seus parceiros ocidentais, têm tocado, também, o comando direto e a participação majoritária em todas as intervenções militares que se multiplicaram durante a década.

Em síntese, depois do fim da Guerra do Golfo, na ausência de contrapoderes, os Estados Unidos vêm exercendo uma função arbitral e tutelar à escala mundial, de forma cada vez mais absoluta e arbitrária. Mas esta unipolaridade sem contrapesos é que tem sido a grande responsável pela instabilidade sistêmica que se instalou dentro do arranjo geopolítico, assim como ocorreu com o sistema financeiro mundial.

Em paralelo a essas transformações geopolíticas, também foi sendo progressivamente modelado o sistema monetário internacional instalado com o fim da conversibilidade do dólar, em 1973. Aceito, inicialmente, como forma de aumentar a liberdade das grandes potências no manejo de suas políticas monetárias, este assumiu na prática, durante os anos de 1980, uma forma completamente distinta do projeto inicial. A partir da diplomacia norte-americana do "dólar forte", mas sobretudo depois de 1985, o sistema monetário internacional baseado na ideia das taxas flutuantes foi se transformando num sistema híbrido e dolarizado. Entre os países desenvolvidos, consolidou-se paulatinamente um estranho sistema monetário internacional, o "dólar flexível", ao passo que entre os países com moedas fracas foram se generalizando várias formas de ancoragem cambial, um verdadeiro simulacro do velho padrão-ouro. Nos dois "mercados", entretanto, o verdadeiro padrão de referência do novo sistema, substituto do ouro, tem sido o poder puro e simples da única superpotência capaz de arbitrar, a cada momento, por intermédio do movimento competitivo de suas taxas de juros, o valor relativo da sua moeda e de todas as demais moedas nacionais envolvidas no funcionamento dos mercados capitalistas.

Nesse sentido, a passagem do "padrão-dólar" para o atual sistema "dólar flexível" correspondeu a uma estrita relação entre o poder político e o valor internacional das moedas. Da perspectiva de um economista liberal clássico, trata-se de um verdadeiro recuo em relação aos temores que levaram Ricardo a defender a neutralização do poder monetário do príncipe mediante seu controle parlamentar e da adesão inglesa, em 1819, ao padrão-ouro. Nesse caso, a comparação entre os finais do século XIX e XX pode estar apontando para

210

uma explicitação progressiva das relações capitalistas em suas formas mais ocultas e intoleráveis a partir do prisma da ideologia liberal. Tudo ocorre como se, progressivamente, ao iniciar no padrão-ouro e passar pelo sistema monetário inaugurado em Bretton Woods, e sobretudo depois de 1991, o poder político e militar se transformou no verdadeiro avalista do valor do dinheiro, e o inverso também explicita que o dinheiro passa a assumir, de maneira mais transparente, seu papel como instrumento do poder, indo dos antigos príncipes às novas potências que governam o mundo.

Nesse novo sistema, apesar da sua dolarização, mantém-se a competição entre algumas moedas, o que permite que a flutuação de seus valores alimente e multiplique a riqueza financeira derivada e virtual, o que mantém, a um só tempo, a instabilidade global do sistema financeiro. Mas o mais importante é que nesse caso, diferentemente do século passado, a desregulação cambial foi seguida pela desregulação dos mercados de capitais, de modo que deu origem a uma nova finança privada, global e desregulada, estreitamente associada ao processo de retomada da hegemonia americana nos anos de 1980 e à nova forma unipolar e imperial do exercício do poder norte-americano depois do fim da Guerra Fria. Um processo de desregulação econômica que foi iniciado pelo eixo anglo-saxão e que se impôs aos demais países – na forma de um efeito dominó –, porquanto foram forçados pela lógica implacável da "desregulação competitiva" (Helleiner, 1994) do poder dos sistemas financeiros concentrados nas mãos aliadas da City e de Wall Street.

O núcleo político e econômico do sistema segue sendo praticamente idêntico ao do final do século XIX, bem como sua hierarquia interna. Os Estados Unidos substituíram e incorporaram a Inglaterra, alargaram a supremacia anglo-saxã sobre o mundo e mantiveram a Alemanha, o Japão, a França e a Rússia como Estados de segunda linha, mesmo quando já não sejam *challengers* capazes de desafiar de maneira isolada a supremacia americana. Ocupam, hoje, posições muito diferentes dentro do tabuleiro internacional com relação a que tinham na altura da Primeira Guerra Mundial. O Japão, depois de derrotado na Segunda Guerra, foi obrigado a secundar a presença norte-americana no seu antigo "espaço vital", sem dispor mais de poder militar e sem o beneplácito americano para exercer a função de coordenação política do espaço econômico no qual se espalharam seus capitais de investimento. Transformado, depois do início da

Guerra Fria, num híbrido neomercantilista sob proteção militar externa, o Japão acabou se transformando numa potência industrial e comercial sem conseguir, entretanto, impor seu sistema financeiro à sua própria região, ou mesmo construir um sistema de pagamento regional baseado na sua moeda. Como potência econômica desarmada, também desativou ou fragilizou suas elites internas, as únicas capazes de comandar algum tipo de reversão nacionalista ante um eventual agravamento da crise econômica ou política regional e internacional.

Algo análogo ocorreu com a Alemanha da perspectiva de sua condição de protetorado militar norte-americano. No seu caso, contudo, a proteção americana induziu um projeto de integração regional sob a batuta político-ideológica francesa, mas sob a égide econômica dos alemães. Nos dois casos, no japonês e no alemão, os norte-americanos foram obrigados a permitir o renascimento de formas de articulação financeira e estatal intoleráveis ao liberalismo anglo-saxão. Mas em ambos as elites de tipo nacionalista foram dizimadas, forçando uma transformação econômica radical do princípio da nacionalidade.

Tal mudança se reflete de forma paradigmática nos impasses da nova comunidade europeia, uma potência industrial e comercial que conseguiu construir uma moeda única, mas que não dispõe de unidade entre seus capitais financeiros, muito menos de um projeto estatal ou militar comum. Essa situação peculiar obscurece os caminhos históricos que deverá assumir a dialética do duplo movimento de Polanyi dentro desses territórios que "encarnaram", mais do que ninguém, no início do século XX, o "princípio" antiliberal e weberiano da nacionalidade e da territorialidade. O mais provável é que ainda passe muito tempo antes que a Europa possa desafiar em coletivo a supremacia financeira norte-americana, e muito mais tempo para que possa ombrear com o poderio militar dos Estados Unidos. Falta-lhe ainda o Estado capaz de dar o sopro de vida indispensável para que sua moeda deixe de ser um ente meramente virtual.

Já diante do Japão, coloca-se ainda o imenso desafio de desfazer-se da tutela americana quando se sente ameaçado pela ascensão do poderio econômico e militar da China. Em virtude disso, o mais provável é que o chamado "princípio da nacionalidade" volte a se manifestar ante a destruição provocada pelos mercados globalizados, ainda que se desloque espacialmente e comece a ressurgir nos grandes Estados territoriais – inabsorvíveis pelo princípio liberal –, como é o caso da China, da Índia, da Indonésia, da Turquia e da Rússia, que, afinal, embora tenha ficado com a tecnologia militar e com as armas, mas sem contar com nenhum capital financeiro, acabou perdendo seu próprio poder industrial.

Por fim, é na escala inferior da hierarquia econômica e estatal, na zona da periferia econômica e dos Estados sem moedas fortes, que a nova onda liberal e a pressão da finança globalizada chegaram de maneira mais forte e opressiva. Nos anos de 1970, a crise internacional deixou intocados alguns países que seguiram avançando seus projetos desenvolvimentistas, notadamente o Brasil e a Coreia. Mas, nos anos de 1980, depois da crise da dívida externa, a desregulação dos mercados e a submissão das políticas econômicas nacionais se transformaram na regra geral.

Ao chegar à segunda metade da década dos 1990, todos os milagres desenvolvimentistas tinham entrado em crise, incluindo o último "milagre" econômico do século XX que se concentrou no Leste Asiático exatamente depois do início da crise dos anos de 1970. Dessa maneira, na segunda metade da década de 1990 generalizaram-se, dentro da velha periferia do século XIX – com a exceção da China –, as baixas taxas de crescimento, a instabilidade crônica, as altas taxas de exclusão social e os sinais evidentes de deslegitimação das autoridades, bem como a ingovernabilidade. Fatos que, em conjunto, parecem sugerir que, mais cedo do que tarde, as pressões sociais acabariam se somando às clássicas reversões nacionalistas que marcaram a manifestação do "duplo movimento" nos antigos territórios coloniais, e mesmo nos velhos países dependentes.

Algo diferente já havia ocorrido no caso dos velhos *dominions* ingleses, os quais, depois da sua independência, passaram diretamente à tutela norte-americana, como se fosse um processo natural e uma herança anglo-saxã, de modo que mantiveram seu lugar privilegiado como espaço preferencial dos investimentos ingleses e norte-americanos. Como disse um economista canadense – e as suas palavras valem para a Austrália e para a Nova Zelândia: "O Canadá não teve escolha senão servir de instrumento do imperialismo britânico e, posteriormente, do imperialismo americano" (Innis, 1956, p. 405); e tal não poderia deixar de ocorrer com um espaço territorial contínuo e situado exatamente entre a Inglaterra e os Estados Unidos.

Ao contrário desses casos excepcionais, a maior parte da África Colonial e da velha periferia latino-americana já havia entrado em crise nos anos de 1960 e 1970, relegadas, a partir dos anos de 1980, à condição de espaços de exclusão permanente. Tanto as elites econômicas da América Latina como as políticas internacionalizantes de seus principais países, alguns dos quais apresentaram, até mesmo, experiências desenvolvimentistas mais bem-sucedidas, optaram, desde a segunda metade dos anos de 1980, por uma espécie de retorno ao seu modelo de integração internacional do século XIX, e enfrentam agora uma crise provocada, em última instância, pelo "moinho satânico" de seus mercados autorregulados e internacionalizados.

2.5.6 Sem moedas nem "coragem e força"

Durante a segunda metade do século XIX, foi possível compatibilizar a integração e dependência econômica dos principais países latino-americanos, no padrão e no ciclo da economia inglesa, com sua subordinação à supremacia geopolítica regional dos Estados Unidos. No século XX, esses países tiveram pouquíssima importância na Guerra Fria, mas aceitaram, com total lealdade, a hegemonia norte-americana, de modo que foram lugares privilegiados de experimentação da estratégia liberal-desenvolvimentista organizada por seus Estados aliados com o capital financeiro internacional. O caso do Brasil, nesse sentido, foi exemplar: com exceção de alguns momentos, nos governos Vargas e Geisel, foi possível conciliar, com o apoio norte-americano, o liberalismo internacionalizante de suas elites civis, econômicas e políticas, com o nacionalismo anticomunista de suas elites militares, promovendo uma industrialização com forte participação estatal e ampla "internacionalização do seu mercado interno".

Foi no início dos anos de 1970 que o *establishment* intelectual e administrativo da política externa norte-americana começou a rever sua estratégia com relação ao Terceiro Mundo e a seu projeto desenvolvimentista. Não foi uma resposta ao pessimismo que se generalizara, a partir da América Latina, com relação à eficácia das políticas de desenvolvimento. Foi uma resposta a um questionamento simultâneo do seu poder militar e econômico expressos, pelo lado militar, como reação à humilhante derrota no Vietnã, e se prolongou na imprevisão da guerra do Yom Kippur, e bem mais tarde nas revoluções da Nicarágua e do Irã; por outro, a proposta de um grupo expressivo de países do Terceiro Mundo favorável à rediscussão da ordem econômica internacional, o que supunha algum grau de redistribuição do poder entre os Estados como condição prévia do sucesso dos projetos de distribuição da riqueza mundial.

Esse processo começou com o sucesso da estratégia da Opep com relação ao aumento dos preços do petróleo que, por sua vez, estimulou o aparecimento do Grupo dos 77 e de sua proposta, aprovada pela Sexta Sessão Especial da Assembleia Geral das Nações Unidas, em 1974, favorável à criação de uma Nova Ordem Econômica Internacional, que incluía a formação da UNCTAD e a defesa do direito dos países em desenvolvimento, a saber: i) de criarem "associações de produtores"; ii) de associarem os preços dos seus produtos de exportação ao movimento dos preços dos produtos industriais que importavam dos países desenvolvidos; iii) de nacionalizarem empresas ligadas ao exercício da soberania de seus recursos naturais; iv) de definirem regras próprias para o funcionamento das multinacionais nos seus territórios. Agrega-se a esta agenda a defesa da necessidade premente de rediscutir o sistema de tarifas e o próprio sistema monetário internacional. Em síntese, uma proposta de reforma global da ordem internacional vigente, que questionava a própria hierarquia de poder que regia as relações interestatais.

A resposta americana foi uma nova estratégia que assumiu a impossibilidade do desenvolvimento generalizado e passou a priorizar países e regiões. Como dizia na época Robert Tucker, um dos intelectuais da nova estratégia, tratava-se agora de "[...] prezar pelas reivindicações de Estados que, em razão de sua potência, encontram-se em condições de ameaçar a estabilidade internacional e, consequentemente, a viabilidade do sistema atual" (Tucker, 1977, p. 148). Ou, como afirmava Tom Farer em *Foreign affairs*, na mesma linha, mas de maneira mais explícita:

> [...] mesmo no que diz respeito às questões econômicas, é possível resolver o conflito (com os países em desenvolvimento) não somente porque suas exigências são modestas, mas também porque é pequeno o número daqueles países que há que cooptar [...], acertando-se com as elites governantes de muito poucos Estados [...]. Na África, a Nigéria. América Latina, Brasil, Venezuela e talvez México [...] (Farer, 1975, p. 79).

O objetivo último da nova proposta era bastante claro: "Uma estratégia de compromisso quanto ao enfraquecimento dos laços que, até o presente dia, têm preservado um certo resquício de solidariedade entre os países em desenvolvimento" (Tucker, 1977, p. 150).

Foi nos anos de 1980, entretanto, que se criaram as condições econômicas e políticas que permitiram associar essa nova orientação geoeconômica ao projeto simultâneo de abandono do próprio desenvolvimentismo a partir da administração Reagan e de sua grande restauração liberal-conservadora. A "diplomacia do dólar forte" e a falência financeira dos últimos Estados desenvolvimentistas abriram as portas para a promoção ativa da convergência das políticas econômicas da região. Na segunda metade da década de 1980, a renegociação das dívidas externas permitiu que a estratégia de "cooptação seletiva" se associasse de forma mais clara e definitiva ao projeto de restauração na periferia latino-americana do princípio liberal vigente no século XIX: mercados desregulados, economias abertas e exportadoras e Estados liberais não intervencionistas.

O projeto de liberalização das economias latino-americanas, sintetizado na proposta geoeconômica do Consenso de Washington, durou pouco porque supunha que as reformas liberais, somadas a uma política macroeconômica ortodoxa, seriam condições suficientes para manter uma entrada abundante e constante do investimento direto estrangeiro que passaria a ser o carro-chefe do "novo modelo" de crescimento econômico desses países. A crise argentina e seu novo plano de estabilização, em 1990, baseado na dolarização da economia, representaram, de fato, um salto de qualidade e uma mudança de rota em relação ao primeiro projeto. Logo depois, a crise mexicana de 1994, bem como o acordo que garantiu o empréstimo de 40 bilhões de dólares ao país, e, alguns anos depois, a crise e o acordo com o FMI e o BIS, que garantiu o empréstimo de 48 bilhões de dólares ao Brasil, acabaram explicitando as novas expectativas das elites liberais e internacionalizantes destes três países.

Nos três casos, o que passou a ser proposto, de forma explícita ou implícita, é uma mudança de estatuto com relação à "cláusula" de aceitação da nova ordem liberal. Argentina, México e Brasil estão, de fato, se propondo a deixar a condição de "mercados emergentes", estimulados pelas propostas norte-americanas do Nafta e da Alca. Na verdade, a nova utopia das elites liberais e internacionalizantes dos três principais países latino-americanos deixou de ser o de uma simples integração liberal à economia internacional. Ela agora responde pelo nome de *dominion* e se alimenta de um grande paradigma: "a relação de gêmeos siameses entre o Canadá e os Estados Unidos, que consiste, para ser exato, na relação entre um gêmeo minúsculo e um imenso [...]" (Innis, 1952, p. 238). Apontam nessa direção, ao findar a década de 1990, várias decisões unilaterais tomadas pelos governos dos três países, e todos os acordos internacionais que assinaram a partir de suas crises cambiais.

Na prática, esses países mantêm formalmente o autogoverno interno, mas compartilham de forma crescente sua gestão com os Estados Unidos mediante seus organismos multilaterais e da *haute finance* americana. Não dispõem de um sistema de crédito e de capital financeiro sob comando nacional e já tomaram várias decisões que apontam, em última instância, na direção da dolarização de suas economias, mesmo quando ela enfrenta fortes resistências internas e internacionais. Seu objetivo, agora, é garantir o afluxo de investimentos com que contavam desde o início, só que em condições de escassez e alta seletividade dos investidores privados internacionais. Por isso a atração exercida pelo sistema do *currency board,* criado exatamente para garantir os capitais de investimento ingleses contra eventuais instabilidades ou idiossincrasias políticas dentro de seus velhos *dominions*. Por intermédio do processo de privatizações ou fusões de suas indústrias, bancos e serviços, já alcançaram um avançado grau de transnacionalização de suas economias e seguem depositando todas suas expectativas de crescimento no aumento da participação dos investimentos externos na sua formação interna de capital. Não contam com a continuidade territorial nem cultural que manteve o Canadá ligado, umbilicalmente, à Inglaterra e aos Estados Unidos. E tampouco fizeram a conversão estrutural que permitiu ao Canadá passar de maneira direta, no século XX, da agricultura para a indústria sob o comando dos mesmos capitais financeiros anglo-saxões.

Esse é o atual projeto em que apostam, seja de forma explícita seja de forma implícita, as elites internacionalizantes da Argentina, do México e do Brasil. Um projeto que não seria impossível, se pensado apenas num plano abstrato ou "teórico" que desconhecesse por completo a história e as condições objetivas desses países, mas que se defronta com grandes obstáculos reais, situados dentro e fora da própria região. A começar pelo problema da relação das moedas locais com o sistema monetário internacional. Hoje, ao contrário do século XIX, os Estados Unidos não se submetem e não aceitam nenhum tipo de padrão monetário ou regra cambial que entre em conflito com seus próprios interesses econômicos e estratégicos. Ademais, a economia dos três candidatos a *dominion* não tem condições de suportar, no longo prazo, um sistema cambial flutuante, de modo que lhes restam apenas duas alternativas: adotar o sistema do *currency board* dos velhos *dominions*, ou adotar a troca direta da moeda local pelo dólar.

Os Estados Unidos rejeitam essa última hipótese de dolarização porque não têm condições, no momento, de arcar com a responsabilidade da estabilização monetária e do equilíbrio orçamentário de sociedades que ainda são democráticas e podem, portanto, escapar do seu controle centralizado, porém não colonial. Mas uma parte expressiva do *establishment* de Washington não se opõe, pelo contrário, ao sistema do *currency board*. Neste caso, o volume do crédito interno e a variação das taxas de juros ficam condicionados pelo volume ou pela escassez dos recursos externos que entrarem nos três países. Trata-se, na prática, de um simulacro do padrão-ouro que mantém a possibilidade de desenvolvimento do país totalmente dependente do movimento internacional de capitais, deixando seus governos completamente indefesos ante a eventuais crises nos mercados financeiros globais.

No caso de adoção de quaisquer dessas "soluções" cambiais desse sistema cambial, a única resposta a crises do tipo que ocorreram em 1997 e 1998 será sempre a recessão, de forma que se reduza a produção e o emprego internos até o nível requerido pela manutenção do equilíbrio externo, dada a oferta de capitais do momento. Por isso, como no caso do padrão-ouro, o funcionamento desse "modelo de desenvolvimento" requer o isolamento de seus administradores com relação a qualquer tipo de demanda ou reivindicação interna, o que supõe a despolitização radical das relações econômicas, o enfraquecimento dos sindicatos, a fragilização dos partidos políticos e dos parlamentos, e, por fim, a redução ao mínimo indispensável da vida democrática.

Nesse sentido, coloca-se uma vez mais o dilema identificado por Polanyi e desenvolvido por Eichengreen: nesses casos, como os que ocorreram no século XIX, ou se limita à mobilidade dos capitais, ou à democracia. Um dilema muito mais difícil de ser enfrentado agora do que foi um século atrás, porquanto nesses cem anos, como previra Polanyi, alargaram-se os sistemas políticos e o crescimento das grandes metrópoles aumentou geometricamente o potencial de resistência social a ser atropelada por uma estratégia monetária e orçamentária que reduz, de maneira inevitável, as expectativas de mobilidade social da população.

Dentro da camisa de força do sistema de *currency board*, os países que o adotam estarão condenados a ter ciclos muito curtos de baixo crescimento, a menos que se transformem, como no caso dos *dominions* ingleses do século passado, em lugar privilegiado e permanente de alocação massiva dos investimentos orientados pelo capital financeiro internacional. Uma hipótese difícil de sustentar porquanto, ao contrário da relação dos velhos *dominions* com a sua metrópole inglesa, no caso dos três novos candidatos à condição de *dominions* norte-americanos não há complementaridade, mas competição entre suas estruturas produtivas, o que coloca no caminho do projeto os interesses internos da sociedade americana que já se opuseram ao Nafta e que impõem permanentes barreiras protecionistas contra os produtos de exportação brasileiros e argentinos.

O que é ainda mais importante do ponto de vista das restrições "externas" a tal projeto é a própria natureza distinta do capital financeiro no final do século XX, constituído em grande parte por fundos de investimento cujos portfólios são permanentemente reavaliados pelos mercados. Eles buscam aplicações com a maior rentabilidade possível e com liquidez a curto prazo, uma visão completamente incompatível com as necessidades de infraestrutura e de serviços básicos das economias dos novos *dominions*. Por isso mesmo, tampouco é provável que esse capital financeiro deambulante construa economias complementares ou divisões internacionais de trabalho consistentes e duradouras.

No padrão-ouro, a periferia atuava como uma espécie de "variável de ajuste" dos países centrais. Hoje, o capital financeiro vai de um mercado emergente para o outro sem construir pontes sólidas e caminhos duradouros. A maneira pela qual se deu a expansão dos investimentos, durante o padrão-ouro, acompanhou os espaços hierarquizados do *imperium* e constituiu aos poucos uma divisão territorial do trabalho que acabava funcionando, em alguns casos, como uma máquina complementar e permanente de crescimento. Porém atualmente o capital financeiro diluiu e flexibilizou ao máximo as fronteiras variáveis de seus territórios econômicos, passando de um para outro país e de região mundial sem se propor a nenhuma fixação mais permanente, muito menos qualquer tipo de projeto "civilizatório" para a periferia do sistema.

Qual é o limite até o qual pode ir este projeto, e como se dará o "segundo movimento" de Polanyi dentro da nova onda expansiva da crença "quase religiosa" nos mercados autorregulados, combinada com a crença quase ingênua no comportamento benevolente do poder hegemônico ou imperial? O que é certo é que este projeto, ao menos nas condições mencionadas, é rigorosamente incompatível com um ritmo acelerado e sustentado de crescimento econômico. Por outro lado, ele é perfeitamente compatível com o aumento da riqueza privada de burguesias que sempre foram "voláteis" e que podem se adaptar, portanto, com enorme facilidade, a uma nova condição que seria inevitavelmente a do rentismo.

Nessa nova "civilização liberal", contudo, aumenta-se a velocidade com que os "mercados autorregulados" destroem "os interesses da sociedade como um todo". E como isso ocorre num patamar muito mais elevado de desenvolvimento das forças produtivas e das necessidades sociais, também seus efeitos tendem a ser mais rápidos e violentos. Nesse sentido, ao contrário do que sonhara Smith, este projeto, do ponto de vista das nações, torna mais fracos, e não mais fortes, os habitantes desses países, de forma que seus povos tendem a se afastar cada vez mais daquela "igualdade de coragem e força", a qual, segundo ele, seria capaz de intimidar a injustiça dos demais Estados.

Desse modo, se Polanyi tiver razão e a lição liberal do século XIX transcender sua própria época, o que se deve esperar é que também se apressem e intensifiquem as manifestações próprias do que ele chamou de "segundo movimento", que há de se manifestar pelo lado da demanda e da proteção social dos que vão ficando sem emprego e sem meios de subsistência. Mas, nesse caso, as pressões que vieram no século XIX pelo lado do "princípio da nacionalidade" deverão se apoiar nessas mesmas forças sociais. Porquanto já agora, em condições de crise cambial, o refluxo econômico deverá, uma vez mais, apontar na direção da substituição de importações, mas esta será apenas uma mera reação de mercado se não contar com uma estratégia social de poder que aponte na direção democrática do fortalecimento da produção e da sociedade que seguem contidas pelas fronteiras territoriais do Estado nacional. A forma com que isto ocorrerá, entretanto, num mundo no qual segue em plena expansão o poder dos interesses e das redes liberalizantes, é uma incógnita. Mas esse é o ponto em que o enigma teórico se transforma num problema que só pode ser resolvido no campo da luta política.

3
Hegemonia e império

> Em contraste com a Antiguidade as cidades na era moderna ficaram sob o poder dos Estados nacionais concorrentes, numa situação de luta perpétua pelo poder, na paz e na guerra. Esta luta competitiva criou as mais amplas oportunidades para o moderno capitalismo ocidental. Os Estados, separadamente, tiveram de competir pelo capital circulante, que lhes ditou as condições mediante as quais poderia auxiliá-los a ter poder [...]. Portanto, foi o Estado nacional bem-delimitado que proporcionou ao capitalismo sua oportunidade de desenvolvimento – e, enquanto o Estado nacional não ceder lugar a um império mundial, o capitalismo também persistirá.
>
> (Max Weber, 1968)

3.1 Globalização, hegemonia e império[42]

Introdução

Susan Strange está coberta de razão ao afirmar em *The retreat of the state. The diffusion of power in the world economy* (1996), seu livro mais recente a respeito das mudanças na economia política internacional das últimas décadas, que elas têm sido muito mal descritas e diagnosticadas por uma comunidade acadêmica prisioneira do senso comum, composto de palavras vagas, aparentemente simples, mas imprecisas por completo da perspectiva conceitual. E parece estar ainda mais certa ao afirmar de

---

42. Este texto foi publicado originalmente no livro *Poder e dinheiro: uma economia política da globalização*, organizado por Maria da Conceição Tavares e José Luís Fiori (Petrópolis: Vozes, 1997) e vencedor do Prêmio Jabuti de Economia da Bienal de São Paulo de 1998.

maneira cáustica que "o pior de todos é 'globalização' – um termo que pode referir-se a qualquer coisa, desde a internet até um hambúrguer" (Strange, 1996, p. xiii), apesar de que também mereçam pouco respeito teórico as duas outras palavras que se tornaram moda no estudo das relações internacionais: "interdependência" e "governança global".

A primeira, segundo Strange, um eufemismo que não consegue nem sequer esconder a assimetria básica das relações internacionais; e a segunda, uma proposta de convergência das políticas dos Estados territoriais que desconhece, na maioria das vezes, o fato elementar de que "na verdade, muitos regimes internacionais não resultaram tanto de uma união de iguais, mas do resultado final de uma estratégia desenvolvida por um Estado dominante, ou, às vezes, por um pequeno grupo de Estados dominantes" (Strange, 1996, p. xiv).

Uma coisa, entretanto, Susan Strange não consegue explicar: a difusão alcançada e a importância adquirida, no campo das ciências sociais, por palavras tão vagas e por conceitos tão imprecisos. Imprecisão que se mantém mesmo quando, por exemplo, renuncia-se à geleia conceitual que cerca a palavra "globalização", restringindo-se seu escopo ao campo estrito da economia. E isto apesar de que Strange se inclua entre os "estruturalistas" no estudo da dinâmica da economia internacional e tenha plena consciência de que é "impossível estudar a economia política e, em especial, a economia política internacional sem dar atenção minuciosa ao papel do poder na vida econômica" (Strange, 1988, p. 23), uma vez que "o contexto em que o mercado funciona reflete uma certa distribuição de poder [...] e as regras sob as quais os mercados funcionam derivarão poder de todas as três fontes – da força, da riqueza e das ideias" (Strange, 1988, p. 23). Não é, portanto, difícil de perceber que a visão dominante acerca da globalização econômica se projetou no fim do século XX, como se já fosse uma realidade o que, no campo das ideias, é apenas a reatualização da utopia originária em que se sustentaram a força e a permanência da ideologia econômica liberal desde o século XVIII. Uma utopia assentada sobre três ideias fundamentais que seriam capazes de criar o contexto indispensável à riqueza das nações: a do direito à livre circulação dos capitais e a da necessária separação entre o poder político e a moeda que reduziriam o Estado, segundo Adam Smith, "ao mínimo estruturalmente necessário", ao passo que o livre-comércio entre os Estados não apenas "adoçaria os costumes" segundo Montesquieu, mas acabaria transformando em realidade o ideal da globalização, já definido por Dudley North, em 1691, de que "o mundo inteiro não fosse mais do que um só povo, ao interior do qual as nações fossem como pessoas". Daí à "paz perpétua" de Kant seria apenas um passo, o passo que Francis Fukuyama acreditou ter sido dado pela humanidade no *anno mirabilis* de 1989.

A partir daí, talvez se possa compreender melhor a resistência da palavra não apenas à demonstração de sua inconsistência conceitual, mas à própria prova dos fatos. Já se vão 25 anos que a globalização comanda as transformações econômicas e políticas mundiais, de modo que não há a menor evidência de que ela esteja diluindo o poder político e adoçando os costumes das grandes potências, ou mesmo que esteja promovendo o fim pacífico e virtuoso dos pequenos Estados nacionais. Tampouco há evidência de que ela incentiva o desenvolvimento econômico mundial de forma simétrica, inclusiva, convergente e homogeneizadora. Pelo contrário, o que se tem visto é a expansão geométrica da polarização entre países e classes a partir do prisma da distribuição da riqueza, da renda e do emprego, seja nos países industrializados, seja nos países periféricos. E apesar de tudo, a ideia da globalização reina inconteste no meio da maior parte das elites mundiais como diagnóstico correto, como princípio organizador adequado e como objetivo possível do desenvolvimento capitalista.

Mas isso não acontece em virtude de sua força teórica ou de qualquer tipo de comprovação empírica; acontece graças à sua força como ideologia de interesses econômicos e políticos muito precisos. Não que se trate de uma ilusão, ou apenas de uma falsificação imposta pela força ou pela capacidade de convencimento dos meios de comunicação. Pelo contrário, e aqui há de se pensar a força da ideia no seu sentido mais preciso, como uma "inversão ideológica" que é, ao mesmo tempo, uma "inversão da própria realidade" e, nesse sentido, portanto, desvela aspectos do mundo contemporâneo que são absolutamente reais, mas oculta simultaneamente outros aspectos tão ou mais decisivos. No caso da globalização, por exemplo, o que em geral fica ausente do discurso ideológico, de natureza predominantemente economicista, são as relações de poder e de dominação em que vem se sustentando a "globalidade" mais visível e festejada.

O que, de qualquer maneira, ainda espanta é como a ortodoxia acadêmica dos economistas e dos demais cientistas sociais se mantém impermeável ao aumento da distância que aos poucos se estabelece entre o discurso da convergência e da integração e o mundo real das assimetrias e dos conflitos. Com relação a esta surdez acadêmica, é possível pensar que estejamos vivendo uma recorrência histórica associada aos momentos de maior ou menor intensidade das lutas distributivas, como já antecipara Marx em seu o famoso comentário a respeito da passagem do pensamento econômico europeu hegemônico, da "economia política clássica", para a "economia vulgar": "foi o dobrar de finados da economia científica burguesa. A partir de então, já não se tratava de saber se este ou aquele teorema eram verdadeiros, mas se eram úteis ou prejudiciais ao capital, convenientes ou inconvenientes, politicamente perigosos ou não" (Marx, 1873/1958, p. xix).

Se essas forem as razões nas quais se sustenta a força das ideias de globalização e interdependência, não cabe desqualificá-las com base apenas na fragilidade de seus argumentos e na sua notória natureza utópica. Cabe ao campo teórico o exercício crítico de desvelamento da "inversão ideológica" que vulgarizou as ciências sociais e a sua análise, sobretudo a análise do desenvolvimento internacional do capitalismo e do seu sistema de gestão interestatal. E, nesse sentido, não há como desconhecer a profundidade e a velocidade das transformações que vêm redesenhando o mundo desde o início dos anos de 1970. Como tampouco se pode desconhecer que quase todos os analistas estão se perguntando hoje e tentando explicar, ainda que por distintos caminhos, a verdadeira dimensão, lugar e novidade da globalização ou da mundialização posterior aos anos de 1970 ante o processo secular de transnacionalização produtiva do capitalismo que se acelerou depois da Segunda Guerra Mundial, ou ainda ante a própria internacionalização financeira ocorrida entre 1880 e 1914.

Contra a economia política vulgar dos equilíbrios e dos mercados autorregulados, a economia política clássica dedicou-se a estudar a dinâmica da distribuição e da acumulação da riqueza, e, mais tarde, debruçou-se acerca da estrutura das relações sociais de produção subjacentes à circulação de mercadorias. E hoje, contra a nova economia vulgar que vê a globalização como uma resultante exclusiva das forças de mercado, a economia política internacional reconhece as transformações ocorridas no plano da concorrência intercapitalista e do progresso tecnológico, mas considera incompreensível a "nova ordem capitalista" sem tomar em conta, simultaneamente, a oligopolização e financeirização do mercado, as mudanças nas relações sociais de poder e na luta ou na competição interestatal que se aceleraram e mudaram de direção a partir dos anos de 1970.

Em resumo, quanto à visão da nova economia política internacional a respeito do processo da globalização, pode-se dizer que ela se assenta sobre duas convicções fundamentais. A primeira é a de que a aceleração atual do movimento de internacionalização capitalista se distingue do que ocorreu um século atrás dada a predominância atual e inconteste do setor financeiro, uma vez que o comércio internacional vem crescendo a uma velocidade inferior à da "época de ouro do capitalismo" e não se pode afirmar ainda que há uma produção verdadeiramente globalizada e indiferente à sua localização. E a segunda é a de que a globalização financeira se alimenta de uma indistinção crescente entre os mercados monetários e os sistemas financeiros que resultou das políticas de liberalização e desregulação adotadas a partir de 1979, pelos Estados Unidos e Inglaterra, em primeiro lugar, e, logo depois, numa espécie de "efeito dominó" pelos demais países industrializados.

Pode-se afirmar, por certo, que a globalização é um fato, mas só é global do ponto de vista das finanças que passaram a operar num "espaço mundial" hierarquizado a partir do sistema financeiro norte-americano, o qual fora viabilizado pela política econômica do Estado hegemônico e imitada, de imediato, pelos demais países industrializados. Isso ocorreu de maneira tal que os mercados e a sua globalização cedem a posição teórica do sujeito do processo das transformações aos Estados do "núcleo orgânico do capitalismo" somados às suas grandes empresas e bancos, bem como aos novos atores nos quais se transformaram os grandes fundos de pensão e de investimento (Hirst; Thompson, 1996; Chesnais, 1996; Kregel, 1996; Adda, 1996).

Atualmente, já não é mais difícil identificar as principais conjunturas econômicas e as principais decisões políticas que alavancaram o processo de globalização econômica ou de internacionalização financeira. Quase todos os autores deste livro estão de acordo, em linhas gerais, que sua "pré-história" data dos anos 1960 e está intimamente associada à decisão do governo inglês de autorizar a criação de um mercado interbancário paralelo e autônomo em relação aos sistemas financeiros nacionais (o "euromercado de dólares") para o qual são canalizados os primeiros capitais norte-americanos "fugitivos" das baixas taxas de lucros e das regulações internas do seu país de origem. Ali surgiu o embrião de uma "esfera financeira privada, desregulada e globalizada" (Adda, 1996, p. 95) que não parará de crescer depois do fim da paridade ouro/dólar decretada unilateralmente pelo governo dos Estados

Unidos em 1971. O sistema de "taxas flexíveis de câmbio" se transforma, a partir de 1973, na principal alavanca de um processo que será alimentado nos anos 1970 pela reciclagem dos petrodólares e pela expansão da dívida pública americana, mas que teve na instabilidade monetária crônica seu principal fator de propulsão. Como diz Chesnais, o mercado de câmbio se transformou no primeiro compartimento dos mercados financeiros a entrar na globalização, e é a partir dele que se desenvolve o mercado de derivativos ou de seguros em relação à variação de moedas e de juros.

Ninguém duvida, entretanto, de que foi nos anos de 1980 que se deu o salto e se transformou em realidade a globalização financeira propriamente dita. E é aqui que o processo de internacionalização é mais explicitamente induzido por um conjunto de decisões estatais nas quais se inscrevem o "choque de juros" decidido pelo FED norte-americano, bem como o fim do controle do movimento de capitais com o estrangeiro decidido quase em conjunto pelos governos norte-americano e inglês. Algo similar pode ser dito a respeito da liberação das taxas de juros que inicia um vasto processo de desregulamentação monetária e financeira, a qual permitirá o surgimento dos mercados de obrigações interconectados internacionalmente nos quais os governos passam a financiar seus déficits ao colocarem títulos da dívida pública nos mercados financeiros globais e se transformarem em reféns da "ditadura dos credores", porquanto os "fundos" vão assumindo papel cada vez mais importante como instituições centrais do novo capital financeiro. Nessa hora, o pagamento das dívidas nacionais contribui decisivamente para a centralização dos fluxos financeiros no eixo Norte-Norte.

Nessa mesma década, mais uma decisão política decisiva será tomada em 1986, de com a liberalização inglesa dos mercados de ações (o *big--bang*), seguida pelos demais países. Por fim, já é possível asserir que há uma quarta etapa nesse movimento de internacionalização: o período posterior a 1990 em que se dá a incorporação dos "mercados emergentes" do outrora mundo socialista e da América Latina. É a hora também em que se universaliza a revolução neoliberal, a qual promoveu por todos os lados a desregulação, a abertura e a desintermediação das economias nacionais. É nessa nova conjuntura que a globalização financeira alcança uma dimensão potencial e territorial sem precedentes, ainda que, de fato, não inclua a maior parte dos Estados nacionais a despeito do seu bom comportamento macroeconômico. De qualquer maneira, se o poder político das potências esteve no início do processo, é nesse momento que fica mais nítida a submissão quase automática das políticas macroeconômicas nacionais às flutuações dos preços das moedas, aos níveis das taxas de juros e às decisões dos gastos de portfólio. Depois de duas décadas de internacionalização financeira, os Estados mais frágeis e as elites mais submissas foram se resignando a compor a nova realidade, de modo que passaram a competir pelos novos investimentos ao eliminarem entraves à livre circulação dos capitais e ao reduzirem suas cargas fiscais de forma tão mais predatória quanto mais em baixo estejam na escala de risco dos "mercados emergentes".

Essa rápida história não deixa margem para dúvidas: sem atentar para as relações cada vez mais íntimas entre o poder político e o poder do dinheiro, não se conseguirá jamais entender o movimento recente da internacionalização ou da globalização financeira. O que ainda fica oculto é o papel cumprido neste processo pela competição interestatal e pela centralização do poder político internacional na intensificação da competição intercapitalista e na gigantesca concentração e centralização de capital que ocorrem paralelamente nos 25 anos posteriores ao fim de Bretton Woods e ao início do que se convencionou chamar de "período de crise da hegemonia norte-americana".

Nesse ponto, reaparece a tese teórica e histórica de Max Weber, a qual fora relembrada por Giovanni Arrighi, e que é decisiva para o argumento deste ensaio.

3.1.1 A economia política internacional

Robert Gilpin definiu de forma simples e direta o objeto e a agenda da *economia política internacional*, campo de conhecimento que se afirmou como produto direto da crise econômica e da política internacional dos anos de 1970:

> [...] supõe que uma compreensão das questões de comércio, assuntos monetários e desenvolvimento econômico requer a integração das perspectivas teóricas das disciplinas de economia e ciência política porque há uma necessidade premente de integrar o estudo da economia internacional ao estudo da política internacional para aprofundar nossa compreensão das forças em ação no mundo [...]. A existência paralela e a interação mútua de "Estado" e "mercado" no mundo moderno criam a "economia política"; sem ambos, Estado e mercado, não poderia haver economia política (Gilpin, 1987, p. 3; 8).

"Existência paralela" que se estende às origens da própria história moderna quando o sistema interestatal se constitui e se expande de maneira extraterritorial ao lado da difusão do capitalismo como economia-mundo e como base simultânea das economias nacionais. Esta mesma definição aparece reiterada de forma ainda mais categórica por Susan Strange, ao afirmar que "é impossível estudar a economia política e, em especial, a economia política internacional sem dar atenção minuciosa ao papel do poder na vida econômica" (Strange, 1988, p. 23).

A história dessa nova economia política se confunde, portanto, com o tempo e com o debate das transformações que engendraram a globalização financeira e a reorganização geopolítica do mundo. Nesse sentido, não está errado afirmar, de forma muito sintética, que sua produção teórica e histórico-comparativa girou até agora em torno de duas perguntas fundamentais: Como explicar a crise dos anos de 1970? Como prever o rumo que tomará a nova ordem política e econômica internacionais, sobretudo depois dos anos de 1990? E Braudel talvez seja quem melhor resumiu o ponto de partida comum das distintas respostas quando afirmou, de modo categórico, que "o mundo não pode viver sem um centro de gravidade". Nessa mesma linha, Robert Gilpin, em trabalhos escritos nos anos de 1972 e 1974, e Charles Kindleberger, ao analisar, em 1973, a crise dos anos de 1930, concluíram de forma parecida que a Grande Depressão ocorreu porque os Estados Unidos não quiseram assumir a liderança mundial no lugar aberto pela retirada inglesa. Kindleberger foi mais longe e, generalizando o caso analisado, postulou pela primeira vez que, "para que a economia mundial seja estabilizada, deve haver um estabilizador – e um só país estabilizador" (Kindleberger, 1973, p. 304).

Para ambos, o que se presenciava nos anos de 1970 era uma repetição do mesmo fenômeno: o início de uma nova "desordem global" produzida pela crise da liderança mundial norte-americana, a qual fora questionada no plano militar pela expansão da força da URSS e da China, bem como pela vitória do Vietnã; já no plano econômico, pela crescente presença internacional da Alemanha e do Japão. Mais tarde, Gilpin resumiu o argumento: "experiência histórica sugere que, na ausência de uma potência liberal dominante, a cooperação econômica internacional tem sido extremamente difícil de alcançar ou manter, e o conflito tem sido a norma" (Gilpin, 1988, p. 88). Se no início tratou-se da necessidade de "liderança" ou de uma clara "primazia" mundial, aos poucos a literatura foi convergindo em torno ao conceito de "hegemonia". Mas foi só em 1980 que Robert Keohane, ao criticar as teses de Gilpin, Kindleberger e outros "realistas" ou "neorrealistas", cunhou o nome da teoria dos seus "adversários": a "teoria da estabilidade hegemônica". E de fato, a partir daí, a economia política internacional dividiu-se em escolas articuladas em torno de distintas concepções do conceito e de distintas leituras das experiências históricas de estabilização da "anarquia" interestatal por intermédio da afirmação ou do reconhecimento da existência de um *hegemon*.

De um lado, alinharam-se os "neorrealistas", fiéis à sua convicção fundamental quanto ao papel dos Estados, dos interesses nacionais e da segurança coletiva, os pais mais diretos da própria teoria da estabilidade hegemônica. Para eles, a hegemonia propriamente dita assenta-se na capacidade de concentrar nas mãos de um só país, ou de um pequeno grupo de países aliados, o poder sobre matérias-primas estratégicas, sobre capitais de investimento, sobre tecnologias de ponta, sobre armas e sobre informação e acesso aos mercados internacionais. Não há consenso quanto à forma e às razões pelas quais as hegemonias entram em crise.

Kindleberger (1996), por exemplo, desenvolveu mais tarde a hipótese da existência de um ciclo vital das nações que explicaria como elas nascem, crescem e morrem, apesar de que não consiga esclarecer como as suas "primazias" se sucedem no tempo. Mais importante, entretanto, é o fato de que Kindleberger acredita pouco na força estabilizadora da hegemonia para manter as regras ou regimes capazes de sustentar uma ordem econômica mundial liberal. Para ele, a estabilidade monetária internacional, em particular, requer um papel ativo e gerencial do *hegemon* que vise a manter os mercados abertos, a homogeneizar as políticas macroeconômicas, a policiar o sistema de taxas de câmbio, a tomar iniciativas anticíclicas e atuar, quando necessário, como emprestador, em última instância, em nível mundial. Em síntese, o próprio sistema econômico é inerentemente instável e requer um gerenciamento permanente.

Gilpin tampouco acredita em demasia na possibilidade de uma coordenação estável ao estilo dos "interdependentistas", mas adiciona às funções e aos poderes do *hegemon* a capacidade e a necessidade de que promova a segurança coletiva e que lidere o crescimento econômico mundial. Ele tem uma visão mais desenvolvida e sofisticada acerca das razões e do processo das "transições hegemônicas" produzidas, no longo prazo, pela acumulação de "câmbios estruturais globais", produzidos, em última instância, pelo efeito lento, porém implacável, do desenvolvimento desigual da economia mundial, que apresenta assimetrias crescentes de regiões, de países e de setores econômicos ao longo do próprio tempo cíclico da economia (Gilpin, 1987).

Numa outra posição, os "pluralistas", como Robert Keohane, sempre trabalharam com a hipótese de uma interdependência internacional crescente que envolve cada vez mais atores tanto supraestatais quanto infraestatais. São, de fato, os pais da tese da globalização, de modo que acreditam na possibilidade de funcionamento eficiente de "regimes internacionais" que, uma vez constituídos pelo *hegemon*, como no caso do pós-Segunda Guerra Mundial, podem dispensar a sua presença ativa a partir do momento em que são legitimados como bens coletivos universais, como seria o caso a partir da crise dos anos de 1970. Nesse sentido, sua discussão do livro *Depois da hegemonia* (1984) não enfrenta o problema da recorrência histórica ou da inevitabilidade cíclica do retorno de um *hegemon*.

Numa terceira posição, estão os "estruturalistas", como Susan Strange, que trabalha com a distinção entre *relational and structural power* e considera que o controle do poder estrutural sobre segurança, sobre produção, sobre crédito e sobre conhecimento é o que confere a determinados Estados a capacidade de conformar as estruturas da economia política internacional. Com relação à hipótese da necessidade de um *hegemon* como condição *sine qua non* da estabilização da ordem econômica mundial, Susan Strange mantém uma visão crítica ou cética. Para ela,

> [...] parece ter sido geralmente negligenciado o fato de que as únicas duas instâncias de intervenção hegemônica na economia mundial foram acidentes políticos, coincidências de perigos econômicos e respostas políticas que jamais se repetirão. O acidente político no primeiro caso foi que a política doméstica e externa britânica estava sob a forte influência dos interesses financeiros na cidade de Londres. Poder-se-ia quase dizer que os interesses financeiros dos banqueiros da cidade ditavam a agricultura britânica ou a indústria manufatureira britânica [...]. A intervenção hegemônica estabilizadora dos Estados Unidos depois da Segunda Guerra Mundial foi outro acidente que também é improvável que se repita [...]. Ocorreu uma rara janela de oportunidades na qual a coincidência do bem-estar nacional e sistêmico poderia ser traduzida em intervenção hegemônica (Strange, 1996, p. 195).

A coincidência, no pós-Segunda Guerra Mundial, dos interesses do governo e dos negócios americanos, a qual foi produzida pela necessidade simultânea de enfrentar a URSS e reconstruir a Europa e o Japão, sob o efeito, ainda, da memória da Grande Depressão, criou uma rara janela de oportunidades em que foi possível transformar a coincidência dos interesses nacionais e sistêmicos numa intervenção hegemônica que é muito pouco provável que se repita, segundo Strange, nos anos de 1990.

A posição do economista inglês Andrew Walter é ainda mais cética. Depois de analisar o comportamento do sistema monetário internacional entre 1870 e 1970, conclui que:

> [...] a função hegemônica de provisão e manutenção de regras revelou-se de valor descritivo limitado. A distinção entre os papéis de aplicação de regras, o incentivo à coordenação de políticas entre Estados e a gestão e supervisão prudente do sistema monetário e financeiro internacional permitiram-nos compreender melhor as diferentes reivindicações que se têm feito pela hegemonia (Walter, 1993, p. 249).

É nesta altura do debate que adquire maior importância a teoria de autores como Giovanni Arrighi e Robert Cox, porquanto rediscutem a "crise americana" a partir de uma leitura muito mais cuidadosa do conceito gramsciano de hegemonia, o qual é transposto para o campo das relações internacionais junto com os conceitos de acumulação de capital e de relações de poder e de classe internos a cada país. Como diz Arrighi:

> [...] o conceito de "hegemonia mundial" refere-se especificamente à capacidade de um Estado exercer funções de liderança e governo sobre um sistema de nações soberanas [...], mas as hegemonias mundiais só podem emergir quando a busca do poder pelos Estados inter-relacionados não é o único objetivo da ação estatal. Na verdade, a busca do poder no sistema interestatal é apenas um lado da moeda que define, conjuntamente, a estratégia e a estrutura dos Estados enquanto organizações. O outro lado é a maximização do poder perante os cidadãos. Portanto, um Estado pode tornar-se mundialmente hegemônico por estar apto a alegar, com credibilidade, que é a força motriz de uma expansão geral do poder coletivo dos governantes perante os indivíduos (Arrighi, 1995, p. 30).

Arrighi desenvolve sua teoria a partir de um trabalho seminal publicado em 1982 no qual separa os aspectos formais, ou institucionais, dos aspectos substantivos, ou ideológicos e materiais, da hegemonia e da crise americana, para concluir, então, que "parece que a queda da ordem imperial dos Estados Unidos não levou ao fim da hegemonia dos Estados Unidos, mas simplesmente à sua transformação de uma hegemonia formal organizada pelo Estado para uma hegemonia informal imposta pelo mercado e organizada corporativamente" (Arrighi, 1982, p. 66). No entanto, foi no seu admirável *Longo século XX*, de 1994, em que Giovanni Arrighi desenvolveu a teoria mais ambiciosa acerca da forma pela qual a competição interestatal e a competição intercapitalista produzem, ao longo da história moderna, ciclos sucessivos de acumulação econômica sistêmica sustentados por poderes políticos hegemônicos cada vez mais centralizados. Para explicar a crise internacional inaugurada com o fim do Bretton Woods, o autor recorre à ideia braudeliana de que todos os ciclos capitalistas, ao alcançarem sua maturidade e iniciarem o seu declínio, passam por um "outono" caracterizado por grandes "expansões financeiras".

Para Arrighi, o capitalismo destrói e cria, liderado por organizações econômicas e políticas cada vez mais amplas e complexas, como uma força que se expande na "zona do antimercado", na qual o dinheiro adquire a capacidade sistemática e persistente de multiplicar-se a partir do momento em que "se identifica com o Estado, quando é o Estado", na expressão radical de Braudel (1987, p. 55). É apoiado nesta base conceitual que Arrighi avança ao seguir as pistas abertas pela hipótese de Weber a respeito do papel da "competição interestatal pelo capital circulante", bem como de Marx a respeito do papel das "dívidas públicas" na acumulação do capital, para acrescentar que, além disto, "a concentração do poder nas mãos de determinados blocos de órgãos governamentais e empresariais foi também essencial para as reiteradas expansões materiais da economia mundial capitalista" (Arrighi, 1996, p. 13).

O segredo, em última instância, da acumulação da riqueza capitalista, encontra-se no "domicílio oculto que fica um andar acima, e não um andar abaixo do mercado. Ali onde o dono do dinheiro encontra-se com o dono, não da força de trabalho, mas do poder político, e onde se esconde o segredo dos grandes e sistemáticos lucros que permitiram ao capitalismo prosperar" (Arrighi, 1994, p. 25). E é por isso que, para Arrighi, todas as grandes reestruturações da economia capitalista mundial têm ocorrido sob a batuta de "um alto comando" governamental e empresarial que se articula em redes que sempre foram globais e que sempre obedeceram a centros de decisão que estiveram concentrados em cada uma das sucessivas potências hegemônicas. A partir daí, cada um dos grandes ciclos de acumulação segue um roteiro repetitivo: "o da alternância de épocas de expansão material [...] com fases de renascimento e expansão financeiros [...]. Nas primeiras, o capital monetário põe em movimento uma massa crescente de produtos; nas segundas, este mesmo capital liberta-se do seu compromisso com as mercadorias e acumula-se sob a forma financeira" (Arrighi, 1994, p. 19). Tempo em que gestarão em outros espaços as estruturas e estratégias que deverão comandar o novo regime, dando ao curso movimento de permanente globalização das estruturas e das instituições capitalistas.

Durante essas fases de expansão financeira que se estendem entre as "crises sinalizadoras" e as "crises terminais", repetem-se as *belles époques* em que a expansão material dá lugar a "momentos maravilhosos" de renovação da riqueza e do poder de seus promotores. Mas estes também são os momentos nos quais se intensifica a competição empresarial e interestatal; e é quando ocorrem os períodos de "caos sistêmico" caracterizados pelo aumento da polarização e dos conflitos sociais, bem como pela diminuição dos poderes estatais, transformados em prisioneiros dos mercados financeiros.

Em 1981, Robert Cox publicou uma crítica às teorias neorrealistas das relações internacionais que se transformou num trabalho clássico da nova economia política internacional. Sem ter a ambição teórica ou histórico--comparativa de Giovanni Arrighi, o artigo de Cox traz uma contribuição metodológica decisiva para o estudo das "hegemonias internacionais":

> considere o problema da ordem mundial como um todo, mas cuidado ao reificar um sistema mundial. Cuidado ao subestimar o poder do Estado, mas, além disso, dê a devida atenção às forças sociais e aos processos e veja como eles se relacionam ao desenvolvimento dos Estados e ordens mundiais (Cox, 1986, p. 206).

Uma proposta que resgata os dois aspectos do problema que estão completamente ausentes do trabalho de Arrighi, como ele mesmo reconhece em seu livro: as relações de poder internacional verticais ou imperiais entre o centro e as periferias e as relações entre o capital e o trabalho e entre os Estados e suas respectivas sociedades nacionais. Dessa forma, para Cox, a hegemonia internacional não se reduz apenas a um problema de poder de universalização dos interesses nacionais da potência central. A própria definição de interesse nacional é mais complexa do que pensam os realistas, porquanto envolve contradições e conflitos de interesses entre classes e frações de classes e entre os vários atores sociais e políticos dentro da própria burocracia estatal.

233

Robert Cox, assim como Susan Strange, acredita na existência de "estruturas históricas" que contextualizam o comportamento e as relações dos povos. Mas essas estruturas não envolvem apenas as "capacidades materiais", mas também o mundo das instituições e das ideias envolvidas na organização da produção e das forças sociais, bem como de suas relações com as formas do Estado e a variação das configurações do poder mundial. E é sobre esta base que Cox analisa a formação e a crise das hegemonias inglesa e norte-americana. Chamando atenção, enfim, para os processos de internacionalização da produção, das relações de classe e do próprio Estado que caracterizam e sustentam o *imperial system* norte-americano, construído a partir do fim da Segunda Guerra Mundial.

Robert Cox considera possível, no início dos anos de 1980, a recomposição de uma hegemonia internacional assentada numa coalisão entre Estados Unidos, Alemanha e Japão, apoiados em seus coadjuvantes da OCDE e em alguns Estados mais industrializados da periferia capitalista. Mas ele também considera a possibilidade de um mundo não hegemonizado. Tudo depende da consolidação ou da não consolidação das duas tendências fundamentais presentes dentro do mundo capitalista neste fim de século: o avanço continuado da centralização e da supremacia dos capitais internacionais e da internacionalização das estruturas estatais. De qualquer maneira, também para Cox, a nova hegemonia só existirá na medida em que os fatores subjetivos e ideológicos se somam à força bruta das capacidades materiais e "o poder dominante faz certas concessões ou compromissos para garantir a aquiescência dos poderes menores a uma ordem que pode ser expressa sob a ótica de um interesse geral" (Cox, 1986, p. 246).

Em resumo, pode-se dizer que a economia política internacional destacou-se basicamente pela análise das transformações da economia capitalista e do sistema interestatal de poder que ocorreram a partir da "crise americana" dos anos de 1970. E são duas as palavras-chaves que sintetizam esta agenda: globalização e hegemonia. Nesse debate, as posições de Giovanni Arrighi e Robert Cox são as que mais se aproximam da agenda que orientou a economia política do imperialismo, o outro grande momento da história capitalista em que globalização e hegemonia estiveram no epicentro dos acontecimentos.

No entanto, qualquer tentativa de análise dos acontecimentos em curso deve retomar necessariamente o caminho da economia política, o qual já foi percorrido de certa forma pelos teóricos do imperialismo: um caminho analítico que vai da internacionalização do capital financeiro à centralização do poder político interestatal e que se desdobra na análise dos interesses das coalisões de classe e de poder que se afirmam política e ideologicamente a partir dos países do "núcleo orgânico" do capitalismo e que constrangem progressivamente os arranjos políticos internos dos países periféricos. Ou, de uma outra perspectiva: o caminho que vai do *hegemon* à sua periferia, passando pela moeda, pelo comércio, pelos investimentos, pelas armas e pelas ideias, assim como por um sistema estatal internacionalizado (o *imperial system* de Cox) de administração das riquezas e das populações nacionais. Este "programa de pesquisa" também inclui e supera, de certa maneira, as leituras mais "politicistas" da "teoria da estabilidade hegemônica". De fato, trata-se de um projeto de economia política que se propõe a ser – na dicotomia de Robert Cox – uma "*critical theory*", e não apenas uma "*problem-solving theory*".

3.1.2 Hegemonias, Estados e classes sociais

Hoje é possível ver com clareza que entre 1870 e 1914 viveu-se uma autêntica "transição hegemônica" na qual o declínio da supremacia inglesa ocorreu paralelamente a um movimento sem precedentes de consolidação e internacionalização do capital financeiro e de expansão imperial dos Estados nacionais europeus. Na virada do século, a maior parte do território e da população mundiais viviam sob domínio direto ou indireto dos Estados territoriais originários e de suas economias capitalistas. Apesar da sua aparente tranquilidade, este foi um período balizado por dois grandes conflitos sociais, a Comuna de Paris, de 1871, e a Revolução Soviética, de 1917. E da perspectiva das relações interestatais, ele se inicia com a Guerra Franco-Prussiana de 1871 e com o começo da competição colonialista, e termina com a Primeira Guerra Mundial, que inaugura, em 1914, a "era da catástrofe", bem como o curto século XX do qual nos relata Hobsbawm. Não é possível saber ainda se estaremos ou não vivendo um período semelhante, como sugere Arrighi, ao considerar a crise dos anos de 1970 como "sinalizadora" do fim do ciclo de acumulação e da hegemonia norte-americanos.

Mesmo sem subscrever o ceticismo de Walter ou o relativismo de Strange, não se pode deixar de reconhecer as profundas diferenças que cercaram os dois casos mais nítidos de exercício hegemônico: o da Inglaterra, entre 1870 e 1914, e o dos Estados Unidos, entre 1945 e 1970. Seja no plano das suas condições, seja no do exercício de funções que somente às vezes são aparentemente semelhantes. Strange chama atenção, no caso inglês, para o tipo de relacionamento que se estabeleceu entre o governo e o capital financeiro em condições de uma estrutura produtiva especializada e complementar com a de seus parceiros mund deiais, ao contrário do que ocorre com a economia norte-americana. De tal maneira que, se a Inglaterra pode se manter fiel ao livre-cambismo até nos momentos mais difíceis para a sua economia, os Estados Unidos sempre administraram seu comércio atendendo de maneira permanente aos interesses dos vários setores da sua economia, fossem eles produtivos, comerciais ou financeiros.

Andrew Walter, por outro lado, mostra como o padrão-ouro, ao contrário do padrão-dólar, não foi objeto de nenhum tipo de acordo multilateral ao estilo de Bretton Woods, tampouco dispôs de uma estrutura de gestão institucionalizada ao estilo FMI/Bird/Gatt, apesar de que, em ambos os casos, os *hegemons* tenham mantido inconteste sua liderança nos investimentos de longo prazo nos "novos países", ou, mais tarde, nos "países em desenvolvimento", e tenham sabido manter nesses mercados a supremacia dos seus produtos, além de conseguir que seus "pares" aceitassem, ainda que por caminhos distintos, que a política monetária internacional fosse regida por seus bancos centrais (De Cecco, 1974). Mas há de se reconhecer que, mesmo dentro do esquema fechado de Giovanni Arrighi, a Inglaterra aparece dispondo a seu favor de um sistema monetário internacional durante o seu período de crise ou decadência, ao contrário dos Estados Unidos, cujo "padrão-dólar" teria entrado em crise junto com sua hegemonia. As diferenças mais importantes entre as duas épocas, entretanto, provavelmente nada que ver têm com a forma como cada um dos *hegemons* administrou a moeda internacional, o comércio ou as armas, mas sim com a maneira pela qual a competição interestatal condicionou a produção e a distribuição da riqueza mundial, bem como as relações entre os Estados nacionais e suas classes sociais.

Segundo Hobsbawm em *A era dos impérios: 1875-1914*, entre 1870 e 1914

> [...] o número de pessoas que ganhavam a vida por meio de trabalho manual, em troca de um salário, aumentou sensivelmente em todos os países inundados ou apenas banhados pela maré montante do capitalismo ocidental [...], o número de proletários crescia em ritmo impressionante nas economias que se industrializavam (Hobsbawm, 1988, p. 164).

Junto com a expansão da classe operária, acelerou-se a urbanização da sociedade europeia e consolidou-se, com um fato social irreversível, a força do movimento sindical e dos partidos socialistas. A derrota da Comuna de

Paris teve um efeito pedagógico na classe operária que se organiza e participa de forma cada vez mais massiva no processo de alargamento eleitoral dos sistemas políticos europeus.

> Onde quer que a política democrática e eleitoral o permitisse, apareciam em cena, crescendo com rapidez assustadora, os partidos de massas baseados na classe operária, em sua maior parte inspirados na ideologia do socialismo revolucionário [...] e por volta de 1914 em alguns Estados, notadamente na Alemanha e na Escandinávia, já eram os maiores partidos nacionais, detendo até 35-40% do voto nacional (Hobsbawm, 1988, p. 170).

Apesar disso, e com exceção da Alemanha onde os socialistas foram postos na ilegalidade por Bismarck,

> [...] o período de 1875 a 1914, e com certeza o de 1900 a 1914, foi um período de estabilidade política [...] e o que destruiu a estabilidade da belle époque, inclusive a sua paz, foi a situação da Rússia, do Império Habsburgo e dos Balcãs, e não a da Europa ocidental ou mesmo a da Alemanha. De tal maneira que o que tornava perigosa a situação do hegemon às vésperas da guerra não era a rebelião dos operários, mas a divisão no interior dos estratos governantes (Hobsbawm, 1988, p. 159).

Por trás das greves dispersas, a classe trabalhadora apostava cada vez mais no caminho eleitoral e na possibilidade da reforma e do progresso. E é neste pano de fundo que a Inglaterra pôde sustentar ideologicamente um consenso em torno de um Estado liberal que se dedicava quase somente à preservação da política vitoriana *sound money and free markets* sem enfrentar ainda a dificuldade de transferir para suas populações os custos dos ajustamentos periódicos de suas economias. Além disso, a Europa, depois da Guerra Franco-Prussiana, também conseguiu exportar os seus conflitos nacionais e preservar uma situação de equilíbrio de poder relativamente bem-sucedida e pacífica dentro do seu território ocidental. Um quadro aparentemente idílico de paz e estabilidade.

A verdade é que, nesse mesmo período e sob o manto do padrão-ouro, o capitalismo viveu uma verdadeira revolução tecnológica e organizacional impulsionada pela mesma competição interestatal que empurrou a Europa no caminho da colonização quase completa dos territórios africanos e asiáticos, e fez com que, na virada do século, os Estados Unidos e a Alemanha já fossem economias industriais mais importantes do que a Inglaterra, lideradas, num caso, pelos grandes conglomerados e, no outro, pelo capital financeiro que legaram o *"modern capitalism"* ao século XX. Economias que em plena era do livre-cambismo utilizaram ostensiva e extensivamente o protecionismo como instrumento de poder e enriquecimento nacionais. Competição responsável pelo deslocamento da hegemonia inglesa para o campo das "altas finanças" de que trata Susan Strange.

Nessa época se constitui a periferia capitalista integrada a partir dos países do Norte Europeu sob a forma colonial explícita, com a exceção da América, que reúne o maior número de Estados nacionais formalmente independentes. Num momento em que 9/10 da África eram colônias e não restava praticamente nenhum Estado independente na região do Pacífico, de tal forma que o mundo adentra o século XX com quase os mesmos Estados territoriais originários europeus, aos quais se agregaram, no início do século XIX, suas ex-colônias americanas.

De certa forma, pode-se afirmar que no período da hegemonia inglesa a competição interestatal coincidiu quase por completo com a competição intercapitalista, e que a conjugação de ambas gerou uma onda globalizante de extensão e profundidade análoga à do final do século XX, acompanhada, como agora, de uma concentração extraordinária de riqueza concentrada em não mais do que dez países. E foi esta competição entre economias nacionais que se prolongou nas guerras imperialistas que redefiniram as fronteiras economicamente relevantes e acabaram levando a Europa a mais uma guerra dos trinta anos.

Ao olhar de maneira retrospectiva, não é difícil de perceber que o equilíbrio europeu construído pelo Congresso de Viena começou a ser destruído, de fato, com o aparecimento do Estado nacional alemão no coração da Europa. Ele nasce em guerra com a Áustria e com a França e ocupa deste então um lugar decisivo no jogo de alianças cruzadas em que se sustentou a paz europeia durante a era dos impérios. E uma vez mais, nos anos de 1890, foi o crescente papel econômico da Alemanha que induziu a lenta bipolarização das relações de poder que colocou, em 1914, de um lado, a Inglaterra, a França, a Rússia e a Itália, e do outro, a Alemanha e a Áustria-Hungria. A mesma bipolaridade que se repetirá em 1938, agregando-se Itália e Japão ao bloco alemão e Estados Unidos ao bloco inglês. Entre os dois enfrentamentos, como é sabido, a Grande Depressão, o desemprego, o desencanto liberal, as revoluções comunistas e o fascismo vão acompanhados de um acirramento sem precedentes da competição econômica entre os Estados do "núcleo orgânico" do capitalismo ao qual se agregavam agora os Estados Unidos e o Japão.

A construção da hegemonia americana no pós-Segunda Guerra Mundial teve características absolutamente distintas ainda que possa ter produzido alguns resultados parecidos aos da hegemonia inglesa. De partida, as principais lideranças mundiais, logo depois da rendição atômica do Japão, convergiram em torno de um consenso quase obrigatório:

> [...] havia de se evitar os cataclismas econômicos e políticos, causados pelo funcionamento sem peias do capitalismo. Todos estavam lembrados que o nacionalismo agressivo e destrutivo dos Anos Trinta precisava ser contido pela constituíção de uma ordem econômica mundial em que os países pudessem executar suas políticas nacionais e onde, segundo Keynes, se colocassem freios "em primeiro lugar, à movimentação livre dos capitais financeiros na órbita internacional" (Belluzzo, 1997, p. 87).

Pesava sobre as elites mundiais um sentimento passageiro de culpa gerado pela convicção de que o "moinho satânico" de que lhes falara Karl Polanyi tinha tudo que ver com o cataclismo que haviam acabado de viver: tratava-se de um fracasso que deveria ser debitado na conta da tentativa utópica do liberalismo de fundar a convivência social nas mesmas regras dos mercados autorregulados. Estava criado o caldo de cultura para que os liberais abrissem mão de algumas de suas crenças mais fundamentais, sobretudo com relação ao papel dos Estados na produção da riqueza e na proteção social e pública de suas populações. E foi por esta porta aberta pela guerra e pela destruição de uma parte da elite europeia derrotada junto com o fascismo que foi possível consolidar o consenso em torno dos objetivos do pleno emprego, do crescimento e da equidade, soldados por uma solidariedade social forjada por anos de guerra, de destruição e de resistência.

Nasciam ali as bases sobre as quais se construíram o Estado de bem-estar social e as democracias de massa dos países industrializados, o *embedded liberalism* acerca do qual discorrera John Ruggie, sustentado por uma política complacente do *hegemon* e por um movimento social e sindical que durante duas décadas manteve-se moderado e fiel ao pacto implícito ou às decisões explícitas tomadas nas instâncias coletivas de administração das políticas macroeconômicas que foram depois chamadas de "neocorporativas". Ao mesmo tempo, foi parte decisiva deste novo consenso a aceitação do novo papel do Estado como regulador das flutuações cíclicas da economia, como planejador, como produtor e como coordenador de alguns investimentos imprescindíveis para o processo de acumulação. O consenso empurrava na direção do crescimento e a nova heterodoxia defendia sistemas financeiros nacionais submetidos aos objetivos políticos condensados pela ideia do crescimento e do pleno emprego. Sem este consenso não se compreende o milagre que permitiu compatibilizar a paz social, a democracia e o crescimento econômico que caracterizaram essa "época de ouro" do capitalismo e da hegemonia norte-americana.

Essa hegemonia "complacente", por sua vez, é incompreensível se não se levar em conta a forma assumida pela competição interestatal durante o período. É nesse pon deto que aparece a outra diferença fundamental em relação ao período da hegemonia inglesa, quando um quadro eficiente de equilíbrio de poder foi desestabilizado pela polarização produzida pela Alemanha desde o momento em que se afirmou como um poder contestador do poderio inglês que se situava no coração do continente europeu.

Agora, depois de 1945, a ordem política mundial foi estruturada desde o início sobre uma polaridade de poder associada a projetos políticos e ideológicos, bem como a formas radicalmente opostas de organização da economia e da propriedade, os quais foram referendados pela posse exclusiva de arsenais atômicos gigantescos. Uma competição ideológica e militar direta que só mais tarde assumiu a forma de competição econômica, e sobretudo tecnológica, entre Estados Unidos e URSS. Mas a verdadeira importância econômica dessa competição interestatal manifestou-se fora dos territórios imediatos das duas superpotências atômicas. Foi ela a grande responsável pelo fato de que, entre 1947 e 1968, o mundo capitalista tenha vivido sua experiência mais próxima do conceito de hegemonia, talvez, de fato, uma experiência única e irrepetível.

Quase ao final da guerra e pouco antes de sua morte, o presidente Roosevelt tinha um projeto demasiado claro de reorganização mundial. Pretendia manter a aliança entre as potências vitoriosas e punir as derrotadas a fim de reconstruir seus sistemas econômicos sobre bases completamente distintas das que sustentaram o esforço industrial de guerra da Alemanha e do Japão. Para Kissinger, foi o segundo momento, no século XX, em que os Estados Unidos pensaram reorganizar o mundo à sua imagem e semelhança com base numa economia mundial liberal e numa estrutura de poder com um só centro. De certa maneira essas ideias ainda dominaram a condução norte-americana dos acordos de Bretton Woods e só aos poucos foram sendo substituídas pela nova visão estratégica anunciada em primeira mão no famoso discurso de março de 1946, em que Churchill discorreu pela primeira vez acerca "Cortina de Ferro", a qual só seria consagrada em definitivo um ano depois quando o Presidente Truman anunciou a doutrina que orientou a política externa norte-americana até o final da URSS:

> Um modo de vida baseia-se na vontade da maioria e distingue-se por instituições livres, governo representativo, eleições livres, garantias de liberdade individual, liberdade de expressão e de religião e ausência de opressão política. O segundo modo de vida baseia-se na vontade de uma minoria imposta à força à maioria. Apoia-se em terror e opressão, imprensa e rádio controlados, eleições manipuladas e supressão das liberdades pessoais (*apud* Kissinger, 1994, p. 452).

Pode-se dizer que houve, de fato, um Bretton Woods antes e outro depois da Doutrina Truman. A estratégia inicial continha um projeto "imperial benevolente" e se propunha a difundir por todo o mundo o *New Deal* norte-americano. A estratégia induzida pela ruptura da aliança não apenas globalizou a competição com a União Soviética como também induziu os Estados Unidos ao exercício temporário de uma verdadeira liderança hegemônica do mundo capitalista. Os fundamentos conceituais da nova estratégia de *containment* global foram construídos a partir das ideias de George Kennan e de Clark Clifford. Mas a nova ordem americana foi sendo desenhada pelo impasse nas conversações com a URSS a respeito da reunificação da Alemanha e em virtude das sucessivas iniciativas tomadas em torno aos territórios da Europa Central.

Devem ser considerados momentos decisivos, nesse sentido, a decisão americana de intervir em 1947 contra as forças comunistas que disputavam os governos da Grécia e da Turquia, assim como o golpe comunista de 1948 na Checoslováquia, ao qual se seguiu de imediato a criação da Otan e do Pacto de Varsóvia. Mas, à luz do conflito secular que dividiu a Europa, talvez os momentos mais importantes na construção da nova ordem tenham sido o anúncio americano, em 1947, do Plano Marshall de reconstrução europeia e a criação, em 1949, da República Federal da Alemanha, a qual consagrava sua ocupação e divisão interna. A partir daí, as cartas já estavam jogadas no tabuleiro europeu, porquanto fora transformado no cenário de uma competição econômica e social responsável pela benevolência com que os Estados Unidos interpretaram as regras iniciais de Bretton Woods e aceitaram o intervencionismo estatal que culminou na criação do Estado de bem-estar social e da comunidade econômica europeia. Estavam plantadas as sementes do que ficou conhecido como "modelo keynesiano" de administração de uma economia mista, ainda que capitalista.

Um pouco mais à frente, com a crise de Suez em 1956, os Estados Unidos completaram o desenho europeu de sua estratégia mundial dessolidarizando-se de seu velho colonialismo ao mesmo tempo que construíam, a partir de Israel e da Arábia Saudita, as bases do seu controle sobre o Oriente Médio e sobre os territórios petroleiros fundamentais para a sustentação do "regime energético" no qual se apoiou a "era de ouro" do capitalismo.

No cenário asiático da Segunda Grande Guerra, a estratégia americana de ocupação e de reforma do sistema econômico japonês também foi atropelada e reformada por uma sucessão imprevisível de acontecimentos. Primeiro, foi a vitória comunista na Revolução Chinesa de 1949, seguida de imediato pela Guerra da Coreia, cujo desfecho indefinido de 1953 foi responsável por uma divisão interna da sociedade norte-americana que acabou tendo consequências no longo prazo, sobretudo na condução da guerra do Vietnã. É neste momento que se dá, de fato, a globalização da Guerra Fria. Os Estados Unidos definem a Indochina como espaço de "condenação de forças e contenção" e passam a financiar a guerra francesa do Vietnã e a transformar automaticamente Japão, Taiwan e Coreia do Sul em protetorados militares e em territórios de competição ou demonstração econômica comandada pela lógica do *containment*. Estavam plantadas as primeiras sementes do "milagre econômico" asiático, chamado muito mais por Wallerstein e Arrighi de "modelo de desenvolvimento a convite".

Com a morte de Stalin e a posse de Eisenhower em 1953, a Guerra Fria entra numa nova fase, inaugurada pela reunião de cúpula dos antigos aliados, realizada em 1955 na cidade de Genebra. Começam a ser construídas as bases da "coexistência pacífica" com a transferência da competição para o território dos países recém-descolonizados, parte dos quais cria em Bandung, também em 1955, o movimento dos países não alinhados. Khrushchev mantém "crise de Berlim" entre 1958 e 1963, mas declara explicitamente que o novo campo da disputa soviético-norte-americana se transfere para os novos países independentes. A posição norte-americana por independência começa a sofrer revisões pontuais, mas, de uma perspectiva mais geral, estes episódios somados à Revolução Cubana de 1959 transformarão o "desenvolvimentismo" na sua principal proposta para enfrentar a alternativa socialista que nesse momento aparece como uma estratégia possível de recuperação rápida do atraso econômico e da diminuição das desigualdades sociais. Estava plantada a semente final do *"embedded liberalism"* coordenado pela potência hegemônica. E para a América Latina lhe tocava, como avisou Eisenhower logo no início do seu primeiro mandato, o que mais tarde foi chamado de "modelo de desenvolvimento dependente-associado", o qual era comandado pelos investimentos privados e sem os favores de que desfrutaram europeus e asiáticos. Modelo responsável, em boa medida, pelo grande movimento de internacionalização produtiva que se seguiu à Segunda Guerra Mundial.

Ao contrário da Inglaterra no século XIX, os Estados Unidos construíram uma complexa rede de instituições voltadas para a gestão multilateral de sua hegemonia e que era agrupada em três grandes áreas: i) a das instituições econômicas do tipo FMI, Bird, Gatt, responsáveis pela supervisão do comércio, do sistema monetário e do equilíbrio dos balanços de pagamento dos países-membros; ii) a da rede global de suas bases militares, legitimadas por vários pactos regionais de segurança coletiva ou de defesa bilateral; iii) e, finalmente, a das Nações Unidas, e, em particular, do seu Conselho de Segurança, responsável pela administração política dos conflitos interestatais. Giovanni Arrighi chamou este conjunto institucional de "aspecto formal" da hegemonia ou *pax americana*.

> Os aspectos formais estão relacionados à transformação da supremacia econômica e militar de que os Estados Unidos dispunham no final da Guerra Mundial num sistema interestatal hierárquico que possibilitou que o governo dos Estados Unidos atuasse no mundo capitalista como um Estado acima dos outros Estados (Arrighi, 1982, p. 56).

Instrumentos de realização do que ele também chama de "aspecto substantivo" da mesma hegemonia:

> U.S. power, and the institutions that created to make it operational, were not ends in themselves. They were instruments for the transformation of the capitalist world in the U.S. image, the scaffolding for the substantive elements of hegemony. These elements were three: the reconstruction of the world market, the transnational expansion of capital, and the spread of Taylorism and Fordism (Autor, data, página *apud* Kissinger, 1994, p. 57).

Como em nenhum outro momento da história capitalista, nesse período os Estados Unidos, constrangidos pela sua competição com a URSS, de fato submeteram, em várias oportunidades, o seu interesse nacional imediato ao interesse coletivo dos seus aliados, mesmo que este fosse o seu próprio interesse de longo prazo. Mas, como em nenhuma outra época, também a economia capitalista cresceu de forma tão continuada, a taxas tão altas e de maneira tão extensa. De tal forma que, ao chegar à crise dos anos de 1970, a Europa e o Japão já tinham voltado a ser membros de pleno direito econômico do "núcleo orgânico central do capitalismo", e havia-se criado uma rede relativamente extensa de países periféricos que conseguiram nesse período expressivos avanços econômicos responsáveis por novas estruturas industriais modernas e relativamente integradas. Pela mão das grandes empresas multinacionais, o capitalismo já dera um passo decisivo no seu movimento permanente de internacionalização produtiva quando chegou a crise e começou a decolar lentamente o processo da globalização financeira.

3.1.3 A "crise da hegemonia americana"

Hoje ninguém mais dúvida de que foi entre 1968 e 1973 que se concentrou uma sucessão de acontecimentos e decisões políticas e econômicas que acabaram responsáveis por uma inflexão histórica de dimensões universais. Ali terminou a "era de ouro" do crescimento capitalista e começou a crise da hegemonia norte-americana, a qual atingiu, num verdadeiro efeito dominó, as bases de sustentação do pacto social em que se apoiou o sucesso dos Estados keynesiano e desenvolvimentista. Eric Hobsbawm também sugere no seu *Era dos extremos* que o mundo vive uma "crise continuada" desde aquele momento: "A história dos vinte anos após 1973 é a de um mundo que perdeu suas referências e resvalou para a instabilidade e a crise" (Hobsbawm, 1994, p. 312). Alteram-se radicalmente as relações entre os Estados e as sociedades de classe, e se a Guerra Fria se mantém, a competição interestatal alastra-se, enfrenta velhos aliados e envolve alguns países periféricos de maior sucesso econômico.

Este é o cenário sociopolítico em que o "dilema de Triffin" transforma-se em contradição, porquanto estressa o *hegemon* cada vez mais dividido entre o "interesse geral" e o interesse dos seus grupos econômicos, cuja rebeldia alimentará o "euromercado" dos ingleses, dando início à "pré-história" da globalização financeira deste final de século. Divisão que se manifesta também na explosão dos movimentos sociais e de minorias que convence a administração Johnson a levar adiante o seu projeto de Grande Sociedade ao mesmo tempo em que se envolvia de maneira cada vez mais extensa com a Guerra do Vietnã sem recorrer ou dispor de novos recursos fiscais. Giovanni Arrighi sintetiza essa conjuntura de maneira sugestiva, mas incompleta: "O sistema capitalista mundial esteve e ainda está em crise, no sentido de que, ao longo dos anos de 1970, a 'regra do mercado' foi caracterizada por três disfunções – a indisciplina da periferia; a indisciplina do capital e a indisciplina do trabalho" (Arrighi, 1982, p. 67).

A "indisciplina do capital" de que trata Arrighi foi muito além do que ele poderia imaginar no início dos anos de 1980. Quase todos os ensaios deste livro visitam de alguma forma a trajetória dessa "indisciplina do capital", responsável, em parte, pela expansão financeira que se inicia nos anos de 1960 e vai contornando os sistemas de regulação nacionais para dar um salto depois do final do padrão-dólar e transformar-se num fenômeno global com as políticas generalizadas de desregulação e de liberalização dos anos de 1980 que trazem o capitalismo de volta ao reino das finanças, assim como no fim do século XIX, mas agora de forma mais acelerada e universal. O que em geral aparece menos sublinhado no estudo deste movimento de globalização são suas estreitas relações com os conflitos sociais e interestatais que a partir dos anos de 1960 liquidaram com o consenso ideológico e político-econômico no qual se sustentou o sucesso do *embedded liberalism* da hegemonia norte-americana.

Não foi por acaso que a década de 1960 passou para a história como um "tempo de rebeldia". Como nos anos 1840 do século XIX, uma verdadeira explosão de descontentamento social propagou-se pela Europa e pelos Estados Unidos na forma clássica das greves sindicais e estudantis, bem como na forma mais recente dos movimentos sociais reunindo minorias, pacifistas e adeptos em geral de várias formas de contracultura. A insatisfação teve muitas faces e formas, de modo que passou pela Revolução de Maio em Paris ou pelo "Autunno Caldo" de Turim e Milão, tanto quanto pelos *campi* universitários norte-americanos. Seus resultados também foram muito heterogêneos: se as "minorias" lograram avanços significativos no campo dos seus direitos e as universidades do mundo todo foram reformadas, o movimento sindical voltou a suas origens combativas e rompeu o espírito de colaboração próprio do período anterior obtendo expressivas conquistas salariais entre 1968 e 1973. Apagava-se lentamente o espírito de solidariedade social e de colaboração de classes forjado pela Grande Depressão e pela guerra. E crescia o descontentamento crítico com o "burocratismo" do Estado de bem-estar e com a retirada da ideologia dos partidos políticos, os quais foram cada vez mais transformados pela lógica da competição eleitoral em "*catch all parties*" (Kirchheimer, 1966).

Essa onda de descontentamento social não se restringiu aos países industrializados. Estendeu-se ao "mundo em desenvolvimento", identificando-se com os movimentos de libertação nacional africanos e da América Latina, bem como de alguns países africanos que viviam a primeira crise de seu modelo desenvolvimento provocada, segundo diagnóstico dos economistas estruturalistas, pelo "esgotamento da fase fácil de industrialização por substituição de importações". Desfazia-se rapidamente a euforia desenvolvimentista dos anos 1950, junto com a expectativa generalizada de mobilidade social em que se sustentou sua legitimidade popular. Em pouco tempo, "reformas de base" e "socialismo" – assumido como estratégia de superação do atraso econômico – se transformaram nas palavras de ordem que aglutinavam a insatisfação social canalizada pelo avanço eleitoral das forças de esquerda e pela multiplicação dos movimentos de guerrilhas urbanas e rurais inspiradas pela Revolução Cubana e pela luta vietnamita.

Diante do desafio colocado no cenário latino-americano, os Estados Unidos adotam primeiro uma postura reformista consagrada na Aliança para o Progresso. Mas logo depois, ainda na primeira metade dos anos de 1960, a prolongação da crise, somada à ameaça do exemplo cubano, produz a primeira grande correção do projeto liberal-democrático incluído no *desideratum* hegemônico dos Estados Unidos. Em poucos anos, quase todos os países latinode-americanos passaram a ser governados por regimes militares, e só o Brasil e o México prosseguiram na sua trajetória desenvolvimentista. Essa mudança de rumo se completa nos anos de 1970 quando o desenvolvimentismo patrocinado pelos Estados Unidos começa a ser substituído pelo neoliberalismo "experimental" dos governos militares chileno e argentino.

Encerrada em 1963 a "crise de Berlim", a Guerra Fria entra em prolongado período de *déténte*, mas a unidade da Aliança Atlântica começa a ser questionada por uma Europa mais confiante a partir de sua reconstrução econômica. No decorrer da década de 1960 foram se acumulando os focos de atrito e competição entre os Estados Unidos e a Europa. Enquanto a Inglaterra de Macmillan "decidiu incorporar a política britânica à política dos Estados Unidos e expandir o leque de opções britânicas por meio do manejo habilidoso das relações com Washington" (Kissinger, 1994, p. 598), a França de De Gaulle estava convencida de que "não se poderia confiar que os Estados Unidos permanecessem indefinidamente na Europa. A Europa deveria preparar-se – sob a liderança da França – para sozinha enfrentar o próprio futuro" (Kissinger, 1994, p. 606). Neste contexto, e com a Alemanha fragilizada por razões óbvias, os conflitos tenderam a se concentrar nas relações entre Estados Unidos e França. No campo militar, as divergências se deram em torno da forma de condução da Otan e das estratégias nucleares nacionais da Inglaterra e da França. Nos dois casos, De Gaulle discordou dos americanos e dos ingleses e acabou exigindo a retirada das bombas atômicas americanas do seu território, construindo sua própria *force de frappe* atômica e abandonando, por fim, o comando da Otan, em 1966. Ademais, De Gaulle vetou a candidatura inglesa ao Mercado Comum Europeu e procurou consolidar a nova ordem europeia sob a égide do eixo franco-alemão. A França foi mais além e iniciou de maneira isolada o processo de reconhecimento da China, enquanto a Europa, em conjunto, dessolidarizou-se dos Estados Unidos na Guerra do Vietnã. E já em 1969, encerrada a era Adenauer, o novo chanceler alemão, Willy Brandt, iniciava, por sua conta e risco, a política de aproximação unilateral dos países socialistas por intermédio da sua Österpolitik.

Enquanto isso, no campo monetário, já na primeira metade dos anos 1960, alguns países europeus começaram a questionar os acordos de *Bretton Woods* e, em 1967, estes mesmos países se colocaram de acordo quanto à criação de um novo instrumento monetário internacional vocacionado a superar o dólar e o ouro: os *Special Drawing Rights* (SDRs), ao tempo em que o governo inglês autorizava o início do funcionamento do que ficou conhecido como euromercado de dólares, o qual não era submetido às regulações nacionais dos demais Estados.

Foi na Indochina, entretanto, que a hegemonia americana sofreu sua maior derrota. Tendo apoiado a guerra francesa dos anos de 1950 no Vietnã, os Estados Unidos se envolveram cada vez mais, a partir da administração Kennedy, com uma guerra que em 1968 já contava com a presença de 500 mil soldados norte-americanos e que se estendeu, naquele mesmo ano, ao próprio território do Vietnã do Norte. Isolados internacionalmente e cada vez mais questionados internamente, os Estados Unidos, depois da humilhação imposta pela Ofensiva do Tet em que os vietcongues chegaram a ocupar, em fevereiro de 1968, até mesmo a Embaixada Americana, de de modo que o governo dos Estados Unidos começa a estudar as várias fórmulas que poderiam lhe permitir abandonar a guerra. Solução implementada pela dupla Nixon e Kissinger que resultou nos Acordos de Paz assinados em 1973, em Paris, que mal conseguiram encobrir a primeira grande derrota militar norte-americana. Ano fatídico em que, além da derrota na Ásia, os Estados Unidos tiveram de absorver o relativo sucesso militar dos egípcios e dos sírios, rearmados pela União Soviética na guerra do Yom Kippur. E, logo em seguida, foram obrigados a aceitar o choque de preços com que o cartel da Opep jogou pela janela o "regime energético" no qual se sustentara o crescimento barato da economia mundial durante os anos de 1950 e 1960.

A partir daí desenvolve-se a história econômica da década de 1970, caracterizada pela estagflação e pela impotência das políticas nacionais anticíclicas de corte keynesiano, bem como pelo avanço significativo da globalização financeira impulsionada naquele momento pela reciclagem dos petrodólares e pela expansão, a partir de 1975, da dívida pública norte-americana. Findava o ciclo mais extenso de desenvolvimento continuado do capitalismo e entrava em crise a economia mundial, empurrada por sucessivas desvalorizações cambiais e pela competição entre economias nacionais cada vez mais protegidas. Findava também o *embedded liberalism* da hegemonia americana, responsável pelo sucesso das estratégias keynesiana e desenvolvimentista da maioria dos países capitalistas (Keohane, 1985).

Hoje parece não haver mais dúvida de que, entre 1969 e 1972, durante seu primeiro mandato, Richard Nixon, junto com Henry Kissinger, desenharam uma estratégia de reconstrução da hegemonia americana que foi derrotada, dentro dos Estados Unidos, pela divisão interna do seu *establishment* e pelo escândalo de Watergate, o qual levou Nixon a renunciar em 1974. A proposta central da nova estratégia passava pela troca de uma política externa que ainda era orientada pelo "principismo" da doutrina Truman por uma *realpolitik* que reconhecesse a necessidade e a eficácia de um equilíbrio de poder mundial mais próximo do estilo secular da velha Europa do que do estilo introduzido na política internacional por Woodrow Wilson. Uma forma de reconhecer e absorver as mudanças mundiais ocorridas durante o período da hegemonia americana. Kissinger, um dos principais formuladores desta estratégia, resume assim a nova proposta americana:

> A nova orientação de Nixon à política externa desafiou o excepcionalismo americano e seu imperativo de que a política se baseasse na afirmação de valores transcendentais. O desafio dos Estados Unidos, conforme Nixon e seus conselheiros o viam, era o de adaptar essas verdades tradicionais ao novo ambiente internacional. A política externa de Nixon percebia o mundo como composto de desafios ambíguos, de nações movidas por interesses em vez

248

de boa vontade, e de mudanças incrementais em vez de definitivas – um mundo, em resumo, que poderia ser gerido, mas não dominado nem rejeitado. Nesse mundo, nenhum ponto final claro se apresentava, e a solução para um problema era mais propensa a transformar-se em um ingresso para o próximo. Um mundo assim exigia uma política externa voltada tanto para a manutenção do poder quanto para a salvação (Kissinger, 1994, p. 742).

O fim da conversibilidade ouro-dólar e a desvalorização da moeda americana, assim como o fim da Guerra do Vietnã e a aproximação da China, foram todas decisões cruciais que faziam parte deste redesenho estratégico que se propunha a redefinir o papel de mundial dos Estados Unidos de uma maneira mais centrada na administração dos seus interesses em um mundo mais fragmentado e equipotente. Essa estratégia dividiu os intelectuais e a elite americana, e foi fortemente atacada pelos liberais, bem como pelos conservadores que defendiam, em conjunto, a manutenção de uma política wilsoniana de liderança ideológica mundial e de priorização da contenção comunista. "Os liberais opunham-se à nova orientação de Nixon porque consideravam a nova ênfase no interesse nacional amoral, e os conservadores porque estavam mais comprometidos com a competição ideológica com Moscou do que com a geopolítica" (Kissinger, 1994, p. 742). É impossível avaliar o que teriam sido os efeitos desta estratégia porque ela foi interrompida pela renúncia de Nixon e pela fragilidade de Gerald Ford, seu sucessor. Fragilidade responsável pela vitória de Jimmy Carter, que conduziu a política externa americana durante o que foram talvez os quatro anos mais desastrosos da liderança mundial dos Estados Unidos. Na verdade, coube a Ronald Reagan retomar ou manter alguns pontos do projeto de Nixon, mas já então dentro de uma visão radicalmente conservadora.

Essa divisão interna teve enorme responsabilidade na fragilização da posição mundial dos Estados Unidos durante toda a década de 1970. Naqueles anos, os americanos perderam em todos os planos e em todos os cenários mundiais. Na Ásia, a derrota do Vietnã foi seguida de imediato pela vitória dos comunistas em toda a Indochina, em 1974 e 1975, e no norte da Índia se repetiam os conflitos entre a Índia e o Paquistão. No Oriente Médio, os Estados Unidos perderam o Irã em 1979, seu principal aliado na região, cujo governo foi derrotado por uma revolução fundamentalista sem precedentes no século XX. Na África, o fracasso das experiências desenvolvimentistas dos primeiros governos independentes foi dando lugar a regimes

249

que se autoproclamavam socialistas, enquanto expandia-se a influência militar soviética na Etiópia, na Somália, em Angola, em Moçambique, na Guiné-
-Bissau, em Daomé, em Madagascar, no Zimbábue e na República do Congo. E até mesmo na América Central intensificavam-se as guerras civis em El Salvador e na Guatemala, e os sandinistas tomavam o poder na Nicarágua. No ápice, em 1979 a União Soviética abandona seu comportamento tradicional e invade o Afeganistão, ocasião na qual ocorre o humilhante episódio com os diplomatas americanos transformados em reféns do Irã quase na mesma hora em que a Opep voltava a subir os preços do petróleo.

Na Europa, caem os regimes conservadores da Grécia, de Portugal e da Espanha; aparecem movimentos políticos de tipo terrorista na Itália e na Alemanha; e, por um momento, já não se falava apenas em ingovernabilidade democrática, cogitava-se até mesmo a possibilidade ou a eventualidade (sobretudo na Itália) de uma interrupção do processo democrático. A crise econômica acirrou o conflito social e elegeu vários governos social-democratas, impotentes ante uma crise que tinha dimensões globais, mas capazes de manter ainda a sobrevida dos sistemas de proteção social e os direitos trabalhistas conquistados por suas populações durante os anos de 1950 e 1960.

Foi assim que o mundo chegou ao final da década dos anos de 1970: envolto em uma crise gigantesca, bem como carente de qualquer tipo de hegemonia. Estavam criadas as condições para a grande vitória conservadora responsável pela reorganização do cenário político mundial, a qual ocorria a partir de 1979; trata-se da verdadeira matriz da retomada da hegemonia americana e do processo da globalização financeira que vem reorganizando a ordem política e econômica mundiais.

3.1.4 Retomada americana: a restauração da ordem

Em 1978, o governo dos Estados Unidos viu-se diante da opção de um confronto com a comunidade financeira cosmopolita que controlava o mercado de eurodivisas (se persistisse em sua política monetária frouxa) ou, em vez disso, de buscar uma acomodação (através de uma adesão mais rigorosa aos princípios e à prática da moeda forte). No fim, prevaleceu a racionalidade capitalista. A partir do último ano do governo Carter e com maior determinação no governo de Reagan, o governo norte-americano optou pela segunda linha de ação. E, ao se forjar uma nova "aliança memorável" entre o poder do Estado e o capital, a frouxidão das políticas monetárias norte-americanas que caracterizara toda a era da Guerra Fria cedeu lugar a um rigor sem precedentes [...] mas, trabalhar de mãos dadas com as altas finanças privadas significava abandonar quase tudo o que o governo norte-americano havia representado durante quase meio século, não apenas nas questões monetárias, mas também nas sociais (Arrighi, 1994, p. 325, 331).

Em síntese, encerrava-se nos Estados Unidos a era do *New Deal* de Roosevelt. Mas começava, também, algo mais importante e universal: com as eleições de Margaret Thatcher, em 1979, de Ronald Reagan, em 1980, e de Helmut Kohl, em 1982, inicia-se uma das "restaurações conservadoras" mais extensas e radicais da história moderna, companheira inseparável do que Andrew Walter chamou de "revolução financeira global". Chegavam ao poder das principais economias capitalistas do mundo as ideias nascidas da semente ultraliberal que foram plantadas, em 1944, pela obra *O Caminho da servidão* de Friederich Hayek. E os Estados Unidos abandonavam as teorias geopolíticas de Nixon e de Kissinger para retornar à visão conservadora da Guerra Fria como guerra santa contra o comunismo. Hobsbawm resume corretamente esta convergência ao dizer que "A Guerra Fria reaganista era dirigida não contra o 'Império do Mal' no exterior, mas contra a lembrança de F. D. Roosevelt em casa: contra o Estado do bem-estar social, e contra qualquer outro Estado interventor" (Hobsbawm, 1994, p. 249).

Os fundamentos econômicos dessa revolução liberal-conservadora resistiram à "era keynesiana" e venceram a batalha acadêmica durante os anos de 1970, quando o liberalismo de Hayek e o monetarismo de Milton Friedman foram consagrados com os Prêmios Nobel de Economia (de 1974 e 1976, respectivamente). Todas as vertentes do novo pensamento hegemônico convergiam em torno de um denominador comum: o ataque ao Estado regulador e a defesa do retorno ao Estado liberal idealizado pelos clássicos. O Estado keynesiano, ou desenvolvimentista, é acusado como o principal responsável pela estagflação dos anos de 1970, atribuída aos desequilíbrios orçamentários gerados pelo crescimento do gasto público, e, em particular, do gasto social.

No campo da economia, a "restauração neoclássica" se transforma na política da "*supply side economics*" e da "deflação competitiva", as quais visavam a conter a inflação por intermédio do equilíbrio fiscal, da desregulação dos mercados, da abertura das economias nacionais e da privatização dos serviços públicos. Este neoliberalismo chega ao campo político por intermédio de duas vertentes fundamentais. Aquela que diagnosticava a crise dos anos de 1970 como uma "crise democrática" ou de "ingovernabilidade", atribuída, pelos conservadores, ao excesso de demandas sociais viabilizada pela democracia de massas e estimulada pelo beneplácido do Estado de bem-estar social e das políticas de gasto público de corte keynesiano. E outra, que atribuía a mesma crise à crescente perversidade macroeconômica das "decisões públicas" tomadas com base no cálculo utilitário dos burocratas e dos políticos pressionados por corporações eleitorais e por interesses econômicos cada vez mais poderosos. Por fim, no campo internacional, a crise dos anos de 1970 era atribuída à fragilidade norte-americana diante do avanço generalizado nas áreas periféricas. Todos os caminhos e vertentes do diagnóstico conservador apontavam, portanto, na direção de uma nova disciplina social e mundial, bem como de uma redução das demandas democráticas e da intervenção pública. E foi isso o que se observou, em maior ou menor grau, em todos os países que aos poucos aderiram ao mesmo projeto, seja por decisão política própria, seja por "imposição dos mercados".

Nos Estados Unidos, assim como na Inglaterra, a sucessão de decisões foi paradigmática: primeiro se inicia o processo de desregulação financeira, mas, quase simultaneamente, Margareth Thatcher usou mão de ferro para acabar como a greve dos mineiros do carvão, enquanto Ronald Reagan usava a Lei Taft-Harley para intervir na greve dos controladores de voo e para derrotá-la. Logo em seguida, começou a reforma da legislação sindical; e só mais tarde foi enfrentada a agenda da reforma fiscal e das privatizações, as quais começaram na Inglaterra só bem mais tarde, na segunda metade da década de 1980. Mas em todos os países, mesmo nos governados pelos partidos socialistas, como Espanha, França, Itália, Grécia e Portugal, o mundo do trabalho e dos sindicatos foi aplastado no início dos anos de 1980, de modo que se perderam direitos, empregos e salários. Tratou-se de uma derrota de tamanhas proporções a ponto de vários autores considerarem uma "verdadeira era de vingança do capital contra o trabalho".

O certo é que, até os anos de 1990, o movimento sindical praticamente desapareceu do cenário político europeu e norte-americano, de modo que, derrotado, foi obrigado a ficar na defensiva ante a força do ataque político conservador e ante o medo do desemprego gerado pelas novas políticas deflacionistas. Por todo lado, o consenso em torno ao crescimento, do pleno emprego e da equidade fora substituído pelo novo consenso em torno do equilíbrio macroeconômico, da eficácia e da competitividade global. Havia sido "restaurada a ordem" no mundo do trabalho, enquanto se libertava o capital das peias da regulamentação estatal: os Estados Unidos e a Inglaterra deram os primeiros passos rumo a um processo de desregulação das finanças que começou pela movimentação dos capitais e pelas taxas de juros, o qual foi seguido por quase todos os países industrializados, inaugurando-se, aí, a "etapa superior" da globalização financeira que explodirá a partir de 1985, empurrada pelas flutuações cambiais e pelas operações de securitização de seus riscos.

> O crescimento explosivo do mercado de eurodivisas foi parte integrante da emergência de uma estrutura cosmopolita da economia mundial capitalista. Foi uma expressão e um componente da flexibilidade com que o capital das corporações podia entrar e sair das jurisdições políticas, para explorar, consolidar e ampliar ainda mais o alcance global de suas operações [...] mas como em todas as expansões financeiras anteriores, a mobilização da "vara de condão" que dota o dinheiro estéril do poder de procriação, sem a necessidade de ele se expor aos problemas e riscos inseparáveis da iniciativa produtiva, associou-se mais uma vez a uma escalada da luta interestatal de poder que criou oportunidades para o capitalismo ocidental desfrutar de mais um "momento maravilhoso" de riqueza e poder sem precedentes (Arrighi, 1994, p. 328, 330).

Essa "escalada da luta interestatal" desenvolveu-se em várias frentes, mas teve dois eixos articuladores que foram postos pela política externa da administração Reagan: a retomada norte-americana da Guerra Fria e a reafirmação de sua liderança política e monetária mundial. Se a primeira movimentação se deu no campo da "diplomacia do dólar forte" responsável pela gigantesca recessão mundial dos anos de 1981 a 1984, bem como pela quebra de várias economias nacionais, de acordo com Maria Conceição Tavares, a segunda movimentação se deu no campo das relações com o mundo comunista. Kissinger (2013, p. 885) relata que em uma de suas primeiras conferências de imprensa Reagan acusou a União Soviética de ser um império fora da lei preparado para "cometer qualquer crime, mentir e trapacear", ideia reforçada em 1983 quando ele próprio voltou a referir-se à URSS como o "império do demônio". Voltava-se de forma ainda mais radical aos tempos da Doutrina Truman: já não se tratava apenas de conter o comunismo, tratava-se de derrotá-lo. Começa aí o que alguns autores chamaram de Segunda Guerra Fria, a qual teria sido organizada a partir de quatro decisões fundamentais. A primeira foi a de ajudar as forças anticomunistas em todos os planos e lugares, apoiando os movimentos dos "contras" tanto em Angola como no Afeganistão, tanto em Nicarágua como na Etiópia. A segunda foi a de instalar uma nova rede de mísseis MX, de médio alcance, ao longo de todo o território europeu, a chamada *the Strategic Defense Initiative* (SDI), "a despeito da fortíssima resistência apresentada pelos movimentos pacifistas e pela reticência de alguns governos europeus". Uma rede de mísseis controlados pela Otan, dotados da dupla função de ameaçar o território soviético e de "tranquilizar" os antigos aliados europeus. A terceira decisão foi a de levar à frente o projeto científico-tecnológico militar advogado pela doutrina da *Mutual assured destruction*, o qual ficou conhecido pelo nome popular de "Guerra nas Estrelas". Reagan colheu rapidamente os frutos de sua ofensiva a partir da chegada ao poder da Glasnost e da Perestroika de Gorbachev na União Soviética, em 1985.

Mas foi sua quarta decisão a que talvez tenha tido maior impacto na história futura da humanidade: manter a estratégia de Nixon e Kissinger em relação à China. Com o reconhecimento chinês pelos norte-americanos, em 1979, e com a decisão inglesa, tomada em 1982, de encerrar seu domínio colonial asiático e devolver Hong Kong ao governo de Pequim, foi dado um impulso decisivo às transformações econômicas comandadas pelo governo Deng, a partir de 1976, e segundo o figurino das "quatro reformas modernizantes" desenhadas por Chou en Lai, na década de 1960. Desde 1976, a China vinha recebendo apoio crescente dos capitais europeus. Mas, com a abertura dos mercados norte-americanos, os chineses passaram a usufruir de uma condição semelhante à dos demais tigres asiáticos, com a diferença de que gozam de um Estado forte e que jamais foram protetorados americanos. Consagrava-se um novo desenho estratégico dentro do mundo comunista, mas redesenhou-se sobretudo a partir dali o mapa da competição interestatal dentro do continente asiático.

Por fim, ainda na primeira metade dos anos de 1980, e num cenário de menor importância estratégica, os Estados Unidos completaram, da perspectiva militar, a sua nova disciplina da periferia, de modo que se alinharam firmemente ao lado da Inglaterra na Guerra das Malvinas e realizaram intervenções exemplares no Panamá e em Granada, além de bombardear a Líbia e armar uma estranha guerra no Oriente Médio entre seus principais adversários no mundo do fundamentalismo islâmico, a saber, o Irã e o Iraque. E, a partir do prisma econômico, impôs um ajustamento obrigatório das economias endividadas, particularmente no caso latino-americano, depois da moratória mexicana de 1982. Ali findaram as últimas experiências desenvolvimentistas da América Latina, a mexicana e a brasileira, bem como os modelos neoliberais do Chile e da Argentina, experimentados nos anos de 1970, transformaram-se na nova estratégia econômica norte-americana para todo o continente.

3.1.5 Retomada americana: a "bolha" hegemônica

Em 1985, o mundo parecia estar uma vez mais em ordem. O trabalho e a periferia haviam sido disciplinados novamente, a Europa havia se realinhado com o novo projeto conservador e a libertação dos capitais privados dera início a um processo intensivo de competição e de recentralização de capitais, os quais foram acompanhados por uma redução da participação salarial na riqueza dos países industrializados. Fora dada a largada para uma súbita expansão dos investimentos estrangeiros diretos que passam a comandar a acumulação capitalista de uma riqueza registrada, cada vez mais, em termos financeiros. Por um momento, as condições favoreceram a construção de um novo projeto hegemônico mundial dos Estados Unidos. Em Reiquiavique, em 1986, em Malta, em 1987, e em Washington, em 1987, a União Soviética de Gorbachev e os Estados Unidos da segunda administração Reagan chegaram a um acordo em torno da redução, no prazo de cinco anos, de 50% de suas forças estratégicas e decidiram destruir todos os seus mísseis balísticos no prazo de dez anos.

A Segunda Guerra Fria chegava ao seu fim, e o que fora um enfrentamento radical transformou-se na possibilidade de uma parceria atômica. Por outro lado, reelegeram-se, além de Reagan, de Thatcher e de Kohl, quase todos os governantes europeus alinhados com as novas diretrizes conservadoras, de modo que tudo parecia indicar que estavam abertas as portas para uma nova era de prosperidade e de hegemonia. Foi nesse contexto que os Estados Unidos começaram a formular propostas mais precisas a fim de construir um novo sistema de regimes e instituições internacionais. Nesse momento é que começam a adquirir formalidade e periodicidade as reuniões do G7, uma espécie de diretório encarregado da administração associada a assuntos mundiais, enquanto o G3 procurava coordenar de maneira mais informal os assuntos ligados às flutuações cambiais e às crises financeiras que começam a se repetir, de forma periódica e cada vez mais frequente, a partir da desregulação dos mercados de capitais que foi iniciada pela Inglaterra em 1986 e que foi seguida pela crise da bolsa de Nova York, em 1987.

Nas reuniões do Plaza, em 1985, e do Louvre, em 1987, os Estados Unidos aparentemente abandonam sua posição de isolamento na condução da política do dólar e propõem uma desvalorização coordenada de sua moeda que, de fato, não foi seguida pela desvalorização competitiva das demais moedas relevantes. Pelo contrário, o marco e o iene, em particular, assimilam a nova correlação de forças e assumem os novos valores como um dado estrutural que se manteve até 1989, quando a coordenação é mais uma vez abandonada em troca da condução unilateral da política monetária norte-americana.

No plano comercial, os Estados Unidos trazem à Rodada Uruguai sua nova visão do comércio internacional, agora sim rigorosamente livre-cambista, ao contrário do que ocorrera na prática durante a vigência das regras acordadas e supervisionadas no Gatt. E com relação às dívidas externas dos países, os Estados Unidos apresentam um novo plano de renegociação – o Plano Baker, mais tarde corrigido pelo Plano Brady – com maiores facilidades de pagamento e com um forte apelo à comunidade financeira international, feito em nome da necessidade do crescimento econômico como condição da própria possibilidade de cumprimento dos compromissos dos países mais endividados. É nesse momento que o FMI e o Bird passam a ocupar uma posição relevante na estrutura do poder econômico mundial na condição de intermediários entre o governo americano, a banca privada e os governos endividados. Na verdade, começam a especializar-se como instituições responsáveis pela administração coordenada das políticas econômicas do antigo Terceiro Mundo. É neste período que aos poucos é construída a nova "estratégia de desenvolvimento" concebida para as economias que deixam de ser "países em desenvolvimento" para transformar-se em "mercados emergentes".

Em 1989, um economista norte-americano chamou de Consenso de Washington o programa de políticas fiscais e monetárias associadas ao conjunto de reformas institucionais destinadas a desregular e abrir as velhas economias desenvolvimentistas, privatizando seus setores públicos e enganchando seus programas de estabilização na oferta abundante de capitais disponibilizados pela globalização financeira. Chegava, dessa maneira, à periferia capitalista endividada, e, em particular, à América Latina, uma versão adaptada das ideias liberal-conservadoras que já se difundiam pelo mundo desde o início da "grande restauração". Chegavam na forma de "condicionalidades" indispensáveis à renegociação das suas dívidas externas e do seu retorno ao financiamento internacional. Em quase todos esses países essas renegociações foram acompanhadas de transformações políticas e ideológicas internas extremamente rápidas e radicais, de tal maneira que, no seu devido momento, quase todas as velhas forças políticas liberais ou desenvolvimentistas, bem como os novos grupos que apareceram no cenário político a partir da luta e derrubada dos regimes militares, quando voltaram a se realinhar e eleger democraticamente, já estavam plenamente convencidos das novas ideias.

No final dos anos de 1980, sobravam muito poucos na América Latina que não estivessem convencidos por completo de que a crise dos anos de 1980 tinha sido produzida pelos excessos estatais, ainda que, no seu caso, à diferença dos países industrializados, esses excessos não pudessem ser atribuídos à extensão dos direitos e dos sistemas de proteção social que quase não existiam, tampouco ao excesso de demandas democráticas, uma vez que quase todos estes países vinham sendo governados há muito tempo por regimes autoritários muito pouco sensíveis aos apelos populistas. Foi quando se cunhou o nome de uma nova perversidade típica destas terras: o populismo macroeconômico induzido pela pressão dos *rent-seekings*, muito mais do que pelas pressões populares. De qualquer maneira, em pouco tempo, também estas regiões do espaço hegemônico norte-americano se encontravam perfeitamente enquadradas pelas novas ideias e, portanto, submetidas às novas regras e às novas formas de administração coletiva das suas políticas econômicas.

Por fim, o quadro de uma nova hegemonia benevolente ficava reforçado pela retomada do crescimento mundial puxado pelo crescimento da economia norte-americana. E a própria Europa, redesenhada pelo projeto Delors de unificação monetária e política, pôde voltar a crescer durante cinco a seis anos sucessivos, de modo que pôde comemorar em pleno estado de euforia a queda dos regimes comunistas da Europa Central e a derrubada do Muro de Berlim. Terminava a divisão alemã e europeia, e tudo parecia indicar que mesmo que a história não tivesse chegado ao seu fim, ali iniciava-se uma nova ordem política e econômica mundial hegemonizada pelos Estados Unidos, a qual seria capaz de trazer de volta o crescimento mundial da riqueza capitalista. Foi quando chegaram os anos de 1990 com a crise da Bolsa de Tóquio, com a Guerra do Golfo, com o fim da União Soviética, com o início de um prolongado período de recessão na Europa e no Japão, e com a perda de fôlego da reabilitação econômica dos "mercados emergentes" latino-americanos. Fenômenos paralelos ao continuado crescimento econômico assimétrico dos Estados Unidos e de alguns países asiáticos, com destaque especial para a China. Em pouco tempo, o quadro mundial voltou a redefinir-se, sobretudo depois que os Estados Unidos conseguiram juntar mais de vinte países para derrotar o Iraque numa guerra em que suas perdas humanas não chegaram a cem soldados, ao passo que a dos iraquianos ultrapassava a casa dos duzentos mil homens.

No festivo retorno das tropas americanas, o presidente Bush anunciou perante o Congresso norte-americano que naquele momento vitorioso inaugurava-se um novo "século americano". Pela terceira vez no século XX, como diz Henry Kissinger, um presidente dos Estados Unidos, seguindo a trilha de Woodrow Wilson e de Franklin D. Roosevelt, anuncia sua intenção de reorganizar o mundo à imagem e semelhança dos Estados Unidos. O sonho de Wilson não passou de um ato de "idealismo kantiano" abortado pelo seu próprio Congresso. A ordem do pós-Segunda Guerra acabou assumindo, depois de 1947, uma forma diferente da que havia sido idealizada por Roosevelt, mas seu fundamento comum foi implantado por um ato de força exemplar e sem precedentes: a destruição de Hiroshima. Tal qual o "século americano" de George Bush que também foi anunciado por uma massiva demonstração não nuclear de força transmitida para a humanidade como um espetáculo tecnológico: a destruição de Bagdá.

3.1.6 *Retomada americana: o* imperial system

Quem primeiro entendeu a mensagem enviada ao mundo desde o Golfo Pérsico foram os militares e os burocratas russos. Depois de Bagdá, o regime soviético ruiu sem honra nem glória e, em silêncio, o mundo deixou para trás a bipolaridade da Guerra Fria. O espectro do comunismo afastava-se em definitivo da Europa, de modo que se desfaziam os últimos medos que ainda intimidavam o capital e que poderiam justificar a reconstrução "benevolente" da hegemonia capitalista dos Estados Unidos.

Com o fim da URSS, a ideologia liberal e a economia de mercado avançam sem resistências sobre o Leste Europeu, enquanto na América Latina a adesão tardia do Brasil, a partir de 1991, completa o alinhamento continental em torno das políticas e das reformas liberais de desregulação, de abertura e de privatização das suas economias. Em quase todos os países o novo modelo econômico procura se afirmar a partir de planos de estabilização monetária semelhantes, ancorados na sobrevalorização da moeda local viabilizada pela disponibilidade mundial de capitais fartos e baratos. Em todos os pontos deste novo universo econômico, as bolsas e os títulos públicos e privados se transformam em circuitos auxiliares de valorização patrimonial (sobretudo via privatizações) e financeira, como está dito no ensaio de Maria Conceição Tavares (1997). Isto explica o aumento dos fluxos de investimento direto estrangeiro em direção a essas regiões depois de 1990.

É nesse sentido que se pode dizer que, apesar das enormes assimetrias nos anos de 1990, expandiu-se a base geográfica e econômica do fenômeno da globalização financeira. E ao mesmo tempo, como é óbvio, aumentou-se a convergência das políticas econômicas nacionais de tipo deflacionista, responsáveis por um estranho paradoxo monetário: as moedas de quase todos as economias frágeis passaram a ser moedas fortes enquanto a moeda americana se transformou numa "moeda aparentemente fraca". Daí também que todas elas estejam sempre no alvo dos ataques especulativos orientados pelo comportamento das contas externas destes "mercados emergentes" que também se multiplicaram na Ásia, agora nos novos "gansos", apoiados pela estratégia de dispersão geográfica regional dos investimentos japoneses, tal como aparece analisado no ensaio deste livro de Carlos Medeiros. Mas o mesmo fenômeno monetário também se generaliza na Europa sob a égide alemã imposta nos acordos assinados em 1992, em Mastrique. O capital financeiro se globaliza finalmente, de modo que o dólar reafirma, por novos caminhos, a sua supremacia monetária mundial. Como diz Andrew Walter:

> [...] Seria incorreto argumentar que o crescente papel dos mercados financeiros privados foi inteiramente produto das políticas americanas; em parte, também se deveu a inovações nos próprios mercados privados, bem como às hábeis manobras de outros países (sobretudo o Reino Unido) para aceitar atividades bancárias em eurodólares não regulamentadas em seus territórios. Ainda é amplamente verdadeiro, contudo, que os Estados Unidos lo-

graram reformular o sistema monetário internacional de maneira que era vista como vantajosa para a América, embora não necessariamente estável (Walter, 1993, p. 189).

De fato, as crises se sucederam de forma cada vez mais frequente durante os anos de 1990, chegando ao México em 1994 e à Tailândia em 1997. Este estranho "sistema dólar flexível", contudo, conseguiu resistir e contornar até aqui as sucessivas crises nas quais se foram definindo as novas responsabilidades regionais de cada uma das três grandes potências econômicas mundiais. No caso mexicano, foram os Estados Unidos que tiveram de desembolsar recursos equivalentes ao de todo o Plano Marshall, ao passo que no caso tailandês coube ao Japão articular, junto com o FMI e com outros onze países, a ajuda financeira indispensável para evitar um "contágio" mais extenso da crise.

Não estaria errado asserir que, depois do desaparecimento do perigo comunista e da convergência das políticas macroeconômicas nacionais mais relevantes, a política externa americana orientou-se numa direção quase única e obsessiva: "a caça aos mercados externos" segundo expressão do *Le monde diplomatique* (Decornoy, 1996, p. 10). Como diz Anthony Lake, assessor presidencial americano para assuntos de segurança nacional: "Devemos promover a democracia e a economia de mercado no mundo porque isso protege nossos interesses e nossa segurança [...]" (Decornoy, 1996, p. 10). Essa estratégia comercial, agora radicalmente livre-cambista, se impôs contra todas as resistências nos acordos que deram origem à nova Organização Mundial do Comércio, a qual, dotada de regras e instrumentos extremamente rigorosos, visava a interditar todo tipo de proteção, subsídio ou política de quotas capazes de sustentar uma política de estímulo público à produção nacional. Esta mesma diretriz orientou a inclusão do México no Nafta e vem forçando a adesão dos demais países latino-americanos ao seu projeto de um mercado liderado, por óbvio, pelas empresas norte-americanas. Essa estratégia vem sendo favorecida em demasia pelas políticas de estabilização com sobrevalorização das moedas locais, que são responsáveis por uma inversão de sinal favorável às exportações americanas para a América Latina. Em nome do livre-comércio e do investimento, os Estados Unidos também têm imposto seus interesses, por intermédio da OMC, aos seus parceiros comerciais da Ásia, configurando, assim, uma estratégia global de ocupação dos mercados externos pelas empresas e produtos norte-americanos.

Depois de 1991, também no campo estratégico, a condução americana tem sido rigorosamente imperial. Nas suas iniciativas "humanitárias" unilaterais como na Somália e no Haiti, tanto quanto nas suas arbitragens pacificadoras, como no caso do acordo de paz entre Israel e os palestinos de Arafat, e sobretudo no caso de sua arbitragem na Guerra da Bósnia. Mas a nova postura americana tem se manifestado de forma mais agressiva nas relações com seus velhos parceiros da Aliança Atlântica. No caso das Nações Unidas, ao vetar a reeleição de Bhoutros Gali e impor seu próprio candidato contra o voto de todos os demais membros do Conselho de Segurança e dos membros do G7. E no próprio G7, ao impor ao grupo a inclusão da Rússia contra a vontade explícita do Japão. Sem mencionar o grotesco convite, feito pelo presidente Clinton na cúpula econômica de Denver, para que os membros das delegações comparecessem ao banquete vestidos como *cowboys* norte-americanos.

Afronta mais séria, entretanto, foi a aprovação do *Helms-Burton Act,* que estabelecia punições norte-americanas aos países e empresas estrangeiras cujos negócios com Cuba envolvessem propriedades de americanos expropriadas pelo Revolução de 1959. No caso da Otan, por fim, os Estados Unidos passaram solenemente por cima das posições defendidas pelos aliados europeus na reunião de Madrid em 1997, e limitaram a expansão da organização ao leste da Polônia, da Hungria e da República Tcheca. O mesmo fenômeno ocorreu com relação à reivindicação francesa do comando marítimo de Nápoles em troca da sua reincorporação às estruturas da Otan e que foi solenemente ignorada pelo governo norte-americano.

Em resumo: desde 1991, o comportamento econômico, cultural e diplomático dos Estados Unidos diante do mundo tem sido o de um país que não apenas acredita, mas se comporta cada vez mais com base numa visão unipolar do mundo. Mas além disso, o que é ainda mais importante, sua condução dos negócios mundiais tem sido cada vez menos hegemônica e cada vez mais imperial.

Se Giovanni Arrighi tiver razão, "um Estado só pode tornar-se mundialmente hegemônico por estar apto a alegar, com credibilidade, que é a força motriz de uma expansão geral do poder coletivo dos governantes perante os indivíduos" (Arrighi, 1994, p. 30). E no caso, a nova ordem americana posterior a 1991, o "século americano" anunciado por Bush,

261

porém conduzido por Clinton, tem sido até aqui extremamente benéfica para o poder e para a economia dos Estados Unidos, mas tem sido para os demais Estados e governantes um tempo de estagnação econômica, de desemprego e de insatisfação social; em suma, um tempo de perda de poder e de legitimidade dos governantes ante os seus cidadãos. A condução americana, nesse sentido, se assemelha muito mais à ideia de exercício de uma "primazia", tal como a concebe Charles Kindleberger. No caso do sistema monetário internacional, não preocupando-se com a estabilização de regras e mantendo uma gestão "ativista" do sistema. Mas é importante sublinhar que até aqui tanto sua gestão monetária como sua gestão comercial e sua gestão de investimentos tem sido orientada integralmente pela defesa dos seus interesses nacionais, bem como pela proteção e promoção explícita de todos os segmentos de sua economia produtiva e financeira. Nesse sentido, a ordem política e econômica emergente tem pouco ou nada que ver com o conceito de hegemonia, e parece muito mais próxima da ideia do *imperial system* acerca do qual discorreram James Petras e Robert Cox. E nesse caso,

> [...] uma característica marcante é que o Estado imperial não compreende a totalidade do governo dos Estados Unidos; ele abrange aqueles órgãos executivos dentro do "governo" que têm a responsabilidade de promover e de proteger a expansão do capital para além das fronteiras estaduais. O sistema imperial é mais e, ao mesmo tempo, menos do que o Estado. Supera o Estado por constituir uma estrutura transnacional com um núcleo dominante e uma periferia dependente. Esta parte do governo dos Estados Unidos está no cerne do sistema, junto com instituições interestatais como o FMI e o Banco Mundial, relacionadas de forma simbiótica ao capital expansivo e aos governos colaboradores na periferia do sistema (Cox, 1986, p. 228).

É ainda muito difícil prever as perspectivas de estabilização e funcionamento dessa ordem imperial. Nessa segunda metade dos anos 1990, entretanto, o que mais se destaca é a crescente assimetria econômica e polarização social do sistema. Enquanto os Estados Unidos e a China crescem junto com uma pequena parte da Ásia, a economia europeia mantém-se estagnada junto com a do Japão há mais de cinco anos. As economias do Leste Europeu ainda não foram reconstruídas, de modo que a Rússia levará algumas décadas para recuperar seus padrões de produção, de produtividade e de riqueza alcançadas pela economia soviética. Enquanto isto, as "economias emergentes" latino-americanas se arrastam, prisioneiras de uma camisa de força criada pela sobrevalorização de suas moedas e por suas restrições internas que não lhes deixam margem para crescer e criar os empregos necessários à legitimação de suas autoridades diante da cidadania destes países. Por todo lado aumentam as distâncias entre as riquezas dos países e entre as rendas de suas populações.

Na Europa, em particular, depois de uma década e meia de silêncio e derrota, o movimento sindical reapareceu na segunda metade dos anos de 1990 e questionou de forma cada vez mais radical as políticas deflacionistas empreendidas em nome da unificação monetária europeia liderada pelo Bundesbank alemão. Os governos conservadores da Inglaterra e da França foram derrotados no campo eleitoral, mas ainda é difícil prever o futuro da unidade europeia. O mais provável é que se transforme com os anos ao menos num poder de veto ao exercício incondicional do poder americano. Mas se isto não ocorrer, tampouco é provável que nos próximos anos o Japão, a China ou mesmo uma Ásia unificada venham a enfrentar ou questionar em bloco a supremacia imperial dos Estados Unidos.

Não é nada fácil o exercício da previsão de cenários em momentos de transformação tão profunda como a que vêm vivendo o capitalismo e o seu sistema interestatal de gestão política. Mesmo os realistas conservadores tal como Henry Kissinger e Samuel Huntington divergem a respeito dos cenários estratégicos desta ordem emergente. Kissinger acredita num novo sistema de equilíbrio de poder, ao velho estilo europeu, mas agora entre sete ou oito países, ou blocos regionais. Mas ele não tem dúvidas quanto ao papel central dos Estados Unidos na administração deste equilíbrio de poder, em conjunto com países com lideranças regionais. Huntington, por sua vez, vê um mundo futuro no qual os conflitos estarão cada vez mais orientados pelas fronteiras das grandes civilizações, ainda que reconheça que a gestão mundial ainda permanecerá por um bom tempo nas mãos de dois diretórios: um, de caráter militar, formado pelos Estados Unidos, pela França e pela Inglaterra; e o outro, de caráter econômico, formado também pelos Estados Unidos, mas agora associado à Alemanha e ao Japão (Huntington, 1993).

O historiador Eric Hobsbawm, por sua vez, considera que o crescimento capitalista será retomado no próximo milênio, mas enfrentará problemas cada vez mais agudos no campo da distribuição da riqueza graças ao esvaziamento do poder dos Estados nacionais e dos sistemas de representação democrática. Entre os pais da teoria da estabilidade hegemônica tampouco há consenso. Robert Gilpin acredita num futuro misto em que conviverão regras econômicas liberais com protecionismos regionais e nacionais de tipo setorial, embora tema que esta nova economia mundial possa se transformar num conjunto reduzido de ilhas de prosperidade rodeados por turbulento mar de pobreza e exclusão.

Já Charles Kindleberger acredita que as instituições multilaterais do pós-Segunda Guerra já estão sucateadas e que os novos foros globais têm pouquíssima representatividade e capacidade de decisão. Para ele, o horizonte mais provável é uma "grande confusão" até o surgimento de um novo e verdadeiro *hegemon*. Algo similar pode ser dito acerca das divergências entre os autores "neogramscianos". Robert Cox, numa outra posição, considera existirem dois cenários possíveis: um que seria o de uma nova hegemonia baseada na estrutura global de poder gerada pela internacionalização da produção e do Estado; e o outro que se caracterizaria pela permanência de vários centros conflitantes.

Giovanni Arrighi, por fim, vê três desfechos possíveis: ou surge um império mundial realmente global em que os antigos centros de poder conseguem manter a capacidade de se apropriar dos frutos da expansão financeira; ou ocorre, de fato, uma mudança de guarda no processo sistêmico de acumulação, mas a nova "guarda" não tem mais a capacidade de gestão global do poder político e da acumulação econômica, de modo que o mundo marcharia em direção a uma economia de mercado anárquica, o que significaria o fim do capitalismo tal como o entendem Braudel e Arrighi. E, finalmente, Arrighi ainda vê um terceiro cenário possível no qual haveria um caos sistêmico que nos reconduziria à situação vivida pelo mundo há seiscentos anos, podendo uma vez mais retornar à barbárie ou de novo tomar o caminho de reconstrução de uma nova modernidade capitalista.

Como é ainda muito grande o grau de incerteza criado pela nova situação mundial, aumenta muito a dispersão e inconclusividade dos exercícios de construção de cenários. Nestes casos parece muito mais útil perguntar a respeito dos "limites de resistência" a partir dos quais o sistema mudaria de natureza ou, pelo contrário, se desintegraria. E neste caso, três são os limites mais importantes da nova ordem imperial que vai se desenhando nesse final de século. O primeiro deles, de natureza econômica, foi definido de maneira sintética e categórica por Max Weber (1961, p. 247) na sua magnífica *História geral da economia*: se "foi o Estado nacional que proporcionou ao capitalismo sua oportunidade de desenvolvimento, enquanto o Estado nacional não ceder lugar a um império mundial, o capitalismo persistirá". Ou, na ordem inversa da mesma formulação: a acumulação da riqueza dentro da economia capitalista mundial depende ou não, essencialmente, da competição interestatal? Se a resposta for sim, como sustentara Max Weber, o que ocorreria com o sistema capitalista depois que este limite fosse ultrapassado e a competição interestatal fosse substituída pela estrutura de poder de um império único e mundial?

O segundo deles, de natureza ética e política, aparece claramente resumido por Susan Strange, em seu *Retreat of the state*:

> Oposição é que falta ao sistema de governança global e o que servia no passado como meio de tornar o Estado liberal democraticamente responsável. Para tornar a autoridade aceitável, eficaz e respeitada, deve haver alguma combinação de forças que contenha o uso arbitrário ou interesseiro do poder e assegure que seja usado, ao menos em parte, para o bem comum. Isso é o que Daniel Deudney denominou "negarquia" – o poder de negar, limitar ou restringir a autoridade arbitrária (Strange, 1996, p. 198).

A inexistência desta negarquia aponta em duas direções igualmente entrópicas. A primeira é a que mais preocupa Susan Strange: na ausência de contrapoderes e de uma capacidade efetiva de veto, o exercício sem limites do poder, como demonstra fartamente a história passada, não conduz à direção de uma soberania absoluta e benevolente como chegaram a sonhar Bodin e Hobbes, mas à arbitrariedade, à arrogância e, em última instância, ao fascismo. O equilíbrio de poder ao velho estilo europeu, ou a bipolaridade ideológica e geopolítica do pós-Segunda Guerra Mundial, não apenas ajudaram a controlar o arbítrio, mas também contribuíram para aperfeiçoar os códigos éticos que pautaram a sociabilidade e o próprio exercício do poder em todos os seus níveis. E a verdade é que, depois do fim da Guerra Fria, foi a Guerra do Golfo que estabeleceu o novo princípio do limite ético "para os demais Estados, mas que deixou completamente indeterminado o próprio limite deste princípio, que, na ausência de contrapoderes, pode vir a ser exercido de forma cada vez mais absoluta e arbitrária pelo governo norte-americano" (Fiori, 1991).

O terceiro e último desses limites, a partir dos quais o sistema muda de natureza ou acaba, está implícito na definição de hegemonia de Arrighi: uma ordem política e econômica mundial só é sustentável no longo prazo se ela permite aos Estados e seus governantes manterem a sua legitimidade perante os seus governados. Caso contrário, o sistema global de poder poderá sofrer uma erosão ou decomposição de "baixo para cima", uma entropia social do poder que iria progredindo lentamente em direção ao centro, como se deu, por exemplo, no caso da decomposição do poder imperial de Roma.

Todos os limites apontam de certa maneira para o mesmo denominador comum: a permanência ou impermanência da competição interestatal das hierarquias internacionais de poder como condição da acumulação capitalista e da gestão global do poder político. Nesse ponto é de fundamental importância checar um dos cenários mais frequentemente associados ao futuro da globalização: o "fim dos Estados nacionais".

3.1.7 Império, territórios econômicos e soberanias

Nos anos de 1990, transformou-se num outro lugar-comum o anúncio da morte das fronteiras e do Estado territorial. Autores das mais variadas tendências teóricas ou ideológicas parecem coincidir em relação a esse diagnóstico específico das tendências do final do século XX. Mas esse conceito permanece em estado ainda mais impreciso que o da própria globalização, e às vezes parece ser apenas um eco recorrente e complementar da mesma utopia que tanto fisiocratas quanto liberais sonharam no século XVIII, a saber, uma economia de mercado completamente despolitizada, mas também sem fronteiras. A internacionalização capitalista dos anos de 1870-1914 gerou expectativas muito parecidas. Para Eric Hobsbawm,

> [...] não há dúvida de que os profetas burgueses de meados do século XIX olhavam para frente procurando um mundo único e mais ou menos padronizado, onde todos os governos teriam o conhecimento das verdades da economia política e do liberalismo, levadas através do planeta por missionários impessoais mais poderosos que aqueles da cristandade ou do islamismo; um mundo onde as diferenças nacionais viessem a desaparecer (Hobsbawm, 1977, p. 84).

E no início do século XX, de novo, como relembra Robert Wade (1996, p. 60), a ideia reaparece com nova vitalidade, como se pode ler na obra de Norman Angell, *The great illusion*, publicada pela primeira vez em 1911: "A economia mundial tornou-se tão interdependente que a independência nacional se tornou um anacronismo, especialmente nos mercados financeiros [...] as forças da modernidade (ciência, tecnologia e economia), e não os governos, determinaram as relações internacionais" (Angell, 1911, p. 17).

Em 1969, Charles Kindleberger repetiria que "o Estado-nação praticamente acabou como unidade econômica" e é substituído pela corporação internacional que "não tem país a que deva mais lealdade do que a qualquer outro, nem país onde se sinta completamente em casa" (Kindleberger, 1969, p. 207-208). Este argumento se transformou na principal força das teorias pluralistas ou interdependentistas acerca das relações internacionais nesta nova era de internacionalização financeira do final de século XX. Mas ela reaparece também em autores tão diferentes como o próprio Hobsbawm, como Robert Reich e como Susan Strange. Foi Kenichi Ohmae, contudo, quem vulgarizou a tese, primeiro, no seu trabalho sobre o *region state* publicado no *Foreign affairs* (1993) e, mais recentemente, no seu *The end of the nation state:* "A ideia é simples: em um mundo sem fronteiras, o interesse nacional tradicional – que se tornou pouco mais do que um disfarce para subsídio e proteção – não tem lugar significativo" (Ohmae, 1996, p. 64).

O paradoxal é constatar que o anúncio da morte do Estado nacional ocorre num momento em que sua "competição pelos capitais" assume proporções em uma intensidade tão relevante para a globalização financeira quanto a das dívidas públicas mundiais. Ademais, neste final do século, multiplicam-se por todo lado o número de novos Estados e de reivindicações por autonomia nacional. Ao começar o século XX, grande parte da população mundial vivia no território dos impérios europeus cujo desaparecimento progressivo foi o grande responsável pela multiplicação dos Estados nacionais durante o século XX. No início do século eles não passavam de trinta ou quarenta e hoje são cerca de duzentos, gerados na forma de três grandes ondas: a primeira, logo depois da Primeira Guerra Mundial, quando se dissolvem os impérios austro-húngaro e otomano; a segunda, depois da Segunda Guerra Mundial, quando se dissolvem os impérios europeus na Ásia e na África; e a terceira, finalmente, quando implode o espaço do velho império russo logo depois do fim da URSS. Nesse sentido, se os Estados nacionais originários nasceram na Europa do século XVI, e não eram mais do que sete ou oito, foi no século XX que eles se transformaram num fenômeno universal ou global.

Como explicar o paradoxo de que a morte dos Estados seja anunciada na hora exata em se multiplicam e intensificam a sua competição, sobretudo se levarmos em conta que a maioria dos quase duzentos Estados nacionais existentes nasceram durante o período áureo da globalização, ou seja, na segunda metade do século XX? Em primeiro lugar, distinguindo e qualificando os conceitos de Estado e de soberania; em segundo lugar, compreendendo a forma sempre tensa, conflitiva, porém complementar, que existiu entre o poder dos Estados territoriais e o desenvolvimento internacional do capitalismo; e, por fim, distinguindo claramente a convergência das políticas macroeconômicas dos governos da era neoliberal induzidas pela internacionalização do capital financeiro daquilo que são as diferenças que seguem separando os espaços internos de soberania, de cidadania e de luta de classes de cada um desses Estados territoriais. Só assim se entenderá que o pequeno núcleo originário dos Estados nacionais europeus sempre foi "extraterritorial" e que os demais Estados que nasceram de sua "barriga" sempre foram semissoberanos. E que, portanto, se os Estados nacionais estão vivendo uma grande crise neste fim de milênio não é porque sejam menos soberanos do que sempre foram ante o poder do capital ou das grandes potências. Na verdade, não há evidências de que a globalização esteja eliminando os Estados. Ela apenas está redefinindo as suas hierarquias e seus espaços, sempre limitados, de exercício da sua soberania.

Não é fácil desfazer-se da visão "ontológica" da soberania que nos legou a filosofia política clássica: a ideia de um poder supremo, absoluto, perpétuo, indivisível e inalienável. Qualidade que teria sido apenas transferida do príncipe absoluto para o Estado constitucional por intermédio das revoluções liberais e democráticas, mantendo, ao longo dos séculos, a sua mesma identidade. No plano externo, na forma do reconhecimento pelos demais Estados do direito de mando e autonomia de cada um deles; e no plano interno, pelo reconhecimento dos súditos, e depois dos cidadãos, da legitimidade do poder dos príncipes e dos Estados. Essa mesma visão se mantém ainda implícita na maioria das teses que consideram que os Estados chegaram ao seu fim à medida que perderam soberania para as grandes corporações multinacionais e para os grandes agentes dos mercados financeiros globais. Mas essas relações não são tão lineares como parecem à primeira vista, porquanto de fato a soberania, ao longo da história, não foi um sinônimo obrigatório do Estado territorial, tampouco se manifestou da mesma forma em todos os tempos e lugares. O mais correto seria dizer, de maneira que forcemos o paradoxo, que os Estados nasceram antes de suas soberanias e que elas só foram reconhecidas com a Paz de Vestfália, em 1648 (Garnett, 1992, p. 61). Além disso, essas soberanias foram objeto de conflitos e negociações que redefiniram várias vezes o seu significado real e a extensão de sua autoridade.

> Ao longo da história, o significado da soberania passou por importantes mudanças e transformações – desde a localização da fonte de sua legitimidade até o escopo de atividades reivindicadas sob sua proteção [...] Além disso, essas mudanças de significado surgem da interação dos Estados com outros Estados e da interação dos Estados com a sociedade internacional que eles formam (Biersteker; Weber, 1996, p. 14).

Essas negociações envolveram a definição dos territórios, como também a construção das identidades nacionais. Mas foi no campo das relações entre o poder do príncipe e o poder do dinheiro, ou da propriedade, que os conflitos foram mais intensos e permanentes no decorrer de toda a história moderna. O *big-bang* que deu origem ao capitalismo como sistema econômico mundial foi o similar ao que originou os Estados territoriais. Na verdade, seu nascimento é conjunto, e o mercantilismo foi simultaneamente uma política de construção dos mercados nacionais e de fortalecimento externo do poder econômico dos capitais nacionais responsáveis pela riqueza dos Estados. Estado e capitalismo, ao nascerem juntos, nascem dotados de uma "compulsão" originária e internacionalizante que transformou de imediato os primeiros Estados em impérios coloniais, e fez do capitalismo, também de maneira quase instantânea, uma "economia-mundo" na expressão de Fernand Braudel.

Consolidavam-se ali os laços de uma relação extremamente "tormentosa", mas que foi sempre fecunda e indispensável tanto para os donos do dinheiro quanto para os donos do poder político. Como se a riqueza fundasse e limitasse a um só tempo a soberania do Estado, como ficou patente na própria Paz de Vestfália na qual o reconhecimento da soberania dos Estados se deu ao lado do reconhecimento da autonomia dos comerciantes com relação às guerras dos seus príncipes. Distância que se alargou com as sucessivas revoluções liberais, e proximidade que se intensificou com o movimento simultâneo de expansão colonial e internacionalização capitalista que ocorreu a partir da segunda metade do século XIX e dê forma contemporânea com o nascimento do "capitalismo financeiro de Estado" acerca do qual nos relata Rudolf Hilferding.

Até esse momento, de fato, a história da soberania é a história de um número muito pequeno de Estados europeus (os *founding states*) aos que se agregaram, a partir dos anos de 1860 do século XIX, os Estados Unidos e o Japão. Este foi sempre e segue sendo o núcleo central do sistema interestatal mundial, bem como do sistema capitalista. Ali, o problema da soberania e da competição interestatal tem um lugar e uma função completamente diferentes dos demais Estados nacionais gerados pelos impérios. Primeiro na América, e depois na Ásia e na África, a maioria dos novos Estados territoriais nasceram fragilizados pela sua condição de ex-colônia, porquanto quase sempre dependentes de suas antigas metrópoles, que, em muitos casos, desenharam as suas próprias fronteiras territoriais. Incluem-se na sua maioria dentro da categoria dos "quase Estados", dotados desde o início de soberania extremamente limitadas pela baixa capacidade de gerar ou de se apropriar da riqueza indispensável ao exercício do poder internacional e nacional. E isso de tal maneira que se pode afirmar com convicção que, se nunca existiu a soberania absoluta pensada por Bodin e Hobbes, ela foi sempre um ideal buscado por todos, porém logrado por muito poucos.

Além disso, sempre existiram Estados com maior e menor soberania a depender de sua participação desigual no poder militar e na riqueza das nações. Mas nem por isso foram dispensados de cumprir suas funções mais elementares de defesa dos seus territórios e de preservação de sua ordem interna. E com distintos graus de profundidade e de sucesso sempre estiveram associados com os proprietários internos da riqueza privada, de modo que enfrentaram de formas distintas o imperativo da competição interestatal.

Qual é a novidade do que ocorre com a soberania externa e interna dos Estados, neste final de século XX, em relação ao movimento permanente de internacionalização do capital? Sobretudo se tivermos em conta, como já vimos, que a globalização não é um fenômeno inclusivo, convergente e homogeneizador do espaço econômico mundial. Pelo contrário, além de ser um fenômeno – até aqui – basicamente financeiro, localiza-se mormente no espaço econômico dos *"founding states"*, e só 1% dos investimentos externos estrangeiros destina-se, anualmente, para um subconjunto de cem Estados nacionais ou "quase-Estados", distribuindo-se o resto entre a China e alguns poucos Estados asiáticos e latino-americanos.

A novidade parece localizar-se, hoje, em dois espaços diferentes nos quais estão envolvidos os efeitos diferenciados de uma mesma reorganização das relações mundiais entre o poder e o dinheiro. Um, é o espaço europeu, e o outro, o espaço dos "mercados emergentes". A unificação europeia

270

é decerto o fenômeno contemporâneo que mais instiga o imaginário com relação ao fim dos Estados nacionais. Pela razão óbvia de que naquele espaço onde nasceram os Estados territoriais, o núcleo central dos *"founding states"* decidiu abrir mão do seu acordo selado em Vestfália e renegociar suas soberanias territoriais em compasso com uma integração econômica que apontava na direção da moeda única, ainda que não estivesse claro quem seria o seu futuro príncipe. Seja qual for o final desta história, uma coisa é certa: o que os europeus estão tentando é construir um Estado capaz de participar em pé de igualdade da competição interestatal que se anuncia para o século XXI. Uma competição que será tão mais pesada e complexa quanto mais os Estados estiverem envolvidos com o processo de globalização e, atualmente, com a convergência das políticas macroeconômicas. Não há nada, portanto, no projeto de unificação europeia que corrobore a tese do fim dos Estados. Pelo contrário, trata-se de tentativa histórica extremamente complicada de um novo superestado nacional cuja soberania retome as fronteiras e a identidades fragmentadas depois da morte de Carlos Magno.

É por isso que a Europa é hoje o espaço mundial em que se refazem, de forma mais nítida e contraditória, as relações entre o poder e o dinheiro por um caminho muito parecido, neste final do século XX, com aquele levado a cabo tanto por banqueiros genoveses e florentinos como pelos reis da Espanha e da França. Uma vez mais, o que está em jogo não é a existência do poder político territorial, e sim sua relação com as fronteiras sempre variáveis dos "territórios econômicos". É nesse ponto que se inscreve a utopia de um único território mundial produzido pelo livre-câmbio e pela globalização financeira. Nikolai Bukharin já percebera em 1917 que "uma unidade econômica e nacional que não baste a si mesma e que estenda infinitamente sua força imensa até governar o mundo num império universal, é o ideal sonhado do capital financeiro" (Bukharin, 1984, p. 99). Naquele momento, Bukharin considerava que o processo de internacionalização capitalista era apenas um lado da vida econômica anulado por uma outra tendencia, a saber, a da nacionalização dos interesses capitalistas. Trata-se de uma maneira de generalizar a constatação de Hilferding de que

> [...] se a generalização do sistema protecionista aspira desmembrar progressivamente o mercado mundial em territórios econômicos individuais separados por Estados, a evolução para o capital financeiro[...] significa a uniformização do capital [...]

e eleva a importância da magnitude do espaço econômico [...] (Hilferding, 1985, p. 283, 293).

Hilferding, contudo, reconhece a possibilidade de uma "cartelização internacional com base numa concentração muito mais avançada do capital". Nos dois autores mantém-se, contudo, uma identificação desnecessária entre a necessidade de poder político do capital financeiro com a sobreposição de territórios entre a economia e as fronteiras do Estado nacional. Na verdade, o que delimita os territórios econômicos em expansão são barreiras protetoras que não precisam coincidir necessariamente com fronteiras tarifárias ou coloniais. Tem razão Hilferding quando afirma que "o poder político é, assim, decisivo na luta competitiva de caráter econômico, e para o capital financeiro a posição do poder estatal é vital para o lucro" (Hilferding, 1985, p. 311).

Isso segue sendo válido nessa nova fase de afirmação do capital financeiro como uniformização global do capital e da riqueza. O que se altera não é o papel do poder político; são suas formas de atuação e de proteção dos espaços econômicos garantidos para seus capitais. O processo de centralização capitalista acelerado nas últimas décadas concentrou quantidades ainda maiores de poder econômico num espaço político ainda mais restrito. E o controle da tecnologia e da capacidade de investimento transformaram-se em novas barreiras que se somam ao papel ativo das grandes potências na preservação dos mercados fora de seus territórios.

A aliança entre o capital financeiro e os grandes poderes políticos é hoje ainda mais intensa e indispensável do que fora no mundo colonial e imperialista do final do século XIX. Agora, a competição capitalista e estatal se dá de forma mais fluida, mas mais intensa; razão pela qual as novas fronteiras dos territórios econômicos estão em contínuo processo de destruição e reconstrução, porquanto são definidos pelos avanços financeiros e pelas conquistas comerciais. A unificação econômica da Europa corre hoje sob a égide de uma Alemanha que não desregulou seu mercado financeiro porque a estratégia de seu Bundesbank coincide com o projeto político de uma Alemanha na condição de potência europeia. E ao mesmo tempo, trata-se do único caminho que resta às elites europeias para enfrentar o poder imperial dos Estados Unidos e, logo mais à frente, da própria Ásia, caso ela consiga sustentar, em algum momento, uma estratégia regional coletiva.

Também aqui, Rudolf Hilferding antecipou o segredo estratégico da unificação europeia ao afirmar que

> [...] os Estados Unidos (já eram) em si um grande território econômico também para a era do imperialismo [...] e o movimento panamericano que encontrou sua primeira expressão na doutrina Monroe está apenas no começo e ainda tem grandes perspectivas em consequência da enorme supremacia dos Estados Unidos. A situação é diferente na Europa, onde a fragmentação estatal criou interesses econômicos antagônicos que contrapõem obstáculos muito difíceis para sua superação econômica (Hilferding, 1985, p. 308).

A Europa enfrenta o desafio de superar essas limitações e depara-se com divergências nacionais antigas; no entanto, enfrenta suas maiores dificuldades no acordo quanto à gestão monetária e fiscal da comunidade. É nesse ponto que mais se percebe a força global do capital financeiro e a consequente dificuldade dos vários Estados para se apropriarem de parcelas da riqueza indispensável ao seu funcionamento, uma vez que seguem sendo o espaço preferencial de afirmação dos direitos e de resolução das lutas sociais e das políticas de classe.

Dessa perspectiva, deve-se olhar para o papel político ascendente dos bancos centrais independentes que deixaram de ser instrumentos dos seus Estados, mas mantêm-se como "garantidores" das parcelas de riqueza privada mantidas dentro de suas jurisdições bancárias. Os bancos centrais, nesse aspecto, fazem um jogo regionalizado de gestão monetária da riqueza, mas não fazem mais – com exceção dos três ou quatro principais – a política dos seus Estados. O que, voltemos a insistir, não significa que o capital e os mercados financeiros se autonomizaram do poder político, como se isso fosse condição indispensável para a multiplicação de sua lucratividade. Significa tão somente que a competição intercapitalista e a competição interestatal se dá agora de maneira extremamente concentrada, de modo que só terá lugar neste jogo um número muito limitado de competidores. Mas eles seguirão dependendo das dívidas públicas nos momentos de crise, bem como das políticas comerciais agressivas no momento da expansão. Por enquanto, o capitalismo segue sendo o mesmo que o sistema interestatal; seus poderes estão muito mais concentrados e suas relações passam hoje por um profundo processo de renegociação de soberania.

É dessa perspectiva que se deve analisar o conflito crescente entre os tesouros e os bancos centrais de quase todos os países europeus. E agora, mais recentemente, a retomada do conflito entre as demandas sociais das populações e a estratégia monetária dos bancos centrais. Na França de Lionel Jospin, por exemplo, está posto um enfrentamento de final imprevisível entre um governo que deseja reintroduzir a causa "fiscal" da sua população na agenda de negociação do Estado francês com a comunidade política e financeira europeia ao lado de uma proposta de que seja revista a atual distribuição dos custos e ganhos da financeirização capitalista.

Essa nova forma de relacionamento entre o poder, o dinheiro e as sociedades é comum a quase todos os países que estão submetidos aos novos regimes econômicos internacionais de comércio, de investimento, de serviços e de gestão da moeda. Mas seus efeitos são completamente diferentes entre os que se passam no espaço da unificação europeia daqueles que vêm ocorrendo nos "mercados emergentes" que se transformaram, nos anos de 1990, em "plataformas de expansão comercial ou circuitos auxiliares de valorização patrimonial" do capital financeiro internacional (Tavares, 1997). Em particular, naqueles Estados em que tal transformação foi contemporânea de mudanças de modelo ou de estratégia de desenvolvimento econômico iniciadas por planos de estabilização monetária sustentados por moedas sobrevalorizadas e por aberturas comerciais abruptas. Nessas regiões, a hipótese do esgotamento dos Estados nacionais alimenta-se de outras realidade ou evidências, mas segue sendo falsa, sobretudo se tivermos em conta o que já foi dito acerca de suas soberanias tradicionalmente compartidas. Não inova muito, nesse sentido, o fato de que estes países sejam os que estão inscritos de forma mais explícita nas redes internacionalizadas de poder do "*imperial system*".

No entanto, esse processo de internacionalização do Estado acerca do qual nos relatam James Petras e Robert Cox é deveras anterior, do imediato pós-Segunda Guerra. Naquele momento, se havia maior margem de liberdade nacional na definição das políticas econômicas também havia muito menor grau de liberdade ou soberania para as escolhas de tipo político-ideológico. Foi o tempo da Guerra Fria e dos elos burocráticos e políticos que articulavam o sistema internacionalizado de gestão destes Estados que passavam muito mais pelo campo militar. Nunca, em toda a história moderna, a humanidade foi governada por um número tão grande de ditaduras militares como neste período. Com o fim da competição político-ideológica bipolarizada, e com a consolidação da hegemonia liberal-conservadora ao longo do mundo capitalista, estas redes de poder integradas de maneira supranacional se mantiveram, mudando apenas a natureza e o lugar dos seus elos fundamentais. Eles se deslocam do campo ideológico e militar e passam para o campo da administração macroeconômica destes Estados.

O inimigo já não é mais o comunismo, é o "populismo macroeconômico" que ameaça a estabilidade das expectativas que reúnem, num mesmo interesse, os investidores internacionais e os gestores das políticas de estabilização e de reforma liberal destas economias, algumas das quais fizeram parte do elenco de experiências desenvolvimentistas dos anos de 1950 e 1960. O fundamental agora, nesses países, é o controle do câmbio e das taxas de juros administradas pelos bancos centrais e pelos seus ministérios da Fazenda. São estas as novas burocracias que foram internacionalizadas a partir dos "ajustes estruturais" dos anos de 1980 e 1990. Essa internacionalização dos centros de decisão macroeconômica ocorreu de forma mais direta nos "quase Estados" que carecem também de burocracias confiáveis do ponto de vista internacional. Em outros países com maior tradição estatal, as próprias burocracias nativas encarregam-se da aplicação do programa comum de políticas e de reformas. Mantém-se apenas a condição de soberania limitada, mas deslocam-se o seu foco e o seu impacto.

Esse deslocamento, entretanto, não é uma obra automática da globalização, é também um ato de vontade política interna destes países que adotaram estratégias de estabilização e de liberalização econômica apoiadas na globalização financeira, de modo que abdicaram conscientemente do controle de suas políticas monetárias e fiscais com total desconsideração dos objetivos nacionais de igualdade, de justiça ou de solidariedade. E nesse caso, como diz Susan Berger, não há como fugir das consequências inevitáveis que se seguem das decisões tomadas no campo macroeconômico. "Nenhum legado histórico, nenhuma tradição nacional e nenhuma cultura sozinhos podem restringir as forças do mercado se não houver uma vontade política de sustentar instituições e valores que transcendam a eficiência e o crescimento" (Berger, 1996, p. 12). O problema central está em que a aceitação incondicional dos novos regimes internacionais, monetários, comerciais e financeiros que são definidos de forma demasiado rigorosa neste período posterior à década de 1990, não apenas transfere o foco da limitação das soberanias externas destes países, mas também afeta de maneira aparentemente radical e duradoura o exercício da soberania interna desses Estados. E é este o verdadeiro limite que pode ameaçar, de fato, a sobrevivência dos Estados nacionais.

A gestão monetária das estabilizações acompanhadas pelas reformas e sustentadas pelo investimento externo tem demonstrado uma forte incompatibilidade com o crescimento econômico e tem produzido efeitos sociais e fiscais de crescente gravidade. Limitados externamente por seus balanços de pagamento fortemente negativos, esses países não conseguem desfazer de sua dependência do financiamento externo e, portanto, de suas altas taxas de juros, as principais responsáveis pelos baixos índices de crescimento. Como nos demais países, os bancos centrais dedicam-se a administrar, dentro de sua limitada margem de manobra, o espaço de valorização financeira da riqueza privada. Os Tesouros Nacionais, por seu lado, ficam com suas contas cada vez mais comprometidas pela queda da atividade econômica e pela queda dos empregos, bem como pela expansão das dívidas públicas. Nenhum destes Estados conseguiu até agora resolver o "círculo quadrado" que opõe este tipo de estabilização com o necessário crescimento econômico.

Por outro lado, a abertura comercial somada à aceitação das novas regras do comércio internacional codificadas e policiadas pela OMC submete esses Estados a um controle externo permanente que envolve não apenas seus sistemas tarifários, mas também suas regras de investimento e de remuneração dos capitais externos, além de incluir cláusulas quanto aos subsídios, aos *dumpings* e a outras formas possíveis de sustentar políticas intencionais de desenvolvimento industrial. Restringidos a suas guerras fiscais intestinas e a fim de atrair os investimentos, estes Estados fragilizam ainda mais sua capacidade de realizar políticas públicas. Como os cortes do gasto público têm se concentrado de forma quase universal nas áreas sociais, suas consequências também têm sido comuns a todos estes países: perde-se de maneira crescente a governabilidade, a começar pelos seus níveis subnacionais de poder até alcançar progressivamente o próprio nível central dos Estados. Nesse sentido, submete-se a soberania externa destes Estados às regras comerciais e monetárias que se globalizaram pela força imperial dos Estados Unidos apoiados, neste caso, também pela Alemanha e pelo Japão.

Como consequência final dessa cadeia de decisões e de submissões, os Estados nacionais dessas "economias emergentes" estão sendo transformados neste final de século numa espécie de "guardiões paralíticos" de uma moeda que, de fato, não dispõem e de um equilíbrio fiscal que lhes escapa das mãos, porquanto é empurrado pelo círculo vicioso de sua política monetária. A permanência no tempo destas condições aponta inexoravelmente para a deterioração da legitimidade desses governos e das solidariedades nacionais indispensáveis à preservação da unidade e da soberania interna desses "quase Estados", os quais seguem responsáveis, de qualquer maneira, pela ordem social interna dos seus territórios.

3.2 Depois da "crise da hegemonia"[43]

> Neste período de transição que ainda está longe de terminar ou de chegar a bom termo, é indiscutível a retomada da hegemonia americana. O que não se sabe é a viabilidade dos Estados Unidos se transformarem, de forma estável, numa economia cêntrica a partir da qual o mundo seria reorganizado por uma nova geografia econômica e política.
>
> (Maria da Conceição Tavares, 1985)

3.2.1 O ambiente intelectual do debate

No início do século XXI, o tema da "crise da hegemonia norte-americana" soa bizantino, contudo, até o final da década de 1980 ainda se tratava de uma preocupação obsessiva dos anglo-saxões. Discutindo as "hegemonias mundiais" ou analisando a "ascensão e queda das grandes potências", o debate intelectual acerca das relações internacionais seguia girando em torno do suposto declínio da supremacia mundial dos Estados Unidos. O próprio campo acadêmico da "economia política internacional" nasceu nos Estados Unidos, na entrada dos anos de 1970, junto com a crise do dólar e a derrota americana no Vietnã. E, de imediato, definiu sua agenda de pesquisa a partir do diagnóstico de uma crise econômica e geopolítica internacional, bem como de uma preocupação com a possibilidade de que estivesse se repetindo a história que levou, nos anos de 1930, ao fascismo e à Segunda Guerra Mundial.

---

43. Este texto foi escrito por ocasião dos 70 anos da professora Maria da Conceição Tavares, em abril de 2000, e foi publicado no livro *Polarização mundial e crescimento*, organizado por J. L. Fiori e por C. Medeiros (Petrópolis: Vozes, 2001).

Foi quando Charles Kindleberger publicou seu *The world in depression 1929-1939*, atribuindo a "crise de 1930" à incapacidade norte-americana de assumir a liderança mundial que fora até então da Inglaterra. Uma hipótese que foi retrabalhada e desenvolvida por Robert Gilpin (1974) e Stephan Krasner (1976), produzindo um corpo de ideias que Robert Keohane chamou mais tarde de "teoria da estabilidade hegemônica" (1981). Sua tese central generaliza a leitura de Kindleberger ao sustentar que, "na ausência de uma potência liberal dominante, a cooperação econômica internacional mostrou-se extremamente difícil de ser alcançada na história moderna do capitalismo" (Gilpin, 1987, p. 88). Naquele momento, sua preocupação comum era quanto ao restabelecimento de uma ordem econômica internacional estável e liberal sob a hegemonia norte-americana.

Nesse sentido, pode-se dizer, ao lado de Robert Cox (1981), que a "economia política internacional" nasceu da crise como um caso típico de uma *problem-solver theory*. Mas, na década de 1980, seu campo se alargou e perdeu seu imediatismo pragmático, envolvendo, a partir daí, uma ampla gama de autores que já não pertenciam ao *mainstream* da teoria política e econômica internacional. Sua pergunta inicial estendeu-se no espaço e no tempo, de modo que definiu uma nova agenda de pesquisa histórica e comparada acerca do "ciclo vital" das grandes potências e de sua capacidade de impor a sua hegemonia política e econômica internacional. O que fora uma preocupação imediata adquiriu uma dimensão teórica mais ambiciosa: esclarecer o processo de nascimento, estabilização e declínio das sucessivas "ordens político-econômicas mundiais" e explicar por que alguns países conseguem impor e depois perder a sua supremacia mundial. Foi em 1984 que Robert Keohane lançou seu livro *After hegemony: cooperation and discord in the world political economy*, e foi só 1988 que Paul Kennedy editou o seu clássico *The rise and fall of the great powers*, ainda carregado de premonições a respeito da decadência mundial dos Estados Unidos.

Em 1995, Susan Strange publicou seu ensaio *Political economy and international relations*, no qual faz um balanço crítico da "economia política internacional" desde seu trabalho pioneiro, *International economics and international relations: a case of mutual neglect*, publicado em 1970. Segundo Strange, depois do fim da Guerra Fria, "Existe uma espécie de mal-estar, uma sensação de incerteza quanto ao caminho a seguir, até mesmo confusão acerca do ponto ao qual chegamos até agora [...]" (Strange,

1995, p. 157). Em primeiro lugar, porque não se logrou a superação do divórcio entre a economia e a política no estudo das relações internacionais. Como ela diz:

> [...] O problema intelectual da síntese ainda não foi resolvido. Especialistas em relações internacionais estudaram fenômenos econômicos e fizeram uso de conceitos e até métodos de argumentação emprestados da economia. Já os economistas em geral ignoraram a literatura de relações internacionais (Strange, 1995, p. 156).

Em segundo lugar, porque a economia política internacional foi uma área que surgiu e se desenvolveu movida pelos fatos mais do que pelas ideias. Fatos que variaram no decorrer das décadas, mas como ela diz, nesse tempo, quem agendou a pesquisa, em última instância, foram as dificuldades e os impasses da política externa norte-americana, e o seu norte, em última instância, foi sempre a vitória na Guerra Fria. Em favor do seu argumento, Susan Strange relembra o trabalho pioneiro de Richard Cooper, o qual, já em 1968, defendia de forma absolutamente clara que a prioridade número um naquele momento era estudar para melhorar a coordenação entre os aliados de modo que fosse possível enfrentar o desafio da União Soviética.

Por um caminho totalmente diferente do predominante, e muito mais próximo do que Robert Cox chamou de *critical theory*, Fernand Braudel também havia concluído – numa série de conferências feitas em 1977, na Universidade de John Hopkins – que "o mundo não pode viver sem um centro de gravidade", apesar de ter dito naquele momento que era muito pouco provável que os Estados Unidos estivessem deixando de cumprir esta função mundial. Logo depois, em 1981, Robert Cox inaugurou a chamada "corrente neomarxista" da economia política internacional, introduzindo no debate o conceito gramsciano de hegemonia e propondo que se estudassem a formação e a crise das ordens mundiais não só por meio do olhar atento ao poder dos Estados, como o faziam os realistas, mas também pela atenção aos processos simultâneos de internacionalização da produção, das relações de classe e das estruturas de poder. Uma convergência que explicaria a novidade da supremacia mundial norte-americana, depois da Segunda Guerra Mundial: não apenas um caso de hegemonia, como a da Inglaterra no século XIX, mas de um *imperial system* (Cox, 1981, p. 227-229).

Na mesma época, Immanuel Wallerstein concluía de forma heterodoxa, no seu *Dynamics of global crisis* (1982), que, "apesar da crise, a economia capitalista mundial continua a seguir sua lógica interna e, portanto, ainda se desenvolve, ainda (segundo as duas próprias condições) tem sucesso" (Wallerstein, 1982, p. 33). E Giovanni Arrighi publicava seu trabalho clássico acerca da "crise da hegemonia norte-americana", rediscutida de uma ótica assumidamente marxista. Foi quando propôs a distinção entre os aspectos formais ou institucionais e os aspectos substantivos do conceito de hegemonia ao sustentar a hipótese de que "a queda da ordem imperial dos Estados Unidos não levou ao fim de sua hegemonia, mas apenas à sua transformação de uma hegemonia formalmente organizada pelo Estado para uma hegemonia informalmente imposta pelo mercado e organizada corporativamente" (Arrighi, 1982, p. 66).

Depois de vinte anos, esse debate teve uma morte súbita com o fim da Guerra Fria. Foi substituído por uma nova agenda de preocupações com o redesenho e a estabilização da geometria do poder e da riqueza mundial depois do fim da URSS e sob a égide de uma única superpotência. A mesma potência que se transformou no carro-chefe das mudanças econômicas que alteraram a face do capitalismo mundial nas duas últimas décadas do século XX. Paradoxalmente, nesta nova conjuntura, só Giovanni Arrighi parece acreditar que, apesar das aparências contrárias, o "ciclo longo de acumulação e hegemonia norte-americano" teria entrado, em 1970, numa crise terminal de duração imprevisível. Um tipo de crise secular que se repetiria na história do capitalismo, sempre acompanhadas de explosões e euforias financeiras, os verdadeiros indicadores da chegada do "outono" dos grandes ciclos econômicos, segundo Fernand Braudel: a hora da "transição de um regime mundial de acumulação para outro" (Braudel, 1994, p. X). Se a história não der razão a Arrighi, entretanto, há de sublinhar que tampouco deu às teses do *mainstream*. Como já dissemos alhures:

> [...] a história destes últimos 25 anos encarregou-se de contradizer a previsão e a estratégia propostas pela "teoria da estabilidade hegemônica". Desde o fim do padrão-dólar e da Guerra Fria, o balanço é muito claro. O mundo nunca esteve entregue de forma mais incontestável ao arbítrio de uma só potência hegemônica que estivesse tão radicalmente orientada pelo seu *commitment* liberal, e pelo seu objetivo de construir e sustentar uma ordem internacional baseada num conjunto de regimes e instituições regionais e globais consagradas pela aceitação coletiva, tanto no campo do desarmamento como no do comércio e dos investimentos. Como propunha Kindleberger, os Estados Unidos hoje arbitram isoladamente o sistema monetário internacional, promovem ativamente a abertura

e desregulação das economias nacionais e o livre-comércio, têm incentivado a convergência das políticas macroeconômicas, têm atuado – pelo menos em parte – como *last resort lender* em todas as crises financeiras e detêm um poder incontrarrestável no plano industrial, tecnológico, militar, financeiro e cultural. E no entanto, não se conhece período da história moderna em que o capitalismo tenha passado por maior instabilidade sistêmica, graças à "revolução financeira" que acompanhou a consolidação e funcionamento do novo sistema cambial. Nem tampouco se conhece período em que as relações políticas entre os Estados estivessem tão carentes de parâmetros ou referências – sobretudo depois da Guerra do Golfo –, que não seja o arbítrio da superpotência o do seu "diretório político-militar" anglo-saxão (Fiori, 1999, p. 71).

Em 1985, Maria da Conceição Tavares publicou seu primeiro artigo a respeito da "retomada da hegemonia norte-americana", apresentando a tese que retomou e desenvolveu, em 1997, em seu ensaio acerca da "reafirmação da hegemonia norte-americana". Dois trabalhos seminais que se transformaram no ponto de partida da pesquisa e da reflexão coletiva que culminou no livro *Poder e dinheiro: uma economia política da globalização*. Pelo título e pelo tema, a discussão de M. C. Tavares inscreve-se naturalmente no debate da economia política internacional dos anos de 1970 e 1980. Mas sua importância não está no seu diagnóstico antecipatório do fim da crise americana. Seus dois ensaios transcendem essa discussão, porquanto a autora analisa o problema da crise e retomada da hegemonia americana como uma dimensão apenas do processo global de transformação capitalista, o qual se iniciou na década de 1970.

Além disso, M. C. Tavares propõe uma leitura dessas mudanças que não se submete à agenda da política externa norte-americana, e as analisa da perspectiva da periferia do sistema, uma visão absolutamente original dentro da economia política internacional, em todos os tempos. Por fim, na contramão do diagnóstico de Susan Strange, M. C. Tavares não ignora a literatura a respeito das relações internacionais, de modo que consegue combinar de forma precisa a análise política à análise econômica, reunindo, num mesmo argumento, o movimento da retomada da supremacia americana, o surgimento de um novo regime de acumulação mundial e o redesenho das relações entre centro e periferia à escala global. Sua tese central, na verdade, é um programa de pesquisa de longo fôlego que deu apenas seu primeiro passo com a publicação do livro *Poder e dinheiro*.

3.2.2 O argumento de M.C. Tavares

A primeira coisa importante a sublinhar é que o ponto de partida de M. C. Tavares já não é mais a crise, é o caminho e as consequências da "retomada da hegemonia americana". Como ela diz:

> [...] as crises que instabilizaram a economia mundial na década de 1970 foram seguidas de dois movimentos de reafirmação da hegemonia americana, no plano geoeconômico (através da diplomacia do dólar forte) e no plano geopolítico (através da diplomacia das armas) que modificaram, profundamente, o funcionamento e a hierarquia das relações internacionais a partir do começo da década de 1980 (Tavares; Fiori, 1997, p. 55).

Esses dois movimentos, contudo, não foram apenas uma resposta pragmática ou reativa ao desafio da crise. Foram decisões e políticas que amadureceram durante a década e se transformaram na "visão estratégica da elite financeira e militar que chega ao governo com a vitória de Ronald Reagan em 1980" (Tavares; Fiori, 1997 p. 29).

A ameaça externa e a própria crise da sociedade americana, as quais se estendem ao longo da década de 1970, acabam produzindo uma mudança na correlação de forças políticas dentro do Estado americano, e depois, rapidamente, dentro do seu espaço hegemônico. No campo geoeconômico, a "diplomacia do dólar forte":

> [...] ao manter uma política monetária dura e forçar uma sobrevalorização do dólar, a partir de 1979, permitiu que o FED retomasse na prática o controle dos seus próprios bancos e do resto do sistema bancário privado internacional e articulasse em seu proveito os interesses do rebanho disperso [...]. A partir daí, o sistema de crédito interbancário orientou-se decisivamente para os Estados Unidos e o sistema bancário ficou sob controle da política monetária do FED que passou a ditar as regras do jogo mundial [...] (Tavares; Fiori, 1997, p. 34).

Ao mesmo tempo, a nova política econômica americana permitiu a soldagem dos interesses globais do capital financeiro internacional, rearticulando seus múltiplos anéis nacionais que, de uma forma ou outra, assumirão o poder político, a partir dali, no centro e na periferia do sistema. De tal forma que, ainda que ocorresse uma crise financeira global, caberia aos Estados Unidos comandarem a reconstrução ou a montagem de uma nova "arquitetura financeira internacional". Em paralelo, no campo geopolítico a administração Reagan deslancha uma ofensiva anticomunista, a qual se inicia no início dos anos de 1980 com o anúncio do programa militar "Guerra nas Estrelas" e culmina com a decomposição da União Soviética. Dois movimentos em pinça que, segundo M. C. Tavares, explicam, em última instância, a gigantesca concentração de poder econômico, militar e financeiro que ocorreu nas duas últimas décadas do século XX. Ou seja, sua tese é de que a retomada da hegemonia americana e a nova "financeirização" capitalista são duas faces de um mesmo processo que resulta das políticas do próprio governo norte-americano, amadurecidas quando seu poder parecia entrar em decadência.

Essa estratégia e suas políticas mudaram a face econômica e política do capitalismo contemporâneo: primeiro, consolidou-se um novo sistema monetário internacional baseado no dólar e sem nenhum padrão de referência; e, aos poucos, foram-se definindo as regras e instituições de um novo regime de acumulação, bem como de uma nova hierarquia político-militar mundial. De modo que a partir dos anos de 1980

> [...] o dólar não é mais um padrão de valor no sentido tradicional dos regimes monetários internacionais anteriores (padrão outro-libra e padrão ouro-dólar), mas cumpre, sobretudo, o papel mais importante de moeda financeira em um sistema desregulado no qual não existem paridades cambiais fixas [...] e no qual o valor do dólar é fixado pela taxa de juros americana, que funciona como referência básica do sistema financeiro internacional em função da capacidade dos Estados Unidos de manterem sua dívida pública como o título de segurança máxima do sistema (Tavares; Fiori, 1997, p. 64).

Por outro lado, a generalização do processo de desregulação dos mercados de capitais e a dolarização da maior parte dos negócios e da riqueza mundial fizeram com que a gestão monetária do FED se transformasse no poder, em última instância, que administra e arbitra os fluxos financeiros mundiais, os conflitos de interesses entre blocos de capitais e Estados, e que promove ativamente a homogeneização das políticas econômicas dos países mais frágeis.

Essa convergência das políticas conservadoras provocou, por sua vez, uma desaceleração seletiva e hierarquizada do crescimento econômico mundial e uma maciça transferência de renda e de capitais do resto do mundo para os títulos do governo e para o mercado norte-americano. Uma tendência irreversível porque

[...] enquanto a taxa de crescimento da economia mundial for inferior à taxa de crescimento americana não há a menor possibilidade dos capitais excedentes, sobretudo os bancários e o das empresas com capacidade ociosa, resolverem investir preferencialmente nos seus países de origem (Tavares; Fiori, 1997, p. 42).

Além disso, o novo regime de acumulação tem se caracterizado: i) por um acirramento da concorrência capitalista, responsável por deslocalizações e destruições muito rápidas das atividades produtivas; ii) por uma acelerada concentração de capital, na forma de associações estratégicas e de fusões gigantescas, sobretudo no campo das finanças, da indústria bélica e das tecnologias de ponta, como no caso das telecomunicações e da informática; iii) e, finalmente, por um movimento de centralização que tem levado

[...] à localização convergente de capitais patrimoniais e financeiros nos grandes centros decisórios mundiais, sujeitando o direcionamento dos fluxos de capital financeiro e a disponibilidade de crédito e liquidez em qualquer parte do globo a uma lógica financeira centralizada tanto no que toca à fixação de parâmetros de rentabilidade como à distribuição de riscos [...] de maneira tal que todas as decisões relevantes que se referem à produção "globalizada" vem sendo tomadas por um conjunto restrito de empresas e bancos dos países centrais cuja estratégia é efetivamente global (Tavares, p. 73, 77).

Por fim, a nova configuração econômica mundial apresenta um dinamismo territorial seletivo e hierarquizado, concentrando-se nos Estados Unidos, na Europa e em alguns países do Leste Asiático, pelo menos até 1997 (com exceção da China). Segundo M. C. Tavares, a transnacionalização do espaço econômico norte-americano e asiático, bem como a integração do espaço europeu, redefinem aos poucos os termos da divisão internacional do trabalho, o que, por sua vez, permite que os Estados Unidos desempenhem um papel cêntrico que havia sido, até agora, incompatível com o fechamento e com a autossuficiência de sua economia. Mas fica excluídas desta nova "economia-mundo" a maior parte dos territórios e dos países periféricos.

A América Latina, em particular, ao optar por uma inserção subordinada no processo de globalização, adota, nos anos de 1990, um novo padrão de desenvolvimento caracterizado por ciclos curtos com baixas taxas de crescimento, seguidos por períodos de recessão corretiva. No médio prazo, essa trajetória tem provocado reversão da industrialização, aumento da desigualdade e crescente dependência dos fluxos de capital externo.

Do outro lado deste regime de acumulação, a nova geopolítica do mundo, sobretudo depois de 1991, também apresenta uma face hierarquizada e unipolar, porém extremamente instável, a qual limita de forma decisiva a eficácia dos Estados nacionais situados nas camadas intermediária e inferior da hierarquia. Nesse novo cenário, as estratégias econômica e militar do *hegemon* apontam numa mesma direção: a da redução crescente da autonomia dos Estados mais frágeis que ficam incapacitados para estabelecer e sustentar seus próprios objetivos nacionais, sejam eles econômicos ou político-militares.

M. C. Tavares conclui seu argumento ao se questionar quanto ao futuro da nova supremacia norte-americana. Ela não considera que a "transição" esteja encerrada, tampouco que haja uma nova ordem mundial fechada. Pelo contrário, sugere de maneira cautelosa que

> [...] quando os gestores da ordem hegemônica buscam um avanço imperial de suas prerrogativas, buscando impingir uma primazia decisória absoluta em todas as áreas da vida internacional, tal linha de ação pode implicar que se concretizem perdas para os atores mais expostos, acima e além do custo implícito na hierarquização hegemônica. Tais perdas, por seu turno, podem tornar mais atraentes, no curto prazo, políticas de resistência e atrição localizadas ante os desígnios do *hegemon* (Tavares; Fiori, 1997, p. 82).

3.2.3 Da *"retomada"* ao Poder e dinheiro

As teses centrais e o argumento de M. C. Tavares tiveram papel decisivo na pesquisa comparada e histórica, bem como na reflexão teórica que culminou na publicação do livro *Poder e dinheiro*. O projeto, desenhado na segunda metade dos anos de 1980, se propunha a acompanhar a trajetória da macrotransformação geopolítica e geoeconômica mundial ocorrida nos últimos 25 anos do século XX. Numa ponta, a famosa "crise de hegemonia"; na outra, o que a literatura convencionou chamar de "globalização". Entre as duas, o movimento estratégico de resposta norte-americana à sua própria crise, seguindo uma política de afirmação ostensiva do poder do dólar e de recomposição da sua liderança militar. Com a convicção de que a superação da crise não levou a uma simples e nova estabilização liberal da ordem internacional, como se devia prever a partir da teoria realista da "estabilidade hegemônica". Aponta, pelo contrário, para uma nova realidade econômica e geopolítica mundial, centrada, a partir de 1991, na supremacia unipolar dos Estados Unidos.

A pesquisa empírica incluiu um estudo comparado de alguns países europeus e asiáticos, bem como uma investigação histórica mais ampla a respeito do duplo movimento que levou, a partir de 1991, a uma supremacia mundial e unipolar dos Estados Unidos. Desse modo, manteve como seu objetivo último compreender o novo lugar da periferia latino-americana durante a "transição" e dentro do horizonte previsível da trajetória mundial.

O avanço da história real, depois de 1985, foi deixando cada vez mais transparente a natureza da crise que começara no início dos anos de 1970. Sobretudo suas duas raízes principais: uma nas armas e na guerra e a outra no dinheiro e no regime monetário internacional. Domínios nos quais se concentraram também as principais decisões e desdobramentos posteriores responsáveis pelas novas instituições e estruturas que se consolidaram nas décadas seguintes, como base da nova ordem mundial e como regras de sua gestão econômica e militar. Por outro lado, já ficara visível, na segunda metade da década de 1990, que o processo de recomposição da hegemonia norte-americana entrou numa trajetória completamente diferente depois do fim do desafio socialista.

A partir de 1991, mudaram a face e a extensão mundial da economia capitalista, e seu sistema interestatal de gestão política entrou num processo de reorganização radical. Uma transição incompreensível caso não se leia corretamente o movimento simultâneo de suas determinações econômicas e políticas desde o início da crise dos anos de 1970. Campos de força que agem conjuntamente no redesenho dos espaços e das hierarquias políticas e econômicas regionais e mundiais, desarticuladas pelo fim da Guerra Fria e pelo processo simultâneo da globalização financeira, a verdadeira responsável pela fragilização das fronteiras, entre os Estados e as economias nacionais, e entre as moedas locais e o capital financeiro internacional.

É nesse sentido que se pode dizer que o fim da Guerra Fria também foi o fim do último suporte político do sistema de Bretton Woods. Uma lenta construção estratégica que começou com a administração Nixon e alcançou seu momento decisivo quando os governos de Ronald Reagan e Margareth Thatcher consagraram uma aliança de poder dentro do mundo anglo-saxão entre os partidários de uma nova escalada na Guerra Fria e os interesses financeiros de Wall Street e da City de Londres. Aliança que recolocou no topo da hierarquia de interesses anglo-saxões as "altas-finanças" aliadas aos "falcões" da política externa e militar dos dois países.

Foi o momento e os interesses que inauguraram, simultaneamente, o que Fred Halliday chamou de Segunda Guerra Fria, bem como a era das políticas monetaristas e "desregulacionistas" responsáveis pela aceleração, nos anos de 1980, do fenômeno da globalização financeira. Por um lado, avançou a escalada ideológica e militar que conseguiu, em pouco tempo, "reenquadrar" os aliados europeus e asiáticos e dizimar as resistências periféricas, culminando com a Guerra do Golfo, com a "rendição" da URSS e com o próprio fim da própria Guerra Fria. Por outro lado, avançou a promoção ativa da "desregulação competitiva" dos mercados e da livre circulação do capital financeiro. Daí a convicção que atravessa o livro *Poder e dinheiro* de que a globalização não foi uma obra exclusiva dos mercados ou do progresso tecnológico que envolveram mudanças nas coalizões de poder das grandes potências e o renascimento da crença ideológica liberal. O livro não desconhece a força e pressão dos mercados, tampouco o fato de que as novas tecnologias facilitaram os caminhos abertos pela mão da política. Mas a trajetória da transformação político-econômica mundial poderia ter sido completamente diferente – a despeito dos mercados e das tecnologias – se não fosse pela natureza dos interesses, pela ideologia e pelas decisões da nova aliança que galvanizaram o poder no mundo anglo-saxão e viabilizaram a retomada da hegemonia norte-americana, a qual culminou com a queda do Muro de Berlim e a desintegração da União Soviética.

Essa supremacia das altas finanças e de suas políticas de desregulação permite que muitos falem num retorno, neste final de século, aos trilhos da "civilização liberal" do século XIX. Mas há de se ter cautela com as comparações, sobretudo porque mudou radicalmente aquilo que o livro considera essencial: as relações entre o poder político hegemônico e o regime monetário internacionais. Hoje, as relações entre o império e o sistema monetário internacional – "dólar flexível" – são completamente diferentes das relações que a Inglaterra manteve com o sistema do padrão-ouro. Como M. C. Tavares já tinha visto no seu ensaio de 1985, o novo sistema monetário permite aos Estados Unidos "sugar" riqueza financeira por intermédio do manejo de sua moeda que não obedece a nenhum outro padrão de referência exceto o do próprio poder econômico e político norte-americano. Uma realidade que repõe como um problema contemporâneo o que foi uma preocupação obsessiva de Ricardo, ao constatar que "a experiência mostra que sempre que um Estado ou um Banco tiveram poder ilimitado de emitir papel-moeda, abusaram desse poder" (Ricardo, 1982, p. 241). Ao mesmo tempo, entretanto, essa nova realidade traz para o primeiro plano da discussão teórica o velho enigma da relação entre o poder, as armas e o dinheiro, e destes com o conflito de interesses e de classes, como fonte de acumulação da riqueza capitalista e como motor das grandes transformações estruturais do capitalismo histórico.

O conflito de interesses e de classes não tem lugar no pensamento mercantilista. Mas o poder dos príncipes e a competição dos Estados ocupam um lugar central na sua visão acerca da origem da riqueza das nações. Mesmo que eles não tenham desenvolvido sua tese de forma sistemática ou teórica, os mercantilistas foram os primeiros a identificar a relação congênita do poder político com a riqueza capitalista, bem como a importância do dinheiro na competição entre os Estados territoriais e na criação do excedente econômico. Foram eles que fundaram, em última instância, a economia como política econômica, e para eles o crescimento do poder estava essencialmente ligado ao crescimento da riqueza e vice-versa. Já no século XVII, Francis Bacon afirmava de maneira taxativa: "[...] considero absolutamente necessário que se tenha em conta conjuntamente a ganância e o poder"; e Francis Bacon definia a causa, em última instância, da "memorável aliança", entre o príncipe e o capital, ao afirmar que "os soberanos devem estar em guarda para que nenhum dos seus vizinhos cresça em proporções tais que cheguem a constituir uma ameaça contra eles mais do que antes" (Bacon, 1985, p. 94-95 *apud* Hecksher, 1955, p. 468). Uma ideia que reaparece mais tarde no nacionalismo econômico do século XIX e está por detrás de todas as estratégias e políticas neomercantilistas do século XX.

Foi a economia política clássica que deslocou o Estado do núcleo de sua teoria a respeito do excedente e da acumulação capitalista. Tanto Smith quanto Ricardo deslocam o Estado do centro analítico de sua teoria do valor e da distribuição, reconhecendo apenas seu papel como árbitro condicionador do conflito de interesses entre os salários e os lucros. Marx vai mais além, trazendo a luta de classes para o núcleo analítico de sua teoria do valor e da acumulação, mas elimina teoricamente o Estado e os territórios de suas "leis de movimento" do capital. Coube aos neoclássicos completar esta cirurgia ao colocarem no centro de sua teoria da distribuição a relação entre oferta e demanda no lugar do conflito de interesses, e ao transformarem o Estado numa "externalidade" que responde, de forma absolutamente neutra e funcional, às "falhas de mercado". A "revolução keynesiana", apesar de ter virado de cabeça para baixo a teoria ortodoxa, e mesmo as teorias do desenvolvimento econômico, manteve a mesma concepção de Estado dos neoclássicos: uma instituição homogênea e exógena capaz de decidir e implementar políticas econômicas que corrigem a ação deficiente dos mercados. Uma espécie de "ente epistemológico" alheio aos conflitos de interesse e externo ao processo de produção e de distribuição da riqueza.

Por fim, os "novos clássicos" do final do século XX levariam às últimas consequências a tentativa de impermeabilização do mundo econômico ao diluírem os conflitos e submeterem as decisões políticas às mesmas leis que regeriam o mercado, as quais eram fundadas no princípio da utilidade marginal e da escolha racional. Trata-se de um longo e inócuo esforço para eliminar na teoria o papel econômico da relação entre o dinheiro, o poder, as classes sociais e a acumulação e distribuição desigual da riqueza capitalista. Inútil porque reaparece a cada nova conjuntura de crise e porque se trata de uma equação encravada na gênese conceitual e na trajetória histórica do capitalismo.

Quando essa equação é olhada pelo lado do dinheiro, o problema já aparece na própria ambiguidade de seu conceito. Por definição, a moeda é um "bem público" (o lado destacado por Kindleberger e por todos os teóricos da estabilidade hegemônica) mas é também um instrumento de enriquecimento privado. Adam Smith sublinhou esta ambiguidade quando chamou a atenção para "a avareza e a injustiça dos nobres e dos Estados capazes de alterarem o valor das suas moedas, dando origem por vezes a consequências mais graves para as fortunas privadas do que qualquer grande calamidade" (Smith, 1984, p. 24).

Marx, por outro lado, já dizia nos *Grundisse* que "a finalidade do trabalho não é um produto particular, mas sim o dinheiro, ou seja, a riqueza na sua forma universal [...]" (Marx, 2021, p. 195). E Keynes reconhecia na sua *Teoria geral* que "numa economia empresarial [...] o empresário está interessado não no volume do produto, mas no volume do dinheiro que espera receber". Por isso tem razão Belluzzo quando diz que, "numa economia com estas características, tanto a produção de mercadorias quanto a posse de ativos é uma aposta, em condições de incerteza, na capacidade destas formas de riqueza preservarem seus valores em dinheiro" (Belluzzo, 1997, p. 155-156), chamando atenção, ao mesmo tempo, para o fato de que as regras da gestão monetária não caem do céu e "dependem em boa medida de convenções que nascem do embate entre as frações capitalistas e entre estas e as classes assalariadas" (Belluzzo, 1997, p. 155-156).

Se olharmos a mesma equação da perspectiva do poder, o problema começa pelo fato de que se encontra na própria origem, na criação e na validação da moeda. Do ponto de vista real, a moeda só existe e adquire universalidade a partir do momento em que é "ungida" por algum poder que a designa e sustenta, bancando, em última instância, o seu valor. Como diz Smith:

> [...] para prevenir abusos, facilitar trocas e assim fomentar todos os tipos de indústria e comércio, os países que se preocuparam com o seu desenvolvimento foram obrigados a cunhar certas quantidades dos metais normalmente usados para efetuar a troca das mercadorias. É esta a origem da moeda cunhada, e dessas instituições públicas chamadas casas da moeda; estas são exatamente da mesma natureza das instituições que põem um selo de garantia nas roupas de linho e lã. Em ambos os casos se pretende garantir, por meio de um selo público, a quantidade e a qualidade uniforme das diferentes mercadorias levadas ao mercado (Smith, 1984, p. 23).

Em síntese, o dinheiro só tem validade e curso normal dentro de cada país porque está assegurado por uma autoridade que acabou assumindo a forma, a partir do século XVII, dos bancos centrais. Mas algo similar deve ser dito da circulação supraestatal do dinheiro e do primeiro regime monetário internacional que só se viabilizou na medida em estava lastreado pela libra, pelo Banco da Inglaterra e pelo poder econômico e político do país hegemônico. Mas a aparência contratual do regime monetário esconde, de forma mais sutil, uma dimensão essencialmente contraditória do capitalismo. Belluzzo chama a atenção para o fato de que toda gestão monetária atende e cristaliza uma correlação de forças entre as classes e as várias frações do próprio capital. Mas existe algo mais, encoberto pelo dinheiro e pelos regimes monetários internacionais, e que está ausente da análise marxista: a contradição entre a natureza global e universalizante do capitalismo e de seus fluxos econômicos e a multipolaridade de sua gestão política e do seu desenvolvimento territorial. Cada país tem sua moeda designada por seus Estados, e ela pode ou não ter validade em outros territórios e jurisdições políticas.

Ao investigar a origem das trocas, Smith já afirmava que,

> [...] a fim de resolver estas situações, os homens previdentes devem ter procurado, em cada período da sociedade, depois do estabelecimento da divisão do trabalho, efetuar os seus negócios de maneira a ter sempre à sua disposição, além do produto do seu próprio trabalho, uma certa quantidade de qualquer outra mercadoria facilmente negociável [...] mas em todos os países, porém, os homens parecem ter sido finalmente obrigados a preferir os metais para este tipo de utilização (Smith, 1984, p. 22).

E Ricardo acrescentaria mais tarde que "o valor do dinheiro jamais é o mesmo em dois países quaisquer" (p. 108). Nesse sentido, o dinheiro se constitui no denominador comum de todas as formas de riqueza dentro de um território, e ao mesmo tempo define uma equivalência com a riqueza dos demais territórios. Ademais, o poder monetário de arbitragem nacional e de senhoriagem internacional são peças decisivas do movimento de acumulação assimétrica dos capitais privados e da distribuição desigual da riqueza mundial entre os vários Estados nacionais.

Em outras palavras, a administração da moeda tem papel decisivo tanto na competição intercapitalista como na luta pelo poder e pela hegemonia internacionais. E cada sistema ou regime monetário internacional representa uma "síntese" transitória da correlação de foças entre agentes privados e poderes políticos, bem como uma verdadeira radiografia do grau de soberania econômica de cada Estado nacional. Como diz Belluzzo, "os regimes monetários internacionais apresentam peculiaridades que decorrem das relações indissociáveis, mas conflituosas, entre a soberania dos Estados nacionais e as forças privadas da 'generalização' mercantil e financeira" (Belluzzo, 1987, p. 162). Por isso, os regimes monetários são uma dimensão decisiva para a compreensão da dinâmica global econômica e política do sistema capitalista e, portanto, também para as relações entre o seu centro e suas periferias, um aspecto que esteve quase sempre ausente da literatura estruturalista latino-americana.

Essa contradição se reflete no comportamento da classe mais diretamente ligada à gestão do dinheiro. A "classe financeira" ou as "altas finanças", como diz Karl Polanyi, sempre tiveram um comportamento ambíguo. Por um lado, são cosmopolitas e pacifistas, porquanto, uma vez estabelecida determinada hierarquia de moedas, qualquer alteração significará gigantescas transferências de riqueza. Mas, por outro lado, não podem se desfazer do seu vínculo territorial com determinada jurisdição política e monetária, onde reproduzem e realizam, em última instancia, o valor da sua riqueza. Por isso, em todas sociedades e momentos do capitalismo, o capital financeiro se projetou "para fora", seja como forma de conquista ou como forma de preservação do seu valor patrimonial. Num caso, movido pelo objetivo de expansão do seu "território de arbitragem"; no outro, como uma forma de assegurar-se contra as incertezas, ancorando sua riqueza nas moedas mais sólidas.

Esse mesmo movimento expansivo, no entanto, sobretudo das moedas mais sólidas, é o que reaproxima, de tempo em tempo, a moeda às armas, quando se agudiza sua competição por novos territórios que se submetam, em última instância, ao seu próprio sistema de pagamentos e ao seu poder de senhoriagem. É nesses momentos que a classe financeira abandona seu cosmopolitismo e pacifismo em nome de seus projetos imperiais, explicitando a relação oculta entre a moeda e as armas, porquanto todo regime monetário internacional reflete uma relação transitória de poder entre as "grandes potências" detentoras das "grandes moedas". Como dissemos em outro momento, "o poder dentro do sistema capitalista ora assume a sua forma mais abstrata do dinheiro, ora assume a sua forma mais dura e visível das armas, sem que seja possível jamais alcançar uma estabilidade ou equilíbrio de longo prazo" (Fiori, 1999, p. 63). A geoeconomia e a geopolítica mundiais, os regimes monetários e os sistemas hegemônicos interagem, portanto, permanentemente, e só sua compreensão conjunta permite explicar a morfologia dos ciclos econômicos e políticos do sistema.

O livro *Poder e dinheiro* retoma explicitamente o caminho aberto pela teoria do "capital financeiro" e do "imperialismo" de Hilferding e de Bukharin, verdadeira origem da "economia política internacional". Eles também analisavam um período da história econômica e política europeia no qual a convergência entre o poder das armas e das finanças inglesas liderou a expansão colonialista europeia, até o momento em que a competição interestatal e imperialista destruiu a "complementaridade competitiva" e o "equilíbrio de poder" que estabilizaram a hegemonia inglesa. Também naquele período, a supremacia do capital financeiro inglês uniformizou os interesses das burguesias e das elites políticas europeias, de modo que forçou a convergência das políticas econômicas dos seus Estados nacionais.

Foi analisando esta nova realidade que Hilferding reintroduziu a política e a relação entre os Estados na discussão teórica das "leis de movimento" do capital. Sua nova leitura do capitalismo, na entrada do século XX, lhe permitiu ver que

> [...] o poder político é decisivo na luta competitiva de caráter econômico, e para o capital financeiro a posição do poder estatal é vital para o lucro [...] um Estado forte que faça valer seus interesses no exterior [...] e que possa intervir em toda parte do mundo para converter o mundo inteiro em área de investimento (Hilferding, 1985, p. 293, 314).

Por outro lado, permitiu a Bukharin antecipar o sentido essencial do movimento da globalização ao perceber que "um império universal, é o ideal sonhado do capital financeiro [...] [e nesta luta] vai buscar seu último argumento na força e na potência da organização do Estado" (Bukharin, 1984, p. 99). Foram estes autores os primeiros a perceberem o efeito explosivo da convergência de interesses entre o grande capital financeiro e a hegemonia inglesa, sobretudo a partir do momento que entram em choque com os projetos imperiais dos outros Estados que conseguiram recuperar seu atraso e se industrializarem na segunda metade do século XIX.

A Inglaterra também enfrentou uma crise econômica na década de 1870, e sua resposta e reafirmação de sua supremacia passaram pela imposição do poder de sua moeda e de seu capital financeiro. Fenômeno que se repete um século depois, e essa é, de nossa perspectiva, a grande originalidade da tese de M. C. Tavares acerca da resposta americana à crise de 1970.

3.2.4 *Do* Poder e dinheiro *a* Estados e moedas

Na década de 1990, o *mainstream* da "economia política internacional", sobretudo nos Estados Unidos e Inglaterra, deslocou sua atenção para o tema do "fim das soberanias nacionais". Um debate agendado, uma vez mais, pela discussão das grandes potências quanto à legitimidade de suas "intervenções humanitárias" em territórios de Estados que "abusem do seu poder", desrespeitando os "direitos humanos" de suas populações (Jackson, 1990; Lyons; Mastanduno, 1995; Hehir, 1995; Keohane, 1995; Thompson, 1995; Biersteker; Weber, 1996; Krasner, 1999). Uma tese apoiada, por muitos autores, no argumento material e na visão positiva e otimista de que a globalização econômica já derrubou as fronteiras territoriais e desfez a base material dos "egoísmos nacionais", criando as condições de um mundo único, integrado e pacífico, que deve ser defendido pelos Estados originários, alinhados com o ideal cosmopolita e com a visão iluminista de um direito universal de origem europeia. Uma discussão enviesada pela ótica dos países centrais e por um conceito falacioso da soberania, como se ele denotasse um poder supremo, absoluto, perpétuo, indivisível e inalienável e que teria se mantido inalterável no decorrer do tempo. Jurisdições políticas que não se justificam mais, tampouco são capazes de se sustentar ante o poder das grandes corporações multinacionais e dos agentes dos mercados financeiros globais.

O que a história moderna ensina, entretanto, é que a universalização dos Estados nacionais foi um fenômeno muito recente. Começou com a decomposição dos impérios ibéricos e a independência norte-americana no início do século XIX; mas, no início do século XX, grande parte da população mundial ainda vivia no território dos impérios europeus e não havia mais do que trinta ou quarenta Estados independentes. Hoje eles são cerca de 190, e se multiplicaram em três grandes momentos: logo depois da Primeira Guerra Mundial, quando o Império Austro-Húngaro e o Império Otomano se dissolveram; depois da Segunda Guerra Mundial, quando se dissolveram os impérios europeus na Ásia e na África; e depois de 1991, quando se desintegrou o território do velho império russo. Portanto, se os "Estados territoriais" nasceram na Europa do século XVI, foi só no século XX que eles se transformaram num fenômeno universal, e, durante esse processo, a soberania nunca foi um poder absoluto; sempre foi objeto de conflitos e negociações que redefiniram seu significado e extensão várias vezes ao longo do tempo e dos vários espaços geopolíticos mundiais. Além disso, a soberania sempre obedeceu a uma hierarquia liderada por um pequeno número de grandes potências europeias, às quais se juntaram no século XX, os Estados Unidos e o Japão.

Hoje, a discussão acerca da "morte do Estado" vem sendo travada no momento em que não apenas aumenta a competição entre os Estados pelos capitais e investimentos internacionais, como também está cresce o número dos novos territórios independentes. Por outro lado, a história também ensina que os Estados não apenas nasceram junto com o capitalismo, como estabeleceram com ele, ao longo dos séculos, uma relação "tormentosa", porém indispensável e frutífera para os donos do dinheiro, tanto quanto para os donos do poder político. Uma verdadeira "compulsão" conjunta à expansão e à "extraterritorialidade", o que fez com que os primeiros Estados já nascessem como impérios coloniais e com que o capitalismo fosse, desde sua primeira hora, uma "força globalizante". Por isso suas relações e fronteiras sempre foram mutantes e disputadas, alternando-se os períodos de maior ou menor primazia do poder político ou do capital.

O que estaria se passando com a soberania dos Estados e sua relação com a globalização, neste final de século XX? Em primeiro lugar, não há dúvida de que estamos vivendo um novo ciclo de aceleração do processo permanente de internacionalização capitalista; em segundo lugar, este ciclo foi acompanhado de uma mudança radical do quadro geopolítico mundial, que começou com o fim Guerra Fria; e em terceiro lugar, como consequência, o mundo está vivendo um desses momentos históricos de renegociação das suas hierarquias geopolíticas e geoeconômicas, e, portanto, também dos graus de soberania de cada uma de suas jurisdições políticas. Essa reconstrução não é um processo automático e tem se dado de forma absolutamente diferente no "núcleo central" e na periferia do sistema, na Ásia e na América Latina, a depender das estratégias regionais e globais de desenvolvimento e expansão de cada Estado, como foi analisado no livro *Poder e dinheiro*.

Essa visão das transformações mundiais e do problema da soberania, no caso dos países periféricos, encaminhou nossa pesquisa numa direção completamente diferente do *mainstream* anglo-saxão. Nossa atenção se deslocou para o problema das estratégias estatais de "desenvolvimento econômico" dentro das novas condições internacionais, mantendo como seu ângulo privilegiado de leitura as relações entre o poder e o dinheiro e entre os regimes monetários internacionais e o sistema interestatal de gestão política do capitalismo. Estamos convencidos, junto com Susan Strange, de que

> [...] foram as decisões políticas sobre moedas e as finanças – tomadas pelos governos na história recente do sistema monetário mundial – que vem determinando, mais do que qualquer outra coisa, a distribuição dos ganhos e das perdas, dos riscos e das oportunidades, entre os Estados nacionais e entre as classes sociais (Strange, 1986).

A estrutura do livro *Estados e moedas no desenvolvimento das nações* explicita de imediato o seu projeto analítico. Sua análise histórica compara as trajetórias nacionais e internacionais dos Estados que se juntaram à Inglaterra, na segunda metade do século XIX, transformando-se no "núcleo central" do capitalismo industrial, o centro responsável por seu dinamismo econômico-tecnológico e sua administração política e financeira, até o final do século XX. Os mesmos Estados que participaram da competição imperialista e que se enfrentaram nas duas Grandes Guerras Mundiais sem jamais abandonar o epicentro dinâmico e dinamizador do sistema, fosse sob a hegemonia inglesa e o regime monetário internacional do padrão ouro-libra, fosse sob a hegemonia norte-americana e o regime do padrão dólar-ouro, ou ainda durante a vigência sistema monetário atual, dólar flexível. Um núcleo hierarquizado e competitivo, mas que atuou em conjunto até depois da Segunda Guerra Mundial no controle colonial da África e da Ásia e que estabeleceu relações comuns e específicas com a periferia latino-americana. No século XX, e, sobretudo depois da Segunda Guerra Mundial o livro compara e analisa os projetos e as trajetórias bem-sucedidas de alguns poucos países "em desenvolvimento" que tiveram sucesso sob a égide norte-americana e do regime dólar-ouro, iniciando a discussão acerca das perspectivas de desenvolvimento abertas ou fechadas pela "nova geometria político-econômica" do início do século XXI.

A hipótese central do livro é que os espaços e oportunidades para o desenvolvimento dos países periféricos – em cada período histórico – dependeram da forma como eles enfrentaram sua "restrição externa" ligada a dois constrangimentos fundamentais:

> i) as características gerais do regime monetário internacional e, em particular, a forma pela qual o país central opera o padrão monetário internacional; ii) e a orientação geopolítica da(s) potência(s) dominante(s). O país que emite a moeda de curso internacional, por não estar diretamente sujeita à restrição de balanço de pagamentos, cumpre um papel fundamental no controle da expansão da demanda efetiva e da liquidez internacional [...], mas por outro lado a forma e a direção que a criação de mercados e a expansão da integração financeira comandada pelos países centrais assumirem, serão influenciadas pela situação geopolítica internacional [...] (Medeiros; Serrano, 1999, p. 120).

Por esse caminho, o livro *Estados e moedas* retoma a trilha do estruturalismo e a velha agenda de discussão latino-americana acerca do desenvolvimento desigual do capitalismo internacional. A partir de uma redefinição do paradigma "centro-periferia" e das estratégias econômicas e comerciais que foram chamadas de *hacia afuera* e *hacia adentro*. Ademais, a partir de uma releitura crítica do paradigma que classificou e distinguiu as industrializações "originárias e tardias". Com relação ao modelo cepalino, *Estados e moedas* se distingue pela importância que atribui às moedas, aos regimes monetários, ao capital financeiro e à posição de cada Estado na hierarquia e na competição geopolítica mundial e regional, para a compreensão das relações entre o centro e a periferia do sistema. Além disso, "mesmo do ponto de vista estritamente econômico, parece ser necessária uma releitura crítica dos dois modelos cepalinos de crescimento *hacia afuera* e *hacia adentro* para explicar o dinamismo do nosso capitalismo" (Tavares, 1999, p. 456). Uma designação imprecisa e incompleta para dar conta de um movimento que envolveu políticas e estratégias econômicas nacionais, bem como processos de diferenciação estrutural muito diferentes entre os vários países latino-americanos.

Por fim, *Estados e moedas* considera que a distinção entre os casos originários e tardios de industrialização só tem importância analítica quando se analisa em conjunto o nascimento dos Estados e dos capitalismos nacionais dentro do espaço europeu. Por isso, sua investigação teórica e histórica recua no tempo e resgata autores menos frequentados pelo debate clássico a respeito do desenvolvimento econômico, como é o caso de Max Weber, Rudolf Hilferding e Karl Polanyi, mas também de Fernand Braudel, Immanuel Wallerstein e Giovanni Arrighi. Autores que têm em comum o uso da história de longo prazo como explicação e validação de suas teses, as quais mantêm inseparáveis as dimensões políticas e econômicas na análise do desenvolvimento do capitalismo histórico. Não cabe repetir nem a investigação, nem a análise histórico-comparativa que está no livro. Cabe apenas sublinhar aqueles "avanços" analíticos que prolongam a pesquisa iniciada com a "retomada da hegemonia americana" e anunciam suas novas perguntas e dificuldades. Desta perspectiva, o estudo deste último século e meio, periodizado pelos regimes monetários e geopolíticos, permite identificar alguns caminhos ou padrões de desenvolvimento que podem ser pensados, de maneira analítica, como quatro grandes "tipos-ideais", consideradas as condições internas e externas, estruturais, monetárias e políticas do seu sucesso.

Durante a hegemonia liberal inglesa e a vigência do padrão-ouro, houve duas trajetórias ou estratégias bem-sucedidas de desenvolvimento econômico. Medeiros e Serrano, sublinhando o "carro-chefe ou a atividade econômica responsável pelo dinamismo do crescimento", discorrem acerca de um modelo ou tipo industrializante, de outro de tipo primário-exportador: "o primeiro liderado pelo Estado e centrado na formação, expansão e proteção do mercado interno; e o outro complementar à estrutura produtiva inglesa e baseado na produção especializada de *commodities*" (Medeiros; Serrano, 1999, p. 125). O primeiro tipo-ideal incluiu, historicamente, os casos europeus estudados por Gerschenkron, mas também os Estados Unidos e o Japão, que não correspondem a seu modelo de industrialização tardia, de modo que ele é mais adaptado à Rússia, à Alemanha ou até mesmo à Itália. E o segundo tipo-ideal incluiu vários países latino-americanos que correspondem ao modelo periférico identificado por Prebisch, mas também alguns territórios – os de maior sucesso – que gozaram da condição formal ou informal de *dominions* ingleses.

Só quando se toma em conta, além dos fatores estruturais, a inserção geoeconômica e geomonetária destes países é que se consegue distingui-los. Por exemplo, no caso dos países que seguiram a trajetória industrializante, é só assim que se consegue perceber a originalidade dos Estados Unidos e do Japão. O primeiro usufruindo, desde o século XIX, da condição de principal destinatário dos investimentos externos ingleses, como se fosse ainda um *dominion* ou território contínuo da Inglaterra, em termos econômicos e culturais. Mas, ao mesmo tempo, manejando com autonomia sua relação com o padrão-ouro e utilizando instrumentos de proteção mais amplos e agressivos do que os que foram utilizados pelos países europeus de industrialização tardia. A primeira industrialização japonesa, por outro lado, ficaria também ininteligível se não tomarmos em conta as condições geopolíticas regionais que incentivaram sua industrialização militarizada, bem como a expansão e a conquista imperial de parte significativa do Leste Asiático. Tudo isso sob o olhar complacente da Inglaterra, com quem se aliou na Primeira Guerra Mundial e que lhe concedeu o direito de participar, como sócio menor, do clube das grandes potências nas negociações de paz de Versalhes. Fenômeno que se repetiria depois de 1930 com a reconquista militar do que o Japão considerava ser seu "espaço vital".

Nesse período, entretanto, a Europa se manteve como epicentro da competição e do dinamismo do sistema capitalista que separa o resto do mundo, sob o comando de seu capital financeiro. A sua "guerra civil" milenar foi e seguiu sendo, durante o longo século XIX, o verdadeiro dínamo do capitalismo e do sistema interestatal, e só ali se pode discorrer a respeito da força propulsiva do "atraso" entre países, povos e culturas que em algum momento estiveram mais ou menos nivelados sob a ótica de poder econômico e militar. Mesmo assim, não se compreenderia o sucesso das industrializações tardias europeias se não fosse pela sua "complementaridade competitiva" com a Inglaterra, e se a Inglaterra não tivesse mantido seu *"deficit* de atenção" estratégico com relação a seus concorrentes europeus.

A inserção diferenciada, tanto geopolítica quanto geoeconômica, mostra--se também como fator decisivo para distinguir um país primário-exportador do outro, bem como para compreender por que uns países primário-exportadores têm maior sucesso econômico que outros. De um lado, há de se destacar os *dominions* formais ou informais da Inglaterra, verdadeiros territórios contínuos da metrópole, com quem mantinham uma completa integração produtiva e de onde vinham vultuosos investimentos diretos, assegurados, em última instância, pelo Banco da Inglaterra. Em síntese, uma situação geoeconômica e política que lhes assegurava os mercados, os investimentos e o crédito contra efeitos perversos das flutuações cíclicas da economia central. No resto da periferia, submetida ao padrão-ouro, mas não "avalizada" pelo Banco da Inglaterra, o sucesso foi menor e entrecortado por crises periódicas e ajustamentos deflacionários, os quais foram acompanhados de queda dos preços dos produtos primários, crise aguda do balanço de pagamentos e abandono temporário do padrão-ouro; e, nos casos mais graves, moratória e novos endividamentos junto à banca privada, sobretudo inglesa. Foi nesses territórios que se manifestou, pela primeira vez, a "restrição externa cambial" diagnosticada mais tarde pelos estruturalistas.

No período da padrão-dólar e da Guerra Fria, também é possível identificar dois tipos básicos e bem-sucedidos de desenvolvimento nacional. Mas na nova configuração, o fator-chave e diferenciador se desloca, de forma mais explícita, para o campo da geopolítica. Todos os projetos desenvolvimentistas se propuseram, como objetivo, a industrialização. E todos os Estados puderam usufruir das condições criadas pelo sistema monetário de Bretton Woods, que estabelecia paridades relativamente fixas e permitia o controle nacional da circulação de capitais, ao contrário do padrão libra-ouro. Com isto, os Estados ganharam autonomia para definir seus objetivos e políticas econômicas nacionais. Foi nesse espaço que se viabilizaram as políticas keynesianas anticíclicas e as políticas sociais e de proteção que deram origem ao Estado de bem-estar social, assim como todas as políticas de natureza "desenvolvimentista". E ninguém tem mais dúvidas quanto à importância da competição interestatal bipolarizada da Guerra Fria para a sustentação desta ordem mundial capitalista e liberal, mas que

> [...] tinha o propósito declarado de estimular o acesso à riqueza através do crédito dirigido à acumulação produtiva, como desiderato de manter o pleno emprego [...] nos países centrais e de acelerar as taxas de crescimento e o desenvolvimento dos países atrasados e periféricos (Belluzzo, 1999, p. 101).

Mesmo utilizando duas categorias heterogêneas, pode-se falar nesse período, como uma primeira aproximação, – tal qual o fazem Medeiros e Serrano – de um tipo de "desenvolvimento a convite" e de um outro tipo "dependente e associado". Na primeira categoria, incluem-se os "milagres econômicos" europeus e a reconstrução japonesa, seguida pelos "quatro tigres asiáticos". Em todos os casos, pesou de maneira decisiva a posição ocupada no tabuleiro do confronto central com a União Soviética, responsável pelos planos de ajuda, pelos gastos militares e pelas condições especiais de acesso ao mercado norte-americano. Ainda assim, há de se distinguir claramente a posição geopolítica e geoeconômica europeia da situação asiática. O Japão, por exemplo, depois da Segunda Guerra,

> [...] foi obrigado a secundar a presença norte-americana no seu antigo espaço-vital, sem dispor mais de poder militar próprio, e sem o beneplácito americano para exercer a função de coordenação política do espaço econômico por onde se espalharam seus capitais de investimento [...] [sendo] transformado num híbrido neomercantilista sob proteção militar externa que acabou reconvertendo-se numa potência industrial e comercial sem conseguir impor seu sistema financeiro à sua própria região, ou mesmo construir um sistema de pagamentos regional baseado na sua moeda (Fiori, 1999, p. 75).

Já no caso europeu, a proteção norte-americana induziu e facilitou um projeto de integração regional sob a batuta econômica dos alemães e de sua moeda, com um regime monetário e um sistema de pagamentos próprio, de modo que a Alemanha fora transformada num protetorado militar.

Muito longe da Guerra Fria e muito próximos dos Estados Unidos, alguns países latino-americanos se transformaram no espaço privilegiado de experimentação do quarto e último tipo-ideal, o qual foi chamado pela literatura dos anos de 1970 de "desenvolvimento dependente e associado", e que só teve sucesso real e duradouro – da perspectiva de seu objetivo industrializante – no Brasil e no México. A maioria dos países latino-americanos responderam à crise de 1930 tomando o caminho obrigatório da "substituição de importações". Mas depois de 1950, sem contar com as mesmas condições e facilidades oferecidas aos "convidados estratégicos" dos Estados Unidos, só alguns conseguiram levar adiante seus projetos "desenvolvimentistas", aproveitando-se da autonomia político-econômica assegurada pelo regime monetário de Bretton Woods e do afluxo de investimentos estrangeiros diretos que asseguraram o dinamismo do modelo, associados com o investimento público e com as empresas estatais.

Essa estratégia fez da América Latina lugar privilegiado e pioneiro da internacionalização dos mercados internos, bem como da inserção – já na década de 1970 – no incipiente processo de globalização financeira. O modelo se propunha a construir uma estrutura industrial integrada, mas não se propôs – ou não pôde se propor – a nenhum projeto de "poder nacional". Se tomarmos o caso brasileiro, que foi paradigmático, pode-se ver com clareza que a ideia nacionalista de construção de uma potência regional foi rigorosamente vetada, tanto na sua versão nacional-populista da época de Vargas, como na sua versão militar de "potência emergente" do governo Geisel. Dessa maneira, "[…] foi possível conciliar, com o apoio norte-americano, o liberalismo internacionalizante de suas elites civis, econômicas e políticas, com o nacionalismo anticomunista de suas elites militares, promovendo um acelerado processo de industrialização […]" (Fiori, 1999, p. 77); contudo, não foi possível, tampouco necessário, dar-lhe um conteúdo nacional que passasse pela mobilização e inclusão social da população. Como se sabe, esse modelo ou padrão de "desenvolvimentismo" entrou em crise terminal na década de 1980, precisamente por conta de sua fragilidade financeira externa. E suas elites econômicas e políticas puderam aderir com rapidez e facilidade, na década de 1990, à nova estratégia neoliberal patrocinada pelas grandes potências, porquanto seu poder e riqueza não tinham maior vinculação e compromisso com qualquer ideia de Nação.

O livro *Poder e dinheiro* analisa de maneira deveras exaustiva as transformações mundiais que começam em 1970 e acabam reestruturando radicalmente o ambiente geoeconômico e geopolítico do desenvolvimento mundial e nacional do capitalismo. Um novo regime monetário internacional e uma nova geometria de poder que redefinem, sobretudo depois de

301

1990 as condições e possibilidades de crescimento econômico dos países mais atrasados com relação ao núcleo central do sistema. O próprio "núcleo central" do sistema está passando por uma profunda transformação: da perspectiva geopolítica, desde 1991 estão sendo redefinidos seus membros e suas regras de hierarquização e funcionamento. E da perspectiva monetária, a hierarquia e a flutuação de suas três principais moedas de referência – o dólar, o marco/euro e o iene – estão no epicentro da revolução financeira e da instabilidade sistêmica que caracterizaram a economia capitalista nas duas últimas décadas do século XX.

> Nas relações entre os Estados Unidos e a Europa, está claro tanto o jogo financeiro quanto a hierarquia de poder, dada a supremacia da política diplomática e militar norte-americana auxiliada pelo alinhamento da Inglaterra com os desígnios da potência hegemônica. O grande problema está na Ásia, onde é difícil ordenar o jogo monetário-financeiro e hierarquizar as relações da potência hegemônica com o Japão e a China. Sobra ainda o problema não trivial de como operacionalizar o jogo com os países continentais tão assimétricos em poder militar e financeiro, como Índia e Rússia, e como regular de vez o "padrão monetário" da América Latina [...] (Tavares, 1999, p. 481).

Nesse momento, portanto, o foco das incertezas é muito amplo e fragmentado, porque se está vivendo um processo de mutação análogo ao que ocorreu depois de 1870. Sobre todos paira a incerteza acerca dos desdobramentos do projeto imperial hegemônico, o que tem seu polo central em Washington, mas que assume cada vez mais uma fisionomia anglo-saxã.

Do ponto de vista do desenvolvimento de suas regiões mais atrasadas, a Europa só se viabilizará caso consiga apagar os últimos vestígios de sua "guerra civil" secular e constituir um Estado único capaz de ungir e sustentar sua moeda e uma estratégia militar autônoma. Deverá enfrentar, ao mesmo tempo, a questão da sua dupla velocidade do seu desenvolvimento europeu, sua velha "questão do Leste", que se repõe periodicamente seja na forma de retrocessos sociais, como no caso do século XVII, seja na forma de movimentos ou revoluções nacionalistas e socialistas, como no século XIX e XX. Mas, neste caso, colocam-se duas perguntas de difícil resposta: como manter o ritmo de crescimento europeu sem a competição interestatal que esteve na origem do seu próprio capitalismo; e como desenvolver suas regiões atrasadas sem que elas recorram às estratégias nacionalistas ou neomercantilistas utilizadas no século XIX pelos países europeus que estavam atrasados em relação à Inglaterra?

No outro extremo do sistema, a presença norte-americana também é uma peça-chave na incógnita asiática. É muito difícil imaginar uma unificação político-econômica das grandes civilizações asiáticas, e não é provável que o Japão, a China ou a Coreia aceitem uma hegemonia regional que seja também capaz de sustentar um regime monetário e um sistema de pagamentos comum às principais economias da região. Mas, mesmo que se pudesse examinar teoricamente esta hipótese, ela enfrentará a oposição ativa e permanente dos Estados Unidos, bem como da própria Europa. Por isso, não é improvável o ressurgimento regional de casos de "desenvolvimento a convite", agora destinados a isolar ou cercar o espaço de expansão natural do poder chinês. E neste caso, é provável também que os países continentais como a China, a Índia e a Rússia sejam forçados a retomar o modelo neomercantilista das "industrializações tardias" europeias do século XIX na direção de uma política de desenvolvimento tão ou mais mercantilista e nacionalista quanto foram as "industrializações tardias" da segunda metade do século XIX. China e Índia dispõem de arsenais atômicos e de estratégias militares nacionalistas e autônomas, situando-se no cenário internacional como potências intermediárias com pretensões hegemônicas regionais. E a Rússia segue sendo a segunda maior potência nuclear do mundo e vem dando sinais cada vez mais evidentes de que pretende retomar seu caminho secular de afastamento estratégico da Europa e dos Estados Unidos, bem como de militarização de sua economia.

Longe, uma vez mais, das bipolarizações que se anunciam no cenário geopolítico e do espaço geoeconômico mais dinâmico do capitalismo, a América Latina transformou-se, no final do século XX, no espaço privilegiado de experimentação de um novo modelo de desenvolvimento, muito mais próximo do seu paradigma no século XIX do que de sua trajetória desenvolvimentista posterior a 1930. Um modelo que foi experimentado no Chile depois de 1973, e que, muito mais tarde, foi sintetizado na proposta geoeconômica do Consenso de Washington: desregulação dos mercados, privatizações, ortodoxia macroeconômica e aposta no dinamismo dos investimentos estrangeiros. Uma estratégia que se manteve vigente até a crise mexicana de 1994, mas que, depois da crise brasileira de 1998, transformou-se num simulacro do modelo dos *dominions* ingleses, sob uma tutela do FMI e do Tesouro norte-americano, mas sem contar com *last resort* do

Banco Central norte-americano e, portanto, sem poder garantir a estabilidade cambial requerida pelos capitais internacionais. Mas ao mesmo tempo, na busca de credibilidade internacional,

> [...] os Estados nacionais destas "economias emergentes" abandonaram qualquer objetivo e estratégia própria e foram sendo transformados numa espécie de "guardiões paralíticos" de uma moeda que de fato não dispõem e de um equilíbrio fiscal que lhes escapa das mãos como resultado do círculo vicioso provocado por sua própria política monetária (Fiori, 1987, p. 141).

3.2.5 A título provisório

Teoria e história convergem no livro *Estados e moedas*, de modo que permite algumas conclusões preliminares quanto à forma de desenvolvimento do capitalismo histórico:

i) A primeira e mais genérica é a conclusão de que "a tendência natural do capitalismo desregulado aponta na direção de uma crescente polarização e divergência entre as taxas de crescimento do produto e os níveis de renda *per capita* dos diferentes países" (Medeiros; Serrano, 1999, p. 119).

ii) Essa tendência à polarização e ao desenvolvimento assimétrico do capitalismo, entre nações e dentro territórios nacionais, só conseguiu ser revertida com sucesso, e de maneira deveras pontual – exceto no caso dos domínios coloniais ingleses – por intermédio da ação político-econômica de Estados capazes de definir e de sustentar projetos estratégicos e políticas de longo prazo.

iii) Há fortes evidências, por outro lado, de que desde a segunda metade do século XIX o sucesso destas estratégias nacionais esteve condicionado pela forma como a Inglaterra – e depois, os Estados Unidos – operaram direta ou indiretamente sua moeda mundial, bem como pela forma com que os Estados "mais atrasados" administraram sua relação com o regime monetário internacional, consolidando ou não uma moeda e um sistema de crédito autônomo com relação às flutuações e com os ciclos da economia hegemônica. Os países que não conseguiram reduzir sua dependência dos ciclos da demanda externa e do estrangulamento recorrente do seu balanço de pagamentos tampouco tiveram moedas conversíveis, de modo que passaram à periferia do sistema, isto é, a depender, periodicamente, do refinanciamento privado das suas dívidas ou do recurso à moratória.

iv) A história também ensina que a competição político-militar teve papel decisivo para o sucesso ou fracasso das estratégias nacionais de desenvolvimento, sobretudo no caso dos Estados originários e dos que passaram a constituir o "núcleo central" do sistema. Para essas potências, a guerra, seja na condição de um limite virtual, seja na condição de um fato real, cumpriu muitas vezes o papel de princípio organizador de suas estratégias econômicas, em particular no campo tecnológico e no campo dos sistemas de comunicação e transportes. Na periferia do sistema, alguns Estados que foram obrigados a se armar graças a conflitos regionais mais intensos e permanentes acabaram se diferenciando do resto da periferia, como no caso da Índia ou da China. Mas a história também ensina que as armas e as guerras podem não ter nenhum efeito dinamizador nas economias nacionais, como, por exemplo, no caso da Coreia do Norte, do Iraque ou do Paquistão. Nos demais Estados periféricos sem autonomia tecnológica ou estratégia militar autônoma, o peso da geopolítica global só se faz sentir indiretamente, quando em circunstâncias especiais abrem-se ou fecham-se oportunidades segundo as necessidades do jogo de poder das grandes potências.

v) Existe um elemento, entretanto, que parece estar presente em quase todos os casos de sucesso fora dos *dominions* coloniais: a existência de uma "orientação estratégica" voltada para a formação e para a expansão do "poder nacional", independentemente da forma como tal objetivo tenha sido chamado por Adam Smith ou por Friederich List. Sobretudo nos casos em que essa "orientação" contou com o apoio das elites econômicas e intelectuais, bem como com a mobilização das populações.

vi) Essa "orientação estratégica" é uma decisão interna de cada país e sempre foi resultante de determinada correlação de forças, entre frações capitalistas, burocráticas e militares e entre o Estado e o capital, e as várias frações do mundo do trabalho. Mas esse vetor nunca se transformou num projeto de desenvolvimento nacional tão somente a partir dos "interesses materiais" e da "consciência" dos vários grupos e classes sociais. Isto só ocorreu quando os interesses e alianças indispensáveis foram viabilizados e atualizados pelos desafios e oportunidades colocados pela inserção internacional de cada país. Sobretudo quando eles assumiram a forma de um enfrentamento ou competição externa – econômica ou político-militar –, de bipolarização ou de uma situação de "equilíbrio de poder" altamente instável. Como nas classes fundamentais do capitalismo, também no caso da competição interestatal não existe tendência inevitável à bipolarização. Parafraseando Luckács, poderia se dizer que, também nesse caso, não há uma passagem automática da consciência "em si" para a consciência "para si" dos povos, territórios e nações. Não há dúvidas, no entanto, que é no campo dessas "orientações" que se deve buscar o denominador comum capaz de homogeneizar as categorias e permitir uma classificação mais consistente dos "tipos-ideais" de desenvolvimento que estudamos e analisamos no livro *Estados e moedas no desenvolvimento das nações*.

3.3 Poder e dinheiro: uma hipótese e várias lições asiáticas[44]

> A dinâmica capitalista fica completamente incompreensível se não levarmos em conta o movimento simultâneo de suas determinações econômicas e políticas. Ainda mais quando o objeto da análise são suas transformações no plano mundial que envolvem, desde suas origens, uma "memorável aliança" e uma relação complicada mas indissociável entre "os Estados em ascensão e as forças capitalistas" na conhecida formulação de Max Weber.

3.3.1 Crise asiática: a importância das interpretações clássicas

A crise asiática, que completará no próximo mês de julho um ano de sua irrupção na Tailândia, está longe de haver terminado, e suas consequências regionais e globais ainda permanecem rigorosamente imprevisíveis. Mas desde que assumiu a forma de mais uma crise financeira endêmica e global, generalizando-se a partir da Malásia para todo o Sudeste Asiático e para as bolsas de valores das economias centrais, engessou as economias emergentes dependentes do financiamento externo e volátil, de modo que transformou a Ásia no mais recente laboratório mundial onde se decanta no

---

44. Este texto foi apresentado como uma comunicação no Seminário Internacional "Globalização: o fato e o mito" realizado na Universidade do Estado do Rio de Janeiro, no ano de 1998. Foi publicado posteriormente em Fiori, Medeiros e Serrano (2008).

momento – e de forma cada vez mais nítida – a distinção entre o mito e o fato da globalização e da regionalização da economia mundial. Mais do que nunca, entretanto, a razão analítica deve defender-se da cacofonia criada pela imprensa internacional, que acumula explicações e previsões de todo tipo e em todas as direções, encalhando a análise da nova crise financeira num atoleiro feito de indeterminações econômicas e imprevisões governamentais. Ruído amplificado pelas entrevistas e relatórios dos gerentes multilaterais que ora disseminam o pânico financeiro, facilitando a venda de suas terapias ortodoxas, ora um otimismo estrutural destinado a estancar as perdas e inadimplências capazes de afetar os interesses que representam nos *executive boards* de suas organizações.

Mas isto não quer dizer que longe da imprensa e dos *vested interests* seja fácil encontrar uma explicação simples e convergente dos acontecimentos. Pelo contrário, talvez nunca se tenha visto tantos economistas em profundo desacordo, incapazes de conseguir entregar uma interpretação convincente desse tufão que, a partir de outubro de 1997, pôs de joelhos a região mais dinâmica da economia mundial. Isso se dá, muito provavelmente, porque até o desencadeamento da crise os analistas econômicos ainda esgrimiam argumentos contrapostos para explicar o "milagre asiático". De um lado, os neoclássicos seguiam a sublinhar o bom comportamento macroeconômico dos governos da região e o estado absolutamente saudável dos *fundamentals* das suas economias nacionais. Do outro lado, os institucionalistas de vários matizes sempre destacaram como fatores essenciais do sucesso asiático a virtuosa articulação existente entre os Estados, os bancos e as empresas de um capitalismo que sabia combinar de forma organizada o impulso da competição imposta pelo mercado com a previsibilidade da coordenação e do planejamento impostos pelo Estado. Ao passo que, quanto ao muro, pelo menos desde seu *The East Asia Miracle* de 1993, o Banco Mundial festejava a originalidade dos países que souberam combinar as virtudes do mercado com os arranjos institucionais.

Por estranho que possa parecer, entretanto, essas diferentes interpretações sempre compartilharam um mesmo denominador comum: o seu "nacionalismo metodológico", sempre reticente em incluir em suas análises o peso das determinações econômicas e políticas responsáveis pela transformação, a partir de 1985, dos "capitalismos organizados" da região do Leste Asiático num fenômeno internacional ou global de natureza qualitativamente distinta. Com isto, tanto as análises dos neoclássicos como as dos institucionalistas mostraram grande dificuldade de assimilar as novas dinâmicas e contradições geradas pelo fato de que, pelo menos a partir daquele momento,

> a economia política do Leste Asiático poderia e deveria ser analisada como um complexo de desenvolvimento coerente. Ainda que seja verdade que os vários NICs e o Japão compartilham certas características internas importantes, a abordagem do modelo de desenvolvimento nacional não tem sido apta para explicar as diferenças importantes entre eles ou para capturar adequadamente a lógica do desenvolvimento regional no seu conjunto (Gil; Law, 1994, p. 206).

E tudo leva a crer que a forma em que se deu esta "complexa" integração econômica e política regional tenha uma enorme responsabilidade pelo modo como se instaurou e disseminou a crise, independentemente dos bons *fundamentals* das economias nacionais e do velho estatismo virtuoso que já não foi mais capaz de enviar ou administrar a própria crise e que agora se demonstra impotente para defender o próprio modelo de desenvolvimento da região.

3.3.2 A crise: recorrências e especificidades

Entre os analistas macroeconômicos da crise de 1997 e 1998 que apontam na direção das suas determinações supranacionais, alguns têm sublinhado a súbita deterioração das contas comerciais da região, ao passo que outros vêm destacando a importância da inflação de ativos viabilizada pelo começo da abertura financeira e pelo maciço deslocamento de capitais em direção à Ásia a partir de 1990, decorrente da estagnação europeia, pelo afrouxamento da política monetária americana e pela abundância de projetos industriais e imobiliários na região, os quais prometiam alta rentabilidade (Belluzzo, 1998). Mas nenhum deles desconhece a importância decisiva, para a eclosão final da crise propriamente financeira, da prolongada estagnação da locomotiva regional japonesa em virtude da queda brutal das exportações regionais, e, em particular da Coreia, provocadas pelas imensas flutuações entre o dólar e o iene ocorridas entre 1995 e 1997 e, finalmente, pela "compressão" do espaço de crescimento equilibrado da região, provocada pela gigantesca entrada chinesa na competição regional pelos capitais de investimento e pelos mercados mundiais, alavancada ainda mais pela desvalorização do iuane em 1994.

308

Nesse sentido, e olhando com mais atenção, pode-se identificar perfeitamente um fio condutor que atravessa as várias peças do quebra-cabeça asiático, ligando a desregulação das moedas e dos mercados ao problema creditício e aos desequilíbrios comerciais da região: a imensa volatilidade do sistema de "taxas flutuantes" da tríade que pauta o ritmo das variações cambiais, comerciais e financeiras internacionais.

Como se sabe, essa instabilidade cambial foi contemporânea do início do processo de desregulação dos mercados financeiros asiáticos. Razão pela qual, quando ocorreram os primeiros sinais de desequilíbrios externos, suas repercussões puderam extravasar rapidamente do campo estrito das relações comerciais tanto intrarregionais como extrarregionais e infiltrar-se pelos canais desregulados, globalizados e intercomunicados entre os mercados de câmbio, de juros, de ações, de títulos, de imóveis e de *commodities*. José Carlos Miranda sintetiza, num artigo recente, a parte essencial desse argumento quando afirma que

> a crise que eclodiu na Tailândia em julho de 1997, espraiando-se por toda a região, tem suas raízes na inexistência de um padrão monetário internacional estável [...]. Como o conjunto desses países tinha as suas estruturas de passivos denominados tanto em iene como em dólar, a acentuada volatilidade cambial em contextos de contas de capitais parcialmente liberalizadas tornou-se um fator crucial para explicar sua progressiva fragilidade financeira (Miranda, 1998, p. 129-130).

A maior parte dos governos dos "tigres" e dos "gansos" estabeleceu paridades fixas ou sistemas de flutuações dentro de bandas limitadas com relação ao dólar um ano antes dos Acordos do Plaza de 1985, os quais marcam o início de uma década de flutuações constantes entre as três moedas mundiais e, em particular, entre o dólar e o iene. Flutuações que, como veremos mais adiante, estão na origem do adensamento dos fluxos de investimentos (em particular os do Japão) e do comércio dentro da própria região asiática. E, portanto, também da relação cambial triangular, extremamente complexa, que se estabeleceu entre as economias regionais que, em virtude disso, acabaram diretamente afetadas pelo primeiro e segundo *endakas* de 1987 e entre 1992 e 1993 e, mais recentemente, pelas flutuações iene/dólar de até 30% entre 1995 e 1997 (Melin, 1997). Essa situação só se viu agravada com a presença comercial na região de uma China alavancada pela desvalorização, em 1994, da sua própria moeda – o iuane.

As tensões externas entre Estados Unidos e Japão começaram a crescer graças à expansão dos déficits comerciais produzidos pela sobrevalorização do dólar que, em 1980, valia 80% a mais do que em 1985. Basta lembrar que, entre 1982 e 1986, o desequilíbrio comercial norte-americano em relação ao Japão passou de 18,1 bilhões para a casa dos 51,4 bilhões de dólares. Nesse período, os Estados Unidos reafirmaram a supremacia do dólar, mas assistiram ao Japão se transformar no maior credor líquido da economia mundial, ao mesmo tempo em que seus bancos passaram a deslocar os europeus e norte-americanos no *ranking* das finanças globais (Belluzzo, 1998). A desvalorização administrada do dólar, a partir de 1985, produz uma série de consequências conhecidas. E, hoje, parece claro que essa revalorização do iene, que está na origem de um novo fenômeno econômico regional, também explica a decisão japonesa de rebaixar suas taxas de juros a fim de manter o ritmo de crescimento de sua economia. Como efeito colateral dessa queda nos juros, desencadeia-se também uma corrida dos capitais em direção aos mercados de ativos – sobretudo de ações e de imóveis – que esteve na origem da "bolha especulativa" responsável pela crise financeira do início dos anos 1990, a qual, somada ao segundo *endaka* de 1992, levou à subsequente estagnação da economia japonesa (Teixeira, 1997). A estagnação japonesa corroerá lentamente o dinamismo regional, mas o golpe fatal foi desferido mais uma vez pelo lado cambial, de modo que foi o resultado mais imediato da flutuação entre o iene e o dólar, que chegou a cerca de 50% entre 1995 e 1997, multiplicando os desequilíbrios comerciais; tratou-se de um fenômeno fatal para uma economia regional assentada sobre idênticas estratégias nacionais de desenvolvimento neomercantilista.

Nesse sentido, parece cada vez mais óbvio que, se a inacabada crise de outubro teve seu epicentro na Ásia, suas causas estão longe de ser exclusivamente asiáticas. Ela foi apenas a manifestação mais recente do fenômeno de sobrevalorização patrimonial que vem se acumulando nesses mercados intercomunicados, movidos, numa ponta, pela instabilidade do "sistema de câmbio flexível" e, na outra, pelos derivativos e *hedges* que se acumulam a partir da necessidade de securitizar as operações privadas, dada a instabilidade desse mesmo sistema. E é por isso também que a crise asiática pode ser considerada mais uma manifestação crítica de uma mesma realidade: as novas finanças de mercado desreguladas e globais que se constituíram a partir do fim do padrão-dólar, alcançando sua plena maturidade com a desregulação e globalização dos mercados de capitais, no final dos anos 1980, depois do *big-bang* da desregulação inglesa das bolsas de valores de 1987.

Desde então, já são cinco as crises financeiras que se sucederam nos Estados Unidos, no Japão, na Europa, no México etc., todas elas produzidas, em última instância, pelo efeito amplificador que adquire essa não convergência cambial dentro de um espaço financeiro cada vez mais global e desregulado. É nesse sentido que se pode também dizer e prever que essas crises tenham vindo para ficar e para repetir-se de forma cada vez mais frequente, porquanto já se transformaram num componente essencial da dinâmica da globalização financeira, a qual vem sendo sinônimo de uma quase completa "dolarização" da economia mundial, uma vez que cerca de 80% dos contratos no mundo dos negócios globais são hoje designados em dólar.

Nessa perspectiva, a crise asiática, além de ser mais uma crise das finanças desreguladas e globais, é também uma resultante específica e regionalizada do movimento ascendente do processo de dolarização da economia mundial que acompanha a redefinição das relações do poder mundiais dos Estados Unidos a partir de 1980 e, sobretudo, depois de 1990, com os seus antigos aliados e suas zonas de proteção econômica e militar durante a Guerra Fria.

3.3.3 A crise: uma trajetória despercebida

É conhecida a história de como o "capitalismo organizado" e a estratégia nacional de desenvolvimento neomercantilista, seguida pelo Japão depois a Segunda Guerra Mundial, foram sendo reproduzidos, de uma forma ou de outra, e com igual sucesso, nos anos 1960 e 1970, pelos quatro tigres, mas sobretudo pela Coreia e por Taiwan, e, numa escala menor, também por Cingapura. Mas o que veio a chamar-se de "bloco asiático" só nasceu nos anos 1990, como resposta do Japão, e depois também dos demais tigres, à ofensiva comercial e financeira desencadeada pelos Acordos do Plaza (1985), os quais foram responsáveis pela brusca mudança "administrada" da relação entre as três principais moedas de referência da economia mundial. A desvalorização do dólar repercute de maneira deveras acentuada na economia japonesa, que comanda, a partir daí, um movimento "pelo mercado" de interconexão da economia regional. Primeiro foram os japoneses, e, logo em seguida, os demais tigres, que deslocaram uma parte crescente de seus investimentos e fluxos comerciais para dentro da própria região asiática, incorporando muito rapidamente as economias da Malásia, da Tailân-

311

dia, das Filipinas e da Indonésia, os quatro gansos, a um bloco regional que o *Economist* chamou de *Japan-led economic bloc*, e a Unctad denominou *investment-led trading bloc center around Japan*.

Esse mesmo fenômeno de "integração regional" defensiva sugeriu aos analistas a existência de uma espécie de "sequenciamento" ou expansão regional de uma economia integrada pelo mercado a partir da locomotiva japonesa: a "formação dos gansos voadores", dotada das mesmas sinergias e virtudes dos modelos nacionais originários (Medeiros, 1997). Naquele momento, o sucesso da nova "máquina regional de crescimento", o qual se manteve mesmo depois da estagnação da locomotiva japonesa nos anos de 1990, impediu uma análise mais cautelosa das mudanças que estavam ocorrendo e das decisões que estavam sendo tomadas em nível regional e internacional, e que acabariam afetando de maneira negativa a possibilidade de que o modelo seguisse se expandindo de modo autossustentável. Mudanças que foram alterando o marco político regional e internacional em que se sustentara o próprio sucesso econômico japonês, baseado nas suas relações especiais com os Estados Unidos e na irrelevância ou contenção econômica da China.

Ainda que não tenha sido moeda corrente mencionar a importância que teve a Guerra Fria para o sucesso econômico japonês, só muito recentemente alguns estudiosos da economia política internacional, como Immanuel Wallterstein e Giovanni Arrighi, reviram o grau de importância da presença americana e chegaram a sugerir uma nova definição do modelo de crescimento seguido pelos países da região: um tipo de "desenvolvimento a convite" em que o protetorado econômico e militar norte-americano foi uma condição *sine qua non* tanto para o "milagre japonês" como também para o funcionamento virtuoso do seu antigo "espaço vital". Nesta perspectiva, adquire imensa importância para compreender as transformações regionais que levaram ao surgimento do "bloco japonês", tanto quanto a sua fragilização e à crise de 1997 e 1998, reler, à luz do fim da Guerra Fria – que Hobsbawm localiza em 1985 e 1986 –, o significado e os efeitos das decisões tomadas de maneira isolada ou no âmbito do G7 pelos Estados Unidos, os quais atingiram violentamente a estabilidade e o funcionamento do modelo regional a partir das mudanças administradas na relação entre o dólar e o iene, bem como das pressões políticas norte-americanas em favor da abertura dos mercados financeiros e comerciais da região. Nessa direção, não se pode desconsiderar também a importância que teve o anúncio, em 1989, da

312

suspensão unilateral do sistema de preferências comerciais oferecidas pelos Estados Unidos aos asiáticos durante a Guerra Fria.

Num plano distinto, neste mesmo período, também se acumulavam sinais de uma rápida deterioração interna das condições sociais e políticas em que se sustentara a unidade e a coesão dos projetos nacionais de desenvolvimento da região. Por todo lado aumentavam as pressões em favor de mudanças nas instituições e nas lideranças políticas, e cresciam a presença e pressão dos movimentos de insatisfação popular, sinalizando uma clara "dessolidarização" social interna entre o Estado e os capitais privados, bem como entre estes e suas populações. As violentas manifestações populares que acompanharam os processos de democratização de alguns dos países da região, e o verdadeiro levante sindical ocorrido na Coreia em 1995, foram sinais – que passaram, em geral, despercebidos – de que o velho modelo de capitalismo organizado e os próprios projetos nacional-mercantilistas estavam dando provas crescentes de fragilização interna. O Leste Asiático ingressara na globalização financeira e começava a viver seus efeitos mais conhecidos e já diagnosticados por vários de seus analistas mais atentos. Nessas circunstâncias, como diz Ankie Hoogvelt: "a velocidade com que o dinheiro pode se mover pelas fronteiras remove a necessidade de ancorá-lo firmemente em relações nacionais e sociais" (Hoogvelt, 1997, p. 130). Fenômeno igualmente diagnosticado por François Chesnais em sua análise da dinâmica e dos efeitos da globalização financeira, na medida em que ela "dissocia o interesse do empresário ou do assalariado, de um lado, e o interesse do detentor de ativos financeiros, de outro lado [...], dissolvendo as solidariedades construídas em torno de uma projeção coletiva no futuro" (Chesnais, 1996, p. 125).

Mas, como esses acontecimentos se desenvolviam longe dos equilíbrios macroeconômicos e das altas taxas de crescimento das economias locais e dos magníficos retornos dos aplicados internacionais, deu-se pouca atenção ao que ocorria nesses outros planos nos quais avançava de maneira célere a deterioração das condições sociais e das políticas internas em que se sustentara o sucesso das instituições econômicas asiáticas. Como também pouca atenção foi dada ao processo de desmontagem dos laços de solidariedade geopolítica e econômica que sustentaram externamente o desenvolvimento "a convite" dos países asiáticos entre 1950 e 1985. Como já vimos algures, foi em 1985 que a retomada da hegemonia norte-americana começou a assumir uma nova feição, ainda durante a fase final da Guerra Fria. O mundo começava a viver a partir dali sob a égide do novo *imperial system* americano, o qual fora consolidado com a destruição pacífica da URSS e com o bombardeio "exemplar" de Bagdá. É nesse novo contexto que o Leste Asiático, antigo "espaço vital" japonês e, depois, protetorado norte-americano, começa a assistir também a uma redefinição radical de suas relações de cooperação e de competição política e econômica, internas e externas à própria região. Neste momento, de certa forma, a Ásia volta a se ver no espelho de sua própria história geopolítica, econômica e cultural e a remexer nas raízes e nas recorrências do seu entroncamento com a geopolítica e com a cultura do capitalismo liberal anglo-saxão. Nesse sentido, a crise econômica asiática de 1997 e 1998 anuncia apenas o início de uma ruptura histórica que deverá ser muito profunda e prolongada, e envolverá de maneira indissociável uma redefinição das relações de identidade e de autonomia cultural, econômica e política da Ásia *vis-à-vis* o Mundo Ocidental.

3.3.4 A inserção internacional da geopolítica regional

A Ásia não conheceu, nos séculos XVI e XVII, um fenômeno análogo ao da Paz de Vestfália dos europeus, já que a maioria de seus Estados nacionais só se consolidou depois do fim do colonialismo europeu, em pleno século XX. Mas as raízes territoriais e culturais de suas três grandes potências regionais – China, Japão e Coreia – são muito anteriores à presença e à influência europeia na região asiática. Mesmo durante os longos séculos da presença comercial e colonial dos europeus, elas mantiveram suas raízes culturais e territoriais e, quando se organizaram na forma de Estados modernos, souberam combinar a institucionalidade inventada pelos europeus às clivagens e fronteiras de suas civilizações milenares. China, Japão e Coreia são, nesse sentido, os herdeiros contemporâneos de civilizações que mantiveram sua superioridade com relação à civilização europeia pelo menos até o século XVII. Como também foram desde sempre os principais poderes territoriais que compartilharam ou disputaram, em diferentes momentos, o espaço do Leste Asiático. Na verdade, suas relações internas e externas de poder só se alteraram efetivamente a partir da segunda metade do século XIX, com a chegada, à sua região, não do comércio, mas do capitalismo industrial, responsável pela nova supremacia mundial dos ingleses.

Desde então, como sustenta um velho estudo de Joji Watanuki a respeito da formação dos Estados nacionais da região:

> A história política do Oriente entre 1868 e 1945 é cheia de descrições e análises do impacto do Japão sobre a China e a Coreia, isto é, o impacto negativo do desenvolvimento de uma unidade política na região sobre o desenvolvimento político de outras unidades, ou dito de outro jeito, as consequências de um desenvolvimento político desbalanceado dentro da região (Watakuni, 1973, p. 255).

Trata-se de uma verdade que segue válida e de uma realidade que segue atuante, em termos gerais, porquanto esse mesmo tipo de desequilíbrio ou "desenvolvimento desigual e combinado" dos três sistemas políticos e culturais dominantes na região durante o último século e meio está reaparecendo de forma cada vez mais nítida a partir das transformações geopolíticas produzidas pela mudança induzida nas relações entre os Estados Unidos e o subcontinente asiático. Encerrado o tempo do protetorado econômico e da complacência comercial dos norte-americanos, e desfeita a camisa de força da Guerra Fria, o Leste Asiático dá sinais de estar enfrentando seus próprios fantasmas no momento de redefinir sua inserção regional na nova ordem político-econômica mundial: o fantasma dos conflitos milenares entre as suas três principais matrizes civilizatórias e de seu complexo relacionamento – o qual fora capitaneado pelo Japão desde a segunda metade do século XIX, com o movimento expansivo do capitalismo europeu e norte-americano.

Em termos demasiado sintéticos, pode-se dizer que até aproximadamente o século XIX o poder territorial chinês conseguiu impor, de uma forma ou de outra, a supremacia de sua posição tributária, sobretudo durante o período Ming, ao período Xogunato Ashikaga no Japão, e à Dinastia Ti na Coreia. Mas estas, por sua vez, conseguiram manter, em troca de sua submissão pacífica, sua autonomia econômica e cultural. Este quadro secular e relativamente estável de hierarquização do Leste e do Sudeste Asiático, entretanto, se altera radicalmente no século XIX com a chegada e com o desafio imposto pela nova Europa industrializada. A partir de 1860, os acelerados processos de centralização do Estado, de modernização das relações de propriedade no campo e de industrialização tardia, desencadeados pela restauração Meiji, colocaram o Japão, diferentemente da China e da Coreia, na trilha aberta pelas industrializações tardias rumo ao "núcleo orgânico" das potências capitalistas. Refirmou-se, a partir dali – ainda que numa clave bem diferente – a vocação japonesa para emular seus inimigos, como forma de assegurar sua identidade e soberania territorial. Como já fizera com relação à China desde o século VIII, o Japão volta a imitar as relações de produção e de tecnologia de seus novos adversários europeus, mas, a partir daí, adota também as novas formas de agressão e anexação colonialista que eram estranhas às tradições asiáticas.

Dessa maneira, no fim do século XIX, o Japão, acompanhando o movimento geral do imperialismo europeu, invade e submete seus territórios vizinhos de Formosa, Coreia, China e Manchúria. E, ao mesmo tempo em que desenvolve sua industrialização tardia, torna-se um Estado agressivo capaz de derrotar a Rússia em 1904 e 1905 e a liar-se à Inglaterra durante a Primeira Guerra Mundial. De maneira tal que, nas negociações de paz em Versalhes, o Japão já ocupava a cadeira de sócio menor do clube das potências hegemônicas, o que lhe permitiu participar, logo em seguida, da partilha informal e não belicosa da China, feita sob a égide da política de "Portas Abertas", já patrocinada pelos Estados Unidos.

Como se sabe, esse alinhamento do Japão, na década de 1920, ao lado do mundo liberal-democrático, durou pouco. Em resposta à crise dos anos de 1930, o Japão assistiu à rápida militarização de seu Estado, que o reconduziu a uma nova tentativa de ocupação agressiva e expansionista do que considerava o seu "espaço vital", de forma idêntica ao que se propuseram em outra latitude os alemães e os italianos, e no mesmo momento em que ocorria a inflexão estalinista da União Soviética. Nesse novo intento de redesenho territorial da região Leste e Sudeste da Ásia, os japoneses buscaram legitimar o seu avanço imperialista sobre os territórios vizinhos, alguns deles já invadidos no século XIX, com base na defesa da autonomia regional frente ao Ocidente e com a proposta de criar uma nova ordem econômica regional integrada a partir dos capitais japoneses.

A derrota japonesa na Segunda Guerra Mundial cria um vazio de poder regional que será ocupado militarmente pelos Estados Unidos. O início da Guerra Fria, a vitoriosa revolução comunista na China, a invenção de Taiwan, a Guerra da Coreia e o início do conflito vietnamita, entretanto, encarregaram-se de recolocar o Japão na condição de sócio menor das grandes potências capitalistas, porém despojado por completo de qualquer poder militar. É nesse contexto geopolítico e militar, agravado pela

316

intensificação dos conflitos locais com as guerrilhas comunistas na Malásia, nas Filipinas e na Tailândia, e com o governo pró-comunista de Sukarno na Indonésia, que foi possível a recomposição do capitalismo organizado japonês, apoiado no crédito e nas vantagens comerciais e financeiras oferecidas pelos próprios Estados Unidos, os quais ainda lhe asseguraram militarmente uma periferia econômica quase idêntica à do espaço vital conquistado antes da guerra.

Essas mesmas condições vantajosas seriam oferecidas logo depois à Coreia, a Taiwan e à Cingapura, e, mais tarde, também aos novos gansos incorporados à economia regional. Não se pode esquecer que foi esta a única região geopolítica mundial onde os Estados Unidos se envolveram de forma direta e militar depois da Segunda Guerra Mundial, saindo parcialmente derrotado no caso da Coreia e completamente humilhado no caso do Vietnã. Trata-se de razões históricas suficientes para compreender a complexidade do jogo geopolítico asiático depois da despolarização mundial. Em primeiro lugar, porque desde o governo Nixon, e, em particular, durante os anos de 1980, a política externa norte-americana encontrou na China um aliado relativamente confiável no cumprimento do objetivo de isolar, cercar e derrotar a ameaça soviética. Em segundo lugar, porque as facilidades econômicas oferecidas aos chineses em troca do seu apoio no isolamento da URSS tiveram papel deveras importante para o sucesso do que veio a se chamar de "milagre chinês" dos anos de 1980 e 1990. Um milagre que se expande comercialmente quase ao mesmo tempo em que a economia japonesa entra em estado de prolongada estagnação, e a economia coreana perde fôlego exportador. De tal forma que, na altura dos anos de 1980 e 1990, a mudança da posição econômica norte-americana com relação ao Japão e à Coreia, bem como a mudança nas relações políticas dos Estados Unidos com a China, não só desestabilizaram a base política do "bloco econômico regional", que sempre esteve no horizonte imperial do projeto nacional-mercantilista desencadeado pela revolução Meiji, como também, além disso, reintroduziu a competição triangular que sempre fragilizou a presença geopolítica asiática no contexto mundial.

3.3.5 A presença japonesa no "núcleo orgânico" capitalista

Essa brevíssima releitura histórica nos permite identificar um momento decisivo de inflexão na trajetória da região asiática que se transformou no palco da mais recente crise financeira mundial. O momento em que as estruturas de produção e de poder criadas pela revolução industrial europeia envolveram e redirecionaram os velhos conflitos internos da região no movimento expansivo e globalizante da economia política internacional que se configura na segunda metade do século XIX e se prolonga até nossos dias. Foi naquela hora, como diz Eric Hobsbawm, que "a grande expansão da década de 1850 marcou a fundação de uma economia industrial global e de uma única história mundial" (Hobsbawm, 1977, p. 87). Ali se definiram algumas regras e instituições de natureza supranacional decisivas para a trajetória futura do capitalismo. Mas foi ali, sobretudo, que se definiu o "seleto grupo" de Estados nacionais que disputariam, durante o século e meio seguinte, o comando dos principais recursos de poder e de riqueza em nível mundial. Foi entre eles que se desencadeou a competição interestatal e intercapitalista responsável pelas conjunturas e ciclos de acumulação do poder e da riqueza capitalista, bem como pela sucessão das hegemonias mundiais e regionais que pautaram o ritmo deste século e meio que começa depois da derrota napoleônica e da confirmação da supremacia industrial inglesa e com a transformação do território indiano em colônia formal politicamente submetida à Coroa Britânica. No exato momento em que foi dada a largada, em 1857 e 1858, para a grande "corrida imperialista europeia" que conduziu o mundo a duas grandes guerras mundiais.

Na década seguinte, a de 1860, o fim da Guerra de Secessão nos Estados Unidos, a unificação da Alemanha depois da Guerra Franco-Prussiana, a Restauração Meiji depois da ameaça externa do Comodoro Perry, a unificação da Itália depois da Guerra Italiana dos Habsburgos e a abolição da servidão russa, depois da derrota na Guerra da Crimeia, criaram um conjunto de Estados que, ao lado da França de Bonaparte III e sob a hegemonia óbvia da Inglaterra, constituíram o que Giovanni Arrighi chamou de "núcleo orgânico" do sistema interestatal e do capitalismo mundial. Definidas suas fronteiras territoriais, várias reformas sociais e políticas transformaram radicalmente a forma e a intensidade da sua coesão social interna. E logo em seguida todos aderiram quase simultaneamente ao primeiro sistema monetário internacional hegemonizado pela moeda inglesa – o chamado "padrão-ouro" – dando início a uma ordem política e econômica mundial que balizou, a partir daí, todos os desenvolvimentos "tardios" do capitalismo industrial, bem como a trajetória do desenvolvimento do "capitalismo originário" da Inglaterra. É impossível entender o que ocorreu, desde então, no campo dos sucessos e

318

insucessos econômicos nacionais fora da relação hierárquica e competitiva que levou esses mesmos Estados a controlarem, em conjunto e na altura da Primeira Guerra Mundial, cerca de 85% do território mundial.

Nesse contexto, a primeira expansão imperialista do Japão na segunda metade do século XIX perde sua excepcionalidade. Tampouco foi uma exceção sua estratégia de industrialização militarizada. Muito mais tarde, a teoria acerca das industrializações "tardias" de Alexander Gerschenkron (1962) procurou explicar a originalidade institucional do desenvolvimento capitalista desses países quando comparados com a Inglaterra. Transformou, assim, em modelo histórico e teórico o que fora o projeto do sistema nacional de economia política de Friedrich List e a política de industrialização de Sergei Witte, ministro das finanças russo entre 1892 e 1903, pautada, aliás, pelo modelo prussiano de industrialização. Hoje está cada vez mais claro que Gerschenkron atribuiu um excesso de racionalidade de longo prazo na condução da política fiscal e tarifária daqueles Estados, bem como uma escassa atenção às condições internacionais que viabilizaram esse tipo de desenvolvimento capitalista em alguns poucos países.

O paralelismo dos caminhos seguidos pelo Japão por este mesmo grupo de potências depois da Primeira Guerra Mundial nunca passou despercebido, como tampouco passou despercebido o fato elementar de que foram estes mesmos Estados – vitoriosos ou derrotados – que se mantiveram no epicentro da competição geopolítica e da acumulação da riqueza capitalista mundial. Não foi apenas o Japão que, depois da euforia liberal-democrática dos anos de 1990 e, na sequência da crise dos anos de 1990, retomou o caminho de uma economia a serviço de um projeto militarista de expansão territorial comandado por um Estado cada vez mais totalitário. Em todos os casos, as novas anexações territoriais foram justificadas a partir da mesma teoria geopolítica dos "espaços vitais" indispensáveis à segurança das grandes potências. Com a exceção dos Estados Unidos, que já haviam resolvido internamente o seu problema de espaço vital com a aquisição dos territórios pertencentes ao México e à França e confirmado a sua unidade política depois da Guerra de Secessão. Enquanto a União Soviética ainda digeria o seu novo espaço interior recortado por dezenas de nacionalidades, as demais potências defenderam, na mesma época, seus direitos sobre espaços vitais, fossem eles o *Lebensraum* alemão, o *tairiku* japonês ou mesmo o *marc nostrum* italiano.

Depois da Segunda Guerra Mundial, repete-se o mesmo fenômeno. Vitoriosos e derrotados acabam recompondo o mesmo núcleo orgânico de grandes potências em torno do enfrentamento bipolarizado entre dois dos velhos membros do "clã de 1860". Como é sabido, esse enfrentamento facilitou aos Estados Unidos o exercício de uma hegemonia capitalista tão extensa e inquestionável que lhe permitiu até mesmo redesenhar uma ordem mundial capaz de recolocar – de maneira disciplinada – a Alemanha e o Japão no centro de duas sub-hierarquias regionais deveras dessemelhantes entre si. A história é demasiado conhecida: num caso, o destino da nova Alemanha dividida foi atrelado ao projeto comum com a França de uma unificação europeia patrocinada pelos Estados Unidos e posta sob a proteção militar da Organização do Tratado do Atlântico Norte, como também sob o comando americano. Não foi possível repetir essa mesma fórmula no espaço asiático devido à ausência de parceiros à altura dos japoneses e graças ao envolvimento militar direto dos norte-americanos na região. Assim, não havia espaço para um comando militar compartilhado, nem viabilidade para um projeto de integração econômica entre economias extremamente desiguais e entre países com dissonâncias culturais incomparavelmente mais complexas do que as velhas divisões intraeuropeias.

A bipolarização da Guerra Fria e essa reestruturação regionalizada das relações hierárquicas entre as grandes potências capitalistas viabilizaram e sustentaram o sucesso do *embeded liberalism* europeu, assim como do "capitalismo organizado" asiático, até a altura dos anos de 1970. Depois disso, é farta a literatura que já analisou o papel do sucesso econômico alemão e japonês na codeterminação da crise da hegemonia norte-americana que se segue à sua derrota na Guerra do Vietnã e ao escândalo político de Watergate, seguido da renúncia do presidente Nixon, e que se prolonga por toda a década de 1970.

Mais recentemente, nosso livro *Poder e dinheiro* examinou detalhadamente a tese de que o esforço norte-americano de superação dessa crise e de retomada de sua hegemonia durante a década de 1980 mostra uma extraordinária "afinidade eletiva" com o movimento de globalização financeira da economia capitalista, a qual fora viabilizada pela desregulação política dos mercados e empurrada pelo sistema de "taxas de câmbio" flutuantes, responsável pela instabilidade crônica do sistema monetário mundial.

Num primeiro momento dessa retomada hegemônica que se inicia com o governo Reagan de 1980, os Estados Unidos não apenas "disciplinaram novamente a periferia" por intermédio de meios políticos e econômicos, mas também rearmaram militarmente o espaço europeu à sombra do seu projeto "Guerra nas Estrelas" durante o período que Fred Halliday chamou de "Segunda Guerra Fria". Depois de 1985, entretanto, fosse mediante os acordos econômicos do Plaza ou dos acordos militares de Reiquiavique e de Malta, os Estados Unidos iniciaram uma ofensiva definitiva de liquidação da União Soviética e de enquadramento ou disciplinamento comercial de seus protetorados econômicos e militares asiáticos. Soara a hora do novo *imperial system*, dentro do qual ficariam cada vez mais restritas as possibilidades de expansão da experiência de desenvolvimento econômico do tipo *catch-up* movidas por estratégias neomercantilistas que contassem com a anuência e com proteção dos Estados Unidos.

3.3.6 Hegemonia ou novo tipo de "sistema imperial"?

> Em 1978, o governo dos Estados Unidos viu-se diante da opção de um confronto com a comunidade financeira cosmopolita que controlava o mercado de eurodivisas (se persistisse em sua política monetária frouxa) ou, em vez disso, de buscar uma acomodação (através de uma adesão mais rigorosa aos princípios e à prática da moeda forte). No fim prevaleceu a racionalidade capitalista. A partir do último ano do governo Carter e com maior determinação no governo Reagan, o governo norte-americano optou pela segunda linha de ação, forjando-se ali uma nova "aliança memorável" entre o poder do Estado e o capital.
>
> (Arrighi, 1996, p. 325)

É nesse sentido que a mudança da estratégia econômica internacional americana começou, de fato, por um realinhamento interno de interesses econômicos e de forças políticas que foram capazes de pôr fim à longa era Roosevelt – era na qual foi dada a resposta americana à crise dos anos de 1930 – a partir do primeiro governo Reagan, em 1980. A especificidade e complexidade dessa nova coalizão de poder está no fato de que ela congrega, sob a égide do capital financeiro, interesses que se estendem da agricultura aos serviços, protegendo igualmente a nova e a velha indústria norte-americana. Esse seu caráter inclusivo projeta-se logo depois sobre o mundo, na forma de uma política econômica internacional dotada de uma margem de manobra e negociação muito estreita e, por isso, em nossa perspectiva, cada vez mais incapaz de exercer uma verdadeira hegemonia, ou mesmo uma supremacia benevolente com relação aos interesses econômicos e sociais internos dos territórios políticos compreendidos e submetidos cada vez mais a uma espécie de novo "sistema imperial".

Com relação à Ásia, e ao Japão, em particular, essa nova estratégia começou a se definir a partir do manejo da política monetária e cambial norte-americana, começando pela "valorização coordenada" do iene, em 1985 – o primeiro *endaka* –, pela pressão comercial crescente dos norte-americanos sobre o Japão e pela exigência de uma maior abertura e desregulação financeira que começou a ser atendida pela Coreia e por Taiwan já nos anos de 1980. Depois, ela se prolongou por intermédio da ofensiva do presidente Bush sobre o Japão no momento em que este enfrentava o início de sua crise financeira e os efeitos do segundo *endaka*, que estiveram na origem, como já vimos, da prolongada estagnação da economia japonesa.

Já no início da crise financeira de 1997 que assomou aos países do Sudeste da Ásia, os americanos mantiveram sua ofensiva e vetaram qualquer iniciativa de administração regional da crise que fosse comandada exclusivamente pelos japoneses. Por fim, quando se desencadearam as desvalorizações em cadeia das moedas locais, os técnicos do FMI e do Tesouro americano desembarcaram na Ásia com um projeto muito claro: em troca dos recursos necessários para evitar uma inadimplência generalizada que atingiria também os interesses ocidentais, o governo norte-americano e seus técnicos do FMI ofereceram seu cardápio tradicional: as políticas macroeconômicas imediatas de elevação das taxas de juros, aumento da carga fiscal, redução do crédito etc. Mas o programa proposto e os acordos assinados foram muito mais longe, como é de conhecimento geral. Martin Feldstein, presidente do National Bureau of Economic Research dos Estados Unidos, resume na *Foreign affairs* de abril de 1998 o projeto americano para a região com base nos termos do acordo imposto ao governo coreano:

> O programa do FMI enfatizou oito problemas estruturais da economia coreana que ele recomendava alterar. Os investidores estrangeiros não estavam habilitados a adquirir as empresas coreanas pela compra de suas ações ou se tornarem sócios majoritários de novos empreendimentos. Os mercados financeiros domésticos coreanos não são plenamente abertos a companhias estrangeiras de seguros. A importação de alguns produtos industriais é ainda

restrita, especialmente carros japoneses. Os bancos coreanos não aplicam os critérios dos bancos ocidentais na avaliação de crédito, mas seguem o que poderia ser chamado de modelo de desenvolvimento japonês, no qual o governo guia os bancos a emprestar para indústrias favorecidas em troca de uma garantia implícita dos empréstimos. O Banco da Coreia não é independente e não tem a estabilidade de preços como seu único objetivo. A estrutura das corporações envolve grandes conglomerados com um campo de atividades extremamente amplo e uma contabilidade financeira opaca. As corporações coreanas geralmente têm um alto grau de endividamento relativamente ao capital, o que as torna devedoras de risco para emprestadores locais e estrangeiros. Finalmente, as leis trabalhistas coreanas tornavam os *layoffs* muito difíceis e representavam fortes impedimentos para o fluxo de trabalhadores e firmas (Feldstein, 1998, p. 26).

Os termos do acordo são extremamente claros e transparentes: o que o FMI questiona e exige é a desmontagem, de ponta a ponta, de cada um dos pilares em que se sustentou o modelo de desenvolvimento e de industrialização da região, o qual fora patrocinado pelos próprios norte-americanos durante o período em que os milagres asiáticos chegaram a ser peça essencial no jogo da Guerra Fria. Vai ficando cada vez mais claro, nesse sentido, que a atuação dos Estados Unidos durante a crise que se iniciou em 1997 tem se pautado por um projeto de longo prazo que vai muito além da questão da iliquidez imediata e que recoloca as relações entre os Estados Unidos e a Ásia, fechando as portas de acesso do Japão a uma eventual posição de hegemonia regional efetiva.

O que estamos presenciando, nesse sentido, desde o primeiro *endaka* até a desregulação financeira e a abertura comercial das economias do antigo bloco japonês, aponta numa mesma direção que parece estreitamente associada à atual fase da luta pela ocupação e pela redefinição dos territórios político-econômicos mundiais, que, desde 1860, pelo menos, jamais coincidiram com as fronteiras nacionais das grandes potências. Mas, como já havíamos observado,

> agora a competição capitalista e estatal parece dar-se de forma mais fluida e mais concentrada, razão pela qual as novas fronteiras dos territórios econômicos estão em contínuo processo de destruição e reconstrução, definidos pelos avanços financeiros e pelas conquistas comerciais que são face e reverso das mesmas disputas entre poucos blocos de capitais e os velhos poderes estatais de sempre (Fiori, 1997, p. 142).

3.3.7 Interrogações teóricas

Primeiro foi o "milagre asiático", e agora é a sua crise que mantém na agenda do debate teórico a discussão do problema quanto à possibilidade de romper as "cadeias do atraso" por meio da extensão ou da reprodução do desenvolvimento capitalista na periferia do seu "núcleo orgânico" mundial. As teorias do desenvolvimento econômico e político e da modernização social, que fizeram sucesso depois da Segunda Guerra Mundial, entraram em claro declínio a partir dos anos de 1970. E as teorias da dependência jamais souberam responder às perguntas fundamentais postas por elas mesmas: quer acerca da razão da impossibilidade, quer acerca da possibilidade do desenvolvimento capitalista periférico. Para ser mais preciso, jamais souberam dizer o que definia, propriamente, a essência do fenômeno da dependência. A análise histórico-comparativa de Gerschenkron desenvolveu uma tipologia institucional mais acabada, mas esbarrou em problemas que já foram mencionados, em particular na sua dificuldade de incluir a sua visão endógena no contexto dinâmico e contraditório do "núcleo orgânico" do capitalismo, o qual se define a partir da segunda metade do século passado, em conjunto com as transformações ou "substituições" institucionais das quais Gerschenkron nos relata.

Numa linha paralela de estudo da crise mundial dos anos de 1970, nasceu uma nova economia política internacional que trouxe ao primeiro plano do debate teórico o problema da existência ou inexistência de hegemonias mundiais que seriam uma condição indispensável para estabilizar as regras de competição interestatal e para permitir o livre jogo da competição intercapitalista em nível mundial. Trata-se de um programa teórico que foi proposto inicialmente pela "escola realista" da teoria das relações internacionais no início dos anos de 1970 por nomes como Robert Gilpin (1972) e Charles Kindleberger (1973), e que foi recolocado numa clave gramsciana no começo dos anos de 1980 por Robert Cox (1981) e Giovanni Arrighi (1982). Nesta segunda perspectiva, o conceito de hegemonia se diferenciou de forma mais nítida do simples exercício da supremacia militar e econômica, o que, por sua vez, permitiu uma análise mais complexa e integrada de outras dimensões igualmente importantes que estavam envolvidas nesta longa batalha entre poderes territoriais e capitais privados, os quais desde 1860 mantêm uma espécie de denominador comum.

Nessa direção, talvez tenha sido Robert Cox quem melhor definiu o novo conceito, ao propor mais recentemente que:

> O conceito hegemônico de ordem mundial funda-se não apenas na regulação do conflito interestadual, mas também em uma sociedade civil concebida globalmente, isto é, um modo de produção de abrangência global que promove vínculos entre as classes sociais dos países que abrange. Historicamente, hegemonias desse tipo são fundadas por Estados poderosos que passaram por uma profunda revolução social e econômica. A revolução modifica não só as estruturas econômicas e políticas internas ao Estado em questão, mas também libera energias que se expandem para além das fronteiras do Estado. Uma hegemonia mundial é, portanto, em seus primórdios, uma expansão externa da hegemonia interna (nacional) estabelecida por uma classe social dominante (Cox, 1996, p. 136).

Não há dúvida de que Robert Cox avança e qualifica uma visão de hegemonia mais ampla do que as de Kindleberger e Gilpin, tampouco enfrenta algumas questões decisivas para transformar o conceito numa ferramenta útil na análise de fenômenos como a atual crise asiática, ao menos na perspectiva mais ampla da própria viabilidade dos capitalismos periféricos.

Para dar este passo analítico, faz-se necessário responder ou, pelo menos, considerar três questões que parecem decisivas para aproximar a história real do projeto teórico, bem como avançar na explicação do funcionamento, do sucesso e das dificuldades enfrentadas pelos capitalismos e pelas industrializações tardias: a primeira se refere ao papel e ao comportamento ou reação do *hegemon* – ou, em outra clave, do que seria o *sparring* provocador e orientador dos projetos nacionais de *catch-up* dos capitalismos tardios – frente ao desafio de seus novos concorrentes, sejam eles organizados ou não na forma de "industrializações de guerra". A segunda é relativa ao papel aparentemente decisivo da moeda do país hegemônico para o funcionamento do sistema monetário internacional e para a própria possibilidade de autonomia monetária e de sucesso dos subprojetos nacionais neomercantilistas, ainda que integrados no mesmo sistema monetário. A terceira, por fim, trata-se de uma questão que já estava presente de maneira implícita no projeto econômico de Friederich List, em 1848, apenas com a ressalva de que, em seu ver, não parecia haver dificuldade na "conversão" do projeto mercantilista que propunha para a sua Alemanha no momento em que esta se equiparasse industrialmente com a Inglaterra, desde que se transformasse num projeto de expansão imperial que deveria concorrer na periferia e adequar-se ao contexto de uma economia internacional liberal e já hegemonizada pelos ingleses.

Não cabe, no espaço desta breve reflexão a partir da crise asiática, uma tentativa de responder a todas essas questões. Resta-nos apenas alguns breves comentários ou perplexidades a respeito das duas primeiras questões, bem como uma hipótese mais geral acerca da última.

1) Aceitando a hipótese de que houve duas grandes hegemonias neste último século e meio, a inglesa e a norte-americana, e desconsiderando algumas diferenças gritantes entre as duas, há de se reconhecer que, quando comparadas com a nova condução mundial dos Estados Unidos a partir da década de 1980, demonstram uma grande afinidade num ponto fundamental: naquilo que Albert Hirschman chamou, em algum momento, de seu "déficit de atenção" (1980) em relação ao comportamento de seus competidores. Déficit de atenção visível na complacência que sempre demonstraram em relação às políticas protecionistas e às periódicas desvalorizações competitivas das moedas de seus desafiadores. De tal maneira que foi regra geral o estabelecimento de pesadas barreiras, empreendidas por esses países, que, ao mesmo tempo, usufruíam das vantagens do mercado interno, desprotegidos, como no caso dos ingleses, ou favorecidos, como no caso dos norte-americanos, até pelo menos a década de 1980. Como já vimos, esse comportamento é totalmente diferente do que vem adotando os Estados Unidos, sobretudo depois do fim da Guerra Fria, porquanto são implacáveis na sua exigência de abertura dos mercados de bens e serviços e de desregulação dos mercados financeiros e do trabalho. Muitos foram os que já exploraram a importância que teve o monopólio inglês sobre seu mundo colonial, e em particular sobre a Índia, para a sustentação do comportamento hegemônico inglês ante os comportamentos "desviados" de seus demais concorrentes do "núcleo orgânico" do capitalismo. Discorreu-se também quanto ao papel interveniente da Guerra Fria na sustentação do comportamento hegemônico norte-americano, o qual permitiu e incentivou o sucesso da "terceira onda" dos *catch-ups* alemão e japonês, sem mencionar outros casos de sucesso econômico nacional que também se alimentaram da complacência norte-americana. Já expusemos nossa hipótese de que a nova coalizão de interesses que comanda a atual estratégia econômica internacional dos Estados Unidos não dispõe do mesmo espaço ou liberdade para o exercício dessa complacência que se fez ainda mais desnecessária com o fim da ameaça

comunista. Se esta hipótese estiver correta, não há como não concluir que estamos entrando num novo espaço-tempo econômico no qual se estreita de maneira deveras veloz a viabilidade dos projetos nacionais neomercantilistas, uma vez que eles sempre teriam tido, como uma de suas condições do seu sucesso, a existência efetiva de uma ordem hegemônica complacente que já não existe mais.

2) Para a teoria econômica, foi sempre um tema de enorme complexidade o das relações entre os Estados e o valor do dinheiro na condição de "equivalente geral" dos sistemas de preços e trocas das economias nacionais. É notório que Keynes e Triffin estavam contra a regulação da moeda internacional a partir de um padrão monetário ancorado na moeda da potência hegemônica. Mas os economistas da teoria da "estabilidade hegemônica" (como Charles Kindleberger, por exemplo) consideram que o bom funcionamento da economia liberal internacional supõe exatamente a capacidade permanente de intervenção do *hegemon* na administração do "regime monetário internacional", feita mediante uma gestão arbitrária – ainda que em nome do "interesse geral" – de sua própria moeda. O professor de Oxford, Andrew Walter, coloca a questão de forma extremamente clara ao dizer que

> a estabilidade monetária e financeira não parece ser nem o resultado de forças de mercado interagindo livremente nem a mera consequência da existência de um banco central tentando seguir uma regra de taxa de crescimento equilibrada para a oferta de moeda. Gerência monetária discricionária, que inclui uma regulação e supervisão prudente dos mercados financeiros, é uma tarefa complexa, mas um importante ingrediente para a estabilidade nas economias modernas [...] e isso é importante para nossa compreensão da relação entre hegemonia e estabilidade do sistema monetário internacional. Na medida em que o *hegemon* provê estabilidade pela gerência do sistema monetário internacional, ele presumivelmente o faz por uma forma de intervenção no nível internacional similar àquela de um banco central num sistema monetário doméstico. O argumento também presume que o *hegemon* tem uma habilidade de fazê-lo pela sua posição dominante numa hierarquia financeira mundial. Segue-se que a desordem monetária internacional é produto de uma erosão dessa posição dominante e, consequentemente, em sua habilidade e disposição de prover o bem público da gerência monetária (Walter, 1993, p. 46-47).

Se foi assim que ocorreu durante o funcionamento "virtuoso" dos padrões ouro e dólar, a economia política internacional e a teoria das hegemonias também aqui estão obrigadas a repensar seus conceitos. Desde 1973, como se sabe, o sistema monetário internacional tem estado submetido ao regime de "taxas cambiais flutuantes", e a partir de 1978 e 1979 esse sistema vem sendo submetido aos efeitos esperados ou inesperados de uma política monetária norte-americana que já não parece atender mais pelo nome de "busca da estabilidade" ou do "interesse geral", e que conduziu a uma dolarização quase completa da economia mundial, provocando, por sua vez, flutuações bruscas que geram efeito desigual no poder de compra das moedas internacionais relevantes. Por outro lado, como as desregulações dos sistemas financeiros nacionais romperam as velhas relações entre o dinheiro e o capital, a política responsável pela administração do dólar, na condição de moeda financeira, transformou-se também numa extraordinária alavanca de acumulação de riqueza por canais que foram considerados, até aqui, como, em teoria, heterodoxos. Nesse novo contexto, portanto, fica difícil falar do *hegemon* como condição de estabilização do sistema monetário internacional, assim como fica difícil não perceber que o manejo arbitrário e "nacional" do dólar tem favorecido, de todos os pontos de vista, sobretudo a economia norte-americana. Como não existe uma dolarização completa da economia mundial, e como ainda existe uma enorme competição pela conquista de novos territórios econômicos, tampouco o mundo pode beneficiar-se da existência de uma só moeda financeira que segue atuando como alavancadora e sugadora de riqueza. Mais um fenômeno que parece incompatível com o conceito e com o exercício da hegemonia em sua acepção clássica.

3) Os desdobramentos mundiais posteriores à Segunda Guerra Mundial parecem ter sugerido uma hipótese de trabalho que foi formulada um pouco mais tarde por Giovanni Arrighi: a de que os "imperialismos nacional-militaristas" enfrentavam invariavelmente uma mesma dificuldade, a saber, a de consolidar sua expansão extraterritorial numa forma não militarizada, ao contrário do que ocorria com os "imperialismos nacional-liberais" que se expandiram militarmente, mas que lograram fazer uma reconversão bem-sucedida de sua dominação pelos caminhos abertos pelo livre-câmbio e pela liberdade dos mercados, tal como ocorreu primeiro no caso da Inglaterra, e depois, após a Segunda Guerra Mundial, no caso dos Estados Unidos (Arrighi, 1978). Nossa relei-

328

tura político-econômica da recente crise asiática sugere a possibilidade de que o Japão esteja vivendo, desde a década de 1980, um problema análogo ao que já havia enfrentado pelo menos duas vezes desde 1860, assim como o fez a Alemanha.

Para refletir acerca desta hipótese, é útil reler as duas trajetórias desses países e de seus "espaços vitais" desde o momento em que se transformaram em protetorados norte-americanos e aceitaram uma espécie de "domesticação liberal" de seus velhos projetos de expansão imperialista de seus nacionalismos militarizados. O Japão, depois derrotado na Segunda Guerra, foi obrigado, como já vimos, a secundar a presença norte-americana no seu antigo "espaço vital", sem dispor mais de poder militar e sem conseguir levar adiante qualquer tipo de construção institucional adequada à coordenação política do espaço econômico que poderia vir a ser hegemonizado pelos capitais japoneses. Como consequência disso, mais tarde, a constituição do *investiment-led trading bloc centred around Japan* transformou-se num fenômeno regional encaminhado estritamente "pelo mercado", mantendo-se tão somente no plano das relações comerciais e de investimento que se adensam depois de 1986. Em nenhum momento, antes ou depois de 1985, essa nova realidade foi colocada de maneira explícita como um projeto político regional e internacional. Sem uma estrutura de defesa comum e sem instrumentos de regulação e coordenação político-econômica, o velho "espaço vital" japonês simplesmente foi assumindo – sobretudo depois de 1985 – a forma de uma estrutura piramidal composta por Estados nacionais independentes e não comprometidos com nenhum projeto geopolítico comum. À medida que o modelo político-econômico japonês foi sendo imitado pelos demais tigres e gansos, eles também se mantiveram fiéis aos mesmos princípios estratégicos do neomercantilismo e, em virtude disso, acabaram estabelecendo entre si uma relação que se assemelhava muito mais a uma cadeia de produção e a uma rede de comércio e investimentos sustentada em duas moedas fortes e em vários projetos nacionais idênticos, entrelaçados e competitivos entre si. De fato, todos procuraram acumular vantagens por intermédio das mesmas estratégias fundamentais, e o Japão não dispunha de poder suficiente para impor uma articulação regional análoga àquela que os europeus estão tentando.

O que se passou com a Alemanha e a Europa foi completamente diferente, como já vimos em outro momento. A proteção americana induziu um projeto de integração do território econômico europeu sob a égide ideológica dos franceses e sob a férrea batuta econômica dos alemães, porém, dotado de uma coordenação econômica e política compartilhada pelas representações dos demais Estados envolvidos pelo mesmo projeto.

Os desdobramentos posteriores da experiência de integração europeia parecem sugerir a existência de uma terceira via possível de "conversão ou expansão" dos velhos projetos nacional-imperialistas: nem o caminho bélico do passado japonês e alemão, nem o caminho encoberto pelo livre mercado dos ingleses e norte-americanos. No caso recente, a Alemanha lograria reanimar o seu velho "espaço vital" por meio de uma "conversão liberal" e extremamente original do seu projeto nacional-mercantilista, afiançando uma supremacia econômica incontestável que lhe permitiria exercer uma forte coordenação macroeconômica no território europeu. No encaminhamento desta estratégia, a Alemanha manteve as linhas-mestras do seu "capitalismo organizado", de origem prussiana, dentro de uma região unificada por políticas econômicas ortodoxas e por regras de convivência cada vez mais liberais. Mas, para isso, os alemães contaram com o forte patrocínio norte-americano e com a aquiescência dos franceses, seguros de que uma Alemanha, então dividida e desmilitarizada, deixaria de representar um problema no coração da Europa. Por último, o próprio projeto de unificação apelava para raízes comuns que se alongam até o sonho de Carlos Magno e que se projetam no futuro como uma promessa de homogeneização das economias e das riquezas. Confirmam-se uma vez mais os velhos predicamentos de Friederich List, que sempre considerou que as regras válidas para as grandes potências não seriam nem válidas nem úteis para os Estados pouco dotados da vocação para o exercício do poder mundial.

3.3.8 Lições e possibilidades

Se a nossa hipótese não for totalmente errada, o que se pode antever a partir dos ensinamentos desta crise asiática?

Primeiro, que o Japão enfrenta hoje uma encruzilhada extremamente complexa. Qualquer tentativa sua de reversão ao velho padrão do nacionalismo militarizado enfrentará uma resistência muito maior e incontornável devido à defasagem e à submissão de sua capacidade militar, bem como à sua perda de autonomia de manobra econômica a partir da integração ao território comum das finanças globais desreguladas sob a égide norte-americana. Por outro lado, se o Japão pudesse ou se dispusesse a avançar em direção a uma solução de tipo alemã, se depararia com o problema interposto pela grande novidade geopolítica e geoeconômica deste final de século XX: a forte candidatura chinesa a membro do clube de 1860, que representa, de fato, como já vimos, a restauração de um poder milenar que se apagou em meados do século XVIII e que reaparece, a partir dos anos de 1980, como candidata à potência econômica e política dentro do mundo capitalista. Sua chegada e rápida ascensão nos anos de 1990 não apenas introduz um novo membro no jogo de poder mundial, mas introduz dentro da própria região "gerenciada" pelos japoneses até os anos de 1990 a presença de um velho parceiro do jogo local, o qual traz consigo um renovado projeto nacionalista assentado em sua própria força militar e num gigantesco potencial humano que extravasa as fronteiras chinesas e se estende aos territórios vizinhos de Formosa e Cingapura.

A única porta geopolítica ainda aberta ao Japão seria a de coordenação com a China em torno de um projeto comum de reorganização econômica e militar da região em crise. Uma espécie de reprodução ampliada da experiência franco-alemã que parece ainda muito distante ou impossível aos olhos sino-japoneses e que seria de imediato boicotada, de todas as maneiras, tanto pelos norte-americanos quanto pelos europeus. Chama atenção, nesse sentido, a matéria publicada pelo *The Economist*, em janeiro de 1998, que conta uma pequena *geopolitical detective story* ao explorar os horizontes geopolíticos do mundo daqui a trinta anos e conclui que somente se a Europa se unir aos Estados Unidos, depois da sua unificação, será possível contrabalançar os poderes do Japão e da China; poderes esses capazes de alterar em conjunto o atual equilíbrio econômico e militar mundial. Seja como for, é interessante observar nesse exercício do *Economist* os Estados nacionais "que contarão" no futuro com o não desaparecimento na vala comum de uma "federação kantiana" e são praticamente os mesmos de um século e meio atrás. Ademais, seguirão hierarquizando-se entre si, como sempre, em virtude de sua capacidade relativa como Estados dotados de poderes econômicos e militares globais, capazes de levar adiante políticas externas vigorosas e sustentadas por fortes razões ideológicas compartilhadas por suas populações, com base nos fatores de raça, de nação ou de tribo. No caso desta última questão, portanto, parece que a história recente inova no âmbito teórico muito menos do que em relação às duas anteriores.

Em segundo lugar, com relação à crise financeira propriamente dita, o mais provável é que ela também venha a ser isolada e contornada, exigindo, porém, maior intervenção e coordenação do que no caso das demais crises posteriores aos Acordos do Plaza. Esse tipo de intervenção exige além da coordenação dos principais bancos centrais uma forte participação dos grandes bancos privados globais para evitar o colapso geral do sistema. Ao mesmo tempo, essa ação de salvamento tem estimulado o relançamento quase imediato do mesmo processo de sobrevalorização financeira e patrimonial, o qual induz "danos morais" que conduzem a novas crises, cada vez mais extensas e globais. Esse tipo de solução, além de ser cúmplice dessa recorrência expansiva das crises, também submete a economia mundial aos efeitos perversos de uma paradoxal "estabilização da incerteza" global que estimula a obsessão pela liquidez e pelos investimentos de curto prazo. Como resultado dessa camisa de força, as taxas de investimento produtivo e de crescimento econômico caíram desde os anos de 1970 e vêm oscilando sem parar em todo o mundo, com exceção, até recentemente, do "território econômico" asiático, e, nos últimos anos, da economia norte-americana, a qual se transformou na grande beneficiária dessa ordem financeira mundial regulada, em última instância, pela política monetária do FED e securitizada pelos rendimentos dos títulos da dívida pública do Tesouro norte-americano (Tavares; Melin, 1997). Essa mesma tendência se repete e se aprofunda no caso das "economias emergentes" e dependentes dos capitais externos que ficam paralisadas e prisioneiras da flutuação das taxas de juros e câmbio internacionais, mas que não conseguem, nem assim mesmo, vacinar-se contra a permanente ameaça de se transformar na "bola da vez" da próxima crise financeira.

Em terceiro lugar, com relação às economias em crise do Leste Asiático, no médio e longo prazo, o que se presenciará pode não ser a destruição da "máquina regional de crescimento", mas a transferência do controle de uma massa gigantesca de riqueza que foi produzida, em última instância, durante as décadas de sucesso do "desenvolvimento a convite" do capitalismo organizado daquela região. Na verdade, depois da destruição da economia comunista, os Estados Unidos, com esta crise, hoje presenciam e, de alguma forma, também se beneficiam com a crise de um dos últimos baluartes do nacionalismo econômico do tipo mercantilista. Dessa perspectiva, a reforma do modelo imposta aos países em crise é apenas um passo a mais, ainda que de enorme importância, do mesmo movimento que passa, nesta década de 1990, pelos princípios renovados da Organização Mundial do Comércio, pelos novos preceitos do Acordo Multilateral de Investimentos que será assinado em breve pelos países da OCDE, pela criação da Associação de Livre Comércio Americana, pela "nova" política africana – de "livre-comércio mais democracia" – do governo dos Estados Unidos etc. Movimento em pinça do poder imperial americano, da ideologia liberal e do "poder estrutural do capital", cada vez mais poderoso, tirânico e independente do poder de influência política das representações democráticas dos vários povos. Nesse novo quadro internacional,

> o capital e, particularmente, as frações financeiras do capital, devem ter o poder de indiretamente disciplinar o Estado. Na medida em que muitos dos principais financistas têm acesso aos líderes do governo, esse poder indireto poder ser suplementado pelo uso direto do poder, isto é, pelo *lobby* e pela "gentil" queda de braço (Gill; Law, 1994, p. 101).

Em quarto lugar, na ausência de disposição interna e vontade política de resistência, o Japão e o seu bloco asiático poderão ser assimilados ao "território econômico" definido pela fronteira financeira do dólar. Nesse caso, a nova fronteira do nacionalismo econômico se deslocará para a China e, com isso, a trajetória futura das relações regionais dependerá cada vez mais do desdobramento liberal da estratégia nacional-mercantilista do governo chinês. São três as possibilidades mais visíveis: i) uma nova e improvável retração chinesa ao estilo da que foi decidida pela dinastia Ming quando mandou recolher a frota do almirante Cheng Ho, restringindo o exercício do seu poder ao seu território continental; ii) uma aproximação e associação com o Japão, cujas dificuldades já foram mencionadas; iii) uma nova hierarquização e hegemonização econômica e política do Leste Asiático no momento em que se fizer indispensável a "reconversão liberal" de um possível imperialismo nacional chinês. Muito antes que isso possa ocorrer, entretanto, o mais provável é que as trincheiras da guerra econômico-financeira mundial se desloquem em direção ao último refúgio do que foi o capitalismo organizado alemão, cuja sorte hoje está lançada na roda do projeto de unificação europeia, mas que pode ser perfeitamente atropelado com a contribuição dos interesses financeiros dos agentes privados dolarizados que operam dentro e fora da economia continental europeia.

E em quinto lugar, finalmente, o mais provável é que os territórios que estão sendo homogeneizados pelo avanço do poder político imperial e do poder estrutural do capital financeiro estejam sendo incorporados, também, a uma nova e permanente ordem político-ideológica cada vez mais global e radicalmente liberal. Nesse sentido, o que se está assistindo, provavelmente, é a uma solução histórica extremamente original daquilo que Pierre Rosanvallon chamou de "paradoxo fisiocrático" (Rosanvallon, 1989, p. 50). Como se sabe, o desiderato fisiocrático execrava a democracia à medida que a ordem natural do mercado "não poderia se desdobrar, a não ser numa sociedade unificada e homogeneizada [...] pela redução da política ao governo e pela redução do governo a uma mecânica mais fiel à ordem natural" (Rosanvallon, 1989, p. 53). Como a política lhes parecia ser uma sobrevivência extremamente resistente do estado bárbaro da humanidade, eles consideravam que não seria possível "dissolver a política, a não ser instituindo o déspota como defensor e guardião de uma ordem natural à qual não mais se considera implicitamente que os homens se encontrem ainda naturalmente vinculados" (Rosanvallon, 1989, p. 54). Como solução do paradoxo, propunham de forma absolutamente pioneira e intuitiva a necessidade de um *despotisme personnel et légal*, capaz de eliminar politicamente a própria política.

Os fisiocratas só não conseguiram antecipar a verdadeira solução que a história acabaria dando ao seu paradoxo. Por todo lado onde o rolo compressor da utopia liberal passa, o que de fato acontece é a dissolução do conteúdo mais substantivo da vida política em virtude do poder do império e do capital. Não a destroem; pelo contrário, transformam-na – uma verdadeira "genialidade" da "razão política do capital" – em mais um negócio, o qual passa a ser organizado segundo as regras "naturais" do mercado. Não parece um completo absurdo, nesse sentido, afirmar que o avanço dessa trajetória está apontando cada vez mais na direção do que alguns poderão considerar o último dos paradoxos do século XX: o surgimento do derradeiro momento em que a primeira das utopias dos modernos alcança seu momento totalitário.

3.4 Sistema mundial: império e pauperização[45]

> Se por coletividade entende-se tão somente o conjunto dos grandes países industrializados, é verdade que o fruto do progresso técnico distribui-se gradativamente entre todos grupos e classes sociais. Todavia, se o conceito de coletividade também é estendido à periferia da economia mundial, essa generalização passa a carregar em si um grave erro.
>
> (Prebisch, 1962, p. 72)

---

45. Este texto foi publicado originalmente no livro *Polarização mundial e crescimento*, organizado por J. L. Fiori e C. Medeiros (Petrópolis: Vozes, 2001. p. 39-76).

Introdução

Dois temas ocupam lugar de destaque na agenda das discussões socioeconômicas no início do século XXI: o redesenho do mapa geopolítico e a polarização crescente da riqueza e do poder mundial, e a pauperização de grandes massas populacionais, sobretudo na periferia do sistema capitalista. E há um consenso de que se trata de incógnitas de uma mesma equação decisiva para compreender o lugar do desenvolvimento econômico e das lutas sociais dentro da nova ordem mundial, depois da "grande transformação" dos últimos 25 anos do século XX. Não são problemas novos, porquanto vêm sendo discutidos há muito tempo no campo teórico e político. Seu retorno surpreende, apenas, porque foram temas soterrados nas últimas décadas pela supremacia acadêmica e ideológica das ideias neoliberais.

Não cabe a este artigo uma nova discussão a respeito das teses e das políticas dominantes nesse período (Fiori; Medeiros, 2001). Basta relembrar o núcleo duro e utópico dessa visão de mundo, a qual é responsável pela popularidade da ideologia da globalização. E, neste ponto, o importante não é novo, são ideias oriundas dos pais do liberalismo clássico, econômico e político. Em particular, sua crença num capitalismo sem fronteiras, gerido por Estados nacionais que fossem reduzidos às suas funções mais elementares. E a certeza de que a desregulação dos mercados e a liberalização das economias nacionais promoveriam, no médio prazo, a convergência da riqueza das nações e a redução das desigualdades entre as classes sociais. Não é difícil perceber, portanto, por que os dois temas que abrem a discussão do novo século não têm e nem tiveram lugar dentro dessa visão do mundo capitalista. A perda de soberania dos Estados nacionais é vista como algo positivo, e, se ainda existem desigualdades e pauperização, elas devem ser consideradas como uma fase dolorosa, porém transitória, no caminho da "terra prometida".

Na América Latina, essas ideias também acabaram dominando o pensamento político e acadêmico nas duas últimas décadas, de modo que se transformaram no fundamento teórico e ideológico de um novo projeto econômico de desenvolvimento "associado e dependente" das grandes potências, em particular, do poder e da economia norte-americana. Por isso, também na América Latina, nesse período, foram descartadas como anacrônicas todas as teses e preocupações contidas na agenda do debate latino-americano acerca do desenvolvimento: seja a respeito das "restrições externas" ao crescimento, seja a respeito das origens das desigualdades sociais; mas também a respeito necessidade do intervencionismo estatal e de um projeto de construção de um sistema econômico, nacional e autônomo.

A avassaladora hegemonia das ideias liberais e a fragilização temporária dos estruturalistas, dos marxistas e dos nacionalistas, foram responsáveis pelo acanhamento do debate intelectual, que ficou reduzido ao acompanhamento, de curto prazo, das políticas de privatização, de desregulação e de estabilização macroeconômica. Estreitamento das ideias que acompanhou a redução da margem de manobra dos Estados que aderiram ao programa de liberalização global e ficaram, ao mesmo tempo, prisioneiros da "camisa de força" criada por suas próprias políticas liberais e pela fragilidade financeira de seu novo modelo econômico, cujas "restrições externas" não lhes deixam margem para um crescimento rápido e sustentado. Tampouco lhes deixam recursos fiscais para a expansão da infraestrutura, bem como para a sustentação de políticas sociais universalizantes capazes de conter o processo de pauperização de suas populações.

Depois de duas décadas dessa experiência liberal-conservadora, um fantasma retornou e ronda hoje todos os governos latino-americanos. Aos poucos, até os mais convictos vão redescobrindo que, por mais que se desregulem e privatizem a economia e a política, e por mais que se comemore o fim das fronteiras, há algumas coisas que as grandes potências não pretendem globalizar, como, por exemplo, os balanços de pagamentos, as dívidas públicas e a pobreza. E são estas dificuldades que aparecem de forma cada vez mais destacada nos balanços estatísticos da última década, nas análises de risco das agências especializadas e nos documentos oficiais dos organismos multilaterais, como o Bird, a ONU, o BID e até mesmo o FMI.

Apesar disso, ainda existe uma enorme resistência dos intelectuais latino-americanos a enfrentar uma rediscussão, que consideravam superada, acerca do problema do desenvolvimento desigual e pauperizante do capitalismo. Uma discussão teórica e histórica, decisiva para a formulação de um projeto econômico e de uma estratégia social capazes de alterarem uma rota que aponta, hoje, na direção da degradação e entropia das sociedades latino-americanas.

336

3.4.1 A tradição estruturalista

O retorno de problemas, amplamente debatidos desde o fim da Segunda Guerra Mundial e a desautorização progressiva das ideias que formaram o *mainstream* econômico e político, nas duas últimas décadas, nos remetem de volta a uma outra tradição intelectual: a do pensamento crítico latino-americano. E dentro deste pensamento, a suas duas raízes mais importantes, a saber, o estruturalismo e um certo marxismo que se distanciou, na década de 1950, das teses e diretrizes oficiais dos partidos comunistas.

Já faz mais de meio século que Raul Prebisch escreveu o ensaio que Albert Hirshman chamou de "Manifesto latino-americano". Entre 1949 e 1951, Prebisch publicou três textos fundamentais[46], nos quais desenhou a agenda de pesquisa e de reflexão teórica da Cepal para as duas décadas seguintes. Trata-se de um corpo de ideias que se transformou na matriz de uma escola de pensamento e no fundamento teórico de um projeto e de uma estratégia político-econômica para a América Latina que vigorou com sucesso, da perspectiva do crescimento econômico, até o início dos anos de 1980, pelo menos nos casos do Brasil e do México. Secundariamente, suas ideias se somaram a várias outras correntes e projetos de industrialização, que formaram, em conjunto, o caldo de cultura da ideologia "desenvolvimentista" da década de 1950.

No campo estritamente teórico e acadêmico, as ideias germinais de Prebisch e Furtado deram origem ao que se chamou, desde aquela época, de "escola estruturalista", ou também, de forma menos precisa, de "pensamento cepalino". Seu ponto de partida foi uma crítica à teoria do comércio internacional da economia política clássica, ou, mais precisamente, da leitura neoclássica da teoria do comércio internacional de Ricardo. Não há dúvida, entretanto, que a contribuição mais original da teoria estruturalista foi sua visão sistêmica do desenvolvimento desigual do capitalismo em escala mundial. Sistema econômico global e hierarquizado, cujo impulso dinâmico, desde a Revolução Industrial, veio de seu "centro cíclico principal", que esteve na Inglaterra no século XIX e passou para os Estados Unidos no século XX.

---

46. Os três ensaios tratam do mesmo tema de forma complementar: "O desenvolvimento econômico da AL e alguns de seus problemas principais", "Estudos econômico da AL, 1949" e "Problemas teóricos e práticos do crescimento econômicos", e estão publicados na obra organizada por Bielschowsky (2000).

Segundo os estruturalistas, são esses "centros cíclicos" que impõem os padrões de comércio e de desenvolvimento desiguais e hierarquizados que dão origem à "periferia" do sistema. Com isto, Prebisch e a Cepal resgataram o conceito de periferia do senso comum, dando-lhe um significado muito preciso, associando-o à dinâmica cíclica da economia mundial e à "deterioração secular dos termos de intercâmbio", desfavoráveis, no longo prazo, para as economias periféricas. Por isso, para eles, o próprio capitalismo latino-americano ficava ininteligível caso não se tomasse em conta a especificidade da sua inserção econômica internacional a partir do século XIX. Um tipo de inserção liberal na ordem econômica mundial liderada pela Inglaterra e submetida ao seu sistema monetário internacional, o padrão-ouro.

Para os primeiros estruturalistas, esse é o ponto de partida da explicação da forma e do ritmo do crescimento econômico, da difusão desigual do progresso tecnológico, da "dualidade" e das condições de desemprego estrutural, bem como da concentração da renda e da riqueza na maioria das economias latino-americanas. Esta análise das condições em que operavam os mercados, e o progresso tecnológico, nas economias periféricas, foi decisiva para que os estruturalistas concluíssem que cabia ao Estado e às políticas públicas um papel central nas industrializações periféricas. Tese que os aproximava das ideias mercantilistas, bem como das políticas preconizadas pelo nacionalismo econômico alemão.

Da perspectiva de sua "sociogênese", a teoria estruturalista foi, num primeiro momento, uma tomada de consciência e um diagnóstico da crise dos anos de 1930 e das mudanças econômicas pelas quais passava a economia continental em decorrência da longa crise mundial inaugurada pela Primeira Guerra. Nesse sentido, o estruturalismo foi a forma de pensar de uma geração de intelectuais, a qual ecoou na América Latina, acerca da mesma mudança global que inspirou as obras de Keynes, de Polanyi e de outros. Mas aos poucos ele se transformou numa teoria mais ambiciosa acerca das causas e da forma dinâmica de instalação e expansão do subdesenvolvimento. E foi a primeira reflexão sistemática e original dos latino-americanos acerca de sua própria trajetória político-econômica e acerca de sua especificidade com relação ao resto do mundo capitalista. Um programa original de pesquisa, que se expandiu depois para o campo da sociologia, da política e da história.

O método histórico-comparativo e a teoria estruturalista têm um parentesco indiscutível – apesar de que nem sempre é reconhecido – com o pensamento econômico anterior a Smith do século XVII e XVIII, bem como de algumas teses da escola histórica e do nacionalismo econômico alemão do século XIX. Com relação aos primeiros, em particular Petty, Cantillon e Steuart, existe uma convergência notável, da perspectiva de suas concepções a respeito da produção, do emprego, do excedente, da importância da agricultura e da natureza desigual do comércio internacional. Mas, além disso, há uma enorme convergência entre os dois a partir do prisma de suas concepções metodológicas. Nos dois casos, a preocupação com a coerência lógica e com proposições formalizadas é substituída pela descrição e interpretação dos fenômenos econômicos reais em toda a sua complexidade social e histórica. Por isso ambos investem no conhecimento histórico-comparativo. Além disto, o estruturalismo compartilhou com o nacionalismo alemão – em particular com List e Schmoeler – a visão do papel do Estado, da importância da industrialização e da necessidade da construção de um sistema econômico integrado e capaz de se reproduzir por conta própria de forma relativamente endógena, graças a uma integração virtuosa entre a agricultura e a indústria, bem como ao incentivo estatal ao desenvolvimento tecnológico e à criação de um sistema econômico nacional que priorize o crescimento das forças produtivas.

3.4.2 O encontro do estruturalismo com o marxismo

A publicação recente dos principais trabalhos escritos na Cepal nestes cinquenta anos, organizada por Ricardo Bielschowsky (2000), permite identificar com precisão as várias etapas do desenvolvimento da escola estruturalista desde os trabalhos pioneiros de R. Prebisch e C. Furtado. Permite também perceber seu vigor intelectual durante as primeiras décadas, bem como sua perda de fôlego e originalidade a partir dos anos de 1980. Momento em que, muitas vezes, chega a abandonar a perspectiva estrutural e de longo prazo na análise dos problemas econômicos e sociais latino-americanos. Deixa num segundo plano o que fora seu ponto de partida: sua antiga visão sistêmica e global a respeito das condições periféricas e das "restrições externas" ao crescimento, diagnosticadas desde o primeiro momento do pensamento cepalino. É o momento em que todo pensamento econômico latino-americano se submete à discussão, de curto prazo, dos problemas relacionados com a inflação e com a desestabilização macroeconômica das principais economias do continente. Foi a hora do retorno e da hegemonia do pensamento neoclássico, de sua defesa das políticas liberais e da reforma das instituições criadas no período desenvolvimentista. Mesmo o pensamento político e sociológico de inspiração estruturalista restringiu seu objeto de estudo à discussão exclusiva acerca da origem e da natureza dos regimes autoritários latino-americanos, os quais viviam os primeiros sinais de sua crise terminal.

Antes disso, entretanto, nas décadas de 1960 e 1970, o pensamento estruturalista se diversificou do ponto de vista de sua trajetória intelectual e institucional. A própria situação política chilena, na década de 1960, atraiu intelectuais de todo continente que se refugiavam numa das suas últimas democracias. E na década seguinte, uma vez mais, a situação interna chilena "estimulou" a imigração dos intelectuais "críticos" na direção de outros países e centros acadêmicos da América Latina. Nos dois momentos, dentro e fora do Chile, o estruturalismo estabeleceu um diálogo construtivo com outras correntes de pensamento social e econômico. Nos anos de 1960, o estruturalismo viveu seu momento de maior proximidade e diálogo com algumas vertentes inovadoras do pensamento marxista latino-americano. Como se sabe, antes disso, com a ressalva de algumas contribuições individuais e excepcionais – como foi o caso de Mariátegui, Haya de la Torre e Caio Prado Junior –, o pensamento marxista ficou prisioneiro das posições oficiais dos partidos comunistas latino-americanos. Sua pobreza teórica, entretanto, não impediu que as teses partidárias acerca da revolução democrático-burguesa e acerca da natureza reacionária da aliança entre o imperialismo e o latifúndio se transformassem numa referência básica e simplificada em torno da qual girou quase todo o debate teórico e ideológico da "era desenvolvimentista". A tese central era de que a "revolução democrática" deveria passar pela industrialização e que esta só avançaria se estivesse apoiada na aliança entre a burguesia e o operariado nacional contra os interesses do latifúndio e do imperialismo.

Foi contra essas teses que se desenvolveu, nos anos de 1960, um novo marxismo acadêmico que punha sob suspeita a importação acrítica das categorias e dos modelos históricos europeus. O sociólogo Roberto Schwarz (1999) resumiria, muitos anos mais tarde, o que foi o ponto de partida dessa releitura de Marx: "a convicção de que faria parte de uma inspiração marxista consequente um certo deslocamento da própria problemática clássica do marxismo, obrigando a pensar a experiência histórica com a própria cabeça, sem sujeição às construções consagradas que nos serviam de modelo, incluídas aí as de

340

Marx" (Schwarz, 1999, p.). Uma posição que se aproximava de Prebisch, de Furtado e dos demais estruturalistas, no reconhecimento de que as

> [...] categorias históricas plasmadas pela experiência intraeuropeia passam a funcionar num espaço com travejamento sociológico diferente, diverso, mas não alheio, em que aquelas categorias nem se aplicam com propriedade, nem podem deixar de se aplicar, ou melhor, giram em falso mas são a referência obrigatória, ou, ainda, tendem a um certo formalismo. Um espaço diverso, porque a colonização não criava sociedades semelhantes à metrópole, nem a ulterior divisão internacional do trabalho igualava as nações. Mas um espaço de mesma ordem, porque também ele é comandado pela dinâmica abrangente do capital, cujos desdobramentos lhe dão a regra e definem a pauta (Schwarz, 1999, p. 95).

O encontro dessa releitura marxista com o estruturalismo teve papel decisivo, na formulação do conceito de "dependência" e na defesa da viabilidade, sobretudo no caso brasileiro – de um "desenvolvimento dependente e associado" às economias centrais ou industrializadas.

Numa outra clave e espaço institucional, ocorreram – durante os anos de 1970 – o encontro do estruturalismo com o pensamento econômico da Escola de Campinas e a sua releitura das ideias de Marx, de Hilferding, de Schumpeter, de Keynes e de Kalecki, encontro que deu origem à teoria do "capitalismo tardio" e à dos "ciclos endógenos" da nova economia industrial brasileira.

> Essa nova formulação teórica levou também a uma nova agenda crítica do desenvolvimento brasileiro que sublinhava sobretudo os seus problemas decorrentes da não centralização do capital; da inexistência de um sistema de financiamento endógeno e industrializante; da não calibragem estratégica da política industrial; da ausência de uma política comercial externa mais agressiva; da altíssima concentração da renda e da propriedade territorial agrária e urbana e dos "pés de barro" que se sustentava o seu projeto de "potência emergente" (Fiori, 1999, p. 35).

No final da década de 1980, era visível que, junto à nova hegemonia liberal, o pensamento crítico perdera sua vitalidade, enquanto muitos estruturalistas e marxistas aderiam, de uma forma ou outra, ao projeto liberal-conservador, que, durante a década de 1990, promoveu mais uma rodada de "modernização conservadora" das principais economias latino-americanas.

3.4.3 O ângulo cego da teoria

A derrota do "pensamento crítico" latino-americano, sobretudo na década de 1990, não foi, evidentemente, um episódio acadêmico. Tampouco foi uma prova da superioridade teórica das teses neoclássicas ou neoliberais. Mas há de se reconhecer a dificuldade dos estruturalistas e de muitos marxistas para compreender e para se posicionar, tanto teórica quanto politicamente, ante as transformações mundiais que acabaram atropelando e destruindo a estratégia e as instituições desenvolvimentistas construídas depois da Segunda Guerra Mundial. Sua derrota ante a avalanche neoliberal foi sobretudo política, porém foi também o resultado de algumas fragilidades e inconsistências teóricas que já vinham de períodos anteriores.

Já dissemos que a grande novidade e a grande virtude da escola inaugurada por Raul Prebish e por Celso Furtado foram sua visão sistêmica do desenvolvimento desigual do capitalismo à escala global, bem como sua crítica da teoria do comércio internacional da economia neoclássica. E junto a isto, sua visão hierárquica das relações comerciais entre o centro e a periferia do sistema econômico mundial. Celso Furtado foi quem melhor desenvolveu a versão histórica desta tese, mostrando como o sistema se constituiu a partir da revolução industrial europeia. Para Furtado, "o advento do núcleo industrial, na Europa do século XVIII, provocou uma ruptura na economia mundial da época, passando a condicionar o desenvolvimento econômico subsequente em quase todas as regiões da terra" (Furtado, 1961, p. 178). Como já dissemos em outro ensaio a respeito do próprio Furtado, ele estiliza essa história em vários momentos de sua obra, identificando a existência – na condição de "tipos ideais" – de duas etapas fundamentais do "modelo clássico" de desenvolvimento histórico de longo prazo do capitalismo. A primeira, mais prolongada, deu-se quando a mão de obra era abundante, e o progresso tecnológico, lento, incremental e quase vegetativo. E a segunda, que se desenvolve a partir da revolução tecnológico-industrial que colocou o Norte da Europa em definitivo no epicentro da economia capitalista mundial (Fiori, 2000). O mesmo recorte histórico que Celso Furtado utiliza para analisar a inserção internacional e a evolução estrutural da economia brasileira, sobretudo durante sua "segunda etapa", depois da "revolução industrial". Sua tese já é clássica e bem-conhecida, mas vale relembrá-la, porquanto sintetiza a visão estruturalista acerca do movimento histórico de globalização do capitalismo sob a égide inglesa. Nesse processo,

342

> [...] a iniciativa esteve com as economias que se industrializaram e geravam o progresso técnico; a acumulação rápida que nelas tinha lugar constituía o motor das transformações que iam se produzindo em todas as partes. As regiões que neste quadro de transformações tinham suas estruturas econômicas e sociais moldadas do exterior, mediante a especialização do sistema produtivo e a introdução de novos padrões de consumo, viriam a constituir a periferia do sistema (Furtado, 1984, p. 109).

Processo em que se implantam, simultaneamente, as condições originárias do subdesenvolvimento latino-americano que ele define como uma "situação estrutural que reproduz permanentemente a assimetria entre o padrão de consumo cosmopolita de uns poucos (os modernos e modernizantes) que estão de fato integrados no mundo desenvolvido, e as debilidades estruturais do capitalismo periférico" (Furtado, 1984, p. 110).

A política, o poder e as classes sociais ocupam um lugar secundário nessa leitura histórica dos estruturalistas, de conotação fortemente "schumpeteriana", conforme a inovação e a difusão tecnológica ocupam lugar central na periodização da história capitalista e na determinação, em última instância, do processo histórico de hierarquização ou de dualização do sistema econômico mundial. Como consequência, há pouco espaço nas análises estruturalistas para a competição entre os Estados e para as determinações geopolíticas que atuaram de maneira favorável à supremacia da Inglaterra, e, depois, dos Estados Unidos, tanto dentro quanto fora da Europa.

Mais tarde, foi Furtado quem, uma vez mais, melhor desenvolveu o conceito de "construção nacional" dentro do pensamento estruturalista. Para ele, a formação de um sistema econômico nacional teria três condições indispensáveis: a primeira seria a criação e o fortalecimento de "centros endógenos de decisão" capazes de nos dar

> [...] a faculdade de ordenar o processo cumulativo em virtude de prioridades estabelecidas pelos próprios brasileiros; a segunda seria que este processo fosse acompanhado por uma crescente homogeneização da sociedade, capaz de abrir espaço para a realização do potencial da cultura brasileira; e a terceira, finalmente, que a própria ideia da "formação" se fizesse "vontade coletiva" e projeto político capaz de acumular a força indispensável para transformar a agenda das prioridades nacionais em dimensão política do cálculo econômico (Fiori, 2000, p. 34).

No entanto, o estruturalismo, em geral, não enfrentou o problema do "interesse de classe" do empresariado ou da burguesia latino-americana. Em princípio, a maior parte dos estruturalistas parece haver suposto em suas análises e propostas político-econômicas um comportamento empresarial "clássico" ou europeu, e em virtude disso acreditaram numa "vontade coletiva nacional" capaz de se impor acima das divergências entre as classes sociais e as alianças supranacionais do empresariado latino-americano.

Cabe repetir, aqui, que o problema teórico de fundo foi que, para a maior parte dos estruturalistas,

> [...] o Estado foi sempre uma abstração, que ora aparecia como construção ideológica idealizada, ora era transformado pela teoria numa dedução lógica ou num mero ente epistemológico requerido pela estratégia de industrialização, sem que se tomasse em conta a natureza das coalizões de poder em que se sustentava. E não há dúvida que esta cegueira teórica acabou cumprindo um papel decisivo no encaminhamento de estratégias desenvolvimentistas de natureza extremamente conservadoras, autoritárias e antissociais (Fiori, 1999, p. 26).

Não é fortuito o fato de que o próprio conceito de "classe social" apareça muito pouco nos textos estruturalistas e seja substituído sistematicamente pelo conceito de "agentes" ou "atores" sociais e políticos. Com isso, eliminou-se o problema crucial da incompatibilidade entre os interesses de classe, sem, contudo, resolvê-lo, bem como o problema da não convergência, na América Latina, entre os "interesses burgueses" e os "interesses nacionais".

Os estudos clássicos da Cepal a respeito da distribuição de renda latino-americana partiram, quase sempre, da suposição de que havia uma tendência natural do desenvolvimento econômico de produzir, a partir de uma perspectiva social, efeitos convergentes e homogeneizados[47]. Na análise do comércio internacional, a Cepal criticou corretamente a economia política clássica e fincou o pé na diferença entre a periferia e o centro europeu. No entanto, na discussão do problema da distribuição desigual da renda e da pobreza, não incorporou a visão clássica do conflito essencial entre o capital e o trabalho. E, por conseguinte, assumiu como um dado que a "convergência" da renda dos indivíduos na Europa e no Estados Unidos depois da

---

47. Problema diagnosticado e criticado no ensaio de M. C. Tavares e de J. Serra denominado "Além da estagnação", o qual foi publicado em 1970 e incluído na coletânea *Da substituição de importações ao capitalismo financeiro* (Tavares, 1972).

Segunda Guerra Mundial era a regra, e não uma enorme exceção na história de um capitalismo cuja tendência, sem intervenção do Estado, foi sempre a da "pauperização relativa".

Por isso, um dos grandes paradoxos do pensamento cepalino se encontra na forma como trata da "questão nacional", ou da construção de um "sistema econômico nacional". O projeto econômico dos estruturalistas para a América Latina, à primeira vista, parece irmão siamês do projeto de Friedrich List para a Alemanha do século XIX. A diferença fundamental está na forma como cada um dos dois incorpora as ideias de "interesse nacional" e de "poder nacional". List era um nacionalista e tinha um objetivo claro que organizava seu projeto econômico: a construção e fortalecimento do Estado alemão. Os estruturalistas latino-americanos não tinham, ou não podiam ter, esse objetivo. Suas ideias e propostas supõem a todo instante o conceito de "interesse nacional", mas eles não levam em conta a competição e a dominação política entre os Estados, e, em virtude disso, suas propostas jamais mencionam a ideia "listiana" de fortalecimento do poder nacional. Também nesse caso Celso Furtado é uma exceção, mas suas ideias acerca de uma "formação econômica nacional", que só estaria concluída com a criação "dentro do território brasileiro, de um sistema econômico articulado e capacitado para autodirigir-se [por intermédio] de centros de decisão consistentes e autônomos" (Furtado, 1975, p. 79), são posteriores ao seu tempo na Cepal. Algo similar deve ser dito a respeito de sua convicção, já nos anos de 1990, de que o ponto de partida de qualquer novo projeto alternativo de nação terá que ser agora, inevitavelmente, o aumento da participação e do poder do povo nos centros de decisão do país.

As teorias da dependência procuraram corrigir alguns destes pontos, introduzindo a dimensão da política e dos interesses de classes em suas análises nacionais e internacionais. Mas sua leitura das relações hierárquicas mundiais é binária e linear, como se existisse sempre um Estado que manda e outro que lhe resiste – ou um que não só se associa a ele, mas também lhe obedece. Os dependentistas nunca estudaram nem se interessaram pela geopolítica internacional, e por isso nunca compreenderam a existência, tampouco o funcionamento do "núcleo central" do sistema, composto por um número limitado de Estados que competem entre si e condicionam a dinâmica global a partir de sua própria competição. Por isto, a longa guerra de trinta anos da primeira metade do século XX, bem como a própria Guerra Fria, ocupam um lugar absolutamente secundário na sua análise da "era desenvolvimentista", uma história construída, segundo eles, por capitais, por empresários e por coalizões de poder, como se a geopolítica mundial se reduzisse a alguns tipos básicos de relacionamento competitivo ou associado entre um centro permanente e vários Estados e economias periféricas. Uma arquitetura de poder estática que teria mudado sua forma, mas, não obstante, manteve a mesma estrutura básica ao longo da história.

Nesse sentido, a maior parte dos "dependentistas" acabaram jogando fora a água e a criança, esquecendo-se do que havia de essencial no conceito prebishiano de "periferia". Além disso, como já foi dito, para que as análises da dependência tivessem avançado teoricamente

> [...] seria indispensável fazer a crítica da economia política da Cepal pelas raízes, e não a partir de seus resultados como se procedeu: basicamente, do critério cepalino de periodização histórica...Teria sido preciso, enfim, que não se localizasse o equívoco do pensamento da Cepal na abstração dos condicionantes sociais e políticos, internos e externos, do processo econômico, mas que se pensasse, até as últimas consequências, a história latino-americana como formação e desenvolvimento de um certo capitalismo. E não se podendo arrancar de uma periodização correta, nem de um esquema que apanhasse concretamente o movimento econômico da sociedade, a perspectiva integradora perdeu-se, em boa parte, dando a impressão de que se passou, apenas, à introdução das classes sociais no corpo teórico cepalino (Mello, 1982, p. 26).

E mesmo assim, a classe que foi estudada e introduzida no esquema teórico foi a do empresariado, olhado apenas do ponto de vista do seu interesse material "cosmopolita" e internacionalizante, o qual seria idêntico ao de todas as burguesias e aristocracias da periferia europeia. Com a diferença que, naqueles casos, apesar deste interesse e projeto de classe, as burguesias foram coagidas, muitas vezes, pelas circunstâncias geopolíticas e geoeconômicas, a sustentarem projetos nacionais e populares de afirmação do poder dos seus Estados e dos seus sistemas econômicos locais.

Foram essas experiências históricas, aliás, dos países onde o nacionalismo econômico operou com sucesso, que tiveram papel decisivo na convicção "endogenista" da teoria do "capitalismo tardio". Algo similar reaparece em todas as análises e propostas político-econômicas da Escola de Campinas, a qual nunca esteve de acordo com a afirmação de F. H. Cardoso de que "a acumulação capitalista, nas economias dependentes, não completa seu ciclo [...]" (Cardoso, 1973, p. 163). Pelo contrário, o pensamento econômico "campineiro" sublinha, a todo instante, o dinamismo interno e os "ciclos endógenos" do capitalismo brasileiro, retirando a importância analítica do conceito de "periferia" e deixando num segundo plano a discussão clássica da Cepal quanto às "restrições externas" ao crescimento latino-americano. Há uma revalorização do empresariado e do capitalismo nacional e uma secundarização do peso das relações econômicas e políticas internacionais. O próprio "Estado desenvolvimentista" volta a ter, por isso, as características de um instrumento que poderia ser redirecionado a partir de um novo projeto de desenvolvimento que seria orientado a partir das verdadeiras prioridades nacionais e sociais da população brasileira.

De maneira deveras simplificada, poderia se dizer que o estruturalismo originário compreendeu a importância das relações entre o centro e a periferia, mas sua visão do sistema mundial é basicamente econômica; os "dependentistas", por sua vez, esqueceram a economia e simplificaram em excesso a dimensão geopolítica do sistema mundial; enquanto, por fim, a "escola campineira" não deu maior importância analítica ao próprio papel endógeno do sistema mundial[48]. O problema, nessa discussão, é que nenhuma das três vertentes dessa tradição do pensamento crítico incorpora simultaneamente na sua leitura de longo prazo do desenvolvimento capitalista latino-americano a questão das contradições e conflitos entre os Estados e entre as classes sociais. O capitalismo é um sistema global, mas omite de maneira demasiado sistemática o fato de que sua gestão política é interestatal e competitiva. A expansão do sistema assenta-se sobre relações de classe, mas seu conflito não aparece na maior parte das análises econômicas. Além disso, os Estados, tomados de maneira isolada, são vistos – quase sempre – como uma instituição homogênea e iluminista capaz de seguir os conselhos mais ou menos equivocados dos economistas.

Trata-se de um aparelho capaz de encaminhar, de desenvolver ou de operar políticas econômicas. Não se considera a heterogeneidade de interesses que atravessam os Estados, tampouco se considera que os Estados tenham de cumprir objetivos incompatíveis com os ideais dos economistas. Nesse sentido, o pensamento crítico é tributário de toda a tradição clássica e moderna da

---

48. É óbvio que essa generalização não inclui os trabalhos posteriores ao ensaio de M. C. Tavares a respeito de "A retomada da hegemonia americana", publicado em 1984, e que são discutidos no artigo "Depois da retomada da hegemonia" que se encontra em (Fiori; Medeiros, 2001).

teoria econômica. Uma visão do interesse de classe e do poder dos Estados oriunda da economia política liberal se mantém na teoria neoclássica; está presente na teoria keynesiana e também nas teorias do desenvolvimento, incluindo sua versão estruturalista. O próprio Marx, quem melhor percebeu a natureza classista do sistema, tampouco a incluiu na sua análise do capital, e jamais considerou relevante o problema dos territórios e da competição entre as nações para o estudo do desenvolvimento capitalista. De maneira que, para uns e para outros, os interesses e o poder político aparecem como uma "externalidade" dentro de suas análises da dinâmica econômica. E a competição e a hierarquia de poder entre os Estados não têm papel importante na sua teoria da distribuição da riqueza entre as nações.

Esse "ângulo cego" do pensamento crítico latino-americano pesou de maneira deveras decisiva na sua demora e na dificuldade para compreender o que passava no mundo a partir da década de 1970. Em particular, na compreensão dos processos simultâneos de concentração territorial do poder e da riqueza mundial e de pauperização das grandes massas. A maior parte dos estruturalistas, e também dos marxistas, interpretou as mudanças do sistema mundial e privilegiou as transformações tecnológicas e institucionais dos regimes de produção e acumulação. E, por isso, acabaram concordando, em muitos pontos, com as teorias do "crescimento endógeno" e da *new institutional economics*", chegando, às vezes, às mesmas conclusões da interpretação liberal do fenômeno da globalização. Nesse ponto, encontra-se nossa principal divergência conceitual e interpretativa em relação aos fatos.

3.4.4 Para retomar o caminho

Nossa releitura da tradição crítica do pensamento latino-americano parte, uma vez mais, do conceito e da análise da dinâmica do "sistema mundial". Considera os espaços e limites dos desenvolvimentos regionais e nacionais do sistema capitalista a partir de suas posições, as quais foram conquistadas ao longo da história, dentro das hierarquias geopolíticas e geoeconômicas do próprio sistema (Fiori; Medeiros, 2001). Não temos dúvida quanto à profundidade das transformações vividas pelo sistema mundial nos últimos 25 anos, mas consideramos que o fenômeno da "globalização" não resultou de uma imposição tecnológica, tampouco é puramente econômica, mas envolve novas formas de dominação social e política que resultaram de conflitos, de estratégias e de imposição vitoriosa de determinados interesses tanto no plano internacional quanto no espaço interno dos Estados nacionais (Fiori; Tavares, 1997). E o mais importante: tais transformações, que se aceleram a partir da década de 1970, não suprimiram as leis de movimento e as tendências de longo prazo do sistema capitalista. Tampouco suprimiram sua forma de evoluir e de se transformar a partir das contradições entre seus processos simultâneos de acumulação do poder e da riqueza, bem como da competição e dos conflitos entre os Estados e entre as classes sociais. No final do século XX, como em outros momentos de ruptura, as grandes transformações do sistema mundial envolveram sempre decisões e mudanças no campo da concorrência e acumulação do capital, assim como no campo da luta e centralização do poder político.

Nesse sentido, uma vez mais, para entender a grande transformação deste final de século e seu impacto sobre a periferia do sistema mundial, há de se olhar a um só tempo para as mudanças monetárias e financeiras e para os caminhos da centralização do capital, bem como para o processo de concentração do poder militar e político nas mãos da vontade imperial norte-americana. No último final de século, assim como em outros momentos da história do sistema mundial, pode-se dizer, ao lado de Fernand Braudel, que "o resultado de uma crise longa e generalizada (como é o caso desta última) foi sempre o de clarificar o mapa do mundo, de devolver brutalmente cada um a seu lugar, de reforçar os fortes e inferiorizar os fracos" (Braudel, 1996, p. 65).

Muitos consideram "conspiratória" essa forma de ler as mudanças do sistema mundial. O problema é que, para eles, tudo que não seja resultado das forças impessoais do mercado ou do progresso tecnológico pertence ao campo da metafísica da conspiração política, quando, na verdade, o que fazem é transferir para o plano analítico o que é apenas uma obsessão ideológica: a vontade de eliminar da análise do desenvolvimento histórico do sistema mundial a política e o conflito de interesses entre os Estados e os grupos sociais. Sobretudo porque a luta entre interesses e poderes, tanto no plano internacional como no plano local, não se dá na forma de um "mercado político" e não é compatível com a linguagem dos modelos de equilíbrio e das "decisões racionais". Na luta pelo poder, a hierarquia e os objetivos diferentes e contraditórios dos "decisores" – sejam eles individuais ou coletivos – são fundamentais, e é isto que não entra ou não pode entrar nos esquemas teóricos das interpretações mecanicistas (Fiori, 2001, p. 10).

Essa proposta metodológica de interpretação das mudanças do sistema mundial desenha uma agenda ou um programa de pesquisa de natureza histórica no qual o problema do desenvolvimento desigual do capitalismo reaparece estreitamente vinculado à competição pelo poder e pela riqueza entre os Estados. Isso recoloca a questão teórica e histórica das relações contraditórias: i) entre a natureza simultaneamente nacional e internacional do capital; ii) entre a natureza global dos fluxos econômicos e a sua gestão política pluriestatal; iii) entre a vocação liberal-internacionalizante do capital e sua permanente necessidade de associar-se às máquinas estatais de poder territorial; e v) entre a vocação ao império mundial do capital financeiro e a multiplicidade de "vocações imperiais" dos poderes políticos.

É nesse ponto que a tradição estruturalista pode e deve ser enriquecida pelas novas abordagens históricas que trabalham, desde a década de 1970, com os conceitos de "economia mundo capitalista" (Braudel, 1996) e "sistema mundial moderno" (Wallerstein, 1974). Tratamento que se propõe a estudar precisamente a história da expansão do sistema mundial e da constituição da economia de mercado e do capitalismo internacional na condição de obra conjunta do poder político e do capital. Como diz Fernand Braudel, "o capitalismo só triunfa quando se identifica com o Estado, quando é o Estado", e foi só na Europa dos séculos XV e XVI que ocorreu esta junção, de modo que se produziu a "poderosa mescla, que impeliu as nações europeias à conquista territorial do mundo e à formação de uma economia mundial poderosíssima e verdadeiramente global" (Arrighi, 1996, p. 11). Leitura que sublinha, junto com Max Weber, a importância na história do desenvolvimento capitalista da memorável aliança entre os Estados em ascensão e as forças capitalistas.

Esse novo tratamento histórico retoma, em muitos pontos, a leitura histórico-institucional de Karl Polanyi acerca das origens dos mercados e das economias nacionais, e não contradiz os estudos de Norbert Elias e de Charles Tilly acerca da sociogênese dos Estados. Em todos esses autores, há uma mesma preocupação comum com a constituição histórica das relações modernas entre o poder, o capital e o território; entre as guerras, os Estados e as cidades; e entre os impérios, as grandes potências e o desenvolvimento do capitalismo como sistema mundial. Todos se propõem a entender a formação do capitalismo e do Estado, a investigar seu momento originário, o instante em que se constituem, conjuntamente, a "economia mundo europeia", os mercados nacionais, os impérios coloniais, o sistema interestatal e as identidades nacionais E é a partir desse momento inicial que são pensadas as hierarquias e os conflitos mundiais, a formação do núcleo central do sistema de seus impérios coloniais e de sua periferia, a qual é constituída por Estados independentes, porém subordinados. Como diz Braudel, "o sucesso do centro só é possível quando as economias inferiores e as economias submetidas são acessíveis, de uma maneira ou de outra, mas regularmente, à economia dominante" (Braudel, 1996, p. 244).

Braudel revolucionou a leitura histórico-econômica ao privilegiar o tempo longo e estrutural no estudo da constituição dos mercados e da economia mundo/capitalista em torno do Mediterrâneo a partir do século XIII. Sua visão dos "tempos históricos" e, sobretudo, da "longa duração" das estruturas econômicas, bem como sua definição do capitalismo – oposta à da economia de mercado – como o espaço dos "grandes predadores" associados ao poder político, abriram as portas a uma nova teoria acerca das origens da modernidade. Mas é sobretudo no terceiro volume de sua grandiosa *Civilização material, economia e capitalismo-séculos XV-XVIII* que Braudel desenvolve sua teoria acerca das fronteiras, das hierarquias e da dinâmica expansiva das "economias-mundo". Retoma a hipótese de Wallerstein a respeito da origem do *modern world-system*, mas busca suas raízes mais atrás, nas redes urbanas italianas e hanseáticas do século XIII. E é a partir daí que estuda a forma pela qual se constituem as hierarquias e pela qual no centro das economias-mundo "aloja-se sempre um Estado fora de série, ao mesmo tempo temido e admirado". Constata que, nesta zona dominante, "o Estado mergulha no próprio movimento da economia-mundo, servindo aos centros, servindo ao dinheiro e a si mesmo" (Braudel, 1996, p. 30-40), ao passo que na periferia do sistema os Estados se constituem numa espécie de instituições esvaziadas, porquanto suas economias são dominadas por grupos ligados ou submetidos ao estrangeiro.

Outro ponto importante da história braudeliana é sua descoberta de que os Estados e sua vontade política tiveram papel decisivo na constituição dos próprios mercados e das economias nacionais que nascem, na França e na Inglaterra, como fruto de sua resistência à dominação mercantil e financeira da Holanda. Os mercados e economias nacionais, portanto, não nasceram de uma evolução espontânea do próprio mercado; pelo contrário, foram "injetados" num espaço territorial pela vontade política dos Estados que se propuseram e foram capazes de articular e integrar suas economias regionais, internalizando, ao mesmo tempo, os ganhos e as redes construídas pelo comércio de longa distância. Tese que aproxima Braudel de Polanyi contra o senso comum construído a partir da teoria smithiana a respeito da origem da economia de mercado.

Immanuel Wallerstein, por sua vez, localiza a origem do *modern world-system* no século XVI, uma vez que nasce como um subproduto do fracasso do projeto imperial dos Habsburgos. Segundo Wallerstein, existiram dois tipos básicos de *world-system*: os que foram dotados de um sistema político único que ele chama de *world empires*; e os que foram dotados de uma só economia, mas com vários sistemas políticos, o qual ele chama de *world-economies* e cujo caso clássico foi o do capitalismo europeu a partir do século XVI. Foi onde e quando se deu o pleno desenvolvimento da economia de mercado, que conviveu sempre com várias formas e relações sociais de produção, unificadas pelo mesmo objetivo da "maximização ilimitada" dos lucros.

Esse novo sistema estabiliza-se, de forma hierarquizada, por volta de 1640: no seu centro existia um núcleo situado no Nordeste Europeu, cercado por uma semiperiferia situada na Europa do Leste e uma periferia mediterrânea que depois se estende para outras regiões do mundo que foram colonizadas pelos europeus. Cada uma dessas regiões especializou-se num determinado tipo de produção, com diferentes tipos de relações de trabalho. Esse "sistema mundial moderno" não foi criado, mas se fortaleceu e se afirmou em definitivo, segundo Wallerstein, com o fracasso do projeto Habsburgo de constituição de um "império-mundo".

Nesse ponto ele marca uma diferença fundamental com Braudel, ao sublinhar, mais do que o historiador francês, a importância do que ele chama de *core states*, os quais constituem peça essencial de todo o sistema. Para Wallerstein, a *world-economy* constitui um sistema único de divisão do trabalho, apesar de que seu dinamismo tenha muito que ver com o fato de que este sistema econômico seja gerido por um conjunto de jurisdições políticas independentes. Embora sublinhe o papel dessas entidades políticas, Wallerstein considera, em última instância, que esses Estados são mais ou menos fortes e centralizados, a depender de estarem mais ou menos próximos da zona central da *world-economy*. Wallerstein chega a afirmar, em vários momentos, que não existem Estados periféricos propriamente ditos, o que existem são "áreas periféricas" administradas por Estados fracos ou simulacros de Estados.

À guisa de síntese de argumento: o desenvolvimento do capitalismo se deu na Europa graças ao fato de que seus Estados não lograram se transformar em "impérios-mundo"; tiveram de operar num espaço que nunca foi controlado por nenhuma entidade política única e superior. Como ele diz, "o capitalismo pôde florescer porque a economia mundial teve dentro de seus limites, não um, mas uma multiplicidade de sistemas políticos" (Wallerstein, 1974, p. 348), a despeito de que, em última instância, o sistema sempre tenha sido "coordenado" por uma potência hegemônica, como foi o caso da Holanda, da Inglaterra e, finalmente, dos Estados Unidos.

Giovanni Arrighi inscreve-se nesse mesmo tratamento histórico, mas em seu esquema analítico existe uma relação mais estreita e ativa entre o poder político e o capital, e esta relação ocupa papel mais importante na origem do sistema capitalista e na expansão cíclica de suas estruturas de acumulação e de hegemonia nos últimos cinco séculos. Por outro lado, em linha com Braudel e Polanyi, Arrighi atribui às "altas finanças" um papel central na dinâmica do sistema, ao menos desde o século XV, com a formação e internacionalização do capital financeiro florentino e genovês, que financiam, desde então, o poder territorial dos Estados. Por isso, Arrighi sustenta, ao lado de Braudel, que a chave para compreender o sistema capitalista moderno está no domicílio oculto onde o dono do dinheiro encontra--se com o dono, não da força de trabalho, mas do poder político, lugar onde desvendaremos o segredo da obtenção dos grandes e sistemáticos lucros que permitiram ao capitalismo prosperar e se expandir "indefinidamente" nos últimos quinhentos ou seiscentos anos, antes e depois de suas incursões nos domicílios ocultos da produção (Arrighi, 1995, p. 25).

Como diz em outro momento, "a fusão entre o Estado e o capital foi o ingrediente vital da emergência de uma camada claramente capitalista por sobre a camada da economia de mercado e em antítese a ela" (Arrighi, 1995, p. 20). Como consequência, para Arrighi, o "regime de acumulação em escala mundial" é sempre uma resultante de estratégias e estruturas implementadas e sustentadas por blocos de agentes governamentais e empresariais capazes de promover e organizar a expansão da economia capitalista mundial. Mas, por sua vez,

> a competição interestatal e interempresarial pode assumir formas diferentes, e a forma que assumem tem consequências importantes apara o modo como o moderno sistema mundial – enquanto modo de governo e enquanto modo de acumulação – funciona ou deixa de funcionar. Não basta enfatizar a ligação histórica entre concorrência interestatal e interempresarial. Devemos também especificar a forma que ela assume e como se modifica no correr do tempo (Arrighi, 1995, p. 33).

O ponto de partida de Charles Tilly no seu livro *Coerção, capital e Estados europeus*, é um pouco diferente, mas os resultados de sua pesquisa e de seu argumento são perfeitamente compatíveis com as teses principais de Braudel, de Wallerstein e de Arrighi. Ele se questiona por que os Estados nacionais só nasceram na Europa e por que somente nessa região acabaram se impondo diante de outras formas de exercício coercivo do poder territorial, seja ele de natureza dinástica ou imperial. E finalmente, se pergunta se isto tem que ver com o fato de que a Europa tenha conseguido se impor ante o mundo asiático, que era mais rico e sofisticado na altura do século XV. Sua tese ou resposta é que o "milagre europeu" se impôs dentro e fora do velho continente graças ao dinamismo gerado por sua fragmentação competitiva que se desdobra num longo movimento entre 1000 e 1815. E a "explosão" que está na origem desse enorme dinamismo nasceu do encontro entre um conjunto de relações de troca e acumulação de capital, concentradas em algumas cidades europeias, com um conjunto de relações de coerção que estão na origem do poder territorial dos Estados.

Entre 1550 e 1650, surge o "sistema europeu de Estados", incluindo, no começo do século XVII, desde a Suécia até o Império Otomano, desde Portugal à Rússia. Realidade confirmada pela guerra dos Trinta Anos e pela paz de Vestfália. Mas desde um primeiro momento, dentro da própria Europa coloca-se a questão do porquê da polarização e da oligopolização do poder mundial quando se formam dois tipos de Estados completamente diferentes, a saber, as grandes potências e os demais. Tilly define as grande potências como Estados que têm capacidade militar e perseguem interesses globais que defendem por intermédio de vários meios, exercendo direitos excepcionais nas relações internacionais (Tilly, 1996). Tanto no alto dinamismo do sistema como na sua hierarquização, Charles Tilly vê o papel central das guerras como origem e motor da "fragmentação criativa" europeia. A Europa foi uma criação da guerra, e a guerra foi criando ou exigindo a homogeneização das populações, bem como a formação de identidades coletivas que se identificassem, em primeiro lugar, com os senhores e as dinastias, depois, com as religiões, e, finalmente, com as nações.

Na discussão da guerra e dos seus encadeamentos, Charles Tilly se aproxima do argumento formulado por Norbert Elias em seu estudo acerca da formação ou da sociogênese dos Estados modernos. No seu clássico *Processo civilizatório*, Elias analisa a tessitura elementar do processo de concentração inicial de poder por meio das guerras dinásticas do Norte da Europa. Num tempo em que a luta ainda não era entre Estados ou nações, mas no qual começavam a germinar as raízes de "toda a história posterior da formação de organizações monopolistas" (Elias, 1993, p. 114). É no Norte da Itália que se constituem as primeiras formas de articulação dinâmica entre o poder, o território, a guerra e a expansão da riqueza. Mas é no Norte da Europa que se constituem os primeiros "núcleos imperiais" que nascem da fragmentação do império de Carlos Magno.

Na análise detalhada dos primeiros passos e conflitos entre estes núcleos, Elias registra o movimento germinal da concentração e da centralização do poder e conclui que, "seja qual fosse a razão específica, a força propulsora primária foi produzida pela pressão competitiva intrínseca à configuração, pela luta elementar de sobrevivência entre as unidades e por seus conflitos de *status* e poder" (Elias, 1993, p. 218). Esse processo independeu dos acidentes históricos em virtude do simples fato de que

> uma sociedade que tenha numerosas unidades de poder e de propriedade de dimensão relativamente igual tende, sob fortes pressões competitivas, para a ampliação de umas poucas unidades e, finalmente, para o monopólio [...] tendendo a desviar-se do estado de equilíbrio em direção a outro estado em que um número cada vez menor concorrerá entre si (Elias, 1993, p. 93).

O argumento de Charles Tilly quanto à origem das novas guerras europeias vai na mesma direção, quando afirma que

> [...] os europeus seguiam uma lógica padronizada de promoção da guerra: todo aquele que controlava meios substanciais de coerção tentava garantir uma área segura dentro da qual poderia desfrutar dos lucros do comércio e mais uma zona-tampão fortificada para proteger as áreas de segurança. Quando esta operação estava assegurada por algum tempo, impunha-se uma nova zona-tampão. Quando as potências adjacentes estavam perseguindo o mesmo objetivo com a mesma lógica, o resultado era a Guerra (Tilly, 1996, p. 127).

Norbert Elias, entretanto, agrega um ponto decisivo quando constata que o processo de concentração de poder acontece de forma simultânea ao aumento da interdependência entre os próprios contendores: "cada rival é cada vez mais, ao mesmo tempo, um parceiro na linha de produção da mesma maquinaria. Todos são ao mesmo tempo adversários e parceiros", de modo que se consolida uma complementaridade de interesses contrários. Uma contradição que só se agudizou com o estreitamento dos laços entre a competição dos poderes políticos e o movimento de globalização dos capitais privados.

Não é impossível aproximar as leituras geopolíticas e geoeconômicas desses autores e tentar avançar e precisar de maneira analítica a forma pela qual se deu a dinâmica originária e geradora do sistema: a fissão nuclear gerada pelo encontro dos poderes territoriais com o dinheiro, mediado pelas guerras, cujo financiamento decorre da dívida pública. Momento histórico em que ocorre a primeira expansão política do capital, antes que se consolidasse qualquer ideia de soberania nacional. Nesse sentido, pode-se dizer que o que identifica a originalidade do poder do Estado moderno em relação a outras formas de poder territorial é esta combinação expansiva do poder, com as finanças e os territórios circunscritos cada vez mais pela competição e pelas guerras com outros poderes dotados da mesma necessidade expansiva. É isto o que constituiu a originalidade e a força dos Estados que acabaram se impondo, dentro e fora da Europa, a outras formas de organização de poder territorial. E foram suas guerras que elevaram os custos de proteção dos poderes territoriais, obrigando-os a elevar e a sofisticar suas formas de taxação e de financiamento.

Segundo os cálculos dos historiadores, nunca houve desde o século XV um período maior do que vinte anos sem que houvesse uma guerra interestatal. Essa forma-limite e duradoura de competição é que dá, enfim, autonomia e vida própria ao capital, que se transforma em capital financeiro, a forma abstrata e dominante de todas as riquezas, capaz de interatuar de forma invisível e ubíqua com a competição política, com a guerra e com todos os tipos de expansão do poder político e, ao mesmo tempo, com todas as formas de resistência a essas expansões imperiais. Em cada grande período, ou longo século, existiu um grande conflito central, uma guerra duradoura que foi o núcleo atômico do sistema. Esta grande guerra ou bipolaridade, por sua vez, delimitou uma espécie de "espaço-tempo geoestratégico" que acaba envolvendo e hierarquizando todos os demais conflitos, e, por conseguinte, todos os demais territórios. Parece existir uma relação estreita entre o dinamismo econômico interno desses territórios e seu grau de proximidade com relação ao conflito central.

No caminho dessas guerras, as cidades do Norte Italiano inventaram os títulos da dívida pública, os quais foram sofisticados mais tarde pelos bancos de Amsterdã e da Inglaterra, criados nos séculos XVII e XVIII.

No coração desta engrenagem, instalou-se a contradição entre a natureza globalizante do capital (aparentemente desprovido de território e apolítico) e suas raízes ou seu impulso originário e permanente, de caráter territorial e político. Essa dinâmica de acumulação é necessariamente conflitiva, e é por isto que ela repõe, a cada momento da história, novas formas de fronteiras análogas às que existem na separação ou na competição dos capitais privados individuais. Uma espécie de "barreiras à entrada" que se deslocam o tempo todo e recriam espaços de monopolização e fontes adicionais de poder e lucros "extraordinários".

Essa dialética originária acaba incluindo a competição intercapitalista dentro de um dilema análogo ao que foi chamado de "dilema da segurança" no campo internacional, no século XX. Isto é, a necessidade implacável que os Estados têm de armar-se cada vez mais para manter sua capacidade de defender sua soberania ante a outros Estados que também se armaram com o mesmo objetivo, numa escalada ascendente e ilimitada. Da mesma forma, no campo econômico, a expansão permanente do poder político e dos "territórios econômicos" se transforma numa necessidade e num instrumento essencial para a criação de novas formas de monopolização. Não obstante se possa constatar, depois da história passada, que algumas iniciativas "colonizadoras" ou "periferizadoras" não tiveram os rendimentos esperados e não foram decisivas para a acumulação da riqueza nas metrópoles. Esse processo de expansão de poder e de acumulação de riqueza, ao passar por rodadas sucessivas de novas monopolizações, aprofunda ao mesmo tempo a tendência do sistema à "pauperização relativa" e à polarização progressiva do poder e da riqueza entre as classes sociais e as nações. Processo contraditório que dinamizou, ao longo da história, todos os grandes ciclos expansivos da acumulação e da globalização do capital que estão associados a projetos de poder imperiais ou hegemônicos, como o foi o caso norte-americano no século XX, mas, sobretudo, depois da Segunda Guerra Mundial.

3.4.5 O novo sistema mundial

Em 1944, Karl Polanyi publicou sua obra clássica a respeito das mudanças econômicas, políticas e institucionais que permitiram, no século XIX, o pleno desenvolvimento da economia de mercado e da época de ouro da civilização liberal. A grande transformação foi escrita durante a crise que preparou o nascimento, depois da Segunda Guerra Mundial, do Estado de bem-estar social e dos Estados desenvolvimentistas, segundo Polanyi, uma reação de autoproteção da sociedade, contra os efeitos entrópicos dos mercados autorregulados. Hoje não é difícil de perceber que está em curso uma nova "grande transformação" da sociedade e da economia capitalista mundial, cujo resultado mais visível tem sido exatamente um retorno às crenças e às políticas daquela primeira época de ouro do liberalismo econômico.

Ao analisar as mudanças do século XIX, Polanyi foi um dos primeiros a associá-las à vitória econômica e política da Inglaterra sobre a França e ao nascimento de uma nova ordem mundial baseada no controle inglês dos mares, dos portos e da moeda de referência internacional, os pilares sobre os quais se sustentaram o domínio das altas finanças e o poder imperial que a Inglaterra exerceu sobre o mundo, de forma exclusiva, até 1880, e de forma mais atenuada ou contestada, até o final da Primeira Guerra Mundial. Agora, uma vez mais, depois do fim do "mundo socialista" e da Guerra Fria, a vitória americana vem criando uma nova ordem mundial articulada a partir do poder global, econômico e militar dos Estados Unidos.

Pouco a pouco, os analistas foram percebendo que as mudanças militares, financeiras e tecnológicas do último quarto de século, haviam transferido aos Estados Unidos uma enorme capacidade de comando e de penalização sobre o resto do mundo. Por isso, o que a princípio parecia uma visão conspiratória agora já parece um fato normal e consolidado: ganhou força, no fim do século XX, um novo projeto de organização imperial do poder mundial. O que se discute já não é mais a sua existência, e sim a natureza e a originalidade deste novo império, em particular, sua abrangência e incontestabilidade; sua forma peculiar de controle não colonial dos territórios e suas relações com a expansão financeira e com os interesses e objetivos estratégicos norte-americanos.

Como disse Samuel Berger, assessor de segurança nacional da presidência dos Estados Unidos, durante a administração Clinton,

> [...] a América controla, hoje, o acesso às redes de informação, comércio e segurança e com isto tem influência sobre as escolhas das nações. Muitos acontecimentos mundiais recentes ocorreram por causa do uso deste poder pelos Estados Unidos, e não por causa de alguma necessidade preestabelecida e imposta pela globalização (Berger, 2000, p. 24).

Muitos analistas internacionais e historiadores localizam a origem do projeto imperial americano na Guerra Hispano-Americana de 1898 e na presidência de Theodore Roosevelt (1901-1908), momento em que os Estados Unidos já eram – no início do século XX – a maior potência industrial do planeta. Só depois de Hiroshima e Nagasaki e do fim da Segunda Guerra Mundial, é que os Estados Unidos se viram na condição de poder incontrastável no campo militar, financeiro, produtivo e epistêmico. Superioridade que lhes permitiu construir uma rede de bases militares ao longo de todo o mundo não socialista, com uma forte presença no território de seus antigos adversários. Foi nesse mesmo período que suas grandes corporações partiram na frente e lideraram o processo de internacionalização das estruturas produtivas capitalistas, as quais se apoiavam num sistema monetário internacional baseado na moeda americana.

Esta situação se alterou com a crise dos anos de 1970, mas há muitos analistas que consideram que as próprias decisões e mudanças implementadas pela administração Nixon já apontavam para o mesmo objetivo imperial. Qual, então, é a grande novidade deste final de século XX? O fim da bipolaridade com a URSS, sem dúvida nenhuma. Mas a grande mudança ocorreu, antes, influenciando a própria maneira com que se deu a rendição soviética. Uma transformação radical, nos dois pilares em que todos os impérios sempre se sustentaram: o poder das armas e do dinheiro. A forma de funcionamento do novo sistema monetário mundial e da "nova maneira americana" de fazer a guerra.

De maneira simplificada, pode-se dizer que tudo começou com a derrota americana no Vietnã, seguida pelos sucessivos reveses da política externa dos Estados Unidos durante a década de 1970: a vitória da Revolução Islâmica no Irã; a vitória sandinista na Nicarágua; a crescente presença soviética na África e no Oriente Médio; e, finalmente, a invasão russa do Afeganistão. Um conjunto de humilhações que ajudou a eleger o conservador Ronald Reagan e legitimar seu projeto de retomada da Guerra Fria – no início dos anos de 1980 –, seguido da expansão dos gastos militares do governo norte-americano. Foi nesse momento que começou, com o nome popular de "Guerra nas Estrelas", a revolução militar que mudou por completo a concepção política e a base estratégica e logística do poder bélico dos Estados Unidos. Foi nesse período que se desenvolveram os novos sistemas de informação que permitiram o melhoramento das condições de controle e de comando dos campos de batalha; o desenvolvimento de vetores e bombas teledirigidas de alta precisão e sistemas sofisticados de ataque furtivo, além de novos tipos de equipamentos de comando remoto que permitiram, em conjunto, reduzir ao mínimo o risco de perda de soldados americanos. Uma mudança radical no campo da tecnologia militar cujos efeitos práticos, no campo de batalha e na política internacional, só se manifestaram na década de 1990.

Foi na Guerra do Golfo, em 1991, que ocorreu a primeira demonstração da nova maneira americana de fazer guerra. Quarenta e dois dias de ataques aéreos permitiram uma vitória terrestre em menos de cem horas que resultou em menos de 150 mortes entre as forças aliadas que bombardearam o Iraque, e mais de 150 mil mortos iraquianos. E foi na guerra não declarada de Kosovo, em 1999, que foi possível testar e comprovar, pela segunda vez, este poder, controlado de forma quase monopólica pelos Estados Unidos. Depois de assistir aos oitenta dias de bombardeio aéreo ininterrupto do território de Kosovo e da Iugoslávia, sem nenhuma perda humana entre os aliados e com a quase total destruição da economia adversária, os governantes e generais de todo mundo tiveram certeza de que havia nascido, na década de 1990, uma nova guerra, uma espécie de guerra tecnocrática que dispensa cada vez mais a necessidade de soldados-cidadãos ou patrióticos. Além disto, a Guerra do Golfo e do Kosovo anunciaram ao mundo que a nova ordem política global se fundaria, a partir dali, em última instância, no instinto de poder e nos interesses dos mais fortes, bem como no instinto de medo e rendição antecipada dos mais fracos.

No mesmo período, e de forma quase simultânea, desenvolveu-se, a partir de 1973, uma outra revolução, de natureza financeira, que teve efeitos tão ou mais radicais para o exercício imperial do poder americano do que os que foram produzidos pela "revolução militar". Mas foi somente na década de 1990 que se pôde apreciar com maior nitidez o funcionamento do novo sistema monetário-financeiro mundial, criado pelas políticas e pelas reformas liberalizantes que levaram a desregulação e integração dos mercados e à livre circulação internacional dos capitais (Tavares; Fiori, 1997). Uma mudança que alterou de maneira radical a balança de poder entre as autoridades públicas e os agentes e mercados financeiros privados, assim como entre as moedas dos diversos países.

Na prática, essa "revolução financeira" deu origem a um novo sistema monetário internacional, uma espécie de "sistema dólar flexível". E, segundo Serrano, neste novo padrão "o dólar continua sendo a moeda internacional, mas a ausência da conversibilidade em ouro dá ao Estados Unidos, e ao dólar, a liberdade de variar sua paridade em relação às demais moedas dos outros países conforme sua conveniência, através da simples movida de suas taxas de juros" (Serrano, 1988). Um poder ainda maior no caso da relação entre o dólar e as moedas fracas das economias periféricas que também desregularam seus mercados. Ademais, nesse novo sistema, nascido da revolução financeira dos anos de 1980, os Estados Unidos podem determinar – por intermédio do manejo de sua taxa de juros – não apenas a variação do valor das demais moedas, mas também a dinâmica de curto prazo da economia mundial. E, o que é essencial dentro das novas regras, o dólar deixou de ter qualquer padrão de referência que não seja o próprio poder norte-americano.

A possibilidade de fazer guerras à distância e sem perdas humanas, e o controle de uma moeda internacional sem padrão de referência que não seja o próprio poder do emissor mudaram radicalmente a forma de exercício do poder americano sobre o mundo. Com a eliminação do poder de contestação soviético e com a ampliação do espaço desregulado da economia mundial de mercado, criou-se um novo tipo de território submetido à senhoriagem do dólar e à velocidade de intervenção de suas forças militares. Logo depois da Segunda Guerra Mundial, a *Pax* americana tinha um parentesco com os velhos impérios marítimos europeus na África e na Ásia, cuja estrutura de poder articulava-se por meio de redes militares, mercantis e financeiras apoiadas por "fortalezas" e "feitorias". Mas agora, o novo poder monetário e balístico dos Estados Unidos lhes permitiu maior distanciamento e a possibilidade de estabelecerem uma nova forma de dominação que ainda mantém, em alguns casos, suas fortalezas, mas se desfaz cada vez mais das feitorias, as quais são aos poucos substituídas pelo controle à distância dos bancos centrais das províncias incluídas em seu território imperial. Um território que dispensa fronteiras físicas, porquanto está recortado por fronteiras monetário-financeiras e estratégicas, o que, por sua vez, facilita a liderança do capital financeiro norte-americano nos processos de fusões que promoveram, em todo mundo, uma gigantesca centralização de capital durante os anos de 1980 e 1990.

O espaço desse novo tipo de Império Americano não é contínuo, tampouco homogêneo. Seu poder apoia-se no controle de estruturas transnacionais, militares, financeiras, produtivas e ideológicas de alcance global, mas não suprime os Estados nacionais, tampouco a hierarquia do sistema interestatal. Pelo contrário, ele reconhece a existência de Estados, que são seus adversários estratégicos, e exerce seu poder de maneira diferenciada com relação aos demais: vassalagem, no caso de alguns países do Leste Asiático e do Oriente Médio; hegemonia, no caso dos seus aliados europeus. Só na América Latina é que o poder imperial americano é exercido sobre um território contínuo, incluindo todos os seus Estados, com a exceção de Cuba.

A Doutrina Monroe foi enunciada em 1823, mas foi só depois da Guerra Hispano-Americana de 1898 e da crise e da decadência da hegemonia mundial inglesa que os Estados Unidos passaram a exercer um poder ou soberania supranacional incontrastável com relação aos Estados latino-americanos. Essa aparente ausência de territorialidade e a inexistência de contestação é que levam muitos analistas a pensar que se trate de um império em redes que chegou para ficar. Mas esta forma de organização econômica e política envolve contradições e limites que poderão erodir o poder desse império no longo prazo. Não cabe num artigo desta natureza uma discussão de tal complexidade, mas é possível identificar aqui ao menos alguns limites à expansão desse império; três limites que, uma vez ultrapassados, implicariam sua degeneração ou desintegração (Tavares; Fiori, 1997).

O primeiro tem que ver com a capacidade de sobrevivência do capitalismo, caso desaparecesse a competição entre os Estados ou poderes políticos territoriais. O segundo tem que ver com o fato de que uma autoridade imperial, para que seja aceitável, eficaz e respeitada, requer a existência de alguma combinação de forças que reduza o grau de arbítrio e de egoísmo do poder imperial. E o terceiro e último limite tem que ver com o fato de que para que um "poder global" se sustente no longo prazo é indispensável que ele permita que os demais governantes dos Estados ou "províncias independentes" mantenham sua legitimidade perante seus governados, evitando, sobretudo, a tendência natural do sistema à "pauperização relativa" de suas populações. Esses três limites apontam para a mesma questão central: a necessidade ou desnecessidade da competição interestatal como condição indispensável da acumulação capitalista e da gestão global do poder político mundial.

3.4.6 Impérios e Estados nacionais

Logo depois do fim da Guerra Fria, ainda não se falava a respeito desse novo Império Americano. Mas passada a comemoração inicial, estabeleceu-se uma polêmica quanto ao futuro do sistema político e econômico mundial, que percorreu toda a década de 1990. Seu pano de fundo foi sendo armado por acontecimentos que, na maioria dos casos, contradiziam o otimismo dos primeiros momentos. No campo da economia internacional, ficava cada vez mais visível o aumento rápido e geométrico das distâncias entre a riqueza das nações. Os Estados Unidos, a China e a Índia cresciam de forma acelerada, mas a Europa só saiu da estagnação de forma muito lenta, ao passo que as economias do Leste Asiático sofriam um abalo na segunda metade da década, somando-se a uma longa estagnação japonesa.

O Leste Europeu patinava, e logo se percebeu que a Rússia tomaria muito tempo para recuperar os padrões de produção, de produtividade e de riqueza alcançadas pela economia soviética. No outro extremo, as economias emergentes latino-americanas se arrastavam, prisioneiras da camisa de força criada por suas políticas liberais e pela fragilidade financeira do seu novo modelo econômico de desenvolvimento, "dependente e associado", cujas restrições externas não lhes deixaram margem para um crescimento rápido e sustentado.

Enquanto isso, no campo político e militar, depois da Guerra do Golfo, multiplicou-se o número de guerras locais e incontroláveis na África, e foram ficando cada vez mais complexos os conflitos nos Balcãs e na Rússia, que culminaram nas guerras do Kosovo e da Chechênia. O Oriente Médio e a Ásia aumentavam suas compras de armamento, enquanto a Índia, o Paquistão e a Coreia do Norte aceleravam seus programas nucleares, e a China assumia – ou era posta – na condição de principal possível adversário dos Estados Unidos. Por outro lado, a Comunidade Europeia dava os primeiros sinais de que queria exercer, a médio prazo, algum tipo de "direito de veto" em relação ao exercício do poder imperial americano.

O debate quanto ao futuro desse confuso quadro, por óbvio, não poderia ter sido conclusivo. Henry Kissinger e Samuel Huntington, por exemplo, dois inveterados conservadores, divergiam radicalmente quando especularam a respeito do futuro geopolítico desse mundo. Kissinger acreditava no aparecimento de um novo sistema de equilíbrio internacional em que o poder ficaria dividido entre oito ou nove países, mas ele não tinha dúvidas quanto ao papel central dos Estados Unidos na administração desse equilíbrio de poder.

Samuel Huntington, ao contrário, previa um "choque de civilizações" num futuro em que as guerras tenderiam a ser o resultado das diferenças e dos conflitos entre os sete ou oito grandes blocos civilizatórios em que ele divide a humanidade. Mas ele também acreditava que a gestão mundial ainda permaneceria, por muito tempo, nas mãos de dois "diretórios": um, militar, formado pelos Estados Unidos, pela França e pela Inglaterra; e o outro, econômico, formado pelos Estados Unidos, pela Alemanha e pelo Japão.

Do lado oposto, entretanto, as divergências não eram menores entre Robert Cox e Giovanni Arrighi, dois especialistas internacionais de filiação neomarxista que tiveram papel importante na polêmica dos anos de 1990. Cox via dois cenários possíveis: um que seria o de uma nova hegemonia sustentada sobre as estruturas globais de poder criadas pela internacionalização da produção e do Estado; e o outro, que se caracterizaria pela permanência de vários centros conflitantes. Ao passo que Giovanni Arrighi previa três desdobramentos possíveis: o primeiro no qual se manteria o poder americano e, por conseguinte, possibilitaria o nascimento de um império mundial; o segundo no qual ocorreria uma "mudança de guarda", mas em que o novo *hegemon* perderia a capacidade de gestão global do poder político e da acumulação econômica, empurrando a economia mundial na direção de uma economia de mercado anárquica; o terceiro, finalmente, apontaria na direção de um longo período de caos sistêmico, capaz de devolver o mundo a uma nova era de barbárie ou de "feudalização" do poder mundial.

Passada uma década, a discussão acerca dos horizontes mundiais se mantém, mas é possível identificar pelo menos um grande denominador comum entre todas estas especulações: a mesma dúvida ou divergência que alimentou, no início do século XX, o clássico debate entre Lênin e Kautsky a respeito da viabilidade ou inviabilidade de um "supercapitalismo", gerido de forma condominial e pacífica, pelas grandes potências e corporações privadas que disputam o poder e a riqueza mundial. Ou, pelo ângulo contrário, a respeito da inevitabilidade ou evitabilidade da competição imperialista e da guerra.

Por trás dessa incerteza internacional, esconde-se o problema histórico e teórico que ficou esquecido durante o período da hegemonia das ideias liberais: as relações entre o poder político e a economia no desenvolvimento do sistema capitalista mundial, e entre a vocação expansiva do capital e o projeto imperial das grandes potências. Nesse ponto, o novo tratamento histórico e sistêmico que propomos permite uma releitura da economia política do imperialismo e a formulação de algumas hipóteses históricas que podem ajudar a compreender as disjuntivas desse início de século XXI, bem como hipóteses a respeito da história dos grandes projetos imperiais modernos que se originaram na Europa junto com o sistema capitalista e com os Estados e mercados nacionais. Quais a principais lições desta história?

Em primeiro lugar, que o casamento do poder político com o capital privado foi um fato decisivo na origem da modernidade e do sistema capitalista. E que foi essa união que transformou a Europa no centro dominante do mundo e no lugar onde a riqueza mundial começa concentrar-se de forma geométrica a partir do século XVI.

Em segundo lugar, que desse casamento que nasceram, de forma quase simultânea, os Estados territoriais, as economias, as identidades nacionais e os primeiros impérios mercantis ou coloniais. Um fato que contradiz o senso comum de que os Estados nacionais teriam sido sempre um freio – ainda que impotente – ao movimento de globalização do capital. A lição da história aponta numa direção oposta: se é verdade que o capital sempre teve uma propensão incontida à globalidade, os Estados territoriais já nasceram tentando expandir seu poder na direção da "extraterritorialidade", competindo entre si e tentando construir impérios cada vez mais globais. Essa tendência se impôs como um dado da realidade, nos séculos XVI e XVII, no momento em que se consagrava o direito à soberania dos Estados europeus e, ao mesmo tempo, espraiavam-se pelo mundo os impérios ibéricos. Mas essa mesma lei seguiu atuante, depois da Revolução Industrial inglesa, e durante a segunda grande expansão colonial europeia, no século XIX, transformando-se no comportamento normal de todos os Estados que vieram a fazer parte do grupo das grandes potências do sistema político mundial. É o que nos diz, em outras palavras, o historiador Thomas Brady, depois de analisar a formação das nações e dos impérios mercantis europeus: "persiste a tese de que o império parecia necessário para a construção da nação" (Brady, 1997, p. 157). E foi também o que percebeu Bukharin ao formular sua tese absolutamente original entre os autores marxistas – com a exceção de Hilferding –, de que

> [...] o desenvolvimento do capitalismo mundial traz como resultado, de um lado, a internacionalização da vida econômica e o nivelamento econômico; e, de outro, em medida infinitamente maior, o agravamento extremo da tendência à nacionalização dos interesses capitalistas, à formação de grupos nacionais estreitamente ligados entre si, armados até os dentes e prontos, a qualquer momento, a lançar-se uns sobre os outros (Bukharin, 1984, p. 97).

Em terceiro lugar, a história ensina que esta competição político-econômica entre os Estados europeus originários provocou uma convergência crescente de interesses e uma aliança duradoura entre os prínci-

365

pes, os mercadores e os banqueiros. Aliança que também se manteve no decorrer dos séculos seguintes quando a competição entre os Estados e suas expansões imperiais se transformaram numa formidável alavanca de acumulação e de concentração territorial de riqueza. Trata-se do espaço em que sempre atuaram os "grandes predadores" capitalistas, acerca do qual o historiador Fernand Braudel relata, o verdadeiro ponto de encontro e lugar de reprodução ampliada do poder e da riqueza, mas sobretudo do capital financeiro.

Uma quarta lição da história é que a competição entre esses blocos – formados pela aliança entre Estados e capitais privados – acabou gerando uma estrutura permanente e hierarquizada de poder e de riqueza dentro da própria Europa: "O sistema de produção mundial adquire, assim, o aspecto seguinte: alguns corpos econômicos organizados e coerentes (grandes potências civilizadas) e uma periferia de países retardatários" (Bukharin, 1984, p. 67). De forma que, depois do século XVII, o poder econômico e político concentrou-se cada vez mais no norte do continente, ao passo que a região do Mediterrâneo e do Leste Europeu iam se constituindo na primeira periferia do sistema capitalista mundial. Desde então, a composição desse núcleo central do sistema se alterou muito pouco ao longo dos séculos. Trata-se de um pequeno número de jurisdições políticas europeias e autônomas (ao qual se agregaram, no século XX, os Estados Unidos e o Japão), que pode ser considerado como o "núcleo orgânico" de gestão política do capitalismo, apesar de que ele tenha sido o epicentro das guerras mais violentas da história moderna. Competição e guerras que foram absolutamente decisivas para a expansão dos mercados, para a difusão do progresso tecnológico e para a acumulação e distribuição da riqueza mundial. E, nesse sentido, também foram decisivas para a criação das "janelas de oportunidade" que permitiram – quando bem aproveitadas – o aumento da participação na riqueza mundial de alguns poucos Estados e territórios situados fora do núcleo central do sistema. Foi o caso de alguns países do Leste Asiático, do México e do Brasil entre 1950 e 1980.

A compreensão da dinâmica interna deste "núcleo central" é absolutamente decisiva para qualquer discussão acerca do futuro do Império Americano, bem como para a retomada do pensamento crítico a respeito dos destinos da periferia latino-americana. E o que a história ensina, uma vez mais, é que as lutas internas a esse núcleo foram sempre pautadas pelo conflito provocado por uma vontade imperial que consegue se impor aos demais Estados durante um longo período da história e que, a partir daí, tenta construir um projeto de império global. Tal é o queria dizer Nickolai Buckarin ao afirmar, no início do século XX, que "uma unidade econômica nacional que não baste a si mesma e que estenda infinitamente sua força até transformar o mundo num império universal, tal é o ideal sonhado do capital financeiro" (Bukharin, 1984, p. 99). Mas o que a história também ensina, em último lugar, é exatamente que estes projetos de constituição de um império mundial nunca conseguiram se completar. Em todos os casos, esses impulsos imperiais dos poderes políticos e econômicos dominantes são barrados por outras "vocações" iguais e que lhe são contrárias.

Foi a existência simultânea destas várias vocações iguais e contrárias que produziu, em alguns momentos da história, sistemas internacionais de "equilíbrio de poder", como também levou, em outros momentos, às grandes guerras dos Estados-potências. Uma recorrência que tem dado razão, até aqui, à convicção leninista de que

> a evolução do sistema mundial tende para a constituição de um truste único, mundial, abrangendo, sem exceção, todas as empresas e todos os Estados. A evolução efetua-se, porém, em tais circunstâncias e a um ritmo tal, através de tais antagonismos, conflitos e convulsões – não apenas econômicos, mas também políticos, nacionais etc. – que, antes de se chegar à criação de um único truste mundial, antes da fusão "superimperialista" universal dos capitais financeiros nacionais, o imperialismo deve estourar e transformar-se em seu contrário (Lênin, 1984, p. 13).

Se olharmos pelo lado do poder político, ou pelo lado dos mercados e do capital, chegaremos a uma mesma e surpreendente constatação: foi a resistência a estes grandes impulsos imperiais da história moderna que gerou, simultânea e contraditoriamente, os Estados e os mercados nacionais que alavancaram a globalização do capitalismo. E nesta dinâmica contraditória, só tiveram verdadeiro sucesso econômico e político os Estados que souberam se utilizar do impulso imperial e, ao mesmo tempo, se opor a ele, fazendo uso, no campo econômico, de vários tipos de políticas mercantilistas. Pode-se afirmar que estas políticas foram – desde o século XVII – um instrumento decisivo para a criação e para a afirmação internacional do poder de todos os Estados e de todos os capitais que cresceram resistindo aos grandes impérios. Da mesma maneira que as políticas liberais e livre-cambistas foram sempre a proposta e a linguajem do poder imperial vencedor em cada momento desta história.

Isso foi o que ocorreu durante a supremacia dos dois grandes poderes mundiais modernos que antecederam o Império Americano. Foi a resistência ao Império Espanhol de Isabel, a Católica, de Carlos V e de Felipe II, que se expandiu, o qual estava associado ao capital financeiro italiano e alemão (entre 1492 e 1650), que deu origem aos principais Estados e mercados nacionais do Norte da Europa, em particular Holanda, França e Inglaterra. E foram esses Estados que acabaram derrotando a Espanha e dividindo seus territórios coloniais. Durante todo este período, a competição e as guerras entre eles pautaram o desenvolvimento econômico e político dentro da Europa e nos vários espaços do gigantesco império da União Ibérica. E, mais adiante, foi a resistência ao Império Inglês – que se expandiu (entre 1760 e 1914) – associado ao seu próprio capital financeiro, que acabou "turbinando" os Estados e os "capitalismos tardios", os quais ultrapassaram a própria Inglaterra (sobretudo os Estados Unidos, a Alemanha e o Japão). A competição entre eles foi a grande responsável pela recolonização europeia do mundo na segunda metade do século XIX. Mas foi ela também que levou a Europa às duas guerras mundiais que desmontaram o Império Inglês e a superioridade mundial europeia. Nesse momento foi quando se abriram as portas para o avanço do projeto imperial norte-americano. Nesse sentido, tem razão o historiador Thomas Brady quando afirma e sintetiza parte do nosso argumento:

> [...] Se o império consiste no governo centralizado de povos diversos, combinado com uma ideologia integradora abrangente e uma circulação de riqueza para o centro e de força para a periferia, então os principais Estados da Europa moderna inicial eram todos impérios antes de serem Estados nacionais, e as nações europeias modernas são em grande parte suas criações (Brady, 1997, p. 159).

3.4.7 Império, pauperização e revolução social

Outro aspecto decisivo do novo sistema mundial é a velocidade e a intensidade com que se deu o processo de polarização da riqueza e da renda, entre países e classes sociais, nos últimos 25 anos do século XX. Neste ponto, tampouco existe uma novidade tão grande com relação à história do sistema capitalista e suas estruturas sociais e políticas. Com a exceção de alguns poucos países e de um período curto do século XX, a expansão "natural" do sistema – quando movido pelos mercados autorregulados – produziu uma polarização crescente da riqueza entre as nações, bem como uma distribuição cada vez mais desigual da renda entre as classes sociais. Pode-se dizer que a "lei da pauperização relativa" da qual Marx tratou no século XIX segue vigente, depois de um período – a "era de ouro" do capitalismo, entre 1950 e 1980 – em que parecia haver sido superada pela aceleração do crescimento econômico mundial e pela criação do Estado de bem-estar social nos países industrializados do núcleo central do sistema. Nos últimos 25 anos, entretanto, junto com o retorno das ideias liberais e com a desregulação dos mercados, as desigualdades nacionais e sociais voltaram a crescer.

Desde o século XVI, a polarização da riqueza e do poder mundial esteve por trás da competição entre os Estados e de quase todas as suas grandes guerras. E a "pauperização social" esteve por trás do conflito entre as classes, bem como de inúmeras guerras civis dentro dos próprios Estados territoriais. Foi no momento em que se expandia o Império Espanhol, logo depois da eleição de Carlos V como imperador do Sacro Império Romano-Germânico, em 1519, e da Reforma Luterana, em 1517 a 1520, que as rebeliões sociais camponesas se somaram às guerras religiosas durante o processo de formação dos primeiros Estados nacionais europeus. Mais tarde, no século XIX, a expansão do Império Inglês foi contemporânea da "era das revoluções", começando na Bastilha, em 1789, passando pelas revoluções de 1830 e 1848 e culminando na Comuna de Paris em 1871. E a competição imperialista dos Estados europeus, que expulsam seus "pobres" para a América, entre 1880 e 1914, não apenas acelera a polarização da riqueza mundial, mas também acelera a luta de classes: é quando surgem os movimentos internacionalistas e cresce de maneira veloz o poder eleitoral dos partidos social-democratas. Por fim, o projeto imperial americano começa quase no mesmo instante em que se inicia a revolução soviética, bem como as demais revoluções socialistas, as quais foram derrotadas na Europa Central, e foi acompanhado, durante todo o século XX, pelo avanço da democratização dos países já industrializados, assim como pelas revoluções que desmontaram o mundo colonial europeu, região em que a causa da independência nacional se conjugou, quase sempre, com a causa social dos "condenados da terra".

Como se sabe, foi Marx quem desenvolveu a teoria mais sistemática e consistente acerca das origens e da dinâmica da revolução social dentro do sistema capitalista. Mas sua teoria se centra na luta de classes do capitalismo industrial, e não concede maior importância ao problema dos territórios e das nações. Apesar de que reconheça no *Manifesto* que "a luta do proletariado contra a burguesia, embora não seja na essencial uma luta nacional, reveste-se, contudo, dessa forma nos primeiros tempos". Só mais tarde, no início do século XX, foi que o "marxismo austríaco" passou a considerar a importância da "questão nacional" ao lado da revolução social. E foi Lênin quem propôs, finalmente, uma forma de compatibilizar as duas lutas dentro da estratégia da revolução socialista. Mas o problema se manteve, porquanto o que se supunha que seria transitório acabou se mostrando mais resistente do que se imaginava. Os projetos políticos ou revolucionários só podem ter alguma eficiência onde exista algum poder a ser conquistado, e esses centros de poder seguem organizados de forma territorial e nacional. Essa é uma dificuldade que se colocou no caminho de todos os internacionalismos "antissistêmicos". A globalização atual não alterou as contradições fundamentais do capitalismo entre o capital e o trabalho e entre a globalidade dos seus fluxos econômicos e a territorialidade de sua gestão política. E se mantêm, portanto, algumas condições e problemas que não são globalizáveis, como o da defesa dos sistemas econômicos "nacionais" e a proteção das populações ante a tendência do sistema à pauperização.

No seu livro *A grande transformação*, Karl Polanyi propôs uma tese completamente diferente e paradoxal: a resistência – nacional e social – ao aumento das distâncias e desigualdades é o que teria impedido a destruição da "economia de mercado", que, entregue a si mesma, tenderia à entropia. Para ele, existe um "duplo movimento" na história do capitalismo industrial, que seria o resultado histórico da "ação de dois princípios organizadores da sociedade liberal, cada um deles determinando os seus objetivos institucionais específicos, com o apoio de forças sociais definidas e utilizando diferentes métodos próprios". Trata-se do princípio do liberalismo econômico, que objetiva estabelecer um mercado autorregulável, e do princípio da proteção social, cuja finalidade é preservar o homem e a natureza, além da organização produtiva. Esse segundo movimento, entretanto – o da "autoproteção social" – sempre teve duas faces ou formas de manifestação histórica: i) a dos processos "internos" e nacionais de autoproteção ou democratização, que podem ou não passar por revoluções sociais e políticas; ii) e a dos processos "externos" de proteção dos sistemas econômicos nacionais, quase sempre apoiados em programas e mobilizações nacionalistas e políticas de tipo neomercantilista. Houve momentos na história europeia e das lutas anti-imperialista nos quais as duas faces se fundiram numa só,

370

em revoluções, em guerras, ou mesmo durante a construção do *Estado de bem-estar social*. Mas essa não tem sido a regra nos demais Estados, porquanto nasceram da decomposição sucessiva dos vários impérios europeus e constituíram aos poucos as novas periferias do sistema mundial.

3.4.8 A título provisório

Também aqui a história parece conter algumas lições preliminares, porém importantes, acerca destes pontos obscuros da teoria. A primeira é de que o aparecimento e o sucesso dos projetos de construção nacional sempre dependeram do grau adesão dado a ele pelas elites políticas, intelectuais e burguesas, bem como de sua capacidade conjunta de mobilização das classes médias e do povo. No entanto, em quase todos os países periféricos, dentro e fora da Europa, essas elites e burguesias foram, quase invariavelmente, "cosmopolitas" e liberal-internacionalizantes. Foi só em circunstâncias muito especiais que o jogo político e a competição econômica internacional forçaram as elites e burguesias locais a um rompimento com suas redes de solidariedade e de lealdade internacional e a uma aproximação de suas populações locais. Quando ocorreram esses movimentos de internalização das classes dominantes e de seus interesses econômicos, o nacionalismo cumpriu o papel decisivo de soldagem de uma "comunidade de interesses" – mesmo quando ela fosse apenas imaginária –, unida por algum tipo de desafio externo. E foi só nestas circunstâncias, e, em particular, em condições de guerra, que a "orientação estratégica" do desenvolvimento econômico nacional se preocupou com a incorporação social da população, convergindo num mesmo projeto a luta por maior participação na riqueza mundial, com a promoção ativa da redistribuição interna da riqueza nacional.

Essa convergência entre as questões nacionais e de classe ocorreu sobretudo nos países da Europa Central e do Leste Europeu e, como é óbvio, nos movimentos de libertação nacional dentro dos velhos impérios europeus na África e na Ásia. Foram os espaços nos quais a contradição capitalista, ligada ao problema da sua territorialidade, assumiu a forma mais nítida de uma "consciência para si" nacionalista, sem entrar em conflito com outras formas de consciência e de luta de classes. Mas em todos os casos, o que primou não foram os interesses materiais imediatos, sejam eles das elites burguesas ou do povo. O que de fato os aproximou e redefiniu seus interesses estratégicos e coalizões políticas foram condições externas mais ou menos recorrentes.

Em termos muito gerais e aproximativos, pode-se afirmar que – salvo raras exceções – a "internalização" das elites e das burguesias, e sua aproximação nacionalista dos seus povos, só ocorreram quando houve algum tipo de bipolarização ou competição política, militar ou econômica, no campo internacional, capaz de ameaçar ou afetar os interesses do Estado e da riqueza das burguesias locais. Uma "lei" que atuou de forma implacável na história europeia e que se mantém vigente nas relações entre as grandes potências que compõem o núcleo central do sistema. Mas que só se manifesta de maneira deveras excepcional na periferia do sistema quando não existe um verdadeiro desafio geopolítico ou geoeconômico.

Nesse ponto deve começar uma nova *démarche* quanto à origem, à natureza e ao destino dos Estados latino-americanos, os quais sempre ocuparam um lugar *sui generis* no sistema mundial desde sua independência no século XIX. Foram Estados independentes e dirigidos, em geral, por elites locais, mas a ação econômica e as pressões liberalizantes dos países centrais não geraram neles nenhum tipo de reação protecionista ou de expansionismo regional, como ocorreu com o Japão e também com os Estados Unidos, de maneira que a competição interestatal, mesmo no espaço regional, nunca teve papel decisivo no desenvolvimento dos seus capitalismos, bem como na multiplicação das suas riquezas nacionais. Como diz Charles Tilly, "os Estados da América Latina [...] diferem grandemente no que diz respeito tanto à organização interna quanto à posição dentro do sistema universal de Estados" (Tilly, 1996, p. 278). Os novos Estados independentes, que nascem da decomposição dos impérios ibéricos, jamais viveram, como na Europa, as "formas de guerra que esmagaram temporariamente os seus vizinhos, e cujo suporte gerou como produtos secundários a centralização, a diferenciação e a autonomia do aparelho estatal" (Tilly, 1996, p. 262).

Polanyi e Tilly podem nos dar uma pista para compreender por que, pelo menos até a década de 1930, as iniciativas democratizantes e regulatórias das relações de trabalho e de proteção social só apareceram, em alguns poucos países latino-americanos, que foram, de fato, uma espécie de domínios informais da Inglaterra, como foi o caso da Argentina e do Uruguai. E mesmo nestes casos, o movimento de regulação e de proteção social nunca esteve associado a nenhum tipo de projeto nacionalista. No Brasil, entretanto, esse mesmo princípio ou movimento de proteção social só se manifestou de forma tardia, sobretudo depois de 1930. E só em dois momentos – entre 1930 e 1955 e na década de 1970 – pode-se dizer que houve uma convergência entre os movimentos de autoproteção nacional e o de regulação das relações sociais. Por isto, o projeto de construção nacional ficou sempre inconcluso, e o nacionalismo foi sobretudo uma ideologia de intelectuais, de militares, de burocratas e de um pequeno segmento empresarial.

> Enquanto a ação do "princípio de proteção social", foi extremamente lenta e não seguiu a trajetória das revoluções democráticas e socialistas europeias, nem a das modernizações autoritárias e "pelo alto", ficando mais próxima da evolução secular dos Estados Unidos, com quem nossas elites já haviam partilhado – em sua Inconfidência Mineira – o sonho da criação de uma república escravocrata (Fiori, 2001, p. 53).

Charles Tilly, no entanto, só aprofunda a análise desses Estados da perspectiva do papel central que neles ocuparam os militares. Não considera o fato de que, apesar da ausência de guerras internas, estes países não viveram isolados ou impermeabilizados com relação às consequências da dinâmica competitiva, das guerras e das crises econômicas que se desenvolviam no núcleo central do sistema mundial. E a verdade é que esses fatores pesaram na história do continente não apenas durante as lutas coloniais da União Ibérica com os países da Europa do Norte, como também no período que recobre desde a exaustão das colônias espanholas e da descoberta das minas gerais brasileiras até a colagem dos novos Estados na economia mundial liderada pela Inglaterra, depois de 1860. Sem mencionar os processos de independência nacional, inaugurados pelas guerras napoleônicas e sacramentados pelos acordos do Congresso de Viena sob a batuta e a tutela inglesa.

Nem Tilly nem Polanyi, mas tampouco os estruturalistas e os marxistas latino-americanos, deram maior atenção, nas suas análises históricas – em particular, no caso brasileiro –, ao fato decisivo da desconexão entre o processo de formação dos mercados e dos capitais mercantis e financeiros nacionais, e o processo de formação do Estado imperial brasileiro. Processos paralelos que não geraram o efeito dinamizador e expansivo do capital e do poder, tal como ocorrera na origem conjunta do capitalismo e dos primeiros Estados territoriais.

A ausência dessa história nas análises críticas talvez explique a dificuldade que todos sempre tiveram para interpretar a natureza político-econômica, nacional e internacional, a um só tempo, do "crescimento para dentro", do "nacional-populismo" ou da "industrialização restringida", processos que se viabilizam no contexto da longa crise bélico-econômica mundial que se estende de 1914 até 1945. Tornando, por conseguinte, mais difícil incorporar o papel da Guerra Fria não apenas na explicação do autoritarismo político latino-americano, mas também na explicação do avanço acelerado, no caso brasileiro, depois de 1955, da "industrialização pesada" e da "internacionalização do mercado interno".

Por tudo isso, um novo programa de pesquisa acerca do desenvolvimento capitalista latino-americano tem de passar, inevitavelmente, por uma "reperiodização" da sua história, e começar pelo estudo das relações entre os impérios e este tipo peculiar de "províncias independentes" que transformaram a América Latina no primeiro laboratório mundial de experimentação do tão sonhado ideal da economia política clássica até 1848: a multiplicação de Estados independentes, com economias abertas e políticas liberais, associados integralmente ao dinamismo da economia industrial inglesa. Exatamente aquilo que os estruturalistas chamaram, um século depois, de periferia.

4
Poder global e riqueza

> Na minha opinião, as razões pelas quais os ate-
> nienses e os peloponésios romperam sua trégua de
> trinta anos, concluída por eles após a captura de
> Eubeia, é que os atenienses estavam tornando-se
> muito poderosos, e isto inquietava os lacedemô-
> nios, compelindo-os a recorrer à guerra.
>
> (Tucídides, 1987, p. 3)

4.1 Formação, expansão e limites do poder global[49]

4.1.1 O paradoxo do hiperpoder

No início do século XXI, o poder militar e econômico dos Estados Unidos é incontrastável. Os analistas internacionais tratam-no cada vez mais como um império, comparando-o muitas vezes ao Império Romano, o que só é válido como exercício impressionista. O que é certo é que os Estados Unidos saíram da Guerra Fria na condição de uma "hiperpotência" e, durante o século XX, muitos autores afirmaram que esta concentração de poder global num só Estado seria a condição essencial de uma paz mundial duradoura e de uma economia internacional estável.

No início da década de 1970, Charles Kindleberger e Robert Gilpin formularam a tese fundamental da "teoria da estabilidade hegemônica". O mundo vivia o fim do sistema de Bretton Woods e assistia à derrota dos Estados Unidos no Vietnã. Estes dois autores estavam preocupados com a possibilidade de que se repetisse a Grande Depressão dos anos de 1930 por falta de uma liderança mundial. Foi quando Kindleberger propôs a tese de que "uma economia liberal mundial necessita de um estabilizador e um

---

49. Este texto foi publicado originalmente em Fiori (2004, p. 11-66).

só país estabilizador" (Kindleberger, 1973, p. 304). Um país que assuma a responsabilidade e forneça ao sistema mundial alguns "bens públicos" indispensáveis para o seu funcionamento, como é o caso da moeda internacional, do livre-comércio e da coordenação das políticas econômicas nacionais. A preocupação de Kindleberger era propositiva, mas sua tese também tinha uma pretensão teórica e se baseava na mesma leitura da história do capitalismo feita por Robert Gilpin: "a experiência histórica sugere que, na ausência de uma potência liberal dominante, a cooperação econômica internacional mostrou-se extremamente difícil de ser alcançada ou mantida" (Gilpin, 1987, p. 88). Kindleberger discorreu primeiro acerca de uma "liderança" ou de uma "primazia" dentro do sistema mundial, mas depois um número cada vez maior de autores utilizou o conceito de "hegemonia mundial". Às vezes, se referindo simplesmente a um poder acima de todos os demais poderes, outras, numa linha mais gramsciana, ao poder global de um Estado que fosse aceito e legitimado pelos demais Estados.

De qualquer maneira, essa tese não era completamente nova e já havia sido formulada no campo político em 1939, por Edward Carr, o pai da teoria realista internacional. Carr discutia o problema da paz num sistema estatal anárquico, mas também neste campo chegou a uma conclusão análoga a de Kindleberger e a de Gilpin: para que exista paz, é necessário que exista uma legislação internacional, e para que "possa existir uma legislação internacional, é necessário que exista um superestado" (Carr, 2001, p. 211). Uma nova versão do velho argumento de Thomas Hobbes: "antes que se designe o justo e o injusto deve haver alguma força coercitiva". Alguns anos depois, Raymond Aron se afastaria um pouco da ideia hobbesiana do "superestado", alinhando-se ao lado da visão cosmopolita e liberal de Kant, mas também reconhecia a impossibilidade da paz mundial "enquanto a humanidade não se tivesse unido num Estado Universal" (Aron, 1962, p. 47).

Durante a década de 1980, a "teoria da estabilidade hegemônica" foi submetida a uma crítica minuciosa de suas inconsistências teóricas e históricas" (McKeown, 1983; Rogowski, 1983; Stein, 1984; Russet, 1985; Snidal, 1985; Strange, 1987; Walter, 1993). Mas, a despeito das críticas, a tese inicial de Kindleberger e Gilpin se transformou no denominador comum de uma extensa literatura a respeito da necessidade e da função dos "países estabilizadores" ou "hegemônicos", bem como a respeito das "crises e transições hegemônicas". De um lado, se alinharam, desde o início, os "realistas" ou "neorrealistas" de variados matizes, aprofundando a discussão acerca da origem e do poder dos Estados hegemônicos e acerca da sua "gestão global" baseada no controle das matérias-primas estratégicas, dos capitais de investimento, das tecnologias de ponta, das armas e das informações. Kindleberger e Gilpin pertenciam a este grupo realista inaugurado por Edward Carr; contudo, também Susan Strange, que criticava a teoria da estabilidade hegemônica, conquanto reconhecesse a existência de "poderes estruturais globais" capazes de induzir o comportamento dos demais Estados, sem necessidade de recorrer à força, juntou-se a eles.

Em paralelo, um outro grupo de autores marxistas ou neomarxistas, como Immanuel Wallerstein e Giovanni Arrighi, chegaram a conclusões muito parecidas com as dos realistas. Eles partem do conceito e da história do *modern world-system*, criado na Europa, no século XVI, para concluir que a competição entre os Estados nacionais europeus só não degenerou em caos político e econômico graças ao comando – ao longo dos últimos quinhentos anos – de três grandes potências hegemônicas que teriam sido capazes de organizar ou "governar" o funcionamento hierárquico deste sistema mundial. Esta organização teria dado origem a uma espécie de "ciclos hegemônicos" liderados, sucessivamente, pelas Províncias Unidas no século XVII, pela Grã-Bretanha, no século XIX, e pelos Estados Unidos, no século XX.

Do lado oposto ao dos realistas, sempre estiveram os "liberais" ou "pluralistas", como Joseph Nye e Robert Keohane, convencidos de que os Estados nacionais estão perdendo sua importância e de que está nascendo uma nova ordem política e econômica mundial, regulada por "regimes supranacionais" legítimos, capazes de funcionar com eficácia, mesmo na ausência de potências hegemônicas. Verdadeiras "redes de regras, normas e procedimentos que regularizem os comportamentos e controlem seus efeitos, e que uma vez estabelecidas é muito difícil erradicá-las ou mesmo mudá-las radicalmente" (Keohane; Nye, 1977, p. 19). Mas mesmo Keohane e Nye reconhecem a existência de situações "em que não existe acordo sobre as normas e os procedimentos, ou em que as exceções às regras são mais importantes que as adesões" (Keohane; Nye, 1977, p. 20), e defendem que nestes casos a hierarquia e o poder dos Estados seguem sendo decisivos para a estabilização da comunidade internacional.

Num outro momento, Raymond Aron tentou resolver esta mesma ambiguidade ao propor uma distinção entre dois tipos de sistemas internacionais que coexistiriam lado a lado. Um mais "homogêneo" e o outro mais "heterogêneo", a depender do grau em que os Estados envolvidos compartilham ou não as mesmas concepções e valores internacionais. Mas Raymond Aron nunca conseguiu explicar por que as grandes guerras sempre se deram dentro dos sistemas "homogêneos" e entre os países que compartilham os mesmos valores e objetivos políticos e econômicos.

Edward Carr e Raymond Aron, assim como Joseph Nye e Robert Keohane, estavam preocupados com o problema da guerra e da paz; Charles Kindleberger, Robert Gilpin e Susan Strange, com o bom funcionamento da economia internacional; e Immanuel Wallerstein e Giovanni Arrighi, com a trajetória econômica e política de longo prazo do sistema mundial. Mas todos chegam a uma mesma conclusão: a presença de um Estado com poder global é indispensável para assegurar a ordem e a paz do sistema interestatal e o bom funcionamento da economia internacional, mesmo que seja por um período transitório, porquanto sempre haverá um novo *hegemon*[50]. No entanto, apesar deste enorme consenso teórico e normativo, o funcionamento do hiperpoder global norte-americano, depois de 1991, contradiz essas teorias e suas previsões históricas.

A União Soviética se desintegrou junto com o projeto socialista, e a Rússia ainda precisará de tempo para reconstruir sua potência econômica; o Japão e a Alemanha, segunda e terceira maiores economias do mundo, seguem estagnadas e ainda se mantêm na condição de protetorados militares dos Estados Unidos; a União Europeia move-se em câmara lenta, rumo à unificação efetiva, contida por suas divergências e conflitos seculares que impedem, por enquanto, que ela se transforme num verdadeiro Estado supranacional; a China é a economia que mais cresce no mundo e o Estado chinês tem um projeto estratégico de grande potência, mas ela não se mostra disposta a antecipar enfrentamentos que não sejam por causa de Taiwan. No resto do mundo, o que se viu depois da Guerra Fria foi um conflito prolongado no Oriente Médio, a exclusão econômica da África Negra e o crescimento errático e sem maior relevância geopolítica da América Latina.

---

50. A mesma posição defendida mais recentemente, de uma maneira ou de outra, por Charles Krauthammer (1990); Philip Bobbit (2001); Robert Kaplan (2001); Paul Kennedy (2002); Nial Ferguson (2002, 2004); e pelo próprio Joseph Nye (2002).

Em síntese, nada parece ameaçar de imediato o poder global dos Estados Unidos, o qual, por sua vez, demonstra de maneira clara e sucessiva que pretendem manter e expandir este poder sem fazer maiores concessões às demandas "multilateralistas" das demais potências. Essa supremacia político-militar transformou os Estados Unidos numa espécie de "superestado", como preconizava Edward Carr. Mas, apesar disso, nesse mesmo período o número de guerras aumentou, e os Estados Unidos se envolveram em 48 intervenções militares, três vezes mais do que durante toda a Guerra Fria, conforme dados da U.S. Commission National Security (1999 *apud* Bacevich, 2002, p. 143). Ao mesmo tempo, a legislação e os regimes internacionais existentes têm sofrido uma perda de legitimidade constante à medida que foram sendo atropelados pelas decisões e pelas ações, sobretudo do "superestado", que deveria resguardá-los e garanti-los, segundo as previsões teóricas.

Depois de 2001, a nova doutrina estratégica americana do Governo Bush assumiu plenamente a unipolaridade e o projeto imperial americano. Mas, também neste caso, os resultados das ações do "superestado" têm sido frustrantes do ponto de vista dos seus próprios objetivos, porque o hiperpoder americano não conseguiu controlar nem reduzir o terrorismo, que se expandiu e se universalizou depois dos ataques americanos ao Afeganistão e ao Iraque. Por outro lado, essas guerras e a ocupação militar do Afeganistão e do Iraque demonstraram a falta de planejamento estratégico e o despreparo para o exercício "estabilizador" do poder colonial, ou para a reconstrução nacional dos países que foram conquistados ou derrotados. Em síntese, o balanço da primeira década de exercício do poder global e unipolar americano não correspondeu às expectativas e às previsões teóricas: não houve paz, tampouco houve estabilidade política dentro do sistema mundial.

Por outro lado, como preconizaram Kindleberger, Gilpin e Strange, os Estados Unidos concentraram nas suas mãos, durante a década de 1990, todos os instrumentos de poder indispensáveis ao exercício da liderança ou hegemonia econômica mundial: arbitraram isoladamente o sistema monetário internacional; promoveram a abertura e a desregulação das demais economias nacionais; defenderam o livre-comércio e promoveram ativamente a convergência das políticas macroeconômicas de quase todos os países capitalistas relevantes. Além disto, mantiveram e aumentaram seu poder no plano industrial, tecnológico, militar, financeiro e cultural. Mas, apesar de tudo isso, o mundo viveu nesse período uma sucessão de crises financeiras, e a maior parte da economia internacional entrou num período de baixo crescimento prolongado com a notável exceção dos próprios Estados Unidos, da China e da Índia.

O grande problema teórico, entretanto, não está apenas na dificuldade dos Estados Unidos para estabilizar a paz e o crescimento econômico do sistema mundial. Está no paradoxo, absolutamente inexplicável a partir das perspectivas de todas as teorias existentes a respeito das lideranças ou das hegemonias mundiais: a descoberta de que as principais crises do sistema foram provocadas pelo próprio poder que deveria ser o seu grande pacificador e estabilizador. Já havia sido assim na crise econômica e militar da década de 1970 quando os Estados Unidos decidiram "escalar" unilateralmente a Guerra do Vietnã, iniciando os bombardeios de Hanói, da mesma forma em que decidiram abandonar o regime monetário internacional que haviam proposto e aprovado em Bretton Woods e iniciar a desregulamentação unilateral dos mercados financeiros.

Esse impulso desestabilizador da hiperpotência ficou muito mais visível depois de 1991, quando os Estados Unidos se expandiram e se envolveram cada vez mais em todo o mundo, fazendo intervenções militares, inovando e aumentando sem parar seus arsenais e abandonando sucessivamente quase todos os regimes e acordos que haviam defendido nas últimas décadas. Como explicar este surpreendente paradoxo histórico, e que conclusões tirar deste desencontro total entre as teorias e os fatos históricos?

Uma possibilidade de explicar a impotência da teoria diante dos fatos contemporâneos seria a hipótese de Immanuel Wallerstein (2003, 2004) e de Giovanni Arrighi (2001, 2003), de que o sistema mundial estaria vivendo uma situação de "crise terminal". No caso de Arrighi, tratar-se-ia da crise final da hegemonia norte-americana, de tipo clássica, como aconteceu também, no seu devido tempo, com as hegemonias da Holanda e da Inglaterra. Para Wallerstein, entretanto, o sistema mundial estaria vivendo uma crise ainda mais profunda e radical, a crise do próprio *modern world-system*, que nasceu no século XVI e deverá sobreviver, segundo o autor, até 2050. Immanuel Wallerstein não tem uma teoria que sustente sua tese do fim do "sistema mundial moderno", e as evidências que apresenta são dispersas, heterogêneas e extremamente impressionistas, passando pela demografia, pela ecologia e pelo mundo da cultura.

Fica difícil aceitar sua hipótese de que a crise final virá também pelo lado econômico, produzida por um *profit squeeze* de escala planetária, isto dito num momento em que se reduz, *urbi et orbi*, o "trabalho necessário", o qual aumenta a exclusão dos trabalhadores e faz com que caia a participação dos salários na renda nacional de quase todos os países do mundo. Tampouco fica claro, na obra de Wallerstein, como se originam, se identificam e se distinguem as crises de hegemonia dos demais momentos de tensão e retrocesso dentro do sistema mundial. E como, finalmente, se pode distinguir uma "crise de hegemonia" de tipo clássica, de uma "crise terminal" do próprio sistema mundial moderno. Talvez por isto a visão de Wallerstein parece, às vezes, dividida entre grandes panoramas históricos em que quase não há lugar para mudanças e análises de conjunturas, isto é, em que tudo está sempre em estado de "crise final".

Algo similar não pode ser dito de Giovanni Arrighi, porquanto parte de uma teoria extremamente elaborada acerca dos ciclos de acumulação e hegemonia do desenvolvimento capitalista para diagnosticar a "crise terminal" da hegemonia norte-americana, a qual teria começado na década de 1970. Para Giovanni Arrighi, as "crises de hegemonia" podem ser identificadas por meio de quatro sintomas fundamentais que apareceriam associados em todas as grandes crises e transições hegemônicas: i) as grandes "expansões financeiras sistêmicas", que seriam o efeito combinado de uma crise de sobreprodução com o aumento da disputa estatal pelos capitais circulantes no mundo; ii) a intensificação da competição estatal e capitalista; iii) a escalada global dos conflitos sociais e coloniais ou civilizatórios; e iv) a emergência de novas configurações de poder capazes de desafiar e vencer o antigo Estado hegemônico.

Em primeiro lugar, com relação às "grandes expansões financeiras", não está clara, na história econômica, a relação que existe entre elas e as crises cíclicas do sistema capitalista mundial, e muito menos com relação às crises hegemônicas do sistema político mundial. No caso inglês, a expansão financeira do início do século XIX foi decisiva para a consolidação, e não para a crise da hegemonia inglesa, ajudando a financiar a passagem da indústria algodoeira para a indústria metalúrgica das estradas de ferro. Logo em seguida, na segunda metade do século XIX, ocorreu uma nova grande expansão financeira contemporânea à crise econômica inglesa entre 1873 e 1893. Mas também nesse caso, a expansão financeira não deu origem apenas a movimentos especulativos, tendo sido um fator decisivo no sucesso das exportações inglesas e na expansão do território econômico controlado pelo capital financeiro, além de ter servido para injetar recursos na montagem do Império Britânico.

No final do século XX, a expansão financeira que começa na década de 1970 foi, sobretudo, uma consequência da abundância de petrodólares no mercado europeu; e nos anos de 1980 foi um fenômeno que se restringiu quase somente aos mercados desregulados anglo-saxões, tendo sido acompanhado da retomada do crescimento da economia norte-americana que se prolongou ao longo de toda a década seguinte. Por fim, nos anos de 1990 se pode discorrer, sem dúvida, acerca de uma "expansão financeira sistêmica"; mas esta foi consequência da desregulação generalizada dos mercados de capitais ao longo do mundo, além de ter-se dado num dos períodos de mais intenso e continuado crescimento da economia norte-americana. Nestes trinta anos, por outro lado, apesar da migração de capitais para o Leste Asiático, os Estados Unidos seguiram sendo o principal território econômico de aplicação e de investimento dos capitais do mundo inteiro.

Em segundo lugar, não há evidências suficientes de que o acirramento da competição interestatal e interempresarial tenha ocorrido apenas nos momentos das grandes transições, entre distintos ciclos de acumulação. Não parecem ser causa, nem são um indicador suficiente de uma crise de hegemonia.

E em terceiro lugar, mesmo que pareça uma questão de senso comum prever o aumento da "conflitividade social" em períodos de erosão dos poderes dominantes, é muito mais complicado demonstrar que as lutas revolucionárias e os movimentos sociais tenham aumentado durante os períodos de transição da hegemonia. Pelo contrário, a "era das revoluções" de Hobsbawm coincidiu com o período de consolidação, e não de crise da hegemonia inglesa, ao passo que a crise mundial dos últimos vinte anos do século XX, ao contrário do previsto pelo modelo, foi uma conjuntura de desaceleração dos conflitos e de derrota dos movimentos trabalhistas e sociais em quase todo o mundo.

Além disso, é imprescindível sublinhar que estas grandes ondas de descolonização e independência dos novos Estados – que tiveram lugar no início do século XIX e no decorrer do século XX – coincidiram com a ascensão, e não com a crise das hegemonias inglesa e norte-americana. Por fim, existe uma última objeção à tese de Giovanni Arrighi quanto à "crise terminal" da hegemonia americana. O autor parte da hipótese de que os Estados Unidos se fragilizaram nas últimas décadas ao se endividarem excessivamente e ao permitirem a transferência do "caixa" do sistema para o Leste Asiático. Com relação ao problema do endividamento, o autor confunde o funcionamento do atual sistema monetário internacional – o sistema do "dólar-flutuante" – com o que foram os sistemas monetários internacionais anteriores baseados nos padrões ouro-libra e ouro-dólar. Nestes dois últimos, "os países que emitiam a moeda-chave podiam fechar o saldo de sua balança de pagamentos com *déficits* globais, mas tinham de se preocupar permanentemente com sua posição externa para impedir que se alterasse o preço oficial da sua moeda em ouro" (Serrano, 1998, p. 1). Entretanto, no novo sistema monetário internacional que se consolidou nas décadas de 1980 e 1990:

> [...] os Estados Unidos podem incorrer em *déficits* em balanço de pagamentos de qualquer monta e financiá-los tranquilamente com ativos denominados em sua própria moeda. Além disto, a ausência de conversibilidade em ouro dá ao dólar e aos Estados Unidos a liberdade de variar sua paridade em relação às moedas dos outros países conforme sua conveniência, através da movida das taxas de juros. E, nesse sentido, a ausência de conversibilidade em ouro elimina pura e simplesmente o problema da restrição externa para os Estados Unidos (Serrano, 1998, p. 8-9).

Assim, ao contrário do que pensa Arrighi, a crise dos anos de 1970, a "expansão financeira" posterior e o fim da Guerra Fria, transferiram para os Estados Unidos uma centralidade militar, monetária e financeira sem precedentes na história da economia-mundo capitalista. E não há nada, portanto, no cenário mundial, que sustente a ideia de que ocorreu uma "bifurcação" entre o poder militar e o poder financeiro globais nos últimos vinte anos do século XX. Pelo contrário, ambos estão concentrados nas mãos de uma única potência que responde ainda pelo nome de Estados Unidos. Nesse contexto, fica difícil imaginar que possa surgir uma "nova configuração de poder" com capacidade hegemônica mundial em territórios que não passam de protetorados militares e cujo dinamismo econômico depende radicalmente da evolução dos acontecimentos nos próprios Estados Unidos. À guisa de conclusão, não há dúvida de que o sistema mundial está em transe e é bem provável que os Estados Unidos enfrentem dificuldades crescentes nas próximas décadas para manter o seu controle global. Mas não há evidências de que estas transformações sejam parte de uma crise terminal da hegemonia americana, e muito menos ainda de uma crise terminal do *modern world-system*.

Em síntese, existem fortes inconsistências teóricas e históricas nas teorias de Immanuel Wallerstein e de Giovanni Arrighi, e não há como contestar suas previsões porque são de natureza secular. Mas o que fica claro em todos os autores e teorias que trabalham, de uma forma ou outra, com os conceitos de liderança ou de hegemonia mundial é que estes conceitos não são suficientes para dar conta do funcionamento do sistema político e econômico mundial. Eles têm um viés excessivamente funcionalista e não captam o movimento contínuo e contraditório das relações complementares e competitivas do *hegemon* com os demais Estados do sistema durante sua ascensão, mas também não o captam durante o seu "reinado".

Em quase todas essas teorias, o *hegemon* é uma "categoria virtual", muito mais do que um Estado real, como se ele não fosse o resultado de um conflito permanente e fosse apenas uma "exigência funcional", imposta ou deduzida da natureza anárquica do sistema político criado pela Paz de Vestfália e do sistema econômico criado pela globalização das economias nacionais europeias. Por isso, o "líder", o "*hegemon*", ou ainda o "superestado" são vistos, quase sempre, pelo prisma de suas contribuições positivas para o sistema, sem que se analisem os "efeitos" negativos de suas ações expansivas que se mantêm e ampliam, mesmo durante seus períodos de supremacia inconteste. É por isso que essas teorias não conseguem dar conta da relação aparentemente paradoxal que liga o *hegemon* às próprias crises do sistema. Nesse sentido, pode-se concluir com toda a segurança que os conceitos de "liderança" ou de "hegemonia internacional" ajudam a compreender a estabilização e o funcionamento "normal" do sistema mundial, mas não dão conta das suas contradições e do desenvolvimento tendencial dos seus conflitos que existem e se mantêm ativos, mesmo nos momentos de maior legitimidade e paz hegemônica.

A frustração teórica com as teorias da liderança ou hegemonia mundial, e com a tese do superestado universal, está na origem do nosso trabalho, o qual recua no tempo histórico para examinar em termos teóricos a relação das guerras com o processo de formação e de expansão dos poderes territoriais europeus; e para captar o momento e os desdobramentos do encontro entre este processo de centralização de poder com o movimento simultâneo da acumulação da riqueza, antes e depois do surgimento dos Estados e das economias nacionais europeias. São novas estruturas de poder político e econômico que se projetam em conjunto – desde seu nascimento – para fora da Europa, criando o sistema político e econômico mundial pela força de suas armas e de suas economias nacionais.

Em nosso entender, é indispensável reconstruir esse processo competitivo e conflitivo para que se possa compreender: i) como aparecem e funcionam os países que assumem posições transitórias de liderança ou de hegemonia, sem deixarem de seguir competindo com os demais Estados e economias nacionais, para expandir seu poder e sua riqueza; ii) por que o processo de internacionalização ou globalização do capitalismo não foi uma obra do "capital em geral", e sim uma obra de Estados e economias nacionais que tentaram ou conseguiram impor ao resto do sistema mundial o seu poder soberano, a sua moeda, a sua "dívida pública" e o seu sistema de "tributação", como o lastro de um sistema monetário internacional transformado no espaço privilegiado de expansão do seu capital financeiro nacional; iii) por que não existe um Estado ou um império que absorve e dissolve os demais Estados nacionais, e sim um Estado nacional mais poderoso que se impõe aos demais durante um determinado período e, ao impor-se aos demais, impõe seus interesses nacionais ao resto do mundo; iv) e, por fim, por que existem dezenas, ou mais de uma centena, de Estados nacionais que não têm soberania real, tampouco têm possibilidade de ter uma economia capitalista nacional como capacidade de desenvolvimento sustentado.

4.1.2 O "jogo das trocas" e o "jogo das guerras"

A formulação de uma nova economia política do sistema mundial deve partir do "momento" lógico e histórico em que o "poder político" se encontra com o "mercado" e recorta as fronteiras dos primeiros "Estados/economias" e "identidades/interesses" nacionais. No terceiro volume de sua história da *Civilização material, economia e capitalismo dos séculos XV-XVIII*, Fernand Braudel diz que "na origem do mercado nacional existiu uma vontade política centralizadora: fiscal, administrativa, militar ou mercantilista" (Braudel, 1996b, p. 265), desenvolvendo uma tese que havia apresentado, pela primeira vez, numa conferência feita na Universidade de John Hopkins em 1977:

> [...] a economia nacional é um espaço político que foi transformado pelo Estado, devido às necessidades e às inovações da vida material, num espaço econômico coerente, unificado, cujas atividades passaram a se desenvolver em conjunto numa mesma direção [...] uma façanha que a Inglaterra realizou precocemente, a revolução que criou o mercado nacional inglês (Braudel, 1987, p. 82).

Da perspectiva teórica, o importante na pesquisa histórica de Braudel é a afirmação de que foi o poder político, e não o desenvolvimento endógeno das trocas, que deu origem aos mercados nacionais e de que este fenômeno só aconteceu plenamente na Inglaterra porque, no caso das Províncias Unidas o mercado interno não entrava no cálculo dos capitalistas holandeses, os quais estavam voltados quase exclusivamente para o mercado externo, e, no caso da França, a criação do mercado nacional foi atrasada pela vastidão do seu território, pela falta de ligações internas suficientes e pela ausência de uma "centralidade" política indiscutível, como aconteceu com Londres, no caso inglês. O importante é que, mesmo depois da Inglaterra, os mercados nacionais foram sempre uma criação do poder político, uma estratégia dos Estados territoriais que recortam o novo espaço e criam a nova unidade econômica a partir de um conjunto mais amplo e preexistente, que Braudel chamou de "economia-mundo europeia".

Esse "ato criador", portanto, só foi possível porque já preexistia, ao mercado nacional, uma concentração de poder territorial suficientemente unificada, com claro sentido de identidade e com uma orientação estratégica competitiva quando o Estado decidiu "nacionalizar" a atividade econômica existente dentro do espaço territorial do seu poder político. Foi quando criou suas fronteiras tributárias externas, eliminou as suas barreiras internas e deu origem, por intermédio de sua dívida pública, a um sistema nacional de crédito. Mas esse não foi um acontecimento isolado porque, no momento da "revolução que criou o mercado nacional inglês", já existia um sistema competitivo de poderes políticos e de Estados que haviam se consolidado durante todo o "longo século XVI". Nesse sentido, a pergunta que se impõe do ponto de vista lógico é: como se relacionam estes poderes vitoriosos na origem da criação das economias nacionais?

A começar pelo lado da riqueza, não há dúvida de que a acumulação originária do capital europeu veio do comércio de longa distância. Segundo Braudel, estas redes comerciais se concentraram em vários espaços, que ele chamou de "economias-mundo", situadas em distintos pontos da terra, e não necessariamente conectadas entre si: "[...] pedaços do planeta economicamente autônomos, capazes, no essencial, de bastar-se a si próprio e aos quais suas ligações e trocas internas conferiam certa unidade orgânica" (Braudel, 1996b, p. 12). Um território unificado por uma rede mais densa de comércio que unia, entre si, um conjunto hierarquizado de cidades, de portos e de feiras mercantis – onde nasceram as moedas privadas e quase todos os instrumentos modernos dos mercados financeiros – e articulado em torno da liderança de uma cidade ou polo dominante que comandava o comércio e as finanças do sistema.

Nesse espaço, onde os comerciantes e os produtores praticavam o "jogo das trocas", é que se deu a concentração e a centralização da riqueza que esteve na origem das finanças e dos "grandes predadores" que criaram o capitalismo. Ao mesmo tempo, Braudel identifica, neste mesmo espaço, a existência de "regiões privilegiadas, núcleos imperiais, a partir dos quais começaram lentas construções políticas, que estão no início dos Estados territoriais" (Braudel, 1996b, p. 265). Existiu, portanto, uma certa sobreposição inicial entre o território onde nasceram os Estados nacionais e o território onde nasceu o capitalismo europeu. Mas antes da revolução que criou o mercado nacional, esses territórios não eram coincidentes, nem os primeiros Estados territoriais nasceram, necessariamente, onde mais se concentrava a riqueza. Se assim fosse, o primeiro Estado nacional deveria ter sido a Itália, que só se tornou um Estado unificado na segunda metade do século XIX. Portanto, eis aí uma incógnita fundamental situada na origem do sistema político e econômico mundial: onde foi e como se deu o bem-sucedido encontro da geometria do poder com a geometria da riqueza europeia?

Para avançar neste ponto é preciso criar um novo conceito paralelo e simultâneo ao de "economia-mundo", que denomino de "política-mundo". Isto é, pedaços do planeta integrados e unificados por conflitos e guerras quase permanentes. Territórios ocupados por vários centros de poder e alguns "núcleos imperiais", contíguos e competitivos, que acabaram se impondo aos demais – a partir dos séculos XIII e XIV – e acumulando o poder indispensável à criação dos Estados nacionais, por meio de alianças e de matrimônios, mas, sobretudo, por meio da guerra. Braudel fala no "jogo das trocas", mas não só se pode como também se deve falar num outro jogo que foi absolutamente decisivo para o nascimento dos Estados: o "jogo das guerras". "Foi a guerra que teceu a rede europeia de Estados nacionais, e a preparação para a guerra foi que obrigou a criação das estruturas internas dos Estados situados dentro desta rede" (Tilly, 1996, p. 133). No "jogo das trocas", acumulava-se a riqueza, e, no "jogo das guerras", o poder, e, assim como o comércio aproximava os portos e os povos, a guerra também cumpriu o papel de aproximar territórios e unificar populações, eliminando concorrentes e centralizando poder. Pouco a pouco, as guerras foram desenhando as fronteiras externas e internas destes centros de acumulação de poder que se transformaram nos Estados ganhadores, responsáveis pelo nascimento, nos séculos XVII e XVIII, dos mercados e das economias nacionais. Durante este longo período secular de acumulação originária do poder e da riqueza, estabeleceram-se relações incipientes entre o mundo das trocas e o mundo das guerras, mas só depois que os poderes e os mercados se "internalizaram" mutuamente é que se pode falar do nascimento de uma nova força revolucionária, com um poder de expansão global, uma verdadeira máquina de acumulação de poder e riqueza que só foi inventada pelos europeus: os "Estados/economias nacionais".

Não existiu nenhum cálculo racional ou planejamento estratégico de longo prazo nesse movimento expansivo dos poderes locais. Não houve determinismo de nenhuma espécie, nem é possível identificar nenhum centro de poder ou príncipe que tenha sido o sujeito consciente do projeto que conduziu a Europa na direção dos Estados nacionais. O espaço das "políticas-mundo", no auge dos séculos XIII e XIV, eram verdadeiras "nuvens de oportunidades" nas quais o "jogo das guerras" poderia ter tido vários "encaminhamentos" ou resultados diferentes. Havia "unidades de poder" que competiam pelo mesmo território, e foi essa luta que orientou o movimento expansivo dos ganhadores que, depois, seguiram lutando com novos vizinhos e competidores num processo continuado de "destruição integradora".

No seu conjunto, entretanto, as guerras constituem um processo quase contínuo e espalhado por todo o território europeu. No início, eram extremamente fragmentadas, e seus resultados, incertos e reversíveis, como se pode ver, por exemplo, nos estudos de Norbert Elias (1939/1976, p. 87) acerca das guerras do Norte da França no século XII, momento em que o Império Franco do Ocidente havia se transformado num aglomerado de domínios separados, como em vários outros pontos do antigo império de Carlos Magno. Mas, depois que se definiram e consolidaram as coordenadas do universo vitorioso – já nos séculos XIV e XV –, é possível identificar uma verdadeira hierarquia darwinista das guerras europeias, e algumas delas foram certamente mais importantes do que outras para o processo de centralização do poder que culminou na formação dos Estados nacionais.

O mais antigo e permanente de todos estes conflitos se estende por todo o Mediterrâneo e chega até a região dos Bálcãs. Braudel afirma, com razão, que foram os muçulmanos que converteram os europeus ao cristianismo, mas, além disto, foram eles também que homogeneizaram o território e quase transformaram o Império Habsburgo num império unificado de toda a Europa. A guerra milenar com os muçulmanos, e, depois, com o Império Otomano, começa com a invasão da Península Ibérica no século VIII d.C. e retoma seu fôlego com a tomada de Constantinopla em 1453 e a conquista otomana, no século XVII, da Crimeia, da Valáquia, da Albânia, do Peloponeso, da Sérvia, da Bósnia Herzegovina e de uma parte da Hungria na direção dos Bálcãs, chegando às portas de Viena; e da Síria, do Egito, do Iraque e do Iêmen, no Oriente Médio, além do Norte da África.

Essa verdadeira divisão do Mediterrâneo marca o fim do Império Romano e se estende até a Primeira Guerra Mundial, no século XX, mas perde intensidade a partir da Paz de Karlowitz em 1699. "Karlowitz significou, para os turcos, a adesão ao conceito europeu de inviolabilidade do território de um Estado soberano, em lugar da noção de uma guerra contínua contra os infiéis" (Black, 1990, p. 14). Enquanto durou este enfrentamento secular, as guerras com os muçulmanos e com os otomanos cumpriram um papel decisivo na construção da identidade e do próprio conceito de Europa, desenhando, praticamente, suas fronteiras ao sul e ao sudeste, onde se criaram zonas de fratura geopolítica e geocultural que se estendem até o século XXI.

A segunda região, ou "tabuleiro de guerra", de extrema importância para a criação posterior dos Estados e do sistema político europeu e que foi integrada pelas suas guerras intestinas, foi a do Mar Báltico, onde a expansão territorial da Dinastia dos Vasa, na Suécia, foi quase contínua entre 1520 e 1660. As guerras suecas tiveram um papel decisivo para a construção das fronteiras e das identidades da própria Suécia, da Dinamarca-Noruega e da Polônia-Lituânia.

> É interessante observar que a Suécia foi um grande poder que governou por cerca de um século, de forma imperial, a região do Báltico. Mas como o Báltico e a Europa do Leste eram periferias na história europeia, esta história é vista, em geral, como menos importante até o momento em que ocorreu a intervenção sueca em território germânico, na Guerra dos Trinta Anos (Glete, 2002, p. 174).

Por fim, foi no Norte da Europa que começou a guerra mais importante para o nascimento dos Estados nacionais, a Guerra dos Cem Anos (1337-1453), na qual se construíram as identidades nacionais da França e da Inglaterra e de onde veio o impulso centralizador do poder, depois de 1450, representado por Luiz XI na França e por Henrique VII na Inglaterra. Foi o mesmo movimento centralizador que ocorreu na Península Ibérica com a união de Fernando e Izabel, Reis de Aragão e Castela, e com a "Guerra da Reconquista" (1480-1492), que se prolongou nos "descobrimentos" e na colonização ibérica dos territórios americanos, bem como na exploração mercantil dos portos e feitorias asiáticas. Mas também na tentativa de unificação imperial do continente europeu, que está na origem da longa guerra do Império Habsburgo com a França, no território italiano (1494-1559) com a Inglaterra no Mar do Norte (1588), e com os holandeses nas Províncias Unidas (1560-1648). Estas "guerras espanholas" foram, de fato, as verdadeiras parteiras dos primeiros Estados nacionais europeus: Portugal, já no fim do século XIV, e depois França, Inglaterra e Holanda.

Mais tarde, no século XVII, a Guerra dos Trinta Anos (1618-1648), travada no território germânico, acabou se transformando na primeira "Guerra Mundial Europeia". Nela participaram os exércitos de quase todos os grandes "núcleos imperiais" que haviam saído vitoriosos das lutas travadas desde o século XIV ao século XV. Foi esta guerra que "integrou" as várias regiões ou "políticas-mundo" preexistentes, criando um sistema bélico unificado que é a verdadeira origem do "sistema político europeu", consagrado pela Paz de Vestfália, de 1648. Esse sistema foi completado, um pouco mais tarde, pela "Grande Guerra do Norte" (1700-1721), que trouxe finalmente a Rússia de Pedro, o Grande, para dentro do mesmo e velho "jogo das guerras" europeias. De tal forma que, na segunda década do século XVIII já se podia falar, por fim, de um sistema de poderes integrados pelas guerras dentro de um território homogêneo que ia de Lisboa a Moscou, de Estocolmo a Viena, e de Londres a Constantinopla. Foi assim que nasceu o sistema interestatal europeu que se transformaria, um século depois, no núcleo dominante do "sistema político mundial". Mas mesmo depois de Vestfália, e do século XVIII, as guerras seguiram sendo o motor fundamental deste sistema, sua verdadeira força expansiva e "integradora", o seu instrumento preferencial de acumulação e de centralização do poder político nos séculos seguintes.

4.1.3 As guerras e a acumulação do poder

Evan Luard calcula que tenha havido cerca de mil guerras, em todo o mundo, no período entre 1400 e 1984, e 120, envolvendo uma ou mais das grandes potências, no período entre 1495 e 1975 (Luard, 1987). Para analisar a forma pela qual essas guerras operaram na história na condição de mecanismo de acumulação de poder e de integração territorial, pode-se imaginar um ponto qualquer do espaço e partir de um modelo simplificado no qual existam pelo menos três "poderes territoriais" que tenham fronteiras comuns e que compartilhem as características das "unidades imperiais" e das "regiões privilegiadas" onde, segundo Braudel, "começaram os lentos processos de construção política, que estão no início dos Estados territoriais" (Braudel, 1996b, p. 265). Neste caso, cabe perguntar: por que estas unidades iniciais tiveram, em algum momento, de se expandir e conquistar novos territórios, em vez de se manterem dentro de suas fronteiras originárias? E por que foram "compelidas a recorrer à guerra", para usar a expressão clássica de Tucídides, em sua *História da guerra do Peloponeso*?

A pesquisa histórica de Charles Tilly acerca da origem dos Estados territoriais da Europa chega à seguinte conclusão:

> [...] os europeus seguiram uma lógica padronizada de provocação da guerra: todo aquele que controlava os meios substanciais de coerção, tentava garantir uma área segura dentro da qual poderia desfrutar dos lucros da coerção, e mais uma zona-tampão fortificada para proteger a área segura. Quando essa operação era assegurada por algum tempo, a zona-tampão se transformava em área segura, que encorajava o aplicador de coerção a adquirir uma nova zona-tampão em volta da antiga. Quando as potências adjacentes estavam perseguindo a mesma lógica, o resultado era a guerra [...] A coerção é sempre relativa e quem quer que controle os meios concentrados de coerção corre o risco de perder vantagens quando um vizinho cria os seus próprios meios (Tilly, 1996, p. 127-128).

Trata-se de uma generalização que segue válida, mesmo depois que os Estados nacionais, já constituídos, começaram a construir "zonas de segurança" longe das fronteiras do seu próprio território. O que não fica claro, entretanto, é: por que as unidades ou regiões iniciais precisam das "zonas de segurança"? Por que precisam se defender, e de quem? Para Tilly, a guerra é uma consequência provável, ou inevitável, de uma expansão territorial defensiva, a qual é feita ao mesmo tempo por duas unidades fronteiriças que se propõem a construir suas "zonas de segurança" num mesmo território. Portanto, estas duas unidades territoriais acabam entrando em guerra porque fazem o mesmo movimento com o objetivo de se defender uma da outra. O argumento de Tilly, entretanto, esconde uma "circularidade lógica", porque a guerra aparece, simultaneamente, no início e no fim do próprio processo de causação. Do contrário, vejamos: se as "zonas de segurança" são construídas como barreiras defensivas é porque todos já supõem que exista, desde o início, intenções agressivas por parte das unidades de poder vizinhas. Nesse sentido, a guerra não pode ser vista como uma consequência da expansão territorial, pelo contrário, ela tem de ser vista como a causa do próprio movimento de expansão.

Para responder a esse problema, John Herz propôs, em 1950, a tese da existência de um "dilema de segurança" dentro de qualquer sistema anárquico de poder:

> [...] para garantir sua própria segurança, os Estados são levados a adquirir cada vez mais poder para escapar ao impacto do poder dos outros. Mas isto, por sua vez, torna os demais inseguros e os leva a se prepararem para o pior. Dado que nenhum poder pode se sentir inteiramente seguro, num mundo de unidades competitivas, se estabelece um círculo vicioso de acumulação contínua de segurança e poder (Herz, 1950, p. 165).

Tucídides já havia identificado esse dilema na origem da Guerra do Peloponeso, e Francis Bacon o havia transformado – em 1625 – numa norma válida para todo "bom governo": "os soberanos devem estar em guarda para que nenhum dos seus vizinhos cresça em proporções tais que chegue a constituir uma ameaça contra ele maior do que era antes" (Bacon, 1985, p. 94-95 *apud* Heckscher, 1955, p. 468).

Norbert Elias respondeu a esta mesma questão, de uma forma um pouco diferente, com base na sua pesquisa a respeito da origem e dos desdobramentos das guerras do Norte da Europa, nos séculos XIII e XIV:

> [...] a mera preservação da existência social exige, na livre-competição, uma expansão constante. Quem não sobe, cai. E a expansão significa o domínio sobre os mais próximos e sua redução ao estado de dependência [...] Em termos muito rigorosos, o que temos é um mecanismo social muito simples que, uma vez posto em movimento, funciona com a regularidade de um relógio. Uma configuração humana em que um número relativamente grande de unidades de poder, em virtude do poder que dispõem, concorrem entre si, tende a desviar-se desse estado de equilíbrio e a aproximar-se de um diferente estado, no qual um número cada vez menor de unidades de poder compete entre si. Em outras palavras, acerca-se de uma situação em que apenas uma única unidade social consegue,

através da acumulação, o monopólio do poder (Elias, 1993, p. 94).

Em síntese, para Norbert Elias, a expansão contínua dos territórios e as guerras eram uma consequência inevitável da necessidade de zelar pela "preservação da existência social". Não havia possibilidade de que uma unidade de poder se satisfizesse com o seu próprio território porque, neste jogo, o princípio geral de que "quem não sobe, cai" se transforma numa regra implacável e, logo em seguida, num mecanismo quase automático de repetição do mesmo movimento, em patamares cada vez mais elevados de conflito e de poder acumulado. A lógica implacável dessa competição obriga, portanto, que todas as unidades de poder envolvidas participem de uma corrida armamentista permanente em nome da paz. Todos têm de se armar e expandir para preservar a segurança, a paz e a tranquilidade das suas populações.

Nos séculos XIII e XIV, a acumulação de recursos de poder para inibir o ataque dos competidores passava, sobretudo, pela posse ou pelo domínio de novos territórios, de camponeses, de alimentos e de tributos. E, portanto, era a acumulação de recursos para a paz que empurrava os "príncipes" na direção da conquista de novos territórios, desde o momento em que se esgotaram as terras livres, produtivas e desabitadas. Do ponto de vista lógico, portanto, não há como fugir a uma conclusão implacável: a guerra foi a força ou a energia que impeliu e alimentou a expansão territorial das primeiras "unidades imperiais", acerca da qual Braudel discorre. Além disto, foi ela que criou as primeiras hierarquias de poder entre as unidades que se saíram vitoriosas dessa luta dentro do território europeu. A guerra foi condição básica de sobrevivência de cada uma dessas unidades e, ao mesmo tempo, foi a força destrutiva que as aproximou e unificou, integrando-as, primeiro, em várias sub-regiões e, depois, dentro de um mesmo sistema unificado de competição e de poder.

Por isso, toda e qualquer unidade que se inclua nesse sistema e tenha pretensões de "não cair" está sempre obrigada a expandir o seu poder de forma permanente, porquanto a guerra é uma possibilidade constante, e um componente essencial do cálculo estratégico de todas as unidades do sistema. Para todas elas existe sempre, no horizonte, uma guerra eminente ou possível, que só pode ser protelada pela conquista e pela acumulação de mais poder, um caminho que leva, uma vez mais, de volta à guerra.

Nesse sentido, apesar do paradoxo aparente, pode-se dizer que a necessidade de expandir o poder para conquistar a paz acaba transformando a paz na justificativa precípua da própria guerra. Por outro lado, a presença contínua desta "guerra possível" atua como estímulo para a mobilização interna e permanente de recursos para a guerra de cada uma das "unidades imperiais" originárias. Uma tendência que se reforça ao longo do tempo conforme cresceram as resistências e as barreiras ao expansionismo e à dominação dos mais fracos.

Agora, pois, como diz Norbert Elias, esta "compulsão expansiva", que se transforma numa regra de comportamento quase mecânica dentro do sistema político europeu, aponta na direção inevitável do monopólio. Isto é, todas as unidades competidoras se propõem, em última instância, a conquistar um poder global e incontrastável que possa ser exercido sobre um território cada vez mais amplo e unificado, sem fronteiras. Portanto, as "unidades imperiais" acerca das quais Braudel discorre, se não forem contidas, tendem a se alargar até impor aos demais o seu *imperium*. Nesse sentido, em clave psicanalítica, pode-se falar da existência de uma "pulsão" ou "desejo de exclusividade" em toda e em cada uma das "unidades imperiais" deste sistema de poder territorial. Mas, ao mesmo tempo, se alguma dessas unidades conseguisse se impor, de forma imperial, a todas as demais, isto implicaria a eliminação de todos os demais poderes territoriais concorrentes. E se isto ocorresse, no limite, estaria suspenso o próprio processo de acumulação do poder.

Essa é a contradição essencial do "jogo das guerras" e desse sistema de acumulação de poder que supõe ou requer a existência de, pelo menos, três jogadores e dois adversários competitivos que se movam sempre orientados pelo "desejo da exclusividade", sem jamais conseguir alcançá-la. Se a exclusividade fosse alcançada e fosse criada uma situação de monopólio absoluto, o sistema de acumulação do poder entraria em crise e tenderia a um estado de entropia por causa do desaparecimento das hierarquias, da competição e da guerra. Portanto, neste sistema, a excessiva concentração do poder político não leva, necessariamente, ao aumento da ordem, e pode levar a uma situação de total desorganização e do mais completo caos. Nos termos do debate contemporâneo, poderia se dizer, a partir desta análise estilizada da origem do sistema político moderno, que nem a hegemonia nem o império são capazes de ordenar e estabilizar o sistema político mundial de forma permanente. As únicas forças capazes de mantê-lo ordenado e hierarquizado são a competição e a própria guerra, ou, pelo menos, a possibilidade permanente de uma nova guerra. Essa foi a intuição genial de Maquiavel no momento em que nascia o novo sistema interestatal europeu: "os principais fundamentos de todos os Estados são as boas leis e as boas armas, mas não é possível que haja boas leis onde não existam boas armas" (Maquiavel, 1952, p. 324).

A fim de resumir o argumento: à medida que as primeiras unidades de poder territorial foram dando origem a estruturas de poder mais amplas e complexas por causa das guerras e da centralização do poder, duas coisas foram ficando cada mais claras: em primeiro lugar, as guerras aumentam os laços de integração e de mútua dependência entre os poderes territoriais deste sistema político que nasceu na Europa a partir dos séculos XIII e XIV; em segundo lugar, do ponto de vista estritamente lógico, os poderes expansivos ganhadores no "jogo da guerra" dentro desse sistema político não podem destruir seus concorrentes ou adversários, porquanto estariam obrigados a recriá-los, uma vez concluída a submissão ou a destruição do adversário anterior. Se isto não ocorrer, o "poder expansivo" perde "energia" porque desaparece a força e o mecanismo por meio do qual ele pode seguir acumulando mais poder. E, portanto, neste tipo de sistema político territorial, na ausência de uma concorrência espontânea, o poder expansivo tem de gerar o seu próprio concorrente ou inventar algum adversário que permita a sequência do "jogo da guerra". Esse, talvez, seja o segredo mais bem-guardado desse sistema: o próprio "poder expansivo" é quem cria ou inventa, em última instância, os seus competidores e adversários, os quais são indispensáveis para a sua própria acumulação de poder.

4.1.4 As guerras, o poder e a acumulação de riquezas

O movimento de concentração e centralização do poder mediante as guerras não foi linear, tampouco irreversível. Deslocou-se pelo espaço; teve fluxos e refluxos, e nem sempre o poder ganhador conseguiu manter por muito tempo as suas conquistas. O que cresceu de forma regular e constante foram as dimensões e os custos das guerras, ficando cada vez mais difícil de enfrentá-las e de vencê-las sem dispor de recursos abundantes e em expansão exponencial.

> Acima de tudo, foi a guerra que levou os beligerantes a gastar mais dinheiro do que nunca, e a buscar uma soma correspondente

em receitas. Nos últimos anos do reinado de Isabel, na Inglaterra, ou de Felipe II, na Espanha, nada menos que três quartos das despesas do governo eram destinadas à guerra, ou ao pagamento das despesas dos anos anteriores (Kennedy, 1989, p. 75).

Conforme venciam, e para seguirem vencendo, os "príncipes" precisavam cada vez de mais recursos bélicos, e estes recursos eram, em última instância, de natureza econômica. Foi o que disse o marechal Trivulzio ao Rei Luiz XII, da França, discutindo sua possibilidade de vitória na campanha militar da Itália em 1499: "o que Vossa Majestade necessita para ganhar sua guerra na Itália é dinheiro, dinheiro e mais dinheiro" (Parker, 1974). A convergência entre o mundo da guerra e o mundo dos negócios se aprofundou sempre mais, de modo que a própria guerra acabou se transformando em um grande negócio do ponto de vista econômico: "a situação política estimula uma mistura de sucesso das ações de guerra e de mercado, que florescem nos centros econômicos mais ativos da Europa ocidental" (McNeill, 1984, p. 69).

A história dessa convergência, entretanto, começou muito antes do século XVI, quando são tecidos os primeiros laços de dependência mútua entre o "jogo das trocas" e o "jogo das guerras" dentro dos espaços da "economia-mundo" e da "política-mundo" europeias. Para compreender melhor este momento da história é possível também construir um modelo simplificado dessas primeiras relações. Um modelo que facilite a descrição estilizada e a compreensão lógica deste encontro originário e "virtuoso" das guerras e do poder político, com as redes do comércio e das finanças que ligavam as cidades e regiões europeias e que faziam a ponte da Europa com a "economia-mundo asiática". A construção de uma "máquina de guerra", por mais simples que fosse, requeria uma quantidade significativa de homens, de alimentos e de dinheiro que eram, a um só tempo, recursos bélicos e econômicos.

A própria conquista e controle de novos territórios, as "zonas de segurança" de que fala Charles Tilly, visava a estabelecer fronteiras estratégicas, mas tinha, ao mesmo tempo, o objetivo de conquistar e de acumular recursos que também eram econômicos: terras produtivas, mão de obra camponesa, colheitas e, sobretudo, taxas e tributos, os recursos líquidos e monetizados de que tanto necessitavam os governantes das "unidades imperiais". É nesse ponto também que aparecem as "moedas estatais", aceitas pelo poder político como pagamento dos impostos e das dívidas dos soberanos. Norbert Elias sublinha a importância decisiva dessa nova forma de riqueza para o processo da acumulação do poder, um verdadeiro ponto de inflexão na história da Europa:

> [...] o ritmo que repetidamente ameaçou provocar a dissolução dos grandes monopólios de poder foi modificado e acabou se rompendo apenas na medida em que a moeda e não mais a terra tornou-se a forma dominante de riqueza. Só então é que os grandes monopólios de poder deixam de se fragmentar e sofrem uma lenta transformação centralizante [...] (Elias, 1993, p. 142).

As conquistas ampliavam os territórios e dificultavam sua administração, problema que foi facilitado com o aparecimento da moeda pública e com a sua universalização e homogeneização dentro do espaço político do poder emissor. Mas nada disso conseguiu dar conta da necessidade crescente de recursos dos príncipes até a criação e a consolidação das dívidas públicas que se transformaram na principal "arma de guerra" dos grandes ganhadores. Foi quando se deu o primeiro encontro do poder político e militar com o dinheiro e a riqueza dos comerciantes e dos banqueiros.

A relação entre o poder e o dinheiro, ou entre os príncipes e os banqueiros, é muito antiga e remonta às cidades do Norte da Itália, onde nasce o sistema bancário moderno ligado ao comércio de longa distância e à administração das dívidas do Vaticano. Daí vêm os primeiros empréstimos para as guerras dos donos do poder, como no caso de Eduardo III, da Inglaterra, que se endividou com os banqueiros de Siena, em 1339, para financiar a guerra de conquista do País de Gales. Saiu vitorioso da guerra, mas não pagou sua dívida e levou o sistema bancário de Siena à falência, transferindo para Florença a hegemonia financeira da Itália. O mesmo episódio se repetiu muitas vezes, mais tarde, a exemplo da relação de Carlos V com os banqueiros alemães que financiaram a sua eleição como Imperador do Sacro Império Romano--Germânico e depois financiaram também suas guerras, bem como a criação do seu "império mundial" – o primeiro "poder global" da história, no qual o "sol nunca se punha" – até o momento em que Carlos V decretou a moratória de 1557 antes de retirar-se para a vida monacal e falir os Fugger, que foram os banqueiros do império. Mas, apesar das sucessivas moratórias reais e falências privadas, forja-se, desde então, uma complementaridade de visões e de interesses cada vez maior entre os poderes territoriais expansivos e os detentores da riqueza líquida de que necessitavam os soberanos. O príncipe vê na riqueza do comerciante e do banqueiro o financiamento que precisa para as guerras, e os banqueiros descobrem nos empréstimos para as guerras uma máquina multiplicadora de dinheiro, uma verdadeira varinha mágica que "chove o dinheiro do céu", como diria Marx, muito mais tarde.

O risco dos banqueiros era a derrota dos príncipes nas suas guerras, mas os seus lucros eram muito mais generosos do que em qualquer outra aplicação mercantil. Mormente porque não se tratava apenas de retornos em dinheiro, se tratava da conquista de posições monopólicas, no plano comercial e financeiro, ou mesmo da concessão da cobrança de impostos e de tributos dentro do território das "unidades imperiais" endividadas. É por isso que Braudel volta até o século XII e XIII para pesquisar as origens do capital e do capitalismo no momento em que se dá o encontro do dono do dinheiro com o dono do poder, e não com o dono da força de trabalho, que só ocorrerá muito mais tarde. Foi o verdadeiro "berço de ouro" em que nasceram e se multiplicaram os "grandes predadores" que estão na origem do capitalismo, junto com os grandes e sistemáticos "lucros extraordinários", que foram desde sempre a verdadeira mola propulsora do capitalismo, por cima da economia de mercado na qual se produzem e acumulam os "lucros normais", incapazes, por si só, de explicar o "milagre europeu" no campo da acumulação e da concentração da riqueza mundial.

Ao discutir as relações entre "coerção" e "capital" no processo de formação dos Estados europeus, Charles Tilly discorre acerca de uma "época patrimonialista" na qual os monarcas viviam dos tributos ou rendas da terra e da população e recrutavam seus exércitos entre seus vassalos; e depois, discorre acerca de uma "época da corretagem" na qual os monarcas passam a depender fortemente dos empréstimos de capitalistas independentes para financiar os seus exércitos mercenários. Essa distinção pode ser útil para periodizar o processo de casamento entre o poder e a riqueza capitalista, e para formalizar nossa tese a respeito da origem política do capital financeiro. Ao combinar a classificação de Tilly com o esquema formal utilizado por Marx em sua análise da "transformação do dinheiro em capital", pode-se asserir que na "fase patrimonialista" a expansão do poder (P) se daria, sobretudo, por meio da conquista de novos territórios (T) os quais, por sua vez, potenciariam a capacidade de P expandir ainda mais os territórios já conquistados. E nesse caso, como já vimos, a ampliação dos territórios significa, ao mesmo tempo, aumento do poder e da riqueza econômica:

$$P - T - P'$$
$$T - P - T'$$

Mas, logo em seguida, na "fase de corretagem", quando o dinheiro (D) substitui a terra como forma fundamental de propriedade e os príncipes recorrem com maior frequência aos empréstimos dos banqueiros é o momento no qual, de fato, pode-se falar do aparecimento de uma "mais-valia política" capaz de transformar o dinheiro em capital por intermédio do poder e das guerras. E nesse caso, a expansão da riqueza se daria na forma clássica do dinheiro que se multiplica a si mesmo, isto é, o dinheiro se multiplica e se transforma em capital ao "revestir a forma do poder", e não a "forma da mercadoria", como acontece numa "economia de mercado":

$$P - D - P'$$
$$D - P - D'$$
$$D - D'$$

Também nesse caso, assim como na explicação que Marx oferece no capítulo quarto do primeiro volume de *O capital*, o processo $D - D'$, de transformação do dinheiro em capital,

> [...] não deve seu conteúdo a nenhuma diferença qualitativa entre seus dois polos, pois ambos são dinheiro, senão simplesmente a uma diferença quantitativa. O processo acaba sempre subtraindo, da circulação, mais dinheiro do que lançou nela. Portanto o valor desembolsado inicialmente não só se conserva, senão que sua magnitude de valor experimenta uma mudança, se incrementa com uma mais-valia, se valoriza. E é este processo que o converte em capital (Marx, 1980, p. 107).

A diferença em relação à fórmula de Marx é que, no nosso caso, não é a força de trabalho que explica o incremento do valor inicial, é a mais-valia criada pelo poder e por sua capacidade de multiplicar-se de várias formas, mas sobretudo mediante a preparação das guerras e das conquistas em caso de vitória. Nesse ponto há de se ter atenção porque a preparação das guerras mobiliza e multiplica recursos, ao passo que as guerras, propriamente ditas, destroem recursos e capacidade produtiva. Mas o que de fato importa é o resultado final, isto é, o aumento do poder dos vitoriosos e, por conseguinte, todo tipo de concessões monopólicas que o poder político cede depois ao capital.

Foi assim que nasceu essa relação extremamente "virtuosa" entre os processos de concentração e centralização do poder e da riqueza. Nessa nova aliança, os detentores do poder político (P) e os detentores do dinheiro (D) transformado em capital (D – D') se propõem a acumular seus recursos por meio da monopolização das oportunidades que podem ser criadas em benefício mútuo, seja do "príncipe", seja do "capitalista", dentro dos seus universos específicos, o da autoridade e o do lucro. Tanto P quanto D, portanto, se propõem a criar, em conjunto, barreiras à entrada, ou mesmo a destruir eventuais concorrentes nas suas duas lutas pela acumulação do poder (P – P') e do capital (D – D'). Nesse sentido, P contribui decisivamente para a multiplicação de D, mas, ao mesmo tempo, foi a existência do D que permitiu que o processo de acumulação do poder se transformasse num movimento contínuo em direção ao monopólio da coação, até o limite, se possível, do "poder global". Sem o apoio do capital, o poder se fragmentaria com maior facilidade, e sem o apoio do poder, o capital teria maior dificuldade para estabelecer situações monopólicas.

Em síntese, de nossa perspectiva, foi a combinação do "jogo das guerras" com o "jogo das trocas" que criou as condições originárias da economia capitalista, uma economia que passa pelos mercados, mas que se alimenta, sobretudo, das trocas dos "não equivalentes". A partir deste encontro, os poderes territoriais ganhadores foram, quase sempre, os que acumularam maior quantidade de riqueza e de crédito, ao mesmo tempo em que os comerciantes e banqueiros ganhadores foram, quase sempre, os que souberam se associar com os poderes vitoriosos; e as guerras, finalmente, adquiriram uma nova função: além da "destruição integradora" de povos e dos territórios, a multiplicação da riqueza.

Em teoria, qualquer comerciante ou banqueiro poderia emprestar dinheiro para vários soberanos ao mesmo tempo. Mas o que se presenciou, desde a primeira hora desse "casamento", foi uma tendência à monogamia. A própria concorrência entre os bancos forçou uma certa especialização das casas bancárias em determinadas dinastias, reinos ou Estados territoriais. Foi o que aconteceu, por exemplo, na relação dos bancos de Siena com a Inglaterra, de Florença com a França, de Gênova com a Espanha e com Portugal, ou mesmo da casa Fugger com Carlos V e seu vasto Império Habsburgo. Por isso, num primeiro momento, os banqueiros e seus capitais foram obrigados a trocar seu cosmopolitismo de mercado por uma aliança quase política, de modo que perderam espaços de mercado. Mas, logo depois, num segundo momento, estes mesmos bancos e capitais retomaram, com muito mais força, o seu impulso "globalizante", apoiados por poderes políticos vitoriosos e expansivos. Sobretudo a partir do momento em que esta aliança se transforma na base social e política das novas economias nacionais europeias.

4.1.5 Os Estados e as economias nacionais

A convergência progressiva dos processos de acumulação do poder e da riqueza, bem como sua concentração em alguns territórios vencedores, deslocou o eixo do sistema político e econômico europeu da Itália e do Mediterrâneo para o Norte da Europa, seguindo o movimento dos ponteiros do relógio. Nesse trajeto, a guerra contínua nos vários "tabuleiros" europeus decantou lentamente os primeiros Estados territoriais: Portugal, França, Inglaterra, Holanda, Suécia, a Dinamarca-Noruega e a própria Espanha que, neste período, foi mais um império do que um Estado nacional, mas que cumpriu um papel decisivo como pivô deste "nascimento coletivo". Nos séculos XVII e XVIII, entretanto, só na Inglaterra ocorreu a "revolução financeira" que permitiu ao Estado inglês transformar seu espaço político num "espaço econômico, coerente e unificado", a primeira economia nacional capitalista.

> Essa revolução financeira que redunda numa transformação do crédito público só foi possível graças a uma profunda reorganização prévia das finanças inglesas. As primeiras medidas foram a estatização das alfândegas (1671) e do *excise* (1683), imposto de consumo copiado da Holanda [...]. No seu conjunto, e na nossa linguagem atual, diríamos que houve uma nacionalização das finanças implicando, nesse lento processo, o controle do Banco da Inglaterra, e depois, já em 1660, a intervenção decisiva do Parlamento no voto dos créditos e dos novos impostos (Braudel, 1996a, p. 468).

De uma perspectiva diferente, Marx descreve essa mesma revolução no capítulo XXIV de *O capital*:

> as diversas etapas da acumulação originária tiveram seu centro, por ordem cronológica mais ou menos precisa, na Espanha, Portugal, Holanda, França e Inglaterra. Mas foi na Inglaterra, em

fins do século XVII, onde este processo se resumiu e sintetizou sistematicamente no "sistema colonial", no "sistema da dívida pública", no "moderno sistema tributário" e no "sistema protecionista". Em grande medida, todos estes métodos se basearam na mais avassaladora das forças. Todos eles se valeram do poder do Estado (Marx, 1980, p. 638).

E, logo em seguida, Marx destaca também o papel decisivo da dívida do Estado na criação do sistema de bancos e de crédito inglês:

> [...] a dívida pública veio dar um impulso às sociedades anônimas, à loteria da Bolsa e à moderna bancocracia. Desde o momento em que nasceram os grandes bancos adornados com títulos nacionais, não foram mais do que sociedades de especuladores privados que cooperavam com os governos e que graças aos privilégios que lhes outorgavam os governos, estavam em condições de adiantar-lhes dinheiro (Marx, 1980, p. 642).

Como no passado, uma vez mais, foi a necessidade de financiamento das guerras inglesas que esteve na origem dessas mudanças. Mas desta vez, o encontro do poder com os bancos produziu um fenômeno absolutamente novo e revolucionário: os "Estados-economias nacionais". Verdadeiras máquinas de acumulação de poder e de riqueza que se expandiram a partir da Europa ao longo de todo o mundo, numa velocidade e numa escala que permitem falar num novo universo em expansão com relação ao que havia acontecido nos séculos anteriores. Junto com a nacionalização dos bancos, das finanças e do crédito, criou-se um sistema de tributação estatal e se nacionalizaram o exército e a marinha, que passam para o controle direto da estrutura administrativa do Estado. E, o que é mais difícil de definir e de medir, consolida-se em um novo conceito e em uma nova identidade, no mundo da guerra, dos negócios e da cidadania: o conceito de "interesse nacional". Uma vez que se constitui a primeira economia nacional, na Inglaterra, muda-se radicalmente a natureza da interação entre os governantes e os banqueiros. A partir daquele momento, já não se tratava mais de uma relação e de um endividamento pessoal, do soberano, com uma casa bancária de qualquer nacionalidade. E, por outro lado, o banqueiro sofreu um processo de "territorialização" ou de "nacionalização" do seu capital. Em vez de ser apenas um membro de uma rede financeira cosmopolita, cada vez mais universal, ele se transforma num elo de uma rede nacional de bancos e comércio, ao mesmo tempo em que passa a designar a sua riqueza na moeda emitida pelo seu Estado nacional.

Dentro desse novo contexto e dessa nova relação, a dívida pública passou a ser gerida pelo Banco da Inglaterra, transformando-se, ao mesmo tempo, no fundamento de todo o sistema de crédito privado nacional. A conjunção, no mesmo território, dos dois processos de acumulação, do poder e da riqueza, sob a bandeira do "interesse nacional", criou uma "vontade comum" e expansiva, de tipo imperial, para fora do território inglês, mas que teve, ao mesmo tempo, uma importância decisiva para o fortalecimento interno, do Estado e da economia da Inglaterra. "Não podemos deixar de pensar que este processo (de formação do 'mercado nacional' inglês) poderia ter tido resultados muito diferentes, se a Inglaterra não tivesse, ao mesmo tempo, se assenhorado da dominação do mundo" (Braudel, 1996a, p. 471).

Na hora dessa revolução, entretanto, a Inglaterra não estava só. Era apenas uma unidade política e, decerto, não era a unidade mais poderosa dentro do sistema de poderes e de Estados europeus que foram se consolidando mediante o "jogo das guerras", a partir dos séculos XIII e XIV. Trata-se de novos atores centrais de um novo sistema político e econômico internacional, diferente do anterior que era organizado em torno das grandes cidades mercantis da Itália e do Norte da Europa. A Inglaterra e a França se constituíram como Estados autônomos porque resistiram de maneira bem-sucedida à pressão imperial dos Habsburgo durante todo o século XVI. E a Holanda nasceu de uma longa guerra de "libertação nacional" do interior do próprio Império Espanhol. Mas, logo em seguida, estes três Estados nacionais entraram numa competição política e econômica que passou por várias guerras, e que teve papel decisivo no seu renascimento sob a forma de "Estados/ economias nacionais".

A Inglaterra enfrentou a Holanda de 1652 a 1654, 1665 a 1667 e 1672 a 1674, nas sucessivas guerras "anglo-holandesas" do século XVII; e depois, no século XVIII, entre 1782 e 1783. E manteve uma competição política e econômica com a França que se estendeu até as Guerras Napoleônicas, prolongando-se, depois, na competição colonial do século XIX. Nesse sentido, apesar das mudanças radicais sob o enfoque da extensão e da força dos novos atores, este novo sistema político europeu, de tipo interestatal, manteve duas características essenciais do sistema anterior: nasceu igualmente competitivo e bélico. E, o que é mais interessante, é que, no primeiro momento deste novo sistema de poder, a Inglaterra era o ator mais fraco do ponto de vista territorial, demográfico e militar em relação à Holanda até 1650 e em relação à França, pelo menos, até a Guerra do Sete Anos em meados do século XVIII.

É nesse contexto que deve ser colocada e explicada a criação precoce – e única, no século XVII – da "economia nacional" inglesa. Ela foi, de fato, uma resposta defensiva e estratégica da potência mais fraca dentro do novo jogo das guerras entre Estados nacionais. Pesaram, também, a insularidade inglesa e sua proximidade a Amsterdam, mas as decisões cruciais para o nascimento da primeira economia nacional europeia foram tomadas em nome da proteção da ilha contra seus inimigos ou competidores continentais. Da mesma forma em que pesou – pela razão inversa – no nascimento tardio da economia nacional francesa, a superioridade militar incontestável da França de Luiz XIV, dentro da Europa, logo depois da Paz de Vestfália. Depois da Inglaterra, todas as demais economias nacionais "tardias" foram sendo criadas, com maior ou menor sucesso, como respostas defensivas ou competitivas com relação à própria Inglaterra, já então vitoriosa no campo econômico depois da sua Revolução Industrial, e no campo militar depois das Guerras Napoleônicas.

Esse foi o verdadeiro significado estratégico do mercantilismo, e a Inglaterra foi, sem dúvida, a experiência mercantilista mais bem-sucedida da Europa. Um sistema de poder voltado para a unificação e homogeneização do mercado interno, ao mesmo tempo em que foi uma política e um instrumento de competição e guerra usado pela Inglaterra contra a Holanda e a França. O mesmo objetivo perseguido por todos os demais Estados e economias que ingressaram depois no novo sistema interestatal, sempre numa situação hierarquicamente inferior à dos Estados pioneiros. Nesse sentido, não há dúvida de que o verdadeiro "milagre" inglês foi uma obra do mercantilismo, o qual teve um momento decisivo nos Atos da Navegação de Cromwell, editados logo depois da Revolução de 1648 e dirigidos diretamente contra os interesses da Holanda, com quem a Inglaterra competia economicamente e com quem entraria em guerra, logo em seguida, a partir de 1652. A Inglaterra só abandonou sua estratégia mercantilista e se transformou numa potência liberal, no século XIX, quando já ocupava a posição de liderança inconteste dentro do sistema econômico capitalista e dentro do sistema político interestatal. Nesse sentido, pode-se afirmar que o mercantilismo foi o bisturi utilizado pelos Estados territoriais para extrair os "mercados nacionais" de dentro da "economia-mundo europeia" do século XVI. E, depois, foi a política utilizada pelos mesmos Estados para proteger sua nova "criatura" contra a concorrência e o ataque dos demais "Estados/economias nacionais" emergentes.

Max Weber descreveu essa nova realidade com absoluta precisão, sobretudo as novas relações entre a competição política dos Estados e a acumulação do capital dentro desse sistema internacional nascido em Vestfália:

> [...] os Estados nacionais concorrentes viviam numa situação de luta perpétua pelo poder, na paz ou na guerra. Essa luta competitiva criou as mais amplas oportunidades para o moderno capitalismo ocidental. Os Estados separadamente tiveram de competir pelo capital circulante, que lhes ditou as condições através das quais poderia auxiliá-los a ter poder. Portanto, foi o Estado nacional bem-delimitado que proporcionou ao capitalismo sua oportunidade de desenvolvimento [...] (Weber, 1961, p. 249).

A partir do momento da constituição das economias nacionais capitalistas, a competição política dos Estados e a competição econômica dos capitais seguem orientadas pelo objetivo da monopolização das oportunidades no campo do poder e da acumulação do capital. Mas agora, os Estados e seus capitais nacionais podem atuar em conjunto, reforçando-se mutuamente, mesmo se tratando de dois atores e processos autônomos. Desse modo, os laços entre o poder e o grande capital nacional tendem a se estreitar nos tempos de guerra e nos momentos em que estão em disputa oportunidades estratégicas de acumulação de poder e de criação de lucros extraordinários. Isto é, a partir do século XVII, os caminhos do poder e do capital nacional foram sempre mais próximos e convergentes quando estiveram em disputa situações monopólicas e estratégicas decisivas para a ampliação do poder e da riqueza do bloco político-econômico nacional.

Nesse ponto se esconde uma contradição fundamental do novo sistema composto por Estados e economias nacionais. Como no primitivo jogo das trocas e das guerras, o objetivo da disputa e o prêmio dos vencedores seguem sendo o monopólio, as barreiras à entrada ou, por último, a destruição do concorrente ou adversário. Mas, ao mesmo tempo, os "Estados/economias nacionais" não têm como aumentar seus poderes se seus concorrentes desaparecerem, tampouco têm como enriquecer se seus competidores empobrecerem de forma absoluta.

4.1.6 A expansão do poder dos Estados nacionais

Nossa análise nos trouxe de volta ao momento do encontro entre o poder e o mercado, o qual é a origem dos "Estados-economias nacionais", uma nova unidade territorial com uma imensa capacidade de acumulação de poder e de riqueza. Mas, apesar de que sua força e dinamismo venham da inteiração que se estabeleceu entre a política e a economia, é possível e necessário separar de maneira analítica os dois processos, para que se possa compreender melhor o caminho que levou à Europa da formação dos seus primeiros Estados até a criação do sistema político mundial, bem como da formação das suas primeiras economias nacionais até a globalização do sistema capitalista. Dois processos igualmente expansivos, ao contrário do que pensam alguns historiadores que costumam identificar apenas a "compulsão" global do capital, sem perceber que os Estados nacionais europeus também expandiram seu *imperium* desde a primeira hora do seu nascimento.

Paul Kennedy, por exemplo, considera que "ao contrário dos impérios otomano e chinês, ao contrário do domínio imperial dos mongóis na Índia, não houve nunca uma Europa unida, na qual todas as partes reconhecessem um líder secular ou religioso" (Kennedy, 1989, p. 14). Uma tese parecida com a de Immanuel Wallerstein, que discorre acerca da existência de "impérios--mundo" – do tipo otomano e chinês – que teriam sido derrotados e superados pelo sistema estatal que surgiu no território da "economia-mundo europeia" e que resistiu à dominação de um só império, ao contrário do que se passou na Ásia. Para Kennedy, como para Wallerstein, o Estado nacional foi uma forma superior de organização do poder político que venceu e substituiu os grandes impérios durante o século XVI e, portanto, para eles, os Estados e os impérios são duas formas de poder político territorial excludentes.

Do nosso ponto de vista, entretanto, não foi isso o que ocorreu na formação do sistema estatal europeu, tampouco na história do sistema político mundial que se formou a partir da expansão europeia. Não há dúvida de que o sistema europeu e o próprio sistema político mundial se mantiveram durante quinhentos anos sob a liderança dos seus Estados nacionais mais poderosos, mas em nenhum momento dessa história os Estados destruíram ou substituíram, de forma definitiva, as demais formas de organização do poder territorial, e, menos ainda, os impérios. Os primeiros Estados europeus se transformaram quase imediatamente ao nascer em cabeças de novos impérios, dentro e fora da Europa.

> No mesmo momento em que os impérios se estavam desfazendo dentro da Europa, os principais Estados europeus criavam impérios fora da Europa, nas Américas, na África, na Ásia e no Pacífico. A construção de impérios externos propiciou alguns dos meios e parte do ímpeto de moldar, dentro do continente, Estados nacionais relativamente poderosos, centralizados e homogeneizados, enquanto as potências europeias passavam a lutar entre si nessas zonas imperiais (Tilly, 1996, p. 244).

Portanto, pode-se falar de um paradoxo na origem do sistema estatal: seus "pais fundadores", os primeiros Estados que nasceram e se expandiram de imediato para fora de seus próprios territórios eram seres híbridos, uma espécie de "Minotauros", meio Estado, meio império. Enquanto lutavam para impor seu poder e sua soberania interna, já estavam se expandindo para fora dos seus territórios e construindo seus domínios coloniais. Nesse sentido, o mais correto é dizer que o "império" ou a "vontade imperial" foi uma dimensão essencial dos primeiros Estados nacionais europeus. Como resultado, desde o seu início, o novo sistema estatal europeu esteve sob o controle compartido ou competitivo de um pequeno número de "Estados/impérios" que se impuseram dentro da própria Europa, conquistando, anexando ou subordinando outras formas de poder local menos poderosas que os novos Estados.

Foi assim que nasceram as primeiras potências, um pequeno número de "Estados-impérios" que se impuseram na sua região e se transformaram no "núcleo central" do sistema estatal europeu, o núcleo das grandes potências. Este pequeno grupo de países nunca foi homogêneo, coeso ou pacífico; pelo contrário, viveu em estado de quase permanente guerra, exatamente porque todos seus Estados eram ou tinham "vocação imperial" e mantinham, entre si, relações, a um só tempo, complementares e competitivas. Mas sua composição interna foi extremamente estável devido às "barreiras à entrada" de novos "sócios" que foram criadas e recriadas pelas potências ganhadoras ao longo dos séculos. Primeiro se destacaram Portugal, Espanha, França, Suécia, Holanda e Inglaterra, mas, na entrada do século XVIII, depois da decadência de Portugal, da Espanha, da Suécia e mesmo da Polônia, o grupo das grandes potências ficou restrito à França, à Holanda, à Inglaterra, à Rússia, à Áustria e à Prússia, delimitado, em conjunto, por suas fronteiras militarizadas, com o Império Otomano. E assim mesmo, dentro deste pequeníssimo clube, sempre existiu uma hierarquia na qual se destacavam sobre todos os demais: a França e a Inglaterra. "Em 1748, Frederico II da Prússia já dizia que a Inglaterra e a França eram os poderes que determinavam o que acontecia em toda a Europa" (Black, 1990, p. 67).

Até a primeira metade do século XVIII, o novo sistema político se restringia aos Estados europeus, mas seu território já havia se estendido muito além das fronteiras europeias. O primeiro passo foi dado por Portugal, em 1415, quando conquistou Ceuta, no Norte da África. Menos de um século depois, em 1494, os europeus repartiram o mundo entre si, pela primeira vez, em Tordesilhas. Depois vieram os impérios marítimos asiáticos e a colonização americana, uma caminhada que nunca mais se interrompeu nos 500 anos seguintes em que oito Estados nacionais, com apenas 1,6% do território global (Portugal, Espanha, Holanda, França, Inglaterra, Bélgica, Alemanha e Itália) conquistaram ou submeteram quase todo o resto do mundo ao construírem "territórios políticos" supranacionais que se somaram, de uma forma ou de outra, aos seus territórios originários, na forma de colônias, de domínios, de províncias de além-mar, de mandatos, de protetorados etc.

Nesses cinco séculos é possível identificar duas grandes "ondas expansivas" do poder e dos territórios dos Estados europeus: a primeira ocorreu no período entre os séculos XV e XVIII, e a segunda, entre os séculos XIX e XX. Esses dois passos imperiais das grandes potências europeias foram absolutamente decisivos para a formação do sistema político mundial. Em primeiro lugar, porque aproximaram e integraram regiões que estavam desconectadas entre si, "economias-mundo" e "políticas-mundo" distantes e autônomas. E em segundo, porque foi no espaço colonial destes "territórios políticos" que nasceram e se multiplicaram os Estados nacionais extraeuropeus, como produto de duas grandes "ondas de descolonização".

A primeira, entre 1776 e 1825, quando se independentizam as colônias americanas, e a segunda, entre 1945 e 1975, quando as colônias europeias da África e da Ásia se transformam em Estados nacionais autônomos, processo que se completa, depois de 1991, com a decomposição da União Soviética. Entre 1945 e 1990, foram criados cerca de cem novos Estados e, portanto, a maior parte dos Estados que compõem hoje o sistema estatal mundial foi criada depois da Segunda Guerra Mundial, de modo que foram quase todos colônias das grandes potências europeias. Foi assim que se globalizou o sistema estatal e nasceu o sistema político mundial que seguiu sendo hierárquico depois de sua universalização. Durante este processo, e mesmo quando o número de Estados extraeuropeus superou a própria Europa, as grandes potências seguiram sendo as mesmas e continuaram a determinar a direção e o ritmo geopolítico e geoeconômico de todo o sistema até a primeira metade do século XX, quando o sistema incorporou, no seu núcleo central, duas potências "expansivas" e extraeuropeias: os Estados Unidos e o Japão.

Os estados americanos, criados no século XIX, não dispunham, no momento de suas independências, de centros de poder legítimos e eficientes, nem contavam com "mercados nacionais" integrados e coerentes, até o momento em que se transformaram em segmentos produtivos especializados da economia inglesa, em torno de 1860 e 1870. Tampouco existia, na América, alguma coisa que se pudesse chamar de um "sistema político regional", com Estados que competissem e se completassem, como no caso do sistema europeu. Este cenário se repetiu, depois de 1945, com os novos Estados criados na África, na Ásia Central e no Oriente Médio: na maioria dos casos, não gozavam de uma estrutura centralizada e eficiente de poder, tampouco dispunham de verdadeiras economias nacionais. Só no Sul e no Sudeste da Ásia se pode dizer que foi criado um sistema de Estados e de economias nacionais fortemente competitivos, da perspectiva tanto militar quanto econômica, e que parecem reproduzir, até o momento, as mesmas condições do "modelo" originário europeu. São Estados que nasceram sobre o recorte de civilizações milenares e que dispõem de economias nacionais extremamente dinâmicas e complementares, dentro de um sistema econômico regional competitivo.

À guisa de resumo de nosso argumento: a formação do sistema político mundial não foi o produto de uma somatória simples e progressiva de territórios, de países e de regiões, foi uma criação do poder expansivo de alguns Estados nacionais europeus que conquistaram e colonizaram o mundo durante os cinco séculos em que lutaram entre si pela conquista e pela monopolização das hegemonias regionais e do "poder global". Como resultado deste movimento competitivo e expansivo, os europeus criaram seus "territórios políticos" supranacionais e seus impérios coloniais de onde veio a nascer a maioria dos Estados do sistema mundial, os quais foram criados fora da Europa e sem as características políticas e econômicas das grandes potências.

De uma forma ou outra, a maioria dos novos Estados nacionais extraeuropeus se transformou, imediatamente depois suas independências, em aliados ou protetorados militares das grandes potências. Muitos deles ainda não conquistaram uma verdadeira soberania interna e externa, não têm uma identidade nacional nítida, muito menos demonstraram, até hoje, qualquer tipo de "ímpeto imperial". E mesmo os que se propuseram mudar de posição hierárquica tiveram enorme dificuldade para acumular os recursos de poder indispensáveis à condição de candidato à grande potência, com a notável exceção dos Estados Unidos, da Alemanha e do Japão que conseguiram ingressar no núcleo central do sistema no início do século XX. Por isso, o pequeno núcleo das grandes potências mantém sua centralidade dentro do sistema político mundial, e ainda são as suas decisões e seus conflitos que determinam a dinâmica do sistema, incluindo as "janelas de oportunidade" abertas para os Estados situados na sua periferia.

O novo sistema, formado pelos Estados nacionais, manteve as características fundamentais do sistema político anterior formado pelas cidades e pelas "unidades imperiais" menores que os Estados: ele também nasceu competitivo e bélico e se expandiu graças às suas disputas territoriais e às suas guerras de conquista. O historiador Jack Levy estima que as grandes potências tenham estado em guerra durante 75% do período que decorre de 1495 a 1975, começando uma nova guerra a cada sete ou oito anos (Levy, 1983). E mesmo no período mais pacífico desta história, entre 1816 e 1913, ele contabiliza cem guerras coloniais, a maioria delas envolvendo a Inglaterra, a França e a Rússia.

Por isso Charles Tilly afirma, com razão, que as guerras foram a principal atividade dos Estados nacionais europeus durante seus cinco séculos de existência, consumindo cerca de 80% a 90% dos seus orçamentos nacionais até o século XIX. Por conseguinte, mantiveram-se válidas, para o novo sistema de poder, as observações de Norbert Elias a respeito das guerras do século XIV. Na relação entre os Estados nacionais, como antes, "a mera preservação da existência social exige, na livre competição, uma expansão constante, quem não sobe, cai". Ou seja, toda grande potência está obrigada a seguir expandindo o seu poder, mesmo que seja em períodos de paz, e, se possível, até o limite do monopólio absoluto e global. John Mearsheimer chamou de "realismo ofensivo" essa condenação ou "tragédia das grandes potências":

> [...] as grandes potências têm um comportamento agressivo não porque elas queiram, mas porque elas têm de buscar acumular mais poder se quiserem maximizar suas probabilidades de sobrevivência, porque o sistema internacional cria incentivos poderosos para que os Estados estejam sempre procurando oportunidades de ganhar mais poder à custa dos seus rivais [...] (Mearsheimer, 2001, p. 21).

Como no caso das primeiras "unidades imperiais" contíguas, a relação entre as grandes potências é sempre de competição, e o seu comportamento expansivo também atende às mesmas necessidades defensivas de segurança e de paz. No caso dos Estados nacionais, entretanto, o potencial expansivo e bélico é muito maior, de modo que sua disputa já não se restringe às fronteiras comuns ou às "zonas de segurança" próximas dos seus territórios. A competição entre os Estados nacionais, sobretudo entre as grandes potências, gira em torno da conquista e da monopolização das hegemonias regionais, bem como da construção de um sistema de poder global. Já vimos que, antes do surgimento dos Estados nacionais, a competição e a guerra entre os primeiros "núcleos imperiais" apontavam na direção do "poder global", mas ele não estava ao alcance dos recursos destes primeiros poderes territoriais. E mais à frente, quando eles chegaram próximos a um poder de tipo global, como no caso do Império Habsburgo de Carlos V, as resistências externas e internas cresceram, e os custos aumentaram até o ponto em que o projeto ficou insustentável: Carlos V declarou moratória com relação aos seus banqueiros, renunciou e dividiu seu império para impedir sua decomposição.

Depois de Carlos V, a França e a Alemanha tentaram, várias vezes e sem sucesso, impor sua hegemonia à Europa; e o Japão também fracassou ao tentar impor a sua hegemonia à Ásia, depois de 1890. Só os Estados Unidos conquistaram e mantiveram, desde o século XIX, uma posição hegemônica incontestável dentro do continente americano. E só a Inglaterra e os Estados Unidos – os "Estados-impérios capitalistas" por excelência – se colocaram o objetivo do "poder global". No caso da Inglaterra, com a limitação de que jamais teve poder territorial sobre a Europa e nunca disputou a América com os Estados Unidos. Mas, depois do fim da Guerra Fria e com o desaparecimento da União Soviética, não há dúvida de que os Estados Unidos chegaram mais perto do que nunca da conquista de um poder global ou, pelo menos, do exercício sem contestação de um poder global de natureza militar. "O que é mais curioso e fascinante no desenvolvimento desta forma de Império Americano é que ele é um império só de bases militares, não de territórios, e estas bases atualmente cercam a terra de tal maneira que ficou possível o velho sonho secular de uma dominação global" (Johnson, 2004, p. 188-189).

4.1.7 A globalização das economias nacionais

Foi Marx quem fez a primeira e mais brilhante descrição do processo histórico de expansão das economias nacionais europeias até a constituição do sistema econômico mundial e capitalista:

> [...] movida pela necessidade de novos mercados, a burguesia invadiria todo o globo. Necessitaria estabelecer-se em toda parte, exploraria em toda parte, criaria vínculos em toda parte. Pela exploração do mercado mundial a burguesia imprimiria um caráter cosmopolita à produção e ao consumo em todos os países (Marx, 1953, p. 24).

Mais tarde, em *O capital*, Marx formulou a "lei geral da acumulação" e identificou a tendência de longo prazo da concentração e da centralização do capital, destacando a importância decisiva da concorrência e do acesso ao crédito. Alguns aspectos econômicos essenciais do seu argumento foram confirmados pela história da expansão capitalista nos séculos XIX e XX. Mas a teoria do capital e do desenvolvimento capitalista de Marx não considera a importância dos territórios e dos Estados para a expansão vitoriosa da economia capitalista europeia, e acredita, em última instância, que o "capital em geral" marcha na direção de uma economia global, cosmopolita e sem fronteiras. Marx só inclui o problema dos Estados nacionais e de suas guerras na sua análise da "acumulação originária" e da "gênese do capitalista industrial", momentos transitórios de uma história estritamente econômica.

No início do século XX, entretanto, Rudolf Hilferding refez o argumento de Marx, trazendo os Estados nacionais e suas guerras para dentro de sua teoria do desenvolvimento do capital "monopolista" e "financeiro". Hilferding percebeu que "o poder político era decisivo na luta competitiva de caráter econômico, e que para o capital financeiro, a posição do poder estatal é vital para o seu lucro" (Hilferding, 1985, p. 311). Um pouco mais tarde, Nikolai Bukharin completou essa nova visão marxista do desenvolvimento capitalista ao sublinhar, também, a importância dos Estados nacionais e de sua aliança com o capital financeiro:

> [...] as diferentes esferas do processo de concentração e de organização se estimulam mutuamente e fazem surgir forte tendência à transformação de toda a economia nacional numa gigantesca empresa combinada sob a égide dos magnatas das finanças e do Estado capitalista: uma economia que monopoliza o mercado mundial (Bukharin, 1984, p. 66).

Além disso, Bukharin percebeu e identificou a existência de uma contradição fundamental na globalização capitalista que não foi vista nem considerada por Marx:

> [...] o desenvolvimento do capitalismo mundial traz como resultado, de um lado, a internacionalização da vida econômica e o nivelamento econômico; e, de outro, em medida infinitamente maior, o agravamento extremo da tendência à nacionalização dos interesses capitalistas, à formação de grupos nacionais estreitamento ligados entre si, armados até os dentes e prontos, a qualquer momento, a lançar-se uns sobre os outros (Bukharin, 1984, p. 97).

Mas, apesar disto, mesmo depois de identificar e de descrever a natureza contraditória do processo de globalização, Bukharin volta, no final, à posição inicial de Marx e prevê, no longo prazo, um império do capital, sem Estados nem fronteiras. "[...] uma unidade econômica que não se baste a si mesma e que estenda infinitamente sua força imensa até transformar o mundo num império universal, tal é o ideal sonhado pelo capital financeiro" (Bukharin, 1984, p. 99).

Hilferding, pelo contrário, não recua e propõe um novo conceito capaz de avançar a análise histórica e teórica do papel dos "territórios" e do "poder" na expansão das economias nacionais vitoriosas:

> [...] a política do capital financeiro procura um tríplice objetivo. Em primeiro lugar, a criação de um "território econômico" tão vasto quanto possível. Em segundo lugar, a defesa desse território por meio de barreiras aduaneiras. E a seguir, em terceiro lugar, sua transformação em campo de exploração para os monopólios do país (Hilferding, 1985, p. 314).

Não importa que Hilferding considerasse esse processo uma novidade do início do século XX quando, na verdade, se tratava de um objetivo muito mais antigo e permanente na história das relações do poder político com o capital desde a primeira vez em que os príncipes, os comerciantes e os banqueiros se aliaram para fazer a guerra e para conquistar e proteger posições monopólicas dentro dos territórios conquistados pelos vencedores. Como já vimos, esta aliança se aprofundou e se potencializou com o nascimento dos "Estados-economias nacionais" e sua estratégia competitiva e expansiva. Por isso, a partir do século XVII, o "território econômico" supranacional conquistado pelo capital financeiro – de que fala Hilferding – foi quase sempre a outra face do "território político", conquistado pelas grandes potências.

Quando a coincidência foi completa, esses novos territórios conquistados se transformaram em colônias e foram monopolizados por suas metrópoles. Mas, quando a coincidência não foi completa, nem houve colonização, a competição das grandes potências se deslocou para o campo monetário, financeiro e comercial, e quem ganhou a disputa pelo novo "território econômico" foi quem conseguiu impor sua moeda nacional como moeda de referência dos negócios externos do novo domínio, criando uma barreira não alfandegária de proteção dos seus investimentos, mas, sobretudo, criando um ambiente favorável e seguro para a multiplicação do seu capital financeiro dentro da economia "conquistada".

O essencial, do ponto de vista da competição capitalista, é a conquista permanente de novas posições monopólicas, capazes de gerar lucros extraordinários. Este é o móvel do sistema capitalista e o único objetivo dos seus capitais individuais, que precisam se inovar permanentemente para conquistar e manter suas posições exclusivas, da perspectiva tecnológica e organizacional, mas também da perspectiva do controle de mercados cativos. Por isso, ao contrário do senso comum institucionalista, o segredo da acumulação do capital nunca esteve no respeito e na manutenção de regras e instituições duradouras. Pelo contrário, na competição capitalista, os que ganham são sempre os que demonstram maior capacidade para contornar ou romper as regras e as instituições construídas em nome do mercado e da competição perfeita, e que cumprem o papel de bloquear e atrasar o acesso às novidades dos concorrentes que se submetem às regras ou se atrasam em rompê-las.

Por conseguinte, a despeito da retórica liberal, nesse sistema capitalista que substituiu as "economias-mundo" mercantis, os "Estados-economias nacionais" que ganharam também foram os que souberam navegar na contramão das "leis do mercado", praticando políticas mercantilistas durante

414

o tempo em que lutaram para ascender dentro da hierarquia mundial, mas também durante o tempo em que se mantiveram no topo do sistema. No caso dos Estados, como no caso do capital, eles também tiveram de inovar e de sofisticar permanentemente seus sistemas de proteção, até mesmo para poder dar alguma credibilidade à sua retórica liberal que foi, e sempre será, o discurso de todos os vitoriosos dentro dos "territórios econômicos" conquistados ou submetidos à condição de periferia econômica dos ganhadores. Em princípio, tanto a partir do prisma dos Estados como do próprio capital, essas novas barreiras protetoras se deslocam na direção dos setores de ponta da economia os quais estão associados, de uma forma ou de outra, ao campo da produção de recursos úteis para o "jogo das guerras". Portanto, os dois movimentos protetores convergem e se ajudam mutuamente porque fora da pequena economia de mercado, a regra que comanda o comportamento dos grandes "Estados-economias nacionais" é a mesma dos seus "grandes predadores" privados: a conquista sem fim de novas posições monopólicas e a reprodução contínua de relações desiguais e assimétricas.

Mas esse é um jogo para poucos competidores, e sempre foi vencido pelos capitais que foram escudados pelo poder das grandes potências que dispunham de cotas nacionais importantes dentro da massa do capital financeiro mundial. É quase impossível imaginar a existência de "territórios econômicos" que tenham sido conquistados sem uma aliança do capital financeiro com o poder político, e não é provável que essa aliança possa ser desfeita, nem que o capital financeiro possa impor seu império mundial, como pensa Bukharin, sem o apoio do poder político. Mas apesar disto, a ideia de Bukharin está por trás de todas as leituras "economicistas" do processo de globalização da economia capitalista.

De nossa perspectiva, entretanto – fiel ao conceito de Hilferding –, a globalização capitalista foi, e será sempre, um movimento expansivo e uma resultante transitória do processo de competição entre as grandes potências e seus capitais financeiros pela conquista de novos "territórios econômicos". Foi esta competição entre as grandes potências que foi alargando o espaço originário da "economia-mundo europeia" no século XVI, até transformá-la numa "economia mundial" nos séculos XIX e XX, e a globalização é o nome que se dá a este movimento contínuo de alargamento do "território econômico" das potências ganhadoras do jogo das finanças e das guerras. O território do sistema estatal foi sempre mais amplo que o território capitalista, e, deste ponto de vista, a competição capitalista sempre teve novos espaços a serem disputados e conquistados. Mas, como já vimos, só duas dessas grandes potências conseguiram expandir as fronteiras de suas economias nacionais até o ponto em que elas se transformaram em "territórios econômicos" mundiais: a Inglaterra e os Estados Unidos. Um processo lento e secular que deu um grande passo depois da generalização do padrão-ouro e da desregulação financeira promovida pela Inglaterra na década de 1870, e deu outro passo gigantesco depois da generalização do padrão dólar flexível e da desregulação financeira, promovido pelos Estados Unidos a partir da década de 1970.

A fim de resumir nosso argumento: a expansão e a universalização do sistema capitalista não foram uma obra do "capital em geral"; foram, e serão sempre, o resultado da competição e expansão dos "Estados-economias nacionais" que conseguem impor a sua moeda, a sua "dívida pública", o seu sistema de crédito" e o seu sistema de "tributação" como lastro monetário do seu capital financeiro dentro desses territórios econômicos supranacionais e em expansão contínua. Desse modo, a capacidade de endividamento e o crédito internacional dos Estados vitoriosos correm sempre na frente da capacidade e do crédito dos demais Estados concorrentes. No caso dos vitoriosos, a "dívida pública" pode crescer por cima do produto criado dentro do seu território nacional, ao contrário das demais economias, mesmo das grandes potências que ficam prisioneiras de uma capacidade de endividamento menor, restrita à sua zona mais limitada de influência monetária.

Os ganhadores dessa competição foram sempre os que conseguiram chegar mais longe e garantir o controle de "territórios políticos e econômicos" supranacionais mais amplos do que o de seus concorrentes, seja na forma de colônias, de domínios ou de periferias independentes. Como consequência, este sistema político e econômico mundial criado a partir da expansão europeia foi, e será sempre, desigual. Não porque as grandes potências dependam da exploração dos mais pobres ou dos mais fracos para sobreviver, do ponto de vista econômico ou político. O que se passa é que a lógica expansiva do sistema impõe a promoção e renovação contínua de situações que, por definição, serão sempre desiguais. Ou seja, assim como no campo político, também do ponto de visa econômico a expansão das unidades capitalistas desse sistema não precisa da pobreza; pelo contrário, necessita de outras unidades que também sejam ricas e poderosas, mas, ao mesmo tempo, a lógica expansiva e implacável do sistema renova a cada passo as desigualdades, e, por conseguinte, pode-se dizer que este sistema é essencialmente "desigualizante".

4.1.8 Colônias, "quase Estados" e periferia

Como já vimos, o núcleo central do sistema interestatal, formado pelas grandes potências, sempre foi pequeno e impermeável. Mas além disto, teve uma composição muito estável no decorrer dos séculos, com uma mobilidade ascendente muito baixa. O grupo das primeiras potências do século XVI sofreu defecções, como no caso de Portugal, da Espanha, da Suécia, da Holanda e, mais tarde, da Áustria. Mas o grupo formado pela França, pela Inglaterra, pela Prússia e pela Rússia, se mantém até o século XXI. A única grande mudança, nestes quinhentos anos, foi a entrada simultânea da Alemanha (unificada em 1871), dos Estados Unidos e do Japão, no final do século XIX. Nestes séculos, sempre existiram poderes políticos e militares regionais, com sua competição e suas guerras, mas seu poder nunca se estendeu para além da própria região e jamais ameaçou a posição hegemônica do núcleo central do sistema. No século XX, a mobilidade ascendente ficou ainda mais difícil, e praticamente impossível para os Estados que não dispunham de uma economia nacional extremamente vigorosa.

Esse problema da concentração do poder dentro do sistema mundial se ampliou com a multiplicação dos Estados nacionais fora da Europa, a partir do início do século XIX. Desde então, o núcleo central das grandes potências se defronta com o desafio da convivência política e econômica com estes novos atores internacionais que nasceram dos impérios criados pela expansão dos seus "Estados-economias nacionais". Foram suas colônias que depois se transformaram, na maioria dos casos, em "quase-Estados", com uma soberania política e econômica extremamente limitada. Para os países centrais, o problema sempre foi como manter a hierarquia e impedir o aparecimento de novas potências regionais que pudessem ameaçar sua supremacia histórica. Da perspectiva das ex-colônias, o problema sempre foi a afirmação de suas novas soberanias, junto com a reivindicação de mobilidade política e econômica dentro de um sistema mundial cada vez mais polarizado, bem como de um núcleo de poder central cada vez mais impermeável.

Ao se formarem, na América, os primeiros Estados nacionais fora do território europeu, a Inglaterra vitoriosa colocou a si mesma, de imediato, o problema da relação com os novos sócios do sistema interestatal. Em grandes linhas, é possível identificar duas posições fundamentais que se mantêm até hoje nesse debate econômico e estratégico. De um lado, Adam Smith e quase toda a economia política clássica, convencidos de que o poder econômico da Inglaterra, no final do século XVIII, dispensava o uso de monopólios coloniais e de conquistas territoriais muito custosas do ponto de vista humano e financeiro, sustentavam a tese de que a superioridade econômica inglesa – acentuada pela Revolução Industrial – e a força do seu capital financeiro eram suficientes para obrigar a especialização "primário-exportadora" das economias que se tornassem independentes e se transformassem em "periferia" político-econômica dos Estados mais ricos e poderosos. Numa posição oposta, se colocaram, na segunda metade do século XIX, Benjamin Disraeli, Cecil Rhodes e todos os demais que defendiam a retomada do colonialismo, dentro e fora da Inglaterra.

A posição de Adam Smith predominou na primeira metade do século XIX, mas as posições de Disraeli e de Cecil Rhodes se impuseram de forma avassaladora depois de 1870. Mas é importante compreender que esta não foi uma vitória intelectual ou apenas política; foi, muitas vezes, o resultado da aplicação da própria proposta de Adam Smith. É exemplar, nesse sentido, a história da conquista e da colonização de quase todos os territórios que pertenceram, em algum momento, ao antigo Império Otomano. Em quase todos os casos, essa história começava pela assinatura (muitas vezes imposta pela força) de tratados comerciais que obrigavam os países signatários a eliminarem suas barreiras comerciais, permitindo o livre acesso das mercadorias e dos capitais europeus. Esses tratados foram estabelecidos com países de quase todo o mundo, que acabaram por se especializar na exportação das matérias-primas necessárias à industrialização europeia. Com a abertura de suas economias, os governos desses países tiveram de se endividar junto à banca privada inglesa e francesa para cobrir os recursos perdidos com o fim das taxas alfandegárias. Por conseguinte, nos momentos de retração cíclica das economias europeias, esses países periféricos enfrentaram, invariavelmente, problemas de balanço de pagamentos, de modo que aos poucos foram obrigados a renegociar suas dívidas externas ou a declarar moratórias nacionais.

No caso da América Latina, as dívidas e moratórias foram solucionadas por intermédio de renegociações com os credores e pela transferência desses custos para as populações nacionais. No resto do mundo, a história foi diferente: a cobrança das dívidas acabou justificando a invasão e a dominação política de muitas dessas novas colônias criadas no século XIX.

Durante o século XX, os Estados Unidos e a União Soviética, as duas potências que dividiram o mundo a partir da Segunda Guerra Mundial, se opuseram à continuação dos impérios europeus para poder expandir seu próprio poder global e tiveram um papel decisivo na independência das suas colônias na África e na Ásia. Depois das novas independências, o socialismo e o "desenvolvimentismo capitalista" se transformaram na utopia ou na esperança desses novos Estados que tinham um só e mesmo objetivo: um crescimento econômico acelerado que permitisse a recuperação do atraso, a mobilidade social e a diminuição das assimetrias de riqueza e de poder do sistema mundial.

No fim da década de 1970, entretanto, o "desenvolvimentismo" já perdera fôlego na maioria dos países periféricos, assim como o socialismo, que logo depois também entrou em crise e perdeu sua força atrativa como estratégia de redução do atraso econômico. Em quase todas as ex-colônias, depois dos anos de 1980, o relógio deu volta para trás, em direção ao projeto liberal-smithiano do século XIX: uma vez mais a promessa de desenvolvimento e a esperança de mobilidade na hierarquia de poder e de riqueza internacional passariam pela aceitação desses "Estados-economias nacionais" periféricas, das regras do livre-comércio e da política econômica ortodoxa, propostas ou impostas pelas grandes potências, como havia ocorrido na segunda metade do século XIX. Por fim, na década de 1990, depois do fim da Guerra Fria, recolocou-se, num outro patamar, o problema da anarquia política e da desigualdade econômica do sistema mundial, agora com cerca de 195 Estados e "quase Estados", e sem mais contar com a bipolaridade política e com a ideologia que havia mantido a "ordem" deste imenso universo depois da Segunda Guerra Mundial.

Foi nesse contexto que o inglês Richard Cooper – cientista político e assessor internacional do governo Blair – publicou um livro que recoloca o velho problema inglês do século XIX e propõe uma "síntese" do debate atual entre as grandes potências. Cooper propõe uma estrutura de gestão global apoiada em três tipos simultâneos de imperialismo: um "imperialismo cooperativo", entre o mundo anglo-saxão e o resto dos países desenvolvidos; um "imperialismo baseado na lei das selvas", entre as grandes potências e os países incapazes de assegurar seus próprios territórios nacionais; e, por fim, um "imperialismo voluntário da economia global, gerido por um consórcio internacional de instituições financeiras como o FMI e o Banco Mundial" (Cooper, 1996), e próprio para países que "se abram e aceitem pacificamente a interferência das organizações internacionais e dos Estados estrangeiros" (Cooper, 1996). Em síntese, uma coalizão das grandes potências, a qual aplicaria, em conjunto, a "lei da selva" nos Estados "pré-modernos" e o imperialismo do "livre-comércio" nos países que Adam Smith chamou de "nossos aliados mais fiéis, afeiçoados e agradecidos".

O sistema mundial, entretanto, é hierárquico e polarizado, mas não tem somente um lado, porquanto já generalizou a forma política dos Estados nacionais e a expectativa do desenvolvimento de capitalismos nacionais competitivos. Desse modo, é possível, bem como necessário, olhar também para o funcionamento do sistema pelo prisma dos Estados que são periféricos, mas que mantêm o objetivo estratégico de mudar sua posição dentro da hierarquia de poder e da riqueza global.

Nesse ponto é possível definir uma primeira regra geral: há países ricos que não são, nem nunca serão, potências expansivas, tampouco farão parte do jogo competitivo das grandes potências. E há alguns Estados militarizados, na periferia do sistema mundial, que nunca chegarão a ser potências econômicas. Mas não há possibilidade de que algum Estado se transforme numa nova potência sem dispor de uma economia competitiva, vigorosa e inovadora. Assim tem sido desde o início da história desse sistema, e hoje é rigorosamente impossível conceber um processo sustentado de acumulação de poder que não esteja apoiado em uma economia dinâmica, expansiva e ganhadora. E fica cada vez mais difícil que algum capital individual ou bloco de capitais periféricos possa se expandir para fora de suas fronteiras nacionais sem contar com o apoio ativo de Estados que tenham pretensões igualmente expansivas.

Depois da Primeira Revolução Industrial e da primeira divisão internacional do trabalho liderada pela Inglaterra, nós identificamos três modelos básicos de desenvolvimento capitalista bem-sucedido, no século XIX, e mais três, depois que os Estados Unidos impuseram sua supremacia dentro do mundo capitalista. No século XIX, existiram: i) os domínios ou "colônias brancas" inglesas, em particular o Canadá e a Austrália; ii) os países da periferia econômica independente que se especializaram e promoveram uma integração liberal e complementar com a economia inglesa e sem projeto expansivo de poder, como a Argentina, o México e o Brasil; iii) e, finalmente, o caso dos países que fizeram *catch-up* com a Inglaterra, adotando políticas mercantilistas ou nacionalistas, como os Estados Unidos, a Alemanha e o Japão. Já no século XX, é possível falar de sucesso econômico: i) nas "zonas de coprosperidade" estratégica dos Estados Unidos, verdadeiros protetorados militares e econômicos americanos, como foi o caso do Japão, da Coreia e de Taiwan, na Ásia, e também da Alemanha e da Itália, na Europa; ii) alguns poucos casos de sucesso "desenvolvimentista" em zonas não estratégicas, como o Brasil e o México, mas que acabaram em grandes crises; iii) e, por fim, as versões contemporâneas do velho *catch-up* e das políticas neomercantilistas ou nacionalistas, nas quais se destacam, atualmente, a China e a Índia.

O modelo dos "domínios" ingleses, no século XIX, e dos "protetorados militares" americanos, no século XX, permitem a acumulação da riqueza, mas impedem qualquer projeto autônomo de construção de uma grande potência; por sua vez, o modelo de "integração liberal" do tipo praticado pela Inglaterra na América Latina, na segunda metade do século XIX, pode gerar riqueza como no caso da Argentina, mas também é incompatível com projetos nacionais de potência; e o modelo "desenvolvimentista", sem conotação nacionalista nem militar, como foi experimentado no Brasil e no México, na segunda metade do século XX, teve sucesso econômico em poucos países e foi abandonado depois da crise das dívidas externas da década de 1980. Essa foi uma experiência frustrada de desenvolvimento das forças produtivas, sem inclusão social nem projeto nacional, e, portanto, sem possibilidade nem direito a qualquer tipo de expansão extraterritorial do seu poder ou do capital nacional que não fosse na forma da multiplicação patrimonial da riqueza privada da sua burguesia.

Por fim, é muito mais complicado fazer a avaliação do modelo de *catch-up*, seja ele no molde neomercantilista ou no molde nacionalista, seguido por alguns países ganhadores, nos séculos XIX e XX. Não foram os países que tiveram maior crescimento do PIB, mas com certeza foram os únicos casos em que o desenvolvimento nacional provocou uma redistribuição do poder internacional. Todos tiveram projetos nacionais expansionistas, se propuseram a entrar no núcleo central das grandes potências e utilizaram retóricas nacionalistas. Mas, ao mesmo tempo, apesar do paradoxo aparente, todos mantiveram relações de complementaridade virtuosa e acumulativa com a economia-líder do sistema mundial, primeiro, com a Inglaterra, e depois com os Estados Unidos, até o momento em que entraram em guerra com seus antigos "protetores". Ou seja, no início, os países que escolheram este tipo de estratégia contaram com a "desatenção" ou o "convite" da potência econômica dominante, mas quando se propuseram a se expandir para fora de suas fronteiras, foram bloqueados.

Assim se pode compreender melhor por que esses projetos mercantilistas ou nacionalistas de expansão do poder e do capital chegam sempre a um ponto de "saturação" que os leva à guerra. Em nosso entender, seu "belicismo" não foi uma consequência automática e necessária do seu nacionalismo ou do seu mercantilismo. Na maioria das vezes, o que ocorreu foi exatamente o contrário: a guerra se impõe quando estes "Estados-economias nacionais" se propõem a expandir para além de suas fronteiras nacionais e são bloqueados pelas potências que já haviam se expandido previamente e que monopolizavam e bloqueavam as novas oportunidades de expansão. Isto só não ocorreu no caso dos Estados Unidos porque sua expansão se deu de forma associada com a Inglaterra, que se transformou na sócia preferencial do novo poder ganhador.

É essa regra histórica da luta pelas hegemonias regionais que está por trás da observação de John Mearsheimer acerca das relações entre Estados Unidos e China no seu livro *Tragedy of great power politics*:

> [...] a política dos Estados Unidos na China está mal-orientada, porque uma China rica não será um poder que aceitará o *status quo* internacional. Pelo contrário, será um Estado agressivo e determinado a conquistar uma hegemonia regional. Não porque a China, ao ficar rica, venha a ter instintos malvados, mas porque a melhor maneira para qualquer Estado maximizar as suas perspectivas de sobrevivência é se tornar hegemônico na sua região do mundo. Agora bem, se é do interesse da China ser o *hegemon* no Nordeste da Ásia, não é do interesse da América que isto aconteça (Mearsheimer, 2001, p. 402).

O que John Mearsheimer não entende é que a China necessita dos Estados Unidos, mas, como já vimos, os Estados Unidos também precisam da concorrência chinesa para poder expandir seu próprio poder econômico e militar. De nossa perspectiva, esse é o verdadeiro segredo do sucesso e da tragédia desse sistema mundial.

4.1.9 Hegemonia, império e "governança global"

Apesar da continuidade das guerras dentro da história do sistema mundial, não existe uma explicação convincente da sua periodicidade, tampouco se consegue saber com demasiada exatidão por que alguns períodos de paz são mais longos do que outros. As várias teorias existentes a respeito dos "ciclos das guerras" não apresentam evidências conclusivas, e enquanto alguns atribuem os períodos de paz à existência de situações de "equilíbrio de poder" entre as grandes potências, outros, pelo contrário, acham que a paz depende da existência de um só poder ou de uma potência hegemônica capaz de impor a sua "*pax*" ao resto do mundo. Pelo lado econômico do sistema mundial, existem teorias muito mais desenvolvidas acerca das causas e das periodicidades das grandes crises capitalistas, mas, quando elas associam essas crises ao "ciclo das guerras", em geral o fazem de forma muito superficial e mecanicista.

Do ponto de vista da "paz", Raymond Aron propôs uma distinção entre dois tipos de sistemas internacionais que coexistiriam, lado a lado, e manteriam relações diferentes com a "compulsão à guerra", acerca da qual Tucídides discorre na sua *História da guerra do Peloponeso*. O primeiro seria mais "homogêneo", e o outro mais "heterogêneo", a depender do grau em que os Estados envolvidos compartam ou não das mesmas concepções e valores. Para Aron, as guerras seriam um fenômeno típico ou mais frequente dos subsistemas "heterogêneos". Henry Kissinger propôs uma separação parecida entre duas ordens internacionais opostas, uma delas, "legítima", e a outra, "revolucionária", a depender de se os seus Estados compartilham ou não um mesmo código de conduta internacional.

Nas duas tipologias, as guerras deveriam ser mais frequentes nos sistemas que Aron chama de "heterogêneos", e que Kissinger chama de "revolucionários". Mas nem Raymond Aron nem Henry Kissinger conseguem explicar por que as grandes guerras que afetaram a história do sistema mundial se deram exatamente entre os países "homogêneos" ou "legítimos". As guerras entre as grandes potências na luta pelo "poder global" que afetaram a totalidade do sistema, provocando mudanças periódicas e radicais na ordem política mundial, e as guerras destas mesmas potências, nas periferias do sistema, pelo controle das hegemonias políticas e econômicas regionais.

Por outro lado, da perspectiva da estabilidade e das crises econômicas do sistema mundial, a tentativa mais ambiciosa de explicação foi a da "teoria da estabilidade hegemônica" que já foi apresentada e criticada no tópico inicial deste artigo acerca do "paradoxo do hiperpoder americano". Em poucas palavras, desde a segunda metade dos anos de 1980, o mundo esteve sob a "liderança" incontestável de uma só potência orientada por um forte *commitment* liberal. Nesse período, os Estados Unidos arbitraram o sistema monetário internacional, promoveram ativamente a abertura e a desregulação das economias nacionais, bem como o livre-comércio; incentivaram a convergência das políticas macroeconômicas; e atuaram – pelo menos em parte – como *last resort lender* em todas as crises financeiras que abalaram o mundo dos negócios, mantendo, ao mesmo tempo, um poder incontrastável no plano militar, no plano industrial, no plano tecnológico, no plano financeiro e no plano cultural. Apesar de tudo isso, o mundo viveu, no último quarto do século XX, um momento de grande instabilidade econômica sistêmica, de modo que a teoria foi incapaz de explicá-las. Por isso é fundamental uma rediscussão da própria ideia de hegemonia, seja ela econômica ou política, antes de qualquer proposta quanto ao tema da "governabilidade global".

Em primeiro lugar, há de se diferenciar claramente uma hegemonia econômica, de um lado, do exercício de um poder ordenador ou "pacificador", do outro. Mas, além disto, mesmo no campo econômico, o *hegemon* não pode ser entendido como um "gerente funcional", tampouco como uma função institucional que possa ser ocupada por qualquer tipo de governante coletivo. Ao contrário, a hegemonia econômica, assim como o poder político global, é sempre uma posição em disputa, cuja conquista é transitória, e nunca será o resultado de um consenso ou de uma escolha "democrática". A posição hegemônica, portanto, é uma conquista, uma vitória do Estado mais poderoso em um determinado momento, e, nesse sentido, pode-se dizer que é apenas um "ponto possível" na curva ascendente dos "Estados-impérios" que lutam pelo poder global. Só quando ocuparam essa posição transitória foi que os países hegemônicos puderam exercer um poder global favorável, eventualmente, ao desenvolvimento dos demais membros do sistema. O que, em geral, fica menos visível ou destacado nas discussões a respeito das "hegemonias mundiais" é esta disputa que está por trás do poder hegemônico.

Quando se olha o sistema pelo lado geopolítico, fica mais fácil de perceber que sempre existiu, na história do sistema estatal, e, em particular, na história de suas grandes potências, um conflito central mais permanente que serve como eixo organizador de todo o sistema. Uma polaridade mais ou menos nítida que orienta as opções estratégicas dos demais Estados e que funciona como uma espécie de "negarquia" que impede o uso abusivo e unilateral dos mais poderosos, porquanto,

> [...] na ausência de outros poderes e de uma capacidade efetiva de veto, o exercício sem limites do poder, como demonstra fartamente a história passada, não conduz o mundo na direção de uma soberania absoluta e benevolente como chegaram a sonhar Bodin e Hobbes, mas à arbitrariedade, à arrogância e ao fascismo, em última instância (Fiori, 1997, p. 131).

Essas polarizações foram uma forma recorrente, e muito específica, de organização do "equilíbrio de poder" que nunca chega a ser estritamente multilateral e que gira em torno de pelo menos três grandes centros de poder político e econômico. Foi o que se passou com a prolongada guerra entre a Espanha, a Áustria (o Império Habsburgo) e a França, no século XVI; depois, com a competição econômica e os conflitos militares da França e da Inglaterra com a Holanda, em distintos momentos do século XVII; com a prolongada competição entre a França, a Inglaterra e a Rússia, nos séculos XVIII e XIX; e, finalmente, com o conflito entre a Inglaterra, a Alemanha e os Estados Unidos, na primeira metade do século XX; e com a "Guerra Fria" depois da Segunda Guerra Mundial.

Nem sempre os principais atores da competição econômica foram os mesmos da competição político-militar, mas ambos os conflitos conviveram com uma enorme complementaridade entre todos os Estados envolvidos. Às vezes predominou o conflito, às vezes a complementaridade, mas foi essa "armação" que permitiu a existência de períodos mais ou menos prolongados de paz e de crescimento econômico convergente entre as grandes potências. Só nesses momentos excepcionais, em que se deu esta convergência, é que se pode falar de hegemonia, e só se pode falar de uma hegemonia mundial, nesse sentido, em dois momentos da história do sistema moderno: entre 1870 e 1900, e entre 1945 e 1973. Ademais, a cooperação que existiu entre as grandes potências, nesses dois únicos períodos hegemônicos da história, baseou-se em situações objetivas, com regras e instituições completamente diferentes.

A Inglaterra construiu um império colonial que foi decisivo para a reprodução do seu poder econômico e militar, e sua hegemonia não se apoiou em nenhum tipo de regime ou governança coletiva. No período da hegemonia inglesa não existiram regimes nem instituições multilaterais ou supranacionais, e a cooperação resultou das próprias características da Inglaterra, a qual tinha uma economia extremamente aberta e dependente do seu comércio externo. O sistema monetário internacional baseado na moeda inglesa não foi objeto de nenhum tipo de acordo ou regime monetário pactuado entre as grandes potências. Pelo contrário, foi um sistema que nasceu da adesão progressiva dos demais Estados e economias europeias, os quais foram obrigados a utilizar a libra nas suas novas investidas comerciais e imperiais num mundo que já era "território econômico" inglês. Os Estados Unidos, por sua vez, depois da Segunda Guerra Mundial, não recorreram à colonização direta dos povos periféricos e organizaram sua hegemonia de maneira diferente da Inglaterra.

O período entre 1945 e 1973 foi o único momento na história do sistema político e econômico mundial em que se tentou o exercício de uma "governança global" baseada num sistema de regimes e instituições supranacionais, apesar de que vários destes regimes e instituições concebidas na primeira hora da vitória militar nunca se concretizaram. Além disso, a cooperação e a convergência entre os principais países capitalistas nesse período se deveram muito mais devido à ameaça da Guerra Fria e ao medo da mobilização das grandes massas insatisfeitas, dentro e fora da Europa, do que à opção por um regime de "governança internacional".

Desse modo, uma vez mais, não há como explicar a formação e a crise das "situações hegemônicas" sem tomar em conta o ímpeto expansivo e ao mesmo tempo "destrutivo" do *hegemon*, e a "armação" dentro da qual se constitui e se desenvolve a liderança hegemônica entre as grandes potências. No caso da Inglaterra, constituída por sua aliança estratégica com os países da Santa Aliança e por sua competição militar e colonial com a França e a Rússia. E no caso dos Estados Unidos, baseada em sua aliança com os países atlânticos e na sua competição militar e global com a União Soviética. Sem esquecer a importância decisiva das relações econômicas preferenciais e específicas da Inglaterra com os Estados Unidos e com a

Índia; e, depois da Segunda Guerra Mundial, dos Estados Unidos com seus dois "protetorados militares" recém-derrotados, a Alemanha e o Japão.

Em 1973, os Estados Unidos abandonaram o sistema monetário internacional pactuado em Bretton Woods, e, naquele momento, começou uma nova conjuntura "não hegemônica" em que o conflito se sobrepôs à cooperação dentro do núcleo das grandes potências, numa progressão que culminou com o fim da Guerra Fria. Na década de 1990, entretanto, depois da vitória dos Estados Unidos e das ideias liberais, o sistema mundial chegou mais perto do que nunca do limite último da sua tendência à formação de um "império mundial". Mas, depois do ano 2000, o que se presenciou foi a rapidíssima reversão desse processo. O que parecia ter sido uma vitória quase religiosa do liberalismo se transformou numa volta ao mundo da primazia excludente dos interesses nacionais de cada uma das grandes potências. Por outro lado, nas décadas de 1980 e de 1990, a economia americana cresceu quase continuamente, ao passo que as economias das demais potências estagnaram, de forma que a possibilidade de mobilidade da periferia dentro do sistema ficou praticamente reduzida aos casos da Índia e da China.

A partir de todas as perspectivas, o mundo nunca esteve tão longe de qualquer coisa que se possa chamar de hegemonia. Os Estados Unidos defendem, há duas décadas, a desregulação de todos os mercados e de todos os sistemas de comunicação, de energia e de transportes. E vem abandonando, sucessivamente, todos os acordos, compromissos e regimes internacionais que afetem sua capacidade de ação unilateral. Sua moeda, agora, é rigorosamente universal e não obedece a nenhum regime, apenas às decisões soberanas do FED. Sua economia nacional conquistou espaços fundamentais na direção da globalização da sua moeda, da sua dívida e de seu sistema de tributação. Mas, ao mesmo tempo, estilhaçou-se o apoio à sua liderança moral-internacional, e cada uma das grandes potências dedica-se a "recolher os cacos" e a redefinir seus interesses e espaços de influência à sombra do hiperpoder norte-americano.

Em nosso entender, nesse momento da história não há como pensar o futuro e uma eventual governabilidade do sistema mundial sem partir das premissas que estivemos tentando expor neste artigo: i) no universo em expansão dos "Estados-impérios" e de suas economias nacionais capitalistas, não há possibilidade lógica de uma "paz perpétua", tampouco de mercados equilibrados e estáveis; ii) não existe a possibilidade de que as grandes potências possam praticar, de forma permanente, uma política apenas voltada para a preservação do *status quo*, deixando de lutar pela mudança da distribuição do poder mundial, como chegou a pensar Hans Morgenthau, apesar de ser um dos pais da teoria realista no campo das relações políticas internacionais; iii) não existe, tampouco, a possibilidade de que a liderança da expansão econômica do capitalismo passe das mãos dos "grandes predadores" aliados às suas "grandes potências" para as mãos do empreendedor típico-ideal, dos modelos da "economia de mercado" e dos manuais de economia; iv) o sistema é movido, em conjunto, por duas forças político-econômicas contraditórias, como percebeu corretamente Nikolai Bukharin: por um lado, existe uma tendência que aponta na direção de um império ou Estado universal, mas, por outro, existe uma "contratendência" que aponta para o fortalecimento dos blocos de capital e poder nacional; v) essas forças não são apenas sistêmicas ou globais, elas atuam por meio da competição dos Estados e das economias nacionais, e, em particular, da luta permanente de cada uma das grandes potências que têm de se oporem ativamente à vocação imperial dos seus "pares", os quais sabem que "os impérios não têm interesse em operar dentro de um sistema internacional; eles aspiram ser o próprio sistema internacional" (Kissinger, 2001, p. 84); e, por fim, se até hoje não foi possível a criação do "império mundial", tampouco houve caos, porquanto o sistema se hierarquizou e criou, na prática, várias estruturas competitivas e complementares que "atrasaram" periodicamente as guerras. Mas essas estruturas têm muito pouco que ver com o conceito de "hegemonia mundial" e, menos ainda, com o sonho federativo, cosmopolita e liberal de Kant. Pelo contrário, sempre foram "formas de gestão" imperfeitas e transitórias, recorrentemente atropeladas e destruídas por novos impulsos da tendência imperial de outros Estados e economias nacionais.

4.1.10 Tendências e limites do poder global

Para explorar no âmbito teórico o futuro do sistema mundial, criado a partir da expansão dos Estados e das economias nacionais europeias, o caminho mais fecundo é partir da sua contradição fundamental e de suas consequências para somente então poder calcular sua capacidade de reprodução e seus limites de resistência. Como vimos, essa contradição aponta, no limite, por um lado, na direção do "poder global" e da construção de um "império mundial", e, por outro lado, na direção do fortalecimento do poder territorial dos Estados e dos capitais nacionais. Não é impossível especular a respeito do limite desse império global porque ele significaria – por definição – o fim político do sistema interestatal. E é mais provável, do ponto de vista econômico, que também signifique o fim do capitalismo. Como diz Max Weber, "foi o Estado nacional bem-delimitado que proporcionou ao capitalismo sua oportunidade de desenvolvimento – e, enquanto o Estado nacional não ceder lugar a um império mundial, o capitalismo também persistirá" (Weber, 1961, p. 249).

Numa linguagem mais próxima da física e da termodinâmica do que da dialética hegeliana, pode-se dizer que a expansão do poder global na direção do império mundial é uma força que levaria à entropia do sistema ao provocar sua homogeneização interna com o desaparecimento das hierarquias e dos conflitos das suas unidades constitutivas, as quais são responsáveis pelo dinamismo e pela ordem do próprio sistema:

> Um só império seria sinônimo de um só "território econômico" com uma só moeda. Isto suporia a eliminação simultânea das soberanias políticas e das moedas nacionais dissolvidas no comando único, político e monetário do império que passaria a ser responsável pela política monetária e orçamentária de todas as províncias. Neste caso se eliminaria também o *habitat* do capital financeiro, que se alimenta da competição interestatal. O cenário mais provável para este império seria uma tendência ao estado de estagnação ou a uma grande reversão histórica, em direção ao que foi no passado, durante séculos, o império chinês (Fiori, 1999, p. 63).

Mas, mesmo na hipótese em que ocorresse este desaparecimento do sistema interestatal e capitalista, não se consegue vislumbrar, no presente, nenhum indício efetivo de um novo sistema que pudesse surgir e que fosse, por exemplo, mais pacífico ou igualitário.

Nessa história global dos Estados e das economias nacionais, não se consegue identificar Estados que sejam portadores de algum projeto revolucionário de reorganização do sistema mundial. Todos se movem com os mesmos objetivos, e suas diferenças internas de regime político e de organização social não parecem ter maior impacto no seu comportamento internacional, pelo menos nos momentos decisivos da história e do seu envolvimento em conflitos de maior proporção. No mundo das grandes potências, e de todos os demais Estados e economias nacionais, portanto, não existem bons e maus, nem melhores ou piores, em termos absolutos. O que existe são Estados que, em determinados momentos da história, assumem posições mais ou menos favoráveis à paz e à convergência das riquezas nacionais. Mas, mesmo nesses casos, há de se distinguir a retórica ideológica dos comportamentos concretos, e, além disso, há de se estar atento para as mudanças de comportamento de um mesmo Estado a depender do momento e da posição que estiver ocupando dentro da hierarquia de poder e de riqueza internacionais.

Quase todas as grandes potências já foram colonialistas e anticolonialistas, pacifistas e belicistas, liberais e mercantilistas, e quase todas elas, além disto, já mudaram de posição várias vezes ao longo da história. Nesse contexto, todas as previsões, liberais ou marxistas, do fim dos Estados ou das economias nacionais, ou mesmo da formação de algum tipo de federação cosmopolita pacífica, são utopias, com toda a dignidade das utopias que partem de argumentos éticos e expectativas generosas, mas são ideias ou projetos que não têm nenhum apoio objetivo na análise da lógica e da história passada do sistema mundial. E nesse ponto, como diz Hobsbawm, é bom

> lembrar que a esperança e a previsão, embora inseparáveis, não são a mesma coisa [...] e toda previsão sobre o mundo real tem de repousar em algum tipo de inferência sobre o futuro a partir daquilo que aconteceu no passado, ou seja, a partir da história (Hobsbawm, 1998, p. 67).

Apesar dessa opacidade, assim como na física, também no caso do sistema mundial existem forças que atuam em direção contrária a esse poder global e a esse império mundial, forças que impediram, até hoje, que este processo de centralização do poder chegasse até o ponto da entropia ou dissolução do sistema. A primeira e mais importante dessas contratendências opera no campo geopolítico e geoeconômico e tem que ver com o comportamento contraditório das próprias potências expansivas que aspiram ao império mundial. Já vimos que não há possibilidade lógica de que uma potência ganhadora possa seguir acumulando poder e riqueza sem contar com novos competidores e adversários, sejam eles econômicos ou militares. Por isso ela própria promove, sempre que necessário, o desenvolvimento econômico dos seus futuros concorrentes, como aconteceu com a Inglaterra em relação à Alemanha, os Estados Unidos em relação ao Japão, no século XIX, e voltou a acontecer com os Estados Unidos, no século XX, em relação à Alemanha, ao Japão, à Coreia, à Taiwan e, mais recentemente, em relação à própria China.

Hoje se pode ver melhor a contribuição dos Estados Unidos também no sucesso do antigo projeto russo de construção de uma grande potência durante o século XX, ao colocar a União Soviética na condição de seu principal inimigo, na sua estratégia de Guerra Fria. A potência expansiva e ganhadora pode prever, com base na experiência da história passada, que o crescimento econômico e militar dos seus competidores mais próximos produzirá, no médio prazo, uma redistribuição territorial da riqueza e um deslocamento dos seus centros de acumulação mundial. E, muito provavelmente, acabará provocando, no longo prazo, uma redistribuição do próprio poder mundial. Mas a potência expansiva não tem como evitar essa consequência e por isto se pode dizer, em última instância, que é o seu próprio comportamento que cria seus principais obstáculos e seus próprios adversários. É ela mesma que alimenta a contratendência "nacionalizante" dos demais Estados que bloqueiam sua marcha em direção ao poder global e ao império mundial.

Mas é preciso estar atento, porquanto esse comportamento não se restringe apenas ao campo econômico. Por mais paradoxal que possa parecer, ele também acontece no campo militar porque, em última instância, são as potências ganhadoras que também armam os seus futuros e eventuais adversários, pelo menos até o momento em que eles adquiram autonomia tecnológico--militar. Mesmo depois do fim da Guerra Fria, os Estados Unidos (com 56,7% do mercado) e a Rússia (com 16,8% de todas as vendas de 2003) continuam dominando o mercado internacional de armamentos, e os países asiáticos, a China em particular, seguem sendo os seus maiores compradores. E não é necessário acrescentar que, depois dos Estados Unidos e da Rússia, os maiores vendedores são a Alemanha, a Inglaterra e a França, os demais membros do clube das grandes potências, a despeito de que a maioria dos analistas internacionais considere que o maior desafio ao poder americano deverá vir, no longo prazo, da Ásia e da China. Já foi assim no passado, mas depois da Segunda Guerra Mundial, por exemplo, quando os Estados Unidos estimularam de maneira decisiva o crescimento econômico dos seus concorrentes e adversários da guerra, eles mantiveram a Alemanha, o Japão e a Itália na condição de seus "protetorados militares". Mas agora, no período mais recente, os Estados Unidos não exercem nenhum tipo de protetorado, nem têm nenhum tipo de presença militar direta dentro do território chinês.

Além disso, as grandes potências também vendem suas armas para todos os demais países do mundo, mesmo os que não têm nenhuma perspectiva de se transformar em potência. Com isso, contribuem para a militarização dos conflitos internacionais em todos os patamares do sistema mundial, alimentando as guerras entre os países periféricos que podem não ter maior impacto sobre as grandes coordenadas do sistema, mas que recriam permanentemente suas regras de funcionamento em todos os níveis da luta pelo poder e pela riqueza. Como se a história do "jogo das guerras" entre as antigas "unidades imperiais", acerca da qual Braudel discorrera, reaparecesse e recomeçasse de novo, e todos voltassem a competir por sua segurança com os seus vizinhos mais próximos. Nesses níveis de competição, não importa a assimetria global de poder entre as grandes potências, porquanto se trata de lutas mais restritas que envolvem sócios menores do "grande jogo" nas quais as grandes potências podem experimentar suas novas tecnologias sem maiores riscos globais, ao mesmo tempo em que fazem seus "ajustes de contas" com as mãos de terceiros.

Tal recriação da competição e dos conflitos e guerras nesses patamares inferiores da hierarquia do poder militar dificultam a convergência de interesses e a possibilidade de uma aliança estável entre os Estados insatisfeitos com o *status quo* mundial. Mas, ao mesmo tempo, esses conflitos reproduzem e aprofundam as contradições do próprio sistema, de modo que contribuem para a mobilização interna das populações que quase sempre se unem e se solidarizam com seus Estados quando seus governantes decidem lutar por mudanças na posição do seu país dentro da hierarquia de poder e da riqueza mundiais. Ainda mais em conjunturas de excessiva polarização ou "desigualização" na distribuição da riqueza entre as nações e as classes sociais. Dessa perspectiva, não há dúvida de que a multiplicação desses conflitos locais fragmenta os países periféricos e dificulta o "internacionalismo dos países pobres", ao mesmo tempo em que esses conflitos aumentam a força das lutas sociais e nacionais contra a centralização do poder e da riqueza internacional.

> Salvo raras exceções, pode-se afirmar que a aproximação nacionalista das elites com seus povos só ocorreu quando algum tipo de bipolarização ou competição política, militar ou econômica, no campo internacional ameaçou ou afetou os interesses do Estado e a riqueza das burguesias locais. Essa "lei" atuou de forma implacável na história europeia e se mantém vigente nas relações entre as grandes potências que compõem o núcleo central do sistema, mas só se manifesta excepcionalmente na periferia

do sistema quando não existe um verdadeiro desafio geopolítico ou geoeconômico (Fiori, 2001, p. 72).

Ao analisar essa mesma convergência periódica entre o "nacional" e o "social", Karl Polanyi formulou uma tese e uma versão extremamente original e provocadora dos efeitos da contradição central do sistema mundial dentro de algumas sociedades e economias nacionais. A fim de resumir seu argumento, o autor identifica a existência de um "duplo movimento" na história do capitalismo, desde o século XIX, o qual é resultado da ação permanente e contraditória de dois princípios organizadores das economias e das sociedades de mercado, cada um deles apontando para objetivos diferentes. Um, seria o "princípio do liberalismo" econômico que propõe, desde as origens do sistema, a globalização ou a universalização dos mercados autorregulados por meio da defesa permanente do *laissez-faire* e do livre-comércio, processo análogo ao da construção do império mundial do capital financeiro previsto por Nikolai Bukharin. E o outro seria o princípio da "autoproteção social", uma reação defensiva que se articula historicamente "não em torno de interesses de classes particulares, mas em torno da defesa das substâncias sociais ameaçadas pelos mercados" (Polanyi, 1980, p. 164).

Muitos intérpretes de Polanyi leram sua tese acerca do "duplo movimento" das economias e das sociedades capitalistas como se fosse uma sequência no tempo ou como se se tratasse de um movimento pendular ao longo da história. A visão de Karl Polanyi, entretanto, é mais dialética do que pendular porque, para ele, os dois princípios têm raízes materiais e sociais que convivem de forma necessária, permanente e contraditória dentro do capitalismo. Os "anticorpos", que acabam paralisando e corrigindo a expansão entrópica dos mercados autorregulados, nascem de dentro da própria expansão mercantil, se manifestam esporadicamente nos interstícios do mundo liberal e se fortalecem com a destruição que os mercados desregulados produzem, no longo prazo, no mundo do trabalho, da terra, do dinheiro e da própria capacidade produtiva das nações. Além disso, este princípio da "autoproteção social" pode se manifestar de duas maneiras diferentes: i) dentro das sociedades nacionais por intermédio de várias formas de democratização política e social e da construção de redes de proteção coletiva das populações; e ii) dentro do sistema internacional, na forma de uma reação defensiva dos Estados que decidem proteger seus sistemas econômicos nacionais em situações de crise ou de competição desigual. No caso dos países europeus, e no período histórico analisado por Polanyi, estes dois movimentos de autoproteção convergiram, invariavelmente, devido à permanente competição interestatal europeia e ao lugar central ocupado pelas guerras dentro destas competições.

Segundo Polanyi, dentro dos países que se envolvem nessas competições e nessas guerras, o desafio externo dilui as fronteiras de classe e estimula várias formas de solidariedade e consciência nacional, como aconteceu na "era da catástrofe", entre 1914 e 1945, momento em que se criaram as bases para o maior "choque distributivo" e democratizante da história do capitalismo, o qual viria a ocorrer depois de 1945 com as políticas de pleno emprego e de proteção pública e universal das populações, propostas que eram consideradas verdadeiras heresias durante a época de ouro da "civilização liberal", entre 1840 e 1914. Hoje, ao olhar retrospectivamente, pode-se constatar que a própria revolução comunista "num só país" – independentemente de sua gigantesca especificidade social – também cumpriu o papel vitorioso de atualizar o antigo projeto russo de construção de uma grande potência, durante o século XX.

Na virada do século XXI, a história pode estar a anunciar uma nova etapa de convergência entre as lutas nacionais e sociais dos povos menos favorecidos, segundo o modelo de Polanyi. O sistema mundial viveu uma era de euforia liberal depois de 1990 e de novo, em muito pouco tempo, de desorganização do mundo do trabalho, da terra e do dinheiro, que levou à corrida imperialista e às grandes guerras dos séculos XIX e XX. Ademais, guardadas as diferenças, os tambores de guerra já voltaram a retumbar, anunciando o retorno do "poder das armas" ao epicentro do sistema mundial, ao mesmo tempo em que se multiplicam as formas de protecionismo das grandes potências econômicas. Desse modo, não é improvável um novo momento de convergência entre movimentos de autoproteção nacional que questionem o *status quo* internacional e movimentos sociais que pressionem contra a excessiva polarização da riqueza entre as classes sociais. É interessante observar, entretanto, que, se esta convergência voltar a ocorrer, será também um movimento de resistência contra a entropia do sistema mundial, anunciada pela acelerada centralização do poder num só Estado nacional, os Estados Unidos, que hoje se propõem a realizar explicitamente a previsão de Kant (2020, p. 39), de que "o desejo de todo Estado (ou de seu chefe supremo) é se transferir, dessa maneira, para um estado de paz duradouro, dominando, sempre que possível, o mundo inteiro".

4.2 O poder global dos Estados Unidos: formação, expansão e limites

> O desejo de todo Estado (ou de seu chefe supremo) é se transferir, dessa maneira, para um estado de paz duradouro, dominando, sempre que possível, o mundo inteiro.
>
> (Kant, 1795, AA 8:367)

4.2.1 A formação do Minotauro americano

A história dos Estados Unidos não constitui uma exceção em relação ao "modelo" dos Estados e das economias nacionais europeias. Pelo contrário, ela é um produto e uma parte essencial do processo de expansão do próprio modelo, diferente do que pensam muitos historiadores e cientistas sociais, até mesmo de matriz marxista. O nascimento dos Estados Unidos é inseparável da competição e das guerras entre as grandes potências europeias, da mesma forma que o seu desenvolvimento capitalista não foi uma obra exclusiva das suas grandes corporações privadas. E é impensável sem a intervenção decisiva do Estado e das guerras americanas e sem o apoio inicial e permanente do capital financeiro inglês. O aparecimento dos Estados Unidos foi, sem dúvida, um fato revolucionário na história do sistema mundial, por ser o primeiro Estado nacional que se formou fora do território europeu. Mas esta revolução não caiu do céu, ela foi provocada pelas contradições do sistema político criado pelos europeus e pela expansão de suas grandes potências. Por isso, os Estados Unidos foram uma novidade, porém não foram uma exceção, e logo se transformaram numa nova peça do próprio sistema.

Para começar, a independência americana foi uma "guerra europeia", mas além disso, desde o início de sua história independente, os Estados Unidos expandiram seu poder e seu "território econômico" de forma contínua, como aconteceu com todos os "Estados-impérios" europeus que se transformaram em grandes potências. No século XX, os Estados Unidos assumiram a liderança do sistema que havia sido dos europeus e levaram ao extremo sua tendência contraditória à formação de um império mundial e, ao mesmo tempo, ao fortalecimento do seu poder nacional. As duas faces do impasse contemporâneo do sistema mundial e da incógnita que paira sobre o futuro do poder global dos Estados Unidos, na entrada do século XXI.

4.2.2 A "Guerra da Independência" e a formação do primeiro Estado "extraeuropeu"

Os Estados Unidos foram o primeiro Estado nacional que nasceu fora da Europa e, ao mesmo tempo, foi um Estado nacional "tardio", porquanto nasceu dentro de um sistema de Estados que já estavam formados, hierarquizados e em expansão contínua desde o século XVII. Na verdade, o seu próprio nascimento constitui um episódio deste movimento expansivo e competitivo dos Estados e dos capitais europeus. Mas, além disso, os Estados Unidos foram uma colônia que se separou de um "Estado imperial" vitorioso, ao contrário de todos os demais Estados não europeus que hoje compõem o sistema político mundial e que nasceram invariavelmente de impérios em decadência ou em franco processo de decomposição, como aconteceu com os Estados latino-americanos no século XIX e com todos os Estados africanos e asiáticos que se formaram no século XX, em particular depois da Segunda Guerra Mundial.

Os Estados Unidos são o único caso de um Estado nacional que sai de dentro de um império em expansão durante as guerras que definiram a hegemonia inglesa dentro da Europa e do seu mundo colonial, bem como no período em que a Inglaterra faz sua Revolução Industrial e cria as bases materiais e financeiras da primeira divisão internacional do trabalho. Isso, aliás, no mesmo momento em que a cidadela mercantilista e colonialista era atacada pelo liberalismo econômico de Adam Smith, o qual propunha a troca das colônias por um "imperialismo do livre-comércio". Desse modo, ao romper seus laços políticos com a Inglaterra, os Estados Unidos se transformaram imediatamente numa periferia "primário-exportadora" da economia e da industrialização inglesa.

Nesse novo contexto histórico, absolutamente original, não se poderia esperar que repetisse, na América do Norte, o mesmo processo de acumulação do poder e da riqueza que havia ocorrido na Europa depois do século XV. Tampouco seria possível que um Estado nascido abruptamente de uma guerra entre as grandes potências europeias pudesse realizar, de imediato,

> a façanha que a Inglaterra realizou precocemente, a revolução que criou o mercado nacional inglês: um espaço político transformado pelo Estado num espaço econômico coerente, unificado, cujas atividades passaram a se desenvolver em conjunto numa mesma direção (Braudel, 1987, p. 82).

Apesar dessas diferenças e da especificidade norte-americana, os Estados Unidos apresentaram uma tendência expansiva, desde o início, assim como os primeiros Estados europeus que nasceram na forma de Minotauro, isto é, meio Estado, meio império. Uma tendência expansiva que não se encontra nos demais Estados "tardios" que foram criados na América Latina, no início do século XIX. Em nosso entender, essa característica dos Estados Unidos se explica a partir de duas circunstâncias fundamentais: a primeira foi a sua inserção geopolítica inicial; e a segunda foi a sua relação econômica com a metrópole inglesa, a qual não foi interrompida pela independência.

Do ponto de vista geopolítico, o fator que mais pesou na independência e na formação do Estado americano foi ter ocorrido enquanto as grandes potências disputavam a hegemonia europeia entre o fim da Guerra dos Sete Anos, em 1763, e o fim das guerras napoleônicas, em 1815. E, com maior exatidão ainda, na época em que o *Ancien Régime* era posto na defensiva em quase toda a Europa pelo medo da Revolução Francesa, de 1789, e pelo avanço dos exércitos de Bonaparte, pelo menos até a consagração da vitória conservadora no Congresso de Viena, em 1815. É exatamente neste período de guerra europeia que os Estados Unidos conquistam sua independência, consolidam seu território, escrevem sua Constituição de Filadélfia e elegem seu primeiro governo republicano, aproveitando-se de sua "insularidade" territorial em relação ao continente europeu e adotando uma posição de neutralidade dentro do conflito entre as grandes potências.

Na verdade, a própria guerra da independência americana foi um capítulo da grande guerra europeia em que se decidiu, finalmente, a disputa secular entre a França e a Inglaterra pela hegemonia dentro do continente europeu. Depois da derrota para os ingleses na Guerra dos Sete Anos, a França perdeu suas posições na Índia, no Canadá e na Louisiana, mas mesmo assim liderou a aliança com a Espanha, apoiada pela Holanda e fortalecida pelas posições antibritânicas da Rússia, da Dinamarca, da Suécia e da Prússia em favor da independência americana, ocupando um papel decisivo na batalha naval que decidiu a sorte da Inglaterra em Yorktown, em outubro de 1781. Apesar dessa vitória, entretanto, a França acabou definitivamente derrotada em Waterloo, sendo submetida, a partir de 1815, ao policiamento da Santa Aliança sob o controle distante da Inglaterra. Nesse momento, entretanto, quando a Europa conseguiu se levantar depois de vinte anos de guerra contínua, e quando suas forças e governos conservadores conseguiram retomar o controle de suas periferias, definindo as bases de uma nova ordem política mundial, os Estados Unidos já estavam postos sobre seus próprios pés, da perspectiva de seu território e de seu Estado, definitivamente estabelecidos depois da sua última guerra com a Inglaterra, em 1812.

Durante todo esse período de formação, os Estados Unidos tiveram de negociar com todas as grandes potências presentes na América do Norte, num momento em que elas estavam fragilizadas por suas lutas e sem capacidade de sustentar seus interesses em territórios considerados, naquele momento, longínquos, onerosos e mal-defendidos, com exceção, precisamente, da Inglaterra. Desse modo, desde a primeira hora de sua independência, os Estados Unidos negociaram suas fronteiras e seus tratados comerciais com o "núcleo duro" das grandes potências europeias, com quem sempre mantiveram relações privilegiadas, em particular com a Inglaterra. E acabaram obtendo vitórias diplomáticas notáveis, porquanto souberam utilizar em seu favor as divisões das grandes potências e sua fragilidade temporária, a começar pelo tratado de paz, cuja versão preliminar foi assinada em Paris, em 30 de novembro de 1782, e a versão definitiva, assinada em 3 de setembro de 1783 com a Inglaterra, na qual os ingleses reconheceram a independência de cada uma das suas antigas colônias e definiram as fronteiras do novo Estado: ao norte, na região dos Lagos; a oeste, no rio Mississipi; e ao sul, na região da Flórida[51].

Foi nesse mesmo contexto de fragilidade europeia que os Estados Unidos conseguiram impor aos ingleses quase todas as suas condições no Tratado de Fort Greenville, em 1795, com relação às terras indígenas da zona fronteiriça com o Canadá, onde veio ser criado o estado de Ohio; e o mesmo aconteceu nos tratados assinados com a Espanha, nesse mesmo ano, definindo as fronteiras comuns no sudoeste do novo estado americano. Um pouco depois, em 1803, os Estados Unidos ainda conseguiram uma nova vitória ao comprarem o território da Louisiana dos franceses, que o haviam recuperado da Espanha pelo Tratado de Santo Ildefonso, de 1800. Trata-se do mesmo procedimento utilizado em relação à Espanha no caso da anexação da Flórida em 1819. Mas nesta história de pequenas batalhas americanas e de grandes negociações feitas à sombra da guerra europeia que se estende entre 1793 até 1815, o momento mais importante aconteceu

---

51. As informações utilizadas neste artigo a respeito da história diplomática americana – sobretudo em relação ao século XIX – foram extraídas basicamente de Pratt (1955).

depois da guerra dos Estados Unidos com a Inglaterra, em 1812, a qual terminou, em 1814, quando foi assinado o Tratado de Ghent, consagrando o "princípio da arbitragem" para os novos conflitos que pudessem surgir entre os dois países anglo-saxões. Princípio que foi ativado com o acordo de desarmamento da região dos grandes lagos, junto ao Canadá, assinado em 1818 – The Rush-Bagot Agreement – verdadeiro ponto de inflexão na história geopolítica dos Estados Unidos, apesar de que os conflitos anglo-americanos não tenham cessado em definitivo até a assinatura do Tratado de Washington, em 1871. Desse modo, o tratado assinado com a Inglaterra em 1818 pesou decisivamente em favor do governo americano nas negociações com a Espanha, que culminaram em 22 de fevereiro de 1819 quando Fernando VII cedeu aos Estados Unidos todos os territórios situados ao leste do Mississipi e na região da Flórida que lhe pertenciam.

Da perspectiva econômica ou geoeconômica, o ponto decisivo que diferencia a formação da economia americana durante as primeiras décadas de vida independente é sua relação complementar, funcional e privilegiada com a economia inglesa, naquele momento, a principal economia capitalista do mundo, porquanto estava em pleno processo de revolução industrial. Do ponto de vista inglês, os Estados Unidos se transformaram numa experiência pioneira do seu novo sistema de divisão internacional do trabalho que seria estendido, durante o século XIX, à América Latina, ao Norte da África e a alguns países asiáticos.

Nesse sentido, não há dúvida de que na primeira metade do século XIX os Estados Unidos foram uma economia "primário-exportadora", como tantas outras em redor do mundo especializadas na produção de tabaco e de algodão para o mercado inglês. Com a diferença fundamental de que a Inglaterra e seu capital financeiro privilegiaram alguns desses países, muito mais do que outros, garantindo-lhes os capitais de investimento indispensáveis às suas grandes plantações e à construção da infraestrutura para o escoamento da produção. A pesquisa de Angus Madison (2001), quanto ao desenvolvimento comparado do século XIX, permite identificar e hierarquizar os países que ocuparam posições privilegiadas como celeiros da Inglaterra e como receptadores preferenciais de seus capitais de investimento: alguns países nórdicos e a Argentina, e os domínios ou colônias brancas da Inglaterra, como foi o caso do Canadá, da Nova Zelândia, da Austrália e da África do Sul.

Os números indicam que foram os Estados Unidos que ocuparam, durante todo o século XIX, a principal posição dentro desse grupo de países que teve a vantagem de pertencer a uma espécie de "zona de coprosperidade" da Inglaterra. Em alguns períodos, e em alguns casos, o investimento direto inglês nesses territórios chegou a ser 60% do investimento total do período, o que é compreensível em colônias que foram grandes plantações ou fornecedoras minerais da Inglaterra. Mas este não foi o caso dos Estados Unidos que, apesar de terem deixado de ser colônia, mantiveram uma posição privilegiada dentro do "território econômico anglo-saxão" e, nesse sentido, foram muito mais do que uma mera periferia agrário-exportadora da Inglaterra; foram, de fato, um caso pioneiro de "desenvolvimento a convite". Laços que foram interrompidos durante o período da Guerra Civil devido à simpatia inglesa pela causa da Confederação, mas que foram imediatamente retomados depois da vitória da União e se mantiveram e se aprofundaram a partir de 1870. Desde então, a história já seria outra, porque foi o momento em que os Estados Unidos realizaram, também tardiamente, "a revolução que criou o mercado nacional americano" e, portanto, seu Estado também já tinha criado "um espaço econômico coerente, unificado, cujas atividades passaram a se desenvolver em conjunto numa mesma direção" (Braudel, 1987, p. 85).

Da perspectiva americana, a opção por essa aliança econômica com a Inglaterra não foi apenas uma imposição de sua estrutura produtiva colonial, foi também uma opção política e estratégica tomada já no primeiro governo constitucional dos Estados Unidos, presidido por George Washington. Em abril de 1794, Washington enviou a Londres John Jay, presidente da Corte Suprema de Justiça, na busca de um acordo com a Inglaterra a respeito de várias matérias em disputa entre os dois países. Jay representava as posições federalistas, em particular a posição pró-inglesa de Alexander Hamilton, secretário do Tesouro de George Washington, que estava preocupado, naquele momento, sobretudo com o sucesso de sua política monetário-financeira que dependia do apoio financeiro da Inglaterra. O Jay's Treaty entre Inglaterra e Estados Unidos, negociado por John Jay, foi assinado em 1794 e se transformou no ponto de partida da parceria econômica entre Estados Unidos e Inglaterra. Uma parceria que funcionou a despeito de algumas disputas periódicas, dando aos Estados Unidos todas as vantagens dos futuros domínios ingleses, mas sem que os Estados Unidos tivessem de abrir mão de sua autonomia e de suas políticas de proteção neomercantilistas.

Em 1815 o Congresso autorizou o presidente americano a remover dos seus portos todas as formas de discriminação com relação aos navios de países que tivessem abandonado as mesmas práticas com relação aos americanos. E a Inglaterra respondeu, em 1822, com uma decisão do seu Parlamento que abriu aos americanos vários portos de suas colônias, selando-se, desta forma, uma espécie de acordo progressivo de comércio preferencial entre os Estados Unidos e a Inglaterra. O que não impediu que os americanos assinassem, nessa mesma época, outros tantos acordos comerciais bilaterais com a Dinamarca, com a Suécia, com a Holanda, com a França e mesmo com a Espanha, mas que não tinham a importância econômica dos acordos com a Inglaterra.

Foi logo depois do Boundary Treaty, o qual foi assinado em 20 de outubro de 1818 com a Inglaterra, bem como do Transcontinental Treaty, assinado em 22 de fevereiro de 1819 com a Espanha, que o secretário de Estado John Quincy Adams falou pela primeira vez da existência de um "destino manifesto" na história dos Estados Unidos e, imediatamente, propôs a Jefferson a anexação de Cuba e da Flórida. Estava chegando a hora da Doutrina Monroe, mas esta é uma história que precisa ser relida com maior cuidado para que se possa compreender melhor o expansionismo americano a partir da década de 1820. Depois de 1815, as forças conservadoras retomam o governo da Europa sob a hegemonia inglesa e o controle militar da Santa Aliança, a qual era composta pelos exércitos da Rússia, da Áustria e da Prússia, mobilizados para conter, em definitivo, a França. E, ao mesmo tempo, acertam entre si as regras básicas de funcionamento da nova ordem mundial criada pela expansão imperial das grandes potências europeias.

Foi o momento em que se encerrou um longo ciclo de guerras e revoluções dentro do território europeu na mesma hora em que se multiplicavam as guerras de independência dentro dos domínios coloniais dos impérios ibéricos. Por isso, a questão da "descolonização" ocupou um lugar cada vez maior nas reuniões da Quádrupla Aliança e do Concerto da Europa, em Aquisgrano (1818), em Troppau (1820), em Liubliana (1821) e em Verona (1822). Em particular, depois da restauração de Fernando VII na Espanha e de Luiz XVIII na França, acontecimentos que reacenderam os ânimos conservadores e sua disposição de lutar contra os liberais na Europa e na

América Latina. As primeiras tropas repressivas foram enviadas para conter os rebelados nos reinos de Nápoles e do Piemonte, mas esta repressão provocou o distanciamento da Inglaterra com relação aos demais governos conservadores e a aproximação de sua ex-colônia, os Estados Unidos, a fim de impedir a intervenção da Santa Aliança no território americano em apoio à Coroa Espanhola. Os Estados Unidos já haviam reconhecido as independências que precederam o Congresso de Viena, mas, depois de consultar os governos da Inglaterra, da França e da Rússia, mantiveram-se em posição de espera ante os novos movimentos independentistas. Foi nesse contexto que o ministro de relações exteriores da Inglaterra, George Canning, propôs ao embaixador americano em Londres, Richard Rush, em agosto de 1823, uma tomada de posição conjunta da Inglaterra e dos Estados Unidos, desaprovando qualquer tentativa das potências europeias de restaurar o papel da Espanha nas suas ex-colônias.

Os ex-presidentes Jefferson e Madison manifestaram seu apoio radical ao projeto inglês e a uma aliança estratégica de mais longo prazo com a Inglaterra. Mas o presidente Monroe, apoiado na posição de Adams, preferiu declinar o convite inglês e anunciar, pelo seu lado, diante do Congresso americano, sua nova doutrina para a América em termos quase idênticos aos da proposta da Inglaterra. A Doutrina Monroe, anunciada em dezembro de 1823, foi uma declaração política destinada às grandes potências e sem maior consideração pela vontade política dos novos Estados recém-criados na América espanhola e portuguesa. Mas, pelo seu lado, os europeus simplesmente desconheceram o discurso de Monroe, ao passo que os ingleses tentavam ridicularizá-lo, divulgando os termos do seu acordo com o ministro francês Polignac em favor da não intervenção na América e assinado em outubro de 1823, portanto, antes do discurso de Monroe: "Os Estados Unidos ainda eram uma potência muito pequena, e suas posições no contexto internacional eram de menor significação. Por isso, a reação continental à mensagem de Monroe pode ser sintetizada como sendo uma declaração impertinente e sem importância" (Pratt, 1955, p. 179).

Logo depois do discurso de Monroe, os governos da Argentina, do Brasil, do Chile, da Colômbia e do México solicitaram a intervenção americana em favor de suas posições e receberam a mesma resposta negativa, ficando clara a importância da Inglaterra como verdadeira autora e avalista da Doutrina Monroe, a qual só passou de fato às mãos americanas no momento em que os Estados Unidos acumularam o poder indispensável para sustentar suas posições internacionais, e isto só ocorreu no final do século XIX. Até lá, a América Latina foi "território econômico" do capital financeiro inglês, e os Estados Unidos procuraram restringir sua ação direta e militar no território norte-americano, só agindo fora de sua zona imediata de influência quando tiveram o apoio ou contaram com a neutralidade da Inglaterra. Foi assim no caso da anexação do Texas, em 1845, e na guerra com o México, em 1848, na qual os Estados Unidos aumentaram em 60% o tamanho do território americano com a conquista e anexação do Novo México e da Califórnia. Gigantesco território que se somou ao Óregon, recém-negociado com a Inglaterra, para abrir as portas do Pacífico para os Estados Unidos. O século XIX ainda não havia chegado à metade; e o comércio de longa distância dos Estados Unidos já havia dado seus primeiros passos em direção à Ásia, sempre que foi possível, com o apoio da diplomacia americana.

O tratado assinado pelos Estados Unidos com a Inglaterra, em 1794, já admitira que os navios americanos comerciassem com as colônias inglesas do Oriente, e logo em seguida eles estariam chegando ao Omã, à Batávia, a Manilha e a Cantun. Foi na Ásia que os Estados Unidos começaram a definir sua política anticolonialista de expansão extracontinental. Uma opção pelo "território econômico" sem responsabilidade administrativa, mas também uma estratégia para competir com a influência francesa e inglesa, baseada no uso da força e na conquista colonial. Por isso sua defesa permanente da política de "portas abertas" e de preservação da unidade territorial, sobretudo no caso da China e do Japão. Mas, também no caso do Canadá, com quem os Estados Unidos assinaram o Tratado Marcy Elgin, em 1854, abrindo mão definitivamente da anexação que sempre atraiu uma parte dos seus governantes e optando pela integração econômica do território canadense.

Como relata J. W. Pratt no seu *History of United States foreign policy*, em 1844 o presidente americano, John Tyler, mandou seu enviado Caleb Cushing à China com a missão de conseguir o mesmo tratamento dado à Inglaterra pelo Tratado de Nanking, o qual fora imposto à China depois da Guerra do Ópio, em 1842. A missão de Cushing foi bem-sucedida, e o Tratado de Wanghia abriu os portos de Canton, de Amoy, de Foochow, de Ningpo e de Xangai para os navios norte-americanos. O princípio das "portas abertas" foi mantido depois pelo Tratado de Tientsin, assinado simultaneamente pela Inglaterra, pela França, pela Rússia e pelos Estados

Unidos depois de mais uma guerra vencida pelas duas principais potências coloniais da Europa. No caso do Japão, entretanto, a iniciativa coube ao presidente norte-americano Millard Fillmore, que enviou o Comodoro Perry, em 1853, com a missão de conseguir a abertura dos portos japoneses. Este objetivo foi logrado por intermédio do tratado assinado entre os dois governos, em 1854; trata-se do primeiro tratado assinado pelo Japão com um governo ocidental, o governo dos Estados Unidos, somente depois seguido pelos governos da Inglaterra, da Rússia e da Holanda.

Quando chegou a hora da Guerra Civil americana, os Estados Unidos já tinham completado a conquista do seu território continental e haviam dado passos diplomáticos e comerciais extremamente importantes no tabuleiro geoeconômico asiático. Mas seguiam sendo uma economia fundamentalmente primário-exportadora e dependente do capital financeiro inglês, e mantinham-se alinhados com a estratégia imperial inglesa em todos os territórios que não fizessem parte de sua zona imediata de influência na América do Norte, respeitando, assim, o domínio inglês do Canadá.

4.2.3 A "Guerra Civil", a revolução econômica e a hegemonia hemisférica

A Guerra Civil Americana mudou o rumo da história dos Estados Unidos na segunda metade do século XIX, desde o início do conflito militar, em 1861, até a assinatura do Compromisso entre democratas e republicanos, em 1877, que determinou a desocupação militar dos estados confederados e deu por encerrado o projeto da União de Reconstrução da economia e da sociedade dos estados sulistas. Esse longo período de guerra e desorganização econômica acabou tendo um efeito paradoxal, ao provocar uma enorme redistribuição e centralização do poder, que colocou os Estados Unidos de "cabeça para cima" e a par com a história e com o modelo de formação e desenvolvimento dos Estados, bem como das economias nacionais europeias. Nesse sentido, a Guerra Civil, ao mesmo tempo em que provocou enorme destruição física e humana, cumpriu também um papel revolucionário sob o enfoque da reorganização do Estado nacional e do capitalismo americano. Como se, nesse caso, tivesse ocorrido uma "segunda rodada", concentrada no tempo, de "centralização do poder" e, só então, sob pressão das guerras ou das revoluções, o Estado fosse obrigado a criar – por razões bélicas ou estratégicas – uma economia nacional do ponto de vista monetário, financeiro e creditício, capaz de se desenvolver em conjunto numa mesma direção. Foi neste momento que se consolidou nos Estados Unidos a "memorável aliança", da qual tratara Max Weber, entre o Estado e o capital financeiro nacional, tal como ocorrera na Inglaterra, no século XVII. Uma visão diferente da que sustenta, por exemplo, Alfred Chandler, e que serviu de base até hoje para quase todos os estudos marxistas a respeito da excepcionalidade empresarial do capitalismo americano. Para Chandler, "o crescimento da moderna empresa industrial americana, entre 1880 e a Primeira Guerra Mundial, foi pouco afetada pela política pública, pelos mercados de capitais porque ela foi parte de um desenvolvimento econômico mais fundamental" (Chandler, 1977, p. 376).

De nossa perspectiva, pelo contrário, a Guerra Civil Americana teve características e consequências típicas das guerras europeias clássicas entre dois Estados nacionais fronteiriços, no caso, entre a União e a Confederação. E esta Guerra Civil é que foi a grande responsável pela construção do Estado moderno e da economia nacional americana, à medida que obrigou a nacionalização do exército e a consolidação de uma dívida pública da União, que se transformou no lastro do sistema bancário e financeiro e que se expandiu e nacionalizou naquele período, ao mesmo tempo em que se montava um novo sistema de tributação capaz de avalizar o endividamento de guerra, exatamente como acontecera no caso das guerras europeias do século XVII e XVIII.

Depois da guerra, durante o período da Reconstrução, os títulos da dívida pública contraída pela União tiveram um papel fundamental no financiamento das ferrovias que atravessaram o território americano, abrindo os caminhos para a expansão dos negócios e das grandes corporações que integraram o mercado nacional americano. Foi o momento em que se formou, de fato, o capital financeiro americano, o qual só conseguiu se autonomizar do capital inglês durante a Guerra Civil, à medida que estabeleceu vínculos sólidos e permanentes com o poder ganhador. Aliança entre o poder da União e o novo capital financeiro que foi decisiva para o sucesso da revolução econômica que sacudiu os Estados Unidos nas últimas décadas do século XIX, retratada por John Hobson, na sua obra clássica acerca do *modern capitalism* norte-americano.

Como diz um historiador norte-americano, durante a Guerra Civil,

> [...] a União desenvolveu políticas de rendas que transformaram a maior parte da comunidade financeira em clientes do Estado.

Os financistas foram atraídos e coagidos a se transformarem em agentes da política fiscal da União, e a cooperar com o Tesouro, na venda dos títulos da dívida pública, e na circulação da moeda da União. De tal forma que quando a Guerra Civil acabou, os interesses do capital financeiro e do Estado americano estavam ligados de forma mais estreita do que em qualquer outro momento do século XIX. [...] A queda do investimento inglês durante a guerra encorajou a acumulação do capital doméstico e o aparecimento de uma classe americana de financistas. Entre 1864 e 1879, por exemplo, o número de banqueiros em Nova York aumentou de 167 para 1800 (Bensel, 1990, p. 238, 249).

Exatamente no mesmo período em que a produção americana de carvão aumentou 800%, a produção de trilhos de aço, 523%, a milhagem de estradas de ferro cresceu 567%, e a produção de trigo, 256%, ao passo que a imigração dobrava o tamanho da população americana.

Uma revolução econômica paralela e semelhante, em muitos aspectos, à que ocorreu depois da unificação alemã a partir da década de 1870. Também nesse caso, as guerras da Prússia com a Dinamarca, Áustria e França ajudaram a construir ou aprofundar os laços entre o poder político e o capital financeiro que atuaram como uma força propulsora do salto da economia alemã nas últimas décadas do século XIX descritos na obra clássica de Rudolph Hilferding a respeito do "capital financeiro". Guardadas algumas diferenças importantes, existe também um forte paralelismo entre as trajetórias dos Estados Unidos e da Alemanha com o que o que ocorreu no Japão, depois da Guerra Civil da década de 1860, na chamada Revolução Meiji, a qual derrubou o regime feudal do xogunato e iniciou um rapidíssimo processo de modernização da sociedade e industrialização da economia japonesa.

É interessante observar que esses três Estados nacionais "tardios" acabaram dando seus primeiros passos imperiais para fora do seu território ou continente quase ao mesmo tempo, no final do século XIX. O Japão, depois de um rápido processo de modernização e de industrialização, invadiu e derrotou a China em 1894 e 1895, e a Rússia, em 1904 e 1905, aumentando seu território e impondo seu poder na Coreia e na Manchúria. Na mesma época em que a Alemanha abandonou a diplomacia de Bismarck e começou sua expansão imperial na África, propondo-se, ao mesmo tempo, a igualar o poderio naval da Inglaterra. Movimento expansivo que aproximou a França da Rússia e provocou uma mudança radical da política externa inglesa entre 1890 e 1914. Por fim, em 1898, os Estados Unidos também saíram da "toca" ao declarar e vencer a Guerra Hispano-Americana e conquistar – pelo Tratado de Paris de 1898 – Cuba, Guam, Porto Rico e Filipinas, começando uma escalada colonial que prosseguiu com a intervenção no Haiti em 1902, no Panamá em 1903, na República Dominicana em 1905, em Cuba, novamente, em 1906 e, de novo, no Haiti em 1912. O mesmo período em que os Estados Unidos assumiram plenamente a responsabilidade militar pela Doutrina Monroe ao conseguir impedir a invasão da Venezuela, projetada em 1895 pela Inglaterra e pela Alemanha, e destinada a cobrar as dívidas do governo venezuelano com os bancos europeus.

Exatamente no ano de 1890, o Capitão Alfred Thayer Mahan publicou sua obra clássica, *A influência do poder marítimo na história, 1660-1783*, que exerceu enorme influência sobre seu amigo Theodore Roosevelt e sobre o senador Henry Cabot Lodge, duas figuras centrais no processo decisório da política externa norte-americana quando os Estados Unidos começaram efetivamente sua expansão imperial para fora da América do Norte. Sua tese central reforça a percepção de alguns militares da Guerra Civil quanto à necessidade de que os Estados Unidos tivessem bases navais no Caribe e no Pacífico, capazes de sustentar o seu avanço rumo à Ásia, onde se concentrou uma parte da competição colonial depois de 1870.

Essas ideias provocaram uma imediata expansão da marinha de guerra dos Estados Unidos, a qual chegou a estar entre as três maiores marinhas do mundo no começo da Primeira Guerra Mundial, em 1914. Mas, além disso, foram estas mesmas ideias que orientaram a decisão de anexar o Havaí aos Estados Unidos, em 1897, e, sobretudo, a decisão de iniciar a Guerra Hispano--Americana de 1898, que resultou na conquista de Cuba e das Filipinas.

Entre 1900 e 1914, o governo americano foi obrigado a definir sua política ante esses novos territórios conquistados no além-mar e optou por um novo tipo de controle político, na forma de protetorados militares e financeiros dos Estados Unidos, como foi o caso da República Dominicana, do Haiti, da Nicarágua, do Panamá e de Cuba. Estes países mantinham sua soberania interna, mas não tinham direito à política externa, tampouco à execução de uma política econômica que não estivesse de acordo com as exigências do pagamento de suas dívidas com os bancos norte-americanos. Além disso, os Estados Unidos mantinham seu direito de intervenção em todo e qualquer momento em que ocorressem desordens internas ou ameaças à manutenção do seu protetorado. Foi o momento em que os Estados Unidos assumiram, pela primeira vez, o papel de polícia internacional, transformando o Caribe numa espécie de zona colonial, sem o ônus da administração direta, como no caso das Filipinas que foram, de fato, a primeira colônia dos Estados Unidos e seu primeiro passo na luta pela hegemonia no tabuleiro asiático. Depois das Filipinas, os Estados Unidos intervieram de forma cada vez mais frequente nos negócios asiáticos, como aconteceu no caso da Guerra dos Boxers na China em 1900, onde os Estados Unidos mobilizaram as demais grandes potências em favor da manutenção da integridade territorial chinesa. Mas também no caso da Guerra Russo-Japonesa, na qual os Estados Unidos adotaram uma posição de neutralidade, mas foram francamente favoráveis ao Japão sediando, até mesmo, a pedido dos japoneses, a Conferência de Paz de 1905, em Portsmouth, New Hampshire.

Finalmente, no dia 6 de dezembro de 1904, o Presidente Theodore Roosevelt reformulou a Doutrina Monroe e adequou-a aos novos tempos em sua mensagem anual ao Congresso americano. Tratava-se da nova doutrina estratégica que estava por trás de sua ofensiva no Caribe e na Ásia e que ficou conhecida como "o corolário Roosevelt da Doutrina Monroe". A primeira vez que um governante norte-americano defendeu o direito dos Estados Unidos ao "ataque preventivo" contra Estados que se mostrassem "ineficientes" do ponto de vista de sua ordem interna, ou que ficassem "inadimplentes" do ponto de vista de suas dívidas externas. A nova fórmula foi antecipada por Roosevelt numa carta dirigida ao seu secretário Root, em maio de 1904, e depois foi repetida no discurso de 6 de dezembro do mesmo ano:

> Qualquer país ou povo que se comporte bem, pode contar com nossa amizade cordial. Se a nação demonstra que ela sabe agir com razoável eficiência e decência nos assuntos sociais e políticos, se ela sabe manter a ordem e pagar suas dívidas, ela não precisa ter medo da interferência dos Estados Unidos. Um mau comportamento crônico, ou uma impotência que resulte no afrouxamento dos laços de civilidade social, podem requerer, na América ou em qualquer outro lugar do mundo, a intervenção de alguma nação civilizada, e no caso do Hemisfério Ocidental, a adesão dos Estados Unidos à Doutrina Monroe, pode forçar os Estados Unidos a exercer um poder policial internacional, mesmo que seja relutantemente (Pratt, 1955, p. 417).

Ao entrar na Primeira Guerra Mundial em 1917, os Estados Unidos eram a única potência hegemônica no seu próprio continente e já tinham uma posição de destaque no tabuleiro asiático. Foi a hora em que começou a sua luta pela hegemonia na Europa, o verdadeiro segredo da conquista do poder global.

4.2.4 A conquista do poder global dos Estados Unidos

Entre 1914 e 1945, o sistema político mundial enfrentou uma nova "guerra dos trinta anos", como a que ocorreu em território alemão antes da Paz de Vestfália entre 1618 e 1648. Com a diferença de que, no século XX, foi uma guerra mundial, porquanto envolveu países de todos os continentes e atingiu os territórios da Europa, da África do Norte e da Ásia. Foi o período em que o sistema mundial "digeriu" a entrada revolucionária de três novas potências políticas e de três novas economias nacionais expansivas – duas delas situadas fora da Europa – no seu núcleo central de comando. Duas guerras mundiais e uma crise econômica mundial, que teve seu epicentro nos Estados Unidos. Mas, além da guerra e da grande crise econômica, neste mesmo período houve uma revolução comunista bem-sucedida na Rússia e várias outras que não tiveram o mesmo sucesso, mas que agitaram o cenário social e político europeu, em particular o dos territórios da Europa Central, contribuindo para a grande reação fascista que instalou, na década de 1930, governos conservadores e autoritários em Portugal, na Espanha, na Itália e na Alemanha.

Depois da Segunda Guerra Mundial, durante a Guerra Fria com a União Soviética e sob a hegemonia dos Estados Unidos em relação às demais potências, a economia capitalista viveu sua "época de ouro" e o mundo experimentou uma gestão global baseada em regimes e instituições supranacionais, mesmo quando tuteladas pelos Estados Unidos. Mas este período de "hegemonia mundial" durou apenas até a década 1970, quando os Estados Unidos mudam sua estratégia internacional. Foi o momento em que perderam a Guerra do Vietnã e se aproximaram da China, abandonaram o regime monetário internacional criado em Bretton Woods e adotaram progressivamente o sistema dólar flexível e, finalmente, desmontaram os controles sobre a circulação internacional dos capitais privados e optaram pela desregulação completa dos mercados financeiros que já vinham apoiando e promovendo, onde era possível, desde a década de 1960. Uma nova estratégia internacional de escalada na direção do poder global unipolar e imperial, conquistado depois da Guerra do Golfo e da dissolução da União Soviética em 1991.

Existe uma teoria muito difundida no campo da economia política internacional quanto às origens da "era da catástrofe" e quanto às mudanças da década de 1970. Depois de Charles Kindleberger e Robert Gilpin, vários autores falaram de uma "crise da hegemonia americana" na década de 1970 e atribuíram à mesma causa fundamental da crise de 1930: a ausência de uma potência claramente hegemônica capaz de impor a ordem e liderar a economia internacional. Isto teria ocorrido depois de 1918, quando os Estados Unidos não quiseram assumir a liderança mundial no lugar da Inglaterra, e o mesmo fenômeno teria voltado a ocorrer nos anos de 1970, quando a hegemonia americana teria sido ameaçada pela ascensão econômica da Alemanha e do Japão, pelo avanço tecnológico-militar da União Soviética e pela derrota americana na Guerra do Vietnã.

Do nosso ponto de vista, entretanto, os Estados Unidos não abdicaram voluntariamente da liderança mundial depois da Primeira Guerra Mundial. O que estava em questão, em 1918, era uma luta pela hegemonia dentro da Europa, onde existiam ainda contradições e resistências objetivas que bloquearam a passagem americana e impediram que os Estados Unidos assumissem a posição de comando político e econômico da região. A Alemanha havia sido derrotada, e o Japão já havia sido "cooptado" pela Inglaterra desde o início do século XX. Mas não existia acordo entre a Inglaterra e a França acerca das bases da nova ordem mundial, muito menos a respeito do lugar e do papel que estavam dispostos a conceder aos Estados Unidos dentro do clube das grandes potências. Por isso, muitos consideram que os Acordos de Paris, de 1918, foram um grande erro de cálculo estratégico e geopolítico quando, na verdade, foram apenas o resultado possível de uma negociação marcada pelas divisões e conflitos entre as potências vitoriosas e pela existência de um veto terminante, dos franceses e dos ingleses, a qualquer tipo de hegemonia americana na Europa.

Por outro lado, de nossa perspectiva, a "crise dos anos de 1970" tampouco foi apenas o resultado de uma perda de densidade da hegemonia mundial dos Estados Unidos provocada por suas derrotas militares e diplomáticas, pelo desafio econômico das demais potências econômicas capitalistas. De um prisma da dinâmica de longo prazo do sistema mundial, a "crise dos anos de 1970" foi o produto da "compulsão" expansiva e da tendência destrutiva das potências hegemônicas na busca do poder global.

450

4.2.5 A Primeira Guerra Mundial e a luta americana pela hegemonia europeia

A Primeira Guerra Mundial é um dos episódios mais enigmáticos da história moderna. Acumulam-se as teorias, mas nenhuma consegue explicar a forma súbita e sequenciada em que 32 nações – incluindo os domínios britânicos e a Índia – se envolveram numa guerra contra a Alemanha a partir de um episódio, absolutamente prosaico, ocorrido em Sarajevo no dia 28 de junho de 1914. Incluindo o Japão, que declarou guerra à Alemanha, em agosto do mesmo ano, com os olhos postos no território controlado pelos alemães na península chinesa de Xantungue e nas ilhas germânicas do norte do Pacífico. Os norte-americanos haviam acabado de confirmar seu poder hegemônico no continente americano e já tinham posições sólidas no território asiático quando começou a Primeira Guerra Mundial, de modo que os Estados Unidos proclamaram, uma vez mais, sua posição de neutralidade em relação à luta pela hegemonia europeia. Posição mantida pelo presidente Woodrow Wilson durante dois anos e meio, apesar das pressões da França e da Inglaterra. Os Estados Unidos declaram-se em "estado de guerra" com o governo do Império Alemão no dia 6 de abril de 1917, mas até este momento sua posição foi favorável à negociação e ao estabelecimento de uma "paz sem vitoriosos", como propôs, várias vezes, o presidente Woodrow Wilson, a fim de estabelecer um novo equilíbrio de poder dentro da Europa capaz de assegurar uma paz duradoura e uma posição americana análoga à que foi ocupada pela Inglaterra durante o século XIX. E mesmo quando entraram em guerra com a Alemanha, os Estados Unidos não se declararam em conflito com os demais aliados germânicos, tampouco estabeleceram qualquer tipo de tratado ou aliança com a França e com a Inglaterra, adotando uma posição de "poder associado" dentro da mesma guerra. Ademais, os americanos entraram na guerra escudados nos "Quatorze Pontos" do presidente Wilson e propondo, de imediato, uma paz que fosse justa para todos os envolvidos no conflito, incluindo os alemães.

As negociações de paz em Paris, em 1919, entretanto, excluíram a presença alemã e deram pouco espaço às delegações italiana e japonesa, transformando-se, de fato, num Conselho de Três, formado por Wilson, Chamberlain e Clemenceau, bem como por suas respectivas delegações e equipes técnicas. O programa de paz proposto por Wilson tinha quatro objetivos muito claros: restabelecer o equilíbrio de poder europeu, desmontar os impérios coloniais da França e da Inglaterra, reativar o comércio e a economia internacional e criar uma Liga das Nações. Sob nenhuma hipótese esse projeto pode ser considerado uma obra do idealismo desinteressado dos Estados Unidos, mas, mesmo assim, suas principais propostas foram bloqueadas ou distorcidas pelos acordos prévios entre os vitoriosos e pelo veto conjunto ou dividido dos demais aliados, em particular da França e da Inglaterra.

A grande vitória de Wilson nas negociações de Paris foi a aceitação da Liga das Nações, mas ela acabou se convertendo numa "vitória de Pirro" no momento em que o Senado americano vetou a participação dos Estados Unidos na Liga. Em compensação, Wilson fez concessões no que tange às "reparações" econômicas impostas pela França à Alemanha, e não conseguiu abrir as portas comerciais dos impérios coloniais europeus. Por sua vez, Inglaterra e Estados Unidos se aliaram para vetar a proposta francesa de divisão do território alemão, ambos preocupados com o expansionismo francês. Por outro lado, a França e a Inglaterra se juntaram para obrigar Wilson a restringir sua defesa da "autodeterminação dos povos" às nações da Europa Central, e a aceitar que os territórios do antigo Império Otomano fossem transformados em "mandatos" ou "protetorados" da França e da Inglaterra. E mesmo na Europa Central, a criação dos novos Estados só foi aceita por todos à medida que fragilizava a Alemanha e criava uma trincheira de contenção da União Soviética.

Por fim, Estados Unidos, França e Inglaterra estiveram juntos na hora de negar algumas reivindicações da Itália e do Japão, aprofundando a divisão entre os vitoriosos da Primeira Guerra. Finalmente, no dia 23 de junho de 1919, a Alemanha aceitou o tratado extremamente desfavorável que lhe foi imposto pelos vitoriosos. Antes disso, contudo, a destruição alemã e russa desequilibrou o núcleo duro das grandes potências. Não havia mais como equilibrar o poder, e estabeleceu-se uma espécie de empate entre os vitoriosos no qual predominou o poder de veto mútuo sobre a capacidade de qualquer um deles impor sua hegemonia aos demais, em particular dentro do tabuleiro geopolítico europeu.

Foi esse empate que prevaleceu na rejeição feita pelo Senado americano do projeto da Liga das Nações. Não foi uma vitória das forças que se opunham à presença mundial dos Estados Unidos; foi uma rejeição dos termos do acordo proposto pelos europeus que não aceitaram as mudanças sugeridas pelo Senado: i) o reconhecimento do direito de os países abandonarem a Liga; ii) a eliminação das questões domésticas referentes à jurisdição da Liga; e iii) a aceitação, de todos os membros da Liga, da Doutrina Monroe. E, enfim, foi esse empate na luta pela hegemonia europeia que paralisou, na década de 1930, os "aliados" da Primeira Guerra e a Liga das Nações, quando os Estados derrotados ou penalizados pela Paz de Versalhes retomaram seu ímpeto expansivo e iniciaram a reconquista dos seus territórios perdidos depois da guerra. Foi o que aconteceu em relação à invasão japonesa da Manchúria, em 1931; à invasão italiana da Etiópia, em 1935; à intervenção da Itália e da Alemanha fascistas na Guerra Civil espanhola; à retomada alemã do Rhin, em 1936; à invasão alemã da Áustria, em 1928; e da Checoslováquia, em 1939. E depois do Acordo de Munique entre a Alemanha e a União Soviética, em 1939, seguiram paralisados no que diz respeito à invasão russa da Polônia, da Finlândia, da Romênia e dos Estados bálticos. Mas, mesmo neste momento, só a Inglaterra e a França reagiram à invasão alemã da Polônia, dando início à Segunda Guerra Mundial, ao passo que os Estados Unidos se mantinham à distância até 1941.

No campo econômico, o conflito e a divisão entre as três principais potências vitoriosas na Guerra de 1914 reapareceu em todas as discussões do pós-guerra: acerca da questão do novo sistema monetário internacional e acerca do problema das "reparações", em particular no caso da Alemanha. Durante a guerra, os Estados Unidos deixaram de ser um país devedor, transformando-se no principal credor de todos os países europeus envolvidos no conflito, incluindo seus aliados que radicalizaram suas exigências com relação à Alemanha para poder quitar suas dívidas com os bancos norte-americanos.

Com relação à nova ordem monetário-financeira, todos estiveram de acordo, num primeiro momento, quanto à volta ao padrão-ouro e às regras vigentes antes da guerra de 1914. Mas os interesses nacionais não eram convergentes, nem havia nenhuma possibilidade de que algum dos países ganhadores se impusesse aos demais. Por isso, a Conferência de Bruxelas, convocada pela Liga das Nações e realizada em setembro de 1920 – reunindo 34 países, e apenas um observador dos Estados Unidos – foi um peremptório fracasso, e nenhuma de suas recomendações à Liga das Nações foi levada à prática.

O mesmo fenômeno voltou a acontecer com a Conferência de Gênova em 1922, convocada pela França e pela Inglaterra, mas que tampouco contou com a adesão dos Estados Unidos. Impasse que se repetiu, uma vez mais, na Conferência Econômica Mundial realizada em Londres, em junho de 1933. Suas propostas foram rejeitadas por Roosevelt, e cada um dos principais atores acabou recuando para sua própria solução: o Império Britânico formou uma área da libra esterlina, ao passo que os franceses formaram o "bloco do ouro" com Bélgica, Holanda, Suíça e Itália.

O mesmo conflito entre franceses, ingleses e norte-americanos esteve presente nas negociações relativas ao pagamento das "reparações" alemãs. Quinze meses depois do acordo de paz, a Alemanha já estava inadimplente com seus credores, e, apesar da objeção da Inglaterra, a Comissão de Reparações autorizou, em 1923, a ocupação da área industrial alemã do Ruhr por tropas francesas e belgas. Como consequência, a economia alemã entrou em profunda crise inflacionária, interrompendo completamente o pagamento da sua dívida. Por isso a França concordou com a criação de uma comissão especial para estudar um plano de reescalonamento da dívida alemã sob a liderança do banqueiro norte-americano Charles Dawes.

Apesar das profundas divergências entre ingleses e franceses, foi possível chegar a uma proposta final e a um acordo, em 1924, que recebeu o nome de Plano Dawes e que funcionou satisfatoriamente durante os anos de prosperidade entre 1924 e 1928. Depois da crise de 1929, entretanto, foi necessária uma nova reprogramação dos pagamentos, o Plano Young, aprovado em abril de 1930, seis meses depois do colapso da Bolsa de Nova York. Logo depois, a crise econômica mundial apressou a liquidação da dívida alemã, decidida em Lausanne, em julho de 1932, no exato momento em que começavam a ascensão nazista e o retorno da Alemanha à luta pela hegemonia europeia. Mas, em todas estas negociações e acordos, o que se primou foram as divergências radicais entre os aliados – que chegaram próximos da ruptura diplomática – e a impossibilidade de que se estabelecesse qualquer tipo de hegemonia clara entre eles.

Nessa luta com seus aliados europeus, os Estados Unidos se defrontaram com um outro problema extremamente complicado, de natureza geopolítica e militar: a sua "insularidade" territorial que havia sido, até então, uma trincheira protetora dos ataques externos. Logo aprenderam que

> o poder terrestre é a forma decisiva do poder militar, e que as grandes massas de água limitam profundamente a capacidade de projeção do poder em terra. Por isso, quando os exércitos opostos

têm de atravessar grandes extensões de água, como no caso do Oceano Atlântico, por exemplo, para atacar um ao outro, os dois perdem capacidade ofensiva, independentemente do tamanho e da qualidade das forças adversárias (Mearsheimer, 2001, p. 83).

Essa limitação dos Estados Unidos explica, em parte, o "idealismo" de Woodrow Wilson e sua defesa de um sistema de "segurança coletiva" no qual os americanos pudessem exercer seu poder dentro da Europa na forma de um *offshore balancer*, como havia sido o caso dos ingleses durante o século XIX. Não se tratava de abandonar o projeto de poder internacional de Theodore Roosevelt, nem de abdicar do seu programa expansionista, se tratava de adequá-lo à realidade e às possibilidades dos Estados Unidos naquele momento do desenvolvimento da tecnologia militar. Ademais, depois da Primeira Guerra Mundial já não havia mais nada a conquistar no mundo que não fossem as próprias colônias dos dois grandes impérios europeus, os quais eram aliados dos Estados Unidos, a saber, os impérios coloniais da Inglaterra e da França. Os Estados Unidos estariam dispostos, e teriam as condições, naquele momento, de iniciar uma competição militar com a França e com a Inglaterra?

Tudo indica que não dispunham da vontade nacional, muito menos dos recursos militares para começar esta "corrida aos extremos", que teria significado a implosão definitiva do bloco aliado e sua fragilização ante a Alemanha e a União Soviética. Por esse prisma, a defesa da "autodeterminação dos povos" coincidia com o interesse nacional dos Estados Unidos em desmontar os impérios coloniais dos seus aliados. Uma posição que foi anunciada em 1917, mas que só se tornou realidade depois do fim da Segunda Guerra Mundial, quando a Inglaterra e a França já não tiveram mais condições de competir com os Estados Unidos, tampouco de manter o controle de suas velhas colônias. Nesse momento, entretanto, os Estados Unidos já haviam imposto sua hegemonia na Europa e haviam superado em definitivo suas limitações territoriais, tecnológicas e militares para enfrentar a luta pela conquista do poder global.

4.2.6 A Segunda Guerra Mundial e a hegemonia mundial dos Estados Unidos

Entre 1939 e 1945, a Segunda Guerra Mundial produziu uma verdadeira revolução dentro do núcleo hierárquico das grandes potências. Foi uma guerra em dois movimentos. Na verdade, pode-se até mesmo falar da existência de duas guerras em uma só: a primeira, entre 1939 e 1941, envolveu somente os europeus e foi vencida pela Alemanha; e a segunda, entre 1941 e 1945, envolveu a Alemanha, o Japão e os Estados Unidos e foi vencida pelos norte-americanos. A Carta Atlântica assinada por Churchill e por Roosevelt, em agosto de 1941, foi uma espécie de ponto de passagem entre os dois conflitos. Do prisma de seu conteúdo, a carta, assinada num cruzador em frente à costa de Terra Nova, continha uma versão atualizada dos "Quatorze Pontos" de Woodrow Wilson. Na prática, entretanto, ela significou a transferência do poder anglo-saxônico para os Estados Unidos, que assumem a disputa com a Alemanha quase ao mesmo tempo em que entram em guerra com o Japão, em dezembro de 1941. Uma espécie de "ajuste de contas" entre as três "grandes potências tardias" que nasceram para o jogo do poder mundial, quase um século antes, na década de 1860. Do ponto de vista dos Estados Unidos, representou a decisão de lutar simultaneamente pela hegemonia na Europa e no Sudeste Asiático, onde se posicionou de imediato ao lado da China, renunciando a todos os seus direitos extraterritoriais e patrocinando a entrada chinesa no grupo dos "quatro grandes" que assinaram, em Moscou, a convocação da Conferência das Nações Unidas, realizada em São Francisco, em 1945.

Esse segundo período da guerra, entre 1941 e 1945, foi também o tempo em que se negociaram as bases hierárquicas, funcionais e competitivas da nova ordem política mundial, as quais nasceria sob a forma simultânea e complementar da Guerra Fria com a União Soviética, e da hegemonia econômica e militar dos Estados Unidos dentro do mundo capitalista. A derrota da França, da Alemanha e do Japão, bem como a transformação da União Soviética no novo inimigo e principal competidor dos norte-americanos, deixou nas mãos dos Estados Unidos e da Inglaterra o desenho desta nova ordem, vigente partir de 1947. Ela foi uma obra conjunta, definida basicamente pelos Estados Unidos e pela Inglaterra, mas sua construção não foi simples, tampouco linear.

Da perspectiva geopolítica, Roosevelt também defendia, como Wilson, um sistema de "segurança coletiva", mas, ao mesmo tempo, acreditava na necessidade de "quatro polícias internacionais" que atuassem em conjunto e garantissem a paz mundial: Estados Unidos, Inglaterra, União Soviética e China. Roosevelt resistia à velha fórmula europeia do "equilíbrio de poder" apoiada por Churchill, e tinha uma posição ante a União Soviética muito mais benevolente que a do primeiro-ministro inglês, favorável à ajuda econômica substantiva para a reconstrução da economia soviética. Roosevelt tampouco se opunha às reivindicações soviéticas na região da Europa Central, ao contrário dos ingleses, mas todas estas divergências ficaram ultrapassadas com sua morte em abril de 1945, cinco meses antes de o presidente Truman autorizar o bombardeio atômico de Hiroshima e Nagasaki e de inaugurar uma nova relação de poder com seus aliados e inimigos da Segunda Guerra Mundial. As discussões entre Estados Unidos, Inglaterra e União Soviética nas reuniões de Ialta, em fevereiro de 1945, e depois em Potsdam, em setembro do mesmo ano, foram rigorosamente inconclusivas, e a partir daí o desenho hierárquico e as posições territoriais de cada um dos ganhadores foram sendo estabelecidas, na prática, caso a caso, em função dos interesses de cada um, bem como da correlação de poder local.

Em grandes linhas, a União Soviética estendeu sua presença à sua "zona de segurança" imediata na Europa Central e foi contida na Grécia, na Turquia e no Irã, conseguindo dividir o território alemão. Foram necessários dois anos para que se definisse finalmente a nova doutrina estratégica dos Estados Unidos com a escolha do inimigo e a definição das fronteiras e das regras da Guerra Fria. O resultado foi uma política traçada exclusivamente por ingleses e norte-americanos a partir da proposta feita por Churchill no seu famoso discurso em Fulton, Missouri, em março de 1946, no qual se discorreu, pela primeira vez, a respeito da "cortina de ferro", ideia recolhida e transformada em fundamento ético da Doutrina Truman, anunciada pelo presidente americano em março de 1947.

A ideia central do discurso de Winston Churchill era uma só: o sistema mundial não tem como funcionar se não for definido um novo mapa do mundo e uma nova fronteira ou clivagem capaz de organizar o cálculo estratégico das grandes potências. No caso, a "cortina de ferro", que recolocava a Rússia – velha concorrente imperial inglesa – na condição de nova adversária dos países anglo-saxões, agora sob a liderança dos Estados Unidos, e aliada com seus adversários da véspera, a Alemanha, o Japão e a Itália: "Churchill foi o primeiro e mais duro opositor da Alemanha na década de 1930, mas se transformou no primeiro e mais entusiasta advogado da reconciliação com a Alemanha, depois do fim da guerra" (Kissinger, 1994, p. 442). Essas teses foram rapidamente incorporadas e aceitas pelo *establishment* norte-americano, e consagradas pela Doutrina Truman, em 1947, como a nova estratégia global dos Estados Unidos: "[...] a política dos Estados Unidos será de apoio permanente aos povos livres que queiram resistir à dominação de minorias armadas ou de forças externas" (Truman *apud* Kissinger, 1994, p. 453). E de contenção permanente e global da União Soviética, segundo a concepção do seu primeiro arquiteto, George Kennan: "a política de firme contenção foi desenhada para confrontar os russos, com toda a força necessária, em todo e qualquer ponto do mundo onde eles mostrem sinais de querer agredir os interesses de um mundo pacífico e estável" (Kennan, 1947, p. 581).

Em 1949, depois da divisão da Alemanha, da ocupação soviética da Europa Central e da formação da Otan e do Pacto de Varsóvia, estava definitivamente consolidada a estratégia de bipolarização da Europa defendida por Churchill. A nova trincheira passava, de início, pelo meio do velho continente, mas, depois da revolução comunista na China, em 1949, da Guerra da Coreia, entre 1950 e 1953, e do início da Guerra do Vietnã, a Guerra Fria perdeu seu caráter eminentemente europeu. Um momento decisivo desse processo de deslocamento do epicentro do conflito foi a crise do Canal de Suez em 1956, momento em que os Estados Unidos estenderam sua hegemonia também ao tabuleiro geopolítico do Oriente Médio, depois de recusar seu apoio à invasão do Sinai pelas forças de Israel, da França e da Inglaterra.

Acabou-se, ali, a incondicionalidade na relação entre os "aliados" de 1918 e 1945, ao mesmo tempo em que era desferido o ataque final dos Estados Unidos aos impérios coloniais da Inglaterra e da França: "Pela primeira vez na história os americanos mostraram independência com relação às políticas anglo-francesas na Ásia e na África, que refletiam sua tradição colonial" (Kissinger, 1994, p. 545).

Depois do fim da Guerra do Vietnã e da Revolução no Irã, o eixo da Guerra Fria voltou a se deslocar para o Oriente Médio e para a Ásia Central e na década de 1980 chegou até o Caribe, sem nunca mais se aproximar do território europeu até o momento da queda do Muro de Berlim e do início da nova reunificação alemã. Nesse confronto global dos Estados Unidos, a União Soviética só cumpriu o papel de competidor militar, indispensável à acumulação e à expansão do seu poder político e territorial, mas jamais cumpriu o papel de competidor complementar da economia norte-americana. Com exceção de alguns momentos, na segunda metade do século XX a União Soviética aventurou-se muito pouco durante a Guerra Fria fora de sua "zona de segurança" imediata. Isso só aconteceu em Cuba, em 1961, e em alguns pontos da África, antes da invasão do Afeganistão em 1979.

Pelo contrário, a estratégia de "contenção universal" dos Estados Unidos permitiu uma implantação progressiva e global de suas forças militares, mesmo sem que tivesse havido uma nova Guerra Mundial. Ao se dissolver a União Soviética e terminar a Guerra Fria, os Estados Unidos tinham bases ou acordos militares em cerca de 130 dos 194 países existentes no mundo e mantinham cerca de 300 mil soldados fora do território, mantendo o controle militar de todos os oceanos e do próprio espaço. Uma "implantação" militar de tipo imperial e que é quase global, porquanto só não inclui diretamente os territórios da China, da Índia e da Rússia: "Uma vasta rede de bases militares norte-americanas em todos os continentes exceto na Antártica, que constituem uma nova forma de império" (Johnson, 2004, p. 1).

No mesmo período, entre 1941 e 1945, os aliados negociaram as bases da nova arquitetura monetário-financeira que deveria regular as relações dentro da economia capitalista mundial depois do fim da guerra. Também nesse campo a nova ordem que nasceu finalmente dos acordos de Bretton Woods foi uma obra exclusiva dos Estados Unidos e da Inglaterra. Harry White e Keynes capitalizaram a discussão teórica, mas nenhum dos dois esteve em Bretton Woods para participar de um debate acadêmico; pelo contrário, representavam os interesses muito concretos dos seus Estados e dos seus capitais financeiros. Por isso, independentemente das afinidades teóricas dos dois representantes anglo-saxões, foram impostas, em quase todos os pontos, as posições dos Estados Unidos, que começavam a exercer, neste momento, sua condição de *hegemon* dentro do mundo capitalista. E com relação ao tópico fundamental da administração das contas de capitais, os banqueiros de ambos os lados do Atlântico só consentiram com a criação de sistemas de controle que fossem temporários e sem cooperação obrigatória entre os países.

Na verdade, a posição ultraliberal dos financistas só foi dobrada transitoriamente pela crise de escassez de dólares na Europa, em 1947; pela ameaça de vitória político-eleitoral dos comunistas na França e na Itália, nas eleições de 1948; e pelo colapso da economia japonesa, em 1949. Suas ideias predominaram entre 1945 e 1947, mas acabaram sendo revertidas pelo novo quadro internacional e pela imposição das prioridades estratégicas da nova Doutrina da Guerra Fria. É neste contexto que se explica o Plano Marshall, assim como todas as demais concessões feitas pelos Estados Unidos com relação ao protecionismo dos europeus, em particular com relação à retomada dos velhos caminhos heterodoxos das economias alemã e japonesa. E, apesar da pressão inglesa, só em 1958 foi restaurada a conversibilidade das moedas europeias e, ainda assim, só para as transações em conta corrente.

Essa mudança da posição americana em relação à estratégia de desenvolvimento dos países derrotados, em particular o Japão, a Alemanha e a Itália, transformou-se na pedra angular da engenharia econômico-financeira do pós--Segunda Guerra Mundial, mormente depois da década de 1950, quando estes países se transformaram nos grandes "milagres" econômicos da economia capitalista. No médio prazo, a relação econômica dos Estados Unidos com eles se transformou numa parceria estratégica de longo prazo, sobretudo no caso da Alemanha e do Japão, criando-se entre eles uma "zona de coprosperidade" norte-americana, na qual foram incluídos, mais tarde, Taiwan, Coreia do Sul e alguns dos "tigres" do Sudeste Asiático. Em todos os casos, foram países que se transformaram num tipo híbrido de Estados nacionais que não se transformaram em colônia norte-americana, mas foram "desarmados" de forma permanente, sendo transformados em elos de um "cinturão de segurança", o qual era constituído em torno da União Soviética e no qual foram instaladas as principais bases militares americanas fora do território dos Estados Unidos.

Em outras palavras, viraram "protetorados militares" e "convidados econômicos" dos Estados Unidos e, no caso da Alemanha e do Japão, foram transformados em "pivôs" regionais de uma máquina global de acumulação de capital e de riqueza que funcionou de forma absolutamente virtuosa entre as grandes potências e em algumas economias periféricas até a crise da década de 1970. E foi essa combinação de protetorado militar dos derrotados com a integração e com a coordenação global de suas economias que se transformou na base material e dinâmica da "hegemonia" mundial exercida pelos Estados Unidos até a década de 1970.

Nesse período, portanto, pode-se dizer que os Estados Unidos expandiram seu poder político por intermédio da competição militar com a União

Soviética, uma potência com quem não mantinham relações de complementaridade econômica e que, portanto, poderia ser destruída em caso de necessidade, sem ônus para a economia dos Estados Unidos. E, ao mesmo tempo, os Estados Unidos expandiram sua riqueza por intermédio de relações econômicas complementares e dinâmicas com competidores desarmados e incapazes de enfrentar militarmente os norte-americanos. Uma fórmula absolutamente original com relação à experiência histórica passada do sistema mundial que acabou se transformando na chave do sucesso da hegemonia mundial norte-americana, a qual durou duas décadas.

4.2.7 A Guerra do Vietnã e a escalada em direção ao império mundial

A "ordem" criada pela hegemonia americana e pela competição global da Guerra Fria acabou tendo efeitos contraditórios. A "armação" inicial começou a ruir por força do próprio sucesso do mecanismo de acumulação de poder e de riqueza que foi criado. A partir de um certo momento, a União Soviética deu vários sinais de que já tinha condições de sair de sua zona de influência, de escapar ao sistema de controle e contenção americano, em particular no caso da invasão do Afeganistão em 1979. Enquanto isso, os "sócios econômicos" começavam a competir por mercados e territórios que ameaçavam os interesses do *hegemon*. Acabaram-se o espaço e o tempo da parceria virtuosa, e multiplicavam-se os sinais de que o *sparring* militar e os "protetorados econômicos" desejavam retomar seus projetos nacionais de expansão territorial e econômica. Foi quando ocorreram a ruptura e o fim da "era de ouro" do crescimento capitalista, e terminou a "hegemonia mundial" exercida pelos Estados Unidos entre 1945 e 1973 (Tavares; Fiori, 1997).

Existe uma visão dominante sobre a "crise dos anos de 1970" que realça a derrota americana no Vietnã e seu "efeito dominó" no Laos e no Camboja, mas também na África, na América Central e, finalmente, no Oriente Médio, em 1979, com a revolução xiita do Irã e com a invasão soviética do Afeganistão. Pelo lado econômico, esta mesma visão destaca, nos anos de 1970, o fim do sistema monetário internacional montado depois da Segunda Guerra Mundial, a ruptura do regime energético baseado no petróleo barato e o início da primeira grande recessão econômica mundial posterior à Segunda Guerra Mundial.

Essa descrição da mudança que começa na década de 1970 é correta, mas não é suficiente, porquanto a crise não se explica a si mesma e não é fácil compreender como foi gerada uma mudança de tamanhas proporções numa conjuntura geopolítica caracterizada pela "coexistência pacífica" entre os Estados Unidos e a União Soviética, e numa conjuntura econômica caracterizada pelo crescimento contínuo da economia capitalista mundial. Não faz sentido apresentar a "crise do dólar" ou a simples derrota no Vietnã como ponto de partida de uma ruptura tão profunda sem que se consiga explicar a própria origem da crise monetária e da escalada americana no Sudeste Asiático.

O envolvimento dos Estados Unidos na Guerra do Vietnã começou na década de 1950 com o financiamento e com o apoio logístico dado aos franceses logo depois da Guerra da Coreia. Fez parte da luta pela hegemonia no Sudeste Asiático, onde os americanos haviam ganhado um ponto decisivo com a derrota do Japão e com a "cooptação" da China na primeira metade da década de 1940, mas onde haviam perdido outros tantos pontos com a vitória da Revolução Comunista na China, em 1949, e a ofensiva russa na Coreia e no Vietnã a partir de 1950.

A presença militar americana na região cresce de forma lenta, mas constante, na década de 1950, e se acelera geometricamente na década de 1960 até o ataque ao Vietnã do Norte, em 1968. Foi um envolvimento contínuo e cada vez mais extenso, explicado pela necessidade de expansão permanente do poder hegemônico mundial e pela sua intolerância a qualquer tipo ameaça regional. A hegemonia mundial não interrompe o expansionismo, tampouco apazigua o *hegemon*; pelo contrário, é uma posição transitória que deve ser conquistada e mantida pela luta constante por mais poder, e, nesse sentido, ela é autodestrutiva, uma vez que o próprio *hegemon* quer se desfazer de suas limitações para alcançar a conquista completa do poder global. Por conseguinte, o *hegemon* se transforma num desestabilizador da sua própria hegemonia e, nesse aspecto, não foi propriamente a derrota no Vietnã que provocou a mudança de rumo da década de 1970, mas foi a própria "compulsão" expansiva do *hegemon* que o levou a uma derrota passageira, sem, entretanto, afetar sua capacidade de iniciativa estratégica.

Enquanto eram derrotados no Vietnã, os Estados Unidos já se aproximavam do governo chinês, numa das iniciativas diplomáticas mais ousadas da administração Nixon. Primeiro, foi a visita secreta de Henry Kissinger a Pequim, em 1971, que abriu as portas das negociações que culminaram com a assinatura do Comunicado de Xangai, em fevereiro de 1972 e, finalmente, com o tratado de fevereiro de 1973 em que os chineses e os norte-americanos "concordavam em resistir conjuntamente à tentativa de qualquer país que se propusesse a dominar o mundo, de tal forma que no espaço de um ano e meio, as relações sino-americanas passaram da hostilidade e do isolamento para uma aliança de fato" (Kissinger, 1994, p. 729).

Hoje se pode ver com clareza que os norte-americanos responderam, de imediato e de forma contundente, à sua perda de posição na península da Cochinchina, bloqueando a possibilidade de uma hegemonia russa no Sudeste Asiático e, ao mesmo tempo, propondo aos chineses um retorno à velha parceria econômica que havia começado com o tratado de 1844 em torno da defesa da política de "portas abertas" e que havia se revigorado com a aproximação sino-americana de 1943. Desse modo, não há dúvida de que a derrota no Vietnã se transformou num momento decisivo na trajetória da luta americana pelo poder global, porquanto foi ali que se viabilizou a vitória, dentro do *establishment* da política externa americana, dos que defendiam, e já fazia tempo, a necessidade de os Estados Unidos se desfazerem de seu "comportamento hegemônico" para poder lutar "pela conquista de todo mundo" e pela formação de um "império mundial".

Deve-se dizer algo semelhante em relação à crise do padrão dólar-ouro, no início da década de 1970. Ela teve consequências econômicas profundas e prolongadas, mas é importante ir mais atrás e compreender suas causas mais antigas, isto é, os processos de mais longo fôlego que culminaram na ruptura de 1973. A "crise do dólar" e do "petróleo" não foram um "raio em céu azul", uma vez que deitam raízes no período de sucesso econômico das duas décadas anteriores. O primeiro passo da globalização dos mercados financeiros foi dado muito antes da crise de 1971 a 1973, com a criação do *euromarket* no final da década de 1950 com o apoio decisivo do governo dos Estados Unidos e da Inglaterra. O mercado operava na praça de Londres, mas a presença dominante era a dos bancos e a das grandes corporações americanas: "De fato, em meados da década de 1960, as autoridades americanas estavam encorajando ativamente os bancos e as corporações para que fizessem suas operações no mercado *offshore* de Londres" (Helleiner,1994, p. 82). O mesmo fenômeno ocorreu com as autoridades britânicas, para quem o *euromarket* representava uma saída para o problema da conciliação entre as políticas keynesianas do Estado de bem-estar social com a preservação da posição financeira internacional da própria Inglaterra.

Por outro lado, foi no início da década de 1960 que se deu o primeiro ataque europeu contra o dólar, e as primeiras soluções adotadas foram insuficientes e não conseguiram deter a saída de capitais, o que levou os Estados Unidos a pressionarem os governos europeus para que liberalizassem seus mercados de capitais, permitindo que as taxas de juros refletissem as diferenças nacionais de produtividade do capital. Em 1961, a OCDE tomou posição nessa mesma direção, apoiando a liberalização imediata das contas de capitais, e o governo americano passou a defender uma liberalização do mercado financeiro internacional como a única forma de manter a autonomia da sua política econômica e de suas decisões estratégicas ante as crescentes pressões externas: "É importante destacar que os Estados Unidos e a Inglaterra promoveram uma maior abertura da ordem financeira mundial através de uma ação rigorosamente unilateral e que a liberalização unilateral se mostrou eficaz para o rápido aumento da atividade financeira internacional" (Helleiner, 1994, p. 99).

No início da década de 1970, os europeus e os japoneses advogaram uma ação cooperativa para lograr um maior controle dos movimentos de capitais do tipo discutido em Bretton Woods, mas foram derrotados pela oposição radical dos Estados Unidos a qualquer tipo de ação cooperativa. No seu Relatório econômico presidencial ao Congresso americano, de 1973, o presidente Richard Nixon defendeu explicitamente que os "controles de capitais para fins de balanço de pagamentos não devem ser encorajados" e que, pelo contrário, o livre movimento de capitais é a melhor forma de promover políticas econômicas corretas. Logo depois, o governo americano desvalorizou o dólar e aboliu, em 1974, o seu sistema de controle de capitais, em perfeita continuidade com todas as decisões estratégicas que já vinham sendo tomadas desde a década de 1960 para viabilizar a expansão do capital americano e manter a autonomia americana no manejo de sua política interna. Portanto, a chamada "crise do dólar" não foi um acidente nem uma surpresa, muito menos uma derrota; foi um objetivo buscado de forma consciente e estratégica pela política econômica internacional do governo norte-americano.

Dessa perspectiva, pode-se compreender melhor a afinidade que existe, em última instância, entre as três estratégias que se colocaram na década de 1970 para enfrentar as consequências das próprias políticas expansivas dos norte-americanos. A primeira, do governo Nixon, propunha o retorno ao mundo multipolar, acompanhado de uma política econômica internacional de tipo liberal em favor de desregulações. A assessoria econômica de Nixon já era radicalmente neoliberal e contava com nomes de peso como Gottfried Haberler, George Shultz, William Simon e Paul Volcker, adversários ferrenhos do *embedded liberalism* do pós-Segunda Guerra. Todos eles tinham plena clareza de que a desregulação dos mercados financeiros era o único caminho possível para aumentar o poder americano.

Nesse sentido, eles eram, ao mesmo tempo, advogados do neoliberalismo econômico e do nacionalismo americano, preocupados com a preservação da capacidade autônoma dos Estados Unidos seguirem ampliando seu poder e sua riqueza dentro e fora do seu próprio território. Além disso, a comunidade dos negócios já havia apoiado a eleição de Nixon em 1968 em troca da promessa da remoção dos controles de capitais, um retrato da nova coalizão de forças que surgiu na segunda metade da década de 1960, aproximando os velhos industrialistas do *New Deal* com os interesses financeiros e favoráveis às ideias neoliberais. Nixon, entretanto, foi derrubado pelo escândalo do Watergate.

A segunda estratégia, proposta pelos democratas de Jimmy Carter, propunha a retomada da liderança moral e messiânica dos Estados Unidos no mundo, combinada com uma política econômica internacional de corte keynesiano liderada pela ação conjunta dos Estados Unidos, da Alemanha e do Japão, países que deveriam se transformar na locomotiva do crescimento mundial. Carter foi atropelado pela revolução xiita no Irã, pela invasão soviética do Afeganistão e pela disparada da inflação e do preço do petróleo. Já a terceira estratégia, que foi vitoriosa – no governo Reagan – combinou o messianismo anticomunista de Carter com o liberalismo econômico de Nixon, propondo-se a eliminar a União Soviética e a construir uma nova ordem política e econômica mundial sob o comando incontestado dos Estados Unidos.

Hoje está claro que essa terceira estratégia, adotada na década de 1980 sob liderança dos Estados Unidos e da Inglaterra, apressou a reviravolta na organização e no funcionamento do sistema mundial que vinha sendo elaborada há pelo menos duas décadas. Pouco a pouco, o sistema mundial foi deixando para trás um modelo "regulado" de "governança global" liderado pela "hegemonia benevolente" dos Estados Unidos, e foi se movendo na direção de uma nova ordem mundial com características mais imperiais do que hegemônicas.

O que a princípio parecia uma visão conspiratória, agora já parece um fato normal e consolidado: ganhou força no fim do século XX um novo projeto de organização imperial do poder mundial [...], a possibilidade de fazer guerras à distância e sem perdas humanas, e o controle de uma moeda internacional sem padrão de referência que não seja o próprio poder do emissor, mudaram radicalmente a forma de exercício do poder americano sobre o mundo. Com a eliminação do poder de contestação soviético e com a ampliação do espaço desregulado da economia mundial de mercado, criou-se um novo tipo de território submetido à senhoriagem do dólar e à velocidade de intervenção das suas forças militares (Fiori, 2001, p. 62, 63).

No momento da vitória, o desaparecimento da União Soviética e o fim da Guerra Fria colocaram os Estados Unidos e o mundo, pela primeira vez na história, diante da possibilidade de um "poder global" sem limites militares e sem colônias que se apoia apenas "no controle de estruturas transnacionais, militares, financeiras, produtivas e ideológicas de alcance global, mas não suprime os Estados nacionais" (Fiori, 2001, p. 63). Uma situação mundial que é nova, mas que não é um fato excepcional e imprevisível na perspectiva de longo prazo do sistema mundial, o qual é criado pela expansão dos Estados e das economias nacionais europeias. Pelo contrário, ela aproximou o sistema do seu limite tendencial e contraditório: a constituição de um "império global". E, da perspectiva dos Estados Unidos, representou mais uma etapa de um processo contínuo de concentração e de centralização de poder político e econômico que começou no século XIX no continente americano, e se globalizou depois do fim da Segunda Guerra Mundial.

4.2.8 A "Guerra do Golfo e o projeto do império mundial

Segundo Henry Kissinger, os Estados Unidos enfrentaram, em 1991, pela terceira vez na sua história, o desafio de redesenhar o mundo à sua imagem e semelhança, divididos, uma vez mais, entre o "realismo geopolítico" de Theodore Roosevelt e o "idealismo messiânico" de Woodrow Wilson. Em nosso entender, entretanto, essa divisão do início do século XX não existe mais no início do século XXI. Tampouco os anos de 1918, de 1945 e de 1991 devem ser vistos como tentativas fracassadas de modelagem do mundo pelos Estados Unidos. Foram, na verdade, três marcos ou momentos fundamentais da mesma luta na conquista do poder global pelos Estados Unidos da América.

466

A Guerra Fria terminou sem uma nova guerra mundial. E depois da dissolução da União Soviética, as grandes potências não se reuniram, nem definiram a nova "constituição do mundo", como haviam feito em Vestfália, em 1648, em Viena, em 1815, em Versalhes, em 1918, ou mesmo em Ialta, em Potsdam e em São Francisco, em 1945. Mesmo reconhecendo a superioridade inconteste do poder militar e econômico dos Estados Unidos, as grandes potências não estabeleceram entre si nenhum princípio normativo, muito menos um acordo operacional quanto à paz e à guerra, ou quanto à criação e à legitimidade das novas leis internacionais, tampouco quanto ao funcionamento do novo sistema monetário e financeiro internacional.

Na verdade, antes da Guerra do Golfo, que começou em fevereiro de 1991, as grandes potências já haviam realizado duas reuniões – em Houston e em Dublin – convocadas explicitamente para discutir o fim da Guerra Fria e a nova ordem mundial que estava nascendo dos escombros do Muro de Berlim sob o signo liberal da democracia e dos mercados. Mas antes que se estabelecesse qualquer tipo de acordo, a estrondosa demonstração da força militar americana na Guerra do Golfo acabou se impondo a todas as demais negociações, de modo que anunciou ao mundo o seu novo princípio organizador, porquanto como diz, com toda razão, Henry Kissinger, os impérios não têm interesse em operar dentro de um sistema internacional; eles aspiram ser o próprio sistema internacional (Kissinger, 2001).

O bombardeio do Iraque cumpriu, em 1991, um papel equivalente ao de Hiroshima e de Nagasaki em 1945: estabeleceu, mediante o poder das armas, quem seria o novo "poder soberano" no campo internacional. Mas dessa vez, diferente de 1945, sem que existisse nenhum outro poder com capacidade de questioná-lo ou de limitar o exercício de sua vontade absoluta e arbitrária. Esta nova situação imperial não ficou visível num primeiro momento graças à combinação de autossatisfação e prosperidade econômica da década de 1990, as quais foram invadidas pela ideologia da globalização e do fim da história, dos Estados, das economias nacionais e das guerras.

> Mas na entrada do século XXI, este projeto perdeu força frente às evidências da polarização do poder e da riqueza, que ocorreu à sombra da utopia da globalização. Logo depois, começou a desaceleração do "milagre econômico" americano e assumiu a Administração Bush, que retomou a equipe e as ideias estratégicas formuladas uma década antes, no governo do seu pai, logo depois da queda do Muro de Berlim. E o que nos anos de 1990 podia

parecer o início de uma nova fase de hegemonia global "benevolente", ficou claro, na década seguinte, de que se tratava de fato de um projeto imperial explícito (Fiori, 2001, p. 5).

Por isso, de nossa perspectiva, não foi o desaparecimento do comunismo, em 1991, que deixou o mundo desorientado; foi o desaparecimento de uma situação de poder bipolar que envolvia dois "Estados-impérios" com capacidade de intervenção militar global. O sistema mundial sempre teve algum tipo de bipolarização regional do poder, sobretudo na Europa. Mas entre 1945 e 1991 essa bipolarização tinha alcance mundial, e seu desaparecimento não deixou apenas um vácuo no campo do poder e dos valores internacionais; deixou uma incógnita absolutamente nova e radical, porquanto até então o sistema mundial ainda não tinha vivido a possibilidade real de constituição de um "império mundial" capaz de impor sua vontade política e seu arbítrio econômico sem enfrentar nenhum tipo de resistência política ou militar, como sempre aconteceu nas situações de "equilíbrio de poder", ou mesmo nas "situações hegemônicas" dentro do núcleo central do sistema.

Do prisma da política externa dos Estados Unidos, entretanto, não existe nenhum vácuo, assim como não existiu nenhuma divisão interna depois da Guerra do Golfo, porquanto desde o primeiro momento estabeleceu-se um consenso entre republicanos e democratas a respeito da nova doutrina estratégica dos Estados Unidos. Logo depois da queda do Muro de Berlim, no seu discurso na Assembleia Geral das Nações Unidas de 1990 o presidente Bush fez uma proposta à comunidade mundial que lembrava o projeto do presidente Woodrow Wilson, em 1918:

> [...] nós temos um projeto de uma nova parceria entre as nações que transcenda as divisões da Guerra Fria. Uma parceria baseada na consulta mútua, na cooperação e na ação coletiva, especialmente através das organizações internacionais e regionais. Uma parceria baseada no princípio da lei e suportada por uma repartição justa dos custos e das responsabilidades. Uma parceria cujos objetivos sejam aumentar a democracia, a prosperidade, e a paz, e reduzir as armas (*apud* Kissinger, 1994, p. 805).

No entanto, o próprio presidente Bush constituiu, em 1989, uma força-tarefa encarregada de delinear as bases do que deveria ser a nova estratégia mundial dos Estados Unidos depois da Guerra Fria, a qual foi presidida pelo seu secretário de defesa, Dick Cheney e contou com a participação de

Paul Wolfowitz, de Lewis Libby, de Eric Edelman e de Donald Rumsfeld, além de Colin Powell.

Foi com base no relatório desse grupo de trabalho que o presidente Bush (pai) fez outro discurso diante do Congresso americano – em agosto de 1990 – absolutamente diferente ao das Nações Unidas, no qual defendeu, pela primeira vez, uma política externa de contenção ativa que impedisse o aparecimento de qualquer tipo de potência regional que pudesse concorrer com os Estados Unidos na sua própria região ou que pudesse aspirar algum dia ao poder global, como havia sido o caso da União Soviética.

Um pouco depois, em setembro de 1993, o novo presidente democrata, Bill Clinton, ao falar na sessão de abertura da Assembleia Geral das Nações Unidas, repetiu quase integralmente a proposta que George Bush havia feito três anos antes:

> [...] numa nova era de perigos e oportunidades, nosso propósito é expandir e fortalecer a comunidade mundial e as democracias baseadas no mercado. Agora nós queremos alargar o círculo das nações que vivem sob instituições livres, porque nosso sonho é um dia em que as opiniões e energias de cada pessoa no mundo tenham plena expressão dentro de democracias prósperas que cooperam entre si e vivam em paz (*apud* Kissinger, 1994, p. 805).

E essa foi a imagem que ficou em quase todo mundo da "era Clinton", a saber, como um período em que o governo americano acreditou no poder pacífico dos mercados e na força econômica convergente da globalização ao mesmo tempo em que propunha uma "parceria para a paz" quase universal. Como se a retórica dos anos de 1990 repetisse o que se passou na década de 1920, outro período da história em que se generalizou a impressão de que a política do poder e da força havia cedido lugar à força dos mercados e à política econômica internacional das grandes potências. Mas a história da década de 1920 é bem-conhecida, porque logo em seguida veio a crise de 1929, e os *roaring twenties* deram lugar a uma nova escalada bélica que culminou na Segunda Guerra Mundial.

Nos anos de 1990 também se difundiu a mesma crença no poder pacífico dos mercados e na força econômica convergente da globalização, como se tivesse chegado finalmente o momento de um império mundial cosmopolita, pacífico e democrático sob a liderança benevolente dos Estados Unidos. Mas, na prática, a administração Clinton seguiu as mesmas ideias básicas do governo de George Bush (o pai), o qual era igualmente convencido de que o século XXI seria um "século americano" e de que o "mundo necessitava dos Estados Unidos", como costumava repetir Madeleine Albright, a secretária de Estado de Clinton.

Durante os oito anos de seus dois mandatos, a administração Clinton manteve um ativismo militar sem precedentes, apesar de sua retórica "globalista", que propunha uma "convivência pacífica pelo mercado" desde que fossem respeitadas as regras do novo império. No seu governo, "os Estados Unidos se envolveram em 48 intervenções militares, muito mais do que em toda a Guerra Fria, período em que ocorreram 16 intervenções militares" (Bacevich, 2002, p. 143). Incluindo os ataques à Somália em 1992 e 1993; o bombardeio da Bósnia nos Bálcãs em 1995; o bombardeio do Sudão em 1998; a guerra do Kosovo, na Iugoslávia, em 1999; e o bombardeio quase constante ao Iraque entre 1993 e 2003.

Ademais, foi o presidente Bill Clinton que anunciou, em fevereiro de 1998, ao lado do primeiro-ministro inglês Tony Blair, a nova Guerra do Golfo ou do Iraque, que acabou sendo protelada até o ano de 2003. O que demonstra uma extraordinária continuidade política e estratégica dos Estados Unidos depois de 1991, ao contrário daqueles que imaginam que o mundo esteja num vácuo, ou que os Estados Unidos ainda não tenham definido ou assumido por completo o seu projeto de império mundial.

Pelo contrário, na década de 1990, ao lado da retórica da economia global, os Estados Unidos consolidaram e expandiram seus acordos e bases militares, estendendo sua presença militar à Europa Central e a mais de 130 países distribuídos por todos os continentes.

> Entre 1989 e 2002 ocorreu uma revolução nas relações da América com o resto do mundo. No início deste período, a condução da política externa norte-americana era basicamente uma operação civil. Por volta de 2002, tudo isto mudou. Os Estados Unidos não têm mais uma política externa, eles têm um império militar. Durante este período de pouco mais do que uma década, nasceu um vasto complexo de interesses e de projetos que eu chamo de império e que consiste em bases navais permanentes, guarnições, bases aéreas, postos de espionagem e enclaves estratégicos em todos os continentes do globo (Johnson, 2004, p. 22-23).

Depois de 2001, a nova administração Bush (filho) mudou a retórica dominante da política externa americana do período Clinton, de modo que voltou a usar a linguagem bélica e a falar dos inimigos externos e internos, passando a defender de forma explícita o direito unilateral de intervenção militar e preventiva dos Estados Unidos em qualquer lugar do mundo. Mas, apesar do seu militarismo, a administração Bush (filho) não abandonou o discurso do liberalismo econômico e da defesa intransigente da abertura e da desregulação de todos os mercados do mundo.

Nesse sentido, parece cada vez mais claro que depois do fim da Guerra do Golfo – a despeito das diferenças retóricas e de estilo – formou-se um grande consenso entre republicanos e democratas a respeito dos objetivos de longo prazo dos Estados Unidos. Como no início do século XIX, agora também é possível distinguir e identificar dois grandes grupos dentro de política externa americana: "aqueles que advogam a dominação americana irrestrita e unilateral do mundo, e aqueles que defendem um imperialismo com objetivos 'humanitários'" (Johnson, 2004, p. 67). Mas do ponto de vista estratégico e de longo prazo, o objetivo é um só e aponta na direção de um império mundial.

Quando se olha dessa perspectiva, compreende-se melhor a lógica geopolítica da ocupação americana dos territórios que haviam estado sob influência soviética depois de 1991. Começou pelo Báltico, atravessou a Europa Central, a Ucrânia e a Bielorrússia, se transformou na guerra nos Bálcãs; e, depois de confirmada a aliança com a Turquia, chegou até a Ásia Central e ao Paquistão com a guerra do Afeganistão; e a Bagdá e à Palestina com a última guerra do Iraque. Essa mesma lógica explica a rapidez com que os Estados Unidos levaram à frente seu projeto de ampliação da Otan mesmo contra o voto dos europeus. Ao terminar a década, o mapa geopolítico das bases militares norte-americanas não deixa dúvida de que existe hoje, no mundo, um poder militar global, porém não há dúvida de que também existe um "cinturão sanitário" que separa a Alemanha da Rússia e a Rússia da China.

No campo geoeconômico, por sua vez, a estratégia americana de promoção ativa da abertura e da desregulação de todas as economias nacionais multiplicou a velocidade do processo da globalização, em particular dos mercados financeiros. E, no fim da década, o balanço econômico também era muito claro: os Estados Unidos haviam vencido em todos os sentidos. Sua moeda era a base do sistema monetário internacional e a dívida pública norte-americana havia se transformado no principal ativo financeiro de todos os governos do mundo.

Em síntese, no final dos anos de 1990, o poder militar americano havia se transformado na infraestrutura coercitiva de um novo tipo de "império militar mundial". E o processo da globalização financeira havia universalizado a moeda e o capital financeiro norte-americano, chegando mais perto do que nunca de um "império financeiro global". Em uma década, a estratégia americana depois da Guerra Fria multiplicou o poder militar dos Estados Unidos e transformou o projeto de "abertura" no grande instrumento de globalização do "território econômico", da moeda, do crédito, das finanças e da tributação dos Estados Unidos.

Dessa perspectiva também se pode entender melhor o significado da última Guerra do Iraque, a qual se transformou numa espécie de síntese de todas as incógnitas e impasses da conjuntura mundial. À primeira vista, não passou de mais uma guerra colonial, do tipo clássico, como tantas outras do século XIX, que envolveu duas grandes potências e um Estado situado fora do núcleo central do sistema. Mas, na verdade, a Guerra do Iraque foi muito mais do que isto e envolveu todas as demais grandes potências porque, por meio da guerra, os Estados Unidos e a Inglaterra colocaram sobre a mesa sua proposta de reorganização do sistema político mundial que não havia sido discutida depois do fim da Guerra Fria e da Guerra do Golfo. Não houve um desacordo fundamental entre as grandes potências com relação ao regime de Saddam Hussein; o que houve foi um desacordo com o novo projeto imperial proposto pelos Estados Unidos, secundado pela Inglaterra.

Em primeiro lugar, a Guerra do Iraque formulou uma proposta e fez uma ameaça direta às demais grandes potências, que são as maiores produtoras de armas de destruição em massa. Anunciou, de forma clara e inequívoca, que o objetivo último da nova doutrina dos ataques preventivos é impedir o aparecimento, em qualquer ponto e por um tempo indefinido, de qualquer outra nação ou aliança de nações que rivalize com os Estados Unidos. Uma estratégia de "contenção", como a que foi sugerida por George Kennan e que foi adotada pelos Estados Unidos com relação à União Soviética, depois de 1947, só que agora destinada ao exercício de um poder global que requer a contenção permanente e universal de todas as demais grandes potências.

Em segundo lugar, a guerra no Iraque enviou uma mensagem para os Estados da periferia do sistema mundial. De agora em diante, haverá dois pesos e duas medidas: a "lei das selvas", para os países "incapazes de assegurar seus próprios territórios nacionais"; e a "lei dos mercados", para os demais países da periferia que aceitarem pacificamente o "imperialismo voluntário da economia global, gerido por um consórcio internacional de instituições financeiras como o FMI e o Banco Mundial", segundo a definição de Richard Cooper, assessor internacional do governo inglês de Tony Blair (Cooper, 1996).

Se olharmos com atenção para os dois lados, entretanto, perceberemos que a Guerra do Iraque se propôs a enviar uma só mensagem principal para todos os Estados do sistema político mundial. E esta mensagem trata da disposição dos Estados Unidos de manter uma dianteira tecnológica e militar inquestionável em relação a todos os demais Estados do sistema. Uma vez que os Estados Unidos se propõem a arbitrar isoladamente a hora e o lugar em que seus adversários reais, potenciais ou imaginários devam ser "contidos" por meio da mudança de regimes e de governos, por meio da "mão invisível dos mercados" ou da intervenção militar direta; às vezes por motivos humanitários, às vezes com objetivos econômicos e às vezes com o objetivo puro e simples de reproduzir e expandir o poder americano.

4.2.9 A "Guerra do Iraque" e a experiência do limite

Em 1991, uma coalizão militar liderada pelos Estados Unidos e pela Inglaterra, junto com outros 28 países, venceu a Guerra do Golfo e derrotou o Iraque depois de um mês de bombardeio aéreo contínuo no território inimigo. Expulsou as tropas iraquianas do Kuwait, mas não conquistou Bagdá e não depôs Saddam Hussein. Entre 1991 e 2003, os Estados Unidos e a Inglaterra bombardearam o território iraquiano de forma quase ininterrupta, mas não conseguiram atingir e mudar o regime político, muito menos liquidar o aparato militar de Saddam Hussein. Em 1999, as tropas da Otan, sob a liderança militar dos Estados Unidos, fizeram uma "intervenção humanitária" no Kosovo, bombardearam e destruíram a economia iugoslava e assumiram a administração direta da província, sem conseguir reorganizar o país, tampouco eliminar os conflitos étnicos que seguiram dividindo a população local e que foram o motivo explícito da ocupação militar.

Em 2002, a coalizão militar liderada pelos Estados Unidos derrotou e depôs o governo do Afeganistão, porém aos poucos "os senhores da guerra" e os próprios talibãs retomaram o controle de quase todo o país, de modo que os soldados aliados mal conseguiram manter a ordem na região em torno da cidade de Cabul. Em 2003, os Estados Unidos e a Inglaterra venceram a Guerra do Iraque, conquistaram Bagdá, destruíram as forças militares iraquianas e destituíram Saddam Hussein. Mas depois não conseguiram reconstruir o país nem definir com precisão os objetivos de longo prazo das tropas de ocupação que permanecem em território iraquiano depois da constituição de um governo local sob tutela americana.

Portanto, treze anos depois da Guerra do Golfo e do fim da Guerra Fria, o balanço que se pode fazer deste novo tipo de império, a partir da perspectiva dos objetivos norte-americanos, é demasiado negativo. Suas intervenções militares não expandiram a democracia nem os mercados livres; as guerras aéreas não foram suficientes sem a conquista territorial; e a conquista territorial militar não conseguiu dar conta da reconstrução nacional dos países derrotados.

O fracasso no Iraque, depois da vitória militar de 2003, recolocou em pauta a questão do futuro do poder global dos Estados Unidos num debate em se distinguem três posições fundamentais. De um lado, estão autores como Philip Bobbitt (2002) e Niall Ferguson (2001, 2004)[52], que consideram necessário e defendem que os Estados Unidos assumam plenamente a condição de um império mundial benevolente, um "império liberal", diferente dos antigos impérios, mas igualmente incompatível com qualquer tipo de multilateralismo: "O que falta aos Estados Unidos é a vontade de exercer o papel cumprido pela Inglaterra no século XIX, apesar de que tenha os meios econômicos para fazê-lo" (Ferguson, 2001, p. 421). De outro lado, encontram-se sobretudo autores como John Mearsheimer (2001) e Chalmers Johnson (2004), entre outros[53], que se colocam numa posição oposta e criticam o papel imperial norte-americano, propondo ou prevendo uma volta ao multilateralismo.

> Todos os grandes impérios da história foram enfraquecidos por uma combinação de expansão excessiva, com instituições rígidas e inabilidade para reformar-se, ficando vulneráveis frente a situações de guerra desastrosas. Não há razão para pensar que não ocorrerá o mesmo com um império americano [...] (Johnson, 2004, p. 310).

Por fim, existe um terceiro grupo de autores que se inscrevem dentro da mesma tradição que Robert Cox chamou de *critical theory*, a saber,

---

52. Com pequenas variações, essa é, em última instância, a mesma posição defendida por Charles Krauthammer (1990), por Robert Kaplan (2001), por Paul Kennedy (2002) e por Joseph Nye (2002), entre outros autores, sobretudo norte-americanos.

53. Ao menos Charles Kupchan (2002), Andrew Bacevich (2003) e Michael Mann (2003).

Michael Hardt, Antonio Negri, Immanuel Wallerstein e Giovanni Arrighi. Segundo os autores Michael Hardt e Antonio Negri (2000), as transformações econômicas e políticas iniciadas na década de 1970 deram origem a uma nova forma "pós-moderna" de organização política mundial na qual os Estados nacionais cederam seu lugar a um novo tipo de império, o qual já não seria mais a projeção imperialista do poder de um Estado nacional, e sim um novo tipo de soberania supranacional, que corresponderia à superestrutura da economia capitalista globalizada.

Hardt e Negri veem nesse novo tipo de império a forma política pós-nacional do mercado global e, nesse ponto, incorrem no mesmo erro de vários outros marxistas que não conseguem entender que a globalização do capitalismo, a partir do século XVII, não foi uma obra do "capital em geral"; foi obra de Estados e economias nacionais que tentaram impor aos demais Estados e das economias nacionais a sua moeda, a sua "dívida pública" e o seu sistema de "tributação" como lastro de um sistema monetário internacional transformado no espaço privilegiado de expansão do seu capital financeiro nacional.

Numa linha parecida, Immanuel Wallerstein (2003, 2004) também diagnostica a "crise terminal da hegemonia norte-americana", a qual teria começado na década de 1970 e que teria se transformado na crise final do próprio "sistema mundial moderno", uma vez que começou no século XVI e deverá terminar por volta de 2050, dando lugar a algo que será novo, mas que é ainda desconhecido e imprevisível. Nesse sentido, para Wallerstein, o mundo estaria vivendo neste momento uma prolongada mudança de galáxia ou de universo. Giovanni Arrighi (2001, 2004) também sustenta a tese da crise terminal americana, mas prevê apenas uma "crise de hegemonia". Segundo Arrighi, depois do fim da Guerra Fria, os Estados Unidos aumentaram sua vantagem militar sobre seus concorrentes, mas ao mesmo tempo se fragilizaram como potência hegemônica devido ao crescimento de seu endividamento externo e do seu desequilíbrio comercial, em particular, com relação às principais economias asiáticas.

Em nosso entender, entretanto, nesse início do século XXI não se divisa no horizonte do sistema mundial seja a apoteose de um império mundial bem-sucedido, seja o apocalipse da crise final. Não há dúvida de que os Estados Unidos enfrentarão dificuldades crescentes nas próximas décadas para manter o seu controle global no campo político e econômico. Mas não há sinais econômicos ou militares de que essas dificuldades sejam parte de uma crise terminal, muito menos de que, com seu projeto de poder global, os Estados Unidos estejam deixando de ser um Estado nacional. Mas tampouco parece provável que consigam impor ao mundo o seu projeto de império mundial.

De nossa perspectiva, essa discussão quanto ao futuro do poder americano e do sistema mundial deve partir de algumas premissas teóricas e históricas, as quais já expusemos em outro artigo acerca da "Formação, expansão e limites do poder global": i) no universo em expansão dos "Estados-impérios" e de suas economias nacionais capitalistas não há possibilidade lógica de uma "paz perpétua", tampouco de mercados equilibrados e estáveis; ii) não há possibilidade de que as grandes potências possam praticar, de forma permanente, uma política apenas voltada para a preservação do *status quo*; e iii) não há tampouco a menor possibilidade de que a liderança da expansão econômica do capitalismo passe das mãos dos "grandes predadores", aliados às suas "grandes potências", para as mãos do empreendedor típico-ideal dos modelos da "economia de mercado" presentes dos manuais de economia. Por conseguinte, historicamente, os "Estados-imperiais" ou "grandes potências" sempre recriaram seus concorrentes e adversários logo depois de submeterem ou de destruírem o concorrente anterior. Exatamente como na concorrência capitalista em que o próprio capital recria sem cessar suas novas formas de competição, porque perderia capacidade de acumulação se ocorresse uma monopolização completa dos mercados.

E foi o que aconteceu entre 2001 e 2003 depois de uma década na qual o mundo experimentou a possibilidade e o limite de um possível império mundial. Foi o momento em que os Estados Unidos definiram seu novo inimigo bipolar e propuseram uma parceria estratégica global com todas a grandes potências a fim de combater o "terrorismo internacional". O problema é que o terrorismo é um inimigo que não se identifica com nenhum Estado, não tem território e não estabelece nenhum tipo de complementaridade econômica com seu adversário. Ele é universal e ubíquo, um inimigo tipicamente imperial da humanidade, e não de algum Estado em particular. Aceitá-lo significa entrar numa guerra em que os Estados Unidos definem, a cada momento, quem é e onde está o adversário, numa guerra que não terá fim e que será e cada vez mais extensa; uma guerra permanente e "infinitamente elástica".

Basta ver que no início se tratava de destruir a rede Al-Qaeda e o regime talibã do Afeganistão, mas hoje as tropas americanas já estão presentes – em nome da mesma guerra – na Argélia, na Somália, no Iêmen, no Afeganistão, nas Filipinas, na Indonésia e na Colômbia. A própria definição do inimigo já foi modificada várias vezes nos últimos anos: primeiro foram as "redes terroristas"; depois, o "eixo do mal", constituído pelo Iraque, pelo Irã e pela Coreia do Norte; e, finalmente, os "Estados produtores de armas de destruição de massa", categoria que inclui – neste momento – quase todos os aliados americanos na guerra do Afeganistão e do Iraque. As características desse novo inimigo bipolar escolhido pelos Estados Unidos não cumprem os requisitos fundamentais indispensáveis ao funcionamento do sistema mundial e, além disso, colocam dificuldades e limites imediatos para a execução dessa nova estratégia de contenção global dos Estados Unidos.

Em primeiro lugar – do ponto de vista da segurança interna dos Estados Unidos – é da natureza do novo inimigo, segundo Donald Rumsfeld, mover-se no campo "do desconhecido, do incerto, do inesperado", aproveitando-se de toda e qualquer "vulnerabilidade americana". Uma ameaça, portanto, que pode ser nuclear, mas também pode ser cibernética, biológica, química, aérea, terrestre, aquática, na terra, alimentícia, em suma, em centenas de veículos ou lugares diferentes. Nesse sentido, nesta guerra escolhida pelos Estados Unidos, tudo pode se transformar numa arma, em particular, as inovações tecnológicas dos próprios americanos. E tudo pode se transformar num alvo, mormente as coisas mais prezadas e desprotegidas dos norte-americanos. Daí a necessidade defendida pelo governo Bush (filho) de uma "rede cidadã" de espionagem, constituída por milhões de homens e mulheres comuns que gastariam parte dos seus dias controlando e vigiando seus próprios vizinhos. E é isso que explica, também, a criação, projetada pelo governo americano, de novas "equipes vermelhas" encarregadas de planejar ataques contra os Estados Unidos, para que, ao pensarem como terroristas, possam identificar as "vulnerabilidades" do país. Desse ponto de vista, a visão imperial dos Estados Unidos e a ubiquidade do seu adversário "interno" exigirão um controle permanente e cada vez mais rigoroso da própria sociedade americana, vista pelo governo como um imenso universo de possibilidades agressivas.

Em segundo lugar, da perspectiva da segurança externa dos Estados Unidos, a nova estratégia cria uma situação de insegurança coletiva e permanente dentro do sistema mundial. O novo adversário não é, em princípio, uma religião, uma ideologia, uma nacionalidade, uma civilização ou um Estado, e pode ser redefinido a cada momento pelos próprios Estados Unidos, sendo, portanto, variável e arbitrário. E, nesse sentido, os Estados Unidos guardam a si direito de fazer ataques preventivos contra todo e qualquer Estado onde eles considerem existir bases ou apoio às ações terroristas, o que significa a autoatribuição de uma soberania imperial.

Também no campo internacional, a nova doutrina estratégica norte--americana cria uma situação de guerra permanente, que pode ser declarada pelos Estados Unidos quando se considerarem ameaçados. Problema que deverá se agravar ainda mais à medida que todos os demais países, e em particular, as demais grandes potências, se sentirem ameaçadas por forças consideradas terroristas, qualquer que seja a sua natureza, incluindo nações ou minorias externas ou internas aos seus territórios. Da mesma forma, todos os que tiverem a capacidade militar necessária seguirão o caminho aberto por Israel, e seguido pelos Estados Unidos no que se refere aos ataques preventivos aos lugares onde consideram que estejam escondidos os terroristas, incluindo aí, em algum momento, o território das demais potências que possam ser acusadas de estar protegendo seus inimigos. A lógica da nova doutrina estratégica americana é muito simples e perversa porquanto, uma vez estabelecido e aceito o seu princípio geral, não há nenhum acordo possível quanto ao que seja e quem sejam os terroristas para cada uma das potências que possuem atualmente armamentos de destruição em massa.

Tudo indica, portanto, que a estratégia da luta global contra o terrorismo não tem sustentabilidade no médio prazo, e não conseguirá bipolarizar e equilibrar o sistema mundial no longo prazo. Pelo contrário, deve aumentar as resistências dentro dos próprios Estados Unidos e acelerar, no médio prazo, o retorno do conflito entre as grandes potências. Nesse ponto, não há como se enganar do ponto de vista histórico: as resistências ao poder americano acabarão vindo de onde sempre vieram, de dentro do núcleo central de poder do sistema mundial, isto é, das suas grandes potências. A própria necessidade norte-americana de alianças e apoios nas guerras do Afeganistão e do Iraque acabou devolvendo a liberdade de iniciativa militar ao Japão e à Alemanha, ao mesmo tempo em que permitiu à Rússia reivindicar de volta o seu direito de "proteção" na sua "área de influência" ou "zona de segurança" clássica, onde estão incluídos vários territórios que já foram ocupados militarmente pelos Estados Unidos depois de 1991.

Enquanto isso, a Europa continental começa a rebelar-se contra sua situação de refém militar da Otan e dos Estados Unidos, o que prenuncia o retorno da luta pela hegemonia dentro do continente europeu, mesmo que seja na forma de uma luta prolongada pelo controle da União Europeia. Nessa região, se a Inglaterra sair da União Europeia, não é improvável que os capitais alemães acabem seguindo o caminho da história e estabelecendo uma nova e surpreendente "memorável aliança" (Weber, 1961) com o poder militar "ocioso" da Rússia. Enquanto isto, do outro lado do mundo, o sistema estatal asiático se parece cada vez mais com o velho modelo de competição pelo poder e pela riqueza que foi a marca originária do "milagre europeu", desde o século XVI. E não é provável que se repita na Ásia algo parecido com a União Europeia. Pelo contrário, o que se deve esperar é uma intensificação da competição econômica e política pela hegemonia regional entre a China, o Japão e a Coreia.

Mas não há dúvida de que a grande novidade geopolítica e geoeconômica do sistema mundial desde os anos de 1990 é a nova relação entre os Estados Unidos e a China. Ela reproduz e prolonga o eixo Europa-Ásia que dinamizou o sistema estatal e capitalista desde sua origem, bem como a relação privilegiada dos Estados Unidos com o Japão, desde 1949. Mas, ao mesmo tempo, ela contém algumas novidades notáveis. Em primeiro lugar, o novo motor geoeconômico do capitalismo mundial deslocou e esvaziou o tripé da "época de ouro" da economia mundial – Estados Unidos, Alemanha e Japão –, que funcionou de maneira extremamente virtuosa entre 1945 e 1980. Em segundo lugar, essa nova engenharia econômica mundial e a prolongada estagnação das economias alemã e japonesa recolocam o problema dos seus projetos nacionais derrotados ou bloqueados, e a necessidade de retomá-los como forma de sair da crise sem contar com nenhuma ajuda americana. E em terceiro lugar, essa nova aliança apressou a volta da Rússia às suas posições clássicas de corte nacionalista e militarista em virtude de sua posição eternamente dividida entre sua presença na Ásia e na Europa. Mas não há dúvida de que o aspecto mais importante dessa nova relação entre Estados Unidos e China é que ela é complementar e competitiva a um só tempo, e, ao mesmo tempo, ela é econômica e militar.

Esse foi o grande segredo do sistema mundial criado na Europa, no século XVI. Mas essa regra não foi obedecida durante a Guerra Fria, quando os Estados Unidos mantiveram sua competição militar com um país com quem não mantinham relações econômicas importantes para o dinamismo de sua própria economia nacional. E mantiveram relações econômicas dinâmicas com países que não tinham autonomia militar, nem possibilidade de expandir seu poder político nacional. Com a relação americano-chinesa, o sistema mundial volta aos seus trilhos normais, e não há como a China não reivindicar a hegemonia regional asiática com o Japão, com a Rússia e com os próprios Estados Unidos. Nesse momento, os Estados Unidos não têm mais como se desfazer economicamente da China. Mas chegará a hora em que os Estados Unidos terão de bloquear o movimento expansivo da China para fora de si mesma quando este movimento não for mais apenas econômico, e assumir a forma de uma vontade política imperial.

Em síntese, o projeto do império mundial dos Estados Unidos está experimentando seus limites contraditórios depois da Guerra do Iraque e não é provável que possa se realizar plenamente porque, neste momento, cada uma das antigas grandes potências dedica-se a reafirmar seus espaços tradicionais de influência e a construir alianças que acabarão bloqueando ou limitando a expansão americana. Tudo indica que essas divergências tenderão a crescer mais do que a diminuir, e, no médio prazo, Alemanha e Japão se tornarão autônomos em relação aos Estados Unidos. A Rússia voltará ao seu papel tradicional e a China tentará impor sua hegemonia dentro da Ásia, uma situação muito difícil de ser controlada ou administrada pelos Estados Unidos.

Quando essa hora chegar, e isso pode tomar anos ou décadas, o mais provável é que o mundo volte a ler com atenção a polêmica do início do século XX – entre Karl Kautsky e Vladimir Lênin – a respeito dos limites e do futuro da ordem política e econômica mundial. Um acreditando na possibilidade de uma coordenação "ultraimperialista" entre os Estados e os capitais das grandes potências; e o outro convencido da inevitabilidade das guerras devido ao desenvolvimento desigual do poder dos Estados e da riqueza das nações. Os que relerem esta polêmica, entretanto, se darão conta de que ela tem uma natureza rigorosamente circular, porquanto em última instância, como ensinou Adam Smith, ao discutir o papel da "coragem e força" na distribuição desigual da riqueza das nações: "o temor mútuo constitui o único fator suscetível de intimidar a injustiça de nações independentes e transformá-la em certa espécie de respeito pelos direitos recíprocos" (Smith, 1983, p. 101).

4.3 Prefácio à teoria do poder global[54]

> Toda e qualquer unidade que se inclua neste sistema e tenha pretensões de "não cair" está sempre obrigada a expandir o seu poder de forma permanente, porque a guerra é uma possibilidade constante, e um componente essencial do cálculo estratégico de todas as unidades do sistema.
>
> (Fiori, 2004, p. 27)

A análise da conjuntura internacional contemporânea e o estudo das transformações mundiais da segunda metade do século XX nos levaram a uma longa viagem no tempo, até as origens do "sistema mundial moderno"[55], com o objetivo de compreender suas tendências de longo prazo. Partimos das "guerras de conquista" (Contamine, 1992) e da "revolução comercial" (Pirenne, 1982; Lopex, 1976; Spufford, 2002; Le Goff, 2004), que ocorrem na Europa nos séculos XII e XIII, para chegar até a "transição para o capitalismo", de K. Marx (1980) e ao "longo século XVI" (1450-1650), de F. Braudel (1987), de I. Wallerstein (1974) e de G. Arrighi (1994), quando se formam os Estados e as economias nacionais e se inicia a vitoriosa expansão mundial dos europeus (Abernethy, 2000; Ferro, 1994).

Como é sabido, na Europa – ao contrário de outros impérios asiáticos –, a desintegração do Império Romano, e, depois, do Império de Carlos Magno, provocou uma fragmentação do poder territorial e o desaparecimento quase completo da moeda e da economia de mercado entre os séculos IX e XI (Elias, 1993). Mas essa desintegração política e atrofia econômica foram revertidas nos séculos XII e XIII (Abu-Lughod, 1993), quando começam os processos de centralização do poder territorial e de mercantilização da economia (Braudel, 1996), os quais culminaram com a formação dos

---

54. Este texto foi publicado originalmente como prefácio do livro *Poder global e a nova geopolítica das nações*, de autoria de Fiori (São Paulo: Boitempo Editorial, 2007, p. 13; 42). Depois disso, foi reproduzido em várias revistas com o título de *Prefácio ao poder global*, incluindo a sua versão inglesa *The preface of the global power*, publicada na revista *The perspective of the world review*, IPEA, Brasília v. 2, n. 1, ago., 2010; e sua versão espanhola, *Prefacio del poder global*, publicada no livro, *Los principales autores de las escuelas de la geopolítica em el mundo*, de Leopoldo A. G. Aguayo (coord.), publicado pela Editora Gernika e Universidad Nacional Autónoma de México, em 2011.

55. Essa expressão tornou-se clássica com a obra *The modern world-system* (1974), de Wallerstein. Neste texto, entretanto, ela é utilizada para se referir apenas ao período cronológico do qual Wallerstein relata, a saber, entre os séculos XVI e XXI, sem ter as mesmas conotações teóricas do autor.

"Estados-economias nacionais" (Fiori, 2004) europeus[56]. Essa "pré-história" do "sistema mundial moderno" oferece um ponto de observação privilegiado das relações iniciais entre o poder, o dinheiro e a riqueza, os quais se transformaram na especificidade e na grande força propulsora do "milagre europeu". O estudo dessa "pré-história", entretanto, nos levou a algumas conclusões que diferem – às vezes – dos autores dos quais partimos.

i) Na sua história da formação da "economia-mundo europeia", Fernand Braudel estabelece uma distinção fundamental entre os conceitos de "economia de mercado" e de "capitalismo" (Braudel, 1987, 1996 p. 403). Mais do que isso, defende a tese de que o capitalismo é o "antimercado", porque o mercado é o lugar das trocas e dos ganhos "normais", ao passo que o capitalismo, o lugar da acumulação dos "grandes lucros" e dos "grandes predadores"[57]. Apesar disso, na sua história da "economia-mundo mediterrânea", Braudel privilegia a evolução das trocas individuais e dos mercados e transmite a ideia de uma transição gradual – dentro do "jogo das trocas" – para o mundo das "altas engrenagens" do capital e do capitalismo. Karl Marx (1980, p. 103, 638), por sua vez, ao tratar da "acumulação primitiva", sublinha a importância do "poder do Estado e da força concentrada e organizada da sociedade para acelerar o processo de transformação do regime feudal de produção no regime capitalista". Ao mesmo tempo, Marx afirma que a "biografia moderna do capital começa com o comércio e o mercado mundiais". E isso se explica porque, de fato, a "violência do poder" aparece no raciocínio de Marx como uma condição histórica, e não como uma dimensão teórica relevante da sua teoria do capital. E mesmo na sua teoria do modo de produção capitalista, não existe espaço relevante para os conceitos de território, de nação e de competição e luta interestatal. Por isso é tão difícil compatibilizar a visão histórica de Marx acerca da "origem" e da "acumulação primitiva" do Capital com sua dedução teórica do valor e das leis da acumulação capitalista. Assim como também é difícil de transitar, diretamente, da história do "jogo das trocas", de Braudel, para a sua teoria dos "grandes lucros" e dos "grandes predadores" capitalistas sem a mediação do poder e das guerras, que têm

---

56. Longo processo secular que avançou dentro da Europa, a despeito da Peste Negra e da "epidemia da fome" que dizimaram quase metade da população do continente no século XIV.

57. "O capitalismo só triunfa quando se identifica com o Estado, quando ele é o Estado" (Braudel, 1987, p. 55).

pouco destaque na sua história do nascimento europeu do capitalismo (Braudel, 1996). Em nosso entender, entretanto, não há como explicar ou deduzir a necessidade da acumulação do lucro e da riqueza a partir do "mercado mundial" ou do "jogo das trocas". Mesmo que os homens tivessem uma propensão natural para trocar – como pensava Adam Smith –, isto não implicaria necessariamente que eles também tivessem uma propensão natural para acumular lucro, riqueza e capital. Ora, não existe nenhum "fator intrínseco" à troca e ao mercado que explique a decisão de acumular e a universalização dos próprios mercados. Pelo contrário, o comércio sempre existiu, em todos os tempos, mas durante a maior parte da história sua tendência natural foi manter-se no nível das necessidades imediatas ou da "circulação simples" e só se expandir de forma muito lenta e secular. Mesmo depois da "monetização" da economia europeia (a partir do século XII), o comércio permaneceu, durante longos períodos, restrito a territórios pequenos e isolados[58]. Ou seja, a força expansiva que acelerou o crescimento dos mercados e que produziu as primeiras formas de acumulação capitalista não pode ter vindo do "jogo das trocas", ou do próprio mercado; nem veio, neste primeiro momento, do assalariamento da força de trabalho. Veio do mundo do poder e da conquista[59], do impulso gerado pela "acumulação do poder", mesmo no caso das grandes "repúblicas mercantis" italianas[60], como Veneza (Lane, 1973) e Gênova (Epstein, 2000).

---

58. "O camponês, ao seguir seus hábitos imemoriais, dificilmente teria consciência de estar agindo segundo uma motivação 'econômica'; na verdade, não estava; seguia as ordens do senhor feudal ou os ditames do costume. Nem mesmo o senhor estava economicamente orientado. Seus interesses eram militares, políticos ou religiosos, e não diretamente orientados para a ideia de lucro e de expansão. Mesmo nas cidades, a conduta habitual dos homens de negócios estava inextricavelmente mesclada com outros propósitos não econômicos [...] ganhar dinheiro era uma preocupação antes periférica do que central na existência medieval ou antiga" (Heilbroner, 1974, p. 80).

59. Essa "precedência lógica" do "poder" ante a produção e a distribuição da riqueza é óbvia no período que decorre do século XI ao XVII. Mas ela se mantém mesmo depois da formação do modo de produção capitalista e da consolidação do processo de concentração e de centralização privada do capital. Crescem a autonomia dos mercados e o papel da competição intercapitalista, mas aumenta cada vez mais o papel do poder político na expansão vitoriosa e internacionalizante dos capitais nacionais na administração das grandes crises financeiras, tanto na ponta da inovação tecnológica como na contínua e silenciosa função do crédito e do gasto público, as quais são indispensáveis à expansão agregada das economias nacionais.

60. "De acordo com G. F. Knapp, foi o sucesso militar veneziano entre os séculos XIII e XV que permitiu a ascensão de sua moeda de conta nas relações dos europeus com o Oriente. E, assim como sucedeu depois da conquista de Constantinopla em 1204, a passagem dos séculos seguintes assistiu a desdobramentos semelhantes: da conquista militar à dominação mercantil e, por conse-

ii) O poder político é fluxo, mais do que estoque. Para existir, precisa ser exercido; precisa se reproduzir e ser acumulado permanentemente. E o ato da conquista é a força originária que instaura e acumula o poder[61]. Dessa perspectiva, a conquista é um movimento de expansão de um "poder soberano" (P1) que acumula mais poder (>P), sobretudo por intermédio da guerra contra outros poderes soberanos (P2). Num mundo em que todos tivessem o mesmo poder, não haveria necessidade de conquistar mais poder, porquanto simplesmente não existira a própria relação de poder político, que é sempre desigual, e, na sua forma mais elementar, é sempre um conflito de soma zero. Por conseguinte, toda relação de poder exerce uma "pressão competitiva" sobre si mesma. Em primeiro lugar, pelo lado dos súditos (S), que resistem ao arbítrio do príncipe ou soberano (P) e tentam expandir sua margem de manobra e de resistência. E em segundo, pelo lado dos demais poderes soberanos (P2, P3 etc.), que resistem à expansão do poder de P1 e ambicionam expandir seu próprio poder. Nesse sentido, a pressão competitiva do poder é sempre uma pressão sistêmica, porquanto todos os "poderes soberanos" (P1, P2, P3…) precisam se expandir ou se defender, mesmo que seja simplesmente para conservar o poder que já têm. Como a guerra e a preparação para a guerra[62] são o instrumento, em última instância, de conquista e acumulação de poder, e também de defesa e preservação do poder[63], elas tendem a se transformar em atividades "crônicas" dentro desse sistema. Como dizia Maquiavel[64]: a preparação permanente para a guerra deve ser a atividade principal de todos os príncipes, porque no "jogo das guerras" não existe espaço para poderes "apáticos",

---

guinte, à transformação de sua moeda em moeda de referência no circuito comercial do Mediterrâneo" (Metri, 2007, p. 179).

61. "O desejo de conquistar é coisa verdadeiramente natural e ordinária e os homens que podem fazê-lo serão sempre louvados e não censurados" (Maquiavel, 1983, p. 14).

62. "A guerra não consiste apenas na batalha, ou no ato de lutar, mas naquele lapso de tempo durante o qual a vontade de travar batalha é suficientemente conhecida. Portanto a noção de tempo deve ser levada em conta quanto à natureza da guerra, do mesmo modo que quanto à natureza do clima" (Hobbes, 1983, p. 80).

63. "Os outros que, do contrário, se contentariam em manter-se tranquilamente dentro de modestos limites, não aumentarem seu poder por meio de invasões, eles serão incapazes de subsistir durante muito tempo, se se limitarem apenas a uma atitude de defesa" (Hobbes, 1983, p. 79).

64. "Deve, pois, um príncipe não ter outro objetivo nem outro pensamento, nem ter qualquer outra coisa como prática a não ser a guerra, porque esta é a única arte que se espera de quem comanda" (Maquiavel, 1973, p. 59).

só existem os poderes que conquistam, e os que se defendem. Ou seja, no universo dos poderes soberanos que se formaram na Europa, a acumulação do poder foi sempre uma necessidade inevitável, permanente e absoluta. Por isso, ao estudar as guerras europeias do século XIII, Norbert Elias concluiu que, naquele mundo, "quem não subia, caía", e, portanto, a expansão do poder era uma condição necessária e indispensável da sua própria manutenção por meio do "domínio sobre os mais próximos e sua redução ao estado de dependência" (Elias, 1994, p. 94). Nesse tipo de sistema, portanto, todos os poderes soberanos são e serão sempre expansivos, propondo-se em última instância a conquista de um poder cada vez mais global, até onde alcancem seus recursos e possibilidades, e independentemente de quem os controle em distintos momentos de sua própria expansão.

iii) Antes, e durante uma boa parte do "longo século XIII"[65], a acumulação do poder dos príncipes ou soberanos se calculava pela quantidade do território (T) e da população camponesa e urbana (C + U), incluída em seu domínio: $(>P=\{>T+>\{C+U\})$. E se media pela capacidade deste poder soberano definir a quantidade e a frequência do pagamento dos tributos (I) e das rendas e serviços (r) por parte dessa população[66]. Esse poder de tributar era essencial porque era ele que "financiava" a reprodução do próprio poder mediante a contratação dos exércitos mercenários e da mobilização militar dos servos, dos camponeses e dos citadinos. Naquele momento da história, a base material do poder e a riqueza dos soberanos podiam ser expressos de forma análoga: $P = R = (\{I + r\} / (T + \{C+U\})$. E a acumulação de poder de P1 se dava por meio da conquista de mais T, C e U (subtraídos a P2, P3 etc.) e pelo aumento da capacidade de P1 de criar novos tributos e de impor a exigência da prestação de novos serviços. O tributo, em qualquer uma de suas formas, foi sempre um ato de força fun-

---

65. Expressão utilizada por Peter Spufford em explícita analogia com o "longo século XVI" de F. Braudel (Spufford, 1989).

66. No caso das "repúblicas marítimas" italianas, sua acumulação de "poder naval" se fez por intermédio da conquista e da expansão do controle monopólico de "territórios marítimos" cada vez mais amplos, que incluíam as rotas marítimas e os portos sobre os quais cobravam tributos. Além disso, elas operaram seus negócios, pelo menos até o século XIII, com as moedas, as dívidas e os créditos (e a "credibilidade") dos grandes poderes territoriais de Bizâncio e do Egito, sobretudo no caso de Veneza e Gênova. E, com os dízimos e as dívidas da Igreja Católica, sobretudo no caso de Florença. A não acumulação de poder na forma de território e de população pode ser uma das causas pelas quais a concentração do poder e de riqueza, no caso destas repúblicas, não levou à formação de Estados e economias nacionais.

damental para a reprodução do poder do soberano sobre certo território e sua população. Ao definir o tributo pago pela população, o soberano também estabelecia – autoritariamente – a forma mais elementar de distinção entre o "trabalho necessário" e o "trabalho excedente", ao obrigar a separação, da produção que lhe seria entregue, da parte que seria consumida na reprodução da força de trabalho da população. Neste ponto, William Petty – pai da economia política clássica – inverteu a ordem dos fatores. Segundo o autor, os tributos foram criados porque existia um excedente de produção disponível[67], quando, na verdade, os tributos foram criados porque existia um soberano com poder de proclamá-los e impô-los a determinada população, independentemente da produção e da produtividade do trabalho, no momento da proclamação do imposto. Ou seja, do ponto de vista lógico, foi só depois da proclamação dos tributos que a população foi obrigada a separar uma parte da sua produção para entregá-la ao soberano. E essa parte da produção se transformou, a partir daí, num excedente obrigatório de produção a ser transferido periodicamente para as mãos do "poder tributador", independentemente do nível alcançado pela produção e pela produtividade da terra e do trabalho. Dessa forma, o valor em moeda do tributo – que foi definido pelo poder soberano – se transformou no primeiro preço do "trabalho excedente", e também, por subtração, do "trabalho necessário". Assim, sem ferir a lógica, pode-se afirmar que o valor do tributo se transformou na unidade de valor elementar do primeiro sistema de preços dentro da "comunidade de pagamentos", a qual fora unificada pelos tributos e pela moeda do soberano. Da mesma forma, a monetização dos tributos representou uma mudança radical no processo de acumulação do poder e nas relações entre o poder e o mundo da produção e das trocas. O crescimento dos tributos exigidos pelo aumento das guerras e das conquistas estimulou o crescimento da produção, da produtividade e do excedente do trabalho e da terra[68]. E o

---

67. "From this standpoint taxation is possible because the system of production within political society produces a surplus - in particular, a positive necessary consumption goods output net of necessary (labour) consumption requirements for its production. The fundamental conception which underlies Petty's discussions of public levies is that taxation and public expenditure constitute extraction and redistribution of surplus product in the service of political purposes" (Aspromourgos, 1996, p. 24).

68. Argumento fundamental de William Petty na sua "Aritmética política", publicada em 1690, quanto à relação entre o poder e a riqueza, e quanto à possibilidade de a Inglaterra superar o poder da França – apesar de sua inferioridade em território e população –, mediante o aumento da sua produtividade econômica e da sua capacidade de tributação.

pagamento dos tributos em dinheiro estimulou a troca deste excedente ampliado nos mercados, no qual o "contribuinte" podia acumular os créditos necessários para o pagamento de suas dívidas na moeda soberana. Dessa maneira, criou-se um círculo virtuoso entre a acumulação de poder dos soberanos e o aumento do excedente, das trocas e dos mercados. A multiplicação das guerras e o crescimento dos exércitos (McNeill, 1982), mais os custos com a administração dos novos territórios conquistados, forçaram a "monetização" dos tributos, das rendas e dos dízimos, que passaram a ser pagos em dinheiro, isto é, na moeda emitida pelo poder soberano[69]. E o poder dos soberanos passou a ser definido por sua quantidade território e população e por sua riqueza em dinheiro, acumulada, sobretudo, por meio da cobrança dos tributos e das conquistas de guerra. A partir daquele momento, o mesmo poder que definia o valor dos tributos, das rendas e dos serviços compulsórios, também definia o valor da única moeda que ele aceitava como forma de pagamento dos tributos e serviços que lhe eram devidos[70].

iv) A introdução da moeda, no mundo do poder e da troca, transformou a Europa num imenso "mosaico monetário" (Metri, 2007), na medida em que todos os soberanos foram monetizando progressivamente seus próprios tributos, e, como consequência, também seus créditos e dívidas internas de longo prazo (Innes, 2004a, 2004b). Dessa forma, surgiram infinitas moedas em toda a Europa, cada uma válida dentro do seu "território de tributação", que se transformou, ao mesmo tempo, numa "comunidade de pagamentos" do ponto de vista dos mercados. Nesses mercados, sempre existiram moedas privadas, mas a "moeda estatal" – ou moeda autorizada pelos soberanos – manteve sua prioridade hierárquica com relação a todas as demais, porque só ela era aceita nos "guichês do príncipe"[71]. Nas operações de cancelamento das dívidas e dos créditos dos soberanos, e na arbitragem do "câmbio" entre as infinitas moedas do "mosaico monetário europeu", surgiram as primeiras oportunidades de multiplicação do dinheiro por intermédio do próprio

---

69. "Numa localidade após outra, podemos acompanhar a conversão dos antigos pagamentos feudais em espécie – os dias de trabalho ou a quantidade de aves ou ovos que o senhor recebia de seus arrendatários – em pagamento de tributos e arrendamentos em dinheiro, com que cumpriam as obrigações para com o senhor" (Heilbroner, 1974, p. 77).

70. Tese central da "teoria estatal da moeda" de Knapp (2003).

71. Ideia básica da "teoria estatal da moeda" de Knapp (2003, cap. 2).

dinheiro. Os primeiros bancos europeus nasceram dessas funções e começaram a internacionalizar suas operações e a multiplicar sua riqueza mobiliária ou "financeira" à sombra do poder[72]. As próprias guerras de conquista enfrentaram o problema do "câmbio" e da "equivalência" entre as moedas dos territórios e das populações envolvidas no conflito, bem como nas transações comerciais indispensáveis à sustentação das tropas. E depois do final de cada guerra e da conquista de novos territórios, colocou-se uma vez mais o problema da imposição da "moeda vitoriosa" sobre a "moeda derrotada", porque só a moeda vitoriosa era aceita no pagamento dos tributos e nas obrigações impostas pelo poder vitorioso à população dos territórios conquistados mediante a guerra. Por sua vez, o comércio também se expandiu, durante as guerras e depois delas, por meio dos caminhos pacificados e das posições monopólicas conquistadas nos territórios tomados ou submetidos. Foi assim que se expandiram as redes da "economia de mercado" durante o "longo século XIII" na Europa, dando origem às "letras de câmbio", que se transformaram em novos instrumentos de multiplicação financeira da riqueza privada. Mas se expandiu também para fora da Europa, dando origem ao chamado comércio "de larga distância" com o Oriente Médio, com o Egito e com a Ásia. Nesse período, Veneza e Gênova ocuparam papel central nos vários circuitos mercantis que conectavam a Europa com todo o Mediterrâneo e com a Ásia (Abu-Lughod, 1989, cap. 4). As duas cidades-estados operavam com "grandes feiras de compensação" e como ponta de lanças de um comércio feito, em boa medida, na forma de escambo, mas que utilizava como referência, em última instância, as moedas dos grandes impérios territoriais, como Bizâncio, Egito e China[73], e, mais tarde, o Império Otomano (Inalcik, 1994). Veneza e Gênova só foram cunhar suas próprias moedas mais tarde[74], e Veneza logo o fez depois de perder sua posição privilegiada junto ao poder imperial de Bizâncio.

---

72. "Os cambistas não criaram um domínio monetário com coerência e estabilidade próprias; apenas se infiltraram pelos defeitos do domínio monetário criado por outros" (Boyer-Xambeu; Deleplace; Gillard, 1994, p. 124).

73. "Em todas as três áreas culturais, moedas reconhecidas eram uma condição essencial para o comércio internacional [...]. Todos os três Estados regionais desempenhavam um papel importante na cunhagem, impressão e/ou garantia dessas moedas. A moeda tinha valor porque era respaldada (e posteriormente controlada) pelo Estado" (Abu-Lughod, 1989, p. 15).

74. "Mercadores venezianos e genoveses, até a segunda metade do século XIII, utilizavam as moedas de ouro de Constantinopla e do Egito em vez de cunharem as suas próprias, um indicador aproximado de seu status semiperiférico no comércio mundial" (Abu-Lughod, 1989, p. 67).

v) Por esses caminhos, foi-se consolidando na Europa uma aliança cada vez mais estreita e multiforme entre o poder e o capital, à grande diferença europeia com relação aos impérios asiáticos, onde a relação dos poderes soberanos com a atividade mercantil e financeira foi muito mais frouxa – uma relação de "neutralidade indiferente", nas palavras de I. Habib (1990, p. 371) – graças à sua grande capacidade de tributação do uso da terra[75], uma das possíveis razões da interrupção do expansionismo chinês no início do século XV (Mote; Twitchett, 1988, vol. 7). Os soberanos europeus dispunham de menos terra, com menor produtividade, e viviam comprimidos num espaço de alta competitividade[76], de modo que não conseguiam financiar suas guerras e conquistas somente com os tributos. Por sua vez, os "comerciantes-banqueiros" europeus logo descobriram que o financiamento dos soberanos e de suas conquistas podiam multiplicar seu dinheiro, assegurando-lhes ganhos financeiros e "lucros extraordinários" por intermédio do financiamento das guerras, do manejo financeiro das dívidas e dos créditos dos soberanos, do câmbio das moedas e da conquista favorecida de posições monopólicas, em todos os campos da atividade econômica[77].

vi) A guerra, a moeda e o comércio sempre existiram. A originalidade da Europa, a partir do "longo século XIII", foi a forma como a "necessidade da conquista" induziu, e depois se associou, à "necessidade do lucro". Por isso, a origem histórica do capital e do sistema capitalista[78]

---

75. "Esse era um Estado que desempenhava um papel de fato muito menor. Havia razões para isso. Mais importante, as necessidades de receita do império, embora vastas, podiam ser satisfeitas a partir de quantidades massivas de receitas fundiárias coletadas por uma cadeia bastante articulada e eficiente de funcionários governamentais" (Pearson, 1991, p. 52).

76. "Ao contrário dos impérios otomano e chinês, ao contrário do domínio que os mongóis dentro em pouco estabeleceriam na Índia, não houve nunca uma Europa unida, na qual todas as partes reconhecessem um líder secular ou religioso. Em lugar disto, a Europa era uma mistura de pequenos reinos e principados, senhorias fronteiriças e cidades-estados [...] e todos consideravam os outros como rivais, e não como aliados na luta contra o Islã" (Keneddy, 1989, p. 14).

77. "Assim os monarcas e burgueses se associaram para provocar o lento crescimento dos governos centralizados, e destes últimos, por sua vez, provieram não só a unificação das leis e das moedas mas também um estímulo direto ao desenvolvimento do comércio e da indústria [...]. O crescimento do poder nacional também implicava um novo incentivo: a construção de naves, o equipamento de armadas e o pagamento dessas novas forças nacionais, em sua maioria mercenários. Tudo isto fez que se movimentassem mais rapidamente os centros de circulação monetária" (Heilbroner, 1974, p. 72).

78. Segundo F. Braudel, a palavra "capital" começou a ser utilizada nos séculos XII e XIII, "com o sentido de fundos, estoque de mercadorias, de massa monetária ou de dinheiro que rende juros" (Braudel, 1996, p. 201). Utilizamos aqui a palavra "capital" para nos referirmos ao dinheiro que se multiplica, segundo a fórmula D-D', por intermédio dos empréstimos a juros feitos aos soberanos,

europeu é indissociável do poder político. A fim de radicalizar nosso argumento: a origem história do capital não "começa pelo mercado mundial", nem pelo "jogo das trocas". Começa pela conquista e pela acumulação do poder, bem como pelo seu estímulo autoritário ao crescimento do excedente, das trocas e dos grandes ganhos financeiros, os quais são construídos à sombra dos poderes vitoriosos. E como consequência, a teoria da formação do capital e do capitalismo também tem de começar pelo poder, pelos tributos e pelo excedente, partindo das primeiras formas de definição do trabalho excedente e de sua transformação em dinheiro e em capital a partir do poder dos soberanos[79].

Depois do estudo das origens do poder político, da economia de mercado e das primeiras formas de acumulação capitalista na Europa a partir do século XII, nossa pesquisa nos trouxe de volta ao "longo século XVI". A verdadeira data de nascimento dos Estados e economias nacionais e do "sistema mundial moderno", criado e comandado pelos europeus até a primeira metade do século XX. É quando sua liderança passa para as mãos dos Estados Unidos e a descolonização da África e da Ásia multiplica o número dos seus "sócios", com a criação de cerca de 130 novos Estados independentes. Marx foi o primeiro a falar da internacionalização inevitável do "regime de produção burguês". Mas, depois dele, é possível distinguir três grandes escolas de pensamento na economia política internacional que discutem a internacionalização do poder e do capital, bem como o funcionamento do "sistema mundial" a partir do século XVII: a teoria do imperialismo, de J. Hobson, de R. Hilferding, de N. Bukharin e de V. Lênin; a teoria da "hegemonia mundial", de C. Kindleberger, de R. Gilpin e de R. Cox; e a teoria do *world-system*, de A. G. Frank, de I. Wallerstein e de G. Arrighi, que assimila o conceito de "centro de gravidade mundial", de F. Braudel. Nossa

---

ou por intermédio de outras formas de uso do poder, e, neste caso, portanto, sem a intermediação imediata da mercadoria. E utilizamos a palavra "capitalismo" para nos referir ao "momento" da história europeia medieval em que a busca do lucro se transforma num objetivo permanente ou numa "compulsão" quase mecânica, muito anterior, portanto, à formação do "regime de produção capitalista". Quando o próprio lucro comercial "era obtido não exportando os produtos de seu próprio país, mas intermediando a troca de produtos de comunidades pouco desenvolvidas do ponto de vista comercial e, em geral, econômico e explorando ambos os países produtores" (Marx, 1980, p. 318).

79. O método lógico "não é na realidade senão o método histórico, despojado apenas da sua forma histórica, e das contingências perturbadoras. Ali onde começa a história deve começar também a cadeia do pensamento, e o desenvolvimento ulterior desta não será mais do que a imagem reflexa, em forma abstrata e teoricamente corrigida da trajetória histórica; uma imagem reflexa corrigida, mas corrigida de acordo com as leis que fornecem a própria trajetória histórica" (Engels, 1973, p. 310).

leitura da história deste "sistema mundial moderno" também nos levou a algumas conclusões diferentes dos autores dos quais partimos.

i. Como vimos, os conceitos de poder, de território e de guerra não ocupam um lugar relevante na teoria do capital e do modo de produção capitalista de Marx. Por isso, em sentido estrito, Marx não tem uma teoria do "sistema mundial capitalista". Quem formulou esta teoria no campo marxista foi N. Bukharin (1984) e V. Lênin (1985), que se restringiram ao estudo do imperialismo da segunda metade do século XIX. Por sua vez, a teoria realista da "hegemonia mundial", de R. Gilpin (1982), por exemplo, considera que a tendência à formação de um império mundial é uma característica pré-moderna, que desaparece com o surgimento dos Estados nacionais, contra todas as evidências oferecidas pela história moderna. F. Braudel, por sua vez, estuda a formação da primeira "economia-mundo europeia" e considera que a formação dos "mercados nacionais" foi uma revolução política e uma obra estatal (1996), mas não extrai as consequências internacionais de sua própria tese. E, finalmente, I. Wallerstein e G. Arrighi consideram que o "sistema mundial moderno" antecede a formação dos Estados nacionais e constitui uma única unidade econômica, na qual as lutas interestatais flutuam um pouco sem precisão teórica[80]. Do nosso ponto de vista, entretanto, o verdadeiro ponto de partida do "sistema mundial moderno" são os "Estados-economias nacionais", que foram "inventados" pelos europeus e se transformaram em "máquinas de acumulação de poder e riqueza" dotadas de uma "compulsão expansiva" maior do que a dos primeiros poderes e capitais que se formaram na Europa durante o "longo século XIII"[81]. Na verdade, os "Estados-economias nacionais" foram o

---

80. "O sistema mundial moderno teve sua origem no século XVI [...]. Trata-se e sempre se tratou de uma 'economia mundial'. É e sempre foi uma economia mundial capitalista [...]. Os capitalistas precisam de um amplo mercado, mas também precisam de uma multiplicidade de Estados, de modo que possam auferir as vantagens de trabalhar com Estados e contornar Estados hostis aos seus interesses em favor de Estados amigáveis a seus interesses" (Wallerstein, 2004, p. 23).

81. "Como no passado, uma vez mais, foi a necessidade de financiamento das guerras inglesas que esteve na origem dessas mudanças. Mas desta vez, o encontro do poder com os bancos produziu um fenômeno absolutamente novo e revolucionário: os 'Estados-economias nacionais'. Verdadeiras máquinas de acumulação de poder e de riqueza que se expandiram a partir da Europa e ao longo de todo o mundo, numa velocidade e numa escala que permitem falar num novo universo em expansão, com relação ao que havia acontecido nos séculos anteriores. Junto com a nacionalização dos bancos, das finanças e do crédito, criou-se um sistema tributário estatal e se nacionalizaram o exército e a marinha, que passam para o controle direto da estrutura administrativa do Estado. E, o que é mais difícil de definir e de medir, consolidam-se um novo conceito e uma nova identidade, no mundo da guerra, dos negócios e da cidadania: o conceito de 'interesse nacional'" (Fiori, 2004, p. 34).

produto da acumulação de poder e riqueza que ocorreu antes da chegada do século XVI. Mas, depois disso, a "pressão competitiva", a "conquista" e a "acumulação do poder" seguiram sendo uma "necessidade imperativa" do novo sistema, como já havia ocorrido no mundo dos *dominions* e das cidades medievais (Levy, 1983; Blach, 2004). Diminuiu-se o número de unidades soberanas e competitivas, e aumentou-se seu equilíbrio de força, mas a guerra[82] seguiu sendo a forma mais importante de conservação e de acumulação do poder (Holmes, 2001; Clodfelter, 2002). Ou seja, seguiu valendo, entre os Estados nacionais, a velha regra medieval definida por Norbert Elias: "quem não sobe, cai", com a diferença que, no novo sistema de competição, as unidades envolvidas eram Estados e economias articulados num mesmo bloco nacional, e com as mesmas ambições expansivas e imperialistas com relação aos demais "Estados-economias nacionais" do sistema. O objetivo da conquista não era mais, necessariamente, a destruição ou ocupação territorial de outro Estado, poderia ser apenas a sua submissão econômica. Mas a conquista e a monopolização de novas posições de poder político e econômico seguiram sendo a mola propulsora do novo sistema. E foi dentro dessas unidades territoriais expansivas que se forjou o "regime de produção capitalista", que se internacionalizou de mãos dadas com seus "Estados-impérios" globais[83]. A partir dos séculos XVI e XVII, as unidades políticas vencedoras nas guerras e conquistas do período anterior centralizaram e monopolizaram em definitivo o poder de tributação sobre territórios e populações muito mais extensas, e aperfeiçoaram seu poder de emissão das moedas nacionais, de modo que um sistema

---

82. "Desde 1900, se contarmos cuidadosamente, o mundo assistiu a 237 novas guerras – civis e internacionais – que mataram pelo menos mil pessoas por ano [...]. O sangrento século XIX contou apenas 205 guerras e 8 milhões de mortos. De 1480 a 1800, a cada 2 ou 3 anos iniciou-se em algum lugar um novo conflito internacional expressivo; de 1800 a 1944, a cada 1 ou 2 anos; a partir da Segunda Guerra Mundial, mais ou menos a cada 14 meses. A era nuclear não diminuiu a tendência dos séculos antigos a guerras mais frequentes e mais mortíferas [...]. Os números são apenas aproximados, mas determinam o intenso envolvimento na guerra, século após século, dos Estados europeus [...]. Durante todo o milênio, a guerra foi a atividade dominante dos Estados europeus" (Tilly, 1996, p. 123; 131).

83. "Os primeiros europeus se transformaram, quase imediatamente ao nascer, em cabeças de novos impérios, dentro e fora da Europa [...]. Portanto, pode-se falar de um paradoxo na origem do sistema estatal: seus 'pais fundadores', os primeiros Estados que nasceram e se expandiram imediatamente para fora de seus próprios territórios, eram seres híbridos, uma espécie de 'Minotauro', meio Estado, meio império. Enquanto lutavam para impor seu poder e sua soberania interna, já estavam se expandindo para fora dos seus territórios e construindo seus domínios coloniais" (Fiori, 2004, p. 38).

organizado de crédito e de bancos foi sustentado nos títulos da dívida pública dos Estados (Dickson, 1971). Com isso, nacionalizam-se definitivamente as moedas e os bancos, junto com os exércitos e as burocracias públicas, e todos passam a ter uma mesma identidade nacional, revolucionando o "imaginário dinástico" dos europeus[84]. No novo sistema, a produção e a riqueza interna de cada país passam a ser uma condição indispensável do seu poder internacional (Heckscher, 1955). E não existe, no sistema mundial, uma "riqueza" ou uma "moeda" que seja "mundial"[85] em sentido estrito. O que existe são sempre economias e moedas nacionais que lutam entre si para aumentar a riqueza nacional mediante a conquista de territórios econômicos supranacionais cada vez mais extensos onde seja possível impor a moeda do vencedor, de modo que seus capitais possem a ocupar posições monopólicas e a obter "lucros extraordinários". Depois do século XVI, foram sempre os "Estados-economias nacionais" que lideraram a expansão capitalista, e sempre foram os Estados expansivos ganhadores que lideraram a acumulação de capital em escala mundial. E a "moeda internacional" sempre foi a moeda do "Estado-economia nacional" mais poderoso numa região e num tempo determinados[86].

---

84. "Os nacionalismos que parecem válidos e reais, em vez de expressões pitorescas ou românticas de antiquarismo, são aqueles que adquiriram poder suficiente para se afirmar. Se a acumulação de poder tem sido o principal objetivo dos Estados europeus nos tempos modernos, também se argumentou que nenhum governante ou Estado antes de Napoleão justificou a agressão e a conquista com base na superioridade ou no destino nacional e cultural. Contudo, se os Habsburgos pertenciam a uma tradição dinástica supra nacional de imperialismo, os espanhóis que suportaram o principal fardo da defesa imperial no início do século XVII não viam as coisas da mesma maneira. O sentimento dos castelhanos sobre seu destino de conquistar e governar era ressentido pelos outros povos ibéricos" (Cooper, 1970, p. 4).

85. Marx, por exemplo, se refere várias vezes ao "mercado mundial" e ao "dinheiro mundial, no primeiro volume de O capital, definindo-os como o verdadeiro lugar e a verdadeira forma de realização da "riqueza absoluta": "Nos diferentes uniformes nacionais que o ouro e a prata vestem, mas dos quais voltam a se despojar no mercado mundial, manifesta-se a separação entre as esferas internas ou nacionais da circulação das mercadorias e a esfera universal do mercado mundial". [...] Somente no mercado mundial o dinheiro funciona plenamente como a mercadoria cuja forma natural é, ao mesmo tempo, a forma imediatamente social de efetivação do trabalho humano *in abstracto*.[...] O dinheiro mundial funciona como meio universal de pagamento, meio universal de compra e materialidade absolutamente social da riqueza universal [...]. "O ouro e a prata [...] servem como materialidade social da riqueza" (Marx, 2011, p. 219, 232-233).

86. "Embora uma moeda internacional pudesse ser usada como meio de pagamento em todos os países, havia um país onde ela poderia ser usada primeiro, pelo simples fato de ser o país onde era emitida por um ato de soberania e entrava em circulação; era este país que lhe conferia sua nacionalidade" (Boyer-Xambeu; Deleplace; Gillard, 1994, p. 138).

ii. A expansão competitiva dos "Estados-economias nacionais" europeus criou impérios coloniais e internacionalizou a economia capitalista, mas nem os impérios nem o "capital internacional" eliminaram os Estados e as economias nacionais[87]. Nesse paradoxo se esconde a contradição político-econômica mais importante do "sistema mundial moderno": os Estados que se expandem e conquistam ou submetem novos territórios, expandem igualmente seu "território monetário" e internacionalizam seus capitais. Mas, ao mesmo tempo, seus capitais e sua riqueza se expressam em suas moedas nacionais, e só podem se internacionalizar mantendo seu vínculo com alguma moeda nacional, a sua própria ou a de um Estado nacional mais poderoso. Por isso, pode-se dizer que a "globalização econômica" é um traço originário e constitutivo do sistema capitalista, mas não é uma obra do "capital em geral", nem representa o fim das economias nacionais. Muito pelo contrário, é o "resultado da expansão vitoriosa dos 'Estados-economias nacionais, que conseguiram impor seu poder de comando sobre um território econômico supranacional cada vez mais amplo, junto com sua moeda, sua dívida pública, seu sistema de crédito, seu capital financeiro e várias formas indiretas de tributação seletiva destinadas a cobrir parte dos custos de gestão do próprio poder global"[88]. Essa contradição do sistema impediu o nascimento de um único poder global ou império mundial, mas não impediu a oligopolização do poder e da riqueza internacional nas mãos de um pequeno núcleo de grandes potências, que nunca teve mais do que seis ou sete membros europeus até o momento da entrada dos Estados Unidos e do Japão no "círculo governante" do mundo, no início do século XX. Às vezes predominou o conflito, às vezes a complementaridade, entre os Estados deste "núcleo dominante", e sempre existiu um Estado mais poderoso que liderou o seu "equilí-

---

87. "O desenvolvimento do capitalismo mundial traz como resultado, de um lado, a internacionalização da vida econômica e o nivelamento econômico; e de outro, em medida infinitamente maior, o agravamento extremo da tendência à nacionalização dos interesses capitalistas, à formação de grupos nacionais estreitamente ligados entre si, armados até os dentes e prontos, a qualquer momento, a lançar-se uns sobre os outros" (Bukharin, 1984, p. 66).

88. "Por isso, a capacidade de endividamento e o crédito internacional dos Estados vitoriosos correm sempre na frente da capacidade e do crédito dos demais Estados concorrentes. No caso dos vitoriosos, sua dívida pública pode crescer por cima do produto criado dentro seu território nacional, ao contrário das demais economias, mesmo das grandes potências, que ficam prisioneiras de uma capacidade de endividamento menor, restrita à sua zona mais limitada de influência monetária e financeira" (Fiori, 2004, p. 46).

brio bélico". Muitos autores falam em "hegemonia", para se referirem à função estabilizadora deste líder dentro do núcleo central do sistema. Mas esses autores, em geral, não percebem que a existência dessa liderança ou hegemonia não interrompe o expansionismo dos demais Estados, muito menos o expansionismo do próprio líder ou *hegemon*. Por isso mesmo, toda situação hegemônica é transitória, e, mais do que isto, é autodestrutiva, porquanto o próprio *hegemon* acaba se desfazendo das regras e das instituições que ajudou a criar para poder seguir se expandindo e acumulando mais poder do que seus "liderados". Por isso, em nosso entender, o que estabiliza – sempre de forma transitória – a ordem hierárquica do sistema mundial não é a existência de um líder ou *hegemon*; é a existência de um conflito central e latente, e de uma guerra potencial entre as grandes potências. Basta ler a história do "sistema mundial moderno" (Cooper, 1970; Glete, 2002) para ver que sempre existiu um conflito central, uma guerra em potencial, que atuou como eixo ordenador de todo sistema. Uma espécie de ponto de referência para o cálculo estratégico de todos os demais Estados e que atua, ao mesmo tempo, como um freio ao arbítrio unilateral dos mais poderosos. Como ocorreu, por exemplo, com a disputa entre o Império Habsburgo e a França, no século XVI; ou com a disputa entre a França e a Grã-Bretanha nos séculos XVIII e XIX; ou, mais recentemente, com a disputa entre os Estados Unidos e a União Soviética depois a Segunda Guerra Mundial.

iii. Até o fim do século XVIII, o "sistema mundial moderno" se restringia aos Estados europeus e a todos os demais territórios incluídos no seu espaço de dominação colonial ou imperialista (Abernethy, 2000). Esse sistema só se expandiu e mudou sua organização interna depois da independência norte-americana e da multiplicação dos Estados nacionais fora da Europa. Os Estados latino-americanos, criados no século XIX, entretanto, não dispunham, no momento de suas independências, de centros de poder eficientes, tampouco contavam com "economias nacionais" integradas e coerentes. Ademais, não constituíram um subsistema estatal e econômico regional que fosse competitivo, nem formaram blocos de poder e capital nacional com características expansivas, ao menos até o fim do século XX. Esse mesmo cenário nacional e regional se repetiu depois 1945 com os novos Estados criados na África, na Ásia Central e no Oriente Médio: na maioria dos casos, não possuíam estruturas centralizadas e eficientes de poder, capazes de manter a ordem interna e de ter uma estrutura fiscal eficiente, muito menos dispunham de economias expansivas. Só no Sul e no Sudeste da Ásia é que se pode falar da existência de um sistema de Estados e de economias nacionais fortemente integradas e competitivas, segundo o modelo original europeu. Apesar da enorme heterogeneidade desses novos membros do "sistema mundial moderno", é possível fazer algumas generalizações a respeito de seu desenvolvimento recente e futuro. Existem países ricos que não são, nem nunca serão, potências expansivas, tampouco farão parte do jogo competitivo das grandes potências. E há alguns Estados militarizados, na periferia do sistema mundial, que nunca chegarão a ser potências econômicas. Mas não há possibilidade de que algum desses Estados nacionais se transforme numa nova potência sem dispor de uma economia dinâmica e de um projeto político-econômico expansivo. E fica cada vez mais difícil que algum capital individual ou bloco de capitais nacionais, públicos ou privados, possa se expandir para fora de suas fronteiras nacionais sem contar com o apoio ativo dos seus Estados, o que só ocorrerá quando estes Estados também tiverem projetos "extraterritoriais"[89]. Fora da Europa, só os Estados Unidos, o Japão e agora a China – e talvez a Índia – conseguiram se transformar em potências regionais, e só os Estados Unidos conseguiram ter uma projeção global[90]. A maioria dos outros Estados nacionais seguem às voltas, até hoje, com o problema do seu escasso desenvolvimento econômico e com as consequências de se tornarem

89. "Daí a exigência de todos os capitalistas interessados em países estrangeiros para que o poder estatal seja forte, cuja autoridade proteja seus interesses também no mais longínquo rincão do mundo; daí a exigência de que se levante uma bandeira de guerra que precisa ser vista por toda parte, para que a bandeira do comércio possa ser plantada por toda a parte. Mas o capital de exportação sente-se melhor quando o poder estatal do seu país domina completamente a nova região, pois então é excluída a exportação de capital de outros países, o referido capital goza de uma posição privilegiada e seus lucros contam ainda com a eventual garantia do Estado" (Hilferding, 1985, p. 302).

90. "A história dos Estados Unidos não constitui uma exceção em relação ao 'modelo' dos Estados e economias nacionais europeias. Pelo contrário, eles são um produto e uma parte essencial do processo de expansão do próprio modelo, diferentemente do que pensam muitos historiadores e cientistas sociais, inclusive marxistas. O nascimento dos Estados Unidos é inseparável da competição e das guerras entre as grandes potências europeias, da mesma forma que seu desenvolvimento capitalista não foi uma obra exclusiva das suas grandes corporações privadas. Seria impensável sem a intervenção decisiva do Estado e das guerras americanas e sem o apoio inicial e permanente do capital financeiro inglês" (Fiori, 2004, p. 67).

independentes sem deixar de serem parte constitutiva de "territórios econômicos supranacionais", que funcionam sob a égide das moedas e capitais das potências conquistadoras.

iv. Dentro desse sistema mundial formado pelos "Estados-economias nacionais", as "economias líderes" são, por definição, transnacionais e imperiais, de modo que sua expansão gera uma espécie de rastro que se alarga a partir da sua própria economia nacional. Cada "Estado--economia imperial" produz seu próprio rastro e, dentro dele, as demais economias nacionais se hierarquizam em três grandes grupos, segundo suas estratégias político-econômicas[91]. Num primeiro grupo, estão as economias nacionais que se desenvolvem sob o efeito protetor imediato do líder. Vários autores já discorreram acerca do desenvolvimento a convite ou associado para se referir ao crescimento econômico de países que têm acesso privilegiado aos mercados e aos capitais da potência dominante. Isso aconteceu com os antigos domínios ingleses do Canadá, da Austrália e da Nova Zelândia, depois de 1931, e também com a Alemanha, com o Japão e com a Coreia, depois da Segunda Guerra Mundial, quando foram transformados em protetorados militares com ligações preferenciais com a economia norte-americana. Num segundo grupo, situam-se os países que adotam estratégias de *catch-up* para alcançar as "economias líderes". Por razões ofensivas ou defensivas, aproveitam os períodos de mudança internacional para mudarem sua posição hierárquica e aumentarem sua participação na riqueza mundial por intermédio de políticas agressivas de crescimento econômico. Nesses casos, em geral, o fortalecimento econômico antecede o fortalecimento militar e o aumento do poder internacional do país. São projetos que podem ser bloqueados, como já aconteceu muitas vezes, mas também podem ter sucesso e dar nascimento a um novo "Estado-economia líder". Como aconteceu exatamente com os Estados Unidos, com a Alemanha e com o Japão na segunda metade do XIX e começo do XX, e está em vias de acontecer com a China, com a Índia e com a Rússia neste início do século XXI. Por fim, num terceiro grupo muito mais amplo, locali-

---

91. "Dessa forma, tanto a ampliação ou mudança na hierarquia dos países do centro quanto o crescimento acelerado, e mesmo a diminuição significativa do atraso relativo dos países da periferia, são processos que pouco ou nada têm de automáticos ou naturais e dependem, fundamentalmente, de estratégias internas de desenvolvimento dos Estados nacionais. Por outro lado, precisamente pelas assimetrias mencionadas acima, o resultado final de tais projetos está fortemente associado, em cada período histórico, às suas condições externas" (Medeiros; Serrano, 1999, p. 120).

zam-se quase todas as demais economias nacionais do sistema mundial que atuam como "periferia econômica do sistema" fornecendo insumos primários e industriais especializados para as economias dos "andares superiores". São economias nacionais que podem ter fortes ciclos de crescimento e alcançar altos níveis de renda *per capita*, como no caso dos países nórdicos e da Argentina. E podem se industrializar, como no caso do Brasil e do México, e seguirem sendo economias periféricas[92]. Em suma: a desigualdade no desenvolvimento na distribuição da rique-za entre as nações é uma dimensão econômica essencial do "sistema mundial moderno". Existe, no entanto, a possibilidade seletiva de mobi-lidade nacional dentro desse sistema, a depender da estratégia política e econômica de cada país.

v. Por razões diferentes, nos períodos de grande bonança econômica in-ternacional, assim como nos de intensificação da competição e das lu-tas entre as grandes potências do sistema mundial, tendem a se ampliar os espaços e as oportunidades, para os Estados situados na periferia do sistema. O aproveitamento político e econômico dessas oportunidades, entretanto, tem dependido da existência, em todos os casos, dentro des-ses Estados e dessas economias nacionais, de classes, de coalizões de poder, de burocracias e de lideranças com capacidade de sustentar, por um período prolongado, uma mesma estratégia agressiva de proteção de seus interesses nacionais e de expansão do seu poder internacional. Nessa direção, é possível identificar uma grande mobilização social e política da energia interna do país – na forma de revoluções ou de guer-ras – em todos os Estados nacionais que se transformaram em potências ao se projetarem para fora de si mesmos e ao construírem o "sistema mundial moderno". Como nos casos mais antigos da Revolução de Avis, em Portugal, e da Guerra de Reconquista, na Espanha; e nos casos clássicos da Guerra Civil Inglesa e das Revoluções Francesa, Russa e Chinesa, mas também da Guerra Civil Norte-Americana, da Revolução Meiji, no Japão, e das Guerras Prussianas de unificação da Alemanha,

---

92. "Num polo, afirmavam-se as 'áreas de planície' de países como Argentina, Canadá, Austrália e Nova Zelândia, verdadeiras extensões da agricultura europeia plenamente integradas às finanças e ao comércio internacional. Esses países puderam crescer a taxas elevadas, induzidas pelo grande dinamismo nas exportações. Num outro plano, afirmava-se um diversificado conjunto de países periféricos (na Europa, na América Latina e na Ásia) cuja dinâmica exportadora e tipo de integra-ção financeira eram incapazes de impulsionar suas economias a taxas elevadas de crescimento" (Medeiros; Serrano, 1999, p. 127).

na década de 1860, assim como a grande Revolução Pacífica liderada por Ghandi na Índia na primeira metade do século XX.

Por fim, todas as teorias acerca da formação e das transformações do sistema mundial incluem alguma previsão a respeito de seu futuro. E, às vezes, combinam essas previsões internacionais com análises estratégicas dirigidas a governos, partidos ou movimentos sociais. Neste campo, a teoria do modo de produção capitalista, da luta de classes e da revolução de K. Marx (Bottomore, 1973) transformou-se no modelo clássico de referência para todos que querem combinar, numa mesma teoria, sua visão internacional e sua proposta de revolução social, como no caso de N. Bukharin e V. Lênin, com sua teoria do imperialismo, ou de I. Wallerstein (1995) e G. Arrighi, e sua teoria do "*world-system*" (2001). Diferentemente da teoria realista da "hegemonia mundial", que só se preocupa com as crises e as mudanças hegemônicas, no caso de C. Kindleberger (1996), com o olho posto nas políticas de Estado e na "dança das cadeiras" entre as grandes potências.

i. De nossa perspectiva, entretanto, ainda não existe uma teoria unificada, do conflito internacional e das lutas nacionais. E não existe, dentro do sistema mundial, nenhum "ator" ou "sujeito histórico" unitário, com o "destino manifesto", de salvar ou melhorar a humanidade[93]. "No mundo das grandes potências e dos demais Estados e economias nacionais, não existem bons e maus, nem melhores ou piores, em termos absolutos. O que existe são Estados que, em determinados momentos da história, assumem posições mais ou menos favoráveis à paz e à justiça internacional. Mas, mesmo nestes casos, há de se distinguir a retórica da ação concreta, porque todas as grandes potências já foram colonialistas e anticolonialistas, pacifistas e belicistas, liberais e mercantilistas, e quase todas elas, além disto, já mudaram de posição várias vezes ao longo da história" (Fiori, 2004, p. 57). Nada disso, entretanto, desautoriza a necessidade e a possibilidade de revoluções nacionais, e de uma luta permanente dos Estados mais fracos, dos partidos políticos e dos movimentos sociais, pela justiça, pela paz e pela democratização

---

93. "Novamente algumas nações afirmaram ser especialmente escolhidas por Deus; esta concepção foi propagada para a Inglaterra pelo *Livro dos Mártires* de Foxe e culminou nos escritos apologéticos e projetos históricos de Milton. Os escoceses tinham uma tradição mais antiga que os Covenanters invocaram. Os suecos viam-se como herdeiros dos godos, descendentes de Jafé, a mais antiga nação do mundo, conquistadores mundiais e mestres dos antigos gregos. Estes mitos foram sistematizados por Johannes Magnus com mais inspiração das profecias de Paracelso e Tycho Brahe do Leão do Norte como precursor da segunda vinda e da paz universal" (Cooper, 1970, p. 4).

das decisões globais. Mas esses movimentos não podem desconhecer o mundo real; pelo contrário, devem partir do seu conhecimento objetivo e da sua crítica rigorosa.

ii. Nessa direção, é possível deduzir algumas conclusões lógicas a propósito do "futuro" a partir das premissas teóricas deste prefácio:

– Por definição, todos os países são "insatisfeitos" e se propõem a aumentar seu poder e sua riqueza. Nesse sentido, mesmo que de forma atenuada, todos são expansivos, mesmo quando não se propõem mais a conquistar novos territórios.

– Não está à vista o fim dos Estados e das economias nacionais, mesmo com o avanço do poder global e da internacionalização do capital.

– No "universo em expansão" dos "Estados-economias nacionais", não há possibilidade lógica de uma "paz perpétua", tampouco de mercados equilibrados e estáveis.

– Não há possibilidade de que as grandes potências possam praticar, de forma permanente, uma política só voltada para a preservação do *status quo*, isto é, elas serão sempre expansionistas, mesmo quando já estiverem no topo da hierarquia de poder e de riqueza do sistema mundial.

– Não existe a menor possibilidade de que a liderança da expansão econômica do capitalismo saia – alguma vez – das mãos dos "Estados-economias nacionais" expansivos e conquistadores, e dos seus "grandes predadores" que atropelam as regras e instituições do mercado para obter seus "lucros extraordinários" e conquistar suas posições monopólicas.

– Por fim, dentro do sistema mundial moderno, o aparecimento e ascensão veloz de uma nova "potência emergente" será sempre um fator de desestabilização do núcleo central do sistema. Mas o maior desestabilizador de qualquer situação hegemônica do próprio sistema será sempre o "núcleo central" das grandes potências, e, em particular, seu líder ou *hegemon*, porquanto ele não pode parar de se expandir para manter sua posição relativa na luta permanente pelo poder global.

iii. Nesse início do século XXI, o "sistema mundial moderno" está sofrendo cinco grandes transformações estruturais e de longo prazo. A primeira é a multiplicação exponencial do número dos Estados nacionais independentes, que eram cerca de sessenta em 1945, e agora são quase duzentos. Não existem mais os "freios" do sistema colonial, muito menos a bipolaridade da Guerra Fria, a qual, de alguma forma, "manteve a ordem" dentro desta massa enorme de unidades políticas territoriais independentes até 1991. Em segundo lugar, nas últimas décadas o centro dinâmico da acumulação capitalista mundial (Medeiros, 2004) deslocou-se para a Ásia, dando origem a um novo eixo articulador da economia mundial de caráter sino-americano. Em terceiro lugar, ainda na condição de periferia exportadora, a China já atua como um centro articulador e "periferizador" do resto da economia mundial graças ao dinamismo e às dimensões do seu mercado interno. Em quarto lugar, o novo sistema monetário internacional – dólar flexível (Serrano, 2002) – que se consolidou e universalizou depois do fim da Guerra Fria, junto com a expansão vitoriosa do poder americano e da globalização da sua moeda e do seu capital financeiro, desvelou uma verdade encoberta pelos sucessivos padrões de referência metálica das moedas dominantes anteriores: o sistema dólar flexível; não há outro padrão de referência que não seja o poder global do seu Estado emissor, junto com a "credibilidade" de seus títulos da dívida pública. Como as moedas são também um instrumento de poder na luta entre as nações pela supremacia regional e internacional, deve-se prever, daqui para a frente, um aumento geométrico da "sensibilidade" do dólar, e de todo o sistema monetário e financeiro internacional, quando aumentarem os conflitos geopolíticos entre as potências que lideram o crescimento da economia mundial. Em quinto lugar, está cada vez mais claro que o centro nevrálgico da nova competição geopolítica mundial envolverá pelo menos duas potências – Estados Unidos e China – que são cada vez mais complementares do ponto de vista econômico e financeiro, e que hoje já são indispensáveis para o funcionamento expansivo da economia mundial. Além disso, o novo eixo da geopolítica mundial deve envolver cada vez mais três Estados "continentais" – os Estados Unidos, a Rússia e a China – que detêm, em conjunto, cerca de um quarto da superfície territorial do mundo e mais de um terço da população global.

iv. Nesse momento, existem várias hipóteses a respeito do fim do "sistema mundial moderno"[94], mas o mais provável é que antes desse apo-

---

94. "De modo que a terceira benção, a igualdade, no melhor dos casos terá garantido aos Estados Unidos entre 25 e 50 anos. Em algum momento, lá na frente, em 2025 ou 2050, chegará a hora do ajuste de contas. E o mundo estará diante do mesmo tipo de escolha que os Estados Unidos se

calipse o sistema mundial ainda viva pelo menos mais uma rodada de ajustes, conquistas e guerras, como na velha geopolítica inaugurada pela Paz de Vestfália[95]. Parece que ainda não soou a hora final do "sistema mundial moderno", apesar de que as transformações estruturais em curso possam estar criando uma situação de complicada "saturação sistêmica". Da perspectiva intelectual, portanto, o mais indicado é seguir aprofundando o estudo da sua história e de seus movimentos de transformação. Só por esse caminho se poderá avançar no conhecimento e na discussão unificada das mudanças e revoluções nacionais e internacionais, muito importante para todos os que pensam o mundo de forma transformadora.

4.4 Conjunturas e história[96]

Nosso estudo do desenvolvimento latino-americano, e, em particular, do desenvolvimentismo brasileiro, começou na década de 1980 (Fiori, 1984a, 1984b, 1988, 1989, 1994, 1999, 2000a, 2000b, 2001; Lessa; Fiori, 1994) e manteve uma longa interlocução crítica com a literatura estruturalista, marxista e keynesiana (Brewer, 1980; Baran, 1973; Bielschowsky, 2000; Belluzzo; Coutinho, 1982; Larrain, 1989), com as teorias da "dependência" (Frank, 1966; Santos, 1968; Cardoso; Faletto, 1970; Marini, 1973), e com a teoria do "sistema-mundial moderno" (Wallerstein, 1972, 1979; Arrighi, 1994; Arrighi; Silver, 1999), antes de se deslocar para o campo da "economia política internacional" (Gilpin, 1987; Cohen, 2008) e se propor um novo "programa de pesquisa". Esse novo programa foi inspirado por uma tese, bem como por uma pergunta, do historiador Fernand Braudel. Trata-se da tese de que na Europa "a maturidade política precedeu a maturidade econômica"

---

defrontam agora. O sistema internacional marchará para uma reestruturação que será repressiva ou igualitária [...]. Claro que aqui estamos falando da extinção do sistema internacional atual e sua substituição por algo totalmente diferente. E é impossível prever o resultado. Estaremos num ponto de bifurcação, e as oscilações aleatórias terão efeitos muito diferentes. O que podemos fazer é apenas sermos lúcidos e ativos, pois nossa atividade estará inserida nessas oscilações e influirá muito no resultado" (Wallerstein, 1995, p. 209).

95. "Nesta primeira década do século XXI, chama atenção a rapidez com que foi soterrada a utopia da globalização e do fim das fronteiras nacionais, e a velocidade ainda maior com que o sistema mundial retornou à sua velha 'geopolítica das nações', com o fortalecimento das fronteiras nacionais e da competição econômica mercantilista, e com o aumento da luta pelas hegemonias regionais" (Fiori, 2006, p. 13).

96. Publicado originalmente como prefácio do livro História, estratégia e desenvolvimento (São Paulo: Boitempo, 2014. p. 15-50).

502

(Braudel, 1996, p. 255), e a formação dos "Estados territoriais" precedeu a formação das "economias nacionais" (Braudel, 1996, p. 82). E a pergunta versa acerca de "quando, como e por que razões" esses Estados territoriais europeus adquiriram sua "força política e sua coerência econômica interna" (Braudel, 1996, p. 255): os dois fatores que mais contribuíram para a expansão vitoriosa do sistema de poder europeu, e sua conquista do mundo, e para a formação do próprio capitalismo. Para responder à pergunta de Braudel, partimos de uma teoria do "poder" e da "acumulação do poder", bem como de suas relações com o "capital" e a "acumulação de capital", para reconstruir as relações originárias entre as lutas pelo poder e as guerras europeias, assim como o processo de formação das economias nacionais, dentro dos vários "tabuleiros geopolíticos" que foram se configurando na Europa a partir do "longo século XIII" (1150-1350)[97]. Vimos, então, como foi que essas guerras de conquista se transformaram num mecanismo regular de cobrança de tributo e de estímulo ao aumento da produção e da troca, entre os súditos, ou pagadores de tributos. Vimos também como nasceram as "moedas soberanas" (Elias, 1993) e as primeiras formas de acumulação financeira por intermédio da senhoriagem do câmbio entre as moedas europeias, e por intermédio do manejo monopólico das dívidas dos "príncipes guerreiros". Em seguida, acompanhamos o processo de centralização do poder e do capital que levou à formação dos primeiros Estados territoriais, e das primeiras economias nacionais, que se transformaram no embrião do "sistema interestatal capitalista"[98], o qual se expandiria de forma contínua nos séculos seguintes até sua plena globalização no final do século XX. Depois disso, voltamo-nos para o estudo do desenvolvimento das "grandes potências" (Kennedy, 1989; Parker, 2002) que lideraram este sistema ao longo da história para descobrir a importância que teve o "expansionismo" e o "belicismo" destes países na explicação do seu sucesso econômico. Por fim, debruçamo-nos sobre a situação específica da América Latina a fim de

---

97. Expressão introduzida por Peter Spufford, utilizando-se da ideia de Fernand Braudel acerca da existência de um "longo século XVI" (Spufford, 1989).

98. Meu conceito de "sistema interestatal capitalista" é diferente do conceito de "sistema mundial moderno" de I. Wallerstein e de G. Arrighi, porquanto sublinha a importância permanente e insuperável dos Estados nacionais, com seus capitais e suas moedas específicas, para o desenvolvimento do capitalismo, que é desigual e hierárquico, mas não é nem nunca será "global", porque se alimenta da própria existência das fronteiras e das moedas e dos capitais que se expandem junto com seus Estados nacionais.

estudar a forma pela qual se reproduziram, nesse continente, essas tendências gerais do sistema interestatal e da economia capitalista.

Este prefácio contém três tópicos que resumem o fio condutor desta pesquisa e dos vários artigos deste livro, os quais foram sendo escritos conforme a própria pesquisa avançava. O primeiro tópico sintetiza nossa visão teórica e histórica de longo prazo do sistema interestatal capitalista. O segundo tópico resume nossas conclusões com respeito ao desenvolvimento das grandes potências. E, por fim, o terceiro sugere algumas pistas para uma releitura do desenvolvimento econômico do Cone Sul do continente sul-americano, em particular da Argentina e do Brasil.

I

Os principais conceitos e hipóteses deste estudo foram discutidos em vários trabalhos anteriores (Fiori, 2004a, 2004b, 2007, 2008, 2009), mas podem ser resumidos na forma estilizada de sete teses teóricas e históricas: as teses nº 1 e 2 resumem nossa visão do "poder", da "acumulação do poder" e de sua relação tanto com as guerras de conquista e quanto com os tributos; as teses nº 3, 4 e 5 sintetizam nossa leitura histórica do "sistema interestatal capitalista"; as teses nº 5 e 6 apresentam o ponto de partida do nosso estudo das "grandes potências"; e, finalmente, a tese nº 7 resume nossa leitura da conjuntura contemporânea e das transformações mais recentes do sistema internacional.

1ª Tese: Em termos estritamente lógicos, o "poder" é uma relação que se constitui e se define, em termos tautológicos, pela disputa e pela luta contínua pelo próprio poder. Em qualquer nível de abstração, e em qualquer tempo ou lugar, independentemente do conteúdo concreto de cada relação de poder em particular. Portanto, por definição, e por dedução, o poder também é:

  i. "assimétrico": porque, se todos tivessem o mesmo poder, não haveria disputa, nem haveria "relação de poder"[99];

---

99. Nicolau Maquiavel captou essa dimensão essencial do poder, de forma simples e direta, no momento em que se consolidavam as repúblicas italianas e nasciam os primeiros Estados nacionais: "em todas as cidades se encontram estas duas tendências diversas e isto nasce do fato de que o povo não deseja ser governado nem oprimido pelos grandes, e estes desejam governar e oprimir o povo" (Maquiavel, 1983, p. 38). Ou ainda, nesta outra passagem de sua obra clássica: "O objetivo do povo é mais honesto do que o dos poderosos; estes querem oprimir e aquele não ser oprimido" (Maquiavel, 1983, p. 40).

ii. "limitado": porque, se o poder fosse absoluto, não haveria disputa, e, portanto, o poder não existiria, pura e simplesmente;

iii. "relativo": porque o poder envolve uma hierarquia, um "cabo de guerra" permanente entre algum "vértice" que tenha "mais poder" e um outro que terá necessariamente "menos poder". Se um desses "vértices" aumenta seus "graus de liberdade", algum outro, inevitavelmente, perderá poder em relação ao que se expandiu;

iv. "heterostático"[100]: porque qualquer uma dessas variações de poder provoca sempre uma reação mais ou menos imediata das partes desfavorecidas, as quais visam a recompor e a manter a mesma correlação anterior à situação prévia à mudança inicial[101];

v. "triangular": porque o "limite" de toda e qualquer unidade de poder (P1) é estabelecido por outra unidade de poder (P2) que tem as mesmas características de P1, e, portanto, também tem seu limite traçado por mais uma unidade de poder (P3), e, assim, *ad infinitum*, com relação a P4, P5 etc.;

vi. "fluxo": porque o poder é ação e movimento, e só existe enquanto é exercido de forma contínua. Não há como conceber um "poder estático", nem há como conceber logicamente a possibilidade de um poder "desativado" ou neutro[102]. Por isso, costuma-se dizer que não existe "vácuo de poder", nesse jogo sem fim;

vii. "sistêmico": porque não é possível pensar uma "unidade de poder" sem supor logicamente a existência desse conjunto de outras "unidades de poder" que se multiplicam na forma de "triângulos" que supõem outros "triângulos", e assim sucessivamente. E como não é possível imaginar algum poder fora desse "sistema de poderes", também se pode

---

100. Utilizo essa expressão por analogia com o campo biológico, no qual foi utilizada pela primeira vez por Klopf, em 1982, para referir-se aos organismos que procuram estímulos constantemente, pela fuga temporária do equilíbrio.

101. Essa tese foi exposta pela primeira vez por Tucídides na sua obra clássica a respeito da *Guerra do Peloponeso*: "na minha opinião, as razões pelas quais os atenienses e os peloponésios romperam sua trégua de trinta anos, concluída por eles após a captura de Eubeia, é que os atenienses estavam tornando-se muito poderosos, e isto inquietava os lacedêmonios, compelindo-os a recorrer à guerra" (Tucídides, 1987, p. 15).

102. Nesse ponto, Thomas Hobbes reitera uma velha tese do próprio Maquiavel ao dizer que "os que se contentarem em se manter tranquilamente dentro de modestos limites e não aumentarem seu poder por meio de invasões serão incapazes de subsistir por muito tempo, por se limitarem apenas a uma atitude de defesa" (Hobbes, 1983, p. 75).

inferir que não existe nada anterior ou posterior ao próprio sistema, ou seja, ao próprio poder.

viii. "expansivo": porque, se as relações de poder fossem binárias e fechadas sobre si mesmas, se transformariam num "jogo de soma zero" e tenderiam a desparecer, de forma autofágica. Isso só não acontece porque o poder é triangular e sistêmico, e todas as suas unidades podem se expandir para fora de si mesmas mediante a conquista do poder, ou de alguma parcela do poder das demais unidades do sistema. Cada unidade de poder (P1, P2, P3 etc.) exerce uma pressão competitiva sobre si mesma, e todas essas unidades exercem a mesma pressão umas com relação às outras. Como consequência, o sistema, como um todo, também se expande de forma contínua. Mais do que isso, precisa se expandir infinitamente, caso contrário, se fecharia sobre si mesmo, e entraria em estado de entropia, ou em rota de extinção.

ix. "indissolúvel": porque uma relação de poder só desaparece quando é conquistada integralmente, ou submetida por outra unidade de poder. Assim, por mais que recuemos no "tempo lógico", sempre nos depararemos com novas unidades de poder que foram conquistadas em algum momento, e assim retroativamente até o infinito. Portanto, pode-se deduzir que o poder é a origem de si mesmo, e a conquista é apenas a forma pela qual o poder se constitui, se reproduz e se expande[103];

x. "dialético": porque, se é verdade que o poder se define pelo seu fluxo, pelo seu exercício e pela sua expansão, então, também se pode concluir que o poder se define por sua negação e superação, e, portanto, finalmente, que o poder é igual a acumulação do poder ("P = +P").

2ª Tese: Na história humana, a "sedentarização do poder", e das relações de poder, entre os homens, criou territórios e fronteiras mais estáveis que o das tribos ou povos nômades. Nesses casos de "sedentarização", a pressão competitiva intrínseca ao poder adquiriu maior organicidade e intensidade, uma vez que já não estavam mais disponíveis as "rotas de fuga" do nomadismo. Nesse novo contexto, multiplicaram-se as rebeliões "internas", e a pressão externa da parte dos povos nômades, e dos demais poderes territoriais, deu início a uma sucessão interminável de guerras de defesa das fronteiras e de conquista de novos territórios. Essas lutas cria-

---

103. Uma vez mais, foi Maquiavel quem expôs de forma mais simples e direta a ideia desconfortável de que: "o desejo de conquista é coisa verdadeiramente natural e ordinária, e os homens que podem fazê-lo serão sempre louvados e não censurados" (Maquiavel, 1983, p. 14).

ram a necessidade de recursos, de regras e de organizações (ainda que precárias), destinadas a garantir a dominação interna e as fronteiras externas desses novos agrupamentos humanos. E, o que é mais importante, criaram a necessidade de um fluxo regular de recursos obtidos por intermédio da pilhagem ou da tributação dos próprios "súditos", ou das novas populações que fossem sendo conquistadas e subjugadas. Os tributos nasceram junto com a "sedentarização" do poder e se constituíram numa espécie de ato de poder "inaugural", porque, sem a arrecadação dos tributos, os poderes territoriais não teriam como se sustentar, se reproduzir e se expandir. A necessidade dos tributos e a obrigação de pagá-los teve um impacto decisivo no aumento da produção e da produtividade desses territórios (em alguns mais do que em outros), e no desenvolvimento de algumas inovações tecnológicas que foram fundamentais para o aumento da produção de alimentos, bem como para o exercício da guerra. Por outro lado, o aumento dos territórios conquistados e da necessidade de atender os compromissos de guerra contribuíram de maneira decisiva para o aparecimento das primeiras "moedas públicas", cunhadas pelos cobradores de impostos, pelos senhores da guerra ou pelos imperadores e, depois, utilizadas no "jogo das trocas" entre os produtores diretos, ou entre os mercadores. Surgem também várias formas de dívidas e de empréstimos, e a usura – apesar de malvista em quase todos os lugares – ocupa um lugar muito importante no funcionamento mercantil dessas sociedades. Dessa forma, as guerras acabaram se transformando numa espécie de "primeiro motor", e num instrumento de poder decisivo para a multiplicação das terras e dos homens capazes de criar os novos recursos que viriam a financiar as novas guerras, as quais seriam feitas com o objetivo de obter mais recursos, e assim sucessivamente, criando-se um mecanismo regular de articulação das guerras com os tributos, com aumento da produção, com a expansão dos mercados e das trocas, e com evolução de formas primitivas de moeda e de crédito. Neste sistema de poderes territoriais competitivos, "quem não subia, caía"[104], e todos tentavam imitar as estruturas de policiamento interno e defesa externa, de produção e de troca, que fossem mais eficientes que o dos seus competidores, sob pena de desaparecer como unidade competitiva dentro do siste-

---

104. Norbert Elias referia-se a outro momento da história, mas sua observação pode ser aplicada a qualquer sistema de poderes competitivos, quando dizia que "a mera preservação da existência social exige, na livre competição, uma expansão constante. Quem não sobe, cai. E a vitória significa, em primeiro lugar, seja esta ou não a intenção, domínio sobre os rivais mais próximos e sua redução ao estado de dependência" (Elias, 1983, p. 134).

ma. Nesse processo, quando as necessidades criadas pelas guerras excediam a capacidade de tributação dos poderes territoriais envolvidos, só havia como solução empreender novas guerras de conquista, e assim sucessivamente, até o momento em que esse poder expansivo alcançasse um limite intransponível – físico, social ou financeiro – ou fosse suplantado e derrotado por outro poder conquistador em ascensão, momento em que começava – invariavelmente – o seu declínio como poder imperial, mesmo que esse declínio pudesse durar um longo período de tempo. Esse mesmo processo repetiu-se em muitos tempos e lugares onde surgiram "poderes territoriais" capazes de fixar e estabilizar suas relações de dominação, iniciando movimentos de conquista e expansão de suas fronteiras, até se transformarem em grandes impérios[105]. Foi assim, por exemplo, no caso dos impérios Hitita, Assírio e Persa, na Mesopotâmia, como também no caso de Roma e do Egito, e de todo o mundo sinocêntrico, da mesma forma que nos impérios Asteca e Inca, na América, e nos reinos de Zaria, Bagirmi, ou Nupe, na África (Reyna, 1990).

3ª Tese: Na Europa, e só na Europa, a competição entre os "poderes territoriais", somada à suas próprias lutas internas, produziu um efeito inteiramente novo e original entre 1150 e 1650 d.C., aproximadamente. Essa mudança, ou salto "qualitativo", não obedeceu a nenhum tipo de "lei" ou "causação universal", nem seguiu nenhuma direção necessária, e tudo indica que tenha sido obra do "acaso", ou, talvez, do que alguns chamam hoje de "bifurcação histórica". Mesmo assim, é possível identificar algumas características específicas dos poderes territoriais europeus e do impacto que suas lutas e guerras tiveram sobre a "atividade econômica" dos seus territórios (Spufford, 2002; Findlay; O'Rourke, 2007). Depois do fim do Império Romano, e em particular depois do fim do império de Carlos Magno, o poder territorial europeu se fragmentou no decorrer de dois a três séculos, e a atividade econômica se atrofiou, na maior parte da Europa, de modo que ficou reduzida a algumas "comunidades locais" de produção e de troca, quase sempre em espécies. Com exceção das repúblicas italianas (Metri, 2014), e de algumas poucas cidades europeias que se mantiveram mais ativas e conectadas economicamente, graças às suas relações milita-

---

105. Norbert Elias também trata, nesse caso, de um outro tempo histórico, mas sua observação alcança todos os sistemas de poderes territoriais, muito antes da Idade Média europeia: "numa sociedade em que atuavam essas pressões competitivas, quem não ganhava 'mais' automaticamente ficava com 'menos'. Neste particular, observamos mais uma vez que a pressão se fazia sentir de cima a baixo nessa sociedade: lançava os governantes territoriais uns contra os outros e, dessa maneira, punha em movimento o mecanismo do monopólio" (Elias, 1983, p. 93).

res e às suas conexões mercantis com os grandes impérios que cercavam e dominavam o Mediterrâneo. Este processo de desintegração interna começou a ser revertido, a partir do século XII, mediante um movimento lento, mas contínuo, de recentralização do poder político e de reativação da atividade econômica induzido por uma sucessão de pequenas guerras localizadas, que foram se multiplicando e ampliando progressivamente, e que se somaram às grandes guerras ou "cruzadas", de conquista ou "reconquista" dos territórios ocupados pelos "bárbaros", pelos "hereges", e pelos povos islâmicos (McNeill, 1982; Glete, 2002; Black, 1990; Tilly, 1992). Nesse sentido, há de se destacar a importância decisiva que teve para a história europeia o "cerco" e a "ameaça"[106] ao seu território, personificados pelo "poder islâmico", que impôs sua presença vitoriosa em torno do Mar Mediterrâneo e na Península Ibérica durante cerca de mil anos, entre o século VIII e o século XVIII, quando começa o declínio do Império Otomano[107]. Além disso, ao contrário de outros sistemas de poder similares, no caso da Europa, suas guerras internas e externas fortaleceram alguns dos seus poderes territoriais mais do que outros, mas este processo de hierarquização e de centralização do poder não levou à criação de um único império territorial capaz de se impor sobre todo o território europeu (Wallerstein, 1972). Em virtude disso as guerras europeias se transformaram numa atividade contínua e "infinitamente elástica", ao lado das "rebeliões camponesas", e das "guerras religiosas" que criaram, em conjunto, uma enorme pressão competitiva e uma imensa energia explosiva dentro da Europa. Esse contínuo caráter conflitivo criou necessidade crescente de recursos materiais e humanos, e aprofundou os laços desses poderes em conflito com seus

---

106. Braudel traçou essa verdadeira trincheira que separava as duas civilizações: "A Cristandade mediterrânea dispôs, portanto, contra o Islã de uma série de 'cortinas', de 'frentes' fortificadas, longas linhas defensivas por detrás das quais, consciente da sua superioridade técnica, se sente mais bem abrigada. Estas linhas estendem-se da Hungria até às fronteiras mediterrâneas, numa série de zonas fortificadas que separam as duas civilizações" (Braudel, 1995, p. 209).

107. Foi Braudel também quem melhor descreveu a natureza crônica e elástica desta guerra entre as civilizações islâmica e cristã durante o "longo século XVI": "Ao longo dos anos, um período de guerras 'internas' sucede um período de guerras 'exteriores', numa ordem bastante nítida. Não se trata de uma orquestra perfeita, nem de bailados marcados no seu pormenor. E, todavia, a sucessão é clara: sugere perspectivas no meio de uma história confusa e que de repente se esclarece, sem que tenha havido artifício ou ilusão [...]; segundo as épocas, os centros de gravidade e as linhas de ação do Turco deslocam-se em correlação com as modalidades de uma guerra 'mundial'. Tudo depende de uma história bélica que vai do estreito de Gibraltar ou dos canais da Holanda até a Síria ou o Turquestão. E esta história tem apenas um ritmo: as suas mudanças são eletricamente as mesmas. Em dado ponto, cristãos e muçulmanos confrontam-se no Djihad e na Cruzada, depois viram as costas uns aos outros para se concentrarem nos seus conflitos internos" (Braudel, 1995, p. 206, 208).

sistemas de tributação e produção de excedente, até o momento em que sua repetição permanente produziu um "salto qualitativo" com o nascimento dos primeiros Estados e das primeiras economias nacionais europeias (Braudel, 1996) e do próprio "sistema interestatal", em que se forjaram as bases do "capital" e do "capitalismo" europeu[108]. Quando as necessidades criadas pelas guerras excederam a capacidade de tributação dos poderes envolvidos, seus "soberanos" endividavam-se com seus próprios mercadores, e essas dívidas selaram uma relação cada vez mais necessária e estrutural entre os "senhores da guerra" e os "senhores do dinheiro" que tinham obtido o poder monopólico de senhoriagem das moedas e dos "títulos da dívida" dos mesmos soberanos a quem haviam emprestado seu dinheiro. Foram nesses mercados de moedas e de títulos que se criaram as oportunidades para a formação e para a acumulação privada de algumas formas primitivas de "riqueza financeira", nascidas à sombra dos poderes e dos Estados vitoriosos. Os traços distintivos desse novo sistema interestatal foram sendo construídos lentamente – entre 1150 e 1650 –, mas, nesse percurso, a energia acumulada pelas guerras e rebeliões sucessivas provocou duas grandes "explosões expansivas" dentro desse sistema de poderes europeus: a primeira, durante o "longo século XIII", entre 1150 e 1350 a 1400; e a segunda, durante o "longo século XVI", entre 1450 e 1650. Por este caminho, e por meio destas sucessivas guerras e "explosões expansivas", o velho "mecanismo de relógio" que marcava o ritmo das relações de todos os grandes "poderes territoriais" com suas próprias atividades econômicas se transformou numa nova "máquina poderosa" de produção e de acumulação de poder e de riqueza: os "Estados-economias nacionais". Cada um deles, com seus territórios e seus tributos, com seus camponeses e cidadãos, com seus exércitos e suas burocracias, com suas moedas e seus títulos da dívida pública, com seus sistemas de bancos e de crédito, e com seu sentimento coletivo de identidade nacional (Reyna; Downs, 2005). Foi dentro desse sistema de "Estados-economias nacionais" que se forjou o regime de acumulação capitalista, o qual se transformaria no grande diferencial do poder europeu com relação ao resto do mundo. A alta frequência de suas guerras

---

108. Utilizamos aqui a palavra "capital" para referir-nos ao dinheiro que se multiplica, segundo a fórmula D-D', por intermédio dos empréstimos a juros feitos aos soberanos, ou por intermédio de outras formas de uso do poder, e neste caso, portanto, sem a intermediação imediata da mercadoria. E utilizamos a palavra "capitalismo" para referir-nos ao "momento" da história europeia medieval em que a busca do lucro se transforma num objetivo permanente ou numa "compulsão" quase mecânica, muito anterior, portanto, à formação do "regime de produção capitalista".

acabou de soldar definitivamente o circuito acumulativo e automático que associava os processos de acumulação do poder e do capital, ampliando o espaço e o potencial da acumulação financeira do "dinheiro pelo dinheiro" mediante a criação dos sistemas nacionais de crédito e de bancos associados às moedas e aos títulos da dívida pública dos seus próprios Estados nacionais. O movimento de internacionalização desses Estados e dos seus mercados e capitais seguiu a trilha aberta pela expansão e consolidação dos seus grandes impérios marítimos e coloniais. Foram sempre esses Estados expansivos e ganhadores – o núcleo das grandes potências – que lideraram o processo de acumulação de capital à escala mundial. Por isto se pode dizer que o "impulso imperialista" foi sempre uma força, e uma dimensão essencial e permanente do sistema interestatal europeu. Em suma: o "sistema interestatal capitalista" criado pelos europeus não foi apenas o produto da expansão dos "mercados" ou do "capital", foi uma criação do poder expansivo de alguns Estados europeus que conquistaram e colonizaram o mundo, durante os cinco séculos em que lutaram – entre si – pela conquista e pela monopolização de posições de poder e de acumulação de riqueza.

4ª Tese: Sem o impulso do poder, a "economia de mercado" tende a se descentralizar e fragmentar, e, no limite, a se desmonetizar, como aconteceu na Europa entre os séculos IX e XIII, e em vários outros impérios e civilizações onde as guerras e as conquistas dos seus "poderes territoriais" também alargaram os horizontes e as distâncias do seu comércio, bem como as fronteiras das suas "economias-mundo". E o mesmo fenômeno aconteceu na Europa depois do século XVII, com os seus novos Estados e economias nacionais que forjaram o capitalismo. Com a acumulação progressiva do capital, o capitalismo adquiriu uma complexidade e uma autonomia crescente, mas, apesar disso, manteve a sua dependência – em última instância – com relação ao poder, mesmo depois de concluída a "acumulação originária" acerca da qual Marx tratara[109]. Uma relação de dependência encoberta pelo mundo da ideologia, mas que se revela a cada nova crise em que o poder resgata e relança o processo de acumulação

---

109. "Os diferentes momentos da acumulação primitiva repartem-se, agora, numa sequência mais ou menos cronológica, principalmente entre Espanha, Portugal, Holanda, França e Inglaterra. Na Inglaterra, no fim do século XVII, esses momentos foram combinados de modo sistêmico, dando origem ao sistema colonial, ao sistema da dívida pública, ao moderno sistema tributário e ao sistema protecionista. Tais métodos, como, por exemplo, o sistema colonial, baseiam-se, em parte, na violência mais brutal. Todos eles, porém, lançaram mão do poder do Estado, da violência concentrada e organizada da sociedade [...]" (Marx, 2011, p. 801).

do capital. Como no caso da "economia de mercado", também no caso da "economia capitalista", a presença do poder impede que a repetição das crises econômicas produza a estagnação definitiva e o *crollo* final do sistema, previsto por vários economistas clássicos. Por analogia com o mundo da física, pode-se dizer que o poder atua dentro do capitalismo como se fosse uma "energia escura" que anula o efeito da gravidade entrópica das crises, relançando e acelerando a acumulação capitalista a cada nova grande dificuldade enfrentada pelo sistema. Como vimos, foi só na Europa que as lutas pelo poder geraram esta articulação "virtuosa" entre o mundo do poder e o mundo da economia, criando um mecanismo conjunto – cada vez mais automático – de acumulação de poder e de riqueza, no qual a expansão do poder induz o aumento da produção e das trocas, as quais, por sua vez, estimulam e financiam a própria acumulação do poder. Uma associação que não se repetiu – naquele momento – em outros impérios e civilizações, e que acabou se transformando no motor e no segredo do "milagre europeu" responsável pela internacionalização vitoriosa do seu sistema capitalista. Quando se estabelece esta relação vitoriosa, o poder e o capital adquirem uma capacidade inusitada de captar, de dissolver e de transformar todas as coisas – simultaneamente – em mercadorias e em instrumentos de poder, a começar pela "ciência moderna", que nasce junto com o sistema interestatal europeu e que, desde o início, opera simultaneamente como produtora de armas e de mercadorias. No caminho de expansão desse "poder europeu", a "revolução financeira" do século XVII e a "revolução industrial" do século XIX aumentaram as distâncias e as assimetrias da Europa com relação aos demais impérios e civilizações que se mantiveram prisioneiras do "jogo de trocas" e da "economia de mercado", como foi o caso, destacadamente, do mundo islâmico e do mundo sinocêntrico. De qualquer forma, é importante sublinhar que essa internacionalização do capitalismo europeu se deu por meio de uma progressiva ampliação – competitiva e bélica – dos "territórios econômicos supranacionais" dos seus primeiros Estados nacionais. Por isso, cada novo passo da internacionalização capitalista significou sempre, e ao mesmo tempo, um aumento do poder político e econômico dos Estados que lograram expandir seu território econômico nacional antes dos demais. E foi a expansão destes "Estados-economias nacionais" que criou os impérios de onde nasceriam, mais tarde, as duas centenas de Estados que compõem atualmente o sistema interestatal capitalista.

Essa transição da condição de colônia ou de "parte" de um "território econômico supranacional" europeu para o pleno exercício da condição de Estados nacionais independentes não foi homogênea, nem linear, porquanto dependeu das características específicas de cada colonização, e sobretudo do desenvolvimento anterior à chegada ou submissão aos europeus. Mas, apesar dessas diferenças, muitos desses novos Estados e economias nacionais se mantiveram dentro do "território econômico supranacional" de suas antigas metrópoles – mesmo depois de suas independências – quase sempre na condição de fornecedores de produtos primários ou de matérias-primas indispensáveis para as economias metropolitanas. Essa posição inicial, entretanto, nunca foi imutável, tampouco determinou obrigatoriamente a trajetória do desenvolvimento econômico posterior dos novos Estados. Desse modo, não é possível enquadrar a complexidade político-econômica deste novo sistema ampliado de Estados e economias nacionais dentro de esquemas e conceitos bipolares e simplificados do tipo, "centro-periferia", "desenvolvido-subdesenvolvido", ou por intermédio de conceitos extremamente imprecisos, como é o caso dos conceitos de "semiperiferia" ou de "dependência", que significam muitas coisas ao mesmo tempo e que não conseguem identificar e distinguir as especificidades desses países, uns com relação aos outros, e com relação às suas antigas metrópoles. O sistema interestatal capitalista pode ter múltiplos centros econômicos e infinitas periferias e dependências, e nenhuma delas determina necessariamente a trajetória seguida por cada um dos Estados e das economias nacionais que foram se agregando ao núcleo original do sistema. "Dentro do sistema mundial formado por 'Estados-economias nacionais', as economias líderes são, por definição, transnacionais e imperiais, e sua expansão gera uma espécie de rastro que se alarga a partir de sua própria economia nacional" (Fiori, 2007, p. 33-34). Mas existem vários tipos possíveis de lideranças econômicas globais ou regionais que podem produzir este mesmo "efeito-rastro" dentro de suas áreas de liderança, dando origem a vários "centros" e "periferias" com dinamismos e trajetórias diferentes.

Como já vimos, a energia que move esse sistema vem da luta e da competição entre os seus Estados e suas economias nacionais pela conquista de posições monopólicas, por definição, escassas e desiguais. Assim como no caso do poder, também no caso do desenvolvimento econômico, se todos ganhassem, ninguém ganharia, e os que já ganharam lutam para manter e ampliar suas vantagens, estreitando o caminho dos demais e reproduzindo as condições de desigualdade. De qualquer forma, nenhum Estado ou economia nacional conseguirá jamais alcançar uma posição de liderança dentro de algum desses subsistemas econômicos sem dispor de uma economia dinâmica e sem dispor de um projeto político e econômico capaz de articular os seus interesses de Estado com os interesses dos seus grandes capitais privados. E nenhum capital privado individual jamais logrará se internacionalizar sem o apoio do seu Estado de origem. Ou seja, em todos os níveis e espaços do sistema se reproduzem as mesmas regras e tendências do seu núcleo europeu originário, ainda que seja de forma atenuada pelo tempo e pelas condições materiais, geopolíticas e estratégicas de cada Estado. Mas, em qualquer caso, não há como uma economia nacional se expandir simplesmente por meio do "jogo das trocas", nem há como uma economia capitalista se desenvolver de forma ampliada e acelerada sem que esteja associada a um Estado com um projeto de acumulação do poder e de transformação ou modificação da ordem internacional estabelecida.

5ª Tese: Até o fim do século XVIII, o sistema interestatal capitalista se restringia à Europa e a seus impérios marítimos ou coloniais. Ele só se expande e muda sua composição no século XIX, depois da independência dos Estados americanos, e volta a alargar suas fronteiras depois da Segunda Guerra Mundial com a incorporação dos novos Estados independentes da África e da Ásia, globalizando-se, em definitivo, no início do século XXI, com a incorporação do antigo mundo soviético e de todo o "mundo sinocêntrico". O problema da "ordenação" desse sistema mediante a criação de um "poder global" foi ficando cada vez mais complexo à medida que se expandia e aumentava o número dos seus Estados soberanos. Algumas teorias internacionais sustentam que essa ordenação global do sistema é uma responsabilidade das grandes potências, ou, ainda, de uma única potência "hegemônica" (Kindleberger, 1973, 1996; Gilpin, 1981). Alguns autores até mesmo falam da existência histórica de "ciclos hegemônicos" (Arrighi, 1994) que teriam sido liderados sucessivamente pela Holanda, pela Inglaterra e pelos Estados Unidos. Mas não há evidências históricas de que a Holanda tenha tido, ou tenha exercido, uma supremacia militar dentro da Europa, muito menos que tenha tido ou exercido uma liderança hegemônica mundial. Na verdade, a Holanda só se manteve como uma potência verdadeiramente autônoma durante poucas décadas, entre sua independência, em 1648, e sua "fusão" político-econômica com Inglaterra, em 1689. E mesmo a Inglaterra só conquistou sua condição definitiva de grande potência durante o século XVIII, depois da sua conquista da Escócia e da Irlanda, e depois de sucessivas guerras vitoriosas dentro e fora do continente europeu. Mas foi neste mesmo século XVIII que a Dinastia Romanov, de Pedro, o Grande, e de Catarina, a Grande, transformaram a Rússia num império e num poder territorial mais extenso do que o da Inglaterra; ao passo que a Dinastia Qing (1668-1911) duplicava o território da China, transformando-a num poder regional dentro da Ásia muito superior ao poder da Inglaterra dentro da própria Europa. Ou seja, só se poderia falar de uma liderança mundial hegemônica da Inglaterra na segunda metade do século XIX e durante um curto período: depois da sua vitória sobre a China, na Primeira Guerra do Ópio, e do Tratado de Nanquim, de 1842; depois da sua vitória sobre o Grande Motim, e da sua criação do Vice-Reino da Índia, em 1858, e depois do seu enquadramento do Japão, dentro de sua estratégia geopolítica asiática, entre a Restauração Meiji, de 1866, e o fim da Primeira Guerra Mundial, em 1919. Não por coincidência, quase o mesmo período em que a libra chegou a ser a "moeda de referência" do sistema monetário e financeiro internacional, entre 1870 e 1920. Por fim, só depois da Segunda Guerra Mundial os Estados Unidos conquistaram sua posição de liderança e exerceram sua supremacia econômica e militar dentro do mundo capitalista, mas não exerceram esta mesma hegemonia dentro do mundo soviético, ou com relação à China comunista. E só depois do fim da Guerra Fria, os Estados Unidos alcançaram uma supremacia unipolar sobre o mundo, a qual, entretanto, durou apenas uma década. Nesse sentido, o que se pode afirmar com certeza a respeito do tema da "hegemonia" e da "governança mundial" é que até hoje os europeus e seus descendentes norte-americanos exerceram um verdadeiro "poder estrutural" sobre o sistema interestatal capitalista por terem criado e ainda controlarem o *software* do sistema. Ademais, deve-se reconhecer que as duas grandes potências anglo-saxônicas, junto com os demais povos de língua inglesa, exercem há cerca de 300 anos uma supremacia militar e uma hegemonia monetário-financeira sobre a maior parte do sistema político e econômico mundial. Mas isso não impediu, nem impede, que existam ao mesmo tempo vários outros polos ou centros de poder e de liderança da acumulação capitalista dentro do sistema. Agora, pois, mesmo nos momentos da história em que houve um país que exerceu forte liderança dentro do grupo das grandes potências, esta hegemonia não estabilizou o sistema mundial nem interrompeu a competição entre os seus Estados, e, o que é mais importante, tampouco interrompeu a competição entre as grandes potências, ou suspendeu o expansionismo da potência hegemônica.

Para entender essa aparente contradição é preciso voltar uma vez mais às origens do sistema e ao momento em que sua competição interna promoveu a hierarquização inicial dos seus Estados. No topo desta hierarquia, situaram-se – desde o início – os Estados mais poderosos, que constituíram uma espécie de "núcleo central", ou "vanguarda" do sistema. A relação entre essas grandes potências foi sempre de complementariedade e de competição, a um só tempo; e foi dentro deste "núcleo" que se originaram todas as "grandes guerras" europeias e mundiais desde 1648[110]. Essas potências ganhadoras sempre lideraram o movimento expansivo de todo o sistema, inovando permanentemente e lutando entre si pelo controle de situações monopólicas, sem poder parar de inovar e de se expandir para se manter na frente dos demais e, portanto, preservar sua condição de liderança. Se os líderes desse sistema parassem de inovar e de se expandir, este "universo" entraria em processo de entropia, porquanto o próprio "universo" se estabiliza e ordena por intermédio de sua permanente expansão. Por outro lado, essas grandes potências se protegem coletivamente ao impedirem o surgimento de novos Estados e economias líderes por meio da monopolização das armas, da moeda e das finanças, da informação e da inovação tecnológica (Strange, 1994, parte II). Desse modo, o aparecimento de uma "potência emergente" é sempre um fator de desestabilização e de mudança do sistema mundial porque sua ascensão ameaça o monopólio das potências estabelecidas. Mas, na verdade, os grandes desestabilizadores do sistema são os próprios Estados líderes ou hegemônicos, uma vez que eles não podem parar de se expandir para manter sua hegemonia, e para se manter à frente dos demais eles precisam desafiar continuamente as regras e as instituições estabelecidas por eles mesmos, e que, porventura, possam estar bloqueando a sua imperiosa necessidade de inovar e de se expandir mais do que todos os demais. Por isso se pode afirmar que as grandes potências hegemônicas ordenam de fato o sistema internacional, mas o fazem desordenando-o continuamente. E se pode concluir categoricamente que não há, nem jamais haverá, como estabelecer e sustentar uma "estabilidade hegemônica" dura-

---

110. "O continente europeu como um todo começava a tornar-se um sistema interdependente de países, com um equilíbrio dinâmico próprio, no qual toda mudança de poder envolvia direta ou indiretamente todas as unidades, todos os países" (Elias, 1993, p. 129).

doura, ou uma "paz perpétua", dentro deste sistema interestatal capitalista inventado pelos europeus.

6ª Tese: O sistema interestatal acumula sua "energia" de forma contínua, à medida que sua pressão competitiva interna aumenta. Mas, em alguns momentos da sua história, esse sistema sofreu grandes "explosões expansivas" que projetaram suas potências mais competitivas para fora de si mesmas, e, ao mesmo tempo, ampliaram as fronteiras globais do próprio sistema. A primeira vez que isto ocorreu, como já vimos, foi no "longo século XIII", entre 1150 e 1350, e a segunda foi no "longo século XVI", entre 1450 e 1650. Mas houve uma terceira grande explosão expansiva que ocorreu no "longo século XIX", entre 1790 e 1914 (Hobsbawm, 1989). Neste caso, o aumento da "pressão competitiva" foi provocado pela luta contínua entre a França e a Inglaterra, dentro e fora da Europa; pelo surgimento e incorporação dos novos Estados americanos; e pela pressão causada por três novas "potências emergentes" – Estados Unidos, Alemanha e Japão – que cresceram muito rapidamente e revolucionaram a economia capitalista e o "núcleo central" das grandes potências. Por fim, neste início do século XXI, está em pleno curso uma quarta grande "explosão expansiva" do sistema mundial, que começou na década de 1970. Nesse caso, o aumento da pressão dentro do sistema foi provocado pela estratégia expansionista e imperial dos Estados Unidos que se radicalizou depois dos anos desta década; também foi provocado pelo próprio alargamento das fronteiras do sistema e pela multiplicação dos seus Estados nacionais depois do fim da Segunda Guerra Mundial; e, finalmente, pelo crescimento vertiginoso do poder e da riqueza dos Estados asiáticos, e, em particular, da China. Ao contrário do que pensam muitos autores, esta quarta explosão expansiva não aponta para o fim do sistema capitalista, nem do sistema interestatal (Wallerstein, 1995, 1999), apesar de que seja impossível prever os seus horizontes futuros[111]. O que é

---

111. "Assim mesmo, nas próximas décadas, o 'núcleo duro' da geopolítica mundial deverá incluir ao lado dos Estados Unidos e da China, a Rússia, graças às suas reservas energéticas, ao seu arsenal atômico e ao tamanho do seu 'ressentimento nacional' ou territorial, como ensinou Hans Morgenthau. Um núcleo composto, portanto, por três Estados continentais, que detém um quarto da superfície da Terra e mais de um terço da população mundial. Nessa nova geopolítica das nações, a União Europeia terá papel secundário, como aliada dos Estados Unidos, enquanto não dispuser de um poder estatal unificado, com capacidade de iniciativa estratégica autônoma. Índia, Irã, Brasil e África do Sul deverão aumentar o seu poder regional, em escalas diferentes, mas não serão poderes globais, ainda por muito tempo. Haverá uma nova 'corrida imperialista' e ela aumentará o número dos conflitos localizados entre os principais Estados e economias do sistema. Mas é muito difícil de prever os caminhos do futuro, depois desta nova 'era imperialista'" (Fiori; Medeiros; Serrano, 2008).

certo é que o sistema deverá encontrar novos espaços e territórios de expansão e deverá derrubar novas fronteiras, uma vez que será movido pela mesma energia fundamental de sua competição e de suas guerras internas. No longo prazo, o processo de centralização global do poder e de internacionalização da economia capitalista não elimina suas unidades competitivas básicas, ou seja, seus Estados e suas economias nacionais. Pelo contrário, a cada nova explosão expansiva, multiplicam-se os Estados, e se fortalecem ainda mais seus poderes nacionais, porque o sistema interestatal capitalista está em permanente processo de internacionalização, mas, ao mesmo tempo, ele também está – e de maneira simultânea – em permanente processo de fortalecimento dos seus poderes territoriais e de suas economias nacionais. Esses processos simultâneos são movidos pela mesma força contraditória de sua luta comum pelo "poder global".

7ª Tese: Nossa análise da conjuntura internacional, na segunda década do século XXI, reconhece que o sistema mundial está passando por uma grande transformação estrutural, mas não considera provável que o capitalismo, ou mesmo que os Estados Unidos, estejam vivendo uma crise terminal. O "declínio relativo" do poder americano deve mudar a configuração geopolítica e econômica mundial, mas os Estados Unidos devem seguir ocupando o lugar de pivô do sistema interestatal, nas próximas décadas. Em nosso entender:

i) Os Estados Unidos estão experimentando e construindo uma nova estratégia internacional, mais arbitral e menos intervencionista, em todos os grandes "tabuleiros geopolíticos" do sistema mundial. Seu objetivo é exercer seu poder imperial mediante a promoção ativa das divisões e dos "equilíbrios de poder" regionais segundo o modelo clássico da administração imperial da Grã-Bretanha durante o século XIX. Mas isso não impedirá a existência e a multiplicação dos conflitos e guerras localizadas, porque as demais potências regionais ou "emergentes" deverão seguir trabalhando para construir blocos e coalizões capazes de resistir, de equilibrar e de, algum dia, superar o poder local dos Estados Unidos. Mas não há dúvida de que este será o jogo que será jogado nas próximas décadas: de um lado, os Estados Unidos se distanciando, e só intervindo em última instância, e, do outro, as demais potências regionais tentando escapar do "cerco americano" por meio de coalizões de poder que neutralizem o divisionismo estimulado pelos Estados Unidos. Em particular, no caso da China, que já está fazendo um movimento explícito e militarizado de afirmação do seu poder e de disputa da supremacia no mar do Sul do Pacífico, e em todo o Leste Asiático, além de estar tomando posições cada vez mais nítidas e expansivas na luta pelo controle imperialista da África. Mas algo similar deve ser dito com relação à Rússia, na Europa Central e em toda a Eurásia; com relação à Alemanha, na Europa Ocidental e também na Europa Central; com relação à Índia, no Sul da Ásia; com relação ao Irã, dentro do Oriente Médio; e também com relação ao Brasil, dentro da América do Sul. E, em menor escala, com relação à África do Sul e à Indonésia, dentro de suas zonas imediatas de influência. De qualquer maneira, a própria expansão do poder americano segue fortalecendo a maior parte dessas potências, que deverão competir com os Estados Unidos nas próximas décadas pelas hegemonias regionais do mundo.

ii) Nessa nova configuração geopolítica, a União Europeia terá um papel secundário na aliança com os Estados Unidos enquanto não dispuser de um poder unificado, com capacidade de iniciativa estratégica autônoma. O aumento da fragilidade estrutural do projeto europeu começou com o fim da Guerra Fria e com a unificação da Alemanha, junto com o aumento descontrolado da UE e da Otan, que passaram da condição de projetos defensivos para a condição de instrumentos de conquista territorial e de expansão da influência militar e econômica do Ocidente dentro do Leste da Europa, e, já agora, também na Ásia Central e no Norte da África. O alargamento em todas as direções da UE e da Otan aumentou suas desigualdades sociais e nacionais, bem como reduziu o grau de homogeneidade, de identidade e de solidariedade que existia no início do processo de integração, quando ele era tutelado pelos Estados Unidos e tinha um inimigo comum a URSS. O próprio processo de unificação monetária e de criação do euro atropelou os fatos, propondo-se a construir uma moeda e um sistema monetário regional sem contar com uma autoridade fiscal e um Tesouro unificado capazes de sustentar o valor da moeda, em todas as circunstâncias, e de forma igualitária, seja dentro, seja fora da Europa. Por isso, do ponto de vista geopolítico e econômico, a EU enfrenta hoje as consequências e os limites de um projeto coletivo e utópico que se transformou num instrumento de afirmação da supremacia alemã dentro da Europa. E não é possível ainda saber até quando os demais países da comunidade aceitarão esta hegemonia germânica que já foi rejeitada duas vezes nestes dois últimos séculos.

iii) Da perspectiva econômica e financeira, as novas regras e instituições criadas a partir da crise dos anos de 1970 permitem aos Estados Unidos definir de forma exclusiva o valor da moeda internacional, que é o dólar, à medida que é lastreado pelos títulos da dívida pública do próprio poder emissor da moeda. Os Estados Unidos gozam de um sistema financeiro nacional desregulado, e são – ao mesmo tempo – a cabeça de uma "máquina de crescimento" global que funciona em conjunto com a economia nacional chinesa. Dentro desse sistema extremamente complexo, toda crise financeira interna da economia americana pode afetar a economia mundial pela corrente sanguínea do dólar flexível e das finanças globalizadas. E todos os seus ciclos internos de "valorização de ativos" (em particular, imóveis, câmbio e bolsa de valores) se descolam com facilidade dos circuitos produtivos e mercantis para os circuitos financeiros globais, apoiados pelo peso da dívida pública e da política de juros do governo norte-americano. Por isto, o fenômeno das "bolhas especulativas americanas" é, de fato, uma ameaça permanente para a economia mundial. Mas não se trata apenas de "capital fictício", se trata de um ciclo específico de valorização do capital, que só é possível dentro de um sistema monetário e financeiro desregulado e atrelado diretamente ao endividamento público do governo americano. A crise econômica e financeira atual poderá ser mais ou menos extensa e profunda, mas não será a crise terminal do poder americano, muito menos do capitalismo. Por enquanto, não é provável uma "fuga do dólar", porque o euro, o iuane e o iene não têm fôlego financeiro internacional. E, do ponto de vista estrutural, é possível dizer que a globalização da economia americana, associada com o crescimento econômico acelerado da China, já produziram uma mudança estrutural de longa duração dentro do sistema mundial com a criação de um novo centro nacional de acumulação de capital com capacidade gravitacional análoga a dos Estados Unidos. Completamente diferente do que aconteceu no século XX, quando existiu uma bipolaridade geopolítica entre os Estados Unidos e a URSS, mas sem que houvesse a menor complementaridade econômica entre as suas duas economias, que, no seu devido tempo, também foram as duas maiores economias do mundo.

iv) Com relação às chamadas "potências emergentes", é importante sublinhar algumas diferenças fundamentais que distinguem China, Índia, Brasil e África do Sul como candidatos à condição de potências internacionais neste início do século XXI. De partida, China, Rússia e Índia são potências atômicas, e a China e a Rússia são membros do Conselho de Segurança das Nações Unidas. Mas, muito antes disso, a China foi uma potência milenar, e só no período entre 1840 e 1950, de sua longa história, deixou de exercer sua supremacia e sua hegemonia em todo o Leste Asiático. E a Rússia foi a segunda maior potência econômica e militar do mundo, durante segunda metade do século XX, e tudo indica que voltará a disputar sua antiga posição no século XXI. E a própria Índia é uma potência militar com claras pretensões hegemônicas no Sul da Ásia. Três países, portanto, que têm uma história e uma posição de poder militar absolutamente assimétrica com relação ao Brasil e à África do Sul. Apesar disto, o Brasil, a África do Sul e a Índia – e mesmo a China – ainda ocupam a posição comum dos "países ascendentes", que sempre reivindicam mudanças nas regras de "gestão" do sistema mundial e na sua distribuição hierárquica e desigual do poder e da riqueza. Mesmo assim, o que se deve prever para as próximas décadas é um distanciamento progressivo da China com relação a este grupo de países, porquanto ela já será a maior economia mundial, e já é o segundo maior orçamento militar do mundo. E mesmo com relação à Índia, os pontos de convergência serão cada vez mais tópicos, porque o Brasil e a África do Sul não contam, por enquanto, com as ferramentas de poder e com os desafios externos indispensáveis ao exercício da *realpolitik*. Desse modo, o Brasil é o país que tem melhores condições de expandir sua presença e projetar, de forma pacífica, a sua liderança e o seu poder dentro da sua própria região. Na primeira década do século XXI, o Brasil aumentou sua projeção internacional, e assumiu uma posição ativa de afirmação de sua liderança e do seu poder na América do Sul e no seu "entorno estratégico", incluindo a África Negra e o Atlântico Sul. Em breve, o Brasil será a quinta maior potência econômica do mundo, e não tem mais escolha: seu crescimento, assim como sua própria atuação internacional, já colocou o Brasil dentro do grupo dos Estados e das economias nacionais que fazem parte do "caleidoscópio central" do sistema interestatal capitalista, onde todos competem com todos, e todas as alianças são possíveis, a depender apenas da capacidade de cada um definir e sustentar os seus próprios objetivos estratégicos de expansão internacional.

II

A partir dessa visão teórica e histórica das tendências de longo prazo do sistema internacional, e da leitura da sua conjuntura contemporânea, nossa pesquisa debruçou-se a respeito do estudo comparado do desenvolvimento econômico de dezenove países que ocuparam, ou ainda ocupam, posições de liderança política e econômica dentro de suas regiões, ou dentro de todo o sistema interestatal capitalista, como é, ou foi, o caso de: Portugal (Marques, 1972; Boxer, 2002; Newitt, 2005), Espanha (Chabod, 1992; Vives, 1974; Glete, 2002), França (Halphen, 1968; Bartlett, 1993; Reyna; Downs, 2005; Findlay; O'Rourke, 2007; Black, 1990; Elias, 1976, cap. 2), Holanda (Israel, 1995; Edmundson, 1911; Cooper, 1970; Chabod, 1992), Inglaterra (Canny, 1998; Bromley, 1971; Dickson, 1993; Cain; Hopkins, 2002; Ferguson, 2004), Rússia (Gerschenkron, 1962; Carson Jr., 1959; Bromley, 1971; Lieven, 2000; Lewin, 2007), Alemanha (Ramos-Oliveira, 1964; Veblen, 1964; Snyder, 1978; Gerschenkron, 1966), Estados Unidos (Herring, 2008; Bandeira, 2005; Bensel, 1990; Fiori, 2004; Johnson, 2004), Japão (Sheridan, 1993; Johnson, 1982; Wade, 1990), China (Twichett; Fairbank, 2008; Lambert, 2009; Jacques, 2009), Coreia (Amsden, 1989; World Bank, 1993; Woo, 1991), Austrália, Canadá, Nova Zelândia (Aitken, 1959; Hawkw, 1979; Shaw, 1944; Solberg, 1981), Suécia, Dinamarca, Noruega (Roberts, 1970; Hatton, 1971; Glete, 2002; Kuhnle, 1993; Martin, 1979; Therborn, 1991), Argentina (Rapoport, 2005; Donghi, 2005a, 2005b; Conde, 1985; O'Connell, 2000; Bethel, 1986; Ferrai, 2007) e Brasil (Bandeira, 2012, 2010; Pamplona; Mader, 2007; Prado Jr., 1971; Furtado, 2006; Faoro, 1975; Tavares, 1998a, 1998b; Belluzzo; Coutinho, 1982; Mello, 1984). Essa pesquisa histórica permitiu-nos formular algumas generalizações que podem servir de hipóteses para estudos futuros acerca das condições geopolíticas do desenvolvimento econômico das grandes potências capitalistas, e de alguns países ricos, os quais não foram potências militares, mas que ocupam posições estratégicas importantes na luta entre as grandes potências.

1°) Nenhum caso de desenvolvimento econômico nacional bem-sucedido consegue ser entendido e explicado isoladamente, ou a partir de fatores exclusivamente endógenos. Em todos os países estudados, o desenvolvimento econômico obedeceu a estratégias e seguiu caminhos que foram desenhados em resposta a grandes desafios sistêmicos de natureza geopolítica. Independentemente de quais fossem as coalisões de interesse, de classe ou de governo, em todos esses países, em algum momento, formou-se um bloco de poder que respondeu da mesma forma a esses desafios externos por meio de estratégias ofensivas e de políticas de fortalecimento econômico, as quais eram sustentadas por longos períodos. Mas não se consegue identificar nenhuma coalisão de classes específica, cujos interesses apontem sempre e necessariamente na direção de um projeto expansivo ou "desenvolvimentista". Pelo contrário, o que se percebe é que distintas "coalisões de interesse" podem dar respostas e sustentar estratégias semelhantes – expansionistas e desenvolvimentistas – ante a configurações e desafios geopolíticos análogos.

2º) Todos esses países vitoriosos se formaram e se desenvolveram dentro de tabuleiros geopolíticos altamente competitivos, e, em virtude disso, compartiram ao longo da história um sentimento constante de "cerco" e de "ameaça externa", de invasão, ou de fragmentação dos seus territórios, de outros países que foram ou também se transformaram em grandes potências. Isso explica a centralidade da sua preocupação com a sua defesa, e sua permanente preparação para a guerra; uma guerra futura, uma guerra possível. Mais do que isso, todos os países que se transformaram em grandes potências capitalistas passaram por longos períodos de guerra, ou por guerras extremamente destrutivas. No caso dos países envolvidos nestes tabuleiros de alta competitividade e belicosidade, qualquer alteração no poder ou na riqueza de algum dos outros participantes do mesmo tabuleiro, sempre provocou reações em cadeia, do prisma militar e econômico. Essa ameaça futura de guerra ocupou um lugar central no desenho dos objetivos estratégicos de suas políticas de desenvolvimento e de industrialização. E, ainda mais, na sua luta constante pela liderança do processo de inovação tecnológica e pelo controle das "tecnologias de ponta". Nesse mundo dos "grandes ganhadores", quando existe incompatibilidade temporária entre a "conquista de situações monopólicas" e a obtenção de "lucros extraordinários", ou quando estejam em disputa "recursos estratégicos", a prioridade foi sempre a conquista e a defesa das posições monopólicas" (Morse; Richard, 2002; Teixeira, 2004; Fuse, 2013).

3º) Mesmo no caso dos pequenos países desenvolvidos, que enriqueceram sem se transformar em grandes potências, é possível identificar a influência e a importância direta ou indireta da sua posição geopolítica sobre seu desenvolvimento econômico. Em geral, são países cuja posição territorial os colocava em algum ponto decisivo da competição ou do enfrentamento das grandes potências, transformando-os em "protetorados" militares ou econômicos de alguma potência envolvida no conflito. Esses países podem estar próximos ou distantes da potência protetora, mas sempre estarão próximos do território dos seus concorrentes ou adversários, e aceitam a sua subordinação à política de defesa da sua potência protetora em troca do acesso privilegiado aos seus mercados e aos seus fluxos de crédito, de financiamento e de investimento direto.

4º) Todos os países que se transformaram em grandes potências capitalistas enfrentaram, no momento do seu *take-off*, rebeliões sociais ou guerras civis que estiveram associadas, ou foram provocadas, invariavelmente, pela invasão ou pela ameaça de invasão externa. Essas rebeliões cumpriram um papel decisivo na formação e na consolidação da unidade territorial, nacional, religiosa ou civilizatória desses países. Como se essas rebeliões ajudassem a superar divisões sociais internas, e contribuíssem para forjar a energia expansiva responsável pelo seu impulso "desenvolvimentista" interno e pela consequente projeção do poder internacional desses países. Independentemente das forças que tenham saído vitoriosas desses conflitos internos, todas souberam utilizar o conflito como fator de mobilização nacional e como legitimador dos seus projetos de projeção internacional. Em todos os casos de sucesso econômico, também se identifica a existência de um "núcleo estratégico" dentro do próprio Estado, unido e coeso, que foi o grande responsável pela definição e pela sustentação dos objetivos estratégicos que se mantiveram constantes durante um longo tempo, apesar das eventuais mudanças de governo ou de regime político. Esses "núcleos" ou "centros de poder" demonstram sempre – em todos os casos estudados – uma grande flexibilidade e uma grande capacidade de adaptação e de mudança – sem alterar seus objetivos – diante de eventuais alterações na configuração do sistema de poder em que estão inseridos.

5º) Todas as grandes potências foram expansivas e imperialistas desde o momento da consolidação de seus centros de poder internos, e utilizaram suas economias nacionais como um instrumento de poder a serviço de suas estratégias imperialistas, definindo as grandes metas de suas economias nacionais e de sua própria política econômica a partir desses objetivos estratégicos situados no campo do poder. Por isso, a luta destas grandes potências parece quase inseparável da sua luta pela expansão contínua do seu "território econômico supranacional", bem como pelo controle monopólico de novos mercados, de bens, de créditos ou de investimentos. Nessa luta por novos mercados e territórios econômicos supranacionais, todas as grandes potências e grandes capitais privados "desrespeitaram" sistematicamente as regras e as instituições competitivas de mercado. Nesse ponto, pode-se dizer que existe uma "lei de ferro": a liderança do capitalismo sempre esteve nas mãos dos capitais privados e das economias nacionais que tiveram o poder de operar de maneira bem-sucedida na contramão das "leis do mercado". Nesse sentido, também se pode dizer que todas as potências ganhadoras foram mercantilistas e não seguiram os preceitos liberais durante o período do seu *take-off*, e até o momento em que já podiam ombrear com seus principais concorrentes, do ponto de vista de sua luta pelo poder e pela riqueza. Ademais, a partir de uma perspectiva estritamente macroeconômica, também se pode dizer que as grandes potências desrespeitaram sistematicamente os preceitos da ortodoxia econômica em nome de sua luta pela conquista de mais poder, e assim mesmo mantiveram sua "credibilidade" fiscal e financeira enquanto conseguiram seguir vencendo e acumulando mais poder.

6º) As grandes potências vencedoras sempre impuseram suas moedas nacionais, como moedas de referência e como uma espécie de delimitação dos seus "territórios econômicos supranacionais". À medida que as barreiras tarifárias tradicionais foram sendo abolidas, a moeda se transformou na grande fronteira que separa e hierarquiza os territórios econômicos das próprias grandes potências. Nessa luta entre os Estados e as economias nacionais, houve países que conseguiram impor as suas moedas dentro de territórios regionais, mas só dois países lograram impor – até hoje – a sua moeda em escala internacional, a saber, a Inglaterra e os Estados Unidos. Muitos países que se propuseram a alcançar ou a superar as potências anglo-saxônicas tiveram pleno sucesso tecnológico e industrial, mas nenhuma logrou desafiar ou substituir a moeda e a centralidade do sistema financeiro das duas potências que lideraram o sistema interestatal capitalista nos últimos duzentos anos. Quando existiu essa possibilidade de contestação, foi também quando se viu bloqueado o caminho de ascensão da "potência emergente". Mesmo no caso da "sucessão monetária" anglo-saxônica, a passagem da libra para o dólar foi precedida de uma longa luta americana de conquista de território e de imposição progressiva de sua moeda, a começar pelo Caribe e pela América Central. E foi só depois da sua vitória nas duas Grandes Guerras do século XX, e depois que todos os Estados europeus se endividaram com o governo americano, incluindo a Inglaterra, que os Estados Unidos lograram impor a sua moeda como a moeda de referência internacional. Ou seja, no caso do dólar, como já havia acontecido com a libra, a escolha da "moeda internacional" não foi uma escolha dos mercados, foi o subproduto da guerra e da vitória da potência emissora da nova moeda de referência dos mercados, isto é, da potência que impôs sua superioridade política e militar antes de conseguir impor a sua própria moeda nacional como aquela que seria a moeda internacional do sistema.

7º) As grandes potências sempre tiveram um poder de emitir "dívida pública" muito superior ao dos demais Estados do sistema. Por conseguinte, os títulos da dívida pública das grandes potências sempre tiveram maior "credibilidade" do que os títulos dos Estados situados nos degraus inferiores da hierarquia do poder e da riqueza internacional. Marx[112] percebeu a importância decisiva da "dívida pública" para a acumulação privada do capital, e vários historiadores[113] têm chamado a atenção para a importância do endividamento dos Estados no seu processo de "empoderamento"[114]. A "dívida pública" da Inglaterra, por exemplo, passou de 17 milhões de libras esterlinas, em 1690, para 700 milhões de libras, em 1800, justamente no período em que ela se transformou numa grande potência imperial e global. O mesmo fenômeno aconteceu com os Estados Unidos[115] e com sua capacidade de endividamento,

---

112. "Como pelo toque de uma vara de condão, ela [a dívida pública] dota o dinheiro de capacidade criadora, transformando-o assim em capital, sem ser necessário que o seu dono se exponha aos aborrecimentos e riscos inseparáveis das aplicações industriais e mesmo usurárias. Os credores do Estado nada dão na realidade, pois a soma emprestada converte-se em títulos da dívida pública facilmente transferíveis, que continuam a funcionar em suas mãos como se fossem dinheiro. A dívida pública criou uma classe de capitalistas ociosos, enriqueceu, de improviso, os agentes financeiros que servem de intermediários entre o governo e a nação. As parcelas de sua emissão adquiridas pelos arremates de impostos, comerciantes e fabricantes particulares lhes proporcionam o serviço de um capital caído em céu" (Marx, 1947, p. 642).

113. "Qualquer teoria sobre o significado econômico da dívida pública está obrigada a esclarecer por que tanto no século XVIII quanto no século XIX, a Grã-bretanha foi capaz de superar concorrentes superiores econômica e demograficamente, por que conseguiu evitar crises políticas internas associadas a uma dívida muito alta, e sobretudo por que emergiu como a "primeira nação industrial" apesar de sustentar uma dívida pública de tamanho e duração ímpar" (Ferguson, 2007, p. 138).

114. Dickson (1993, 1971).

115. "Assim, apesar das críticas ao déficit americano, este tornou-se na prática o único elemento de estabilização do mercado monetário e de crédito internacional. O preço desta 'estabilidade' tem

a qual também aumentou junto com a expansão do seu "poder global", dentro e fora da América[116]. E ainda agora, no século XXI, são os títulos da dívida pública americana que seguem a lastrear seu crédito internacional e a sustentar o atual "sistema monetário internacional".

Para concluir essas "generalizações históricas", pode-se propor uma "tipologia ideal", extremamente simples e hipotética, com relação aos caminhos do desenvolvimento econômico dos países, tomando em conta a sua posição geopolítica e hierárquica, bem como a sua estratégia de acumulação de poder internacional. É preciso, entretanto, ter clareza quanto ao fato de que um mesmo país pode, em distintos momentos da história, ocupar distintas posições dentro dessa tipologia, e que todos os países podem se propor a mudar sua posição relativa dentro dessa hierarquia, mesmo que não se proponham a ser economias plenamente industrializadas, Estados líderes, ou mesmo potências regionais ou globais:

i) Num primeiro grupo, situam-se os países que lideram a expansão do sistema interestatal e do capitalismo, em distintos níveis e momentos da história. São Estados nacionais que têm uma visão estratégica e instrumental de suas economias nacionais, e que lutam permanentemente para expandir seus "territórios econômicos supranacionais". Estes Estados e economias líderes mantêm entre si uma relação de competição e de permanente disputa de poder, de modo que jamais abrem mão do controle dos processos de inovação tecnológica e militar. Como resultado de sua posição, dispõem de melhores condições de endividamento, e de maior liberdade na escolha e na implementação de suas políticas econômicas, podendo alterá-las com mais facilidade em função das circunstâncias e à medida que possam repassar para terceiros os custos dos seus ajustes internos, sem serem "penalização" pelos "mercados", ou por outros Estados, porquanto são eles próprios que controlam os sistemas internacionais de moeda e crédito.

---

sido a submissão dos demais países à diplomacia do dólar e o ajustamento progressivo de suas políticas econômicas ao desiderato do 'equilíbrio global do sistema" (Tavares, 1997).

116. "Durante as três primeiras décadas do século XX, houve um grande fluxo de capital de bancos privados norte-americanos para países como Canadá, Austrália e a maioria das nações da Europa Ocidental, Japão e alguns países mais ricos da América Latina. Mas os países que não eram atraentes para os bancos de investimento dos Estados Unidos tornaram-se os lugares da 'Diplomacia do Dólar', responsável pela criação de zonas de influência direta da moeda e da dívida pública norte--americana [...] nesse percurso a expansão militar foi a força propulsora da expansão financeira, isto é, bancária e monetária" (Malaguti, 2013, p. 135-136).

ii) Num segundo grupo, situam-se os países que são derrotados e submetidos ou que adotam livremente estratégias de integração ou subordinação direta com relação à economia e às políticas econômicas das "potências líderes" (Medeiros; Serrano, 1999), transformando-se em "protetorados" econômicos ou militares dessas potências. São países que gozam de acesso privilegiado aos mercados e aos capitais das suas potências protetoras em troca da sua submissão à sua política externa e à sua política monetário-financeira. Este foi o caso, por exemplo, dos "domínios" ingleses, mas também foi o caso dos países derrotados na Segunda Guerra Mundial, os quais depois foram transformados em "protetorados militares" dos Estados Unidos, contando com as mesmas facilidades – pelo menos por um tempo – de acesso ao crédito e aos mercados de capitais dos antigos domínios britânicos, que também viraram protetorados estratégicos dos Estados Unidos depois da Segunda Guerra Mundial.

iii) Num terceiro grupo, situam-se os países que questionam a hierarquia internacional de poder e que adotam estratégias econômicas direcionadas para a mudança do *status quo*, procurando colmatar a lacuna tecnológica, industrial e financeira que os separa das "potências líderes" do sistema. Em geral, adotam políticas econômicas mercantilistas de proteção dos seus mercados e de sua indústria destinadas a acelerar o seu crescimento econômico; mas o fundamental é que seus objetivos de longo prazo não se definem a partir da economia, nem se submetem aos ditames da política econômica. São projetos nacionais que podem ser bloqueados, e podem não conseguir superar as "barreiras à entrada" impostas pelas grandes potências, como foi o caso da Alemanha e da União Soviética (Fiori, 1998), na Europa, do Japão, na Ásia, e da Argentina e do Brasil, na América do Sul. Mas também podem ter sucesso e dar origem a uma nova potência regional ou global, como foi o caso dos Estados Unidos, na primeira metade do XX, e parece estar sendo o caso da China, neste início do século XXI. Desse modo, os países que foram bloqueados ou foram destruídos tendem a voltar à disputa, mantendo os mesmos objetivos, mas mudando suas estratégias a fim de enfrentarem ou contornarem o bloqueio das grandes potências que controlam as barreiras à entrada ao núcleo central do sistema. Como é o caso, por exemplo, da Alemanha e da Rússia, nesse início do século XXI.

iv) Por fim, num quarto grupo, incluem-se todos os demais países situados no "andar de baixo" ou na "periferia" do sistema. São Estados que não têm condições ou não se propõem a desafiar a ordem estabelecida, de modo que aceitam sua posição política subalterna dentro do sistema internacional de poder, mantendo-se como eventuais fornecedores de bens específicos – primários ou industriais – das economias que lideram o desenvolvimento capitalista mundial ou regional. São países com baixa capacidade de endividamento, fortes restrições externas, e inteira submissão às políticas econômicas definidas pelas potências dominantes (Fiori, 1999), mesmo sem gozar das condições favoráveis oferecidas aos "protetorados".

Por fim, uma pergunta inevitável: o caminho dos "ganhadores" está aberto para todos os países? Sim, está aberto, mas poucos serão os vencedores, porquanto a energia que move este sistema – como vimos – vem da luta contínua entre Estados, economias nacionais e capitais privados pela conquista de posições monopólicas que são, por definição, desiguais. Assim sendo, todos os Estados podem se propor a modificar sua posição relativa dentro do sistema, mesmo sem querer ser, necessariamente, uma potência regional ou internacional.

III

Por último, quando se relê a história da centralização do poder e da criação dos Estados nacionais da América do Sul – desse mesmo ponto de vista teórico – descobre-se uma surpreendente similitude com a Europa, que, em geral, não é destacada pelas interpretações tradicionais do desenvolvimento sul-americano[117]. Em particular, na região geopolítica do Cone Sul, e na região geoeconômica da Bacia do Rio da Prata, que possui um dos territórios de mais alta produtividade do continente, e inclui uma parte expressiva da Argentina, do Uruguai, do Paraguai, da Bolívia, e também, do Sul e do Sudeste brasileiro, onde se encontram os estados do Rio Grande do Sul, de Santa Cataria, do Paraná, e parte do estado de São Paulo, de Minas Gerais e do Mato Grosso do Sul, os quais são integrados pelos Rio Paraná e seus principais afluentes: Parnaíba, Grande, Tietê e Paranapanema. Dentro

---

117. Nós mesmos já defendemos uma interpretação diferente em artigos anteriores, nos quais sugerimos a hipótese de que teria sido apenas no século XX que a competição entre os seus Estados teria produzido efeitos semelhantes ao resto do sistema interestatal capitalista. Cf., por exemplo, Fiori (2010).

desse território relativamente contínuo e homogêneo, as "guerras de independência" e as guerras civis que se sucederam e se prolongaram, durante toda a primeira metade do século XIX e até o fim da Guerra do Paraguai, entre 1864 e 1870 (Bandeira, 2012), produziram efeitos análogos aos da Europa. Uma história que se repetiu dentro do Cone Sul – do outro lado da Cordilheira dos Andes – onde o Chile também possuía terras de alta produtividade e conquistou o seu território atual por meio de sucessivas guerras vitoriosas contra o Peru e a Bolívia, ao norte, e contra as populações e os territórios indígenas, ao sul, transformando-se num dos Estados nacionais que mais cedo se centralizaram e se militarizaram em toda América do Sul. Depois deste período de guerras e de definição de fronteiras e hierarquias, o Paraguai, a Bolívia e o Uruguai foram "periferizados" pela Argentina, pelo Brasil e pelo Chile, mas a competição geopolítica e militar entre estes três países se prolongou até o século XX. E foi neste século de rivalidade, competição e disputas regionais dentro desse tabuleiro geopolítico que a Argentina liderou o primeiro grande "milagre econômico" da América do Sul, entre 1870 e 1940; e, logo em seguida, o Brasil liderou o segundo grande "milagre econômico" do continente, entre 1937 e 1980, completando 110 anos de alto crescimento econômico contínuo dentro da mesma região geoeconômica, algo absolutamente inusitado na economia mundial. Mas esse desenvolvimento contínuo não foi obra do acaso, tampouco obedeceu a algum tipo de determinismo. Como se pode ver por meio do estudo da história da Argentina e do Brasil:

i) O *take-off* do "milagre econômico" argentino se deu logo depois da Guerra do Paraguai e da unificação do Estado argentino na década de 1860, e obedeceu a uma estratégia geopolítica muito clara que foi traçada pela mesma elite civil, militar e intelectual que governou a Argentina, e que comandou a sua expansão territorial e econômica com o propósito explícito de superar o Brasil na disputa pela hegemonia do Cone Sul[118]. Foi essa competição estratégica que orientou a Guerra do Deserto e a conquista do Pampa e da Patagônia, pelos argentinos, nas décadas de 1870 e 1880, e essa conquista abriu as portas para a velocíssima expansão da rede ferroviária do país, a qual permitiu a

---

118. Os presidentes Bartolomeu Mitre, Domingos Sarmiento e Júlio Roca foram lideranças políticas, intelectuais e militares centrais na formulação desse projeto expansionista e hegemônico da Argentina. O lema do Gal Roca, no Comando Geral da "conquista do Deserto", era "extinguir, submeter ou dispersar". *Consigna vitoriosa* que o conduziu à presidência do país, duas vezes, entre 1880 e 1886, e entre 1898 e 1904.

ocupação demográfica e o fortalecimento econômico dos novos territórios ocupados por imigrantes trazidos da Europa. A partir daí, o Estado argentino se unificou definitivamente; suas FFAA assumiram a liderança militar da América do Sul; a Argentina impôs sua hegemonia dentro de todo o território do antigo vice-reinado do Prata, e sua economia cresceu de forma contínua durante meio século a uma taxa média anual de 6%. No início do século XX, a Argentina havia se transformado no país mais rico do continente sul-americano, e na sexta ou sétima economia mais rica do mundo. Entre 1870 e 1940, a Argentina foi a principal aliada e ocupou um lugar central dentro da estratégia geopolítica inglesa, para a América do Sul, sem chegar a ser um "protetorado militar" da Inglaterra. Além disso, o expansionismo argentino do século XIX foi financiado pela sua economia exportadora, bem como pela sua capacidade de endividamento junto à banca inglesa, mas a Argentina nunca foi um domínio inglês, nem um país subdesenvolvido, e não estaria condenada à condição de "periferia primário-exportadora" se tivesse conseguido reajustar seu projeto estratégico e econômico às condições geopolíticas criadas pelo fim da Segunda Grande Guerra, pelo declínio da Inglaterra e pela nova supremacia mundial dos Estados Unidos. Nesse momento, o governo de Juan Domingos Perón propôs uma nova estratégia conservadora de realinhamento internacional e de desenvolvimento econômico nacionalista e popular, mas seu projeto foi bloqueado pelos Estados Unidos, pelo Brasil e por uma parte significativa da elite e da sociedade argentina. O grande projeto estratégico da segunda metade do século XIX havia se esgotado, as elites dirigentes haviam perdido sua coesão e a sociedade argentina não conseguiu mais se unir em torno de uma estratégia nacional que tivesse a mesma força e a mesma unidade que teve no século anterior.

ii) Como se fosse uma sequência ou consequência quase direta dessa desaceleração argentina, o Brasil construiu seu próprio "milagre econômico" entre 1937 e 1980. E por trás do sucesso econômico desse período também é possível identificar no Brasil – como já havia acontecido na Argentina – a existência de um projeto e uma estratégia que foi formulada nas primeiras décadas do século XX por sua elite civil, militar e intelectual de matriz conservadora. Para os formuladores desse projeto, o Brasil foi superado pela Argentina depois do fim da Guerra do Paraguai, e viu-se cercado pelos países de "língua hispânica", fortalecidos por sua aliança econômica e militar com a Inglaterra[119]. Essas ideias e propostas foram elaboradas e amadurecidas durante as duas primeiras décadas do século XX, mas só foram implementadas de forma sistemática e consistente a partir da década de 1930. Depois disso, durante meio século, entre 1937 e 1980, o poder do Estado brasileiro foi novamente centralizado e reaparelhado em termos burocráticos; suas FFAA foram reorganizadas e reequipadas, e o Brasil acabou ultrapassando a Argentina do ponto de vista econômico e militar, transformando-se na principal economia do continente sul-americano. Durante meio século, a economia brasileira cresceu a uma taxa média de 7%, e sua indústria, a uma taxa média de 9% ao ano. No final da década de 1970, o Brasil singularizava-se na América do Sul pela centralidade econômica do seu Estado desenvolvimentista, pela extensão de sua indústria e pelo dinamismo do seu setor exportador. Esse projeto conservador de desenvolvimento e de supremacia regional foi apoiado pelos Estados Unidos entre os anos de 1950 e 1970, quando o Brasil foi transformado no pivô da política externa norte-americana para a América do Sul, embora nunca tenha chegado a ser um "protetorado militar" dos Estados Unidos.

Mas esse apoio, e o próprio crescimento contínuo da economia brasileira, foi interrompido pela crise econômica e pelas mudanças geopolíticas da década de 1970 quando o Brasil teve de redefinir sua estratégia de inserção internacional, bem como sua própria política de desenvolvimento econômico. Nesse momento, o governo do General Geisel propôs transformar o Brasil numa "potência intermediária" e num "capitalismo de Estado", mas esse projeto foi atropelado pela política externa, pela política econômica in-

---

119. Esse diagnóstico foi formulado por uma geração de diplomatas e intelectuais, bem como por um grupo de jovens militares que se formaram na Alemanha, a partir de 1906, e trouxeram para o Brasil as ideias da "escola geopolítica alemã", da segunda metade do século XIX, exemplificados pelas figuras de Hermes da Fonseca, José Maria Paranhos, Goes Monteiro e Getúlio Vargas, ao lado de intelectuais como Alberto Tores e Oliveira Viana, entre tantos outros. Foram eles que construíram, em conjunto, a teoria do "cerco argentino", e a proposta do *catch-up* e da superação do poder econômico e militar do país vizinho e de seus aliados de "língua castelhana". Essas ideias e objetivos foram sendo afinadas no decorrer do tempo, e começaram a ser implementadas de forma mais consistente pela Revolução de 1930, e, em particular, pelo Estado Novo, liderado por esta mesma elite militar e civil que depois comandou o projeto "desenvolvimentista" brasileiro até 1985, durante o período democrático, assim como durante o regime militar vigente entre 1964 e 1985. A esse propósito, leia-se Zortea (2013).

532

ternacional dos Estados Unidos e pela oposição de um segmento importante das elites que haviam apoiado o regime militar.

À guisa de conclusão, podemos dizer que o extraordinário desenvolvimento econômico da Argentina e do Brasil nos séculos XIX e XX seguiu o mesmo padrão dos demais países analisados, os quais gozam de grande sucesso econômico dentro do sistema interestatal capitalista. Nos dois casos, o desenvolvimento foi orientado por estratégias análogas e opostas, de competição sistêmica pela hegemonia do Cone Sul. Essas estratégias foram formuladas internamente, dentro de cada um dos dois países, não obstante terem sido apoiadas, estimuladas e instrumentalizadas pela Inglaterra e pelos Estados Unidos, respectivamente, como forma de equilibrar as forças e neutralizar o poder expansivo do próprio Cone Sul. Dessa perspectiva, o novo projeto do Brasil e da Argentina de construção – a partir do Cone Sul – de uma "zona de coprosperidade" sul-americana, e de um bloco de poder regional dentro do sistema internacional, constitui uma verdadeira revolução na história da América do Sul e deverá enfrentar a oposição sistemática dos Estados Unidos e dos seus aliados europeus.

4.5 O sistema interestatal capitalista no início do século XXI[120]

> O pesquisador do tempo presente só consegue alcançar as "finas" tramas das estruturas sob a condição de reconstruir, de antecipar hipóteses e explicações, de rejeitar o real tal como ele é percebido, de truncá-lo, de superá-lo; operações que permitem escapar aos dados para os dominar melhor, mas todas elas, sem exceção, constituem reconstruções do real.
>
> (Braudel, 1972, p. 33)

4.5.1 Teoria e conjuntura

Toda análise da conjuntura internacional supõe uma visão teórica a respeito do tempo, do espaço e do movimento histórico de longo prazo do sistema mundial[121]. Sem a teoria é impossível interpretar a conjuntura e

---

120. Este texto foi publicado originalmente no livro *O mito do colapso do poder americano*, organizado por J. L. Fiori, C. Medeiros e F. Serrano (Rio de Janeiro: Record, 2008).

121. Este artigo prolonga nossa reflexão teórica acerca das relações entre a "longa duração" e a conjuntura do sistema mundial. Inclui, ainda, algumas informações e análises que já publicamos

identificar os movimentos cíclicos e as "longas durações" estruturais, que se escondem e se revelam, ao mesmo tempo, no decorrer dos acontecimentos imediatos da vida política e econômica. Só é possível falar de "grandes crises", "ciclos" e "tendências" a partir de uma teoria que relacione e hierarquize fatos, situações e conflitos locais, sejam eles regionais ou globais, dentro de um mesmo esquema de interpretação. Como no caso da discussão contemporânea acerca do "colapso" do poder americano depois da Guerra do Iraque, da crise do dólar e do sistema financeiro dos Estados Unidos, e depois da expansão vitoriosa da economia chinesa e do ressurgimento estratégico da Rússia nessa primeira década de século XXI. Uma leitura parecida, e o reconhecimento das dificuldades americanas atuais, pode apontar para direções completamente diferentes a depender do ponto de partida teórico, como acontece com nossa divergência com relação aos autores que defendem a tese de que os Estados Unidos estariam vivendo, neste momento, a "crise terminal" do seu poder, ou de sua hegemonia mundial.

4.5.2 A teoria dos "ciclos hegemônicos" e a tese da "crise terminal"

A primeira vez que se profetizou o fim da hegemonia mundial dos Estados Unidos foi na década de 1970, logo depois da derrota americana na Guerra do Vietnã, do fim do padrão-dólar e do primeiro choque do petróleo, eventos que encerraram a "era de ouro"[122] do capitalismo do pós-Segunda Guerra Mundial. Naquele momento, o economista americano Charles Kindleberger formulou a tese que se transformou numa referência obrigatória de todas as discussões posteriores acerca da "crise" e do "declínio americano": "a economia mundial precisa de um país estabilizador, e de um só país estabilizador", mas a "primazia" deste país dura pouco (Kindelberger, 1973, p. 304). Segundo Kindleberger, o funcionamento da economia internacional requer uma "primazia", ou uma "liderança" de um país que forneça

---

em outros artigos, com a diferença que, neste caso, estas informações e análises aparecem reordenadas a partir da perspectiva da teoria do "sistema interestatal capitalista", a qual já aparece esboçada em dois trabalhos anteriores: "Formação, expansão e limites do poder global" (Fiori, 2004), *O Poder Americano* (Petrópolis: Vozes, 2004) e no Prefácio de J.L. Fiori. *O poder global e a nova geopolítica das nações* (São Paulo: Editora Boitempo, 2007).

122. Esta expressão, utilizada por Erica Hobsbawm no seu livro *Age of extremes*, de 1994, contribuiu para criar uma espécie de "idealização retroativa" do período que se estende da Segunda Guerra Mundial até a década de 1970, sobretudo com relação às virtudes "insuperáveis" do sistema de Bretton Woods e das políticas macroeconômicas de corte keynesiano utilizadas durante o período por quase todos os países desenvolvidos.

"bens públicos" indispensáveis ao sistema, como a moeda, a defesa do livre-comércio, a coordenação das políticas econômicas, e a garantia do sistema financeiro. Esta "liderança", entretanto, foi sempre passageira e obedeceu a uma espécie de "ciclo vital"[123] ao longo da história, no qual a ascensão foi seguida pelo declínio, pela queda e pela substituição do antigo líder por um novo país que voltou a exercer as mesmas funções do anterior. Por fim, para Kindleberger, a "primazia" mundial dos Estados Unidos começou a declinar depois da crise americana da década de 1970. Trata-se da mesma teoria e da mesma tese que reaparece em vários marxistas, ou neomarxistas, uma vez que trocaram a teoria do imperialismo pela nova agenda de pesquisa proposta pela "teoria da estabilidade hegemônica"[124], como se percebe no caso mais destacado de Immanuel Wallerstein e de Giovanni Arrighi, entre vários outros autores, sobretudo gramscianos (Cf., por exemplo: Gill, 1993; Cox; Sinclair, 1996).

Immanuel Wallerstein apoia sua previsão do fim do poder americano numa teoria dos "ciclos" e das "sucessões hegemônicas", tal como Kindleberger. Para Wallerstein, entretanto, os poderes hegemônicos são apenas uma parte da maquinaria política do "modo de produção capitalista"[125]. Trata-se de alguns Estados que conseguem impor sua vontade e suas regras aos demais países do sistema mundial por um período muito curto de tempo, em geral, depois de uma "grande guerra", como no caso dos Estados Unidos, depois da Segunda Guerra Mundial até a década de 1970[126]. Como Kindleberger, Wallerstein também julga que a crise da hegemonia americana começou na década de 1970 e durou até o final do século XX, mas considera que agora, no início do século XXI, esta "crise americana" se

---

123. "Qualquer país que seja pioneiro em uma nova fase mais avançada da civilização alcança um limite ou barreira para além do qual é extremamente difícil prosseguir, de modo que o próximo passo no progresso da humanidade tem de ser dado em outra parte do mundo" (Jan Romain *in* Kindleberger, 1996, p. 37).

124. Expressão cunhada por Robert Keohane em "The theory of hegemonic stability and changes in international economic regimes, 1967-1977" (Holsti *et al.*, 1980).

125. "Creio que este padrão de ascensão, ascendência temporária e queda de potências hegemônicas no sistema interestatal seja mero aspecto do papel central da maquinaria política no funcionamento do capitalismo enquanto modo de produção" (Wallerstein, 1984, p. 43).

126. "A hegemonia no sistema interestatal refere-se à situação na qual a rivalidade contínua entre as chamadas 'grandes potências' é tão desequilibrada que uma delas é verdadeiramente *primus inter pares*; ou seja, uma potência pode impor em grande medida suas regras e desejos nas arenas econômica, política, militar, diplomática e até cultural [...], e essas tentativas de fato tiveram sucesso em três ocasiões, embora apenas por períodos relativamente breves" (Wallerstein, 1984, p. 38).

transformou numa crise terminal do "sistema mundial moderno"[127], o qual nasceu na Europa, no "longo século XVI", e que deverá ser substituído por uma nova "ordem internacional" desconhecida e imprevisível até meados do século XXI. Giovanni Arrighi agrega uma nova dimensão ao conceito realista e wallersteiniano de "hegemonia mundial": a ideia gramsciana do "consenso" e da "liderança moral", ao lado da ideia de "coerção"[128]. Assim, ao propor uma teoria mais complexa e sofisticada acerca da trajetória e da sucessão histórica dos ciclos hegemônicos internacionais, Arrighi separa e identifica dois ciclos paralelos dentro do sistema mundial: os ciclos do poder ou "ciclos hegemônicos", propriamente ditos, e os ciclos econômicos do capital, ou "ciclos de acumulação", que foram liderados simultânea e sucessivamente – nos últimos quinhentos anos – por Genova, pela Holanda, pela Grã-Bretanha e pelos Estados Unidos. A originalidade da teoria de Arrighi está na relação braudeliana que estabelece entre o poder e o capital, e sua principal contribuição "marxista" à teoria das hegemonias mundiais é o seu conceito de "ciclo sistêmico de acumulação", diferente dos "ciclos seculares" de preços, e dos "ciclos de Kondratieff"[129]. O problema é que este conceito é também o ponto mais frágil de toda a teoria de Arrighi, porquanto é muito vago, impreciso, e sem sustentação empírica. De qualquer maneira, Arrighi identifica dois momentos cruciais no declínio simultâneo dos seus dois ciclos do poder e do capital: o momento da "crise inicial", e o momento da "crise terminal". Quando os dois ciclos convergem e "terminam", já existiria, em algum outro ponto do sistema mundial, um novo "bloco de poder e capital" capaz de reorganizar o sistema e liderar o ciclo seguinte,

---

127. Um conceito clássico, na teoria de Wallerstein, que se refere ao sistema mundial capitalista que nasce na Europa, no século XVI, e dura até o final do século XX, quando entra numa crise terminal, que deve se estender até meados do século XXI.

128. "A hegemonia é o poder adicional que advém de um grupo dominante em virtude de sua capacidade de conduzir a sociedade numa direção que não apenas atenda aos interesses do grupo dominante, mas também que seja percebida pelos grupos subordinados como se servisse a um interesse mais geral" (Arrighi, 2007, p. 149).

129. "A ideia de ciclos compostos de fases de mudanças contínuas, que seguem uma via única, alternando-se com fases de mudanças descontínuas, que vão de uma via para outra, está implícita em nossa sequência de ciclos sistêmicos de acumulação: a alternância de épocas de expansão material (fase DM de acumulação de capital) com fases de renascimento e expansão financeira (fase MD). Nas fases de expansão material, o capital monetário coloca em movimento uma massa crescente de produtos (que inclui a força de trabalho e dádivas da natureza, tudo transformado em mercadoria); nas fases de expansão financeira, uma massa crescente de capital monetário 'liberta-se' de sua forma mercadoria, e a acumulação prossegue através de acordos financeiros (como na fórmula abreviada de Marx, DD). Juntas, essas duas épocas, ou fases, constituem um completo ciclo sistêmico de acumulação (DMD)" (Arrighi, 1994, p. 6, 9).

como no caso dos "ciclos vitais" de Kindleberger[130]. Segundo Arrighi, a "crise inicial" da hegemonia americana começou na década de 1970, e sua "crise terminal" está em pleno curso neste início do século XXI. Apesar de ser uma teoria cíclica a respeito de processos recorrentes, Giovanni Arrighi atribui, muitas vezes, uma dimensão revolucionária ao fim do "ciclo americano", numa clara analogia com a teoria do imperialismo de Lênin na qual a "etapa superior" do capitalismo seria, ao mesmo tempo, a antessala da revolução socialista mundial. Com a diferença que, na teoria marxista do imperialismo, do início do século XX, a revolução e a superação do sistema capitalista não foram um subproduto do "declínio inglês", muito pelo contrário, seriam o resultado da expansão vitoriosa do capitalismo e do próprio imperialismo. Tratava-se de um movimento ascendente do poder dos Estados europeus, e de suas "organizações econômicas nacionais", e nada que ver tinha com o "ciclo vital" de nenhuma potência em particular[131]. Em algumas passagens de sua obra, Wallerstein e Arrighi discorrem acerca da "crise terminal" da hegemonia norte-americana (no caso de Arrighi), ou da crise final do "sistema mundial moderno" (no caso de Wallerstein), como parte de uma revolução mundial, ou, ainda, socialista[132]. Mas, ao mesmo tempo, Giovanni Arrighi discorre a respeito da China, ou do "arquipélago asiático", como prováveis sucessores da "hegemonia norte-americana", e, nesse sentido, seu conceito de "crise terminal" volta a ter uma dimensão cíclica e repetitiva, e não revolucionária[133].

---

130. "Como regra geral, as grandes expansões materiais só ocorreram quando um novo bloco dominante acumulou poder mundial suficiente para ficar em condições não apenas de contornar a competição interestatal, ou erguer-se acima dela, mas também de mantê-la sob controle, garantindo um mínimo de cooperação entre os Estados" (Arrighi, 1994, p. 13).

131. "A luta dos Estados nacionais, que é apenas a luta entre grupos da mesma ordem burguesa, não cai do céu. Muito pelo contrário, ela é condicionada pelo meio particular em que vivem e se desenvolvem os 'organismos econômicos nacionais'. Estes últimos deixaram há muito tempo de ser um todo fechado. Fazem parte de uma esfera infinitamente mais ampla: a economia mundial" (Bukharin, 1984, p. 17).

132. "Quando o atual sistema internacional desabar sobre nós nos próximos cinquenta anos, teremos de contar com uma alternativa concreta a oferecer, uma alternativa que seja produto da criação coletiva. Somente então teremos a oportunidade de conquistar uma hegemonia gramsciana na sociedade civil mundial e, portanto, a chance de vencer a luta contra aqueles que procuram mudar tudo para que nada mude" (Wallerstein, 2002, p. 221).

133. "A recorrência dos ciclos sistêmicos de acumulação pode ser descrita, portanto, como uma série de fases de expansão estável da economia mundial capitalista, que se alternam com fases de turbulência no decorrer das quais as condições de expansão estável, por uma via de desenvolvimento já estabelecida, são destruídas, enquanto as de expansão por uma via nova são criadas" (Arrighi, 1994, p. 242).

De qualquer maneira, voltando à conjuntura internacional, não fica claro – da perspectiva dessas teorias – o que passou com a "crise dos anos 1970" que acabou fortalecendo o poder americano. Tampouco se entende a fundamentação material, política e cultural do seu diagnóstico atual a respeito da "crise terminal americana", neste início do século XXI.

Com relação à "crise da década de 1970"[134], hoje está claro que ela não enfraqueceu o poder americano, mais do que isso, todos os sinais que foram apontados como indicadores do seu declínio se transformaram no seu exato contrário. Assim, por exemplo, é verdade que os Estados Unidos se transformaram no grande "devedor" da economia mundial a partir dos anos 1970. Mas esta dívida não provocou um desequilíbrio fatal na economia americana, e funcionou com um motor da economia internacional nestes últimos quarenta anos. Deu-se também no início da década de 1970 a crise final do sistema de Bretton Woods e, no entanto, o padrão dólar-ouro foi substituído por um novo padrão monetário internacional – o dólar flexível – que permitiu aos Estados Unidos exercer um poder monetário e financeiro internacional sem precedente na história da economia e do "sistema mundial moderno"[135]. Por outro lado, na década de 1970, muitos viram na desregulação do mercado financeiro americano uma reação defensiva de uma economia fragilizada e, no entanto, foi apenas o primeiro passo de uma desregulação em cadeia que se transformou, nos anos de 1990, na mola mestra da globalização vitoriosa do capital financeiro norte-americano, movendo, muitas vezes, recursos acumulados pelos dois choques dos preços do petróleo, tanto no início e como no fim da década de 1970. Além disso, hoje está claro que foi à sombra da derrota americana no Vietnã, em 1973, que os Estados Unidos e a China negociaram a sua nova parceria estratégica, que contribuiu para o fim da União Soviética e da Guerra Fria e revolucionou a geopolítica mundial do início do século XXI[136]. E, por fim, a derrota dos

---

134. "Esta descrição da mudança que começa na década de 1970 é correta, mas não é suficiente, porque a crise não se explica a si mesma e não é fácil compreender como se gerou uma mudança de tamanhas proporções numa conjuntura geopolítica caracterizada pela 'coexistência pacífica' entre os Estados Unidos e a União Soviética, e numa conjuntura econômica caracterizada pelo crescimento contínuo da economia capitalista mundial" (Fiori, 2004, p. 90).

135. "O governo americano desvalorizou o dólar e aboliu, em 1974, o seu sistema de controle de capital, em perfeita continuidade com todas as decisões estratégicas que já vinham sendo tomadas desde a década de 1960" (Fiori, 2004, p. 93).

136. "Hoje se pode ver com clareza que os norte-americanos responderam, de imediato e de forma contundente, à sua perda de posição na península da Cochinchina, bloqueando a possibilidade de uma hegemonia russa no Sudeste Asiático e, ao mesmo tempo, propondo aos chineses um

Estados Unidos no Vietnã foi um *turning point* na estratégia internacional norte-americana[137] e foi, ao mesmo tempo, o ponto de partida da revolução tecnológico-militar que culminou com a vitória americana na Guerra do Golfo, em 1991, quando os Estados Unidos apresentaram ao mundo o seu novo arsenal de armas aéreas e teleguiadas. Ou seja, o que se presenciou depois da "crise dos anos de 1970" não foi o "declínio americano", foi uma mudança estrutural do sistema mundial e um aumento exponencial do poder dos Estados Unidos: "Pouco a pouco, o sistema mundial foi deixando para trás um modelo 'regulado' de 'governança global', liderado pela 'hegemonia benevolente' dos Estados Unidos, e foi se movendo na direção de uma nova ordem mundial com características mais imperiais do que hegemônicas" (Fiori, 2004, p. 93-94).

Agora, uma vez mais, neste início do século XXI, não existem evidências convincentes de um "colapso" do poder americano (Roberts, 2008). A crise hipotecária e financeira americana de 2007 e 2008 não se transformou numa crise econômica global, e não é provável que ela possa repetir, a médio prazo, a crise da década de 1930, ou mesmo da década de 1970. O fracasso político americano no Iraque não diminuiu o poder militar dos Estados Unidos, que segue sendo muito superior ao de todas as demais potências juntas; a economia americana segue sendo a mais poderosa do mundo e mantém sua capacidade de inovação; os Estados Unidos seguem controlando cerca de 70% de toda a informação produzida e distribuída em redor do mundo; a moeda internacional segue sendo o dólar; o déficit externo não ameaça os Estados Unidos nesse novo padrão monetário internacional "dólar flexível"[138]; e os Estados Unidos não parecem estar sem

---

retorno à velha parceria que havia começado com o tratado de 1844 em torno da defesa da política de 'portas abertas', e que havia se revigorado com a aproximação sino-americana de 1943" (Fiori, 2004, p. 91).

137. "Não há dúvida que a derrota no Vietnã acabou se transformando num momento decisivo na trajetória da luta americana pelo poder global, porque foi ali que se viabilizou a vitória, dentro do *establishment* da política externa americana, dos que defendiam, e já fazia tempo, a necessidade dos Estados Unidos se desfazerem de seu 'comportamento hegemônico' para poder lutar pela 'conquista de todo mundo' e pela formação de um 'império mundial'" (Fiori, 2004, p. 91).

138. "No atual padrão dólar flexível, os crescentes déficits em conta corrente não impõem nenhuma restrição de balança de pagamentos à economia americana. Como o dólar é o meio de pagamento internacional, ao contrário dos demais países, praticamente todas as importações dos Estados Unidos são pagas em dólar. Isso também implica que praticamente todos os passivos externos norte-americanos são também denominados em dólar. Como os dólares são emitidos pelo FED, é simplesmente impossível (enquanto as importações americanas forem pagas em dólar) os Estados Unidos não terem recursos (dólares) suficientes para pagar suas contas externas.

os "os meios e a vontade de continuar a conduzir o sistema de Estados na direção que seja percebida como expandindo não apenas o seu poder, mas o poder coletivo dos grupos dominantes do sistema", como pensa Giovanni Arrighi (2007, p. 150). As dificuldades políticas e econômicas dos Estados Unidos no final da primeira década do século XXI poderão se prolongar e aprofundar, mas em nosso entender com certeza não se trata do fim do poder americano, muito menos da economia capitalista.

De qualquer maneira, o problema de fundo de todas essas profecias "terminais" não está em suas leituras imediatas da conjuntura internacional deste início do século XXI. Seus pontos fracos estão na confusão que fazem entre planos e tempos históricos diferentes. Fernand Braudel distingue o tempo breve, da vida política imediata, do tempo cíclico da vida econômica e da "longa duração" das grandes estruturas históricas. Deste ponto de vista, é verdade que os Estados Unidos estão enfrentando uma crise de liderança, no "tempo breve" das relações políticas imediatas com seus aliados e adversários, mas isto não significa, necessariamente, uma diminuição do seu "poder estrutural", segundo a distinção clássica de Susan Strange[139]. Da mesma forma, no tempo cíclico da economia, os Estados Unidos vêm enfrentando uma sucessão de "bolhas especulativas" desde 1987, mas nenhuma delas provocou uma "grande crise", como a de 1930, tampouco diminuiu a velocidade média do crescimento americano, quase contínuo, desde 1982. Por fim, no plano das "longas durações" históricas, no qual tudo se transforma de maneira mais lenta, as derrotas militares americanas e a expansão chinesa não significam necessariamente uma crise final do poder americano. Pelo contrário, de nossa perspectiva, elas fazem parte de uma grande transformação expansiva do sistema mundial, que começou na

---

Além disso, naturalmente é o FED que determina diretamente a taxa de juros de curto prazo do dólar, enquanto as taxas de juros de longo prazo em dólar são inteiramente dominadas pela expectativa do mercado sobre o curso futuro da taxa do FED. Portanto, como a 'dívida externa' americana é em dólar, os Estados Unidos estão na posição peculiar de determinar unilateralmente na taxa de juros que incide sobre sua própria dívida externa. Como a dívida pública americana que paga os juros determinados pelo FED é o ativo financeiro de maior liquidez em dólar, ela é também o ativo de reserva mais importante do sistema financeiro internacional" (Serrano, 2002 apud Fiori, 2004, p. 211).

139. "Na economia política, exercem-se dois tipos de poder: o poder estrutural e o poder relacional. O poder relacional é o poder que permite que A leve B a fazer algo que não faria de outra maneira. Por outro lado, o poder estrutural é o poder de moldar e determinar as estruturas da economia política global, dentro das quais outros Estados, suas instituições políticas, suas empresas econômicas e, não menos importante, seus cientistas e outros profissionais precisam operar" (Strange, 1988, p. 24).

década de 1970 e se prolonga até hoje, associada, em grande medida, à expansão contínua e vitoriosa do próprio poder americano nesse período. Sem distinguir estes planos e estes tempos diferentes, pode-se confundir, com facilidade, o fim de um ciclo normal da economia capitalista com uma crise estrutural ou terminal do próprio capitalismo. Ou ainda confundir o impasse militar dos Estados Unidos no Iraque, ou sua derrota no Vietnã, com a perda de sua supremacia política e militar no mundo. Em todos esses planos, reencontra-se o viés funcionalista da teoria dos "ciclos hegemônicos" e sua dificuldade de ler e entender as "contradições" do sistema mundial. A teoria dos ciclos hegemônicos dá uma atenção quase exclusiva às contribuições "positivas" do "poder hegemônico" para o funcionamento do sistema, e com isto não consegue entender, por exemplo, por que o *hegemon* é quem mais contribui para a contínua desestruturação das regras e das instituições do próprio sistema. Tampouco, consegue entender por que o *hegemon* segue competindo e atropelando as demais potências do sistema, mesmo nos períodos de máxima segurança e de "tranquilidade hegemônica". Por isto, finalmente, essas teorias chamam de "crise" qualquer "disfunção sistêmica", e anunciam "crises terminais" e "rupturas históricas" a cada nova turbulência da vida política e econômica do sistema mundial.

É sempre possível falar do "declínio relativo" de um país que tenha acumulado uma quantidade excepcional de poder após uma guerra vitoriosa, como foi o caso dos Estados Unidos depois de 1945 e depois de 1991. A partir desse momento vitorioso, é inevitável que a potência ganhadora perca posições relativas dentro da hierarquia mundial do poder e da riqueza, à medida que avança a reconstrução dos Estados e das demais economias que foram derrotadas ou foram destruídas pela guerra. Nesses períodos de recuperação, a velocidade da reconstrução física e militar, bem como do crescimento econômico dos derrotados ou destruídos, tende a ser maior do que o da potência líder. O que não se percebe, muitas vezes, é que a reconstrução e a aceleração do crescimento destes países são – ao mesmo tempo – dependentes e indispensáveis para a acumulação de poder e de riqueza da própria potência que está supostamente em "declínio". Por conseguinte, pode-se falar de um "declínio relativo" do poder americano com relação à China, como já se falou do declínio do poder econômico americano com relação ao Japão e à Alemanha, na década de 1970. Mas este declínio relativo dos Estados Unidos não significa – ao menos não de maneira necessária – um "colapso" do seu poder econômico e da sua supremacia mundial. E, do nosso ponto de vista, essa dinâmica faz parte das transformações sistêmicas e estruturais, neste início do século XXI, e seguem em curso com um papel decisivo do poder americano desse período. Mas essa visão alternativa dos acontecimentos contemporâneos parte de uma teoria diferente que olha para o sistema mundial como um "universo" em expansão contínua no qual todos os Estados que lutam pelo "poder global" – em particular, as grandes potências – estão sempre criando, ao mesmo tempo, ordem e desordem, expansão e crise, paz e guerra, sem perder sua preeminência hierárquica dentro do sistema.

4.5.3 A teoria do "universo em expansão" e a tese da "explosão expansiva"

i. Quando se olha para o sistema mundial – neste início do século XXI – como parte de um "universo" que se expande de forma contínua, a partir do "longo século XIII"[140] é possível identificar, na sua trajetória, quatro "momentos" em que ocorreu uma espécie de "explosão expansiva" dentro do próprio sistema[141]. Nestes "momentos históricos", houve primeiro um aumento da "pressão competitiva"[142] dentro do "universo", e, depois, uma grande "explosão" ou alargamento das suas fronteiras internas e externas. O aumento da "pressão competitiva" foi provocado – quase sempre – pelo expansionismo de uma ou de várias "potências" líderes, e envolveu também um aumento do número e da intensidade do conflito entre as outras unidades políticas e econômicas do sistema. E a "explosão expansiva" que se seguiu projetou o poder destas unidades ou "potências" mais competitivas para fora de si mesmas, ampliando as fronteiras do próprio "universo". A primeira vez que isto ocorreu foi no "longo século XIII", entre 1150 e 1350. O aumento da "pressão competitiva" dentro da Europa foi provocado pelas invasões mongóis, pelo ex-

---

140. Expressão utilizada por Peter Spufford (1989) em *Money and its use in Medieval Europe* para referir-se ao período da história europeia, entre 1150 e 1350, numa clara analogia com o "longo século XVI" de F. Braudel.

141. Expressão sugerida pela teoria física e cosmológica quando discorre acerca da existência de um período de expansão acelerada do universo bem no início da sua história. Antes desta fase, as galáxias estavam fortemente concentradas. "Os físicos associam este surto inflacionário à energia potencial armazenada em um novo campo, o *inflaton*, segundos depois do big-bang" (Valenziano, 2007).

142. "Existem mil e uma razões para o surgimento de tensões e conflitos entre Estados. Seja qual for a razão específica, a força propulsora primária é produzida pela pressão competitiva intrínseca à configuração, pela luta elementar de sobrevivência entre as unidades e por seus conflitos de *status* e de poder" (Elias, 1990, p. 218).

pansionismo das Cruzadas e pela intensificação das guerras "internas" na Península Ibérica, no Norte da França, e na Itália. E a "explosão expansiva" que seguiu se transformou numa espécie de *Big-Bang* do "universo" de que estamos falando, o momento do nascimento do primeiro sistema europeu de "guerras e trocas" com suas unidades territoriais soberanas e competitivas, cada uma delas com suas moedas e seus tributos. A segunda vez que isto ocorreu foi no "longo século XVI", entre 1450 e 1650. O aumento da "pressão competitiva" foi provocado pelo expansionismo do Império Otomano e do Império Habsburgo, bem como pelas guerras da Espanha com a França, com os Países Baixos e com a Inglaterra. É o momento em que nascem os primeiros Estados europeus com suas economias nacionais e com uma capacidade bélica muito superior à das unidades soberanas do período anterior. Foi a "explosão expansiva" deste embrião do sistema interestatal europeu – para fora da própria Europa – que deu origem ao "sistema mundial moderno"[143], liderado, inicialmente, pelas potências ibéricas, e, depois, pela Holanda, pela França e pela Inglaterra[144]. A terceira vez em que isto ocorreu foi no "longo século XIX", entre 1790 e 1914. O aumento da "pressão competitiva" foi provocado pelo expansionismo francês e inglês, dentro e fora da Europa, pelo nascimento dos Estados americanos, e pelo surgimento, depois de 1860, de três potências políticas e econômicas – Estados Unidos, Alemanha e Japão – que cresceram muito rapidamente e revolucionaram a economia capitalista, assim como o "núcleo central" das grandes potências. Logo em seguida, houve uma terceira "explosão expansiva" que assumiu a forma de uma "corrida imperialista" entre as grandes potências, a qual trouxe a África e a Ásia para dentro das fronteiras coloniais do "sistema mundial moderno". Por fim, desde a década de 1970, está em curso uma quarta "explosão expansiva" do sistema mundial. Nossa hipótese é que – desta vez – o aumento da "pressão competitiva" dentro do sistema mundial está sendo provocado pela estratégia expansionista e imperial dos Estados Unidos, depois dos anos de 1970, em virtude da multiplicação dos Estados soberanos do sistema, que já são cerca de duzentos,

---

143. Este conceito clássico da teoria do *world-system*, de Immanuel Wallerstein, é utilizado neste artigo sem a mesma conotação teórica do autor, apenas com a mesma referência cronológica.

144. "Não se pode compreender as iniciativas expansionistas da Europa Ocidental sem considerar a região como um sistema de unidades políticas separadas, que interagem de modo intensivo e competitivo. Como as formas de governo que construíam impérios no ultramar se tornavam, simultaneamente, mais coesas e centralizadas internamente, é razoável supor que os dois processos estivessem entrelaçados" (Abernethy, 2000, p. 49).

e, finalmente, em virtude do crescimento vertiginoso do poder e da riqueza dos Estados asiáticos, e, em particular, da China. O tamanho dessa "pressão competitiva", neste início do século XXI, permite prever uma nova "corrida imperialista" entre as grandes potências, bem como uma gigantesca expansão das fronteiras deste "universo mundial". Esta é a hipótese central deste artigo, e, por isto, voltaremos a ela mais adiante. ii. Esse "universo" acerca do qual discorremos nasceu na Europa, e só na Europa, apesar das semelhanças políticas e econômicas que possam ter existido entre a situação europeia, e o que se passava, naquele momento, em outros territórios, continentes ou civilizações, apesar de que se possa encontrar, na mesma época, em certas regiões da Ásia, formas mais avançadas de comércio, de finanças e de agricultura[145]. Entre os séculos IX e XI, a Europa viveu um processo de grande fragmentação do seu poder territorial e de atrofia da sua atividade econômica com o desaparecimento quase completo, dentro de pequenas comunidades e em territórios pouco distantes, do comércio que não fosse na forma de escambo[146]. Nos dois séculos seguintes, entretanto – entre 1150 e 1350 – aconteceu a grande revolução que mudou a história da Europa e do mundo: forjou-se, no continente, uma associação indissolúvel e expansiva entre a "necessidade da conquista" e a "necessidade do excedente", a qual se repetiu, da mesma forma, em várias unidades territoriais soberanas e competitivas que desenvolveram seus sistemas de tributação local[147] e criaram suas próprias moedas para financiar suas guerras de conquista. Guerras e tributos, assim como moedas e comércio, existiram em todo tempo e lugar, mas a grande novidade europeia foi a forma pela qual se articularam entre si dentro de pequenos territórios

---

145. "A grande diferença europeia com relação aos impérios asiáticos é que a relação dos poderes soberanos com a atividade mercantil e financeira foi muito mais frouxa – uma relação de 'neutralidade indiferente' – segundo Irfan Habib – graças à sua grande capacidade de tributação do uso da terra" (Fiori, 2007, p. 23).

146. "O comércio sempre existiu em todos os tempos, mas, durante a maior parte da história, sua tendência natural foi manter-se no nível das necessidades imediatas ou da 'circulação simples' e só se expandir de forma muito lenta e secular. Mesmo depois da monetarização da economia europeia, o comércio permaneceu, por longos períodos, restrito a territórios pequenos e isolados" (Fiori, 2007, p. 16).

147. "O aumento do uso da moeda e da troca, juntamente com as formações sociais que as empregavam, manteve uma relação recíproca permanente com a forma e o desenvolvimento do poder monopolista dentro de uma área particular. Essas duas séries de fenômenos, em entrelaçamento constante, impeliram-se mutuamente para cima" (Elias, 1990, p. 142).

altamente competitivos e sob a pressão da "guerra permanente"[148]. Na Europa, a preparação para a guerra, e as guerras propriamente ditas[149], se transformaram na principal atividade de todos os seus príncipes[150], de modo que a necessidade de financiamento dessas guerras se transformou num multiplicador contínuo da dívida pública e dos tributos. E, por derivação, um multiplicador do excedente e do comércio, assim como do mercado de moedas e de títulos da dívida, alimentando um "circuito virtuoso" e original entre os processos de acumulação do poder e da riqueza dentro do território europeu[151].

> Do nosso ponto de vista, não há como explicar ou deduzir a necessidade da acumulação do lucro e da riqueza, a partir do "mercado" ou do "jogo das trocas" [...]. Porque não existe nenhum "fator intrínseco" à troca e ao mercado que explique a decisão de acumular e de universalizar os próprios mercados. Pelo contrário, o comércio sempre existiu em todos os tempos, mas durante a maior parte da história, sua tendência natural foi manter-se no nível das necessidades imediatas ou da "circulação simples", e só se expandir de forma muito lenta e secular (Fiori, 2007, p. 16).

Em nosso entender, portanto, no caso europeu do "longo século XIII" foi a luta pelo poder que implodiu os mercados locais[152] e estimulou a

---

148. "Já esboçamos as pressões que provocaram o lento declínio da Casa Real na sociedade guerreira com economia de troca, tão logo a Coroa deixou de poder expandir-se, isto é, de conquistar novas terras. Processos análogos surgiram, tão logo diminuíram a possibilidade de expansão e a ameaça externa à sociedade guerreira" (Elias, 1990, p. 60).

149. "A guerra não consiste apenas na batalha, ou no ato de lutar, mas naquele lapso de tempo durante o qual a vontade de travar batalha é suficientemente conhecida. Portanto, a noção de tempo deve ser levada em conta quanto à natureza da guerra, do mesmo modo quanto à natureza do clima. Porque tal como a natureza do mau tempo não consiste em dois ou três chuviscos, mas numa tendência para chover que dura vários dias seguidos, assim também a natureza da guerra não consiste na luta real, mas na conhecida disposição para tal, durante todo o tempo em que não há garantia do contrário" (Hobbes, 1983, p. 77).

150. "Deve, pois, um príncipe não ter outro objetivo nem outro pensamento, nem ter outra coisa como prática a não ser a guerra, porque essa é a única arte que se espera de quem comanda [...]. Um príncipe deve, pois, não deixar nunca de se preocupar com a arte da guerra e praticá-la na paz, ainda mesmo que na guerra, e isto pode ser conseguido por duas formas: pela ação ou apenas pelo pensamento" (Maquiavel, 1983, p. 59).

151. "Em termos rigorosos, o que temos é um mecanismo social muito simples que, uma vez posto em movimento, funciona com a regularidade de um relógio. Uma configuração humana em que um número relativamente grande de unidades, em virtude do poder de que dispõem, concorrem entre si, tende a desviar-se desse estado de equilíbrio e a aproximar-se de um estado diferente, no qual um número cada vez menor de unidades de poder competem entre si" (Elias, 1993, p. 94).

152. O economista escocês James Stuart (1762-1780) talvez tenha sido o primeiro a perceber esta importância decisiva do poder do Estado para a criação e para a multiplicação do "excedente econômico". Segundo Stuart, "o cidadão que se tornou agricultor não possuiria nenhum interesse

produção agrícola e a multiplicação do excedente econômico. E a cunhagem das moedas soberanas facilitou a troca desses excedentes e a autonomização da "economia de mercado". Mas, ao mesmo tempo, essas mesmas guerras criaram as oportunidades de multiplicação do dinheiro pelo dinheiro, longe da produção, e que está na origem do capital e do capitalismo. Trata-se do mundo dos "grandes predadores" e dos "lucros extraordinários", segundo a clássica distinção de Fernand Braudel[153]. Mas essa multiplicação do dinheiro pelo dinheiro só foi possível porque – ao contrário do que pensava Braudel – as guerras europeias impediram a formação de uma "economia-mundo" sob a égide de uma só moeda e de um só sistema de preços[154] dentro do continente europeu. A competição e as guerras também fragmentaram o "jogo das trocas", de modo que criaram um verdadeiro "mosaico" de moedas[155] e de títulos públicos e privados, transacionados em vários mercados "financeiros", no qual foi possível multiplicar o dinheiro (D-D') longe da produção, mediante a troca de moedas e de títulos soberanos, bem como da conquista de posições monopólicas, feitos à sombra dos poderes vitoriosos[156].

---

em produzir excedente se não tivesse com o que gastar a renda auferida com esta nova produção. Apenas mais bens de subsistência não poderiam justificar o esforço extra". Na concepção de Stuart, mesmo que este agricultor vendesse este excedente, não o permaneceria produzindo, simplesmente decidiria não mais investir em expansão da produção. O argumento stuartiano passa a "necessitar de um mecanismo propulsor da acumulação. E é neste ponto que ele introduz a intervenção direta do Estado para garantir a continuidade deste processo" (Malta, 2005, p. 91-92).

153. "Braudel estabelece uma distinção fundamental entre os conceitos de 'economia de mercado' e de 'capitalismo'. Mais do que isto, ele defende a tese de que o capitalismo é o 'antimercado', porque o mercado é o lugar das trocas e dos ganhos 'normais' e o capitalismo, o lugar da acumulação dos 'grandes lucros' e dos 'grandes predadores'" (Fiori, 2007, p. 15).

154. A existência dessa força gravitacional entra em choque com a tese de F. Braudel e de I. Wallerstein a respeito da existência, na origem da "modernidade capitalista", de uma única "economia-mundo", ou de uma só "divisão de trabalho" integrada dentro do território europeu antes da formação dos seus Estados e de economias nacionais.

155. "A introdução da moeda no mundo do poder e da troca transformou a Europa em um imenso 'mosaico monetário' na medida em que todos os soberanos foram monetizando progressivamente seus próprios tributos e, como consequência, também seus créditos e dívidas internas de longo prazo. Dessa forma, surgiram infinitas moedas pela Europa, cada uma válida dentro do seu território de tributação, que se tornou, ao mesmo tempo, uma 'comunidade de pagamentos' do ponto de vista do mercado" (Fiori, 2007, p. 21).

156. "Apesar das sucessivas moratórias reais e falências privadas, forja-se, desde então, uma complementaridade de visões e de interesses cada vez maior entre os poderes territoriais expansivos e os detentores da riqueza líquida de que necessitavam os soberanos. O príncipe vê na riqueza do comerciante e do banqueiro o financiamento que precisa para as guerras, e os banqueiros descobrem nos empréstimos para as guerras uma máquina multiplicadora de dinheiro, uma verdadeira varinha mágica que 'chove dinheiro do céu' como diria Marx, muito mais tarde" (Fiori, 2004, p. 30).

iii. Essas guerras cumpriram um papel decisivo no processo de centralização do poder que levou à formação dos primeiros Estados nacionais europeus[157], os quais iniciaram a conquista do "sistema mundial moderno". Esse sistema não existia antes da formação dos Estados nacionais, e não foi um produto natural e evolutivo desses Estados, muito menos da "economia de mercado" ou do "modo de produção capitalista"[158]. Trata-se de uma criação do poder conquistador desses primeiros Estados territoriais, que definiram suas fronteiras no mesmo momento em que se expandiam para fora da Europa.

> Nesse sentido, o mais correto é dizer que o "império", ou a "vontade imperial", foi uma dimensão essencial dos primeiros Estados nacionais europeus. Como resultado, desde o início o novo sistema estatal europeu esteve sob o controle compartido e competitivo de um pequeno número de "Estados-impérios" que se impuseram dentro da própria Europa, conquistando, anexando ou subordinando outras formas de poder local menos poderosas que os novos Estados. Foi assim que nasceram as primeiras potências, um pequeno número de "Estados-impérios" que se impuseram na sua região e se transformaram no "núcleo central" do sistema estatal europeu. O núcleo das grandes potências, que nunca foi homogêneo, coeso ou pacífico, viveu em estado de quase permanente guerra, exatamente porque todos seus Estados eram ou tinham "vocação imperial" e mantinham, entre si, relações complementares e competitivas (Fiori, 2004, p. 38-39).

Até o fim do século XVIII, o "sistema mundial moderno" se restringia aos Estados europeus e a suas colônias americanas, e foi só depois da sua grande "explosão expansiva" do século XIX que ele incluiu a África e a Ásia dentro de suas fronteiras coloniais. Mas foi só na segunda metade do século XX que o sistema interestatal se "globalizou" em definitivo depois da criação de Estados nacionais independentes da Ásia e da África.

---

157. "O desenvolvimento concreto dessa luta constante, e as relações de poder entre os adversários, variam profundamente conforme os países. O resultado dos conflitos, porém, é, em sua estrutura, quase sempre o mesmo: em todos os maiores países da Europa Continental, e ocasionalmente também na Inglaterra, os príncipes e seus representantes terminam por acumular uma concentração de poder ao qual não se comparam os demais Estados" (Elias, 1993, p. 15).

158. "Não podemos deixar de pensar que este processo de formação do mercado acional inglês poderia ter tido resultados muito diferentes se a Inglaterra não tivesse, ao mesmo tempo, se assenhorado da dominação do mundo" (Braudel, 1996).

iv. Existem duas características fundamentais que distinguem a originalidade e que, por conseguinte, explicam a força vitoriosa desses Estados nacionais que surgiram na Europa durante o "longo século XVI":

> • a forma pela qual nasceram dentro de um sistema competitivo, e a maneira pela qual foram obrigados a se expandir para sobreviver, como acontecia com as unidades soberanas do período medieval[159];
>
> • a forma pela qual se articularam com suas economias nacionais, transformando-as no seu principal instrumento de poder e num fator decisivo de sua expansão imperial[160].

v. Com relação à primeira característica – competitividade e expansividade política – do novo sistema interestatal,

> ele manteve os traços fundamentais do sistema político anterior formado pelas cidades e pelas "unidades imperiais" menores que os Estados: ele também nasceu armado e se expandiu graças às suas disputas territoriais e às suas guerras de conquista [...]. Por isso mantiveram-se válidas, para o novo sistema de poder, as observações de Norbert Elias com relação às guerras do século XIII. Na relação entre os Estados nacionais, como antes, a mera preservação da existência social exige uma expansão constante do poder, porque na livre competição, quem não sobe, cai. Ou seja, dentro do sistema interestatal, toda grande potência está obrigada a seguir expandindo o seu poder, mesmo que seja em períodos de paz, e, se possível, até o limite do monopólio absoluto e global (Fiori, 2004, p. 41-42).

Mas esse limite é uma impossibilidade dentro do próprio sistema, porquanto se ele se realizasse o sistema se desintegraria[161]. Para ser mais preciso: de nossa perspectiva, a vitória e a constituição de um império mundial seria sempre a vitória de um Estado nacional específico. Isto

---

159. "Em todos os tempos, os reis, e as pessoas dotadas de autoridade soberana por causa de sua independência, vivem em constante rivalidade e na situação e atitude dos gladiadores, com as armas assestadas, cada um de olhos fixos no outro; isto é, seus fortes, guarnições e canhões guardando as fronteiras de seus reinos, e constantemente com espiões no território de seus vizinhos, o que constitui uma atitude de guerra" (Hobbes, 1983, p. 77).

160. "A economia nacional é um espaço político que foi transformado pelo Estado, devido às necessidades e às inovações da vida material, num espaço econômico coerente, unificado, cujas atividades passaram a se desenvolver em conjunto numa mesma direção, numa façanha que a Inglaterra realizou precocemente, a revolução que criou o mercado nacional inglês" (Braudel, 1996, p. 82).

161. "Foi o Estado nacional bem-delimitado que proporcionou ao capitalismo sua oportunidade de desenvolvimento – e enquanto o Estado nacional não ceder lugar a um império mundial, o capitalismo também persistirá" (Weber, 1961, p. 249).

é, daquele Estado que fosse capaz de monopolizar o poder até o limite do desaparecimento dos seus competidores. Mas, se isto acontecesse, a competição entre os Estados seria interrompida, e, nesse caso, os Estados não teriam como seguir aumentando o seu próprio poder. Seria, portanto, ilógico, de um prisma teórico, porque destruiria o mecanismo central de acumulação de poder que mantém o sistema mundial em estado de expansão desordenada e desequilibrada, porém contínua. Por conseguinte, a preparação para a guerra, e, aliás, as próprias guerras, não impedem a convivência, a complementaridade e até as alianças e as fusões entre os Estados envolvidos nos conflitos. Às vezes, predomina o conflito; às vezes, a complementaridade, mas é essa "dialética" que permite a existência de períodos mais ou menos prolongados de paz dentro do sistema mundial sem que seja interrompida a concorrência e o conflito latente entre seus Estados mais poderosos. A própria "potência líder" ou "hegemônica" precisa seguir expandindo o seu poder de forma contínua para manter sua posição relativa. E sua acumulação de poder, como a de todos os demais, também depende da competição e da preparação para a guerra contra adversários reais ou possíveis, os quais vão sendo criados pelas contradições do sistema[162]. Se essa competição desaparecesse, as "potências líderes" ou "hegemônicas" também perderiam força, como todos os demais Estados, e todo o sistema mundial se desorganizaria, entrando em estado de homogeneização entrópica. Desse modo, consegue-se entender melhor a razão pela qual é logicamente impossível que algum "*hegemon*" possa ou consiga estabilizar o sistema mundial, como pensa a teoria dos "ciclos hegemônicos". A própria potência hegemônica – que deveria ser o grande estabilizador, segundo esta teoria – precisa da competição e da guerra para seguir acumulando poder e riqueza. E para se expandir, muitas vezes, ela precisa ir além e destruir as próprias regras e instituições que ela mesma construiu, num momento anterior, depois de alguma grande vitória. Por isso, ao contrário da "utopia hegemônica", neste "universo em expan-

---

162. "Os príncipes se tornam grandes, sem dúvida, quando superam as dificuldades e a oposição que se lhes movem. Assim, a fortuna, *máxime* quando quer engrandecer a um novo príncipe, o qual tem mais necessidade de conquistar reputação do que um hereditário, suscita-lhe inimigos que o guerreiam a fim de que tenha ele a oportunidade de vencê-los e subir mais, valendo-se daquela escada que os próprios inimigos lhe estendem. Muitos julgam, por isso, que um príncipe sábio, quando tiver ocasião, deve fomentar com astúcia certas inimizades contra ele mesmo, a fim de que pela vitória sobre os inimigos mais se possa engrandecer" (Maquiavel, 1983, p. 88-89).

são" nunca houve nem haverá "paz perpétua", tampouco hegemonia estável. Pelo contrário, trata-se de um "universo" que precisa da guerra e das crises para poder se ordenar e se "estabilizar" – sempre de forma transitória – e manter suas relações e estruturas hierárquicas.

vi. A segunda característica que distingue a originalidade e explica a força vitoriosa dos primeiros Estados europeus é a relação simbiótica que estabeleceram com suas economias nacionais, as quais foram transformadas no seu principal instrumento de poder depois do século XVII. Desde o início do "sistema mundial moderno", o expansionismo dos seus Estados líderes teve um papel decisivo no desenvolvimento das suas economias nacionais, e vice-versa. O impulso conquistador desses Estados impediu que seus mercados locais se fechassem sobre si mesmos, e alargou suas fronteiras com a inclusão de outras economias dentro do seu "território econômico supranacional". Ao mesmo tempo, esse impulso conquistador foi criando as oportunidades monopólicas para a realização dos "lucros extraordinários" que movem o capitalismo[163]. Nesse novo sistema interestatal, manteve-se – num patamar muito mais elevado – a mesma "relação virtuosa" que já existia na Europa, nos séculos XIII e XIV, entre a acumulação do poder, as guerras, e o aumento contínuo da produtividade e do excedente econômico; bem como entre as guerras, as dívidas públicas, os sistemas de crédito e a multiplicação do capital financeiro. A relação ficou mais complexa, mais veloz, e, em contrapartida, menos transparente, mas manteve-se, em última instância, a relação virtuosa entre os processos de concentração e de centralização do poder e da riqueza dentro de cada Estado, de cada economia nacional e dentro da economia mundial como um todo. Desde o início do novo sistema interestatal até hoje, "a expansão competitiva dos seus "Estados-economias nacionais" criou impérios e internacionalizou a economia capitalista, mas nem os impérios nem o "capital internacional" eliminaram os Estados e as economias nacionais" (Fiori, 2007, p. 30). E mesmo nos países vitoriosos que lideraram a internacionalização capitalista, os seus capitais seguem sendo "designados" e "realizados" nas suas próprias moedas nacionais[164].

---

163. "Desses grandes lucros derivam as consideráveis acumulações de capitais, tanto assim que o comércio a distância se reparte apenas entre poucas mãos [...] só os grandes comerciantes praticam e concentram em suas mãos lucros anormais" (Braudel, 1987, p. 49).

164. "O desenvolvimento do capitalismo mundial traz como resultado, de um lado, a internacionalização da vida econômica e o nivelamento econômico; e, de outro, em medida infinitamente maior,

A ideia de uma "moeda internacional" vista como um "bem público" – como, por exemplo, na teoria da "estabilidade hegemônica" de Charles Kindleberger – esconde o fato de que todas as moedas são nacionais, bem como são um instrumento de poder na luta pela supremacia econômica internacional. Nesse sentido, pode-se afirmar que não existe capital nem capitalismo sem a mediação nacional do poder, do território e da moeda, ou seja, não existe capital "em geral", existem sempre capitais nacionais que se internacionalizam sem perder seu vínculo e sua referência com alguma moeda nacional ou soberana. E ao longo da história todas as "moedas internacionais" foram sempre as moedas nacionais dos Estados "vencedores". Por conseguinte, pode-se dizer que existe uma hierarquia de moedas, a qual corresponde, mais ou menos, à hierarquia de poder de seus Estados emissores. Como também se pode dizer que os sistemas monetários internacionais são um retrato demasiado fiel da correlação de forças existente, num determinado momento, entre as grandes potências. Não há evidência de que o florim holandês tenha sido uma moeda de circulação internacional durante o século XVI, mas não há dúvida de que a fusão financeira da Holanda com a Inglaterra foi decisiva para a internacionalização da libra durante os séculos XVIII e XIX, antes de sua "quase fusão" com o dólar, no século XX. Desse modo, cria-se uma espécie de continuidade e de supremacia monetária financeira global anglo-holandesa-americana durante os últimos quatro séculos da história do sistema interestatal capitalista. A força expansiva destas grandes potências "ganhadoras" provocou, em alguns casos, uma reação e uma estratégia econômica defensiva de outros Estados que se protegeram desenvolvendo suas próprias economias nacionais. E em geral, quando estes Estados que adotaram essa estratégia defensiva tentaram conquistar – posteriormente – seu próprio "território econômico supranacional", acabaram provocando um grande aumento da "pressão competitiva" dentro do sistema mundial, como está acontecendo nestas últimas décadas desde a "crise da década de 1970".

vii. Por fim, a fim de resumir e voltar à discussão da conjuntura internacional e da "crise americana" nesse início do século XXI: em nosso entender, o sistema mundial é um "universo em expansão" contínua, no

---

o agravamento extremo da tendência à nacionalização dos interesses capitalistas, à formação de grupos nacionais estreitamente ligados entre si, armados até os dentes e prontos, a qualquer momento, a lançar-se uns sobre os outros" (Bukharin, 1984, p. 66).

qual todos os Estados que lutam pelo "poder global" – em particular, a potência líder ou hegemônica – estão sempre criando, ao mesmo tempo, ordem e desordem, expansão e crise, paz e guerra. Por isso, crises econômicas e guerras não são, necessariamente, um anúncio do "fim" ou do "colapso" dos Estados e das economias envolvidas. Pelo contrário, podem ser uma parte essencial e necessária da acumulação do poder e da riqueza não só desses Estados como também do próprio sistema mundial. E nessa conjuntura em particular, as crises e guerras que estão em curso fazem parte – do nosso ponto de vista – de uma transformação estrutural de longo prazo que começou na década de 1970 e que aponta, nesse momento, para um aumento da "pressão competitiva" mundial – geopolítica e econômica – e para o início de uma nova "corrida imperialista" entre as grandes potências, a qual já faz parte de mais uma "explosão expansiva" do sistema mundial que se prolongará pelas próximas décadas e contará com uma participação decisiva do poder americano.

4.5.4 A conjuntura internacional

A conjuntura internacional desse início do século XXI não é uma obra exclusiva dos Estados Unidos. Ela envolve decisões, processos e contradições que estão fora do controle direto norte-americano, apesar de sempre envolverem alguma presença ou influência da potência líder do sistema mundial, como no caso dos desenvolvimentos recentes na Ásia, na África, ou na própria Rússia. Desse modo, a expansão contínua do poder imperial dos Estados Unidos segue sendo decisiva para entender a conjuntura geopolítica internacional, bem como a evolução da economia americana segue sendo essencial para qualquer análise do presente e do futuro da economia internacional. Tanto no plano geopolítico como no plano econômico, está em curso, nesse momento, uma transformação estrutural de longo prazo que começou na década de 1970, e, nos dois planos, a expansão dos Estados Unidos teve e ainda tem um papel um decisivo, inclusive no fortalecimento dos seus principais concorrentes políticos e econômicos.

A projeção internacional do poder americano não é um fenômeno novo: começou pouco depois da independência dos Estados Unidos, e se prolongou, de forma contínua, no decorrer dos séculos XIX e XX[165]. Mas foi só na

---

165. "Depois da sua independência, os Estados Unidos se expandiram de forma contínua, como aconteceu com todos os Estados nacionais que já se haviam transformado em grandes potências, e em impérios coloniais. Pelo caminho das guerras ou dos mercados, os Estados Unidos anexaram a

segunda metade do século XX, e em particular depois da "crise dos anos de 1970", que os Estados Unidos adotaram uma estratégia imperial explícita e amplamente vitoriosa na década de 1990[166]: "Na hora da vitória, o desaparecimento da União Soviética e o fim da Guerra Fria colocaram os Estados Unidos e o mundo, pela primeira vez, diante da possibilidade de um 'poder global' sem limites militares" (Fiori, 2004, p. 94). Mas hoje está claro que a disputa entre as grandes potências não acabou nem interrompeu em 1991. Apenas desacelerou – temporariamente – como costuma acontecer depois de uma grande guerra ou de uma vitória contundente, como foi o caso da vitória norte-americana na Guerra Fria e na Guerra do Golfo. Nos dois casos, não houve uma rendição explícita dos derrotados, nem um "acordo de paz" entre os vitoriosos que consagrasse uma nova ordem internacional, como aconteceu logo depois da Segunda Guerra Mundial[167]. Porque não havia,

---

Flórida em 1819, o Texas em 1835, o Oregon em 1846, o Novo México e a Califórnia em 1848. E no início do século XIX, o governo dos Estados Unidos já havia ordenado duas 'expedições punitivas', de tipo colonial, no Norte da África, onde seus navios bombardearam as cidades de Tripoli e Argel, em 1801 e 1815. Por outro lado, em 1784, apenas um ano depois da assinatura do Tratado de Paz com a Grã-Bretanha, já chegavam aos portos asiáticos os primeiros navios comerciais norte-americanos, e, meio século depois, os Estados Unidos, ao lado das grandes potências econômicas europeias, já assinavam ou impunham tratados comerciais, à China, em 1844, e ao Japão, em 1854. Por fim, na própria América, quatro décadas depois da sua independência, os Estados Unidos já se consideravam com direito à hegemonia exclusiva em todo continente, e executaram sua Doutrina Monroe intervindo em Santo Domingo, em 1861, no México, em 1867, na Venezuela, em 1887, e no Brasil, em 1893. E, finalmente, declararam e venceram a guerra com a Espanha, em 1898, conquistando Cuba, Guam, Porto Rico e Filipinas, para logo depois intervir no Haiti, em 1902, no Panamá, em 1903, na República Dominicana, em 1905, em Cuba, em 1906, e, de novo, no Haiti, em 1912. Por fim, entre 1900 e 1914, o governo norte-americano decidiu assumir plenamente o protetorado militar e financeiro da República Dominicana, do Haiti, da Nicarágua, do Panamá e de Cuba, e confirmou a situação do Caribe e da América Central como sua 'zona de influência' imediata e incontestável" (Fiori, 2004, p. 74, 77).

166. "A derrota no Vietnã acabou se transformando num momento decisivo na trajetória da luta americana pelo poder global, porque foi ali que se viabilizou a vitória, dentro do *establishment* da política externa americana, dos que defendiam a necessidade dos Estados Unidos se desfazerem de seu 'comportamento hegemônico' para poder lutar pela conquista de todo mundo, e pela formação de um 'império mundial'" (Fiori, 2004, p. 91).

167. Na Primeira Guerra Mundial, os Estados Unidos tiveram uma participação decisiva para a vitória da Grã-Bretanha e da França, na Europa, e nas decisões da Conferência de Paz de Versalhes, em 1917. Mas foi só depois da Segunda Grande Guerra que os norte-americanos ocuparam o lugar da Grã-Bretanha dentro do sistema mundial, impondo sua hegemonia na Europa e na Ásia, e, um pouco mais à frente, no Oriente Médio, depois da Crise de Suez, em 1956. Foi neste período de reconstrução da Europa, da Ásia e do próprio sistema político e econômico mundial, que os Estados Unidos lideraram até a década de 1970 uma experiência de "governança mundial" baseada em "regimes internacionais" e "instituições multilaterais", tuteladas pelos norte-americanos. A engenharia deste novo sistema apoiou-se na bipolarização geopolítica do mundo com a União Soviética, e numa relação privilegiada dos Estados Unidos com a Grã-Bretanha e com os "povos de língua inglesa". Mas, além disso, tiveram papel decisivo no funcionamento dessa nova "ordem regulada": a unificação europeia, sob proteção militar da Otan, e a articulação econômica – original e virtuosa

553

naquele momento, outra potência com o poder e a capacidade de negociar ou de limitar o arbítrio unilateral dos Estados Unidos, e porque os norte-americanos tampouco tinham disposição de negociar ou de limitar sua nova posição de poder no mundo[168]. Essa situação ficou encoberta pela surpresa da vitória e pela hegemonia das ideias neoliberais a respeito da globalização econômica, do fim das fronteiras nacionais e do "fim da história". Depois dos atentados de 11 de setembro de 2001, entretanto, a estratégia imperial americana ficou mais visível, porquanto assumiu uma postura explícita, bélica e unilateral. E foi só depois dos revezes sucessivos dessa política externa no Oriente Médio que ficou mais visível a nova "geopolítica mundial", que havia ficado à sombra do "Império Americano" durante os anos de 1990. Por conseguinte, pode-se dizer – apesar do aparente paradoxo – que a estratégia imperial americana dos anos de 1970 teve um papel decisivo na transformação de longo prazo da geopolítica mundial ao trazer de volta a Rússia e a Alemanha ao cenário global, e ao fortalecer a China, a Índia, e quase todos os seus principais concorrentes no início desse século. E ao mesmo tempo, pode-se dizer, a partir de uma perspectiva de curto prazo, que a crise de liderança dos Estados Unidos depois de 2003 deu visibilidade, ou abriu portas, para que essas novas e velhas potências regionais passassem a atuar de forma mais "desembaraçada" na defesa dos seus interesses nacionais e na reivindicação de suas "zonas de influência". Ou seja, também neste caso, a política expansiva da potência líder ou hegemônica ativou e aprofundou as contradições do sistema mundial, derrubou instituições e regras, fez guerras e fortaleceu os Estados e as economias que estão disputando, com os Estados Unidos, as supremacias regionais em redor do mundo. Mas, ao mesmo tempo, essa competição e essas guerras, em todos os tabuleiros geopolíticos e econômicos do mundo, vêm cumprindo um papel decisivo na reprodução e na acumulação do poder e da riqueza dos próprios Estados Unidos, porquanto precisam dessa concorrência, dessas guerras e dessas crises para reproduzir sua posição no topo da hierarquia mundial.

---

dos Estados Unidos com o Japão e com a Alemanha, que foram transformados em "protetorados militares" norte-americanos e em líderes regionais do processo de acumulação capitalista, na Europa e no Sudeste Asiático. Esse período de reconstrução do sistema mundial, e de "hegemonia benevolente" dos Estados Unidos, durou até a década 1970, quando os Estados Unidos perderam a Guerra do Vietnã e abandonaram o regime monetário e financeiro internacional, criado sob sua liderança na Conferência de Bretton Woods, no final da Segunda Guerra Mundial. Foi quando se falou de uma "crise de hegemonia", e muitos pensaram que fosse o fim do poder americano.

168. "Os impérios não têm interesse em operar dentro de um sistema internacional; eles aspiram ser o próprio sistema internacional" (Kissinger, 2001).

i) a política bélica e o impasse americano

Foi logo depois da queda do Muro de Berlim, em 1989, que o governo de George Bush (pai) formulou e anunciou pela primeira vez a doutrina estratégica norte-americana para o século XXI de "contenção preventiva universal"[169] de qualquer tipo de concorrente que pudesse reproduzir a ameaça soviética ao poder americano da segunda metade do século XX. Essa mesma doutrina estratégica foi seguida durante as duas administrações do presidente Clinton, e serviu de justificativa para suas intervenções militares em redor do mundo[170], bem como para a sua rápida ocupação estratégica da Europa Central depois da retirada das tropas soviéticas do Pacto de Varsóvia. Apesar da retórica globalista e pacifista do governo Clinton, na década de 1990 os Estados Unidos consolidaram uma infraestrutura de poder global com cerca de 750 bases militares, 350 mil soldados, e acordos de ajuda militar com cerca de 130 países, o que permitiu aos Estados Unidos um controle quase monopólico dos oceanos e do espaço aéreo e sideral. Mas não há dúvida de que foi no início do século XXI, depois dos atentados de 11 de setembro de 2001, que este projeto imperial americano adotou uma postura bélica mais explícita. De nossa perspectiva, o insucesso quase imediato do novo militarismo no Iraque e na "guerra global" ao terrorismo, bem como a dificuldade crescente para manter o controle militar do Afeganistão, não são o "sintoma terminal" do fim do poder e da hegemonia mundial dos Estados Unidos. Mas sinalizam a existência de limites e de contradições numa estratégia que vai provocando resistências à medida que avança e que expande seus instrumentos e seus

---

169. "O presidente Bush constituiu, em 1989, uma força-tarefa encarregada de delinear as bases do que deveria ser a nova estratégia mundial dos Estados Unidos depois da Guerra Fria, presidida pelo seu secretário de defesa Dick Cheney e com a participação de Paul Wolfowitz, de Lewis Libby, de Eric Edelman e de Donald Rumsfeld, além de Colin Powell. Foi com base no relatório deste grupo de trabalho que o presidente Bush (pai) fez um discurso diante do Congresso americano – em agosto de 1990 – no qual defendeu, pela primeira vez, uma política externa de contenção ativa de qualquer tipo de potência regional que pudesse concorrer com os Estados Unidos na sua própria região ou que pudesse aspirar algum dia ao poder global, como havia sido o caso da União Soviética" (Fiori, 2004, p. 96).

170. "Durante suas duas administrações, Bill Clinton manteve um ativismo militar constante, apesar da retórica 'globalista' que propunha uma 'convivência pacífica pelo mercado', desde que fossem respeitadas as regras do novo império. Durante sua administração, os Estados Unidos se envolveram em 48 intervenções militares, muito mais do que em toda a Guerra Fria. Incluindo os ataques à Somália em 1992 e 1993; o bombardeio da Bósnia nos Bálcãs em 1995; o bombardeio do Sudão em 1998; a guerra do Kosovo, na Iugoslávia, em 1999; e o bombardeio quase constante ao Iraque entre 1993 e 2003. Além disso, foi o presidente Bill Clinton que anunciou, em fevereiro de 1998, ao lado do primeiro-ministro inglês Tony Blair, a segunda Guerra do Golfo ou do Iraque, que acabou sendo protelada até 2003" (Fiori, 2004, p. 97).

espaços de poder. Da perspectiva "vertical", está cada vez mais difícil para os Estados Unidos "manterem a ordem" e imporem suas posições dentro dos territórios que deixaram de ser colônias na segunda metade do século XX: mais de cem Estados nacionais que se tornaram independentes, em muitos casos, com o apoio ativo dos Estados Unidos, depois da Segunda Guerra Mundial. Num mundo com cerca de duzentos Estados nacionais soberanos, parece difícil de manter um império global sem colônias, só com bases militares, e os Estados Unidos não têm condições de arcar com os custos humanos, financeiros e político-ideológicos de um novo sistema colonial. Por outro lado, do ponto de vista "horizontal", a estratégia asiática dos Estados Unidos da década de 1970 contribuiu para uma realidade que lhe escapa progressivamente do controle, porquanto, hoje, o país não tem interesse, nem tem como parar – se fosse o caso – a expansão econômica do Leste Asiático, tampouco tem como gerir seu poder global sem contar – pelo menos – com a aliança ou o apoio da China.

Desse modo, pode-se dizer – apesar do aparente paradoxo – que a estratégia imperial americana dos anos de 1970 teve papel decisivo na transformação de longo prazo da geopolítica mundial ao trazer de volta a Rússia e a Alemanha, e ao fortalecer a China, a Índia, e quase todos os principais concorrentes dos Estados Unidos nesse início de século. E ao mesmo tempo, pode-se dizer, do ponto de vista do curto prazo, que a crise de liderança dos Estados Unidos depois de 2003 deu visibilidade, ou abriu portas, para que essas novas e velhas potências regionais passassem a atuar de forma mais "desembaraçada", na defesa dos seus interesses nacionais e na reivindicação de suas "zonas de influência". Ou seja, também nesse caso, a política expansiva da potência líder ou hegemônica ativou e aprofundou as contradições do sistema mundial, derrubou instituições e regras, fez guerras e acabou fortalecendo os Estados e as economias que estão disputando com os Estados Unidos as supremacias regionais em redor do mundo. Mas, ao mesmo tempo, essa competição e essas guerras, em todos os tabuleiros geopolíticos e econômicos do mundo, vêm cumprindo um papel decisivo na reprodução e na acumulação do poder e da riqueza dos próprios Estados Unidos, que precisam dessa concorrência, dessas guerras e dessas crises para reproduzir sua posição no topo da hierarquia mundial.

Por outro lado, os reveses recentes da política externa norte-americana estão aumentando as divisões internas, e é provável que depois do Iraque ocorra um realinhamento de forças dentro do *establishment* norte-americano como ocorreu no início dos anos de 1950 e na década de 1970, depois das Guerras da Coreia e do Vietnã. São momentos em que se formam novas coalizões de poder e podem se definir novas estratégias internacionais. Mas esses processos de realinhamento são lentos, e, nesse novo contexto internacional, dependerão muito da evolução das situações de poder, de guerra e de competição econômica nos vários tabuleiros geopolíticos e nas várias regiões econômicas em redor do mundo. Porque, apesar dos seus reveses recentes e de suas dificuldades econômicas, os Estados Unidos seguem sendo o único *player* global que está presente e que disputa posições em cada uma e em todas as regiões do mundo, como se pode ver na análise que segue quanto ao aumento da "pressão competitiva" nas diversas regiões geopolíticas e econômicas do mundo.

ii) o aumento da pressão competitiva em redor do mundo

i. O Oriente Médio se transformou no epicentro dos principais conflitos dessa conjuntura internacional, bem como na região onde os Estados Unidos acumularam maiores reveses políticos e militares neste início do século XXI. O insucesso da intervenção militar americana no Iraque, sobretudo depois de 2004, desacreditou o projeto do "Grande Médio Oriente" da segunda administração Bush, que se propunha implantar democracias e mercados livres no território situado entre o Marrocos e o Paquistão. Além disso, corroeu a credibilidade das ameaças de intervenção direta dos Estados Unidos no Irã, na Coreia do Norte ou em qualquer outro Estado com alguma força militar e apoio internacional. Para o Iraque, a herança mais grave da invasão americana é a guerra civil[171] que dividiu sua população e fragmentou seu território, sem nenhuma perspectiva, no curto prazo, para as tropas de ocupação e para o próprio Iraque. Mas, da perspectiva da geopolítica do Oriente Médio, a intervenção americana provocou uma reviravolta impensável[172] na correlação de forças dentro da região e no próprio campo da

---

171. "De fato, está em curso no Iraque uma guerra civil comparável, em aspectos importantes, a outras guerras civis que ocorreram em Estados pós-coloniais com instituições políticas fracas. Esses casos sugerem que o objetivo político da administração Bush no Iraque – criar um regime estável, pacífico e algo democrático que possa sobreviver à partida das tropas dos Estados Unidos – não é realista" (Fearon, 2007, p. 2).

172. "Um observador dos países árabes, ou de muitos outros países muçulmanos, em meados da década de 1980, poderia chegar à conclusão de que alguma coisa semelhante ao caminho iraniano seria o caminho do futuro, mas essa talvez fosse uma conclusão apressada, mesmo no que se referia

luta ideológica ou religiosa, com efeitos diretos ou indiretos no Norte da África e na Ásia Central. Ao derrotar os sunitas e entregar o governo do Iraque aos xiitas[173], os Estados Unidos fortaleceram indiretamente o Irã e o nacionalismo religioso[174], seus principais adversários no Oriente Médio. Ademais, fortaleceram a aliança sírio-iraniana, no próprio Iraque, mas também no Líbano e na Palestina, por intermédio das relações sírias com o Hamas e com o Hizbollah. É pouco provável que o Hamas monopolize o poder na Palestina, mas não é improvável que o Hizbollah conquiste o governo do Líbano, e, nesse caso, o fortalecimento imediato do Irã aumentará a competição regional com Israel, Egito, Arábia Saudita e Jordânia, e poderá desencadear uma corrida atômica na região. Os Estados Unidos seguirão tendo influência no Oriente Médio, mas perderam sua posição arbitral, e, daqui para frente, terão de conviver com o aumento da pressão competitiva regional devido à presença cada vez mais ativa da Rússia, da China e de outros países com interesses energéticos no Oriente Médio, além do desafio hegemônico direto representado pelo Irã. A hipótese de um ataque militar preventivo contra o Irã segue presente nos cálculos do Departamento de Estado americano e do governo da Israel. E esse clima de preparação para a guerra torna insolúvel o problema palestino, radicaliza a divisão interna do Líbano, e alarga as fronteiras da disputa hegemônica até o Afeganistão, incluindo, de forma indireta, a divisão interna e a luta política em torno do poder atômico do Paquistão, assim como a própria disputa entre as forças islâmicas e o secularismo militar na Turquia. A tensão

ao Irã. Num certo sentido, o governo de homens de religião era uma reafirmação da tradição, mas em outro, era uma contra a tradição. O saber herdado dos *ulemás* era de que não deviam ligar-se muito estreitamente ao governo do mundo; deviam manter uma distância moral dele, preservando ao mesmo tempo o acesso aos governantes e a influência sobre eles: era perigoso ligar os interesses eternos do Islã ao destino de um governante transitório do mundo" (Hourani, 2001, p. 455).

173. "A administração Bush tentou estabelecer no Iraque um governo baseado no compartilhamento de poder entre líderes xiitas, sunitas e curdos, mas o fez em meio a uma guerra civil escalonada. Os fatos históricos sugerem que essa é uma tarefa sisífica. A provisão eficaz de segurança por uma potência intervencionista pode até mesmo minar a crença de que o governo poderia se sustentar sem o apoio de terceiros. Assim, a intervenção militar dos Estados Unidos no Iraque dificilmente produzirá um governo capaz de sobreviver por si só, quer as tropas permaneçam mais dez meses ou dez anos" (Fearon, 2007, p. 9).

174. "O pensamento político árabe dos séculos XIX e XX defrontou-se com a seguinte contradição: deveria optar pela modernidade, para melhor resistir à penetração do mundo ocidental, mas, nesse caso, perceberia que pouco sobrava da identidade árabe, a não ser a língua, e o vínculo com a pátria territorial. E, indiretamente, essa opção estava fadada a ressuscitar um islã fundamentalista, que contestava a ideia de nação assim concebida e queria reencontrar as fontes da verdade da fé" (Ferro, 1996, p. 287).

com Israel já se transformou num conflito crônico que baliza e ordena as relações estratégicas dentro de toda a região, mas essa expansão do poder iraniano pode exigir uma reordenação completa do sistema e da hierarquia de poder que se consolidou depois da década de 1970 entre os governos árabes, judeus e iranianos. A partir dessa perspectiva, a conclusão é inevitável: a sobreposição dos conflitos religiosos com as divergências territoriais e com a abundância de recursos energéticos manterá o Oriente Médio no epicentro das tensões internacionais, e deve transformar seu território no espaço preferencial de experimentação de alianças e de todo o tipo de armamento "assimétrico" e convencional produzido pelas velhas e pelas novas grandes potências.

ii. A Europa se transformou numa sociedade economicamente rica, politicamente pacífica e intelectualmente pasmada nesse início do século XXI. E o motivo é claro: a União Europeia não tem um poder central unificado capaz de definir e de impor objetivos e prioridades estratégicas aos seus Estados-membros, mantendo-se sob o comando militar e o protetorado atômico dos Estados Unidos. Esta impotência, já faz tempo, imobiliza a Europa e ficou ainda mais patente depois de sua ampliação, a qual foi forçada pelos Estados Unidos, para incluir como seus membros países que pertenciam à órbita de influência soviética até 1991. Atualmente, a União Europeia se transformou numa unidade política fraca, com uma moeda supostamente "forte" e com muito pouca capacidade de iniciativa estratégica autônoma e unificada dentro do sistema mundial. Trata-se de um estranho paradoxo, porquanto foi a Europa que inventou os Estados nacionais, o capitalismo e o sistema mundial, bem como o uso sistemático da competição e da guerra como mecanismos de acumulação de poder e de riqueza. E agora propõe a se transformar num território político e econômico sem fronteiras, sem competição e sem guerras internas dentro do continente, mas é, ao mesmo tempo, um "ente político-econômico" incapaz de ter uma estratégia competitiva global. A Europa está cada vez mais dividida entre os projetos estratégicos de seus três principais sócios, a saber, a França, a Grã-Bretanha e a Alemanha, cada um com suas alianças cruzadas e flutuantes com os Estados Unidos[175]. Uma divergência que reproduz a

---

175. Já em 1954, o General De Gaulle formulou uma dúvida crucial com relação à possibilidade de sucesso deste projeto supranacional ao declarar numa entrevista de imprensa que "aos seus olhos a Europa era formada por nações indestrutíveis" (Le Monde, 11/05/2005) e que, portanto, o que ele de-

competição secular que sempre existiu e que esteve adormecida depois da Segunda Guerra Mundial[176], mas que ressuscitou depois do fim da Guerra Fria com a reunificação da Alemanha e com o ressurgimento da Rússia[177]. É indisfarçável o temor atual da França e da Grã-Bretanha ante o fortalecimento da Alemanha no centro da Europa[178]. E não há dúvida de que a reunificação da Alemanha e a sua aproximação da Rússia, no cenário europeu, atingiram fortemente o processo da unificação europeia. A Alemanha fortaleceu sua posição como maior potência demográfica e econômica do continente, de modo que passou a ter uma política externa independente, centrada nos seus próprios interesses nacionais. Além disso, depois da reunificação, a Alemanha seguiu aprofundando sua *Östpolitik* dos anos de 1960, e, com isso, vem fortalecendo seus laços econômicos e financeiros com a Europa Central e a Rússia. Trata-se de uma estratégia que recoloca a Alemanha no centro da Europa e da luta pela hegemonia dentro da União Europeia, ofuscando o papel

---

fendia era a criação de uma "Europa dos Estados", uma "Europa Europeia" como ele costumava dizer, para diferenciar da "Europa Americana" da Otan, e da simples "Europa dos Mercadores", de que falaria mais tarde François Miterrand. Essa posição gaulista ficou longos anos encoberta pela Guerra Fria, que conseguiu manter coesa a União Europeia sob a égide militar da Otan e dos Estados Unidos.

176. Vale relembrar brevemente a história: o projeto de unificação da Europa só conseguiu manter sua identidade e unidade durante quatro décadas graças à Guerra Fria. Num primeiro momento, logo depois da Guerra, a França, a Grã-Bretanha, a Bélgica, Luxemburgo e a Holanda se uniram para criar, em 1948, a União Ocidental (UO) de defesa coletiva dirigida contra a Alemanha. Só depois de 1950 é que estes países abdicaram de sua posição revanchista e transferiram para os Estados Unidos e para a Otan a função de "domesticação" da Alemanha. Por isso, em 1955, os alemães foram admitidos na Otan e transformados imediatamente num "protetorado militar" dos Estados Unidos. Graças a esta "divisão de funções", a Alemanha Federal pôde assinar o Tratado de Roma, em 1957, e ser incorporada ao projeto de construção da Comunidade Econômica Europeia. Mas, apesar dessas múltiplas concessões cruzadas e das esperanças criadas pelos primeiros grandes acordos assinados entre as antigas potências beligerantes, nunca desapareceu a desconfiança com relação à Alemanha, e ainda mais depois da sua reunificação.

177. No momento da reunificação alemã, em 1991, a primeira-ministra inglesa, Margareth Thatcher, chegou a dizer para o presidente Françoise Mitterand numa reunião de cúpula de União Europeia que "a situação agora havia ficado mais perigosa, porque a Alemanha já estava a caminho de reconstruir o seu império" (Le Monde, 13/05/2005). Mesmo que isso não tenha acontecido, a verdade é que a unificação alemã representou, de fato, uma transformação qualitativa no processo de unificação da Europa. Não apenas porque Alemanha se transformou da noite para o dia na maior potência demográfica e econômica da União, mas também porque passou a operar uma política externa mais autônoma e mais centrada nos seus próprios interesses nacionais. E depois da sua expansão econômico-financeira na direção da Europa Central e da Rússia, a Alemanha reapareceu ainda mais forte, como um centro de poder com possibilidade real de hegemonizar a Europa.

178. Neste caso, vale lembrar o que disse François Miterrand para a Sra. Thatcher na reunião do Conselho da Europa em Estrasburgo, no dia 8 de outubro de 1989, quando foi decidido o apoio da comunidade europeia à unificação alemã: "nos tempos de grandes perigos, Sra. Thatcher, a França e a Grã-Bretanha sempre se reaproximam" (Le Monde, 13/05/2005).

da França e desafiando o "americanismo" da Grã-Bretanha. No médio prazo, não é improvável uma aliança mais estreita entre a Alemanha e a Rússia, que é a maior fornecedora de energia da Alemanha e de toda a Europa, além de ser a segunda potência atômica do mundo. Esta aliança afetaria de maneira inevitável o futuro da União Europeia, assim como provocaria uma mudança de consequências imprevisíveis nas relações entre a Alemanha e os Estados Unidos, ameaçando, até mesmo, o caminho já trilhado com o reinício da competição e da fragmentação tradicional do continente europeu, a menos que o aumento da "pressão competitiva" global sobre a Europa seja tão grande que se transforme num inimigo externo comum e facilite a aceitação da hegemonia alemã dentro da Europa. Nesse caso, a Alemanha assumiria também o comando da política externa da União Europeia, uma vez que já detém o comando da sua política macroeconômica.

Nesse novo cenário internacional, a Rússia ocupa uma posição decisiva, disputando espaço econômico e influência geopolítica na Europa e na Ásia, além do Oriente Médio e da África, por meio de suas grandes empresas energéticas e de sua indústria militar de ponta. Pela sua própria extensão territorial, a Rússia também disputa com os Estados Unidos a liderança da Ásia Central e no sul da Ásia, junto à sua velha aliada dos tempos da Guerra Fria, a Índia. Logo depois da Segunda Guerra Mundial, Hans Morgenthau – o pai do "realismo" norte-americano – formulou uma tese a respeito da origem das guerras, a qual permanece válida até hoje:

> a permanência do *status* de subordinação dos derrotados pode facilmente produzir a vontade de desfazer a derrota e jogar por terra o novo *status quo* internacional criado pelos vitoriosos, retomando seu lugar na hierarquia do poder mundial. Em outras palavras, a política imperialista perseguida pelos vitoriosos tende a provocar uma política imperialista igual e contrária da parte dos derrotados. E se o derrotado não tiver sido arruinado para sempre, ele quererá retomar os territórios que perdeu, e, se possível, ganhar ainda mais do que perdeu na última guerra (Morgenthau, 1993, p. 66).

Essa foi a condição da Alemanha durante todo o século XX, e é a situação da Rússia neste início do século XXI. Em 1991, depois do fim da Guerra Fria, não houve um Acordo de Paz que estabelecesse as perdas da URSS e que definisse claramente as regras da nova ordem mundial, imposta pelos vitoriosos, como havia acontecido no fim da Primeira e da Segunda Guerras

Mundiais. De fato, a URSS não foi atacada, seu exército não foi destruído e seus governantes não foram punidos, mas durante toda a década de 1990 os Estados Unidos e a UE apoiaram a autonomia dos países da antiga zona de influência soviética e promoveram ativamente o desmembramento do território russo. Começando pela Letônia, pela Estônia e pela Lituânia, e seguindo pela Ucrânia, pela Bielorrússia, pelos Bálcãs, pelo Cáucaso e pelos países da Ásia Central[179]. Nesse período, os Estados Unidos também lideraram a expansão da Otan na direção do leste contra a opinião de alguns países europeus. E, mais recentemente, os Estados Unidos e a UE apoiaram a independência do Kosovo, aceleraram a instalação do seu "escudo antimísseis", na Europa Central, e estão armando e treinando as forças armadas da Ucrânia, da Geórgia e dos países da Ásia Central, sem levar em conta que a maior parte deles pertenceu ao território russo durante os últimos três séculos. Em 1890, o Império Russo, construído no século XVIII por Pedro, o Grande, e Catarina II, tinha 22.400.000 km² e 130 milhões de habitantes, era o segundo maior império contíguo da história da humanidade, e era uma da cinco maiores potências da Europa. No século XX, durante o período soviético, o território russo manteve seu tamanho inalterado, a população chegou a 300 milhões de habitantes e a Rússia se transformou na segunda maior potência militar e econômica do mundo. Pois bem, hoje a Rússia tem 17.075.200 km² e apenas 152 milhões de habitantes, ou seja, em apenas uma década, a década de 1990, a Rússia perdeu cerca de 5.000.000 km² e cerca de 140 milhões de habitantes. Logo depois da dissolução da União Soviética, os Estados Unidos e a União Europeia colocaram a si mesmos o problema da "administração" da desmontagem do "império russo" em virtude das consequências econômicas e do velho desafio geopolítico da Europa Central. Para os Estados Unidos, o objetivo fundamental era impedir o surgimento de uma "terra de ninguém" no Leste Europeu, de modo que apressaram a expansão das fronteiras da Otan. Essa ofensiva estratégica dos Estados Unidos e da Otan, bem como sua intervenção militar nos Bálcãs junto com a União Europeia, provocaram uma reação imediata e defensiva da Rússia, a qual começou com o governo de Vladimir Putin, em 2000, e

---

179. "Assim, a destruição da URSS conseguiu a reversão de quase quatrocentos anos de história russa, e a volta do país à era de antes de Pedro o Grande (1672-1725). Como Rússia, sob um czar, ou como URSS, fora uma grande potência desde meados do século XVIII, sua desintegração deixou um vazio entre Trieste e Vladivostoque que não existira antes na história moderna, exceto por pouco tempo durante a Guerra Civil de 1918-20: uma vasta zona de desordem, conflito e catástrofe potencial" (Hobsbawm, 1995, p. 380).

com sua opção por uma estratégia militar agressiva depois de 2001[180]. Durante suas duas administrações, o presidente Putin manteve a economia de mercado, mas centralizou novamente o poder, de modo que reconstruiu o Estado e a economia russa, refez seu complexo militar-industrial[181] e nacionalizou seus recursos energéticos. A Rússia ainda detém o segundo maior arsenal atômico do mundo, e o governo Putin aprovou uma nova doutrina militar que autoriza o uso de armamento nuclear mesmo no caso de um ataque convencional ao território russo, isto é, no caso em que fracassem outros meios para repelir o agressor. Ademais, o novo governo russo alertou os Estados Unidos – ainda no ano 2000 – para a possibilidade de uma corrida nuclear, caso insistissem no seu projeto de criação de um "escudo antibalístico" na Europa Central. Neste mesmo período, depois de 2001, a economia russa se recompôs e começou a acelerar o seu crescimento, porquanto fora liderada pelas suas grandes empresas estatais do setor energético e de produção de armamentos. E, no início de 2007, a Rússia já havia alcançado seu nível de atividade econômica anterior à sua grande crise da década de 1990[182]. Ou seja, neste início do século XXI, a Rússia retornou ao "grande jogo geopolítico", aumentando sua pressão sobre a Europa e sua presença nos conflitos da Ásia Central e do Oriente Médio. Ademais, retomou sua

---

180. "Nada disso deve surpreender, pois o objetivo de Putin é constante desde o início de sua presidência: restaurar a grandeza russa" (Tymochenko, 2007, p. 71).

181. "A Rússia vive um processo sem precedentes de rearmamento e modernização militar. Novos sistemas de armamentos são implementados em todas as esferas: defesa aérea, mísseis estratégicos, aviões de combate, navios de guerra, mísseis balísticos lançados de submarinos, artilharia e blindados [...]. Apenas no primeiro semestre deste ano, as forças militares russas receberam 36 novos tipos de armamentos. A joia dessa coroa é, sem dúvida, o sistema de mísseis S-400 Triunfo, com o qual os russos começaram a substituir seu escudo antiaéreo. Aos poucos, a Rússia também substitui seus mísseis balísticos pelos novos Topol-M com ogivas múltiplas, ou seja, com várias cargas nucleares. Somente este ano, o Kremlin colocará em operação 17 mísseis dessa nova geração, capazes de penetrar qualquer escudo nuclear, até o sistema antimísseis que os Estados Unidos estão criando. Comparado com 2001, o orçamento militar quase quadruplicou este ano" (El País, 11/08/2007).

182. "Durante quase dez anos, o crescimento econômico anual teve uma média próxima de sete por cento. Inicialmente impulsionado pela desvalorização do rublo depois da crise financeira da Rússia em 1998, e em seguida pelos preços recorde de energia e commodities, ele é sustentado em parte por um surto de consumo e investimento. Isso resultou em um aumento extraordinário de seis vezes no produto interno bruto em termos nominais de dólar durante os dois mandatos de Putin e alcançou US$ 1,270 bilhão no último ano. Um país quase falido há dez anos acumulou US$ 500 bilhões em reservas de ouro e divisas – as terceiras maiores do mundo, atrás apenas da China e do Japão. Os salários médios saltaram de US$ 80 por mês em 2000 para cerca de US$ 640 atualmente. Alexei Kudrin, ministro das finanças, afirma que, com o PIB real do último ano finalmente recuperando seu nível de 1990 – antes do longo declínio pós-soviético –, a Rússia alcançou um 'divisor de águas'" (Financial Times, 18/04/2008, p. 1).

posição como grande fornecedora de armas e de tecnologia militar para a China, para a Índia e para o Irã, bem como para vários outros países em redor do mundo, incluindo, recentemente, a Argentina e a Venezuela. Apenas quinze anos depois do fim da União Soviética, o governo russo retomou o comando estratégico de sua economia e de sua inserção internacional. A maior parte dos analistas internacionais que se dedicam a prever o futuro se esquecem – em geral – de que os grandes vitoriosos de 1991 não foram apenas os Estados Unidos, foram também a Alemanha e a China, numa virada histórica em que só houve um grande derrotado, a URSS, cuja destruição trouxe de volta ao cenário internacional uma Rússia mutilada e ressentida. A Alemanha e a China ainda levarão muitos anos para "digerir" os novos territórios e zonas de influência que conquistaram, nas últimas décadas, na Europa Central e no Sudeste Asiático. Enquanto isto, o desaparecimento da União Soviética colocou a Rússia na condição de uma potência derrotada que perdeu um quarto do seu território e metade de sua população, mas que ainda mantém de pé o seu armamento atômico e o seu potencial militar e econômico junto com uma decisão cada vez explícita "de desfazer a derrota, e jogar por terra o novo *status quo* internacional criado pelos vitoriosos (em 1991), retomando seu lugar na hierarquia do poder mundial". Por conseguinte, neste início do século XXI, a Rússia é um desafio e uma incógnita para os dirigentes de Bruxelas e de Washington, assim como o é para os comandantes militares da Otan[183], quando, na verdade, o mistério não é tão grande; se Hans Morgenthau estiver com a razão, trata-se de um segredo de Polichinelo: a Rússia foi a grande perdedora da década de 1990, e, ao contrário do que diz o senso comum, será a grande questionadora da nova ordem mundial, qualquer que ela seja, até que recupere seu velho território conquistado por Pedro, o Grande, e por Catarina II. De qualquer maneira, neste início do século XXI, a Rússia já recuperou sua importância dentro do sistema mundial na condição de maior Estado territorial e maior reserva energética do mundo, na condição de segundo arsenal atômico e de único

---

183. "Nem Washington nem Bruxelas se sentem confortáveis ao lidar com uma Rússia que, sob o governo de Putin, tem se mostrado cada vez mais pronta para se afirmar no mundo, particularmente entre os países da antiga União Soviética. E Moscou ainda luta para definir o que exatamente pretende alcançar com sua assertividade" (*Financial Times*, 18/04/2008, p. 3).

país com capacidade de intervenção estratégica, bem como de disputa hegemônica, em todo o continente eurasiano[184].

iii. A Ásia, e, em particular, o Leste Asiático, ocupam uma posição central e decisiva na transformação de longo prazo que está em curso dentro do sistema mundial. Dentro da própria região, a competição de seus Estados e de economias nacionais lembra o velho modelo europeu de Estados competitivos, o qual está na origem do sistema mundial. E, ao mesmo tempo, o Leste Asiático é a região de onde vem a maior parte da "pressão competitiva" e "expansiva" que se faz sentir em todos os cantos do mundo nesse início do século XXI. Nesse momento, a Ásia se transformou no subsistema interestatal onde está situado um dos polos fundamentais da acumulação capitalista e do desenvolvimento da economia mundial. Em poucos anos a participação da Ásia no PIB mundial cresceu a uma taxa constante e elevada, ao passo que a relação entre a economia chinesa e economia a norte-americana se transformava no coração e no pulmão da economia mundial. E, ao mesmo tempo, é na Ásia que está em curso a disputa mais explícita pela hegemonia regional, envolvendo as suas velhas potências imperiais, a saber, a China, o Japão e a Coreia – além da Rússia –, mas também os Estados Unidos e a Índia. Existe o conflito latente entre a China e os Estados Unidos por Taiwan, mas hoje existem fatos novos que estão aumentando a intensidade da competição geopolítica e econômica, tanto dentro como fora da região. Por um lado, tem havido uma aproximação estratégica crescente entre a China e a Rússia, a qual tem participado de manobras militares conjuntas, de modo que criaram, em 2001, a Organização de Cooperação de Xangai e que tem como membros permanentes, além da Rússia e da China, o Cazaquistão, o Quirquistão, o Tadjiquistão e o Uzbequistão, e conta, na condição de países observadores, com a Mongólia, a Índia, o Paquistão e o Irã. Trata-se de uma organização de cooperação política e militar que se propõe explicitamente a ser um contra-

---

184. "Serguei Rogov, diretor do Instituto dos Estados Unidos e Canadá da Academia de Ciências da Rússia, afirma categoricamente: 'Estamos agora muito próximos de uma nova guerra fria, que não será uma repetição da guerra fria original, visto que a Rússia não é uma superpotência e provavelmente nunca mais será uma superpotência. Contudo, será uma guerra fria com uma relação muito adversarial, incluindo uma corrida armamentista, jogos políticos de soma zero, confronto econômico e guerra ideológica'. Outros são menos belicosos. Contudo, até entre os especialistas liberais há um sentimento de que a Rússia deveria se afirmar de uma maneira que não fez há alguns anos. André Klimov, chefe do subcomitê de cooperação europeia da Duma, diz: 'Se as pessoas desejarem fazer o que bem entenderem com a Rússia, será um grave erro'" (Financial Times, 18/04/2008, p. 3).

peso aos Estados Unidos e às forças militares da Otan. Pelo outro lado, neste início do século XXI, os Estados Unidos mantêm seu apoio militar permanente ao Japão, a Taiwan e à Coreia do Sul, e têm liderado operações navais conjuntas, as quais incluem a Austrália e Singapura. Além disto, os Estados Unidos têm estimulado discretamente a reativação militar do Japão, e já não está mais excluída a possibilidade de que os japoneses venham a ter, em breve, o seu próprio arsenal atômico. Esse "tabuleiro" do Leste Asiático se complica ao envolver a Índia na sua disputa regional depois do seu acordo nuclear com os Estados Unidos e depois da recente revolta do Tibete, da vitória das forças "maoístas" no Nepal, e da sua presença guerrilheira em várias províncias do Norte da Índia. Ademais, hoje está colocado o problema da competição cada vez mais intensa entre a Índia e a China por recursos energéticos e alimentares. Da perspectiva de sua disputa energética, os números falam por si mesmos e são contundentes: China e Índia detêm um terço da população mundial e vêm crescendo, nas duas últimas décadas, a uma taxa média entre 6% e 10% ao ano. Se forem mantidas as atuais taxas de crescimento das duas economias nacionais, a China deverá aumentar em 150% o seu consumo energético, ao passo que este aumento deve ser de 100% para a Índia, até 2020. A China já foi exportadora de petróleo, mas hoje é o segundo maior importador de óleo do mundo. E essas importações atendem apenas a um terço de suas necessidades internas. No caso da Índia, sua dependência do fornecimento externo de petróleo é ainda maior: nestes últimos quinze anos essa dependência aumentou de 70% para 85% do seu consumo interno. Para complicar ainda mais o quadro da competição econômica e geopolítica na Ásia, o Japão e a Coreia também dependem de suas importações de petróleo e de gás para sustentar suas economias domésticas. Essa situação de carência coletiva e competitiva é capaz de explicar a aproximação recente com o Irã de todos esses países, a despeito do desagrado norte-americano. Essa mesma disputa energética explica também a ofensiva da China e da Índia na Ásia Central, na África e na América Latina, como também no Vietnã e na Rússia, além da participação conjunta da China e da Índia em relação à disputa com os Estados Unidos e com a Rússia pelo petróleo do Mar Cáspio, bem como por seus oleodutos alternativos de escoamento. De qualquer maneira, a grande incógnita a respeito das relações da Ásia com o "resto do mundo" segue sendo a expansão do poder político e econômico chinês. A China tem se restringido até aqui à luta pela hegemonia no Leste Asiático e na sua região próxima do Pacífico, mantendo-se fiel à sua estratégia de não provocar nem aceitar nenhum tipo de confronto militar fora de sua "zona de influência". Mas não é provável que a China se mantenha por muito tempo nesta mesma posição, sobretudo porque sua economia está cada vez mais atrelada à estratégia expansiva do poder nacional chinês. Na África, em particular, já é possível identificar os primeiros sinais de conflito entre o expansionismo chinês e as demais potências que já disputam o continente africano, em particular, os Estados Unidos. Nesse sentido, não resta dúvida de que é essa nova relação de complementaridade e de competição entre Estados Unidos e China que está por trás da grande transformação estrutural em curso dentro do sistema mundial, assim como do aumento gigantesco da "pressão competitiva" que extravasa por todos os lados nessa conjuntura internacional do início do século XXI.

iv. A África não é uma região simples nem homogênea, com seus 53 Estados, 5 grandes regiões, e seus quase 800 milhões de habitantes. Trata-se de um mosaico gigantesco e fragmentado de territórios em que não existe um verdadeiro sistema estatal competitivo e tampouco se pode falar de uma economia regional integrada. O atual sistema estatal africano segue as linhas traçadas pelas potências coloniais europeias e os efeitos perversos da Guerra Fria que atingiram a África Setentrional depois da crise do Canal de Suez em 1956; a África Central, depois do início da luta pela independência do Congo, na década de 1960; e, finalmente, a África Austral, depois da independência de Angola e Moçambique, em 1975, e do início da sua guerra com a África do Sul. O término da Guerra Fria contribuiu decisivamente para o fim do *Apartheid* na África do Sul e para a independência da Namíbia. Mas, na década de 1990, depois da Guerra Fria, e no auge da globalização financeira, o continente africano ficou praticamente à margem dos fluxos de comércio e de investimento direto estrangeiro. Desde 2001, entretanto, esse panorama econômico africano reverteu, em particular na África Negra. O crescimento econômico médio, que era de 2,4% em 1990, passou para 4,5%, entre 2000 e 2005, alcançando a taxa de 5,3% em 2006, com uma previsão de que chegue a 5,5% em 2007 e em 2008. Por trás dessa transformação africana está o crescimento e a nova pressão econômica da China e da Índia mediante comércio e investimentos diretos[185]. Hoje, existem no continente africano mais de 800 companhias, cada qual com 900 projetos de investimento e 80.000 trabalhadores chineses. Um verdadeiro "desembarque econômico" liderado por empresas estatais que seguem uma estratégia nacional muito clara e ousada, seguidas, ainda que em menor escala, pelo governo e pelos capitais privados indianos que estão fazendo um movimento semelhante de investimento massivo e de aprofundamento das suas relações políticas, econômicas e culturais com a África[186]. A partir dessa perspectiva, todos os sinais econômicos apontam na mesma direção: a África Subsaariana está se transformando na área de "acumulação primitiva" do capitalismo asiático, bem como na principal fronteira de expansão econômica e política da China e da Índia, nas primeiras décadas do século XXI. Por isso, como já vimos, ao tratarmos da Ásia, estão aumentando a competição e a tensão geopolítica entre a China, a Índia e as demais potências que já estavam instaladas ou que estão chegando ao continente africano, neste início de século, em busca de sua

---

185. "O rápido aumento nos fluxos de investimento direto estrangeiro (IDE) entre a Ásia e a África, embora muito mais modesto do que o aumento no comércio, também é notável. O IDE acumulado da Índia na África era de 1,8 bilhão de dólares até o final de 2004; o da China era de 1,3 bilhão de dólares até o fim de 2005. Na última década, grande parte desse investimento concentrou-se em poucos países e nas indústrias extrativas. Nos últimos anos, contudo, os fluxos de IDE da China e da Índia para a África começaram a alcançar muitos outros setores e muitos mais países" (Broadman, 2008, p. 98).

186. "A atividade comercial das empresas chinesas e indianas na África foi significativamente auxiliada pelos programas públicos de Pequim e Nova Deli para o financiamento do comércio e do investimento. O governo chinês, em grande parte por meio do Banco de Exportação e Importação da China e mais recentemente através do Banco de Desenvolvimento da China, fornece créditos à exportação, empréstimos e garantias de investimento aos investidores chineses. No final de 2005, seus empréstimos concessionais para toda a África alcançaram 800 milhões de dólares e abrangeram 55 projetos em 22 países. Em 2006, Pequim emitiu a 'Política Africana da China', que estabeleceu princípios fundamentais para orientar a cooperação futura com o continente, e sediou uma cúpula amplamente aclamada com 488 líderes africanos, na qual o presidente Hu Jintao anunciou que a China dobraria sua assistência aos países africanos até 2009, fornecendo-lhes 5 bilhões de dólares em empréstimos e créditos concessionais. Da mesma forma, o Banco de Exportação e Importação da Índia facilita o comércio e o investimento entre a Índia e os países africanos. O banco lançou recentemente o Programa Foco África para identificar novas áreas prioritárias para o comércio bilateral e o investimento. Em 2006, estendeu aos países africanos uma linha de crédito totalizando 558 milhões de dólares, dos quais cerca de metade seriam destinados ao Banco de Investimento e Desenvolvimento da Comunidade Econômica dos Estados da África Ocidental. Tal apoio governamental tem levado, às vezes, à percepção de que as atividades no exterior das empresas chinesas e indianas são uma extensão das políticas externas dos dois países" (*Foreign Affairs*, 2008, p. 99-100).

"segurança energética". E neste ponto reaparecem, inevitavelmente, os Estados Unidos. Em 1993, depois da fracassada "intervenção humanitária" dos Estados Unidos na Somália, o presidente Bill Clinton visitou o continente e definiu uma estratégia de "baixo teor" para a África Negra: democracia e crescimento econômico mediante a globalização dos seus mercados nacionais. Mas, depois de 2001, os Estados Unidos mudaram sua política africana em nome do combate ao terrorismo e da proteção dos seus interesses energéticos, sobretudo na região do "Chifre da África"[187] e do Golfo da Guiné. Algo semelhante ocorreu no caso recente da criação do United States Africa Command – U.S. Africom, que assinala o "início de uma nova era de engajamento sem precedente da Marinha norte-americana na costa oeste da África"[188]. Esse aumento da presença militar americana, entretanto, não é um fenômeno isolado, e vem sendo seguido de perto pela União Europeia e pela Rússia, a qual assinou recentemente vários acordos econômicos e militares com países africanos. Em poucos anos, portanto, o cenário africano mudou e aumentou a competição das grandes potências, sobretudo na África Negra. E nesse sentido, não há como se enganar: todos os sinais indicam que a África será – pela terceira vez – o território privilegiado da nova "corrida imperialista" que está começando, tal como aconteceu com a primeira "explosão expansiva" e colonialista do poder europeu, o qual começou com a Conquista de Ceuta, no Norte da África, em 1415[189], e

---

187. "A Grande Faixa do Chifre da África – região com metade do tamanho dos Estados Unidos que inclui Sudão, Eritreia, Etiópia, Djibouti, Somália, Quênia e Uganda – é a mais quente zona de conflito no mundo. Algumas das guerras mais violentas do último meio século dilaceraram a região. Hoje, dois grupos de conflitos continuam a desestabilizá-la. O primeiro centra-se em rebeliões interligadas no Sudão, incluindo as de Darfur e do sul sudanês, e envolve o norte de Uganda, leste do Chade e nordeste da República Centro-Africana. O principal culpado é o governo sudanês, que apoia rebeldes nestes três países vizinhos – e estes Estados, que apoiam grupos sudaneses opondo-se a Cartum. O segundo grupo liga a disputa latente entre Etiópia e Eritreia à luta pelo poder na Somália, que envolve o nascente governo secular, milícias de clãs antigoverno, militantes islâmicos e senhores da guerra anti-islâmicos. A rápida intervenção etíope na Somália em dezembro assegurou temporariamente a posição do ineficaz governo de transição, mas essa intervenção, que Washington apoiou e complementou com seus próprios ataques aéreos, semeou as sementes para uma insurgência islâmica e de clãs no futuro. A política recente dos Estados Unidos apenas piorou a situação" (Prendergast; Thomas-Jensen, 2007, p. 59).

188. *Financial Times*, 15 abr. 2008.

189. "Ceuta tornou-se o primeiro local desde os tempos romanos a ser mantido de forma sustentada e efetivamente administrado a partir da capital de uma entidade política europeia [...]. A pequena cidade norte-africana cuja captura marca o início de uma longa história de imperialismo europeu moderno. No meio milênio seguinte à captura de Ceuta, os governantes de oito países, que juntos representam apenas 1,6 por cento da superfície terrestre da Terra – Portugal, Espanha, Reino Uni-

seguiu pela costa ocidental do continente africano, com a transformação da sua população negra na principal *commodity* da economia mundial nos primórdios da globalização capitalista[190]. E depois, de novo, com a segunda grande "explosão expansiva" da "era dos impérios", no final do século XIX; em particular, depois da Conferência de Berlim, em 1885[191], quando as potências europeias conquistaram e submeteram – em poucos anos – todo o continente africano, com exceção da Etiópia.

v. Por fim, na América do Sul o cenário é um pouco diferente, porquanto nunca existiu no continente uma disputa hegemônica entre os seus próprios Estados nacionais. Primeiro, foi colônia, e, depois da sua independência, esteve sob a tutela anglo-saxônica da Grã-Bretanha, até o fim do século XIX, e dos Estados Unidos, até o início do século XXI[192]. Nesses dois séculos de vida independente, as lutas políticas e territoriais da América do Sul nunca atingiram a intensidade, nem tiveram os mesmos efeitos que na Europa. E tampouco se formou no continente um sistema integrado e competitivo de Estados e economias nacionais, como viria a ocorrer na Ásia, depois de sua descolonização. Como consequência, os Estados latino-americanos nunca ocuparam posição importante nas grandes disputas geopolíticas do sistema mundial, e funcionaram durante todo o século XIX como uma espécie de

---

do, Países Baixos, Bélgica, Alemanha e Itália – reivindicaram vastos territórios e afirmaram direitos soberanos sobre centenas de milhões de seres humanos" (Abernethy, 2000, p. 6).

190. "Diante dessa situação, a mão de obra legalmente livre não poderia formar a base da produção em larga escala de mercadorias nas Américas para o comércio atlântico. Assim, os africanos escravizados tornaram-se os produtores especializados em larga escala de mercadorias para o comércio atlântico nas Américas, pois não dispunham da escolha disponível para os migrantes europeus legalmente livres na época" (Inikori, 2002, p. 481).

191. "A conferência não se reunira para dividir a África, mas para abri-la ao livre-comércio e à civilização, no espírito de cooperação e harmonia europeias. Ninguém podia contestar isso e assim varreu-se a questão da partilha para debaixo do tapete" (Wesseling, 1998, p. 134).

192. Em agosto de 1823, o ministro de Relações Exteriores da Inglaterra, George Canning, propôs ao embaixador americano em Londres, Richard Rush, uma declaração conjunta contra qualquer "intervenção externa" na América Latina. O presidente James Monroe, apoiado no seu secretário de Estado John Quincy Adams, declinou o convite inglês. Mas, três meses depois, o próprio Monroe propôs ao Congresso americano uma doutrina estratégica nacional quase idêntica à da proposta inglesa. Foi assim que nasceu a "Doutrina Monroe" no dia 2 de dezembro de 1823. Como era de se esperar, os europeus consideraram a proposta de Monroe impertinente e sem importância, partindo de um Estado que ainda era irrelevante no contexto internacional. E tinham razão: basta registrar que os Estados Unidos só reconheceram as primeiras independências latino-americanas depois de receber o aval da Inglaterra, da França e da Rússia. E mesmo depois do discurso de Monroe, recusaram-se a atender ao pedido de intervenção dos governos independentes da Argentina, do Brasil, do Chile, da Colômbia e do México. Por isso, muito cedo, os europeus e os próprios latino-americanos compreenderam que a Doutrina Monroe havia sido concebida, e seria sustentada durante quase todo o século XIX, pela força da marinha e dos capitais ingleses.

570

laboratório de experimentação do "imperialismo de livre-comércio". Depois da Segunda Guerra Mundial, e durante a Guerra Fria, os governos sul-americanos se alinharam ao lado dos Estados Unidos a partir de 1959, com exceção de Cuba[193]. E depois da Guerra Fria, durante a década de 1990, de novo, a maioria dos governos da região aderiram às políticas e às reformas neoliberais preconizadas pelos Estados Unidos. A partir de 2001, entretanto, a situação política do continente mudou com a vitória – em quase todos os países da América do Sul – das forças políticas nacionalistas, desenvolvimentistas e socialistas[194], junto com o novo ciclo de crescimento da economia mundial deste início de século. A grande mudança, nesse novo ciclo de crescimento sul-americano, é o peso decisivo da demanda e da pressão asiática sobre a economia continental. Em particular, da China, que tem sido a grande compradora das exportações sul-americanas de minérios, de ener-

---

193. Depois de 1991, e do fim da URSS e da Guerra Fria, os Estados Unidos mantiveram e ampliaram sua ofensiva contra Cuba, apesar de que mantenham relações amistosas com o Vietnã e com a China. No auge da crise econômica provocada pelo fim de suas relações preferenciais com a economia soviética, entre 1989 e 1993, os governos de George Bush e de Bill Clinton tentaram um xeque-mate contra Cuba, proibindo as empresas transnacionais norte-americanas, instaladas no exterior, de negociarem com os cubanos, e, depois, impondo penalidades às empresas estrangeiras que tivessem negócios com a ilha por meio da Lei Helms-Burton, de 1996. Esta posição permanente dos Estados Unidos não autoriza grandes ilusões, neste momento, de mudanças nos dois países. Da perspectiva americana, Cuba lhes pertence e está incluída na sua "zona de segurança". Desse modo, o objetivo principal dos Estados Unidos em qualquer negociação futura será sempre o de fragilizar e destruir o núcleo duro do poder cubano.

194. A eleição de Fernando Lugo para a presidência do Equador, em 2008, foi mais uma de uma série de vitórias das forças políticas de esquerda, seguindo as eleições de Hugo Chávez, de Luiz Inácio da Silva, de Michele Bachelet, de Nestor e de Cristina Kirchner, de Tabaré Vasquez, e de Rafael Correa. Essa mudança político-eleitoral trouxe de volta algumas ideias e políticas "nacional-populares" e "nacional-desenvolvimentistas" que haviam sido engavetadas durante a década neoliberal de 1990. São ideias e políticas que remontam, de certa maneira, à Revolução Mexicana e, em particular, ao programa de governo do presidente Lázaro Cárdenas, adotado na década de 1930. Cárdenas foi um nacionalista, e seu governo fez uma reforma agrária radical, estatizou a produção de petróleo, criou os primeiros bancos estatais de desenvolvimento industrial e de comércio exterior da América Latina, investiu na construção de infraestrutura, praticou políticas de industrialização e de proteção do mercado interno, implantou uma legislação trabalhista e adotou uma política externa independente e anti-imperialista. Depois de Cárdenas, esse programa se transformou no denominador comum de vários governos latino-americanos que, em geral, não foram socialistas, tampouco de esquerda. Assim mesmo, suas ideias, políticas e posições internacionais se transformaram numa referência importante do pensamento e das forças de esquerda latino-americanas. Basta lembrar a revolução camponesa boliviana de 1952, o governo democrático de esquerda de Jacobo Arbenz na Guatemala entre 1951 e 1954, a primeira fase da revolução cubana entre 1959 e 1962, e o governo militar-reformista do general Velasco Alvarado, no Peru, entre 1968 e 1975. Em 1970, essas ideias reapareceram também no programa de governo da Unidade Popular de Salvador Allende, que propunha uma radicalização do "modelo mexicano" com a aceleração da reforma agrária e a nacionalização das empresas estrangeiras produtoras de cobre, ao mesmo tempo em que defendia a criação de um "núcleo industrial estratégico" de propriedade estatal que deveria se transformar no embrião de uma futura economia socialista.

gia e de grãos. Por sua vez, os novos preços internacionais das *commodities* fortaleceram a capacidade fiscal dos Estados sul-americanos e estão financiando políticas de integração da infraestrutura energética e de transportes do continente. Além disto, permitiram a formação de reservas em moedas fortes, diminuindo a fragilidade externa das economias regionais e, assim, aumentando a capacidade de resistência e de negociação internacional dos seus Estados. O mesmo fenômeno se deu no caso das reservas em moeda forte da Venezuela, que lhe permitiram atuar duas vezes como "emprestador em última instância" da Argentina e do Paraguai. A América do Sul dispõe de recursos energéticos renováveis e não renováveis, grandes reservas minerais, gigantescos mananciais de água, enorme potencial de produção de alimentos e uma riquíssima biodiversidade, ao lado de seus 370 milhões de habitantes e um PIB de cerca de U$ 1,5 bilhão de dólares. E o Brasil, em particular, será, na próxima década, o maior produtor mundial de alimentos e um dos grandes produtores e exportadores mundiais de petróleo, além de controlar a maior parte do território da Amazônia. De todos os pontos de vista, portanto, a América do Sul é hoje uma região essencial para o funcionamento e para a expansão do sistema mundial, e, por isso, deve sofrer uma pressão econômica e política cada vez maior de fora e de dentro da própria região. Nesse sentido, tudo indica que a China terá uma presença cada vez mais importante na economia sul-americana, mas não é provável que ela se envolva diretamente, nos próximos anos, na geopolítica regional. O mais provável é que este aumento da pressão competitiva produzida pela nova geopolítica e pelo novo ciclo de crescimento da economia mundial produza um aumento dos conflitos entre os próprios Estados da região, bem como deles com os Estados Unidos. Já apontam nessa direção o envolvimento militar cada vez maior dos Estados Unidos com a Colômbia, o projeto de transferência da base de Manta do Equador para a Colômbia e a reativação da Quarta Frota Naval dos Estados Unidos para atuar no Atlântico Sul, além da intensificação dos conflitos fronteiriços entre Venezuela, Colômbia e Equador, independentemente de quais sejam os seus motivos imediatos. E, numa direção oposta, a criação da União das Nações Sul-Americanas (Unasul), e o projeto de criação do Conselho de Defesa da América do Sul, sem participação dos Estados Unidos, tampouco do México e da América Central, além dos projetos de integração física e energética do continente que já estão em curso com o apoio e o financiamento dos próprios governos, assim como dos capitais privados da região. Essas iniciativas políticas e econômicas representam uma revolução dentro das relações continentais, e enfrentam a oposição, dentro do próprio continente, dos países e das forças políticas favoráveis à manutenção da América do Sul dentro do espaço hegemônico e do "território econômico supranacional" dos Estados Unidos. Já não há possibilidade de escapar da pressão competitiva mundial, e isso acelera a formação objetiva e incontornável de um subsistema estatal no continente sul-americano, potenciando o poder interno e externo de seus Estados. Mas a integração econômica do continente ainda segue sendo um desafio absolutamente original, porquanto suas economias não são complementares, visto que não existe um país que cumpra o papel de "locomotiva" da região; ademais, a América do Sul não tem um inimigo externo comum. De qualquer maneira, a longa "adolescência assistida" da América do Sul acabou. E o mais provável é que esta mudança provoque, no médio prazo, uma competição cada vez mais intensa entre Brasil e Estados Unidos pela supremacia na América do Sul.

iii) potências emergentes e Estados relevantes

A mudança nas relações econômicas entre a Ásia, a África e a América Latina é um fato novo e de enorme importância para o redesenho da geometria econômica internacional. Pela primeira vez na história do sistema mundial, as relações entre países "não desenvolvidos" adquirem uma densidade e um dinamismo direto e expressivo. Além disso, o crescimento da economia mundial, bem como desses fluxos e dessas conexões econômicas, aumenta a pressão competitiva sobre estes continentes e sobre seus principais países, envolvendo-os de forma definitiva dentro do sistema interestatal capitalista. Mas existe uma indiscutível precipitação da parte dos analistas que utilizam os dados da conjuntura e algumas projeções econômicas para prever e anunciar a transformação dos principais países emergentes em grandes potências[195] desses três continentes, ou seja, China, Índia, África

---

195. Um caso típico e muito citado é o caso da sigla BRIC, criada em 2001 pelo economista Jim O'Neill, do Goldman Sachs, para referir ao Brasil, à Rússia, à Índia e à China, países que teriam em comum suas altas taxas de crescimento e sua perspectiva comum de se transformarem em grandes potências econômicas e de superarem os atuais países do G7 a partir de 2027 até 2050. Os dados e as projeções utilizados são basicamente econômicos e desconsideram totalmente as diferenças geopolíticas entre estes países, até mesmo o fato de que a Rússia tinha sido uma grande potência europeia desde o século XIX antes que a União Soviética se transformasse na segunda potência do mundo, no século XX, e detivesse, até hoje, o segundo maior arsenal atômico do mundo.

do Sul e Brasil. São quatro países que ocupam posições de destaque nas suas respectivas regiões devido ao tamanho dos seus territórios e da suas populações, assim como devido à sua liderança política e econômica dentro dos três continentes. O que essas análises e previsões desconsideram, em geral, é o fato de que se trata de quatro países muito diferentes do ponto de vista de sua inserção internacional, do seu controle de tecnologias de ponta, do seu poder militar e de sua capacidade de iniciativa estratégica autônoma dento do sistema mundial. Vejamos em mais detalhes.

A China e a Índia têm em comum civilizações milenares e um terço da população mundial. Mas mais importante do que isso é o fato de que esses dois gigantes asiáticos têm entre si 3.200 quilômetros de fronteira comum, além das fronteiras que ambos têm com o Paquistão, com o Nepal, com o Butão e com Mianmá. Ademais, China e Índia têm territórios em disputa, guerrearam entre si nas últimas décadas e são potências atômicas. Dentro do xadrez geopolítico asiático, os indianos consideram que as relações amistosas da China com o Paquistão, com Bangladesh e com o Sri Lanka fazem parte de uma estratégia chinesa de "cerco" da Índia e de expansão chinesa no Sul da Ásia, a chamada "zona de influência" imediata dos indianos. Por sua vez, os chineses consideram que a aproximação recente entre os Estados Unidos e a Índia, e a sua nova parceira estratégica e atômica – de que já falamos – fazem parte de uma estratégia de "cerco" da China[196]. Tudo isso são fatos, expectativas e desdobramentos que caracterizam uma competição territorial e bélica latente em torno da supremacia no Sul e no Leste da Ásia, envolvendo Estados Unidos, China e Índia. Além disso, como já vimos, China e Índia também competem nesse momento na Ásia Central, no Oriente Médio e na África pela luta para assegurar sua "segurança energética". A China investe hoje pesados recursos na modernização de suas forças armadas e dos seus arsenais, tal como no caso da frota submarina chinesa movida a energia diesel e a energia atômica, o que

---

196. "Quando Condoleezza Rice visitou a Índia em março de 2005, pouco depois de assumir o cargo de Secretária de Estado, ela se propôs a estabelecer uma nova pedra angular para a relação transformada. Ela enfatizou ao Primeiro-Ministro Singh que os Estados Unidos alterariam seu enquadramento de longa data que vinculava e equilibrava suas relações com 'Índia-Paquistão'. Efetivamente, removeríamos o hífen de nossa política para com a Ásia do Sul ao buscar relações altamente individuais tanto com a Índia quanto com o Paquistão. Isso significava um engajamento completamente novo e abrangente entre os Estados Unidos e a Índia. A Secretária Rice também informou ao Primeiro-Ministro Singh que os Estados Unidos romperiam com a ortodoxia tradicional de não proliferação e trabalhariam para estabelecer uma cooperação nuclear civil completa com a Índia, carente de energia" (Burns, 2007, p. 135).

caracteriza uma indiscutível preocupação de controle marítimo do Pacífico Sul. Algo similar pode ser dito a respeito do recente desenvolvimento do sistema chinês de ataque e de destruição de satélites – uma tecnologia que só era controlada pelos Estados Unidos e pela Rússia – que capacita a China a destruir o nexo básico de controle informacional da nova tecnologia de guerra norte-americana. Por outro lado, não é segredo que a China ocupa um lugar central no planejamento estratégico dos Estados Unidos. A China teve um papel decisivo nas Guerras da Coreia e do Vietnã, e tem todas as características das grandes potências que existiram dentro do sistema mundial desde suas origens europeias, no século XVI. Com a diferença, até agora, como já vimos, que o expansionismo chinês fora da Ásia tem sido quase estritamente diplomático e econômico. Mas, dentro da Ásia, o projeto chinês já é claramente hegemônico e competitivo, até mesmo do ponto de vista militar. E muito em breve a China também deverá projetar seu poder para fora do continente asiático, como aconteceu, no passado, com todas as grandes potências desse "sistema mundial moderno" em que ainda vivemos no início do século XXI.

A Índia, por outro lado, não apresenta, à primeira vista, as característi-cas de uma potência expansiva, e se comporta estrategicamente como um Estado que foi obrigado a se armar para proteger e garantir sua segurança numa região de alta instabilidade onde sustenta uma disputa territorial e uma competição atômica com o Paquistão, além da China. Mas, ainda as-sim, desenvolve e controla tecnologia militar de ponta, como no caso do seu sofisticado sistema balístico e do seu próprio arsenal atômico, e detém um dos exércitos mais bem-treinados de toda a Ásia. Foi só depois da sua der-rota militar para a China, em 1962, e da primeira explosão nuclear chinesa, em 1964, logo antes da sua guerra com o Paquistão, em 1965, que a Índia abandonou o "idealismo prático" da política externa de Neruh, e adotou a *realpolitik* do primeiro-ministro Bahadur Shastri, que autorizou o início do programa nuclear indiano na década de 1960. Foi quando a Índia mudou a sua política externa e adotou uma nova estratégia atômica de defesa nacio-nal que atingiu sua maturidade com as explosões nucleares de 1998 e com o sucesso do míssil balístico indiano Agni II, em 1999. Naquele momento, a Índia assumiu a condição de potência nuclear e definiu sua nova estratégia de inserção regional e internacional com base na afirmação simultânea do seu poder econômico e militar.

No caso do Brasil e da África do Sul, a situação é deveras diferente. Esses dois países compartem com a China e com a Índia a condição de Estados e de economias mais importantes de suas respectivas regiões, porquanto são responsáveis por uma parte expressiva da população, do produto e do comércio tanto interno quanto externo da América do Sul e da África. Mas nenhum dos dois países têm uma estratégia internacional expansiva, tampouco têm um inimigo externo claro e são uma potência militar relevante. Depois da Segunda Guerra Mundial, e durante o período do *Apartheid* entre 1948 e 1991, a África do Sul enfrentou uma rebelião social e política interna quase permanente, foi objeto do boicote da comunidade internacional e, na década de 1980, travou uma guerra regional com os países da Conferência de Coordenação para o Desenvolvimento da África Austral. Mas depois do fim do *Apartheid* e da eleição de Nelson Mandela, em 1994, a questão da segurança interna e da inserção internacional da África do Sul mudaram radicalmente, em particular, em relação à África Negra. Desde sua democratização, a África do Sul se envolveu em quase todas as negociações de paz dentro do continente negro, mas sem jamais apresentar nenhum traço expansivo ou disposição para uma luta hegemônica explícita. Pelo contrário, tem sido um Estado que se move com enorme cautela devido ao seu próprio passado racista e belicista. Por outro lado, desde o primeiro governo de Mandela a África do Sul tem se proposto a cumprir um papel de ponte entre a Ásia e a América Latina, mas o volume e o ritmo de crescimento do PIB sul-africano, suas limitações militares e sua falta de coesão interna impedem que a África do Sul possa aspirar a qualquer tipo de supremacia que não seja na sua região imediata, na África Austral, ou na condição de um "Estado relevante" para os assuntos da África Negra.

Por outro lado, o Brasil também nunca foi um Estado com características expansivas, tampouco disputou a hegemonia da América do Sul seja com a Grã-Bretanha, seja com os Estados Unidos. Depois da Guerra do Paraguai, na década de 1860, o Brasil teve apenas uma participação pontual na Itália durante a Segunda Guerra Mundial, bem como algumas participações posteriores nas "forças de paz" das Nações Unidas e da OEA. Sua relação com seus vizinhos da América do Sul depois de 1870 foi sempre pacífica e de pouca competitividade ou integração política e econômica, e, durante todo o século XX, sua posição dentro do continente foi a de sócio menor e auxiliar da hegemonia continental dos Estados Unidos. Depois da Segunda Guerra Mundial, o Brasil não teve maior participação na Guerra Fria, apesar do seu alinhamento com os Estados Unidos. Na década de 1970, o Brasil assumiu um projeto de "potência intermediária", aprofundando sua estratégia econômica desenvolvimentista, rompendo seu acordo militar com os Estados Unidos, ampliando suas relações afro-asiáticas, e assinando um acordo atômico com a Alemanha. Mas sua crise econômica dos anos de 1980 e o fim do regime militar desativaram este projeto, o qual foi arquivado nos anos de 1990 quando o Brasil voltou a alinhar-se com os Estados Unidos e com seu projeto de criação da Alca. Mais recentemente, entretanto, depois de 2002, a política externa brasileira mudou de rumo e assumiu uma posição mais agressiva de afirmação sul-americana e internacional dos interesses e da liderança brasileira. Mas o Brasil ainda enfrenta limitações importantes para expandir seu poder internacional: primeiro, porque seu competidor estratégico na luta pela hegemonia sul--americana são os Estados Unidos, potência líder mundial e seu principal sócio e protetor durante todo o século XX; em segundo lugar, devido à sua baixa capacidade de coordenação estratégica do seu desenvolvimento econômico com uma política externa de afirmação do poder brasileiro à escala internacional.

iv) convergências "assintóticas"

Essa breve comparação destaca algumas diferenças fundamentais que distinguem China, Índia, Brasil e África do Sul como candidatos à condição de potências internacionais nesse início do século XXI. A China e a Índia, depois dos anos de 1990, se projetaram dentro do sistema mundial como potências econômicas e militares, têm claras pretensões hegemônicas nas suas respectivas regiões e ocupam hoje uma posição geopolítica e geoeconômica global absolutamente assimétrica com relação ao Brasil e à África do Sul. Apesar disso, o Brasil, a África do Sul e a Índia – e mesmo a China – ainda ocupam a posição comum dos "países ascendentes" que sempre reivindicam mudanças nas regras de "gestão" do sistema mundial e na sua distribuição hierárquica e desigual do poder e da riqueza. Em virtude disso, compartilham, nesse momento, uma agenda reformista com relação ao Sistema das Nações Unidas e à formação do seu Conselho de Segurança. Da mesma forma como compartem posições multilaterais e liberalizantes em matéria de comércio internacional, como no caso da formação do G20 e na Rodada de Doha dentro da Organização Mundial do Comércio. Mas, nessa nova "geopolítica das nações" do início do século XXI, deve-se prever em breve um distanciamento progressivo da China com relação a qualquer grupo ou aliança de países que restrinjam seus graus de liberdade estratégica, uma vez que já vem atuando – em vários contextos – com a postura de quem comparte, e não de quem questiona a atual "gestão" do poder mundial. Daqui para frente, a China se comportará – cada vez mais – como todas as grandes potências que fazem ou já fizeram parte do "círculo dirigente" do sistema mundial. E mesmo com relação à Índia, os pontos de convergência serão cada vez mais tópicos porque o Brasil e a África do Sul não contam, por enquanto, com as ferramentas de poder e com os desafios externos imprescindíveis ao exercício da *realpolitik*. Desse modo, o mais provável é que o Brasil e a África do Sul se mantenham por algum tempo ainda na condição de "Estados relevantes", mas sem uma estratégia nacional claramente defensiva, como a Índia, ou expansiva, como a China.

4.5.5 Mudança estrutural e tendência

i) Nossa análise da conjuntura internacional deste início do século XXI confirma nossa hipótese de que não estamos vivendo a "crise terminal" do poder americano, nem estamos assistindo ao nascimento de um sistema pós-estatal. Pelo contrário, os Estados Unidos se mantêm como potência decisiva dentro do sistema mundial e aumenta a cada dia a "pressão competitiva" entre os Estados e as economias nacionais em redor do mundo. Como consequência, o nacionalismo econômico está de volta, os Estados intervêm de forma cada mais extensa no comando estratégico de suas economias por intermédio de suas próprias empresas, ou de seus "fundos soberanos", e todos os governos estão começando a regular, de novo, seus mercados, incluindo o mercado financeiro norte-americano[197]. Uma vez mais, a internacionalização

---

197. "Barreiras nacionais vêm sendo levantadas até na *internet*, o símbolo do mundo sem fronteiras. Ela foi projetada para ficar fora do alcance dos governos, transferindo poder para indivíduos ou organizações privadas. Agora, sob pressão da Rússia, da China, da Índia e da Arábia Saudita, a empresa americana que distribui endereços na *internet* está procurando meios de os países usarem o alfabeto de sua língua-mãe: 'Estamos assistindo ao passo-a-passo da balcanização da *internet* global. Ela está se transformando numa série de redes nacionais', diz Tim Wu, professor de Direito da Universidade de Columbia, em Nova York", Bob Davis, "Neonacionalismo ameaça a globalização" (*The Wall Street Journal*, reproduzido no *Valor Econômico*, 29/04/2008).

fortaleceu a tendência contrária à nacionalização do poder e do capital. Mas, nesse caso, essa aparente "reversão" nacionalista é um sintoma de uma mudança estrutural mais profunda, provocada, em grande medida, pelo expansionismo imperial dos Estados Unidos e pela relação "siamesa" que se estabeleceu entre essa "globalização" americana e o "milagre econômico" chinês.

ii) O primeiro passo do "milagre econômico" chinês depois do acordo geopolítico com os Estados Unidos, feito na década de 1970, foi a "inclusão" chinesa dentro do mercado e do capital financeiro norte--americano. Foi a maior e mais rápida expansão do "território econômico supranacional" dos Estados Unidos. Ela aumentou de forma geométrica o poder do dólar e dos títulos da dívida pública do governo americano, bem como a capacidade de multiplicação do seu capital financeiro. No caso dessa "incorporação econômica", entretanto, houve uma intermediação ativa e defensiva do Estado chinês, que utilizou a seu favor a força da própria expansão americana. Essa posição defensiva, entretanto, começou a mudar de signo a partir da década de 1990, quando a China articula sua estratégia de crescimento econômico com sua estratégia de expansão do seu poder nacional e da construção de seu próprio "território econômico supranacional". E já agora neste início do século XXI é possível dizer que a internacionalização americana associada com o crescimento chinês já produziu uma mudança estrutural de longa duração, dentro do sistema mundial, com a criação de um novo centro nacional de acumulação de poder e de capital, com capacidade gravitacional equivalente à dos Estados Unidos. Completamente diferente do que aconteceu com a hegemonia britânica no século XIX, assim como do que aconteceu no século XX, no qual existiu uma bipolaridade geopolítica, sem que houvesse maior complementaridade econômica entre os Estados Unidos e a União Soviética. Esta nova configuração estrutural está na raiz da "pressão competitiva" que está crescendo em redor do mundo e que está anunciando uma nova "explosão expansiva" do "sistema mundial moderno".

iii) Assim mesmo, nas próximas décadas o "núcleo duro" da competição geopolítica mundial deverá incluir, ao lado dos Estados Unidos e da China, a Rússia, graças às suas reservas energéticas, ao seu arsenal atômico, e ao tamanho do seu "ressentimento nacional" ou territorial, como ensinou Hans Morgenthau. Um núcleo composto, portanto, por três "Estados continentais" que detêm um quarto da superfície da Terra, e mais de um terço da população mundial. Nessa nova "geopolítica das nações", a União Europeia terá um papel secundário ao lado dos Estados Unidos enquanto não dispuser de um poder unificado com capacidade de iniciativa estratégica autônoma. E a Índia, o Irã, o Brasil e a África do Sul deverão aumentar o seu poder regional em escalas diferentes, mas ainda não serão poderes globais por um longo tempo. Haverá uma nova "corrida imperialista", e ela provocará um aumento dos conflitos localizados entre os principais Estados e economias do sistema. Mas é muito difícil prever os caminhos do futuro depois dessa nova "era imperialista". Seja como for, uma coisa é certa: de nossa perspectiva, não haverá nada parecido com um "duelo final" entre os Estados Unidos e a China nessa primeira metade do século XXI.

5

Guerra e paz

5.1 A Guerra do Golfo: "uma guerra ética"[198]

I

A paralisia norte-americana diante da destruição dos rebeldes xiitas e curdos feita por Saddam Hussein, seu arqui-inimigo – de um mês atrás – só tem conseguido aumentar a perplexidade mundial. Perplexidade dos políticos que tentam decodificar as novas coordenadas do direito internacional decantadas pela guerra. Perplexidade dos intelectuais e dos moralistas; em particular de todos aqueles que ou viram na guerra um ato justo ou, pelo menos, o último dos atos injustos. Uma discussão que alguns consideraram pela velocidade da derrota iraquiana, e que outros consideram reaberta pela violência do ato e pela durabilidade das consequências sociais e ecológicas produzidas pela guerra. A maior surpresa, contudo, não esteve na retomada da discussão iniciada e reaberta por Norberto Bobbio. Parecia uma sina inevitável que esse debate se deslocasse para as academias, ocupando, por longo tempo ainda, suas dissertações de cátedra. A maior surpresa, como dissemos, veio do mundo "real", do mundo da própria guerra, no qual o *ex abrupto* iluminista que logrou destruir um povo em quarenta dias deu lugar à mais completa paralisia e indefinição dos vencedores. Como explicar essa duplicidade de comportamento? Como sustentar, ainda, a ideia de uma guerra feita em nome dos direitos do homem? Afinal, e ainda uma vez mais, para que se fez esta guerra que reconduziu o Iraque à "idade pré-histórica", segundo observadores das próprias Nações Unidas?

---

198. Este texto foi publicado originalmente como o título "A Guerra Pérsica, uma guerra ética", no *Caderno de conjuntura do Instituto de Economia Industrial* da UFRJ, n. 8, de 1991, e foi reeditado com o título "Guerra do Golfo: uma guerra ética", como prefácio do livro *Sobre a guerra*, organizado por J. L. Fiori (Petrópolis: Vozes, 2019, p. 13-20).

Mas a verdade é que Norberto Bobbio não esteve só. Muito pelo contrário, pois a confusão intelectual e ética que precedeu a guerra foi enorme e tomou conta dos intelectuais de todos os matizes e de todos os quadrantes ocidentais, envolvendo, uma vez mais e de forma dramática, os socialistas da Europa Ocidental, capitaneados, na ação prática, por F. Gonzáles e F. Mitterrand. Pareceu que, repentinamente, todos tivessem acreditado que esta fosse a última das guerras contra a derradeira emanação satânica da irracionalidade. Um preço lamentável, mas indispensável para alcançar a meta-história, ultrapassando o obstáculo final à instauração de uma ordem fundada na razão, como sempre sonhou o racionalismo europeu.

Talvez esse equívoco tenha algumas razões mais imediatas e perfeitamente visíveis. Ninguém desconhece que a guerra foi deslanchada com a invasão do Kuwait, ocorrida poucos dias depois dos encontros dos dirigentes das principais economias capitalistas do mundo, em Houston e em Dublin. Aí reconheceram-se e sacramentaram-se o fim da Guerra Fria, a vitória acachapante da liberal-democracia e a afirmação inconteste do mercado como (velho-novo) grande princípio organizador da ordem mundial que nascia das ruínas do Muro de Berlim. Tudo fazia crer que ali se abriam as portas para uma ampla colaboração mundial fundada no respeito aos direitos humanos e dinamizada pelo esforço de indivíduos empreendedores igualmente fascinados com a hora da paz universal kantiana. Não foi por acaso que a imprensa mundial elevou à categoria de uma intuição inovadora a cansada e vulgarizada repetição do Sr. Fukuyama de que a História, uma vez mais, chegara ao seu final. Aliás, nesse sentido, o Sr. Fukuyama – que talvez nem tenha muita culpa pelo que fizeram de seu artigo – também teve de rever sua profecia depois da guerra e reinventar uma nova divisão estamental do mundo entre povos que já chegaram e os que ainda não chegaram ao fim da História (onde, aliás, talvez nunca cheguem). Algo de fazer Hegel e Marx estremecerem na tumba pela simploriedade dos argumentos recentemente apresentados no Brasil a uma plateia de empresários embevecidos e entusiasmados.

Ainda assim, não se pode desconhecer que a impressionante demonstração de força dos norte-americanos e de seus 27 aliados ocorreu no exato momento em que parecia atingir seu ápice a trajetória ascendente da "era neoconservadora", a qual, no seu apogeu, assumiu a forma de uma apoteose liberal dos direitos humanos que foram festejados de forma eufórica no desfile carnavalesco das várias tribos mundiais ao longo dos Campos Elísios, no bicentenário da Revolução Francesa. Era uma espécie de comemoração antecipada da grande vitória da razão iluminista, na sua versão benigna ou liberal. Como disse um autor, comentando o clima filosófico da França no período a que nos referimos,

> [...] respirava-se naquele momento na França filosófica (e na Europa política, acrescentaríamos nós) um clima de inegável restauração. Retorna-se aos Direitos do Homem e a tudo o mais que se insinua por essa brecha; redescobre-se a liberdade luminosa do sujeito, como assegura um discípulo comentando a última reviravolta de Foucault; retorna-se à Metafísica e aos valores da República; redescobrem-se a Democracia, a Filosofia perene e as virtudes argumentativas do pensamento anglo-saxônico; pela enésima vez, retorna-se a Kant e multiplicam-se as manifestações de adesão à irradiação cosmopolita da Europa ilustrada [...] (Arantes, 1990).

O clima eufórico, confirmado e potencializado pela derrota econômica, política e intelectual do Leste socialista, viu-se certamente reforçado na complacência ética dos intelectuais europeus, e de quase todo mundo, pelo fato inequívoco de que esse *ex abrupto* iluminista ocorresse no Oriente Médio, diante de uma velha e adversária cultura defendida pelo que seria o "último filho" da Guerra Fria, o qual teria sido destruído por uma verdadeira "liga das nações", majoritariamente "civilizadas", responsáveis, aliás, pela desorganização onipotente e pelo armamento militar de sua criação política.

Tudo parecia claro, e a hipocrisia dos argumentos dissolvia-se no manejo envolvente e global da informação. Só depois do massacre humano e do desastre ecológico produzido pela guerra é que, aparentemente, as opiniões e os juízos de fato começaram a mudar. Afinal, a guerra transformara-se em fenômeno um tanto fantasmagórico, uma verdadeira construção de alguma fantasia delirante. Isto se não fosse pelo balanço preliminar, feito pelos vitoriosos, que somaram em torno de 150 mil mortos, de um lado, e cerca de 150, do outro, o que já é, *per se*, inverossímil ou pouco cabível no conceito clássico de guerra. É como se não houvesse ocorrido um enfrentamento entre dois adversários, e sim uma luta entre uma monstruosa máquina bélica e sua criação imaginária. Sobretudo porque o comum dos mortais pouco pôde ver da ação das tropas de Saddam, reduzidas, durante os quarenta dias de enfrentamento explícito, a um jogo de luzes e cores televisivas, além das reiteradas referências apologéticas a uma famosa Guarda Republicana que parece só ter eficiência em conflitos locais ou civis.

Esses fatos e o imbróglio ideológico serão ainda examinados e reexaminados à luz de informações que, certamente, vão emergir a partir de agora. No momento, o fenômeno ainda mantém uma complexidade enigmática devido à sua proximidade temporal. Ainda assim, gostaria de levantar uma hipótese que me parece organizar, de alguma forma, a "racionalidade retrospectiva" do que ocorreu. Argumentarei numa direção que, sem querer nem poder ser excludente, sublinha a ideia de que esta guerra, em virtude de ter um objetivo explícito de afirmação de uma hegemonia econômica e militar norte-americana e de ter sido terrivelmente injusta e hipócrita, foi, entretanto, uma "guerra ética", porquanto teve entre seus objetivos implícitos a afirmação de uma nova soberania: um ato de força fundante, um "princípio do limite", condição prévia a uma ordenação ética da nova ordem mundial emergente.

II

Não há dúvida de que foram acontecimentos que se desenvolveram de forma paralela: ascensões do neoconservadorismo anglo-saxão e da liberal-democracia europeia deram-se em paralelo à ascensão econômica japonesa e à integração político-econômica europeia; o mesmo fenômeno também ocorreu em uníssono com o "declínio do Império Americano", veredito diagnosticado por alguns e contestado por tantos outros.

Um declínio da hegemonia americana realmente discutível sob vários pontos de vista – o militar e o cultural, por exemplo –, mas denunciado por algumas cifras que falam de uma erosão econômica indiscutível. Como argumento, o índice que registra a queda no ritmo de crescimento do PIB americano de 4,1% nos anos de 1960 para 2,8% nos anos de 1970; 2,6% nos 1980; e 30,9% em 1990. O mesmo evento aconteceu com as cifras relativas aos ganhos de produtividade, as quais, tendo atingido um ritmo anual de crescimento de 1,9% na década de 1960, baixaram para 1,4% nos anos de 1970 e para 1,2% nos anos de 1980. Da mesma maneira, se a indústria de alta tecnologia americana controlava, em 1980, 73% do mercado mundial de fibras óticas, só detinha, em 1988, 42% deste mercado. Algo similar ocorreu com o setor de semicondutores, no qual a indústria americana passou de um controle de 60% em 1980 para 36% em 1988.

Tudo isso foi acompanhado por um aumento vertiginoso do déficit comercial e da dívida pública, os quais se expandem em uníssono com a desregulamentação da era Reagan, marcada por uma desordem financeira que hoje empurra os Estados Unidos para uma recessão que, dificilmente, será anulada pelos efeitos energizantes da própria guerra. Da ótica econômica, portanto, o início da década de 1990 estaria marcado pelo paradoxo de uma Guerra Fria vencida sem armas, porém simultânea a uma erosão da credibilidade econômica americana, expressa, de forma inequívoca, pelo declínio continuado do dólar ante seus concorrentes mais imediatos, o marco e o iene, já percebido durante toda a década de 1980.

Nessa linha de argumentação, tudo estaria a indicar que a Guerra do Golfo cumpriu uma função explícita de recuperação de credibilidade. Credibilidade de poderio militar e tecnológico americano, sem dúvida, mas sobretudo, e como consequência, credibilidade da moeda e da economia norte-americanas. Uma verdadeira recuperação de fôlego diante de seus parceiros-competidores japoneses e europeus (alemães, em particular) e um recado absolutamente claro ao endividado Terceiro Mundo quanto à existência, ainda, de uma potência hegemônica. Retomando o tema de nossas notas iniciais, o que teria uma vez mais confundido intelectuais e moralistas teria sido esta simultaneidade dissonante de uma situação marcada por uma vitória ideológica e por uma derrota ou declínio econômico.

III

Por que acreditamos que essa guerra pérsica, além de tentar reafirmar a credibilidade de uma economia em processo de erosão, pretendeu também, e sobretudo, fundar uma nova e inusitada soberania? Porque a derrota socialista e a vitória alemã e japonesa parecem haver enterrado os fantasmas do comunismo e do nazismo, assim como a lembrança basilar da Segunda Guerra Mundial, que permitiu uma estruturação ideológica e ética da sociedade de consumo de massas, de bem-estar social e de intensidade limitada e institucionalizada. É por isso que a retumbante vitória da retórica liberal--democrática (e da proposta de uma regulação individualista pelo mercado) e de uma convivência social, cuja força ecoa por toda a Europa do Leste (e por várias outras regiões do mundo), vem produzindo, na prática, alguns efeitos paradoxais:

I. Ativou, entre os "humilhados e ofendidos", a utopia de que as portas para a riqueza estavam universalmente abertas. Riqueza alcançável por meio do mercado e segundo as mesmas regras e comportamentos consuetudinariamente praticados pelas potências economicamente vitoriosas ou hegemônicas.

II. Instigou, por este caminho, comportamentos nacionais agressivos, mas, por outro lado, produziu, junto com a derrocada socialista, um fenômeno imigratório cujas proporções escapam cada vez mais ao controle de todas as autoridades nacionais. Até porque os movimentos imigratórios obviamente se deslocam em direção aos centros emissores da ideologia vitoriosa.

III. Produziu, de forma paradoxal, uma estranha desorganização do espaço político-ideológico e dos referenciais éticos do imaginário coletivo euro-ocidental. Este fenômeno, que já parecia existir nos Estados Unidos, hoje se estende também àqueles que rapidamente se desiludem com a utopia liberal naqueles espaços abandonados pela utopia socialista.

É como se, por um lado, os poderes vitoriosos não pudessem controlar os efeitos anabolizantes de suas mensagens utópicas sobre as populações e as nações desfavorecidas. E por outro, é como se, por detrás da "liberdade luminosa do sujeito", houvesse se fragilizado no mundo do "senso comum" o balizamento ético que sempre acompanhou ou encobriu e racionalizou as práticas de convivência e de competição mercantil. Se isso realmente ocorria, a verdade é que também se anunciava uma desaceleração conjuntural das economias capitalistas centrais, confundindo-se o quadro político europeu a partir da unificação alemã, a qual fora responsável pela fragilização temporária do processo de integração europeia. Isto no momento em que se desfazia a bipolaridade político-ideológica que balizou, em duas soberanias nítidas, um código ético capaz de organizar e disciplinar, de forma indiscutível, a ordem política e o imaginário mundial durante cinquenta anos. O vazio deixado pelo desaparecimento desse código ético, o qual foi durante essas décadas respaldado pelo empate nuclear, não teve e nem tem condições de ser substituído, pura e simplesmente, por um mercado mundial que, entregue a si mesmo, como bem já o viu Karl Polanyi, tenderá sempre à autodestruição, em virtude da ausência de qualquer "princípio do limite" endógeno, isto é, de alguma ideia de bem que não seja apenas a da maximização da utilidade hedonista; alguma ideia de mal que tenha uma visibilidade histórica; e, sobretudo, algum poder primeiro e soberano capaz de fundar a própria institucionalidade contratual do mercado, delimitando, além disso, suas hierarquias implícitas e impedindo a realização de sua tendência entrópica.

Nesse sentido, queremos sugerir que, ao menos em termos simbólicos, a derrubada do Muro de Berlim, ao glorificar a razão democrática e cosmopolita da Europa ocidental, tirou-lhe simultaneamente o tapete debaixo dos pés, deixando a nova ordem mundial, bem como suas sociedades e populações, sem uma ideia clara de "contrato originário" ou de "constituição cosmopolita" definidores de um novo princípio do limite. Por isso nossa hipótese de que essa guerra veio para preencher esta lacuna, reinventar o limite e afirmar uma hierarquia, e não anunciar o nascimento de uma paz justa e duradoura, ou abrir as portas da meta-história. No buraco negro aberto pela desorganização do imaginário capitalista, afirmou-se, em nosso entender, a vitória do realismo político de Immanuel Kant em relação a seu universalismo racionalista e cosmopolita. Afinal, é o próprio Kant iluminista quem nos adverte – de forma extremamente dura e categórica – que o homem é um ser que necessita de um senhor para poder conviver em sociedade[199]. Uma ideia que talvez não esteja tão distante, como se poderia imaginar, do realismo materialista de Hobbes, o verdadeiro teórico dessa guerra, quando nos diz que: "é a autoridade e não a verdade que faz a lei"; e ainda:

> para que as palavras "justo" e "injusto" possam ter lugar, é necessária alguma espécie de poder coercitivo, capaz de obrigar igualmente os homens ao cumprimento de seus pactos, mediante o terror de algum castigo que seja superior ao benefício que esperam tirar do rompimento do pacto (Hobbes, 1983, p. 86).

E foi exatamente esse "poder coercitivo" que se impôs no decorrer dessa guerra que veio definir as regras do mundo que está nascendo das cinzas da Guerra Fria.

De nossa perspectiva, esse foi o objetivo principal e não declarado da Guerra do Golfo: ordenar um superpoder soberano capaz de redesenhar o "o justo e o injusto" e assentar os fundamentos da nova ética, justamente os que Platão criticava em sua República, representados nas visões de Trasímaco e de Glauco. Para eles, a nova Justiça se anuncia fundada no instinto de poder e no interesse dos mais fortes, por um lado, e no instinto do medo do mais fraco, pelo outro. Algo perfeitamente antagônico à utopia racionalista da paz universal desenhada pelos vários racionalismos europeus.

---

199. "O homem é um *animal* que, quando vive entre os seus congéneres, *precisa de um senhor*. De facto, abusa da sua liberdade em relação aos outros semelhantes; e embora, como criatura racional, deseje uma lei que ponha limites à liberdade de todos, a sua animal tendência egoísta desencaminha-o, contudo, onde ele tem de renunciar a si mesmo. Necessita, pois, de um senhor que lhe quebrante a vontade própria e o force a obedecer a uma vontade universalmente válida, e possa todavia ser livre" (Kant, 2004, p. 12).

IV

Algumas dificuldades ou contradições são, de imediato, antecipáveis no caminho dessa nova ordem construída sobre uma ética fundada na força e no medo. Primeiramente, é bem provável que esse impressionante ato de força acabe encontrando o limite de sua eficácia na própria extensão limitada em que a força foi utilizada. Isso se tornou possível porque os principais líderes e eventuais competidores da nova ordem aliaram-se, nesse caso, movidos por um raríssimo interesse: a preservação do controle de uma matéria-prima que continua sendo indispensável para seu sucesso econômico. A única, aliás, sob controle de países que ainda não alcançaram o "fim da história". A extensão do consenso e da aliança militar foi responsável pelo campo aberto e limitado para o exercício puro e simples da força militar e para um controle, absolutamente sem precedentes, da circulação da informação mundial. E nesse sentido, ao impor-se o interesse do mais forte como princípio do limite fundante da nova ética, não ficou definido ainda – devido à heterogeneidade do executor – quais serão, daqui para a frente, o sujeito e o conteúdo deste interesse, e que formas, portanto, a nova ética deverá assumir. O que parece certo é que, se nessa nova ordem emergente houver competidores ou se desenharem interesses, em algum momento antagônico eles estarão juntos e serão aliados neste último conflito, deixando para o futuro a decantação e o enfrentamento de suas divergências internas[200].

Nesse momento, apesar da encenação dentro das Nações Unidas, parece óbvio que essa supersoberania emergente não se identifica com nenhuma instância supranacional capaz de coordenar harmoniosamente uma "liga de nações" e executar com coerência os princípios de algum tipo de "constituição cosmopolita". Mas também parece claro que a unanimidade impediu que o enfrentamento decantasse um novo equilíbrio de poderes intranacional. Por isso, o que acabou ocorrendo no imaginário coletivo, e cremos que no mundo real, foi a identificação germinal dessa supersoberania com os interesses do Estado norte-americano. O que, sendo verdade, não apenas reproduz o passado sem "estender a civilização [...] em direção a uma paz duradoura" como, ademais, deixam indeterminados os verdadeiros limites

---

200. "Os pactos sem a espada não passam de palavras, sem força para dar qualquer segurança para ninguém. Portanto, apesar das leis de natureza (que cada um respeita quando tem vontade de respeitá-las e quando pode fazê-lo com segurança), se não for instituído um poder suficientemente grande para nossa segurança, cada um confiará, e poderá legitimamente confiar, apenas em sua própria força e capacidade, como proteção contra os outros" (Hobbes, 1983, p. 103).

anunciados pela força e o medo, pois é difícil identificar, no espaço interno internacionalizado em que se transformou os Estados Unidos, qual seja seu interesse ordenador e, portanto, onde se assenta verdadeiramente a nova soberania emergente. A menos que se considere que este interesse seja apenas o do complexo militar-industrial e das estruturas supranacionais de gestão da guerra. Neste caso, o porvir será obscuro.

Assim, se essa guerra ensejou afirmar o novo "princípio do limite", ela não conseguiu resolver uma questão decisiva: não decantou o "limite deste princípio". Pelo contrário, criou no lugar do "buraco ético" deixado pela derrota socialista uma espécie de vácuo assustador, por onde se pode dispersar em direções infinitas e igualmente entrópicas a enorme força liberada pelo exercício ilimitado do poderio tecnológico-militar dos Estados Unidos.

Se for verdade, por fim, não seria absurdo pensar que essa guerra, como as antecessoras guerras pérsicas do século V a.C., em vez de conduzir a humanidade a um novo patamar de civilização e contribuir para a universalização dos valores éticos desenhados pela razão cosmopolita da Europa iluminada, será a antessala de uma nova "era sofística" marcada pela força, pelo medo e pelo retrocesso político-ideológico dentro da própria coalizão vitoriosa.

Janeiro de 2018

5.2 A Guerra da Ucrânia: uma "guerra hegemônica"[201]

> O desequilíbrio no sistema internacional deve-se à crescente disjunção entre a governança existente no sistema e a redistribuição de poder no sistema [e], ao longo da história, o principal meio de resolver o desequilíbrio entre a estrutura do sistema internacional e a redistribuição de poder tem sido a guerra, mais particularmente o que chamaremos de "guerra hegemônica".
>
> (Gilpin, 1981, p. 186-187)

---

201. Este texto condensa ideias e passagens de vários artigos e livros publicados depois de 2018 a respeito do tema da guerra e da paz, os quais foram objeto da nossa pesquisa na última década e que apareceram reunidos, na sua maioria, em quatro livros recentes: Fiori, J. L. (org.). *Sobre a guerra* (Petrópolis: Vozes, 2018); Fiori, J. L. *A Síndrome de Babel e a disputa do poder global* (Petrópolis: Vozes, 2020); Fiori, J. L. (org.). *Sobre a paz* (Petrópolis: Vozes, 2021); e Fiori, J. L. (org.). *A Guerra, a energia e o novo mapa do poder mundial* (Petrópolis: Vozes/Ineep, 2023).

5.2.1 O debate acerca dos "critérios" e das "narrativas"

Foi Marco Tulio Cícero, jurista e cônsul romano (106 a.C. – 43 a.C.), quem formulou pela primeira vez a tese de que existiriam guerras que seriam "justas" ou "legítimas", e que haveria outras guerras que seriam "injustas" e injustificáveis do ponto de vista ético e jurídico. Ele também formulou, pela primeira vez, a tese de que seriam justas todas as guerras que fossem travadas em "legítima defesa" (Fiori, 2018, p. 80).

No entanto, até hoje foi sempre muito difícil arbitrar quem de fato tem razão quando se trata de um conflito concreto e específico entre Estados ou impérios que alegam a seu favor o mesmo direito à "autodefesa". Muitos séculos depois do fim do Império Romano, no início da modernidade europeia, em pleno século XVII, Hugo Grócio (1583-1645) e Tomas Hobbes (1588-1679) diagnosticaram a grande novidade introduzida pela Paz de Vestfália na velha equação.

O jurista e teólogo Grócio voltou-se a Cícero e retomou sua defesa da "guerra justa", só que agora apoiada na existência de um "direito natural" que seria válido, legítimo e universal, "mesmo que não existisse Deus ou que os negócios humanos não fossem objeto dos seus cuidados" (Grócio, 2005, p. 40). Ao mesmo tempo, Grócio percebeu que no novo sistema de poder interestatal que estava nascendo na Europa, e ante a cada conflito em particular, sempre existiriam "múltiplas inocências" quando esses novos Estados "soberanos" tivessem interesses opostos e excludentes diante de um mesmo tema em disputa. Na mesma época, o filósofo inglês Thomas Hobbes também se deu conta de que, no novo sistema de poder territorial, os Estados seriam eternos rivais preparando-se permanentemente para a guerra[202], uma vez que não existia nesse sistema algum "poder superior" que pudesse distinguir e arbitrar de "forma objetiva" o que seria o "bem" e o "mal", o "justo" e o "injusto", numa disputa interestatal[203]. Nesse sentido, pode-se dizer que tanto Grócio quanto Hobbes se deram conta de que estavam postos diante de uma nova versão do velho problema ético da guerra e da paz, ou seja, como arbitrar a competição entre múltiplas soberanias na ausência de um "poder global"?

---

202. "Sempre existiram reis ou autoridades soberanas que, para defender sua independência, viveram em eterna rivalidade, como os gladiadores mantendo suas armas apontadas sem se perderem de vista, ou seja, seus fortes e guarnições em estado de vigia, seus canhões preparados guardando as fronteiras de seus reinos e ainda espionando territórios vizinhos" (Hobbes, 1983, p. 96).

203. "A natureza da justiça consiste no cumprimento dos pactos válidos, e essa validade começa com o estabelecimento de um poder civil que obrigue os homens a cumpri-los" (Hobbes, 1983, p. 107).

Depois disso, durante mais de quatrocentos anos, a discussão dos teóricos acerca da guerra e da paz seguiu girando em torno desses dois problemas congênitos do sistema interestatal: o direito dos Estados à sua "legítima defesa" em caso de agressão ou ameaça ao seu território, e a dificuldade, ou a impossibilidade, de estabelecer um critério consensual e universal a fim de definir um juiz que estivesse situado acima de qualquer suspeita de parcialidade, e que permitissem, ante a cada conflito concreto, arbitrar e decidir quem estaria do lado "certo" e quem estaria do lado "errado", quem estaria fazendo uma "guerra legítima" e quem estaria defendendo uma "guerra imoral".

Na verdade, o certo é que depois de dois mil anos de discussões filosóficas e éticas, e mais de quinhentos anos de infindáveis guerras dentro do sistema interestatal inventado pelos europeus, uma coisa parece definitivamente certa: não existe nem nunca existiu nenhum critério de arbitragem que seja ou tenha sido inteiramente neutro ou imparcial. Pelo contrário, todos os "critérios" conhecidos e utilizados até hoje para julgar as guerras sempre estiveram comprometidos com os valores e objetivos de alguma das partes envolvidas no conflito. E é neste ponto que adquire grande importância a chamada "batalha das narrativas", travada por meio dos meios de comunicação entre todas as partes envolvidas nas guerras, cada uma das quais tentando convencer e mobilizar a opinião pública mundial em favor de seus argumentos e contra a narrativa de seus adversários. Esta é de fato, em última instância, a "questão hegemônica" que está em disputa nessa guerra entre os Estados Unidos e a Rússia, a qual é travada no território da Ucrânia.

5.2.2 A primeira guerra europeia do século XXI

No dia 24 de fevereiro de 2022, a Rússia invadiu o território da Ucrânia e infringiu uma norma básica do Direito Internacional consagrado pelos Acordos de Paz do pós-Segunda Guerra Mundial que condena toda e qualquer violação da soberania nacional, quando feita sem a aprovação do Conselho de Segurança das Nações Unidas. Da mesma forma como fizeram a Inglaterra e a França quando invadiram o território do Egito e ocuparam o Canal de Suez, em 1956, sem o consentimento do Conselho de Segurança; como fez a União Soviética quando invadiu a Hungria, em 1956, e a Tchecoslováquia, em 1968. E assim também os Estados Unidos, quando invadiram Santo Domingo, em 1965, ou o Vietnã e o Camboja, na década de 1960; e também a China, quando invadiu o território do Vietnã, em 1979; apenas para relembrar alguns dos casos mais conhecidos de invasões ocorridas depois de 1945 e sem o consentimento do Conselho de Segurança da ONU. Em todos os casos, os invasores alegaram existir ameaças à sua "segurança nacional" que justificavam seus "ataques preventivos" ao território dos países que os ameaçavam. E os países invadidos negaram a existência dessas ameaças, mas seus argumentos nunca foram escutados ou tomados em conta pelos invasores.

Ou seja, na prática, sempre existiu uma espécie de "direito internacional paralelo" depois da Segunda Guerra – e pode-se dizer mais – durante toda a história do sistema internacional consagrado pela assinatura da Paz de Vestfália em 1648: as grandes potências desse sistema sempre tiveram o "direito exclusivo" de invadir o território de outros países soberanos, tomando em conta apenas seu próprio juízo e arbítrio e sua capacidade militar de impor sua opinião e sua vontade aos países mais fracos do sistema interestatal.

A novidade, depois do fim da Guerra Fria, é que esse "direito à invasão" transformou-se num monopólio quase exclusivo dos Estados Unidos e, secundariamente, da Inglaterra, sempre e quando apoiada pelos norte-americanos. Basta dizer que, nos últimos trinta anos, os Estados Unidos e seus aliados anglo-saxônicos invadiram sucessivamente, e sem o consentimento do Conselho de Segurança da ONU: o território da Somália, em 1993 (o que resultou em 300 mil mortos); do Afeganistão, em 2001 (o que resultou em 180 mil mortos); do Iraque, em 2003 (o que resultou em 300 mil mortos), da Líbia, em 2011 (o que resultou em 40 mil mortos); da Síria, em 2015 (o que resultou em 600 mil mortos); e, finalmente, do Iêmen, onde já morreram aproximadamente 240 mil pessoas. Assim mesmo, o que surpreende em todos esses casos é que, com exceção da invasão do Iraque, em 2003, que provocou uma reação mundial e teve a oposição da Alemanha, as demais invasões iniciadas pelos Estados Unidos nunca provocaram uma reação tão violenta e coesa das "elites ocidentais" como se observa agora no caso da invasão russa ao território ucraniano. E tudo indica que é exatamente porque nesta nova guerra a Rússia está reivindicando o seu próprio "direito de invadir" outros territórios, sempre e quando considerar existir uma ameaça à sua soberania nacional, o que significa que a ela também está desafiando, nesta mesma guerra, as regras de "governança" do sistema internacional que regeram as relações internacionais depois do fim da União Soviética, e, sobretudo, depois da arrasadora vitória norte-americana na Guerra do Golfo, em 1992.

Essas invasões, contudo, são feitas sempre com o amparo de argumentos e de justificativas apresentadas pelas potências envolvidas. No caso da Guerra da Ucrânia, há de se reconhecer que até aqui os russos vêm obtendo uma vitória lenta, porém progressiva, conforme vão sendo divulgadas informações fornecidas por seus próprios adversários, os quais caracterizam a existência de um comportamento de cerco e de assédio militar e econômico à Rússia que teria começado muito antes do dia 24 de fevereiro de 2022 com o objetivo de ameaçar e enfraquecer sua posição geopolítica e, no limite, fragmentar o próprio território russo. Vejamos esse ponto em mais detalhes.

No dia 8 de fevereiro de 2023, o jornalista norte-americano Seymur Hersh, ganhador do prêmio Pulitzer de Reportagem Internacional de 1970, trouxe a público, por intermédio de um artigo publicado no Substack ("How America took out the Nord Stream Pipeline"), a informação de que foram mergulhadores da marinha norte-americana que instalaram os explosivos que destruíram os gasodutos Nord Stream 1 e 2 no Mar Báltico, no dia 26 de setembro de 2022, com autorização direta do presidente Joe Biden. Uma operação feita sob a cobertura dos exercícios BOLTOPS 22 da Otan, os quais foram realizados três meses antes no Báltico quando se instalaram os dispositivos que foram ativados remotamente por operadores noruegueses. E depois dessa revelação inicial do Sr. Hersh, novas informações vêm sendo agregadas a cada dia e reforçam a tese de que o atentado foi planejado e executado pela marinha americana, e que a destruição dos gasodutos Nord Stream 1 e 2 do Báltico foi, de fato, uma das causas "ocultas" dá própria ofensiva americana na Ucrânia.

Da mesma forma e na mesma direção, somam-se as declarações da ex-primeira-ministra alemã, Angela Merkel, que afirmou numa entrevista concedida ao jornal *Die Zeit*, no início do mês de dezembro de 2022, que os Acordos de Minsk estabelecidos entre Alemanha, França, Rússia e Ucrânia em 13 de fevereiro de 2015 não eram sérios, e que só foram assinados pelos alemães para dar tempo à Ucrânia de se preparar para um enfrentamento militar com a Rússia. Algo muito parecido com o que disse o ex-presidente da França François Hollande pouco tempo antes da entrevista da primeira-ministra, quando admitiu para um meio de comunicação ucraniano que os Acordos de Minsk tinham como objetivo apenas ganhar tempo enquanto as potências ocidentais reforçavam militarmente Kiev para fazer frente à Rússia. Ou seja, os dois governantes mais importantes da União Europeia reconheceram abertamente que assinaram um tratado internacional sem a intenção de cumpri-lo; e que, além disso, a estratégia dos dois (junto com os Estados Unidos e a Inglaterra) era preparar a Ucrânia para um enfrentamento militar com a Rússia. Duas declarações belicistas que coincidem com o comportamento dos Estados Unidos, o qual boicotou diretamente as negociações de paz entre russos e ucranianos realizadas na fronteira da Bielorrússia em 28 de fevereiro de 2022, cinco dias depois da operação militar russa no território ucraniano ter sido iniciada. Da mesma forma, a Inglaterra vetou a negociação de paz iniciada em Istambul no dia 29 de março de 2022 mediante a intervenção pessoal do primeiro-ministro inglês, Boris Johnson, numa "visita surpresa" a Kiev, a qual foi feita em 9 de abril de 2022. Declarações e atitudes que corroboram, de certa forma, a versão russa de que sua "operação militar" foi apenas uma resposta preventiva contra a ameaça ao seu território representada pelos Estados Unidos e pela Otan, por intermédio da Ucrânia, ao contrário da "narrativa" da Otan que desde a primeira hora do conflito insiste na tese de que a ação das tropas russas foi uma invasão não provocada e injustificada do território soberano da Ucrânia.

5.2.3 Interesses e estratégias

O argumento geopolítico e estratégico esgrimido pelo governo russo para justificar o início de sua operação militar na Ucrânia vem sendo apresentado, defendido e reiterado, de forma muito clara, desde o ano de 2007 em vários fóruns internacionais: a exigência de que a Otan suspenda sua expansão na direção do Leste Europeu e, em particular, que se abstenha de incorporar à sua estrutura os territórios da Geórgia e da Ucrânia. Além disso, que a Otan interrompa seu processo de militarização dos antigos países do Pacto de Varsóvia e dos novos países que foram separados do território russo depois de 1991 e que, depois, foram incorporados a ela.

A alegação russa contra o expansionismo "ocidental" encontra apoio numa longa história de invasões de sua fronteira ocidental: invasões empreendidas pelos poloneses no início do século XVII; pelos suecos, no século XVIII; pelos franceses, no século XIX; pelos ingleses, pelos franceses e pelos norte-americanos, logo depois do fim da Primeira Guerra Mundial, entre 1919 e 1921; e, finalmente, pelos alemães, durante a Segunda Guerra Mundial, entre 1941 e 1944. Uma ameaça, segundo a visão russa, que se repetiu depois do fim da Guerra Fria e da decomposição da União Soviética, quando os russos perderam parte do seu território e logo em seguida assistiram ao avanço das tropas da Otan, apesar da promessa do secretário de Estado Americano, James Baker, feita ao primeiro-ministro russo Mikhail Gorbachev, em 1996, de que isto não aconteceria.

Foi por isso que, em 2007, o presidente russo, Vladimir Putin, pronunciou um discurso na Conferência de Segurança de Munique e declarou que seria inaceitável para a Rússia que a Otan seguisse se expandindo e tentasse incorporar a Geórgia e a Ucrânia. As chamadas "potências ocidentais" não deram atenção à reivindicação russa e foi por isso que a Rússia interveio em 2008 no território da Geórgia para impedir sua inclusão na Otan. Depois, em 2014, Estados Unidos e Inglaterra tiveram participação direta no golpe de Estado que derrubou o governo democrático da Ucrânia, o qual era apoiado pela Rússia. Como resposta, em 2015 os russos ocuparam e incorporaram o território da Crimeia.

Nesse mesmo ano, Rússia, Alemanha, França e Ucrânia assinaram os Acordos de Minsk – os quais já foram mencionados –, que foram sacramentados pelas Nações Unidas, mas que não foram respeitados pela Alemanha e pela França, tampouco acatados pela Ucrânia. Por fim, em dezembro de 2021, a Rússia apresentou aos Estados Unidos e à Otan uma proposta formal de negociação acerca da Ucrânia, bem como de renegociação do "equilíbrio estratégico" imposto pelos Estados Unidos depois do fim da Guerra Fria. A proposta foi rechaçada, e foi nesse momento que as tropas russas invadiram o território da Ucrânia, esgrimindo o argumento do "ataque preventivo em legítima defesa" do seu território com relação à ameaça da militarização e da incorporação eminente da Ucrânia pela Otan – o que eles consideram como uma "ameaça existencial" ao seu território e à sobrevivência da nação russa.

Do outro lado dessa nova "guerra europeia", encontra-se uma coalizão de países liderada pelos Estados Unidos. E aqui o mais importante a ser considerado é que, depois da Guerra Fria, e durante toda a última década do século passado, os Estados Unidos exerceram um poder militar global absolutamente sem precedentes na história. E foi durante esse período, logo depois da queda do Muro de Berlim, que o presidente George Bush criou um grupo de trabalho liderado pelo seu secretário de Estado, Dick Cheney,

595

e por vários outros membros do Departamento de Estado, como Paul Wolfowitz e como Donald Rumsfeld. Daí, surgiu o projeto republicano do "nono século americano", que propunha que os Estados Unidos impedissem preventivamente o aparecimento de qualquer potência, em qualquer região do mundo, que pudesse ameaçar a supremacia mundial americana durante todo o século XXI. E foi essa estratégia republicana que esteve por trás da declaração da "guerra global ao terrorismo" como resposta aos atentados de 11 de setembro de 2001.

No entanto, ainda na década de 1990, os dois governos democratas de Bill Clinton apostaram na globalização econômica e nas "intervenções humanitárias" em defesa da democracia e dos "direitos humanos". Foram 48 "intervenções" durante toda a década, cujas mais importantes se deram na Bósnia, em 1995, e no Kosovo, em 1999.

Ainda nos anos de 1990, o geopolítico democrata Zbigniew Brzezinski – que havia sido conselheiro de Segurança do governo Jimmy Carter – publicou um livro chamado *The grand chessboard: American primacy*, em 1997, que se tornaria numa espécie de "bíblia" da política externa democrata dos governos de Barak Obama, entre 2009 e 2016, e agora do governo de Joe Biden. Brzezinski foi o grande mestre de Madeleine Albraight (secretária de Estado de Obama), a qual, por sua vez, foi a mentora intelectual de Anthony Blinken, de Jack Sullivan, de Victoria Nuland, entre outros, que trabalharam juntos durante o governo Obama e que estiveram diretamente envolvidos no golpe de Estado da Praça Maidan, na Ucrânia, em 2014, e agora voltaram a trabalhar juntos na condução da estratégia americana de intervenção na Guerra da Ucrânia.

O plano da política externa democrata traçado por Zbieniew Brzenszinski ressuscitou a estratégia concebida por George Kennan, em 1945, de contenção da Rússia como o objetivo central da política externa norte-americana. E foi no contexto dessa retomada estratégica da política de contenção russa que Brzenszinski defendeu a expansão da Otan para o Leste da Europa, tendo como objetivo último e decisivo a incorporação da Ucrânia, a qual ele estimava que deveria ocorrer em algum momento entre 2005 e 2015. Incluía-se nesta mesma estratégia expansionista a realização das intervenções americanas com o objetivo de mudar governos e regimes desfavoráveis aos Estados Unidos, as chamadas "revoluções coloridas" que se sucederam depois da "primavera árabe" de 2010, e que se fizeram presentes no Brasil, a partir de 2013, e na Ucrânia, em 2014.

Como se pode ver, republicanos e democratas tinham diagnósticos um pouco diferentes, mas acabavam convergindo na sua defesa comum de uma estratégica de intervenção dos Estados Unidos *urbi et orbi* para manter a primazia global americana durante o século XXI. A grande diferença entre os dois estava exatamente na importância atribuída pelos democratas à Ucrânia, por eles considerada o grande pivô geopolítico e que desempenharia papel central na contenção geopolítica e militar da Rússia. Brzezinski chegou a definir 2015 como a data-limite para incorporar a Ucrânia à Otan, uma incorporação que não chegou a se concretizar, em grande medida devido à intervenção militar dos russos.

Como se pode ver, portanto, a intervenção americana na Ucrânia está colocada há muito tempo sobre a mesa como uma peça-chave da expansão e da preservação da "primazia militar global" dos Estados Unidos. Por isso mesmo, os Estados Unidos vêm se opondo terminantemente a qualquer iniciativa de paz que não esteja centrada nas suas mãos.

Em síntese, os russos não podem ceder porque está em jogo sua própria existência como território e como nação, e hoje o que eles estão propondo é o fim da ordem mundial unipolar; e os americanos não podem ceder porque o que está em jogo para eles é o futuro da sua supremacia militar global conquistada depois do fim da Guerra Fria por meio de sua vitória na Guerra do Golfo.

5.2.4 A "ordem mundial" do pós-Guerra Fria

Depois do fracasso das duas tentativas de paz boicotadas pelas "potências ocidentais", logo no início do conflito, a guerra na Ucrânia transformou-se num enfrentamento direto entre a Rússia e os Estados Unidos, bem como de seus aliados europeus. A origem próxima dessa disputa remonta ao fim da Guerra Fria e da URSS, seguida da decomposição do território da Rússia que deu origem a vários Estados nacionais independentes, entre eles a Ucrânia, que foi uma província russa; aliás, a província onde começou o próprio processo de formação da Rússia, em meados do século IX.

Essa história mais recente começou na madrugada de 9 para 10 de novembro de 1989, quando foram abertos os portões e o muro que dividia a cidade de Berlim finalmente foi derrubado, separando o "Ocidente liberal" do "Leste comunista". O mais importante, entretanto, ocorreu logo depois com o processo em cadeia de mudança dos regimes socialistas da Europa Central e Oriental, evento que levou à dissolução do Pacto de Varsóvia e à reunificação da Alemanha no dia 3 de novembro de 1990, culminando com a dissolução da União Soviética e o fim da Guerra Fria, em 1991. Naquele momento, muitos comemoraram a vitória da "liberal-democracia" e da "economia de mercado" contra seus grandes adversários e concorrentes do século XX: o "nacionalismo", o "fascismo" e, por fim, o "comunismo". Ao mesmo tempo, muitos viram ali a grande oportunidade de realização de um velho sonho ou utopia dos filósofos e juristas dos séculos XVIII e XIX, assim como dos teóricos internacionais do século XX: o aparecimento de um poder político global, quase monopólico, que fosse capaz de impor e de tutelar uma ordem mundial pacífica e orientada pelos valores da "civilização ocidental".

Trinta anos depois da vitória americana na Guerra do Golfo, entretanto, o panorama mundial mudou radicalmente. Em primeiro lugar, os Estados e as "grandes potências", com suas fronteiras e interesses nacionais, voltaram ao epicentro do sistema mundial, de modo que a velha "geopolítica das nações" voltou a funcionar como bússola do sistema interestatal; o "protecionismo econômico" voltou a ser praticado pelas grandes potências; e os grandes "objetivos humanitários" dos anos de 1990, bem como o próprio ideal da globalização econômica, foram relegados a um segundo plano da agenda internacional. Mais do que isso, o fantasma do "nacionalismo de direita" e do "fascismo" voltou a assombrar o mundo, e, o que é ainda mais surpreendente, penetrou a sociedade e o sistema político norte-americano, culminando com a vitória da extrema-direita nas eleições presidenciais americanas de 2017.

Ao longo dessas três décadas, o mundo assistiu à vertiginosa ascensão econômica da China, à reconstrução do poder militar da Rússia e ao declínio do poder global da União Europeia (UE). Mas o mais surpreendente talvez tenha sido a forma pela qual os próprios Estados Unidos passaram a desconhecer, a atacar ou a destruir as instituições globais responsáveis pela gestão da ordem liberal internacional instaurada, sob sua própria tutela, nos anos de 1990, desde o momento em que declararam guerra contra o Afeganistão, em 2001, e contra o Iraque, em 2003, a despeito – ou explicitamente contra – da posição do Conselho de Segurança das Nações Unidas.

Por último, e talvez o mais intrigante, é que a potência dominante e unipolar desse novo sistema, que seria teoricamente a responsável pela tutela da paz mundial, esteve em guerra durante quase todas as três décadas posteriores ao fim da Guerra Fria. A começar imediatamente pela Guerra do Golfo, em 1991, quando as forças armadas americanas apresentaram ao mundo suas novas tecnologias bélicas e sua "nova forma de fazer guerra" com o uso intensivo de armamentos operados à distância, o que lhes permitiu uma vitória imediata e arrasadora, com um mínimo de perdas e um máximo de destruição de seus adversários. Foram 42 dias de ataques aéreos contínuos, seguidos por uma invasão terrestre rápida e contundente com cerca de 4 mil baixas americanas e cerca de 650 mil mortos iraquianos. Uma demonstração de força que deixou claro ao mundo a diferença de forças que havia no sistema internacional depois do fim da União Soviética.

Depois disso, os Estados Unidos fizeram 48 intervenções militares na década de 1990 e se envolveram em várias guerras "sem fim", de forma contínua, durante as duas primeiras décadas do século XXI. Nesse período, os norte-americanos fizeram 24 intervenções militares em redor do mundo e realizaram 100 mil bombardeios aéreos, e só no ano de 2016, ainda durante o governo de Barack Obama, lançaram 26.171 bombas sobre sete países a um só tempo[204]. Encerrou-se assim, em definitivo, a expectativa dos séculos XVIII, XIX e XX de que um "superestado" ou uma "potência hegemônica" conseguiria finalmente assegurar uma paz duradoura dentro do sistema interestatal criado pela Paz de Vestfália. Ou seja, no período em que a humanidade teria estado mais próxima de uma "paz perpétua" tutelada por uma única "potência global", aquilo a que se assistiu foi uma sucessão quase contínua de guerras que envolviam a própria potência dominante. Foi exatamente esse processo expansivo e bélico da potência dominante, os Estados Unidos, que provocou – de maneira contraditória – o ressurgimento militar da Rússia, bem como o aparecimento e a expansão da nova grande potência do sistema interestatal, a China.

O aparecimento e o crescimento dessas duas potências, sobretudo junto com o declínio europeu, provocaram – nas palavras da epígrafe, de Robert Gilpin – "o desequilíbrio no sistema internacional deve-se à crescente disjunção entre a governança existente no sistema e a redistribuição de poder no sistema", e acabaram transformando, rapidamente, uma guerra localizada e assimétrica numa "guerra hegemônica" que envolveu todas as grandes potências do sistema mundial numa luta pela preservação ou pela superação da primazia global dos Estados Unidos e de seus aliados europeus.

---

204. Segundo dados apresentados por Micah Zenko, especialista em política externa norte--americana, publicados no *website* do Council of Foreign Relations (www.cfr.org).

5.2.5 A "desordem mundial" do pós-Guerra da Ucrânia

A partir dessa perspectiva, passado um ano e meio do início dessa "guerra hegemônica" travada no território da Ucrânia, já é possível identificar fatos, decisões e consequências estratégicas, econômicas e geopolíticas que são irreversíveis e que podem ser considerados como portas de entrada de um período de "desordem mundial", ou de transição para um novo mundo multipolar que pode durar muitos e muitos anos, talvez até décadas. Nesse momento, do ponto de vista estritamente militar, ninguém mais acredita na possibilidade de vitória da Ucrânia, e muito menos na retirada das forças russas dos territórios que já foram conquistados. O mais provável, além do mais, é que os russos sigam avançando sobre o território ucraniano mesmo depois da conquista de Donbass, pelo menos até o início das negociações de paz, as quais só avançarão se incluírem diretamente o governo norte-americano e se levarem em conta as reivindicações russas apresentadas aos Estados Unidos, à Otan e à União Europeia em 15 de dezembro de 2021.

Ainda assim, não é improvável que as tropas ucranianas se retirem para uma posição defensiva e se proponham a levar adiante uma guerra de atrito prolongada por meio de ataques e de reconquistas pontuais. Nesse caso, o conflito pode se estender por meses ou anos, mas isso só acontecerá se os norte-americanos e os europeus mantiverem seu apoio financeiro e militar ao governo da Ucrânia, o qual, sozinho, não tem a menor possibilidade de sustentar um conflito dessa natureza.

Como é óbvio, essa guerra está sendo travada entre os Estados Unidos e a Rússia, e é aí que se encontra o núcleo duro do problema da paz. Ora, trata-se de duas guerras sobrepostas, mas a chave da paz para as duas se encontra mais nas mãos dos Estados Unidos do que nas da Rússia, uma vez que os russos já apresentaram sua proposta e suas reivindicações e entraram em guerra exatamente porque elas foram rejeitadas ou desconhecidas pelos americanos e pela Otan. E é aqui que se situa o grande impasse: os russos já não têm como aceitar uma derrota; e para os norte-americanos, qualquer negociação é vista como um sinal de fraqueza, sobretudo depois de sua desastrosa "retirada do Afeganistão". Por conseguinte, a posição do governo americano tem sido prolongar a guerra, por meses ou anos, até exaurir a capacidade econômica russa de sustentar sua posição na Ucrânia, bem como de iniciar novas guerras. Esse foi o objetivo central da guerra econômica desencadeada logo no início do conflito pelos países do G7 e da UE contra a Rússia, mas esse ataque econômico não logrou seus objetivos imediatos. Pior do que isto, vem provocando uma crise econômica de grandes proporções nos países que lideraram as sanções, em particular nos países europeus. E o que é mais importante: os Estados Unidos e seus aliados não conseguiram isolar e excluir a Rússia do sistema econômico e político internacional. Apenas 21% dos países-membros da ONU apoiaram as sanções econômicas impostas à Rússia, mas esta conseguiu manter e ampliar seus negócios com a China, com a Índia e com a maioria dos países da Ásia, do Oriente Médio (incluindo Israel), da África e da América Latina (incluindo o Brasil).

Nos primeiros meses de 2023, os *superávits* comerciais russos alcançaram sucessivos recordes, e suas exportações de petróleo e gás alcançaram níveis superiores ao período anterior à guerra (U$ 70,1 bilhões no primeiro trimestre, e U$ 138,5 bilhões no primeiro semestre de 2022, de modo que se trata do maior superávit comercial russo desde 1994). O mesmo fenômeno aconteceu, paradoxalmente, no caso das exportações russas para os países europeus e para o mercado norte-americano, as quais cresceram nesse período apesar do banimento oficial imposto pelo G7 e seus aliados mais próximos.

A expectativa do mercado financeiro, no início da guerra, era de que o PIB russo caísse 30%, que a inflação chegasse à casa do 50%, e que a moeda russa, o rublo, se desvalorizasse algo em torno dos 100%. Mas hoje a economia russa já está entre as de maior crescimento no mundo e recuperou sua posição como oitava maior economia do mundo; a inflação foi contida um pouco acima do nível em que estava antes da guerra, e o rublo está entre as moedas que mais se valorizaram no período recente. Enquanto isso, do outro lado do "ataque econômico" e do financeiro do G7 e seus aliados mais próximos, a economia europeia vem sofrendo uma queda acentuada e pode entrar num período prolongado de estagflação: desde o início da guerra, o euro se desvalorizou em cerca de 12%, e a inflação média do continente subiu para algo em torno dos 8,5%, alcançando cerca de 20% em alguns países bálticos; ademais, a própria balança comercial da Alemanha, a maior economia exportadora da Europa, vem apresentando saldos negativos.

Tudo indica, portanto, que as "potências ocidentais" possam ter calculado mal a capacidade de resistência econômica da Rússia, que, além de ser o país mais extenso, é também uma potência energética, mineral e alimentar, sendo, ao mesmo tempo, a maior potência atômica mundial. Mas o mais preocupante da perspectiva ocidental é que a guerra econômica contra os russos não alcançou a receptividade e o apoio que elas haviam calculado de início, porquanto atingiram pesadamente a imagem da liderança global dos Estados Unidos, uma vez que não foram acompanhados nem por seus mais antigos aliados na Ásia, no Oriente Médio, na África e na América Latina.

Quando se reúnem todos esses fatos e esses números, já se consegue visualizar algumas características da "ordem" ou "desordem" mundial que está nascendo à sombra dessa guerra, como acontecera no caso da Primeira e da Segunda Guerras Mundiais.

i) Pelo "lado oriental", caso a Rússia não seja derrotada, e o mais provável é que não o seja, seu simples ato de insubordinação contra a ordem imposta na Europa pelos Estados Unidos e pela Otan, depois de 1991, por si só já inaugura uma nova ordenação internacional. Com o surgimento de uma potência com capacidade e disposição de rivalizar com o "Ocidente" e sustentar, com suas armas, seus interesses estratégicos, definindo por sua própria conta suas próprias "linhas vermelhas" com base nos seus cálculos estratégicos e, mais ainda, com base no seu próprio sistema de valores e de "critérios" de arbitragem internacional. Trata-se de uma nova potência capitalista que rompe o monopólio da "ordem internacional pautada pelas regras" definidas há pelo menos três séculos pelos canhões e canhoneiras euro-americanas, e sobretudo por seus povos de língua inglesa. Ao mesmo tempo, a Rússia rompe qualquer tipo de aproximação com a União Europeia, e, em particular, com os países do G7, uma vez que por uma aliança geopolítica e por uma integração de largo fôlego com a China, com a Índia e com os países árabes do Oriente Médio. Contribui, dessa forma, para que a China aprofunde sua liderança do grupo do Brics+, o qual era um bloco diplomático e econômico, e agora se transformou num bloco geopolítico e geoeconômico alternativo ao G7 depois da provável inclusão de Argentina, Irã, Egito, Turquia e da própria Arábia Saudita. Com cerca de 40% da população mundial e um PIB quase igual ao do G7, o Brics já é hoje uma referência mundial em franco processo de expansão e de projeção global do seu poder.

ii) Pelo "lado ocidental", por sua vez, o fato mais importante – caso seja confirmado – será a derrota econômica das "potências econômicas ocidentais", uma vez que não terão conseguido asfixiar nem destruir a economia russa. O uso militar das "sanções econômicas" será desmoralizado, e as armas voltarão a prevalecer na Europa. Primeiro, com a ascendência da Otan, que substituirá, no curto prazo, o governo dividido e fragilizado da União Europeia, transformando a Europa num "acampamento militar" – com 300 mil soldados sob a bandeira da Otan – sob o comando real dos Estados Unidos. No médio prazo, entretanto, essa nova configuração geopolítica deverá aprofundar as divisões internas da União Europeia, incentivando uma corrida armamentista entre seus Estados-membros, liderada pela Alemanha, que, depois setenta anos de tutela militar americana, retoma seu caminho militarista tradicional. Assim, o mais provável é que, no médio prazo, a Europa retome seu velho "modelo vestfaliano" de competição bélica depois do desmonte de sua economia de sucesso sustentada no consumo da energia barata fornecida pelos russos.

iii) Por fim, pelo lado do "Império Americano", a grande novidade foi a passagem dos norte-americanos e de seus aliados mais próximos para uma posição defensiva e reativa. Esta foi, ao mesmo tempo, sua principal derrota nessa guerra: a perda de iniciativa estratégica, a qual passou, no campo militar, para as mãos da Rússia, no caso da Ucrânia, e, no campo econômico, para as mãos da China no caso da *Belt and Road Initiative*. As "potências ocidentais" parecem ocupadas em "tapar buracos" e "refazer conexões" perdidas em redor do mundo, ao passo que o próprio conflito vai explicitando a perda da liderança ocidental no sistema internacional, com o rápido encolhimento da hegemonia secular dos valores europeus e da supremacia militar global dos povos anglo-saxônicos. Nesta crise ficou claro, mais do que nunca, o verdadeiro tamanho do G7, o qual costuma se pronunciar em nome de uma "comunidade internacional" que não existe mais ou que foi sempre uma ficção ou "narrativa" dos sete países que já foram os mais ricos e poderosos do mundo. Mais do que isto, o próprio poder do "capital financeiro" desregulado e globalizado está sendo posto em xeque com a explicitação da face parcial e bélica da "moeda internacional", bem como com o desnudamento da estrutura de poder estatal que se esconde por trás do sistema internacional de troca de informações financeira e de pagamentos, o chamado Swift (Society for Worldwide Interbank Financial Telecommunication), que tem sua sede em Bruxelas, mas que que é controlado, de fato, pelos bancos centrais de dez Estados apenas, os mesmos do G7 e da Suécia, da Suíça e dos Países Baixos. Ou seja, o mesmo grupo de Estados e de bancos nacionais que controlaram o sistema político e econômico internacional nos últimos trezentos anos, e que agora estão sendo questionados por essa "rebelião eurasiana". Afinal, um "segredo de Polichinelo" que foi guardado por muito tempo e com muita cautela: o "capital financeiro globalizado" tem dono, obedece a ordens e pertence à categoria das "tecnologias duais" que podem ser usadas para acumular riqueza, mas também podem ser utilizadas como arma de guerra.

5.2.6 Sistema interestatal e "guerra perpétua"

Quando se olha para a Guerra da Ucrânia como mais uma guerra europeia, e como parte das guerras que marcaram a história do sistema interestatal, dentro e fora da Europa, nos últimos quinhentos anos, pode-se utilizá-la para "falsificar" algumas hipóteses e conclusões provisórias de uma pesquisa mais prolongada que viemos desenvolvendo há alguns anos a respeito "da guerra, da paz, e da ética internacional":

i) Em primeiro lugar, depois das "guerras sem fim" dos norte-americanos, nos últimos trinta anos, confirma-se a hipótese mais ampla de que as guerras passaram a ter um estatuto novo e específico dentro do sistema interestatal que se formou na Europa entre os séculos XVI e XVIII. A partir de então, as guerras aumentaram em número e em intensidade, de modo que se transformaram numa peça essencial do novo sistema de poder territorial "inventado" pelos europeus. Basta dizer que, de 1450 até o século XX, os Estados europeus estiveram envolvidos em uma nova guerra a cada sete anos, representando cerca de 70% a 80% de suas atividades. A guerra se tornou peça decisiva de um sistema que se transformou numa verdadeira máquina de acumular poder e riqueza dentro e fora da Europa. Destaca-se o fato de que a Inglaterra e os Estados Unidos, duas potências dominantes dentro do sistema, iniciaram uma nova guerra a cada três anos: a Inglaterra, a partir de 1690, e os Estados Unidos, a partir de 1776 – números que reforçam a hipótese de que é praticamente impossível pensar o sistema interestatal sem guerras.

ii) Essas guerras nunca tiveram como objetivo a conquista da "paz", exceto no campo retórico ou ideológico. Na verdade, o objetivo fundamental de todas as guerras sempre foi a conquista da vitória, e, por meio dela, a imposição da vontade e dos valores da potência vitoriosa aos países e povos derrotados. Em seguida, por meio da mesma vitória, a conquista de territórios e de populações passou a funcionar como instrumento de acumulação de "mais poder" e de "mais riqueza" dos Estados vitoriosos, os quais adquiriram automaticamente maior capacidade de fazer e vencer novas guerras contra seus velhos e novos concorrentes e adversários.

iii) Desse modo, o logro da "paz" nunca foi necessariamente sinônimo de "ordem", de modo que a própria existência de sucessivas "ordens internacionais" nunca assegurou a preservação da paz. Pelo contrário, basta ver o que aconteceu nos últimos trinta anos quando a "ordem liberal-cosmopolita" imposta pela vitória norte-americana na Guerra Fria se transformou num dos períodos mais violentos do sistema interestatal. Como já havia acontecido, por exemplo, com a "ordem internacional" que nasceu depois assinatura da Paz de Vestfália e que se estendeu até a assinatura da Paz de Viena, em 1815, quando a Europa foi palco de numerosas guerras que se projetaram sobre o resto do mundo e que definiram os novos territórios coloniais das grandes potências europeias.

iv) Mesmo assim, observa-se uma regularidade no aparecimento e na consolidação transitória de sucessivas "ordens internacionais" que duram, em geral, até o momento em que ocorrem novas "guerras hegemônicas" – aquelas que questionam e modificam os códigos e critérios éticos da ordem anterior. Foi o que aconteceu no caso da própria Guerra dos Trinta Anos (1618-1648), seguida pela assinatura da Paz de Vestfália, em 1648, a qual é considerada um momento decisivo na afirmação da soberania dos Estados nacionais e do próprio sistema interestatal europeu. Da mesma forma como aconteceu depois com a Guerra dos Nove Anos (1688-1697), a qual envolveu as principais potências europeias e culminou com a assinatura do Tratado de Ryswick; com a Guerra da Sucessão Espanhola (1701-1714), considerada a primeira "guerra global" e que terminou com a assinatura do Tratado de Utrecht; ou ainda com a Guerra dos Sete Anos (1756-1763) que se desenvolveu simultaneamente na Europa, na África, na Índia, na América do Norte e nas Filipinas, terminando com a assinatura de vários tratados de paz responsáveis por sucessivas mudanças do controle colonial europeu em quase todos os continentes. E assim sucessivamente, com as Guerras Napoleônicas e com a Paz de Viena de 1815; com a Primeira Guerra Mundial e com a Paz de Versalhes, de 1919; e, finalmente, com a Segunda Guerra Mundial e com o estabelecimento dos Acordos de Paz de Yalta, de Potsdam e de São Francisco, de 1945, responsáveis pelo nascimento da chamada "ordem liberal internacional", tutelada pelos Estados Unidos e contemporânea da Guerra Fria. Um fenômeno que se repete com tamanha regularidade que permite formular a hipótese de que seja exatamente por intermédio dessa dialética de sucessivas "guerras" e "pazes" que o sistema interestatal tenha construído ao longo da História uma "ordenação ética internacional" que vai sendo tecida mediante infinitas guerras e que será sempre transitória, porquanto será sempre hierárquica e assimétrica.

v) É por isso mesmo, aliás, que não é possível estabelecer dentro desse sistema de poder algum "critério de arbitragem" que possa ser considerado objetivo e universal. Não há forma de determinar de forma consensual ou absoluta quando uma guerra é "justa" ou "injusta", "legítima" ou "ilegítima" precisamente porque todas as guerras são "justas" do ponto de vista de quem as inicia, e todas as pazes são "injustas" do ponto de vista de quem foi derrotado. Em virtude disso é possível entender melhor a importância decisiva e o verdadeiro poder daqueles que monopolizam o direito de definir as regras de arbitragem do sistema, as quais são válidas até o momento em que são questionadas por uma nova "guerra hegemônica". E também se pode compreender melhor por que todas as propostas de mudança dessas regras são sempre consideradas um desafio intolerável, talvez o maior de todos os desafios, pelas antigas potências dominantes.

vi) É por isso também que as "potências dominantes" de cada período da história nunca pararam de se expandir, mesmo quando já estavam no topo da hierarquia do poder mundial. Elas se expandem para poder preservar a posição "monopólica" que já conquistaram diante do avanço dos eventuais concorrentes que se aproximem ou ameacem seu poder. Quando necessário, além do mais, as potências dominantes tomam elas mesmas a iniciativa de se desfazer das normas e das instituições que elas estabeleceram, sempre e quando essas normas e instituições sejam obstáculos ao caminho de expansão do seu próprio poder.

vii) Por fim, pode-se deduzir que a "paz" ou as "pazes" serão sempre transitórias; períodos de "trégua"[205] que duram o tempo definido pela retomada da "compulsão expansiva" dos ganhadores e pela necessidade de revanche dos derrotados[206]. Esse tempo pode ser mais ou menos longo, mas não interrompe jamais o processo de preparação de novas guerras[207].

Por último, se todas essas hipóteses, deduções e conclusões estiverem corretas ou não puderem ser refutadas, pode-se afirmar que a utopia kantiana da "paz perpétua" é uma impossibilidade lógica dentro de um sistema de poder que cresce à maneira de um "universo" em permanente expansão, o qual é movido pela energia contrária, a saber, a energia produzida pela sua "guerra perpétua".

5.3 O ceticismo ético e o desafio da paz[208]

> E, de todo modo, para resolver a disputa que surgiu acerca do critério, seria preciso um critério consensual por meio do qual ela seria resolvida; e para que se conseguisse um critério consensual, seria necessário primeiro que se resolvesse a disputa acerca do critério. Assim, porque o raciocínio caiu no modo de circularidade, encontrar um critério torna-se aporético.
>
> (Sexto Empírico, PH 2.20)

---

205. "[...] a paz é apenas uma longa trégua, obtida por meio de um estado de crescente, persistente e de progressiva tensão" (Bobbio, 2002, p. 73).

206. "O desejo de se ressarcir de um prejuízo que se crê haver sofrido, de vingar-se mediante represálias, de tomar ou retomar o que se considera sua propriedade, a inveja do poder, ou da reputação, o desejo de mortificar e rebaixar um vizinho de quem se pensa haver causa para detestar: eis aí tantas fontes de querelas que nascem nos corações dos homens e que somente podem produzir incessantes embates, seja com razão e com pretexto, seja sem razão e sem pretexto" (Abade de São Pedro, 2003, p. 18).

207. "Porque tal como a natureza do mau tempo não consiste em dois ou três chuviscos, mas numa tendência para chover que dura vários dias seguidos, assim também a natureza da guerra não consiste na luta real, mas na conhecida disposição para tal, durante todo o tempo em que não há garantia do contrário. Todo o tempo restante é de paz" (Hobbes, 1983, p. 76).

208. Este texto foi publicado originalmente sob o título "O mito do pecado original, o ceticismo ético e o desafio da paz" como posfácio do livro *Sobre a paz* (Fiori, 2021).

Introdução

Este posfácio discute o problema da "disputa dos critérios" tal como formulado por Sexto Empírico no campo das "escolhas éticas" e, portanto, é um texto a respeito do "ceticismo"[209] e do "pirronismo"[210]. Aparece no final deste livro "Sobre a paz" porque – de uma forma ou outra – o "pensamento realista"[211] sempre esteve associado a alguma forma de ceticismo, de modo que, ao mesmo tempo, o reconhecimento da impossibilidade de uma "paz perpétua" é indissociável da heterogeneidade e da irredutibilidade dos interesses, bem como da heterogeneidade das "verdades éticas", das forças sociais em geral e, em particular, dos povos, dos impérios, das nações e das "potências" envolvidos nos grandes conflitos e disputas internacionais que atravessam a história humana desde que os homens abandonaram o nomadismo e começaram a viver de forma sedentária e organizada sob o governo das primeiras cidades e dos grandes impérios – da Mesopotâmia, do Norte da África e do Sul da Ásia.

Nossa hipótese fundamental é que a impossibilidade dos "juízos éticos universais" está associada diretamente à natureza hierárquica e conflitiva de todas as relações humanas, como preconizou, de forma pioneira, o filósofo grego Heráclito de Éfeso (541-487 a.C.)[212]. A origem desse problema é aqui analisada por meio de uma "exegese lógica" do "mito do pecado

---

209. "O ceticismo como concepção filosófica, e não como uma série de dúvidas relativas a crenças religiosas tradicionais, teve sua origem no pensamento grego antigo. No período do helenismo, as várias observações e atitudes de filósofos gregos de períodos anteriores foram desenvolvidas, formando um conjunto de argumentos, estabelecendo que i) nenhuma forma de conhecimento é possível; ou que ii) não há evidência adequada ou suficiente para determinar se alguma forma de conhecimento é ou não possível, e que, portanto, devemos suspender o juízo acerca de todas as questões relativas ao conhecimento. A primeira concepção denominava-se 'ceticismo acadêmico'; a segunda, 'ceticismo pirrônico' [...]. O ceticismo seria a cura para a doença do dogmatismo e da precipitação... um purgante que elimina tudo, inclusive a si mesmo" (Popkin, 2000, p. 14, 17).

210. "Os pirrônicos propunham a suspensão do juízo acerca de qualquer questão em relação à qual houvesse evidências em conflito, incluindo a questão sobre se podemos ou não conhecer algo" (Popkin, 2000, p. 3).

211. Ao definir os princípios básicos que distinguem o pensamento realista de qualquer outra perspectiva no campo internacional, Hans Morgenthau afirma que "os princípios morais não são universais, mas sim particulares. E que as aspirações morais de uma nação não se aplicam ao resto do universo. Os princípios morais de um Estado não devem nem podem ser considerados princípios morais universais, expansíveis para o resto da humanidade" (Nogueira; Messari, 2005, p. 34).

212. O filósofo grego Heráclito de Éfeso (521-487 a.C.) afirma, em dois de seus "fragmentos" ou "aforismos" mais famosos, que "a guerra é o pai de todas as coisas e de todos os reis; de uns fez deuses; de outros, homens; de uns, escravos; de outros, homens livres" (53). E complementa sua tese dizendo que "é necessário saber que a guerra é comum a todos e a justiça se faz no conflito, e que todas as coisas nascem e morrem pelo conflito" (80).

original"[213] ou, mais especificamente, da narrativa inicial do Gênesis tal como aparece na sua versão clássica do Torá, ou do Antigo Testamento[214], e na qual se narram "a criação e a queda" do homem. Esse mito de origem suméria e mesopotâmica teve várias formulações diferentes, mas acabou sendo "apropriado" pela tradição judaico-cristã, e por esse caminho transcendeu seu tempo e origem étnico-religiosa, transformando-se numa espécie de "mito civilizatório" quase universal. Ele consegue reunir, numa mesma narrativa extremamente sintética, a questão da origem do homem, da origem da distinção ética entre o "bem" e o "mal" e da origem das "proibições", da "desobediência" e da "culpa humana".

A mitologia grega também utiliza com frequência a alegoria do "triângulo familiar" como estrutura básica de todas as relações estabelecidas entre os deuses, incluindo a sua própria, tal como aparece relatada por Homero e por Hesíodo (Brandão, 1986). É comum na mitologia grega a prática da traição dos filhos que "destronam" seus próprios pais, que são também deuses, tal como acontece, por exemplo, na história de Urano, de Cronos e de Zeus, ou mesmo na história de Laio, de Jocasta e de Édipo. Não existe, entretanto, na mitologia grega, uma associação entre essas disputas hierárquicas dos deuses com o problema ético do livre-arbítrio e das escolhas, ao menos tal como aparece no mito judaico-cristão da criação, da queda e da punição do homem. Na versão bíblica desse mito, a história da criação do homem por um Deus único aparece diretamente relacionada com o problema "pirrônico" dos critérios de distinção entre o "bem e o mal", e com o problema da decisão e da "livre escolha humana" entre o imperativo da obediência e do desejo humano, ou da pulsão da liberdade e de igualdade com relação a Deus, ou, ainda, com relação a qualquer outro "Senhor" ou poder vitorioso que tenha imposto sua vontade aos homens no decorrer da história.

Mesmo assim, nosso objetivo não é o estudo da origem do "poder" e da "ética" no seu sentido evolutivo. Propomos identificar algumas estruturas e

---

213. A doutrina do "pecado original" não pertence à tradição judaica ou à tradição islâmica e só foi desenvolvida na tradição cristã a partir de Agostinho de Hipona (354-430 d.C.) para explicar a origem do "mal", da imperfeição humana e do sofrimento a partir da "queda de Adão e Eva". Nós a utilizamos aqui para nos referirmos à narrativa original da "Queda" relatada na Bíblia por sua força semântica, ao designar o que teria sido o primeiro de todos os pecados do homem. No entanto, após a punição de Adão e Eva, sucederam-se 613 mandamentos ou "proibições divinas" (365 negativas e 248 positivas) ao longo de todo o texto judaico-cristão da Torá, ou do Antigo Testamento.

214. Sobretudo o texto de seus capítulos Gn 3,1-4. 6-7. 11.22, segundo a versão da *Bíblia de Jerusalém* (1973).

relações "genéticas" que renascem a cada momento e permanecem ao longo do tempo, porquanto são atemporais. Ou seja, são estruturas e relações que operam como um "código" ou um "arquétipo" que se atualiza por meio do comportamento dos indivíduos e das sociedades, e que pode assumir, no mundo concreto dos homens, uma infinidade de formas e de configurações materiais. De nossa perspectiva, a ideia do arquétipo, assim como a própria ideia do pecado original, envolve uma relação entre "poder" e "ética" que é perene, apesar de que sua evolução possa dar lugar a uma infinidade de possibilidades e de variações concretas. Sobretudo porque se trata de uma desobediência, ou de um "pecado", que não se pode conceber sem que se tenha presente a "relação hierárquica" originária entre Deus e o homem, e, em especial, sem que haja a intervenção de um terceiro elemento – no caso, a famosa Serpente – que permite ao homem tomar consciência de sua relação hierárquica com Deus, bem como da própria existência de alternativas diante do "imperativo divino", tendo a possibilidade até mesmo de escolher livremente o "pecado", apesar de todas as suas consequências.

5.3.1 O método

A inspiração originária deste trabalho veio da "psicanálise", de Sigmund Freud (1856-1939), e da "psicologia analítica", de Carl G. Jung (1875-1961) e de seus discípulos – com destaque para Joseph Campbell (1904-1987) (Campbell, 1949) – que utilizam o estudo sistemático da mitologia como método de investigação das "memórias"[215] e das "heranças arcaicas"[216], no caso de Freud, e dos "arquétipos" e do "inconsciente coletivo"[217], no caso de Jung.

---

215. "O resultado é um superorganizador que precede o sujeito e é transmitido inconscientemente pelo superego parental. No mesmo caminho conceitual, encontra-se a fantasia originária que Freud liga à memória arcaica da espécie" (Eiguer, 1987, p. 109).

216. Freud escreveu: "[...] uma nova compilação surge quando nos damos conta da probabilidade de que aquilo que pode ser operante na vida psíquica de um indivíduo pode incluir não apenas o que ele próprio experimentou, mas também coisas que estão inatamente presentes nele, quando de seu nascimento, elementos com uma origem filogenética – uma herança arcaica. Surgem então as questões de saber em que consiste essa herança, o que contém e qual é a sua prova" (Freud, 1969, p. 109).

217. "O termo *archetipus* já se encontra em Filo Judeu como referência a *imago dei* no homem. Em Irineu também, onde se lê '*Mundi fabricator non a semetipso fecit haec, sed de alienis archetipis transtulit*' (O criador não fez essas coisas diretamente a partir de si mesmo, mas copiou-as de outros arquétipos [...]). Para aquilo que nos ocupa, a denominação é precisa e de grande ajuda, pois nos diz que, que no concernente aos conteúdos do inconsciente coletivo, estamos tratando

Para a "psicologia profunda" de Freud e de Jung, assim como para a "antropologia estrutural" de Lévi-Strauss, assim como para outros, a mitologia ocupa lugar central na história do pensamento humano e na expressão cultural das grandes civilizações porque sintetiza, de forma simbólica, pensamentos e verdades que transcendem o espaço e o tempo. O filólogo alemão Werner Jaeger (1888-1961) resume esta concepção comum na Paideia, sua obra magistral a respeito da cultura grega, quando diz:

> O mito serve sempre de instância normativa para a qual apela o orador. Há no seu âmago alguma coisa que tem validade universal. Não tem caráter meramente fictício, embora originalmente seja, sem dúvida alguma, o sedimento de acontecimentos históricos que alcançaram a imortalidade através de uma longa tradição e da interpretação enaltecedora da fantasia criadora da posteridade (Jaeger, 2001, p. 68).

Freud e Jung usam os mitos como objeto de suas pesquisas e, ao mesmo tempo, como método de identificação dessas estruturas mais profundas e universais do inconsciente individual e coletivo. Mas Lévi-Strauss também discorre acerca da existência de "infraestruturas inconscientes" nas sociedades primitivas que estudou, da mesma forma que Noam Chomsky trata das "estruturas profundas" no campo da linguagem, e vários outros autores e pesquisadores utilizam expressões análogas no campo da sociobiologia e da etologia para se referirem a relações e comportamentos comuns a todas as espécies animais. Mas não há dúvida de que foram os arquétipos de Carl Jung e de seus discípulos que se transformaram na expressão mais comum para nos referirmos a essas estruturas profundas e universais que se "atualizam" ou "individuam" por meio do comportamento dos indivíduos e sociedades humanas.

Jung afirma explicitamente que "o conteúdo essencial de todas as mitologias, de todas as religiões e de todos os ismos é arquetípico" (Stein, 2014, p. 94), e, para ele, os "arquétipos são estruturas idênticas, universais [que juntas] constituem aqueles resíduos de remota humanidade comuns a todos os homens" (Jung, 1973, p. 190, 211). Ademais, para o psicólogo suíço, o arquétipo é "um elemento vazio e formal em si, nada mais sendo que uma *facultas praeformandi*, uma possibilidade dada *a priori* da forma de sua representação" (Jung, 1976, p. 87). Um conceito ainda impreciso, mas

---

de tipos arcaicos – ou melhor – primordiais, isto é, de imagens universais que existiram desde os tempos mais remotos" (Jung, 1976, p. 12).

muito próximo da instigante ideia de outro pensador germânico, o grande matemático, lógico e filósofo Gottlob Frege (1848-1925), que discorre explicitamente acerca da existência de um "pensamento sem pensador" ao tomar como base a lógica do raciocínio matemático; um pensamento que não teria autor e que seria atemporal e universal, como no caso das "memórias arcaicas" e dos arquétipos. Assim, Frege afirma:

> A tarefa da ciência não consiste em criar, mas em descobrir pensamentos verdadeiros. O astrônomo pode aplicar uma verdade matemática à investigação de eventos ocorridos em um passado longínquo, quando na Terra, pelo menos, ninguém ainda havia reconhecido essa verdade. Ele pode fazer isso porque o ser verdadeiro de um pensamento é intemporal. Donde essa verdade não pode ter-se originado de sua descoberta (Frege, 2001, p. 33).

Da perspectiva de Frege, poderia mesmo se dizer que a mitologia é um "depósito" de "pensamentos sem pensadores", apresentados de forma extremamente simples e sintética, ainda que simbólica. E os próprios arquétipos acerca dos quais Jung discorre fariam parte desses "pensamentos atemporais", que podem ser encontrados ou desvelados por intermédio do estudo da linguagem simbólica dos mitos. Dessa perspectiva, aliás, mesmo que Freud não utilize correntemente o conceito de arquétipo, pode-se dizer que o modelo clássico e insuperável de utilização do mito como instrumento de pesquisa de uma relação originária e atemporal segue sendo o do estudo freudiano do mito e da tragédia de Sófocles, em especial na tragédia *Édipo rei*. Nesse mito e na sua versão pela tragédia grega, Freud identifica um "arquétipo parental" que envolve relações de atração, de repulsão e de competição, as quais são parte inseparável do "triângulo amoroso" responsável pela reprodução da espécie humana e pela socialização do *Homo sapiens*[218].

Freud sugere a possibilidade, mas Jung estende o escopo e a eficácia do conceito de arquétipo, associado diretamente com seu outro conceito fundamental – o conceito de "inconsciente coletivo" – que lhe permite passar do plano estritamente individual e psicanalítico para o campo social e

---

218. Embora a expressão "complexo de Édipo" não apareça nos escritos de Freud antes de 1910, isso acontece em termos que atestam que ela já era admitida na linguagem psicanalítica. A descoberta do complexo de Édipo, preparada há muito pela análise dos seus pacientes, efetua-se para Freud no decorrer de sua autoanálise, que o leva a reconhecer em si o amor pela mãe e, para com o pai, um ciúme em conflito com a afeição que lhe dedica. Em 15 de outubro de 1897, escreveu a Fliess: "[...] o poder de dominação de Édipo Rei torna-se inteligível [...]. O mito grego salienta uma compulsão que todos reconhecem por terem percebido em si mesmos vestígios de sua existência" (Laplanche; Pontalis, 1970, p. 117).

cultural, utilizando o estudo dos mitos como método de acesso às imagens e às estruturas primitivas da percepção e da convivência em sociedades mais amplas e complexas.

É nessa perspectiva metodológica que nos propomos a investigar e a identificar algumas relações mais profundas e invisíveis que se manifestam e se repetem de forma recorrente ao longo dos séculos em todas as disputas políticas que envolvam competição e luta pelo poder[219], e em todos os conflitos de poder que estejam associados com disputas éticas, em particular, no caso da definição e da arbitragem dos "critérios" que separam o "bem" do "mal" em que se sustentam todos os argumentos utilizados pelas partes envolvidas nos conflitos e nas disputas de guerra e de paz entre grupos e sociedades humanas.

5.3.2 O "mito" e sua difusão

O Gênesis é um dos textos mais importantes do judaísmo e do cristianismo; também pertence à tradição religiosa do Islã e contém elementos de origem persa e do Zoroastrismo, em particular. Além disso, o Gênesis se transformou, no decorrer dos séculos, em um "mito" comum a todas as grandes civilizações históricas[220] que se formaram à sombra destas quatro religiões monoteístas.

Sua autoria foi atribuída tradicionalmente a Moisés, o líder que teria transmitido ao povo judeu a tradição monoteísta do Faraó Aquenáton por volta do século XIII a.C. (Freud, 1969, p. 18-65). Mas, modernamente, considera-se que o texto do Gênesis, tal como o conhecemos, tenha sido escrito por várias mãos e em vários momentos, bem como que sua versão final seja datada do século V a.C., provavelmente do período do exílio dos judeus na Babilônia, quando a comunidade judaica sofreu forte influência dos costumes e das tradições do Império Persa, em particular, de sua religião oficial, o zoroastrismo.

---

219. "Em termos estritamente lógicos, o poder é uma relação que se constitui e se define, tautologicamente, pela disputa e pela luta contínua pelo próprio poder. Em qualquer nível de abstração e em qualquer tempo ou lugar, independentemente do conteúdo concreto de cada relação de poder em particular" (Fiori, 2014, p. 18).

220. "Se fizermos uma pesquisa sobre história e cultura humanas, veremos que toda sociedade possui um código moral cuja concepção se apresenta, na maioria dos casos, com clareza e exatidão. Em praticamente toda sociedade do passado existe uma íntima relação entre esse código moral e a religião dominante. O código de ética é concebido frequentemente como um imperativo, declarado por um legislador divino [...]" (Dawson, 2010, p. 117).

Essa versão moderna a respeito da origem do texto bíblico permite entender melhor a presença, ou a simples repetição, no Gênesis, de vários elementos ou narrativas da tradição mitológica da Babilônia, da Suméria e de Ugarite, como é o caso dos "poemas da criação", o *Enuma Elish*; da *Epopeia de Gilgamesh*; ou da história de *Atracasis*, epopeia acadiana do século XVIII a.C. Ou ainda do mais antigo de todos os "mitos da criação", de origem suméria, o chamado mito do *Eridu Genesis*, no qual também é contada a criação do homem a partir do barro que foi esculpido pelos deuses num momento de embriaguez e que, por este motivo, teriam feito um homem repleto de imperfeições.

A própria história da "queda" de Adão e Eva tem um parentesco indiscutível com a história de Enquidu, o selvagem esculpido pelos deuses a partir da argila, e com a história de Shamhat, a prostituta contratada para seduzi-lo e levá-lo a cometer o que seria talvez a versão mais antiga daquilo que os cristãos mais tarde chamariam de "pecado original". E algo similar pode ser dito da metáfora da "árvore" e do seu "fruto proibido" que aparecem no Gênesis e também estão presentes na Epopeia de Gilgamesh, no qual seu personagem principal obtém uma flor que "devolveria ao homem toda a sua força perdida". Esta flor, no entanto, acaba sendo roubada pela Serpente, que é uma figura tradicional e muito presente em toda a mitologia do Antigo Oriente Médio.

Além de todas essas semelhanças formais, entretanto, a dívida mais importante do Gênesis, e de toda a tradição judaico-cristã, é mesmo com o "monoteísmo ético" do Zoroastrismo ou Masdaísmo, que considerava que a vida universal do cosmos, e de cada indivíduo em particular, consistia numa luta eterna entre o Bem (Aúra-Masda, divindade suprema e criadora do mundo) e o Mal (Ahriman, a energia negativa, responsável pelas doenças e pela morte). Zoroastro foi o primeiro a reconhecer a existência de um "arbítrio" dos indivíduos, que eram livres para escolher entre o "bem" e o "mal", apesar de que, no dia do Juízo Final, todos viessem a ser julgados por suas escolhas quando, no âmbito cósmico, o Bem derrotasse definitivamente o Mal.

Essa preocupação ética com a luta entre o "bem" e o "mal" que está presente no texto do Gênesis é a marca diferencial de um período da história humana – em particular, no continente eurasiano – que alguns historiadores chamaram de "era da elevação dos espíritos", situada aproximadamente entre os anos 600 e 300 a.C. Esse período corresponde, em linhas gerais, ao apogeu do Império Persa, ao florescimento da cultura helênica, ao despertar da civilização romana e à grande crise chinesa, a qual foi a responsável indireta pelo florescimento da melhor parte da filosofia moral asiática. E é exatamente nessa "era" da história eurasiana que os homens se colocaram, pela primeira vez, de forma sistemática e quase simultânea, as mesmas perguntas fundamentais pela "origem e destino do universo", pela essência do comportamento "virtuoso" dos indivíduos e dos governos e pelo "critério", em última instância, de definição e de distinção entre o "bem" e o "mal"[221]. Trata-se das mesmas perguntas e de várias respostas – muitas vezes convergentes – que foram sendo dadas a partir daquele período pelas grandes religiões monoteístas, mas também pela filosofia moral de Lao Tsé, de Confúcio e de Sidarta Gautama, e, de forma muito particular, pela filosofia política e jurídica greco-romana.

Depois desse período de imensa fertilidade intelectual da história humana, o texto do Gênesis se difundiu de forma cada vez mais ampla, extensa e autônoma, desde o momento em que o filósofo judeu Fílon de Alexandria propôs, pela primeira vez, na obra *Quaestiones in Genesim*, um "diálogo" entre sua interpretação judaica do Gênesis com sua leitura de Platão, e, em particular, do diálogo *Timeu*, o qual sintetizava a visão grega da origem do universo. A mesma associação proposta por São Paulo, sob influência da filosofia estoica de Sêneca, consagrada três séculos depois por Santo Agostinho e por sua conjugação da doutrina cristã com a filosofia platônica, a qual se transformaria numa peça importante da "civilização ocidental" durante toda a Idade Média.

Mesmo depois da revolução científica moderna dos séculos XVI e XVII, e ainda depois da "revolução darwinista" do século XIX, chama atenção o fato de que o texto do Gênesis tenha resistido e siga sendo divulgado, mantendo-se como uma referência e influência universal para além de sua origem étnica e religiosa, a despeito de sua "visão criacionista" da origem do universo.

---

221. "Se por um lado não é muito evidente a existência de uma moralidade pré-religiosa, por outro não há dúvida sobre a existência de uma pós-religiosa. Na medida em que o homem se torna crítico em relação à religião dominante, aparece, em toda civilização avançada, uma nova necessidade de se elaborarem sistemas filosóficos e novas interpretações da realidade, com seus códigos de ética correspondentes" (Dawson, 2010, p. 118).

5.3.3 O "mito" e suas duas versões

O texto do Gênesis reúne duas versões diferentes da mesma história da criação do homem e do universo, escritas provavelmente em momentos e lugares diferentes (Gn 1,1-31, e Gn 1,1-25). Apesar disso, a tradição e o senso comum costumam misturar e sobrepor ambos, como se eles fizessem parte de uma mesma narrativa. Trata-se de um erro que foi imortalizado pelos célebres afrescos pintados por Michelangelo no teto da Capela Sistina, no Vaticano, que reúnem em uma mesma sequência pictórica passagens extraídas das duas versões da mesma história, apesar de que elas contenham diferenças profundas e essenciais.

A primeira versão da história privilegia o "poder da palavra" de Deus, que seria capaz de criar os céus e a terra, os animais e os homens, a partir do nada, isto é, tão somente por intermédio de sua simples designação. A criação é feita de forma sequenciada, ou evolutiva, durante seis dias e culmina com o surgimento do homem, a quem Deus ordena que "domine sobre os peixes do mar, as aves do céu, os animais domésticos, todas as feras e todos os répteis que rastejam sobre a terra" (Gn 1,26). Na primeira versão da história bíblica, Deus não impõe ao homem nenhum tipo de proibição, ameaça ou punição; apenas determina que o homem domine o mundo. Chama a atenção, exatamente, que esta versão do mito não tenha continuidade nem se conecte com a história real dos homens.

Na segunda versão da história, entretanto, o foco do relato se concentra no ato da proibição divina e na sequência da "tentação e queda" de Adão e Eva, no qual aparecem três elementos que não existiam na primeira versão: a "árvore do bem e do mal", a "proibição divina" e a "serpente" – que introduzem a possibilidade da "desobediência humana". Esta versão relata como Deus modelou "o homem com a argila do solo, insuflando em suas narinas um hálito de vida e o homem se torna um ser vivente" (Gn 2,6-7) que é colocado no Jardim do Éden, local onde está plantada "a árvore do conhecimento do bem e do mal" (Gn 2,9). Nesse exato momento, Deus introduz o grande diferencial desta segunda narrativa ao impor sua proibição de acesso à arvore do conhecimento, bem como ao exigir obediência incondicional do homem, sob pena de punição e morte: "Podes comer de todas as árvores do jardim. Mas da árvore do conhecimento do bem e do mal não comerás, porque no dia que dela comeres terás que morrer" (Gn 2,16)[222].

---

222. A Bíblia de Jerusalém (1989, p. 33-34).

A "Serpente" surge nessa história como uma condição indispensável ao desenvolvimento lógico da narrativa, porquanto será ela quem criará a possibilidade da desobediência humana ao explicar para o homem as razões da proibição divina, assim como as consequências positivas de um ato de desobediência explícita: "Então Deus disse que vós não podeis comer de todas as árvores do jardim? [...]. Não, não morreis! Mas Deus sabe que no dia em que dela comerdes, vossos olhos se abrirão e vós sereis como deuses, versados no bem e no mal" (Gn 3,2.4-5).

O resto da história é conhecido: Eva e Adão cedem ao argumento e escolhem comer o fruto da árvore proibida, entrando em contato com o "conhecimento do bem e do mal". Segue-se, então, a maldição eterna do homem, uma vez que é banido do Jardim do Éden e condenado a trabalhar para sobreviver e se reproduzir, bem como perseguido pelo sofrimento da culpa e medo da própria morte – momento em que começa a história dos homens comuns e mortais aos quais se dirigia o texto do mito. É também no exato momento da "queda" e da "punição divina" que se clarifica em definitivo a natureza assimétrica e hierárquica da relação entre o criador e sua criatura. O texto é claro: na relação entre o criador e sua criatura, cabe ao criador, e exclusivamente a ele, o conhecimento e o arbítrio do critério que separa o "bem" do "mal"; e cabe à "criatura", e exclusivamente a ela, a obediência, que depois será transformada por Santo Agostinho e seus seguidores medievais na "virtude suprema" da espécie humana: a obediência, e sempre a obediência. Em nosso entender, esse é o ponto central do "mito do Gênesis": as condições para o exercício do livre-arbítrio e da escolha humana, dividida entre o "imperativo da obediência a Deus" e o desejo de igualar-se ao seu próprio "criador".

5.3.4 A *"exegese lógica"* do mito

1) Para o filósofo holandês Baruch de Espinosa (1632-1677), é logicamente inconcebível a "divisibilidade de uma substância infinita". Na proposição 13[223] (Primeira Parte, "Sobre Deus"), de sua *Ética*, Espinosa considera como uma contradição lógica insuperável a possibilidade de um "ato divino" de criação de um "ser finito" a partir de um "ser infini-

---

223. "Proposição 13. Uma substância absolutamente infinita é indivisível. Demonstração: com efeito, se fosse divisível, as partes nas quais se dividiria ou conservariam a natureza de uma substância absolutamente infinita ou não a conservariam. Se consideramos a primeira hipótese, existiriam, então, várias substâncias de mesma natureza, o que é absurdo. Se consideramos a segunda hipótese, então, uma substância absolutamente infinita poderia deixar de existir, o que também é absurdo" (Espinosa, 2007, p. 29).

to", porquanto, se isto ocorresse, teriam de existir simultaneamente vários seres infinitos, ou, então, o único ser infinito existente teria deixado de ser infinito, colocando em questão a própria possibilidade de existir algum "ser infinito". Algo similar pode ser dito, a partir dessa premissa, quanto à contradição que perpassa a ideia de um "poder absoluto", o qual cria o universo a partir de sua própria vontade, ou de sua própria palavra. Ora, o "poder", por definição, já é – *ex ante* – uma "relação" entre seres ou entidades que compartem e disputam os mesmos objetivos, incluindo o próprio poder, e, nesse sentido, ele não tem como ser "absoluto" sem deixar de ser um "poder"[224]. Donde se pode deduzir logicamente que, se Deus fosse um "poder", ele não seria "absoluto"; e se Deus fosse "absoluto", ele teria de ser qualquer outra coisa que não um "poder".

2) Estes dois argumentos atingem em cheio e abalam toda e qualquer leitura e interpretação literal da "primeira versão" do mito bíblico da "criação do homem". Não afetam, entretanto, o núcleo duro da discussão ética presente na "segunda versão" do mito – em particular, o foco central da narrativa, isto é, a história da desobediência de Adão e Eva. No segundo texto, como já vimos, são introduzidos três elementos novos e cruciais: i) a "árvore do conhecimento do bem e do mal"; ii) a "proibição" de acesso humano aos seus frutos; iii) e, por fim, a "Serpente", personagem decisivo para a compreensão da própria "proibição divina" e do ato de "desobediência" humana. Aqui, o importante é que nem a metáfora da "árvore", nem o "mandamento divino" esclarecem do que se trata especificamente a materialidade do "fruto proibido", ou seja, o conteúdo particular do "bem" e do "mal". Uma ausência que não é casual e parece sugerir que a "proibição divina" não envolvia de fato um conteúdo material determinado; envolvia algo mais abstrato que poderíamos chamar de "conhecimento do critério" ou segredo da "arbitragem" entre o "bem" e o "mal". Um conhecimento que é monopolizado pelo "criador" e opera, ao mesmo tempo, como seu principal "instrumento de poder", ou de imposição de sua vontade às suas "criaturas" por intermédio da criação da figura da "culpa" e da "vergonha" – da mesma forma que a "obediência" seria a principal obrigação das "criaturas" e elemento diferenciador da relação entre Deus e o homem.

---

224. "Em termos estritamente lógicos, o 'poder' é uma relação que se constitui e se define, em termos tautológicos, pela disputa e pela luta contínua pelo próprio poder. Em qualquer nível de abstração, e em qualquer tempo ou lugar, independentemente do conteúdo concreto de cada relação de poder em particular" (Fiori, 2014, p. 18).

Para entender a natureza e a estrutura dessa "relação ética" entre Deus e o homem é necessário dar mais um passo lógico, sem o qual seria impossível conceber o "ato de desobediência" de Adão e Eva, uma vez que a "desobediência", por definição, supõe a existência de uma "escolha" e, portanto, de alguma "alternativa" que seja conhecida e esteja disponível para que as partes envolvidas possam tomar sua decisão e fazer sua "escolha". Nesse sentido, ao radicalizar o argumento, poderia se dizer que, do ponto de vista lógico, o mito da relação entre Deus e o homem supunha desde antes de si mesmo, como uma condição de possibilidade de seu próprio desenvolvimento, um "terceiro elemento", uma vez que, se fosse uma relação estritamente "binária" restrita tão somente a Deus e ao homem, não haveria a possibilidade da desobediência e tampouco haveria como conceber a existência do "mal", muito menos de um "critério" de separação entre ele e o "bem". Nesse caso, a "segunda versão" da história bíblica acabaria exatamente igual à primeira, ou seja, não haveria nenhuma sequência humana e histórica.

3) Isso não acontece, entretanto, precisamente porque essa "segunda versão" da "criação e queda" do homem introduz um terceiro elemento na história da relação entre o "criador" e sua "criatura": é a figura da "Serpente" que introduz a "crítica" e a "alternativa" indispensáveis ao exercício da "escolha ética". É ela, afinal de contas, que oferece ao homem uma explicação para o próprio ato da "proibição divina". Ao mesmo tempo, é ela também que coloca à disposição do homem uma "alternativa", junto com o motivo, que justificaria sua "desobediência". Nesse sentido, e em termos estritamente lógicos, é a Serpente quem cria a possibilidade humana da crítica e da escolha, ainda que, neste caso particular, a escolha humana possa ser considerada um ato de desobediência que deva ser punido, da perspectiva de Deus. Tão ou mais importante é o fato de que a Serpente só consegue criar a possibilidade lógica da desobediência porque é ela quem separa (demônio = "aquele que separa") e individualiza, simultaneamente, as figuras de Deus e do homem. Sem a existência da "alternativa" não poderia haver a "diferença", ou pelo menos ela não poderia ser concebida ou conhecida pelo homem, porquanto este seguiria imerso para sempre na "substância absolutamente infinita e indivisível" de Deus, nas palavras de Espinosa.

4) No "mito do Gênesis", o "criador" impõe "obediência" à sua "criatura" sem lhe dar as razões de sua proibição. Na verdade, é a Serpente quem explica ao homem a razão da "proibição divina", oferecendo-lhe um motivo muito preciso para que ele desobedeça ao "mandamento divino". Segundo a Serpente, a desobediência daria ao homem o conhecimento do "critério" de distinção entre o "bem" e o "mal", assim como o conhecimento desse "critério" faria dos homens "deuses". Nas palavras da própria Serpente: "Deus sabe que no dia em que dele comerdes, vossos olhos se abrirão e vós sereis como deuses, versados no bem e no mal" (Gn 3,5). Ou seja, a Serpente propõe ao homem que "escolha" a "desobediência" para igualar-se a Deus. Uma explicação e uma proposta que revelam a natureza absolutamente assimétrica e hierárquica da relação entre Deus e o homem, a qual é, de fato, neste mito do Gênesis, uma relação de poder. Por isso, de uma perspectiva estritamente lógica, a desobediência de Adão e Eva significou uma opção pela "liberdade" – liberdade de escolha. De um lado, estavam colocadas a "ordem divina" e a obrigação de obedecer; e do outro, o desejo da "liberdade" e da "igualdade" que levaram o homem à desobediência, à rebeldia e ao que se chamou mais tarde de "pecado original"[225]. Segundo a mesma tradição, aliás, o outro mito a respeito da origem do próprio "demônio" reproduz esse arquétipo, uma vez que ele também teria nascido – nessa mesma tradição religiosa – de uma "rebelião igualitária" no "reino dos anjos" liderada por Lúcifer, o qual também quis igualar-se a Deus e foi punido com sua expulsão dos céus.

5) Em nosso entender, é neste ponto que se encontra a aporia fundamental do mito da "criação e queda" do homem: o mesmo ato de Adão e Eva pode ser lido, simultaneamente, como uma "desobediência" e uma "libertação"; como um "pecado" e uma "virtude"; como uma "queda" ou a "libertação original" do homem, bem como o início de sua eterna luta pela igualdade, a depender do critério ou da posição em que se coloque o "criador" ou o "juiz" nessa "relação triangular", entre o "criador", sua "criatura" e o "terceiro incluído" responsável pela própria possibilidade

---

225. Desse ponto de vista lógico, o "pecado original" não foi cometido para ser perdoado, muito menos para ser eliminado. Ele foi concebido para atuar como um freio atemporal que assumirá na história humana a forma variável do "medo" e da "culpa", freios que limitam o impulso individual e coletivo na direção da liberdade e da igualdade, reforçando os mecanismos de preservação da "ordem estabelecida".

da "crítica" e da existência de uma "alternativa", sem a qual não se poderia nem sequer conceber a existência de uma "escolha ética".

5.3.5 O "mito" e o "arquétipo"

Nossa proposta, neste texto, foi apresentar o resultado de uma análise lógica da narrativa bíblica do mito da "criação e queda" do homem tal como é relatada nos dois primeiros capítulos do Gênesis, da Torá ou do Antigo Testamento. Partimos do reconhecimento da existência de duas versões distintas do mesmo mito contadas de forma sequencial, quase como se fossem partes de uma mesma narrativa. O foco da primeira versão está no "poder da palavra" de Deus e na criação do universo em seis dias, ao passo que o da segunda está na "proibição divina" e na "desobediência humana". Nossa análise concentra-se nesta segunda versão da história da "criação" e, sobretudo, no próprio ato da proibição divina do acesso humano à "árvore do conhecimento do bem e do mal".

É só na segunda narrativa que aparecem os três elementos ou as relações que nos permitem falar da existência de um arquétipo do "pedaço original" que nos leva diretamente ao núcleo duro do "arquétipo do poder" e à aporia ética que se encontra, em última instância, na origem de todas as guerras e na dificuldade perene de povos, nações e civilizações lograrem uma paz duradoura entre si:

i) Primeiro: a relação triangular, assimétrica e hierárquica, formada pelas três figuras centrais do mito: o "homem", seu "criador" e o "demônio", reunidos de forma inseparável pelo "imperativo da obediência" e pelo desejo humano da igualdade com Deus;

ii) Segundo: a relação de conflito entre os interesses ou desejos das três pontas deste "núcleo triangular" da história, precisamente porque são assimétricas e hierarquizadas;

iii) Terceiro: a relação de disputa entre o criador e sua criatura pela posse do critério ético de distinção entre o "bem" e o "mal".

Na análise lógica deste texto, destaca-se a figura insubstituível do "terceiro incluído", ou seja, a Serpente ou "demônio", que é o grande responsável por explicar ao homem a razão da "proibição divina" e, ao mesmo tempo, permitir-lhe o acesso a uma alternativa crítica que justificaria plenamente o ato da desobediência. Ou seja, o mesmo ato de desobediência de Adão e Eva pode e deve ser lido – de forma simultânea e contraditória – como um ato de "submissão virtuosa", de libertação e de individuação dos homens. Um mesmo ato ou decisão humana pode ter várias avaliações éticas simultâneas, conflitivas e excludentes sem que seja possível fazer uma escolha consensual que tenha validade universal. E uma mesma pessoa pode escolher o "bem" e estar fazendo o "mal"; e pode estar fazendo o "mal" quando pratica um "ato virtuoso", a depender da perspectiva de quem define e arbitra o "critério" de julgamento.

Essa é a grande aporia ética desvelada pelo Gênesis, na forma de um arquétipo que reaparecerá em toda e qualquer relação hierárquica de poder, bem como em toda e qualquer cultura ou civilização humana que envolva a existência de um criador e de uma criatura; de um rei e de um súdito; de um senhor e de um escravo, ou de qualquer outra relação assimétrica e hierárquica de poder criada pelo conflito e pela guerra.

Por fim, esse triângulo retratado pelo "mito da criação e da queda" explica a impossibilidade lógica da existência de um único "critério ético" que tenha a pretensão de ser universal a partir de cinco motivos fundamentais, assim como complementares, que são parte indissociável do mesmo arquétipo:

- primeiro, porque todas as relações humanas envolvem algum tipo de hierarquia e conflito, e todas as relações hierárquicas e conflitivas envolvem algum tipo de luta pelo poder, dentro de uma "estrutura triangular", mínima e irredutível, de relacionamento;
- segundo, porque as três pontas deste triângulo de poder disputam os mesmos objetivos fundamentais, a começar pelo próprio poder e, ao mesmo tempo, e de maneira deveras contraditória, pelo aumento dos "graus de liberdade" das partes envolvidas nessa relação;
- terceiro, porque dentro desse triângulo elementar, e em qualquer outra variação dessa mesma estrutura, o aumento do poder e da liberdade de uma de suas três pontas implicará a perda relativa da capacidade de mando e de escolha nas outras duas pontas;
- quarto, porque ao ocorrer uma mudança ou ameaça de mudança na relação inicial, quem tiver maior poder se defenderá ao impor, de forma ainda mais coercitiva, seu critério, sua arbitragem e sua punição, até mesmo com o banimento dos "rebeldes", como aconteceu, aliás, no famoso paraíso, onde se desenvolve a narrativa do mito analisado;

- quinto, porque o lado mais poderoso desse triângulo manterá sempre em suas mãos o poder do medo, da culpa e da vergonha, ao qual os dominados são submetidos.

Como os três lados ou perspectivas desse "triângulo original" muitas vezes compartilham objetivos parecidos, é possível que consigam negociar acordos e tratados transitórios. Entretanto, é impossível que tais negociações ou acordos consigam eliminar em definitivo a assimetria e a hierarquia que estiveram na origem do próprio conflito, sobretudo quando ele envolve o direito de criar ou de definir normas e, depois, de arbitrar os conflitos segundo as normas que eles mesmos criaram.

5.3.6 O ceticismo e a utopia da paz

A leitura da história intelectual do Ocidente sugere que a "verdade do ceticismo" tende a reaparecer com mais força nos momentos de grande ruptura cultural ou civilizatória. Foi o que ocorreu na Grécia quando ela foi sacudida pelas conquistas macedônicas de Alexandre, o Grande, e por sua própria incorporação ao Império Romano. Algo análogo parece ter ocorrido com o pensamento europeu na virada dos séculos XV e XVI, com o Renascimento, com a Reforma e com os "Descobrimentos" que colocaram os europeus em contato com as culturas indígenas americanas, abalando as convicções culturais da intelectualidade europeia. E tudo indica que algo análogo aconteceu na "virada epistemológica" do século XX, e agora de novo, neste início de século XXI, com o impacto da civilização chinesa sobre a "cultura ocidental".

Em todos esses momentos de grande ruptura e de pluralismo cultural, o ceticismo reapareceu com força e deixou sua marca indelével, a exemplo de sua contribuição para o nascimento da "ciência moderna" no século XVII. No entanto, sua principal contribuição foi sempre crítica e epistemológica, e esteve associada à sua proposta de "suspensão do juízo" diante dos conflitos insuperáveis de opinião e de convicção a respeito dos "critérios" que separam o "bem" do "mal", o "verdadeiro" do "falso"[226]. Mesmo as-

---

226. "Porque todas as guerras envolvem no mínimo dois adversários com interesses competitivos e visões opostas a respeito da própria guerra. E os dois se consideram detentores da 'verdade', do 'bem', e da 'justiça', sendo impossível definir um critério consensual de arbitragem acerca de que lado está a 'guerra justa'. Mesmo quando a guerra é declarada em nome da 'defesa' e da 'reparação' de um povo, Estado ou império, porque todos os envolvidos na guerra sempre considerarão que a guerra está sendo travada em nome de sua própria 'legítima defesa'" (Fiori, 2018, p. 95).

sim, o fascínio exercido pelo "exotismo indígena" sobre intelectuais como Montaigne (2009), Moore (2018) e tantos outros não impediu o massacre europeu de enormes populações americanas, da mesma forma que o entusiasmo científico dos antropólogos vitorianos não impediu a violência britânica e europeia contra os povos e culturas africanos.

Não é provável que isso volte a ocorrer neste início do século XXI, uma vez que a China ingressou no sistema interestatal no século XX já na condição de grande potência econômica e militar com capacidade própria de defender seu sistema de valores e sua civilização milenar contra eventuais ataques externos. Por isso, não seria totalmente absurdo imaginar que o "ceticismo contemporâneo" pudesse dar uma contribuição inovadora para a "paz do século XXI", sempre e quando conseguisse incentivar e promover uma posição crítica de "suspensão do juízo", sobretudo das potências ocidentais, com relação à universalidade de seus próprios valores, dado que a supremacia absoluta do "universalismo europeu" acabou.

Como consequência, já não existe mais um único "critério" ético nem epistemológico, e tampouco existe mais um único juiz com poder para arbitrar todos os conflitos internacionais com base na sua própria "tábua de valores". E já não é mais possível expulsar os "novos pecadores" do "paraíso" inventado pelo Deus europeu, como aconteceu com as figuras míticas de Adão e Eva. Ora, dado que essa supremacia acabou, talvez seja possível, ou mesmo necessário, que o Ocidente aprenda a respeitar e a conviver de forma pacífica com a "verdade" e com os "valores" da velha civilização chinesa – da mesma forma como conseguiram conviver lado a lado, durante setecentos anos, o Império Romano e o Império Persa, entre 200 a.C. e 500 d.C.[227].

Entretanto, para que essa utopia ou "esperança pirrônica" possa se concretizar, é necessário que as grandes potências contemporâneas abandonem seu dogmatismo missionário e catequético, e oficializem o "ceticismo" como doutrina oficial do novo sistema internacional que está nascendo neste início do primeiro século do terceiro milênio.

---

227. Respeitando o espírito e os termos de uma proposta tardia feita pelo imperador persa Khusro II a Mauricio, o imperador bizantino: "É impossível que uma única monarquia se responsabilize pelos inúmeros cuidados da organização do Universo com o controle da mente de alguém capaz de direcionar uma criação tão vasta quanto aquela que o sol consegue cobrir. Pois jamais será possível que a terra se assemelhe a uma unidade da mais importante regência divina e consiga obter uma disposição correspondente àquela da ordem superior" (Cline; Graham, 2012, p. 392).

Posfácio

Globalização, poder nacional e socialismo[228]

> As políticas nunca existem num vácuo, nunca têm uma vida própria separada do contexto que lhes confere significado [...]. O Estado-nação forneceu o quadro essencial para as atividades do capital, mas o capital nunca foi circunscrito pelas fronteiras estatais [...]. Estas podem fundir-se num capitalismo global, mas as regulações nacionais ainda existem e, sem dúvida, estão destinadas a perdurar no futuro previsível.
>
> (Sassoon, 1997, p. 324, 769)

À primeira vista, os intelectuais militantes do pensamento crítico e os parlamentares militantes partidários parecem estar muito distantes uns dos outros. Os intelectuais passam a vida investigando o "tempo longo" da história, tentando desvelar suas estruturas mais profundas, suas leis de movimento, suas tendências e cenários futuros, ao passo que os políticos e parlamentares estão obrigados a uma atuação constante e exaustiva no tempo curto da conjuntura, no qual o cálculo rápido e a ação inventiva são decisivos para bem representar os cidadãos e para ter sucesso no duro jogo da luta pelo poder.

Em geral, a verdade dos intelectuais – quando e se eles a têm e, ainda, se existir a verdade – deve parecer muito distante e alheia ao cálculo político imediato. Aos olhos dos homens de ação, dos políticos militantes – que têm de ser, por definição, otimistas –, o discurso ou a verdade de quem se move sobre esse tempo longo da história sempre parecerá pessimista.

---

228. Este texto é a transcrição editada da minha conferência feita no Congresso Nacional, em Brasília, no dia 19 de janeiro de 2000 a convite da bancada parlamentar do Partido dos Trabalhadores. Foi publicado anteriormente com o título de "O capital e o nacional", no livro de Fiori, J. L. *Brasil no espaço* (Petrópolis: Vozes, 2001. p. 427-450).

Talvez por isso tenha sido tão tormentosa ao longo da história a relação entre os intelectuais e os políticos até mesmo no interior do movimento e dos partidos socialistas que, por sua natureza, há mais de um século tentam – mais do que os outros partidos, seja na oposição ou no governo – articular estratégias que permitam combinar eficientemente suas tarefas de curto prazo com o objetivo histórico de construção, no longo prazo, de uma sociedade mais igualitária. Mas parece que há momentos na história em que os pontos cegos e as incertezas são tantas que se impõe uma parada para uma reflexão como essa.

Num primeiro momento, pensei em desenvolvê-la na perspectiva do publicista, isto é, do intelectual que costuma, uma vez por outra, escrever artigos de combate na imprensa. Pensei que devesse, como na maioria das conferências para as quais somos convidados pelo Brasil afora, tentar adivinhar o futuro. Mas, para a minha grata surpresa, trata-se de discutir, como intelectuais e pesquisadores, a natureza e as tendências estruturais das transformações que nos últimos 25 anos vêm mudando de forma tão rápida e categórica a face e o funcionamento do capitalismo contemporâneo, assim como seu sistema interestatal de gestão política.

Nesse sentido, o que me parece implícito na origem deste encontro é a convicção, da qual compartilho, de que essas transformações econômicas e políticas do capitalismo global não são conjunturais. E, com toda a certeza, hão de afetar de maneira duradoura, se já não o fizeram, o lugar, a estratégia e as perspectivas dos partidos socialistas, ou mesmo daqueles partidos que tenham forte afinidade eletiva com o mundo do trabalho.

Findo este breve introito, avancemos para a parte substantiva de nosso debate. Já que se trata de discutir as transformações contemporâneas do capitalismo e da ordem política internacional, comecemos pela identificação sumária dessas transformações e dos momentos em que ocorreram.

Em primeiro lugar, ninguém duvida que essa ruptura ou inflexão na história contemporânea iniciou na virada dos anos de 1970 quando se condensou e explodiu aquilo que Giovanni Arrighi chamou de "tríplice indisciplina". A indisciplina dos grupos sociais subalternos, que ele identificava, como todos identificamos – hoje há completo consenso entre os historiadores –, nos movimentos sociais, nos levantes sindicais de 1969, 1970, 1971 e 1972; a indisciplina da periferia que ele percebe, evidentemente, no Vietnã, no Laos, no Camboja, no Irã, na Nicarágua, enfim, numa série de sublevações ocorridas na periferia, mas que estão inseridas dentro do sistema e da ordem americana. Finalmente, Arrighi discorre acerca de uma outra indisciplina a respeito da qual caberia mais dúvida e tomaria mais tempo: a indisciplina do capital, que está associada, na sua opinião, à fuga em direção ao euromercado; trata-se de uma fuga de capitais, sobretudo norte-americanos e, como consequência, da ruptura do padrão-dólar.

Para caracterizar, como Arrighi, essa ruptura no início da década de 1970, eu agregaria uma quarta indisciplina: a dos próprios aliados dos norte-americanos, os quais deixam de acompanhar incondicionalmente a potência hegemônica a partir do seu envolvimento na Guerra do Vietnã. A partir daquele momento, acumulam-se mudanças que acabam gerando realidades novas e duradouras em diversos campos ou dimensões do sistema capitalista e da ordem política mundial. Vejamos que mudanças são essas. Sem preocupação com a ordem, ou até segundo uma ordem recitativa contrária a que me parece mais correta do ponto de vista da interpretação, diria que há cinco transformações.

A primeira grande transformação, talvez a mais referida e festejada, ocorreu no campo tecnológico, sobretudo nos campos da eletroeletrônica e da biotecnologia. Suas raízes, as invenções básicas, vieram com a pesquisa forçada pela Segunda Guerra Mundial, sobretudo na década de 1940. Aliás, quase tudo que vai incidir sobre a década de 1970 data de muito antes; não há uma revolução tecnológica súbita na década de 1970. Por razões puramente técnicas, essas invenções básicas estavam engavetadas desde a década de 1940 e, por assim dizer, foram acionadas sobretudo depois de 1970. Seja no campo da microeletrônica computacional, da telecomunicação, ou da engenharia genética, todas elas, é bem sabido, envolvem ou afetam diretamente a extensão, o custo e a velocidade de circulação de informações.

A segunda grande transformação para a qual todos chamam a atenção ocorreu no campo do trabalho e do emprego. Depois de 25 anos de crescimento alto e sustentado, quando o desemprego capitalista atingiu seus índices mais baixos, as economias capitalistas centrais entraram em crise, desaceleraram o crescimento e promoveram uma reestruturação produtiva que atingiu pesadamente o mundo do trabalho, seja da perspectiva da quantidade de postos de emprego, seja da perspectiva da organização sindical dos trabalhadores, ou até mesmo da perspectiva da redução dos direitos sociais e trabalhistas. Nesse período, caiu vertiginosamente o número de trabalhadores do operariado fabril clássico e cresceu enormemente o número dos trabalhadores precarizados, subcontratados, terceirizados etc. Caiu de maneira generalizada a participação dos salários na renda nacional de quase todos os países capitalistas; aumentou-se a exclusão dos jovens e dos velhos do mercado de trabalho; e o desemprego estrutural alcançou níveis explosivos, atingindo, junto ao trabalho precarizado, cerca de um bilhão de pessoas no mundo todo, ou seja, um terço da população mundial economicamente ativa.

A terceira grande transformação ocorreu no campo econômico. É aqui, sobretudo, que se encontra o núcleo duro do que, estritamente no campo monetário e financeiro, é chamado de processo de globalização. Suas origens estão também mais atrás, na década de 1960, e são, em geral, associadas à criação do euromercado de dólares. Mas seu verdadeiro início se dá com o fim da paridade cambial do sistema dólar-ouro, pactado em Bretton Woods e enterrado em 1973 e 1976 por decisão unilateral norte-americana. Sua expansão, entretanto, só se acelerará e se globalizará efetivamente a partir de 1980, uma vez que foi empurrada pelas políticas regulacionistas iniciadas pelos governos anglo-saxões e que atingiram rapidamente o resto do mundo num efeito dominó. É essa expansão que, na entrada da década de 1990 e com o fim das economias socialistas e com a adesão dos governos latino-americanos, dá nascimento, de fato, a uma finança mundial privada e desregulada, operando 24 horas por dia – em tempo real, portanto – e por cujas veias circula e se acumula uma riqueza de tipo rentista que já está na ordem de uns 3 ou 4 trilhões de dólares diários.

A quarta grande transformação que convém destacar ocorreu no campo político e ideológico, e se deu a partir da década de 1980. Suas raízes também remontam às rebeldias sociais, sindicais e políticas que geraram, nos anos de 1960 e 1970, um sentimento de crise democrática. Aliás, deram origem a uma palavra que depois virou moda e que circula pelo mundo de maneira tediosa: governabilidade – ou ingovernabilidade. Esta palavra nasceu da preocupação dos conservadores com essa década de rebeldia, os anos de 1960, e explica, de certa maneira, a reação conservadora que ocorrerá a partir da vitória de Margaret Thatcher e de Ronald Reagan em 1979 e 1980. É a partir desse momento que avança sobre o mundo uma (nova?) ideologia hegemônica, a qual recebeu o nome de neoliberalismo, e que estará por trás do pensamento econômico único e monetarista que organizou e legitimou as novas políticas econômicas convergentes em quase todo o mundo. São políticas de tipo deflacionista, acopladas às reformas desestatizantes e desregulacionistas que chegaram à América Latina de forma um pouco tardia, nos anos de 1990, e que reduziram ou acabaram, por todos os lados, com os direitos trabalhistas.

Por fim, a quinta e última grande transformação contemporânea ocorreu no campo geopolítico; evidentemente, também no final dos anos de 1960 e início dos anos de 1970. Na derrota norte-americana no Vietnã, essa transformação geopolítica teve seu momento decisivo, mas, uma vez mais, a mudança só tomou sua direção atual nos anos de 1980 – durante a Segunda Guerra Fria do governo Reagan, o qual teve o apoio da Sra. Thatcher – e alcançou sua plenitude a partir de 1991, quando, com o fim da Guerra Fria, o mundo passa a assistir a uma veloz concentração do poder político-militar mundial nas mãos dos Estados Unidos e de seus aliados, sobretudo dentro do mundo anglo-saxão.

Hoje, quase todos os analistas internacionais, políticos e econômicos estão de acordo quanto a terem sido essas as principais transformações deste último quarto de século. Elas atingiram e mudaram a face da ordem econômica e política mundial que foi pactuada e construída, logo depois da Segunda Grande Guerra, sobre a hegemonia capitalista norte-americana e sobre o guarda-chuva da bipolaridade ideológica e geopolítica gerada pela competição interestatal entre os Estados Unidos e a União Soviética. Porém, as grandes divergências atuais não estão na identificação das principais transformações, mas na forma pela qual essas transformações vêm sendo interpretadas e hierarquizadas pelos vários analistas.

Creio que é possível identificar pelo menos duas grandes interpretações desses mesmos fatos, as quais são responsáveis por leituras, projeções e proposições completamente distintas, quando não opostas. A primeira dessas interpretações é hoje absolutamente hegemônica, tanto no mundo acadêmico quanto na imprensa e no mundo político. Pode-se chamá-la de interpretação liberal, mas inclui, e isso é importante reconhecer, uma parcela expressiva de adesões marxistas. Para seus adeptos, o essencial ocorreu no campo das transformações tecnológicas, cujos efeitos se alargaram ao longo do mundo de mãos dadas com a expansão irrefreável dos mercados. Juntas, as transformações tecnológicas e a expansão dos mercados teriam derrubado as fronteiras territoriais dos Estados, tornado anacrônicos os projetos econômicos nacionais, bem como obrigado à redução virtuosa da soberania dos Estados nacionais e dos direitos sociais e trabalhistas; tudo isso em nome da competitividade global.

E, mais ainda: segundo esses analistas, sobretudo segundo seus ideólogos, essas transformações não só seriam inevitáveis e inapeláveis, como, no médio prazo, levariam a um novo renascimento global, com homogeneização progressiva da riqueza e do desenvolvimento mediante o livre-comércio e a livre circulação de capitais. No limite, os mais eufóricos consideram que essa globalização tecnológica induzida deve levar-nos em direção a alguma forma de governo global, de paz duradoura e de democracia cosmopolita.

Uma segunda interpretação, oposta a esta e à qual particularmente subscrevo, vê essas transformações contemporâneas de forma completamente distinta. Nossa tese é que, em primeiro lugar, essa visão hegemônica da desregulação, do fim das fronteiras, do fim dos Estados, do fim da história, do fim da guerra, da paz universal, do governo global e da democracia cosmopolita, tem um forte viés ideológico e apenas atualiza as ideias centrais de uma velha utopia liberal, a qual já vem de fato dos séculos XVII e XVIII, mas que tem sido reiteradamente negada pela história e parece, uma vez mais, não corresponder nem dar conta das transformações atuais.

Em segundo lugar, agora afirmativamente, nossa tese é que a globalização, usada aqui apenas como a palavra síntese, não é uma mera imposição tecnológica, tampouco apenas um fenômeno ou discussão puramente econômica, e sim, pelo contrário, diz respeito essencialmente a uma estratégia e a novas formas de dominação social e política que se desenvolveram e se afirmaram vitoriosas no último quarto de século, tanto no plano internacional como no espaço político interno de um número expressivo de países. Segundo nossa perspectiva, é a partir dessa estratégia vitoriosa – que não deve ser confundida com conspiração, nem com um só sujeito, mas pensada como resultado daquilo que Engels e Norbert Elias costumam chamar de um paralelogramo de forças – que se deve explicar a globalização. Trata-se de uma estratégia, não de uma conspiração, nem do voluntarismo satânico de algum mago das finanças ou da economia.

É a partir do reconhecimento dessa estratégia que se deve explicar a trajetória específica que tomaram os processos nesse tempo de convergência político-ideológica e político-econômica de concentração, de centralização e de financeirização do capital, bem como de reorganização das hierarquias e das formas de dominação entre os Estados. Nesse sentido, nossas leituras da crise e das principais transformações contemporâneas correspondem a uma visão, ou teoria, mais ampla a respeito da dinâmica do capitalismo histórico. Este, apesar de suas mudanças e rupturas, apresenta algumas regularidades que perpassaram os séculos, além daquelas ligadas ao processo de acumulação de capital tão bem mapeadas e diagnosticadas por Marx.

Existem, na dinâmica do capitalismo histórico, outras realidades relevantes para a discussão aqui proposta e que dizem respeito às relações entre o poder dos Estados e o poder do capital, em primeiro lugar, e, em segundo, entre o poder político mundial e os espaços geográficos – o que inclui o problema das periferias do sistema. Há, por fim, o problema da relação entre o poder dominante mundial e os grupos subordinados. A nossa interpretação das transformações aqui tratadas e de suas consequências quanto às estratégias dos partidos e dos movimentos socialistas ou trabalhistas inscreve-se numa visão teórica mais ampla que privilegia a discussão das permanências, isto é, das regularidades do sistema. Essa visão se dirige, portanto, para além das rupturas, para além desse fascínio constante dos intelectuais e dos jornalistas pela surpresa e pela novidade, o qual os torna incapazes de explicar o que de fato ocorre no sistema.

Com um rápido passeio pela origem da modernidade capitalista, pode-se introduzir nessa discussão algumas evidências de que os Estados não apenas nasceram junto com o capital, como tudo indica que deverão seguir casados enquanto o capitalismo sobreviver. Há pelo menos três momentos dessa história que são fundamentais para essa discussão.

O primeiro desses momentos é extremamente ilustrativo, porquanto nele se pode captar ou fotografar a própria origem do *Big-Bang*: é o momento do próprio nascimento dos Estados territoriais e do capitalismo, quando – em nosso entender – se originou, a um só tempo, uma economia nacional e uma economia global. Essa é uma ideia absolutamente central para o nosso raciocínio. Não existe um capitalismo smithiano que se divide aos poucos e só depois se globaliza de dentro para fora. Do nosso ponto de vista, para pensar a globalidade, é essencial a convicção de que o capitalismo é, desde a sua origem, nacional e global.

Entre os séculos XV e XVIII, como todos sabem, ocorreu na Europa um período chamado mercantilista. São três séculos de luta intereuropeia e de competição colonial. É nesse momento que, em nosso ver, ocorre um verdadeiro *Big-Bang* da modernidade, o qual é gerado precisamente pelo encontro – a um só tempo virtuoso e odioso – entre o príncipe, o território e o capital. Desse encontro deriva o casamento indissolúvel entre Estado e capitalismo, concertado já no nascedouro de ambos com a constituição simultânea dos territórios, das economias nacionais e dos impérios coloniais. Há uma visão equivocada segundo a qual o Estado territorial seria uma espécie de freio permanente ao movimento compulsivo do capital em direção à globalidade; mas o que a história nos demonstra, desde o século XV, é que, assim como o capital tem uma propensão irreprimível à globalidade, o Estado territorial tem uma propensão irreprimível ao império. Nasceram juntos, casaram-se ao nascer e já "saltavam o muro", desde então.

Uma terceira lição é que, a partir da sua constituição, a competição entre os Estados envolveu uma desmonopolização para dentro, ou uma desobstrução dos mercados internos, à medida que o próprio movimento do mercantilismo foi um movimento de expansão controlada, com monopolização para fora e desregulação para dentro. Este é um aspecto que, em geral, não é sublinhado no estudo do mercantilismo. A competição entre os Estados, de nossa perspectiva, envolveu sempre os mercadores e os banqueiros, de modo que se transformou numa formidável alavanca de acumulação de riqueza desde a primeira hora até hoje. De tal modo é assim que o historiador francês Fernand Braudel chegou a dizer que, de fato, a competição interestatal é o lugar dos grandes predadores e dos grandes lucros capitalistas ou, mais radicalmente, que é este, de fato, o lugar do capitalismo: a competição entre Estados, em vez da economia de mercado.

Sem querer discutir as ideias de Braudel, diria que a quarta lição é que esses blocos Estados-capitais sempre competiram entre si de forma hierárquica, de modo que sua tendência essencial foi, desde o início, globalizante e imperial. Para relembrar apenas a história factual, seja a impulsão de Felipe II sobre o mediterrâneo, seja a impulsão ibérica em direção à Ásia – que nos trouxe para dentro da história europeia –, seja a impulsão francesa, ou a inglesa, a união entre poder político e blocos de capitais mercantis e financeiros, bem como a competição – bélica ou ordeira – entre esses blocos, estão na raiz da propensão globalizante, assim como imperial, do capital e do poder político. E se essa propensão à constituição de um império universal nunca se realizou – eis a quinta lição – foi simplesmente porque cada avanço dessa propulsão imperial encontrou-se, ou confrontou-se, com vocações iguais e contrárias. E foi o surgimento dessas vocações iguais e contrárias que permitiu o nascimento de um sistema de equilíbrio de poder, sempre transitório, que costumamos denominar de ordem mundial. Eis a sexta lição: sempre transitório, ou seja, sempre em desequilíbrio potencial porquanto, pelo menos em alguns Estados que mencionarei adiante, a vocação imperial é permanente.

Por isso, o sociólogo alemão Max Weber formulou uma ideia mais ou menos parecida: o capitalismo deve muito à competição entre as cidades, mas muito mais à competição entre os Estados. Weber chegou a dizer, em 1890, que, se a competição dos Estados desaparecesse e fosse substituída por um império universal, o capitalismo acabaria. É uma hipótese radical e provocadora, esta sétima lição, mas extremamente interessante para aqueles que sonham com um capitalismo global operante e homogeneizador.

Por fim, a oitava lição que é possível extrair desses primeiros trezentos anos da história do casamento entre o capital e o Estado territorial é que a competição se dá, sobretudo, dentro de um conjunto muito limitado de Estados do Norte da Europa. A este pequeno grupo agregaram-se mais um ou dois, constituindo o núcleo orgânico de gestão política do capitalismo. A competição entre esses Estados é absolutamente decisiva para o ritmo de alavancagem da riqueza global, bem como é decisiva também para o desenho das possíveis janelas de oportunidades de crescimento econômico dos países situados fora desse núcleo central do sistema.

No segundo dos três momentos que queremos destacar, a Revolução Industrial Inglesa – assim como as revoluções políticas francesa e norte--americana – mudou completamente o cenário econômico e a ordem política mundial. Como todos sabem, pela primeira vez uma potência, a Inglaterra, se mostra capaz de hegemonizar o sistema dos demais Estados graças à sua superioridade econômica e militar, à força do seu programa, da sua ideologia liberal e, sobretudo, das suas finanças.

Com a hegemonia inglesa, surge o primeiro sistema monetário mundial baseado na libra. A Inglaterra começa, já então, a lançar-se na conquista do império mundial ao derrotar os franceses na Índia, em 1750, e, sobretudo, ao derrotar a rebelião hindu, em 1850, e submeter a Índia a uma dominação já não mais mercantil, mas diretamente política. Ali começa um novo movimento do núcleo orgânico do sistema, não só na direção colonial, mas, basicamente, na direção da constituição de um império global inglês.

Tal império não chega a se implantar, uma vez que volta a gerar um núcleo de forças contrárias, de início muito inferiores às da Inglaterra, mas suficientes para bloquear a passagem inglesa e para imporem progressivamente uma situação de equilíbrio e, finalmente, de substituição. Esse novo núcleo orgânico do sistema constitui-se em torno de 1860 e, na verdade, segue sendo o mesmo até hoje: aqueles mesmos países do Norte da Europa – Rússia, França, Inglaterra e Alemanha – acrescidos dos Estados Unidos e do Japão. O século XX é uma história desses países. Este segundo momento tem final bem-conhecido: a corrida bloqueou o projeto imperial inglês e acabou em duas guerras.

A partir de 1945, inicia-se o terceiro momento que queremos destacar e que é ainda o mais conhecido de todos. O que se presencia nesse momento é um processo, ainda não bloqueado nem interrompido, de expansão imperial norte-americana, a qual esbarra na União Soviética e cria o mundo bipolar até à altura de 1960 e 1970. É nesse período que, sob a batuta e a proteção dos Estados Unidos, se recomporá aquele núcleo de 1860 com França, Alemanha e Japão, os quais são reconstruídos depois da Segunda Guerra. O mesmo núcleo, portanto, mas agora numa situação de clara subserviência aos Estados Unidos. Depois de 1970, ocorreu o que chamamos de indisciplina dos aliados.

Esse período, que ficou conhecido como a era de ouro do capitalismo, se encerrou nos anos de 1970 sem uma guerra explícita. Ele acabou, por assim dizer, no momento no qual começamos essa discussão. Seu fim está marcado pela crise que deu início a essas gigantescas transformações que tanto fascinam uns como assustam outros e que deslancharam naqueles anos. Acabou-se, então, o mundo dourado.

Voltemos, pois, ao nosso ponto inicial, agora com condições de postular, para efeito dessa discussão, um diagnóstico. Embora sem nenhuma certeza, temos condições de ver, depois dessa breve repassada pela história, que a acumulação da riqueza e as transformações capitalistas hoje, como sempre, envolvem uma permanente competição entre os Estados – e seus blocos de capitais – e seguirão envolvendo tal competição, sobretudo entre os Estados do núcleo central do sistema. Mas é uma competição que se espraia periodicamente, redefinindo, desde 1500, sucessivas formas de hierarquização e de dominação colonial – ou imperial – do mundo.

Podemos agora retomar nossa leitura inicial da chamada transformação contemporânea dos últimos 25 anos. Havíamos dito que ela obedece, na direção do seu encaminhamento, a uma estratégia política e financeira que se impôs ao mundo desde 1980, a partir do epicentro anglo-saxão. É, na verdade, uma estratégia que refez os termos da aliança de interesses e redesenhou o mundo logo depois da Segunda Guerra Mundial. Há um paradoxo na saída da Segunda Guerra Mundial que pode dificultar o entendimento do que se passou depois de 1980. Por vezes, pode-se ter a sensação de que Bretton Woods foi um verdadeiro "piquenique" keynesiano, porém não o foi. Na verdade, foi uma reunião em que as posições hegemônicas anteriores a 1930, aquilo que Karl Polanyi chamaria de "as posições das altas finanças", estiveram presentes e batalharam decididamente para que a liberdade de comércio fosse aprovada junto com a livre circulação de capitais. Essa atitude foi dominante antes de 1930, esteve presente em Bretton Woods e foi derrotada por uma circunstância muito especial: a morte de Roosevelt e sua substituição por Truman, eventos que trazem os banqueiros de volta ao cenário da economia política. Os banqueiros passam a pressionar na direção da convertibilidade imediata das moedas europeias, o que gera a crise monetária de 1947 na Europa e, junto com a ascensão dos comunistas, trouxe uma enorme força aos falcões da política externa americana. Estes, apoiados na posição de Truman acerca da Guerra Fria, engendraram a paradoxal aliança que gerou o Estado de bem-estar social no centro e o desenvolvimentismo na periferia.

Assim nasceu a sustentação real, objetiva, no mundo dos interesses, desse projeto que durou vinte anos e que permitiu o nascimento do Estado de bem-estar social na Europa, e do desenvolvimentismo em alguns países periféricos, particularmente no Brasil. Em 1980, com as vitórias conservadoras de Thatcher e de Reagan, acontece uma inversão, do ponto de vista dos interesses, nessa aliança. As finanças voltam ao poder depois de terem sido expulsas por Roosevelt em 1933. Essa aliança de interesses, cuja associação orienta a agressiva política externa americana, deu início à chamada Segunda Guerra Fria, criando a verdadeira base da pressão telúrica que, em última instância, levou de roldão a União Soviética e abriu as portas para esse redesenho do mundo, o qual fora fundado no poder estrutural – sem nenhuma conspiração – das finanças anglo-saxônicas. Uma vez desreguladas, essas finanças hegemônicas impuseram ao mundo a desregulação das demais por razões absolutamente óbvias e que não merecem ser comentadas.

Assim, chegamos a 1990 com uma sensação de retorno à supremacia das altas finanças que dominaram o mundo entre 1870 e 1914 – uma espécie de retorno ao período que Karl Polanyi chamou de "o auge da civilização liberal". Mas se trata, na verdade, de mais uma retomada do trilho da civilização liberal, e não de uma volta pura e simples. Entre outras razões, porque, hoje, as relações entre o império anglo-saxão e a moeda americana são completamente diferentes das relações que o Império Inglês teve com a moeda libra-ouro, em torno da qual se organizou o sistema monetário internacional naqueles cinquenta anos do fim do século passado.

É importante atentar-se para o futuro dessa nova ordem política, acentuando agora o lado geopolítico mundial tal como ele se configura nesse final de milênio, uma década depois de os Estados Unidos terem comandado aquela imensa coalizão em nome da defesa e da soberania do Kuwait, a qual termina com outra coalizão em nome do fim da soberania da Iugoslávia. Sem defender qualquer uma delas, convém realçar o interesse dessa década para a reflexão a respeito desse problema.

Creio que nesse momento, com o avanço anglo-saxão sobre o mundo, estamos assistindo a algo equivalente ao avanço sem peias feito pela Inglaterra entre 1815 e 1880. E nesse movimento de expansão, é previsível que o centro do império não tenha por onde ser ameaçado até o momento em que se recomponha o núcleo central do sistema; e ele só se recomporá com condições competitivas se a Europa conseguir resolver o enigma milenar das relações entre o povo germânico, o povo normando e o povo franco, para ir às origens dessa história de amor e ódio.

Outro elemento que influenciará a recomposição do núcleo central que passará a impor regras de complementaridade, mas principalmente de competição, será – é evidente – o provável reingresso da China nesse núcleo central de comando político do mundo. Entrementes, parece não haver grandes perspectivas de mudanças, mas apenas de uma longa guerra de posições, que acontecerá explicitamente no plano comercial – porque é mais visível – e de forma mais discreta, porém muito mais violenta, no campo financeiro e no campo monetário.

A paralisação do acordo multilateral de investimentos e a verdadeira explosão que aconteceu em Seattle são apenas sinais que confirmam tais perspectivas. Nesse quadro, a América Latina e o Brasil devem seguir na periferia e, portanto, devem permanecer dependentes dos grandes ciclos determinados pela dinâmica dos centros. Uma vez adotada essa estratégia passiva na forma de inserção internacional, pouco se pode fazer para mudar os rumos do país. A verdade é que, se olharmos para a atual situação latino-americana – ou, em especial, para a brasileira – teremos a impressão de que vamos nos inserindo na ordem internacional e econômica de uma maneira muito mais parecida com a forma com que o fizemos na segunda metade do século XIX do que com a adotada entre 1930 e 1990, no caso brasileiro, bem como no de outros países entre 1930 e 1980 e, no caso do Chile, entre 1930 e 1970.

Pode-se dizer que com essa mudança da ordem internacional, com esse mundo desregulado e essa inserção sem proteção de países sem moeda, sem tecnologia e sem armas, haverá inevitavelmente – aliás, já houve, porquanto já estamos vivendo, agora, a segunda década resultante dessa estratégia – um estreitamento violento dos caminhos, das possibilidades e do ritmo de desenvolvimento. É como se, ao "voltarmos" ao século XIX, devêssemos enfrentar novamente a escolha entre duas alternativas possíveis – paradigmáticas – de desenvolvimento bem-sucedido. É verdade que, na segunda metade do século XIX, pode-se identificar casos de sucesso no desenvolvimento capitalista em países que os historiadores vieram a chamar capitalismos tardios: a Alemanha, o Japão e a Rússia, esta um pouco menos e de modo mais confuso, é certo. Isto é, são Estados nacionais que compraram a batalha do *catch-up* com a Inglaterra, dispostos a equiparar-se com ela em termos militares, tecnológicos e financeiros. O que não quer dizer que tenham se fechado em algum tipo de autarquismo econômico – isto seria uma visão absolutamente ingênua e ridícula do que seja essa luta internacional. Ninguém fez tal bobagem; pelo contrário. Agora, os chineses, mais uma vez, estão demonstrando enorme inteligência ao entrarem na Organização Mundial do Comércio. Não há como fazer o *catch-up* e virar potência sem fazer o jogo de complementaridade e da competição. A dificuldade é justamente esta: saber conduzir essa estratégia de complementaridade e de competição. Isso foi o que levou a Alemanha, o Japão e os Estados Unidos a saírem do padrão-ouro quando precisavam, a voltarem a ele quando era necessário, a usarem o mercado inglês e a fecharem também seus próprios mercados quando precisavam; enfim, trata-se de alta flexibilidade e pragmatismo de países que tinham um projeto nacional e, mais importante, um projeto imperial, tão claro e tão nítido quanto o projeto inglês. Essa é a diferença.

Os domínios ingleses, como Canadá, Nova Zelândia e Austrália configuram casos bem-sucedidos de outro tipo. Pequenos países com governos locais autônomos, mas, em última instância, dependentes do poder político inglês e sem moeda conversível. Sua moeda era administrada pelo banco da Inglaterra por intermédio do sistema de *currency board*. São, evidentemente, países cujo enorme sucesso – que se deve a tais e tamanhas garantias, à continuidade, ao tipo de produção e à familiaridade cultural – permitiu que, em alguns momentos e durante muito tempo, os capitais ingleses representassem até 60% ou 70% do investimento direto. Há, além disso, investimentos em infraestrutura, em agricultura, em transportes, e outros que os diferenciam.

Torna-se fácil lançar uma provocação às elites latino-americanas em geral e, em particular, à do México, em primeiro lugar, à da Argentina, em segundo, e à nossa, em terceiro, dizendo que sua opção esboça, em última instância, uma candidatura a transformar-nos em domínio deste novo Império Americano.

Não é necessário dizer que pequenos países, economias mínimas – como a chilena – podem, eventualmente, trabalhar com nichos de mercado, complementaridades, entressafras, e coisas do gênero. Mas a ideia de domínio aplicada a um país como o nosso em relação aos Estados Unidos só tem lugar na cabeça de um ensandecido. Não temos uma estrutura que nos habilite a nos encaixarmos na deles, tampouco eles têm a correspondente simplicidade; ao contrário, eles têm uma complexidade tão grande de interesses que é praticamente impossível compatibilizá-los com os nossos, na esperança de nos transformarmos numa grande Austrália.

A consciência da dificuldade de darmos um primeiro passo à frente para sairmos da situação em que estamos (que é uma espécie de CTI do Fundo Monetário, e não, diretamente, do Tesouro americano e do FED) nos imobiliza. Vivemos a impossibilidade de acelerar mais o crescimento nesse tipo de inserção, o que nos deixa esse forte sentimento de impasse. Trata-se de uma situação instável, cuja dinâmica interna está ancorada no baixo crescimento e no desemprego, promovendo um desequilíbrio fiscal crônico e, com isso, a ingovernabilidade nas instâncias nacional e subnacional. Temos, a um tempo, alta liquidez e permanente ameaça de insolvência, como se pode ver com frequência pelos dados apresentados pela imprensa.

Em síntese, depois desses 25 anos de mudanças, há de se dizer que, ao contrário da previsão da utopia global, nunca na história o poder e a riqueza mundial se concentraram tanto. Nunca foi tão grande a velocidade da polarização e do aumento da distância entre as nações e as classes sociais, para não mencionar, por certo, o aumento do poder militar. Aliás, é isso que os relatórios do Bird, da ONU, da Unctad, e até do Fundo Mundial diagnosticam neste final de década. Já não há nenhuma novidade: o rei está nu. O próprio Banco Mundial – organismo que podemos supor não ter interesses enviesados nesse jogo – previu que talvez o Brasil cresça 2,5% este ano, 3% no próximo e 4,5% em 2008. O que é, de fato, muito entristecedor para um país como o Brasil.

De qualquer forma, o aumento da polarização e da exclusão social nestes vinte anos alcançou tamanhas dimensões de modo que já são visíveis, em meu entender, os sinais do início de um movimento de reversão. Ou, pelo menos, de interrupção da avalanche em que se transformou esta espécie de vingança do capital com relação ao trabalho e à política dos anos de 1980 e 1990. Na Europa, em especial, e em alguns outros pontos do mundo, voltam a ecoar as palavras de Hobbes no século XVII; de Marx no século XIX; de Polanyi em meados do século XX; e de Arrighi no final do século XX, todos eles advertindo na mesma direção: é impossível sustentar ou legitimar qualquer soberano que não conte com a lealdade mínima de uma população que, por sua vez, não esteja minimamente alimentada e educada. Karl Polanyi chegou até a formular uma teoria original a respeito da crise dos anos de 1930, que ele via como uma crise da civilização liberal provocada – em suas próprias palavras – "pelo fato de que nenhuma sociedade poderia preservar sua substância humana e material sem que ela se protegesse, em algum momento, contra os efeitos entrópicos e destrutivos dos mercados autorregulados do trabalho, da moeda e da terra". A isto ele chamava "o moinho satânico".

Nesse sentido, se estiver certo o nosso prognóstico e se Polanyi, Deus queira, tiver razão, também entre nós soará a hora em que a reação social se fará tão forte que obrigará a um recuo e a uma repactuação das vantagens e dos graus de liberdade exorbitantes conquistados pelo capital nestes últimos vinte anos. Mas a canalização política dessa reação passará inevitavelmente pela capacidade e pela inventividade das forças e lideranças políticas de cada país. Não é casual, portanto, que nesse momento os partidos socialistas e os partidos do mundo do trabalho sintam-se tão desorientados. Na verdade, esses partidos se sentem como se tivessem perdido, nestes últimos vinte anos, em primeiro lugar, sua base de representação – e isso é fictício; em segundo lugar, seu objetivo final; e, terceiro, sua agenda de políticas imediatas.

Se há algo de verdade em tudo isso, entretanto, talvez, uma vez mais, a história possa nos ajudar, mostrando que nem tudo nesse debate socialista é tão novo e nem tão confuso. E, sobretudo, que nem todas as dificuldades dos socialistas têm que ver com o fim da União Soviética. Ou com o suposto fim do mundo do trabalho. Ao insistir na tese de que a história pode ser uma grande mestra, convém relembrar alguns dos momentos fundamentais da história das dificuldades socialistas de relacionamento com o capitalismo.

O primeiro momento extremamente pedagógico na história do movimento socialista internacional e europeu, em particular, aconteceu, na minha opinião, entre 1891, quando foi aprovado o Programa de Erfurt, da social-democracia Alemã, e o período que vai de 1914 a 1917. Aliás, as dúvidas, as angústias e as incertezas deste período da discussão e do debate interno entre os socialistas europeus muito se assemelham às da situação atual. Basta relembrar os tópicos centrais da agenda de discussão enfrentada naquele momento nos sucessivos congressos, a começar pelos alemães, que eram um movimento socialista livre. Vejamos quais são tais tópicos.

A primeira questão que atormentou o movimento socialista nessa época foi a da representação. Na verdade, todos percebiam que os partidos socialistas europeus, com raríssimas exceções, não só não tinham, naquele momento, maioria militante proletária, como tampouco tinham um eleitorado que fosse predominantemente proletário. Já naquele momento os socialistas faziam-se a pergunta, ou recolocavam o tema proposto por Marx e reposto no Programa de Gotha e de Erfurt, acerca da centralidade não do trabalho, mas da centralidade revolucionária do proletariado, do trabalhador fabril, ao constatar uma disparidade na sua militância e no seu eleitorado.

A segunda questão que moveu o debate dessa época era a chamada questão das propostas de curto prazo e, sobretudo, como um bom partido socialista – ou de trabalhadores – pode manter consistência entre as propostas de curto prazo – como já aparecem no *Manifesto comunista* de Marx – e a proposta de longo prazo, que é a sociedade-fim, a sociedade idealizada como ponto de chegada, seja lá a forma como cada um a veja.

A terceira questão que ocupou a agenda dos socialistas naquele período foi a das "alianças" (já se vão 120 anos discutindo alianças!). E é óbvio que naquele momento, como hoje, os socialistas europeus não estavam discutindo alianças com outros partidos socialistas, estavam discutindo com partidos que não eram socialistas e, evidentemente, tanto naquele momento como hoje, a questão fundamental sempre foi: alianças em torno de quê, para quê, até onde? Questões cujas respostas foram dadas, de certa forma, pelas exigências impostas pelo início da Primeira Guerra Mundial.

Mas, antes de chegarmos à Primeira Grande Guerra, houve um último tópico central para aquela discussão – travada em uma época de muita discussão socialista, digamos, aquém da ideia de revolução, já que poucos partidos socialistas europeus antes de Lênin e da Revolução Soviética defendiam ou mesmo pensavam tal ideia –, que os ocupou durante trinta anos e que se resumia em responder à seguinte pergunta: em que consiste uma gestão socialista do capitalismo? Como sabemos, a resposta a essas inquietações socialistas, logo depois da Primeira Guerra Mundial, foi dada em três direções que são extremamente pedagógicas.

A primeira delas foi a resposta da Revolução Russa. Mas, como depois de 1922 ela não esteve mais na ordem do dia europeia, devemos deixá-la de lado. A segunda foi a resposta dada por aqueles que, levados pelo seu apoio à Guerra, ou, depois, pressionados pelo descontrole inflacionário das economias, aceitaram participar de governos de aliança e assumir, em muitos casos, o comando da política econômica, ou do que seria o Ministério da Fazenda local, na Áustria, na Alemanha, na França etc. Nesse caso, o ensinamento da história parece-me categórico: os socialistas, quando estiveram no comando da política econômica antes que terminasse o padrão-ouro, foram – com exceção dos suecos e dos seus discípulos nórdicos – radicalmente ortodoxos, pró-restauração do padrão-ouro, pró-estabilização da moeda forte e contra a política de empregos, e essa inserção no comando da política econômica acabou resultando num retumbante fracasso para os partidos socialistas. A terceira resposta socialista desse período não ocorreu no comando do governo ou, pior ainda, no comando da política econômica do governo. Veio de outro lado, de uma reflexão mais teórica. Aqui convém sublinhar, pela importância que teve durante todo o século XX, o trabalho de Hilferding a respeito do capital financeiro. É o primeiro trabalho que refaz a teoria marxista acerca das transformações do capitalismo. Tal era sua grande questão: entender as transformações do capitalismo, entender seu rumo. Ter-se limitado à Alemanha e não compreender os Estados Unidos é um pecado que não nos interessa aqui, já que estamos interessados no debate interno socialista.

A segunda questão decisiva, que aconteceu para marcar o resto do século e que provém da teoria, é o trabalho dos economistas políticos que estudaram o tema que, depois, foi chamado imperialismo. Nisto contribuíram Bukharin, Lênin e Rosa Luxemburgo.

A terceira contribuição absolutamente decisiva, novamente de Hilferding, apareceu no Congresso de Kiel da Social-Democracia Alemã, em 1927, e é conhecida como "A tarefa da social-democracia". Nesta se apresenta e se desenvolve, já numa direção estratégica, a ideia de capitalismo organizado. Diz Hilferding textualmente: "Esta forma planejada e administrada de economia do capitalismo organizado alemão é muito mais suscetível de ser influenciada conscientemente pela sociedade, quer dizer, influenciada pela única instituição capaz de organizar consciente e compulsoriamente a sociedade – o Estado". Aqui começa, com força total, a ideia de que era possível uma gestão socialista do capitalismo e de que essa gestão passaria por uma forma específica de intervenção do Estado, fosse pela via do planejamento, ou fosse por outra, no processo de acumulação. Deve-se agregar, ainda nesse período, a contribuição do León Blum, o qual propôs, também numa discussão teórica e partidária na França, a separação dos conceitos de conquista do poder, de exercício do poder e de ocupação defensiva do poder.

Por último, houve um núcleo de pessoas que trabalharam um tipo de resposta muito importante para o pós-Segunda Guerra Mundial e que poderiam ser chamadas de planejadores socialistas. Não estiveram no governo nas décadas de 1920 ou 1930, e governaram muito pouco depois de 1945. Porém, desenvolveram a tese de Hilferding e elaboraram formas de intervenção na economia; trata-se do inglês G.D.H Cole, do francês Marcel Deat e do belga Hendrick de Man, os quais começaram a trabalhar a hipótese da necessidade de um planejamento e, talvez, da nacionalização de algumas empresas que permitissem o comando do processo de acumulação segundo os desígnios de um projeto de administração socialista do capitalismo.

É interessante sublinhar que foi precisamente depois da Segunda Guerra Mundial e quase sempre por mãos conservadoras que este programa – desenhado fora do governo, por intelectuais socialistas – foi levado adiante, como se fosse a velha agenda socialista de administração do capitalismo. Num discurso de 1943, Churchill dizia que "o povo tem de ter toda educação, os programas de saúde devem ser universais". Quer dizer, todas as teses que, de alguma maneira, já estavam até no Programa de Erfurt reaparecem aqui, pela voz dessas pessoas que não foram administrar o câmbio. Reaparecem, logo depois da Segunda Guerra Mundial, entre democratas-cristãos e conservadores, os quais foram os mais proficientes em fazer isso, seja na Alemanha, seja na França; seja na Itália, seja na Áustria; e, de certa maneira, também na Inglaterra, apesar de o primeiro governo ter sido trabalhista.

Foi nos anos de 1980, dez anos antes do fim da União Soviética e da queda do Muro de Berlim, que ocorreu a verdadeira virada do pensamento socialista europeu. De novo, os socialistas na Europa estão colocados diante do desafio de assumir o governo e o comando da política econômica quando a desregulação competitiva dos mercados está em pleno curso. Foi sob essa sombra, e não à sombra do fim da União Soviética – que é uma face, é uma mudança da ordem dos fatores –, que apareceram Craxi, na Itália, Gonzáles, na Espanha, Papandreou, na Grécia, e Mitterrand, na França. Estivessem vivos aqueles homens de 1990, estes senhores seriam chamados de neorrevisionistas, de governantes de uma economia que voltava a um simulacro do padrão-ouro e que caíram de novo, sessenta anos depois, na armadilha da moeda forte, do desemprego, do bom comportamento ante as finanças internacionais e do mau comportamento ante os seus antigos eleitores. Não é por acaso que se fala no fim da centralidade do trabalho. Nos anos de 1990, a terceira via já não é mais isso e não tem mais nada a dizer a um país desigual e subdesenvolvido como o Brasil. É melhor desconhecermos isso, uma vez que não chega a ser uma lição.

Como podemos ver no decorrer dessa longa revisão histórica, as discussões, as angústias e as disjuntivas socialistas produzidas pela transformação político-econômica do capitalismo são muito antigas e se renovaram ao longo do tempo, mormente durante todo o século XX. E, no decorrer dele, os socialistas experimentaram vários tipos de políticas públicas, apoiando-se em muitas alianças que foram sendo possíveis com o passar dos anos.

Encerro aqui minha reflexão e espero que ela possa ser útil para todos vocês, membros de um partido de trabalhadores fortemente vinculado à tradição socialista dos séculos XIX e XX.

Referências

A Bíblia de Jerusalém. São Paulo: Paulinas, 1973.

ABBÉ DE SAINT PIERRE. *Projeto para tornar perpétua a paz na Europa*. Brasília: Editora UnB, 2003.

ABERNETHY, D. B. *The dynamics of global dominance*. European Overseas Empires 1415-1980. New Haven: Yale University Press, 2000.

ABU-LUGHOD, J. L. *Before European hegemony*: the world system A.D. 1250-1350. Oxford: Oxford University Press, 1993.

ADDA, J. *La mondialisation de l'économie*. Paris: La Découverte, 1996.

AITKEN, H. G. J. Defensive expansionism: the state and economic growth in Canada. *In*: AITKEN, H. G. J. (org.). *The State and Economic Growth*, 1959.

AMIN, S. *Accumulation on a world scale*. Nova York: Monthly Review, 1974.

AMSDEN, A. *Asia's next giant*: South Korea and late industrialization. Nova York: Oxford University Press, 1989.

ARON, R. *Paix et guerre entre les nations*. Paris: Calmann-Lévy, 1962.

ARON, R. *Paz e guerra entre as nações*. Brasília: Editora UnB, 2002.

ARRIGHI, G. A crisis of hegemony. *In*: *Dynamics of global crisis*. Londres: Macmillan, 1982.

ARRIGHI, G. *A ilusão do desenvolvimento*. Petrópolis: Vozes, 1997.

ARRIGHI, G. *Adam Smith in Beijing*. Londres: Verso, 2007.

ARRIGHI, G. *Caos e governabilidade*. Rio de Janeiro: Contraponto, 2001.

ARRIGHI, G. *La geometría del imperialismo*. México: Siglo Veintiuno, 1978.

ARRIGHI, G. *O longo século XX*. São Paulo/Rio de Janeiro: Contraponto/Unesp, 1996.

ARRIGHI, G. Rough road to empire. *In*: *The triad as rivals? US, Europe, and Japan*. Conferência realizada em 25 abr. 2003 na Georgetown University, Washington D.C., 2004.

ARRIGHI, G. The crisis of hegemony. *In*: AMIN, S. *et al. Dynamics of global crisis*. Londres: MacMillan, 1982.

ARRIGHI, G. *The long twentieth century*. Money, power and the origins of our times. Londres: Verso, 1994.

ARRIGHI, G. Tracking global turbulence. *New left review*. Londres, v. 20, mar.-abr., 2003.

ARRIGHI, G.; SILVER, B. *Chaos and governance in the modern world system*. Minnesota: University of Minnesota Press, 1999.

ASPROMOURGOS, T. *On the origins of classical economics*. Distribution and value from William Petty to Adam Smith. Londres: Routledge, 1996.

BACEVICH, A. *American empire*. Cambridge: Harvard University Press, 2003.

BACH, J. *The rise of European powers*. Nova York: Edward Arnold, 2004.

BALIBAR, E.; LUPORINI C.; TOSEL, A. *Marx et la critique de la politique*. Paris: F. Maspero, 1979.

BANDEIRA, L. A. *A expansão do Brasil e a formação dos estados na bacia do prata*. Rio de Janeiro: Civilização Brasileira, 2012.

BANDEIRA, L. A. *Brasil, Argentina e Estados Unidos*. Conflito e Integração na América do Sul. Da tríplice aliança ao Mercosul. Rio de Janeiro: Civilização Brasileira, 2010.

BANDEIRA, L. A. *Formação do império americano*. Rio de Janeiro: Civilização Brasileira, 2005.

BARAN, P. *The political economy of economic growth*. Nova York: Monthly Review, 1957.

BARAN, P. *The political economy of growth*. Harmondsworth: Penguin, 1973.

BARLETT, R. *The making of Europe:* Conquest, colonization, and cultural change 950-1350. New Jersey: Princeton University, 1993.

BELLUZZO, L. Dinheiro e as transfigurações da riqueza. *In*: *Poder e dinheiro: uma economia política da globalização*. Petrópolis: Vozes, 1997.

BELLUZZO, L. G. Notas sobre a crise da Ásia. *Praga: Revista de Estudos Marxistas*. Campinas, n. 5, maio 1998.

BELLUZZO, L. G. O novo papel do Estado frente à globalização. *In*: *Globalização e desenvolvimento regional: cenários para o século XXI*. Recife: Sudene, 1997.

BELLUZZO, L. G.; COUTINHO, R. *Desenvolvimento capitalista no Brasil*. v. 1. São Paulo: Brasiliense, 1982.

BELLUZZO, L. G.; COUTINHO, R. *Desenvolvimento capitalista no Brasil*. v. 2. São Paulo: Brasiliense, 1983.

BENSEL, R. B. *The political economy of American industrialization*, 1877-1900. Cambridge: Cambridge University Press, 2000.

BENSEL, R. B. *Yankee leviathan*. The origins of central state authority in America, 1859-1877. Cambridge: Cambridge University Press, 1990.

BERGER, S. A foreign policy for the global age. *Foreign affairs,* Nova York, v. 79, n. 6, p. 22-39 dez. 2000.

BERGER, S. Introduction. *In*: BERGER, S.; DORE, R. (orgs.). *National diversity and global capitalism*. Nova York: Cornell University Press, 1996.

BERNSTEIN, E. La socialdemocracia alemana y los disturbios turcos. *In*: E. BERNSTEIN, E. *et al.* (orgs.). *La Segunda Internacional y el problema nacional y colonial*. México, 1978 (Cuadernos de Pasado y Presente, 73).

BETHEL, L. (org.). *História da América Latina. v. 4: de 1870 a 1930*. São Paulo: EDUSP, 1986.

BIELSCHOWSKY, R. *Cinquenta anos de pensamento na Cepal*. Rio de Janeiro: Record, 2000.

BIELSCHOWSKY, R. *Pensamento econômico brasileiro*: o ciclo ideológico do desenvolvimentismo. Rio de Janeiro: Ipea/Inpes, 1988.

BIERSTEKER, T.; WEBER, C. *State sovereignty as a social construct*. Cambridge: Cambridge University Press, 1996.

BIERSTEKER, T.; WEBER, C. The social construction of state sovereignity. *In*: BIERSTEKER, T.; WEBER, C. (orgs.). *State sovereignty as social construct*. Cambridge: Cambridge University Press, 1996.

BLACK, J. *The Rise of the European Powers* 1679-1793. Londres: Edward Arnold, 1990.

BOBBIO, N. *O problema da guerra e das vias da paz*. São Paulo: Unesp, 2002.

BOBBIT, P. *The shield of Achilles*. Nova York: Knoopf, 2001.

BOBBIT, P. *The shield of Achilles*. War, peace and the course of the History. Nova York: Michael Knopf, 2002.

BROADMAN, H. G. China and India go to Africa. *Foreign affairs*, Nova York, v. 87, n. 2, mar.-abr. 2008.

BOTTOMORE, T. (org.). Karl Marx. *Sociología e filosofía social*. Barcelona: Península, 1973.

BOXER, C. R. *O Império marítimo português*. São Paulo: Companhia das Letras, 2002.

BOYER-XAMBEU, M. T.; DELEPLACE, G.; GILLARD, L. *Private money and public currencies*. Nova York: M.E. Sharpe, 1994.

BRADY JR, T. The rise of merchant empires, 1400-1700. *In*: TRACY, J. (org.). *The political economy of merchant empires*. Cambridge: Cambridge University Press, 1997.

BRANDÃO, J. de S. *Mitologia grega*. Vol. I. Petrópolis: Vozes, 1986.

BRAUDEL, F. *A dinâmica do capitalismo*. Rio de Janeiro: Rocco, 1987.

BRAUDEL, F. *A dinâmica do capitalismo*. Rio de Janeiro: Rocco, 1985.

BRAUDEL, F. *A dinâmica do capitalismo*. Rio de Janeiro: Rocco, 1996.

BRAUDEL, F. *Afterthoughts on material civilization and capitalism*. Baltimore: The Johns Hopkins University Press, 1978.

BRAUDEL, F. *Civilização material, economia e capitalismo*: séc. XV-XVIII. São Paulo: Martins Fontes, 1996.

BRAUDEL, F. *Civilisation matérielle, économie et capitalisme, XV-XVII siècles*. Paris: Armand Colin, 1979.

BRAUDEL, F. *História e ciências sociais*. Lisboa: Presença, 1972.

BRAUDEL, F. *O jogo das trocas*. São Paulo: Martins Fontes, 1996a.

BRAUDEL, F. *O mediterrâneo e o mundo mediterrâneo de Felipe II*. Lisboa: Publicações Dom Quixote, 1995.

BRAUDEL, F. *O tempo do mundo*. São Paulo: Martins Fontes, 1987.

BRAUDEL, F. *O tempo do mundo*. São Paulo: Martins Fontes, 1996b.

BRAUDEL, F. *Os jogos das trocas*. Rio de Janeiro: Martins Fontes, 1996.

BRESSER PEREIRA, L. C. (org.). *Populismo econômico*. São Paulo: Nobel, 1991.

BREWER, A. *Marxist theories of imperialism*. Londres: Routledge and Kegan Paul, 1980.

BROMLEY, J. K. S. *The new Cambridge history*. Vol VI, The rise of Great Britain and Russia, 1688-1725. Cambridge: Cambridge University, 1971.

BUKHARIN, N. *A economia mundial e o imperialismo*. São Paulo: Victor Civita, 1984.

BURNS, R. N. America's strategic opportunity with India. *Foreign affairs*, Nova York, v. 86, n. 6, nov.-dez. 2007.

CAIN, P. J.; HOPKINS, A. G. *British imperialism 1688-2000*. Londres: Longman, 2002.

CAMPBELL, J. *Hero with a thousand faces*. Nova York: Pantheon, 1949.

CANNY, N. (org.). *The Oxford history of the British empire*. v. 1: The Origins of Empire. Oxford: Oxford University Press, 1998

CARDOSO DE MELLO, J. M. *O capitalismo tardio*. São Paulo: Brasiliense, 1975.

CARDOSO, F. H. Associated-dependent development: theoretical and practical implications. *In*: STEPAN, A. (org.). *Authoritarian Brazil: origins, policies, and future*. New Haven: Yale University Press, 1973.

CARDOSO, F. H. *Autoritarismo e democratização*. Rio de Janeiro: Paz e Terra, 1975.

CARDOSO, F. H.; FALETTO, E. *Dependência e desenvolvimento na América Latina*. 2. ed. Rio de Janeiro: Zahar, 1970.

CARR, E. H. *The twenty years' crisis*, 1919-1939. Londres: Perennial, 2001.

CARR, E. H. *The twenty-year crisis*: an introduction to the study of international relations. Londres: MacMillan, 1946.

CARSON JR. The state and economic development: Russia, 1890-1939. *In*: AITKEN, H. G. J. (org.). *The state and economic growth*. Nova York: Social Science Research Council, 1959.

CHABOD, F. *Carlos V y su imperio*. México: Fondo de Cultura Económica, 1992.

CHANDLER, A. D. JR. *The visible hand*: the managerial revolution in American business. Cambridge: Harvard University Press, 1977.

CHESNAIS, F. (org.). *La mondialisation financière*. Paris: Syros, 1996.

CHESNAIS, F. Introduction générale. *In*: CHESNAIS, F. (Coord.). *La mondialisation financière*. Paris: Syros, 1996.

CLAUSEWITZ, C. *Da guerra*. São Paulo: Martins Fontes, 1979.

CLINE, E. H.; GRAHAM, M. *Impérios antigos*. Da Mesopotâmia à origem do Islã. São Paulo: Madras, 2012.

CODFELTER, M. *Warfare and armies conflicts*. Londres: Mac Far Lan; Company Publishers. 2002.

COHEN, B. *International political economy*. Princeton: Princeton University Press, 2008.

CONDE, R. C. *The export economy of Argentina, 1880-1920*. *In*: CONE, R. C.; HUNTY, J. (ed). *The Latin American economies*. Londres: Holmes; Meier, 1985.

CONTAMINE, P. *War in the middle age*. Londres: Blackwell Publishing, 1992.

COOPER, J. P. (org.). *The new Cambridge modern history*. Vol. IV, The decline of Spain and the thirty years war, 1609-1648/59. Cambridge: Cambridge University Press, 1970.

COOPER, R. *The economics of interdependence*. Nova York: McGraw-Hill, 1968.

COOPER, R. *The post-modern state and the world order*. Londres: Demos, 1996.

COX, R. (org.). *Gramsci, historical materialism, and international relations*. Cambridge: Cambridge University Press, 1994.

COX, R. Social forces, states and world order. *In*: KEOHANE, R. O. (org.). *Neorealism and its critics*. Nova York: Columbia University Press, 1981.

COX, R. Social forces, states and world orders: beyond international relations theory. *In*: KEOHANE, R. (org.). *Neorealism and its critics*. Nova York: Columbia University Press, 1986.

COX, R. Social forces, states, and world orders: beyond international relations theories. *A Journal of International Studies*, Estetino, v. 10, n. 2, p. 125-155, maio. 1981.

COX, R.; SINCLAIR, T. J. *Approaches to world order*. Cambridge: Cambridge University Press, 1996.

CRAIG, R. P. *The collapse of American power*. Paul Craig Roberts Archives, 2008.

DAVIS, H. B., *Nationalism and socialism*. Nova York: Monthly Review, 1967.

DAWSON, C. *Dinâmicas da história do mundo*. São Paulo: É Realizações, 2010.

DE CECCO, M. *Money and empire*. Oxford: Basil Blackwell 1974.

DECORNOY, J. La démocratie, c'est... le commerce. *Le Monde Diplomatique*. Paris, 31, ago. 1996.

DEROSA, M. L. *The confederate constitution of 1861*: An inquiry into American constitutionalism. Columbia: University of Missouri Press, 1991.

DICKSON, P. G. M. *The financial revolution in England*. A study in the development of public credit, 1688-1756. Londres: Gregg Revivals, 1993.

DICKSON, P. G. M. War Finance, 1689-1714. *In*: BROMLEY, J. S. (org.). *The new Cambridge modern history*. The rise of Great Britain and Russia 1688-1715/25. Cambridge: Cambridge University Press, 1971.

DOBB, M. *Theories of value and distribution since Adam Smith*. Londres: Cambridge University Press, 1972.

DONGHI, T. H. *Guerra y finanzas em los orígenes del Estados Argentino* (1791-1850). Buenos Aires: Prometeo Libros, 2005b.

DONGHI, T. H. *Una nación para el desierto argentino*. Buenos Aires: Prometeo Libros, 2005a.

DORNBUSCH, R.; EDWARDS, S. *The macroeconomics of populism in Latin America*. Chicago: The Chicago University Press, 1991.

EDMUNDSON, G. *Anglo-Dutch rivalry during the first half of the seventeenth century*. Oxford: Clarendon, 1911.

EIGUER, A. *O parentesco fantasmático*: transferência e contratransferência em terapia familial psicanalítica. São Paulo: Casa do Psicólogo, 1987.

ELIAS, N. *O processo civilizador*. Rio de Janeiro: Jorge Zahar, 1993.

ELIAS, N. *O processo civilizador*. Rio de Janeiro: Jorge Zahar Editor, 1990. v. 2.

EMMANUEL, A. *Unequal exchange*. Londres: New Left Books, 1972.

ENGELS, F. A contribuição à crítica da economia política da Karl Marx. *In*: *Obras escolhidas*. São Paulo: Alfa Omega, 1973.

ENGELS, F. *Do socialismo utópico ao socialismo científico*. São Paulo: Global, 1984

ENGELS, F. *Le Revolution Democratique Bourgeosie en Allemagne*. Paris: s/ed, 1951.

EPSTEIN, S. *Genoa and the Genoese*, 958-1528. North Carolina: The University of the North Carolina Press, 2000.

FAORO, R. *Os donos do poder*: formação do patronato brasileiro. Porto Alegre: Globo, 1975.

FARER, T. J. The United States and the third world: a basis for accommodation. *Foreign affairs*, Nova York, v. 54, n. 1, out. 1975.

FEARON, J. D. Iraq's civil war. *Foreign affairs*, Nova York, v. 86, n. 2, mai.-abr. 2007.

FELDSTEIN, M. Refocusing the IMF. *Foreign affairs*, Nova York, v. 77, n. 2, mar.-abr. 1998.

FERGUSON, N. *A lógica do dinheiro, riqueza e poder no mundo moderno, 1700-2000*. Rio de Janeiro: Record, 2007.

FERGUSON, N. *Colossus: the price of American empire*. Nova York: Penguin, 2004.

FERGUSON, N. *Empire. How Britain made the modern world*. Londres: Penguin Books, 2004.

FERGUSON, N. *The cash nexus*. Londres: Penguin Books, 2002.

FERGUSON, N. *The cash nexus*. Londres: Penguin Books, 2001.

FERRAI, A. *O Peronismo*: *um fenômeno argentino*. Uma interpretação da política econômica argentina, 1946-1955. Tese de Doutorado. Programa de Pós-Graduação em Economia, UFRGS, Porto Alegre, 2007.

FERREIRA, A. B. de H. *Novo Aurélio século XXI*: o dicionário da língua portuguesa. Rio de Janeiro: Nova Fronteira, 1999.

FERRO, M. *História das civilizações*. São Paulo: Companhia das Letras, 1996.

FERRO, M. *História das colonizações*. São Paulo: Companhia das Letras, 1994.

FINDLAY, R.; O'ROURKE, K. H. *Power and plenty*. Princeton: Princeton University Press, 2007.

FIORI, E. M. Aprender a dizer sua palavra. Prefácio. *In*: FREIRE, P. *Pedagogia do oprimido*. 17. ed. Rio de Janeiro: Paz e Terra, 1987.

FIORI, J. L. (org.). *O poder americano*. Petrópolis: Vozes, 2004.

FIORI, J. L. (org). A dialética da guerra e da paz. *In*: *Sobre a guerra*. Petrópolis: Vozes, 2018. p. 75-102.

FIORI, J. L. *A grande transformação*. Correio Brasiliense, Brasília, 20 out. 2000.

FIORI, J. L. *A guerra do Golfo*: uma guerra "ética". Rio de Janeiro: Instituto de Economia Industrial da UFRJ, 1991 (Caderno de Conjuntura, n. 8).

FIORI, J. L. A propósito de uma "construção interrompida". *Revista Economia e Sociedade*. Campinas, UNICAMP, 2000a.

FIORI, J. L. A propósito de uma construção interrompida. *In*: TAVARES, M. C. (org.). *Celso Furtado e o Brasil*. São Paulo: Fundação Perseu Abramo, 2000.

FIORI, J. L. As palavras e as coisas. *Caderno mais*! Folha de São Paulo, 14 ago. 1994.

FIORI, J. L. *Brasil e América do Sul*: o desafio da inserção internacional soberana. Ipea/ Cepal, 2010. mimeo.

FIORI, J. L. *Brasil no espaço*. Petrópolis: Vozes, 2001.

Fiori, J. L. *Conjuntura e ciclo na dinâmica de um Estado periférico*. Uma reflexão em dois movimentos, sobre a crise do estado brasileiro. Tese (Doutorado) – Universidade de São Paulo. São Paulo, 1984b.

FIORI, J. L. Conjuntura e ciclo na dinâmica de um Estado periférico. *In*: FIORI, J. L. *O voo da coruja*: uma leitura não liberal da crise do Estado desenvolvimentista. Rio de Janeiro: Eduerj, 1995b.

FIORI, J. L. Crise do Estado brasileiro. *Revista de Economia Política*, São Paulo, v. 9, n. 33, p. 406-417, jul.-set. 1989.

FIORI, J. L. (org.). De volta à questão da riqueza de algumas nações. *In*: *Estados e moedas no desenvolvimento das nações*. Petrópolis: Vozes, 1999.

FIORI, J. L. *De volta para o futuro*: a nova geopolítica das nações. Rio de Janeiro: Instituto de Economia da UFRJ, 2006 (mimeo).

FIORI, J. L. *Estados e moedas no desenvolvimento das nações*. Petrópolis: Vozes, Petrópolis, 1999.

FIORI, J. L. Estados, moedas e desenvolvimento. *In*: FIORI, J. L. (org.). *Estados e moedas no desenvolvimento das nações*. Petrópolis: Vozes, 1999.

FIORI, J. L. *et al. Globalização*: o fato e o mito. Rio de Janeiro: Eduerj, 1998.

FIORI, J. L. (org.). Formação, expansão e limites do poder global. *In*: *O poder americano*. Petrópolis: Vozes, 2004a.

FIORI, J. L. Globalização, hegemonia e império. *In*: TAVARES, M. C.; FIORI, J. L. (Orgs.). *Poder e dinheiro*. Petrópolis: Vozes, 1997.

FIORI, J. L. *História, estratégia e desenvolvimento*. São Paulo: Boitempo, 2014.

FIORI, J. L. *Instabilidade e crise do Estado na industrialização brasileira*. Tese de Professor Titular, UFRJ, Rio de Janeiro, 1988.

FIORI, J. L. *Moedeiros falsos*. Petrópolis: Vozes, 1994.

FIORI, J. L. O cosmopolitismo de cócoras. *Revista Estudos Avançados*, v. 14, n. 39, p. 21-32, maio 2000b.

FIORI, J. L. O nó cego do desenvolvimentismo brasileiro. *Revista Novos Estudos –* CEBRAP, São Paulo, n. 40, p. 125-144, nov. 1994.

FIORI, J. L. O poder e o dinheiro: uma hipótese e várias lições. *In*: FIORI, J. L. *et al.* (orgs.). *A globalização*: o fato e o mito. Rio de Janeiro: Eduerj, 1998.

FIORI, J. L. O poder e o dinheiro: uma hipótese e várias lições. *In*: FIORI, J. L.; LOURENÇO, M. S.; NORONHA, J. C. *Globalização*: o fato e o mito. Rio de Janeiro: da UERJ, 1994.

FIORI, J. L. O poder global dos Estados Unidos: formação, expansão e limites. *In*: FIORI, J. L. (org.). *O poder americano*. Petrópolis: Vozes, 2004b.

FIORI, J. L. *O poder global e a nova geopolítica das nações*. São Paulo: Boitempo, 2007.

FIORI, J. L. *et al.* O sistema interestatal capitalista na primeira década do século XXI. *In*: *O mito do colapso do poder americano*. Rio de Janeiro: Record, 2008.

FIORI, J. L. *O voo da coruja*: uma leitura não liberal da crise do Estado desenvolvimentista. Rio de Janeiro: Eduerj, 1995b.

FIORI, J. L. Pacto de guerra? *Correio Braziliense*, Brasília, p. 1 23 set. 2001.

FIORI, J. L. Para uma crítica da teoria Latino-Americana do Estado. *In*: FIORI, J. L. (org.). *Em busca do dissenso perdido*: ensaios críticos sobre a festejada crise do Estado. Rio de Janeiro: Insight Editorial, 1995a.

FIORI, J. L. *Poder e dinheiro*. Petrópolis: Vozes, 1997.

FIORI, J. L. *Por uma economia política do tempo conjuntural*. Rio de Janeiro: Universidade Federal do Rio de Janeiro, 1984

FIORI, J. L. Pour un diagnostique de la "modernisation brésilienne". *Revue Tiers Monde*, Paris, n. 167, p. 493-513, jul.-set. 2001.

FIORI, J. L. Sistema Mundial: império e pauperização. *In*: FIORI, J. L. MEDEIROS, C. (org.). *Polarização mundial e crescimento*. Petrópolis: Vozes, 2001.

FIORI, J. L. Sonhos prussianos e crises brasileiras. *Revista Ensaios FEE*. Porto Alegre, v. 11, n. 1, p. 41-61, 1990.

FIORI, J. L. Um universo em expansão. *Jornal de Resenha*, São Paulo, 31 ago. 2009.

FIORI, J. L.; MEDEIROS, C. *Polarização mundial e crescimento*. Petrópolis: Vozes, 2001.

FIORI, J. L.; MEDEIROS, C.; SERRANO, F. *O mito do colapso do poder americano*. Rio de Janeiro: Record, 2008.

FRANK, A. G. *Capitalism and underdevelopment in Latin America*. Nova York: Monthly Review, 1969.

FRANK, A. G. *Latin America*: underdevelopment or revolution. Nova York: Monthly Review, 1970.

FRANK, A. The development of underdevelopment. *Monthly Review*, v. 18, n. 4, p. 17-31, set. 1966.

FREGE, G. Investigações lógicas e outros ensaios. *Cadernos de tradução*, São Paulo, n. 7, 2001

FREUD, S. Moisés e o monoteísmo, esboço de psicanálise e outros ensaios. *In*: FREUD, S. *Edição standard brasileira das obras psicológicas completas de Sigmund Freud*. V. XXIII. Rio de Janeiro: Imago, 1969.

FURTADO, C. *A hegemonia dos Estados Unidos e o subdesenvolvimento brasileiro*. Rio de Janeiro: Civilização Brasileira, 1975.

FURTADO, C. *Brasil*: a construção interrompida. Rio de Janeiro: Paz e terra, 1992.

FURTADO, C. Capital formation and economic development. *International Economic Papers*, n. 4, 1954.

FURTADO, C. *Cultura e desenvolvimento em época de crise*. Rio de Janeiro: Paz e Terra, 1984.

FURTADO, C. *Desarrollo y subdesarrollo*. Buenos Aires: Eudeba, 1965.

FURTADO, C. *Formação econômica do Brasil*. São Paulo: Companhia das Letras, 2006.

FURTADO, C. *Subdesarrollo y estancamiento en América Latina*. Buenos Aires: Eudeba, 1966.

FUSE, I. *Energia e relações internacionais*. São Paulo: Saraiva, 2013.

GARNETT, J. States, state-centric perspectives and interdependence theory. *In*: BAYLIS, J.; RENGGER, N. J. (orgs.). *Dilemmas of world politics*. Oxford: Clarendon, 1992.

GERSCHENKRON, A. *bread and democracy in Germany*. Nova York: Howard Fertig, 1966.

GERSCHENKRON, A. *Economic backwardness in historical perspective*. Cambridge: Harvard University Press, 1962.

GILL, S. (org.). *Gramsci, historical materialism, and international relations*. Cambridge: Cambridge University Press, 1993.

GILL, S.; LAW, D. Global hegemony and the structural power of capital. *In*: Gill, S. (org.). *Gramsci, historical materialism, and international relations*. Cambridge: Cambridge University Press, 1994.

GILPIN, R. *The political economy of international relations*. Princeton: Princeton University Press, New Jersey, 1987.

GILPIN, R. The politics of transnational economic relations. *In*: Keohane, R. O.; Nye, J. S. *Transnational relations and world politics*. Cambridge: Harvard University Press, 1972.

GILPIN, R. *U.S. power and the multinational corporation*. Nova York: Basic Books, 1975.

GILPIN, R. War; change in world politics. Cambridge: Cambridge University Press, 1982.

GILPIN, R. The politics of transnational economic relations. *In*: KEOHANE, R.; NYE, J. S. (orgs.). *Transnational relations and world politics*. Cambridge: Harvard University Press, 1972.

GLETE, J. *War and the state in early modern Europe*. Londres: Routledge, 2002.

GLUCKSMANN, A. *Le discours de la guerre*. Paris: L'Herme, 1970.

GRAMSCI, A. *La política y el estado moderno*. Barcelona: Península, 1971.

GRAMSCI, A. *Obras escolhidas*. São Paulo: Martins Fontes, 1978.

GUZZINI, S. *Realism in international relations and international political economy*. Nova York: Routledge, 1998.

HABIB, I. Merchant communities in precolonial India. *In*: TRACY, J. D. (org.). *The rise of merchant empires*. Cambridge: Cambridge University Press, 1990.

HALBERSTAM, D. *War in a time of peace*. Nova York: Scribner, 2001.

HALPHEN, L. *Charlemagne et L'empire carolingien*. Paris: Albin Michel, 1968.

HAMILTON, A. Report on manufactures. *In*: GODDARD, C. *et al*. *International political economy*. Boulder: Lynne Rienner Publishers, 1996.

HARDT, M.; NEGRI, A. *Empire*. Paris: Exils Editeur, 2000.

HARRIS, S. *The new economics*. Nova York: Knopf, 1947.

HARROD, R. *The life of John Maynard Keynes*. Nova York: Macmillan, 1951.

HATTON, R. Charles XII and the great northern war. *In*: BROMLEY, J. S. (org.). *The New Cambridge History*, Vol. VI, The Rise of Great Britain and Russia, 1688-1725. Cambridge: Cambridge University Press, 1971.

HAWK, G. R. Acquisitiveness and equality in New Zealand's economic development. *The economic history review* – New Series, v. 32, n. 3, p. 376-390, 1979.

HAYA DE LA TORRE, V. R. *El antimperialismo y el Apra*. México, 1928.

HECKSHER, E. *Mercantilism*. Londres: Allen; Unwin, 1955.

HEILBRONER, R. L. *A formação da sociedade econômica*. Rio de Janeiro: Zahar, 1974.

HEIR, J.B. Intervention: from theories to cases. *Ethics and International Affairs*, v. 9, p. 1-14, mar. 1995.

HELLEINER, E. *States and the reemergence of global finance*. From Bretton Woods to the 1990s. Londres: Cornell University Press, 1994.

HELLEINER, E. *States and the reemergence of global finance*. Londres: Cornell University Press, 1994.

655

HECKSCHER, E.F. *La época Mercantilista*. México: Fondo de Cultura Económica, 1955.

HERRING, G. C. *From colony to superpower.* U.S. Foreign Relations Since 1776. Nova York: Oxford University Press, 2008.

HERZ, J. Idealist internationalism and the security dilemma! *World Politics*, v. 2 n. 2, p. 157-80, jan. 1950.

HILFERDING, R. (org.). *O capital financeiro*. São Paulo: Nova Cultural, 1985.

HIRSCH, P.; THOMPSON, G. *Globalization in question*. Londres: Polity Press, 1996.

HIRSCHMAN, A. *El poder nacional y la estructura del comercio exterior*. Berkeley: University of California, 1980.

HIRSCHMAN, A. The rise and decline of development economics. *In*: HIRSCHMAN, A. *Essays in trespassing. Economics to politics and beyond*. Cambridge: Cambridge University Press, 1981.

HIRSCHMAN, A. *The strategy of economic development*. Yale: Yale University Press, 1958.

HIRST, P.; THOMPSON, G. *Globalization in question*. Cambridge: Polity Press, 1996.

HOBBES, T. *Leviatã ou matéria, forma e poder de um Estado eclesiástico*. São Paulo: Victor Civita, 1983.

HOBBES, T. *Léviathan*. Paris: Sirey, 1971.

HOBSBAWM, E. *A era do capital*. Rio de Janeiro: Paz e Terra, 1977.

HOBSBAWM, E. *A era dos extremos:* o breve século XX. São Paulo: Companhia das Letras, 1995.

HOBSBAWM, E. *A era dos impérios*: 1875-1914. Rio de Janeiro: Paz e Terra, 1988.

HOBSBAWM, E. *Age of extremes*. The short 20th century – 1914-1991. Londres: Michael Joseph, 1994.

HOBSBAWM, E. *Sobre a história*. São Paulo: Companhia das Letras, 1998.

HOBSBAWM, E. *A era do capital*. Rio de Janeiro: Paz e Terra, 1977.

HOOGVELT, A. *Globalization and the postcolonial world.* Londres: MacMillan, 1997.

HOLMES, R. *The Oxford companion to military history*. Oxford University Press, 2001.

HOURANI, A. *Uma história dos povos árabes*. São Paulo: Companhia das Letras, 2001.

HUME, D. *Writings on economics*. Madison: University of Wisconsin Press, 1995.

HUNTINGTON, S. The clash of civilizations. *Foreign affairs*, Nova York, v. 72, n. 3, Summer, 1993.

HUNTINGTON, S. The lonely superpower. *Foreign affairs*, Nova York, v. 78, n. 2, mar.-abr. 1999.

INALCIK, H. *An economic and social history of the Ottoman Empire*. Cambridge: Cambridge University Press, 1994.

INIKORI, J. E. *Africans and the industrial revolution in England*. Cambridge: Cambridge University Press, 2002.

INNES, A. M. The credit theory of money. *In*: WRAY, R. (org.). *Credit and State Theory of Money, The Contributions of A. Mitchell Innes*. Cheltenham: Edward Elgar, 2004a.

INNES, A. M. What is money? *In*: WRAY, R. (org.). *Credit and State Theory of Money, The Contributions of A. Mitchell Innes*. Cheltenham: Edward Elgar, 2004b.

INNIS, H. *Changing concepts of time*. Toronto: University of Toronto Press, 1952.

ISRAEL, J. I. *The Dutch Republic*: its rise, greatness, and fall, 1477-1805. Oxford: Clarendon, 1995.

JACKSON, R. H. *Quasi states*: sovereignty, international relations and the Third World. Cambridge: Cambridge University Press, 1990.

JACQUES, M. *When China rules the world*. Nova York: The Penguin, 2009.

JAEGER, W. Paideia. *A formação do homem grego*. São Paulo: Martins Fontes, 2001.

JAGUARIBE, H. *et al. Brasil, sociedade democrática*. Rio de Janeiro: Jose Olympio, 1985.

JENNINGS, F. *The creation of America*. Through revolution to empire. Cambridge: Cambridge University Press, 2000.

JOHNSON, C. *MITI and the Japanese miracle*: The Growth of Industrial Policy, 1925-1975. Stanford: Stanford University Press, 1982.

JOHNSON, C. *The sorrows of empire*. Nova York: Metropolitan Books, 2004.

JUNG, C. G. Os arquétipos e o inconsciente coletivo. *In*: *Obra Completa*. 11. ed. Petrópolis: Vozes, 1976.

JUNG, C. G. *Símbolos e transformação*. 11. ed. Petrópolis: Vozes, 1973.

KANT, I. *À paz perpétua*: um projeto filosófico. Tradução e notas de Bruno Cunha. Petrópolis: Vozes, 2020.

KANT, I. *Filosofía de la historia*. Buenos Aires: Nova Buenos Aires, 1958.

KANT, I. *Ideia de uma história universal com um propósito cosmopolita*. Lisboa: Edições 70, 2004.

KAPLAN, R. *Warrior politics*: why leadership demands a pagan ethos. Nova York: Random House, 2001.

KEOHANE, R. The theory of hegemonic stability and changes in international economic regimes, 1967-1977. *In*: HOLST *et al.* (orgs.). *Change in the international system*. Boulder: Westview, 1980.

KENEDDY, P. *Ascensão e queda das grandes potências*. Rio de Janeiro: Campus, 1989.

KENNAN, G. *American Diplomacy*. Chicago: The University of Chicago Press, 1984.

KENNAN, G. The sources of the soviet conduct. *Foreign affairs*, Nova York, v. 25, n. 4, jul. 1947.

KENNEDY, D. M. *Freedom from fear*. The American people in depression and war 1919-1945. Nova York: Oxford University Press, 1999.

KENNEDY, D. M. *Over here*. The 1st World War and American society. Nova York: Oxford University Press, 1980.

KENNEDY, P. *Ascenção e queda das grandes potências*. Rio de Janeiro: Campus, 1989.

KENNEDY, P. The greatest superpower ever. *New Perspective Quarterly*, v. 19, n. 2. p. 8-18, 18 jun. 2002.

KENNEDY, P. *The rise and fall of the great powers*. Nova York: Vintage, 1998.

KEOHANE, R. *After hegemony*: cooperation and discord in the world political economy. Nova York: Cambridge University Press, 1984.

KEOHANE, R. Hobbes's dilemma and institutional change in world politics: sovereignty in international society. *In*: HOLM, H. H.; SORENSEN, G. *Whose world order? Uneven globalization and the end of the Cold War*. Boulder: Westview, 1995.

KEOHANE, R. The theory of hegemonic stability and changes in international economic regimes, 1967-77. *In*: OLE, R. H.; SILVERSON, E. M.; GEORGE, A. L. *Change in the international system*. Boulder: Westview, 1980.

KEOHANE, R. The world political economy and the crisis of embedded liberalism. *In*: GOLDTHORPE, J. (org.). Order and conflict in contemporary capitalism. Oxford: Clarendon, 1985.

KEOHANE, R.; NYE, J. S. (orgs.) *Transnational relations and world politics*. Cambridge: Harvard University Press, 1972.

KEOHANE, R.; NYE, J. S. *Power and Interdependence*: World Politics in Transition. Boston: Littlebrown, 1977.

KEYNES, J. M. Proposals for an International Clearing Union. *In*: KEYNES, J. M. *The General Theory of Employment, Interest, and Money*. Londres: Wordsworth Editions, 1943.

KINDELBERGER, C. *A financial history of Western Europe*. Oxford: Oxford University Press, 1993.

KINDELBERGER, C. *The world in depression*: 1929-1939. Berkeley: University of California Press, 1972.

KINDELBERGER, C. *The world in depression*: 1929-1939. Los Angeles: University of California Press, 1973.

KINDELBERGER, C. *World economic primacy 1500-1990*. Oxford: Oxford University Press, 1996.

KINDLEBERGER, C. *American business abroad*. New Haven: Yale University Press, 1969.

KINDLEBERGER, C. P. *The world in Depression, 1929-1939*. Berkeley: University of California Press, 1973.

KINDLEBERGER, C. P. *World Economic primacy:* 1500 to 1990. Oxford: Oxford University Press, 1996.

KINDLEBERGER, C. *World economic primacy:* 1500-1990. Oxford: Oxford University Press, 1996.

KIRCHHEIMER, O. The transformation of the Western European party systems. *In*: LAPALOMBARA, J.; WEINER, M. (orgs.). *Political parties and political development*. Princeton: Princeton University Press, 1966.

KISSINGER, H. *A world restored*. Boston: Houghton Mifflin, 1957.

KISSINGER, H. *Diplomacy*. Nova York: Simon; Schuster, 1994.

KISSINGER, H. *Does America need a foreign policy?* Nova York: Simon; Schuster, 2001.

KLIMOVSKY, G. *Las Desventuras del Conocimiento Científico*. Una introducción a la Epistemologia. 7. ed. Buenos Aires: AZ , 2011.

KNAPP, G. F. *The State theory of money*. Londres: Simon Publications, 2003.

KRASNER, S. *Sovereignty organized hypocrisy*. Princeton: Princeton University Press, 1999.

KRASNER, S. State power and the structure of international trade. *World Politics*, v. 28, n. 3, p. 317-343, 1976.

KRAUTHAMMER, C. The unipolar moment. *Foreign affairs*, Nova York, v. 70, n. 1, 1990.

KREGEL, J. A. Riscos e implicações da globalização financeira apara a autonomia de políticas nacionais. *Revista Economia e Sociedade*. Campinas, n. 7, p. 29-49, dez. 1996.

KUHNLE, S. Il modello scandinavo dell'era dell'integrazione europea: spinte al cambiamento interne ed esterne. *In*: FERRERA, M. *Stato sociale e mercato*. Torino: Fondazione Giovanni Agnelli, 1993.

KUPCHAN, C. *The end of the American era*. Nova York: Alfred Knopf, 2002.

LAKATOS, I. O falseamento e a metodologia dos programas de pesquisa científica. *In*: LAKATOS, I.; MUSGRAVE, A. (org.). *A crítica e o desenvolvimento do conhecimento: quarto volume das atas do Colóquio Internacional sobre Filosofia da Ciência*. São Paulo: Cultrix; São Paulo: Edusp, 1979.

LAMBERT, D. *Géopolitique de la Chine*. Paris: Ellipses Editions, 2009.

LANE, F. C. *Venice, a maritime republic*. Baltimore: The Johns Hopkins University Press, 1973.

LAPLANCHE, J.; PONTALIS, J. B. *Vocabulário de psicanálise*. São Paulo: Livraria Martins Fontes, 1970.

LARRAIN, J. *Theories of development*. Londres: Polity Press, 1989.

LE GOFF, J. *Mercadores y banqueros de la Edad Media*. Madrid: Alianza Editorial, 2004.

LÊNIN, V. *O Imperialismo*: a fase superior do capitalismo. Global, 1985.

LÊNIN, V. I. Imperialismo: a fase superior do capitalismo. *In*: *Obras escolhidas*. São Paulo: Alfa-Ômega, 1979.

LÊNIN, V. Prefácio à obra de N. Bukharin. *A economia mundial e o imperialismo*. São Paulo: Abril Cultural, 1984.

LENINE, V. *Obras Escolhidas*. São Paulo: Alfa Ômega, v. 1. 1979.

LESSA, C. A *Estratégia de desenvolvimento 1974-76*: sonho e fracasso. Tese (Concurso de Professor Titular) – Faculdade de Economia e Administração, Universidade Federal do Rio de Janeiro. Rio de Janeiro, 1978.

LESSA, C.; FIORI, J. L. E houve uma política econômica nacional-populista? *Revista Ensaios FEE*, Porto Alegre, v. 12, n. 1, 1994.

LÉVI-STRAUSS, C. *Anthropologie structural*. Paris: PLON, 1958.

LEVY, J. *War in the modern great power system*. Lexington: Ky, 1983.

LEWIN, M. *O século soviético*. Rio de Janeiro: Record, 2007.

LEWIS, A. Economic development with unlimited supplies of labour. *In*: AGARWALA, A.; SINGH, S. (Eds). *The economics of underdevelopment*. Oxford: Oxford University Press, 1963.

LIEVEN, D. Empire. *The Russian Empire and its rivals*. New Haven: Yale University Press, 2000.

LOPEX, R. S. *The commercial revolution of the Middle Age, 950-1350*. Cambridge: Cambridge University Press, 1976.

LUARD, E. *War in international society*: a study in international sociology. Londres: New Haven, 1987.

LUKACS, G. *Lénine*. Paris: EDI, 1965.

LYONS, G.; MASTANDUNO, M. *Beyond Westphalia?* State sovereignty and international intervention. Baltimore: John Hopkins University Press, 1995.

MADISON, A. *The world economy.* Paris: OCDE, 2001.

MALAGUTI, M. *A dívida pública como um dos fundamentos do poder americano.* Tese de Doutorado. Instituto de Economia, Universidade Federal do Rio de Janeiro. Rio de Janeiro, 2013.

MALTA, M. *A teoria da acumulação de James Stuart*: controvérsias no contexto da economia política clássica. Tese (Doutorado em Economia) – Universidade Federal Fluminense, Niterói-RJ, 2005.

MANN, M. *Incoherent Empire.* Nova York: Verso, 2003.

MACHIAVEL, N. Le prince. *In: Œuvres complètes.* Paris: Bibliothèque de la Pléiade, 1952.

MAQUIAVEL, N. *O príncipe.* São Paulo: Abril, 1983.

MARIÁTEGUI, J. C. *Siete ensayos de interpretación de la realidad peruana.* Lima, 1928.

MARINI, R. M. *Dialéctica de la dependencia*: la economía exportadora. México: Era, 1973.

MARINI, R. M. Dialéctica de la dependencia: la economía exportadora. *Sociedad y Desarrollo*, n. 1, 1972.

MARQUES, A. H. *History of Portugal.* v. 1. Nova York: Columbia University Press, 1972.

MARTIN, A. La dinámica del cambio en una economía keynesiana: el caso sueco y sus implicaciones. *In*: CROUCH, C. (org.). *Estado y economía en el capitalismo contemporáneo.* Madrid: Ministerio del Trabajo y Seguridad Social, 1979.

MARX, K. *Capital.* v. 1. Londres: Lawrence Wishart, 1974.

MARX, K. *El capital.* Critica de la economía política. México: Fundo de Cultura Económica, 1958.

MARX, K. *El capital.* V. 1. México: Fondo de Cultura Económica, 1980.

MARX, K. Letters to N. F. Danielson in St. Petersburg. 10 abr. 1879. *In*: *Marx and Engels correspondence*, International Publishers, 1968.

MARX, K; ENGELS, F. *Manifesto do partido comunista. In*: *Obras escolhidas*, v. 1. São Paulo: Alfa Ômega, 1953.

MARX, K. *Obras escolhidas.* v. 1. São Paulo: Alfa Ômega, 1961a.

MARX, K. *Obras escolhidas.* v. 2. São Paulo: Alfa Ômega, 1961b.

MARX. K.; ENGELS, F. *Antologia Filosófica.* Lisboa: Estampa, 1971.

McKEOWN, T. J. Hegemonic stability theory and 19th century tariff levels in Europe. *International organization*, v. 37, n. 1, p. 73-91, jan. 1983.

McNEILL, W. H. *The pursuit of power*. 2. ed. Chicago: The University of Chicago Press, 1984.

McNEILL, W. H. *The pursuit of power*. Chicago: The University of Chicago Press, 1982.

McPHERSON, J. M. *Battle cry of freedom*. The civil war era. Nova York: Ballantine Books, 1988.

MEARSHEIMER, J. *The tragedy of great power politics*. Nova York: W.W Norton; Company, 2001.

MEDEIROS, C; FIORI, J. L. (org.). A economia política da internacionalização sob liderança dos Estados Unidos: Alemanha, Japão e China. *In*: *O poder americano*. Petrópolis: Vozes, 2004.

MEDEIROS, C. A economia política da transição da China e da Rússia. *In*: FIORI, J. L.; MEDEIROS, C.; SERRANO, F. (orgs.). *O mito do colapso do poder americano*. Rio de Janeiro: Record, 2008.

MEDEIROS, C. A. Globalização e a inserção internacional diferenciada da Ásia e América Latina. *In*: TAVARES, M. C.; FIORI, J. L. *Poder e dinheiro*. Petrópolis: Vozes, 1997.

MEDEIROS, C.; SERRANO, F. Padrões monetários internacionais e crescimento. *In*: FIORI, J. L. (org.). *Estados e moedas no desenvolvimento das nações*. Petrópolis: Vozes, 1999.

MELIN, L. E. O enquadramento do Iene: a trajetória do câmbio japonês desde 1971. *In*: TAVARES, M. C.; FIORI, J. L. (orgs.). *Poder e dinheiro*: uma economia política da globalização. Petrópolis: Vozes, 1997.

MELLO, J. M. C. *O capitalismo tardio*. São Paulo: Brasiliense, 1974.

MELO, J. M. C. *O capitalismo tardio*. São Paulo: Brasiliense, 1984.

METRI, M. *Poder, moeda e riqueza na Europa Medieval*. A preeminência naval, mercantil e monetária da Sereníssima República de Veneza nos séculos XIII e XV. Rio de Janeiro: FGV, 2014.

METRI, M. *Poder, moeda e riqueza na Europa medieval*. Tese (Doutorado) – Instituto de Economia, Universidade Federal do Rio de Janeiro. Rio de Janeiro, 2007.

MIDDLEKAUFF, R. *The glorious cause*. Nova York: Oxford University Press, 1982.

MILLER, J. C. *The Federalist era 1789-1801*. Illinois: Waveland, 1988.

MIRANDA, J. C. A dinâmica financeira da crise asiática. *Política Externa*, v. 6, n. 4, p. 129-130, mar. 1998.

MONTAIGNE, M. *Dos canibais*. São Paulo: Alameda, 2009.

MOORE, T. *Utopia*. Nova York: Penguin Books, 2018.

MORGENTHAU, H. *Politics among nations*: the struggle for power and peace. Nova York: Knopf, 1948.

MORGENTHAU, H. *Politics among nations*: the struggle for power and peace. Nova York: McGraw-Hill, 1993.

MORI, K. Marx and "underdevelopment": his thesis on the historical role of British free trade. *Annals of the Institute of Social Science*, Tokyo, n. 19, 1978.

MORRAY, J. P. *Origens da guerra fria*. Rio de Janeiro: Zahar, 1961.

MORSE, E.; RICHARD, J. The battle for energy dominance. *Foreign affairs*, Nova York, v. 81, n. 2, mar.-abr. 2002.

MOTE, F. W.; TWITCHETT, D. (org.). *The Cambridge History of China*. Cambridge: Cambridge University Press, 1988.

MUTH, J. F. Rational expectations and the theory of price movements. *Econométrica*, v. 29, n. 93, jul. 1961.

MYRDAL, G. *Economic theory and underdevelopment countries*. Duckworth, 1957.

NEWITT, M. *A history of Portuguese overseas expansion, 1400-1668*. Nova York: Routledge, 2005.

NOGUEIRA, J. P.; MESSARI, N. *Teorias das relações internacionais*. Rio de Janeiro: Campus, 2005.

NORTH, D. The new institutional economics and third world development. *In*: HARISS, J.; HUNTER, J.; LEWIS, C. (orgs.). *The New Institutional Economics and Third World Development*. Londres: Routledge, 1995.

NOYOLA VÁZQUEZ, J. El desarrollo económico en México y otros países latino-americanos. *Revista de investigación económica*, 1954.

NURKSE, R. Same international aspects of the problem of economic development. *In*: AGARWALA, A.; SINGH, S. (Eds). *The Economics of underdevelopment*. Oxford: Oxford University Press, 1963.

NYE, J. *O paradoxo do poder americano*. São Paulo: Unesp, 2002.

O'CONNELL, A. Argentina into depression: problems of an open economy. *In*: THORP, R. (org.). *An economic history of Twentieth-Century Latin America*. Oxford: Palgrave, 2000. v. 2.

OHMAE, K. Rise of the region state. *Foreign affairs*, Nova York, v. 72, n. 2, Spring 1993.

OHMAE, K. *The end of the nation state*. Londres: Harper Collins Publishers, 1996.

OWEN, R.; SUTCLIFFE, B (org.). *Studies in the theory of imperialism*. Londres: Longman, 1972.

PALMA, G. Dependency: a formal theory of underdevelopment or a methodology for the analysis of concrete situations of underdevelopment? *World development*, Londres, v. 6, n. 7, p. 881-924, jul. 1978.

PAMPLONA, M. A.; MADER, M. E. (org.). *Revoluções de independência e nacionalismos nas Américas. Região do Prata e Chile*. Rio de Janeiro: Paz e Terra, 2007.

PARETO, V. *La transformation de la démocratie*. Paris: Librairie Dorz, 1970.

PARKER, G. *Success is never final*. Empire, war and faith in early modern Europe. Nova York: Basic Books, 2002.

PARKER, G. The emergence of modern finance in Europe, 1500-1730. *In*: CIPOLLA, C. (org.). *The fontana history of Europe*. Londres, 1974.

PATTERSON, J. T. *Grand expectations*. Nova York: Oxford University Press, 1996.

PEARSON, M. N. Merchant and States. *In*: TRACY, J. D. (org.). *The political economy of the merchant empires*. Cambridge: Cambridge University Press, 1991.

PERKINS, D. *The Monroe doctrine, 1867-1907*. Baltimore: The John Hopkins, 1937.

PHILLIPS, K. *The cousins' wars*. Religion, politics; the triumph of Anglo-America. Nova York: Basic Books, 1999.

PHILLIPS, K. *Wealth and democracy*. Nova York: Broadway Books, 2002.

PINTO, A. Chile: *Un caso de desarrollo frustrado*. Santiago: Editorial Universitária, 1962.

PIRENNE, H. *História econômica e social da Idade Média*. Lisboa: Mestre Jou, 1982.

POLNYI, K. *A grande transformação*. As origens da nossa época. São Paulo: Campus, 1980.

POPKIN, R. *História do ceticismo de Erasmo a Espinosa*. Rio de Janeiro: Francisco Alves, 2000.

POULANTZAS, K. *O Estado em crise*. Rio de Janeiro: Graal, 1977.

POULANTZAS, K. *Poder político e classes sociais*. Lisboa: Portucalense, 1971.

PRADO JR., C. *História econômica do Brasil*. São Paulo: Brasiliense, 1971.

PRATT, J. W. *A history of United States foreign policy*. Buffalo: Prentice-Hall, 1955.

PREBISCH, R. The economic development of Latin America and its principal problems. *Economic Bulletin of Latin America*, v. 7, n. 1, 1962.

RAMOS-OLIVEIRA, A. *Historia social y política de Alemania*. México: Fondo de Cultura Económica, 1964. v. 1-2.

RAPOPORT, M. *Historia económica, política y social de la Argentina (1880-2003)*. Buenos Aires: Arieol, 2005.

REICH, R. *The work of nations*. Nova York: Vintage Books, 1992.

REIS, F. W.; O'DONNELL, G. (org.). *A democracia no Brasil: dilemas e perspectivas*. São Paulo: Vértice, 1988.

REYNA, S. P. *Wars without end*. The political economy of a precolonial African State. Londres: University Press of New England, 1990.

REYNA, S. P.; DOWNS, R. E. (orgs.). *Deadly developments*. Capitalism, states and war. New Hampshire: Gordon and Breach, 2005.

RICARDO, D. An essay on the influence of a low price of corn on the profits of stock. *In*: SRAFFA; DOBB (orgs.). *Works and correspondence of David Ricardo*, Cambridge: Cambridge University Press, 1951. v. 1.

RICARDO, D. *Princípios de economia política e tributação*. São Paulo: Abril Cultural, 1982.

ROBERTS, M. Sweden and the Baltic 1611-1654. *In*: COOPER, J. P. (org.). *The New Cambridge History*. Vol IV, The decline of Spain and the Thirty Years War, 1609-1648/59. Cambridge: Cambridge University Press, 1970.

ROGOWSKI, R. Structure, growth and power: three rationalist accounts. *International Organization*, v. 37, n. 4, Winter 1983.

ROSANVALLON, P. *Le libéralisme économique*. Paris: Seuil, 1989.

ROSESTEIN-RODAN, P. Problems of industrialization of Eastern and Southeastern Europe. *Economic Journal*, v. 53, jun. 1943.

ROSTOW, W. *The process of economic growth*. Nova York: Norton, 1952.

ROSTOW, X. *The stages of economic growth*: a non-communist manifesto. Cambridge: Cambridge University Press, 1960.

RUSSET, B. The mysterious case of vanishing hegemony or, is Mark Twain really dead? *International Organization*, v. 39, n. 2, Spring 1985.

SAI-WING HO, P. Rethinking classical trade analyses within a framework of capitalist development. *Cambridge Journal of Economics*, v. 20, n. 4, p. 413-432, jul. 1996.

SANTOS, T. El nuevo carácter de la dependencia. *Cuadernos del CESO*, Santiago, 1968.

SANTOS, T. The structure of dependence. *American Economic Review*, v. 60, n. 2, p. 231-236, maio 1970.

SCARON, P. A modo de introducción. *In*: Marx, K.; Engels, F. *Materiales para la historia de América Latina*, Cuadernos de Pasado y Presente, 1980.

SCHWARZ, R. Um seminário de Marx. *In*: SCHWARZ, C. *Sequências brasileiras*. São Paulo: Companhia das Letras, 1999.

SECURITY/21 ST CENTURY. Washington D.C. *In*: BACEVICH, A. J. *American Empire*. Harvard University Press, Cambridge, 2002.

SERRANO, F. *Do ouro imóvel ao dólar flexível*. Rio de Janeiro: Instituto de Economia da UFRJ, 1988 (mimeo).

SERRANO, F. Do ouro imóvel ao dólar flexível. *Revista Economia e Sociedade*, Campinas, n. 19, 2002.

SERRANO, F. Relações de poder e políticas macroeconômica americana, de Bretton Woods ao padrão dólar-flexível. *In*: FIORI, J. L. (org.). *O poder americano*. Petrópolis: Vozes, 2004.

SHAW, A. G. L. *The economic development of Australia*. Nova York: Longmans Green, 1944.

SHERIDAN, K. *Governing the Japanese economy*. Cambridge: Polity, 1993.

SHERIDAN, K. *Japan, Who Governs?* The rise of development State. Nova York: Norton, 1995.

SINGER, H. The distribution of gains between investing and borrowing countries. *American Economic Review*, v. 40, n. 2, p. 473-485, maio 1950.

SMELSER, M. *The Democratic Republic, 1801-1815*. Illinois: Waveland, 1968.

SMITH, A. *Investigação sobre a natureza e as causas da riqueza das nações*. São Paulo: Abril Cultural, 1984.

SMITH, A. *Investigação sobre a natureza e as causas da riqueza das nações*. São Paulo: Abril Cultural, 1985.

SNIDAL, D. The limits of hegemonic stability theory. *International Organization*, v. 39, n. 4, p. 579-614, Autumn 1985.

SNYDER, L. L. *Roots of German nationalism*. Londres: Indiana University Press, 1978.

SOLA, L. *Estado, mercado e democracia*. Paz e Terra, Rio de Janeiro, 1993.

SOLBERG, E. Argentina y Canadá: una perspectiva comparada sobre su desarrollo económico, 1919-1939. *Desarrollo económico*, v. 21, n. 82, p. 191-211, jul.-set. 1981.

ESPINOSA, B. *Ética*. Tradução de Tomaz Tadeu. São Paulo: Autêntica, 2007.

SPOFFORD, P. *Money and its use in Medieval Europe*. Cambridge: Cambridge University Press, 1989.

SPOFFORD, P. *Power and profit*. The merchant in Medieval Europe. Londres: Thames; Hudson, 2002.

SRAFFA, P. *The works and correspondence of David Ricardo*. Cambridge: Cambridge University Press, 1955.

STEIN, A. The hegemon's dilemma: Great Britain, the United States, and the international economic order. *International Organization*, v. 38, n. 2, p. 355-386, Spring 1984.

STEIN, M. *Jung, o mapa da alma*. São Paulo: Cultrix, 2014.

STEPAN, A. (org.). *Democratizando o Brasil*. Rio de Janeiro: Paz e Terra, 1988.

STEVENS, A. *Jung*. Porto Alegre: L&PM Pocket, 2012.

STRANGE, S. *Casino capitalism*. Londres: Basil Blackwell, 1986.

STRANGE, S. International economics and international relations: a case of mutual neglect. *International Affairs*, v. 46, n. 2, p. 304-315, abr. 1970.

STRANGE, S. Political economy and international relations. *In*: BOOTH, K.; SMITH, S. *International relations theory today*. Oxford: Polity Press, 1995.

STRANGE, S. *States and markets*. Londres: Pinter, 1994.

STRANGE, S. *States and markets*. Londres: Pinter, 1988.

STRANGE, S. The persistent myth of lost hegemony. *International Organization*, v. 41, n. 4, p. 551-574, Autumn 1987.

STRANGE, S. *The retreat of the state*. The diffusion of power in the world economy. Cambridge: Cambridge University Press, 1996.

SUNKEL, O. Um esquema geral para a análise da inflação. *Revista Econômica Brasileira*, 1957.

SUNKEL, O. Cambio social y frustración em Chile. *Economía*, año 23, 3°-4° sem. 1965.

TAVARES, M. C. (org.). *Da substituição de importações ao capitalismo financeiro*. Rio de Janeiro: Zahar, 1972.

TAVARES, M. C. A retomada da hegemonia americana. *In*: TAVARES, M. C.; FIORI, J. L. (orgs.). *Poder e dinheiro*. Uma economia política da globalização. Petrópolis: Vozes, 1997.

TAVARES, M. C. *Acumulação de capital e industrialização no Brasil*. Tese (Doutorado em Economia) – Faculdade de Economia e Administração. Universidade Federal do Rio de Janeiro. Rio de Janeiro, 1974.

TAVARES, M. C. *Acumulação de capital e industrialização no Brasil*. Campinas: 1998b.

TAVARES, M. C. Auge e declínio do processo de substituição de importações no Brasil. *In*: TAVARES, M. C. *Da substituição de importações ao capitalismo financeiro*. Rio de Janeiro: Zahar, 1972.

TAVARES, M. C. *Ciclo e crise*. O movimento recente da industrialização brasileira. Campinas: Unicamp, 1998a.

TAVARES, M. C. Império, território e dinheiro. *In*: FIORI, J. L. *Estados e moedas no desenvolvimento das nações*. Petrópolis: Vozes, Petrópolis, 1999.

TAVARES, M. C. O poder e o dinheiro: a retomada da hegemonia norte-americana. *In*: TAVARES, M. C.; FIORI, J. L. (orgs.). *Poder e dinheiro*: uma economia política da globalização. Petrópolis: Vozes, 1997.

TAVARES, M. C.; FIORI, J. L. (orgs.). *Poder e dinheiro*: uma economia política da globalização. Petrópolis: Vozes, 1997.

TAVARES, M. C.; MELIN, I. E. Pós-escrito 1997: a reafirmação da hegemonia norte-americana. *In*: TAVARES, M. C.; FIORI, J. L. (org.). *Poder e dinheiro*: uma economia política da globalização. Petrópolis: Vozes, 1997.

TEIXEIRA, E. A crise da economia japonesa nos anos 90 e a retomada da hegemonia americana. *In*: TAVARES, M. C.; FIORI, J. L. *Poder e dinheiro*: uma economia política da globalização. Petrópolis: Vozes, 1997.

TEIXEIRA, E. O poder do petróleo na geopolítica Americana. *In*: FIORI, J. L. (org.). *O poder americano*. Petrópolis: Vozes, 2004.

THERBORN, G. Swedish social democracy and the transition from industrial to postindustrial politics. *In*: PIVEN, F. F. (org.). *Labor parties in postindustrial societies*. Londres: Polity Press, 1991.

THOMAS-JENMSEN, C. Blowing the horn. *Foreign Affairs*, Nova York, mar.-abr. 2007.

THOMSON, J. State sovereignty in international relations: bridging the gap between theory and empirical research. International Studies Quarterly, v. 39, n. 5, p. 213-33, jun. 1995.

TILLY, C. *Coerção, capital e Estados europeus, 1990-1992*. São Paulo: EDUSP, 1992.

TILLY, C. *Coerção, capital e Estados europeus*. São Paulo: Edusp, 1996.

TROTSKY I. *The permanent revolution*. Nova York: Pathfinder, 1978.

TUCÍDIDES. *História da Guerra do Peloponeso*. Brasília: UNB, Livro I, 1987.

TUCKER, R. *De l'inégalité des nations*. Paris: Economique, 1980.

TWICHETT, D.; FAIRBANK, J. *Cambridge history of China*. Cambridge: Cambridge University Press, Cambridge, 2008.

UNIDENTIFIED AUTHOR. The next balance of power. A geopolitical detective story. *The Economist*, special issue, p. 17-19, 9 jan. 1998.

VEBLEN, Y. *Imperial Germany and the Industrial Revolution*. Nova York, 1964.

VILLAR, P. *Iniciación al vocabulario del análisis histórico*. Barcelona: Crítica, 1980.

VIVES, J. (org.). *Historia de España y América*. v. 5. Barcelona: Vicens Bolsillo, 1974.

WADE, R. Globalization and its limits: reports of the death of the national economy are greatly exaggerated. *In*: BERGER, S.; DORE, R. (orgs.). *National diversity and global capitalism*. Cambridge: Cambridge University Press, 1996.

WADE, R. *Governing the market*: theory and role of government in East Asian industrialization. Princeton: Princeton University Press, 1990.

WALLERSTEIN, I. *After liberalism*. Nova York: The New Press, 1995.

WALLERSTEIN, I. *Após o liberalismo*. Petrópolis: Vozes, 2002.

WALLERSTEIN, I. *Após o liberalismo*. Petrópolis: Vozes, 1995.

WALLERSTEIN, I. Crisis as transition. *In*: AMIN, S. *et al. Dynamics of global crisis*. Londres: MacMillan, 1982.

WALLERSTEIN, I. Entering global anarchy. *New Left Review*, Londres, n. 22, jul.-ago. 2003.

WALLERSTEIN, I. *O declínio do poder americano*. Contraponto, Rio de Janeiro, 2004.

WALLERSTEIN, I. Present state of the debate on world inequality. *In*: WALLERSTEIN, I. *The capitalist world-economy*. Cambridge: Cambridge University Press, 1979.

WALLERSTEIN, I. *The capitalist world-economy*. Cambridge: Cambridge University Press, 1979.

WALLERSTEIN, I. The concept of national development, 1917-1989. *In*: *After Liberalism*. Nova York: The New Press, 1995a.

WALLERSTEIN, I. *The end of the world as we know it*. Minnesota: University of Minnesota Press, 1999.

WALLERSTEIN, I. The geoculture of development. *In*: *After Liberalism*. Nova York: The New Press, 1995b.

WALLERSTEIN, I. *The modern world-system*. Capitals agriculture and the origin of the European world-economy in the 16th century. Nova York: Academic, 1974.

WALLERSTEIN, I. *The modern world-system*. Nova York: Academic, 1972.

WALLERSTEIN, I. *The politics of the world-economy*. Cambridge: Cambridge University Press, 1984.

WALLERSTEIN, I. *World-systems analysis*. Londres: Duke University Press, 2004.

WALTER, A. *World power and world money*. Londres: Harvester, 1993.

WARREN, B. *Imperialism pioneer of capitalism*. Londres: Verso, 1982.

WATANUKI, J. National Building at the edge of an old empire: Japan and Korea. *In*: EISENSTADT, S. N.; ROKKAN, S. (org.). *Building states and nations*. Londres: Sage, 1973.

WEBER, M. *Economia y sociedad*. México: FCE, 1977.

WEBER, M. El estado nacional y la política económica alemana. *In*: WEBER, M. *Escritos políticos*. México: Folio Ediciones, 1982.

WEBER, M. *Escritos políticos I*. México: Folios Ediciones, 1982.

WEBER, M. *General economic history*. Nova York: Collier, 1961.

WEBER, M. *História geral da economia*. São Paulo: Mestre Jou, 1968.

WEFFORT, F. *Por que democracia?* São Paulo: Brasiliense, 1984.

WEFFORT, F. *Qual democracia?* São Paulo: Companhia das Letras, 1992.

WESSELING, H. L. *Dividir para dominar*. Rio de Janeiro: Revan, 1998.

WIGHT, M. *Power politics*. Londres: Royal Institute of Royal Affairs, 1946.

WOO, J-E. *Race to the swift:* state and finance in Korean industrialization. Nova York: Columbia University Press, 1991.

WORLD BANK. *The East Asian miracle*: economic growth and public policy. Nova York: Oxford University Press, 1993.

ZIMMERMANN, W. *First great triumph*. Nova York: Farbar, Straus and Giroux, 2002.

ZOROASTER. *Avesta in brief*. Maxims of the ancients. Londres: Ferdowsi Trust Fund, 2015.

ZORTEA, R. V. *Lembrai-vos da guerra*. Ameaça geopolítica, organização do Estado e desenvolvimento econômico no pensamento militar brasileiro (1913-1964). Dissertação de Mestrado. Instituto de Economia da UFRJ. Rio de Janeiro, 2013. Mimeo.

Conecte-se conosco:

f facebook.com/editoravozes

 @editoravozes

 @editora_vozes

▶ youtube.com/editoravozes

© +55 24 2233-9033

www.vozes.com.br

Conheça nossas lojas:

www.livrariavozes.com.br

Belo Horizonte – Brasília – Campinas – Cuiabá – Curitiba
Fortaleza – Juiz de Fora – Petrópolis – Recife – São Paulo

      Vozes de Bolso

EDITORA VOZES LTDA.
Rua Frei Luís, 100 – Centro – Cep 25689-900 – Petrópolis, RJ
Tel.: (24) 2233-9000 – E-mail: vendas@vozes.com.br